熊月之　主编

晚清新学书目提要

上海书店出版社

序　言

　　自马礼逊东来,1811 年开始有西书问世,到 1912 年清廷覆灭,晚清一百年间,西学东渐,势如潮涌,不可遏抑。特别是第二次鸦片战争以后,各种西书出版机构,或官办,或民办,或教会办,或移译,或汇编,或专业,或业余,或历时久远,或旋起旋灭,出版了不知道多少种西书。其名称始而为"西学",继而为"东西学",再而为"新学",其内容无所不涉,举凡数、理、化、天、地、生、医、农、政、法、史、经济、军事、交涉、宗教、哲学,应有尽有。国人之于西学,反应百态千姿,笔墨难摹,竭诚欢迎者有之,全力排拒者有之,完全相信者有之,全然不信者有之,疑信参半者有之,始疑后信者有之,阴奉阳违者有之。总的趋势是,受众疑忌逐步消解,反对声音渐趋弱小,新学影响日益扩大,特别是庚子事变以后,崇慕新学,举国若狂。时人记述:

　　　　庚子重创而后,上下震动,于是朝廷下维新之诏,以图自强。士大夫惶恐奔走,欲副朝廷需才孔亟之意,莫不曰新学新学。虽然,甲以问诸乙,乙以问诸丙,丙还问诸甲,相顾错愕,皆不知新学之实,于意云何。于是联袂城市,徜徉以求其苟合,见夫大书特书曰"时务新书"者,即麇集蚁聚,争购如恐不及。而多财善贾之流,翻刻旧籍以立新名,编纂陈简以树诡号。学人昧然,得鱼目以为骊珠也,朝披夕哦,手指口述,喜相告语:"新学在是矣,新学在是矣!"[1]

---

[1]　冯自由:《政治学序言》,《政治学》前附,广智书局 1902 年版。

书目提要之于书籍,如渡河之津梁,旅行之地图,起辨章学术、考镜源流、导航指路作用。诚如清儒王鸣盛所言,"目录之学,学中第一紧要事,必从此问途,方能得其门而入"。中国本有编写书目提要的传统,面临浩浩荡荡、横无际涯的新学海洋,各色各样的新学书目提要应运而生,据笔者所见,关于晚清新学的书目提要,就不下十种,比较重要的有:

《译书事略》,傅兰雅著,全称《江南制造总局翻译西书事略》,载《格致汇编》1880 年第 5 至 8 期连载,其英文版载《北华捷报》1880 年 1 月,后出单行本。书中介绍江南制造局翻译西书缘起、特点,附载已出版的西书目录,计 98 种,包括《运规约指》、《代数术》等;已经译成尚未出版的 45 种;正在翻译尚未译成的 13 种。每种书目下注明作者、译者、刊书年代、册数与价格,截止时间为1879 年。其英文版有所译西书的中英文名对照。《译书事略》附载《益智书会拟著各种书目录》与《寓华西人自译各种目录》,前者收录 42 种,其中一部分已经出版,包括狄考文的《笔算数学》、慕维廉的《大英国志》等,后者收录 62 种,包括合信的《全体新论》、裨治文的《联邦志略》、丁韪良的《格物入门》,作者分布在上海、北京、广州、天津、汉口、登州、烟台、苏州、福州等地。这三种书目加起来,覆盖了自鸦片战争以后至 1879 年中国所译西书的大部分。

《泰西格致之学与近刻翻译诸书详略得失何者为最要论》,孙维新著。1889 年春,浙江按察使龚照瑗,给上海格致书院学生出了一道题目,让他们评价中国翻译西书的详略得失,有 37 名学生获奖,孙维新获超等第一名。答卷近一万字,共述及、评论 140 本西书,门类包括各个方面。对每门学科的译书,他都举其要者,品评优劣。例如,他评论算学方面的译书:

> 算学类有利玛窦与伟力亚烈译之《几何原本》,伟力亚烈译之《数学启蒙》、《代数学》、《代微积拾极》,狄考文撰之《笔算数学》、《形学备旨》,傅兰雅译之《数学理》、《算式集要》、

《代数术》、《代数难题》、《三角数理》、《微积溯源》，艾约瑟译之《圜锥曲线说》，此数种皆属精要之书，深奥可学。他若蓝医生著之《西算启蒙》，那夏礼译之《心算启蒙》，哈邦氏辑之《心算初学》，皆浅简小书，只为便蒙之用，无甚深意焉。①

他对所提到的这些书一一介绍，并互作比较。他比较《形学备旨》与《几何原本》的短长：《几何原本》每卷设题，按题贴说，由浅及深，秩然有序，实算术中之第一要学也。《形学备旨》与《几何原本》大致相同，而去其无甚用之繁题，补以简要之妙术，大有用于八线、量法、航海法诸学。是此书一出，大可省《几何原本》之烦累矣。孙维新所著，并非严格的西书目录，但从其内容看，近似于导读类书目。龚照瑗对孙维新答卷给予很高评价："条对鲜明，罗列清疏，沉酣于西字典籍中者，其功深矣。留心时务，搜讨西书，洵推巨擘。"格致书院山长王韬将这些课艺刊印出来，对于后来人编辑西学书目有重要参考价值。比如，孙维新概括西学的门类为：算学、重学、天学、地学、地理、矿学、化学、电学、光学、热学、水学、气学、医学、画学、植物学、动物学。这些门类，日后梁启超编制《西学书目表》时，都包括了。

《西学书目表》，梁启超编，时务报馆 1896 年版。有正表三卷，著录通商以后所译西书 352 种，附表一卷，著录通商以前西人译著各书 86 种，近译未印各书 88 种，中国人所著与西学有关书119 种，后附《读西学书法》一卷。在《西学书目表序例》与《西学书目表后序》中，梁启超对书目编写缘起、分类原则及阅读西书的重要性作了说明。他将宗教以外的西书分为三类二十八目：一、西学类，包括算学、重学、电学、化学、声学、光学、汽学、天学、地学、全体学、动植物学、医学、图学；二、西政类，包括史志、官制、

① 孙维新：《泰西格致之学与近刻翻译诸书详略得失何者为最要论》，《格致书院课艺》己丑年，超等第一名。

学制、法律、农政、矿政、工政、商政、兵政、船政;三、杂类,包括游记、报章、格致总、西人议论之书、无可归类之书。

《日本书目志》,康有为编,大同译书局 1898 年春出版。康有为认为中国通西文人少,通日文人多,而西学之精者日人已经译为日文,所以借用日人成果,可以事半功倍,所以,他在 1897 年编撰了《日本书目志》。书中将日本书分为 15 门,即生理、理学、宗教、图史、政治、法律、农业、工业、商业、教育、文学、文字语言、美术、小说、兵书,每门下再分若干学,如理学门下分物理学、理化学、天文学、人类学、心理学等,各种学下列书目,注明册数、作者、价格。康有为在各种学的书目后,均有一段按语,或评论日本该学的特点,或从中国情况出发,发抒感慨。这些书是日文书,尚未译成中文。

《东西学书录提要总叙》,沈桐生著,读有用书斋 1897 年出版。沈桐生(1872—?),名雨苍,字光汉,浙江会稽(今绍兴)人,曾任会稽县学堂校长,清末辑有《光绪政要》。1897 年他在上海南洋公学读书时,编了《东西学书录》一书,未见出版,但他将各篇总叙汇集起来,衷为一书,即《东西学书录提要总叙》。总叙分上下卷,卷上为天学、地学、地志学、学制、兵学、农学、工学、商学、法律学、交涉学,卷下为史学、算学、图学、矿学、化学、电学、光学、声学、重学、汽学、医学、全体学、动物学、植物学。沈桐生在序言中称:

> 桐生呫哗陋儒,草茅下士,当束发授书之日,存致身报国之心,比来担簦负笈,从游贤俊,焚膏继晷,盗窃陈编,用是不揣固陋,网罗译著,博之约之,抉之择之,类存之综论之,辑成《东西学书录》,析其要旨,冠以总叙,愧未能钩元提要,通学术之旨归,亦惟是区分门类,识群书之流别而已。①

---

① 沈桐生:《〈东西学书录提要总叙〉序》,《东西学书录提要总叙》,读有用书斋1897 年版。

《总叙》对于各门西学述其意义,溯其源流,交代其与中国相关学问之关联。

《中西普通书目表》,黄庆澄编,上海算学报馆1898年刻,为中学、西学书目合璧,中书多取之张之洞《书目答问》,西书多取之梁启超《西学书目表》,孙诒让为之作序。内分八类:一、中西普通门径书,列《中西门径书七种》、冯桂芬《校邠庐抗议》、颜永京译《肄业要览》、傅兰雅译《佐治刍言》等。二、中学门径书,列张之洞《书目答问》等。三、西学门径书,列梁启超《西学书目表》、《读西学书法》等。四、中学紧要书,列《论语》等。五、中学汇刻紧要书,列《十三经注疏》等。六、西学紧要书,列《几何原本》、《形学备旨》等203种,所占比重最大。七、西学汇刻紧要书,包括《格致汇编》、《西学通考》等15种。八、中西参证书,包括《谈天》、《天文揭要》、《地学浅释》、《全体通考》等。大多数书目后面附有简短评论,如《欧洲史略》后评:"读之可审彼土古时大势",《延年益寿论》后评:"极精"。黄庆澄(1863—1904),原名炳达,后改名庆澄,字源初,一作虞初、愚初,浙江平阳县慕贤乡黄车堡(今属苍南县陈东乡)人。早年师事浙东名儒孙诒让,1889年至上海梅溪书院任教习,热衷西学。1893年受热心西学之沈敦和、汪凤藻等人资助,游历日本两个月,参观了东京、西京、奈良、长歧、神户、大阪、横滨等城市,考察民情风俗,并接触各界学者名流七八十人。回国后,将在日所见所闻和个人所感,整理成《东游日记》出版,倡导像日本那样学习泰西格致之学,兵家之学,天文地理之学,及彼一切政治足以矫吾弊者,及早毅然行之。1894年中顺天举人。1897年创办《算学报》,为中国首创数学专业杂志。1898年,在温州创办《史学报》,月出一册,内容有中国史、西洋史、日本史及中外政治家言论等,为中国最早的史学专业杂志。第三期起改名《瓯学报》,内容除史学外,增入地理学、哲学、政治学、算学,成为综合性的杂志。

《东西学书录》，徐维则编，1899年出版。傅兰雅《译书事略》、梁启超《西学书目表》问世以后，徐维则既认为其有重要价值，从此学界对于西书"方有门径"，同时又有所不满，嫌其太过简略，于是在傅、梁基础上进行修订，增补新出之西书，补充了从日文转译之书，故以《东西学书录》名之。蔡元培曾为此书作序。

《东西学书录》出版以后，新学书籍翻译正值高潮，新译之书如雨后春笋。徐维则有心修订，继续搜集。其好友顾燮光亦为西书爱好者，以所积之书邮寄给徐维则，徐大喜过望，于1902年出版《增版东西学书录》，署名"会稽徐维则辑，顾燮光补"。蔡元培再次为其作序。徐维则，字以愻，浙江绍兴人，生卒年不详。其家为绍兴望族，其父徐友兰、伯父徐树兰均为著名藏书家，徐树兰（1837—1902）曾耗银三万多两，创办古越藏书楼，位于绍兴西鲤鱼桥西首，藏书7万多册，向社会开放，号称近代中国第一家具有公共图书馆特征的藏书楼。徐友兰藏书楼名铸学斋，藏书10万多册。1886至1889年，蔡元培曾应邀到徐府陪徐维则读书，并助徐树兰校订所刻图书。1889年蔡元培与徐维则同在杭州中举，1890年二人同赴京师参加会试，所以，蔡、徐交谊非同寻常，徐维则《东西学书录》之初版、增订版均请已是翰林的蔡元培作序。

《增版东西学书录》，四卷，附录三卷，1902年石印本。所收书目分为三十一类。大类之下，再分若干小类，如史志下分通史、编年、古史、专史、政记、战记、帝王传、臣民传记等；农政分农务、蚕务、树艺、畜牧、农家杂制等，地学分地理学、地志学。每书名下记卷数、册数、版本、译著者、内容提要等。提要一般包括全书宗旨、著书缘由、章节目录、所述内容等，或有简单评论。后附《东西人旧译著书》一卷，《中国人辑著书》二卷，目下介绍版本、作者、译者等。

《西学书目答问》，赵惟熙编，1901年出版。赵惟熙（？—1917），字芝珊，江西南丰人，光绪十六年进士，为翰林院编修，历任陕西及贵州学政、甘肃提学使、甘肃省巡警道，民国初年署甘肃省都督兼民政长，1917年去世。1901年清廷宣布变通科举考试，以中外史志、政艺等学考试学生以后，作为贵州学政赵惟熙一面上《奏请开设译书公局折》，内称在边远内地，新学堂难以一下子兴办，不如译书易于奏效，请求朝廷开设译书局，一面应学生之请，仿张之洞《书目答问》体例，编了《西学书目答问》。对于西学分类，他采取当时通行的三分法，即政、教、艺三学，并屏西方宗教书不录，所以，书中只收两类，共372种。政学类计收录221种，包括史志学、政治学、学校学、法学、辨学、计学、农政学、矿政学、工政学、商政学、兵政学、船政学，附交涉、游记、杂著；艺学类计收151种，包括算学、图学（附中国地舆图）、格致学、化学、汽学、声学、光学、重学、电学、天学、地学、全体学、动植物学、医学。每一学科前置一总述，介绍学科特点、收录原则。每种书目下，说明册数、著者、译者、出版机构，但无出版时间，有些书后面附以简短评语。比如，对于《肄业要览》的评语是"是书言教学童之事，颇多新理可采"，对于《人与微生物争战论》的评语是"论颇奇辟，然观此可悟卫生之法"。其中，有些学科名称是此书首用，如计学，即经济学，其名为严复创译，但是用在书目分类中前未之见。再如，学校学，在书目分类中亦未之见，梁启超《西学书目表》用的是学制。

《新学书目提要》，上海通雅书局出版，四卷，卷一至卷三出版于1903年，卷四出版于1904年。此书编者，版权页署名"通雅斋同人编"。朱勋为此书第一卷所作跋语中称，此书是"通雅诸君忧乎此，乃遽组合同志，搜括近译"云云，并称是在日本东郡获读此书稿，此书序言亦有"海外有州，人间何世？兼年作客，累年为愁"

等语,则作者为一群留日学生。[①] 此书选择此前两三年新出之书凡 218 种,一一介绍。卷一为法制类,收书 93 种;卷二为历史类,收书 72 种;卷三为舆地类,收书 30 种;卷四为文学类,收书 23 种。此书提要不同于一般书目介绍仅三言两语,而是比较详细,一般有五六百字,多的有上千字,如对《世界地理》、《世界探险》、《理学钩元》的介绍,都超过千字。其介绍要素,包括卷数、作者、出版机构、主要内容,其主体部分是评价其书在同类书籍中的价值。比如,书中评论作新社出版的《最新经济学》一书,就在介绍其书内容之后,比较此书与严复翻译之《原富》,指出《原富》所述,不过是一家之说,不足以兼收异论,然后指出次书中哪些是不刊之理。通观此书,确实做到取精用弘,高屋建瓴,是富有编者创见的导读性书目。有人称编撰此书是"自为其难而予人以易"[②],此书编者"为我国学界华盛顿"[③]。《新民丛报》曾刊载广告介绍此书,称编者沈

---

① 《新学书目提要》我见到两种版本,一是光绪二十九年闰五月初一日印刷的版本,《凡例》与《总叙》注明为"南昌沈兆禕"撰,注明总售处为通雅书局,地址在"上海美界老垃圾桥",印刷处为"大经书局活版部",地址注明是上海"北首鬴章药店后面"。二是光绪三十年三月印刷的版本,《凡例》与《总叙》均无署名,总售处为广雅书局,地址在"日本东京浅草区新猿屋町二番地",印刷人为酒井平次郎,地址也注明"日本东京浅草区新猿屋町二番地"。两种版本的版权页上注明的编纂人,均为"通雅斋同人"。比较两种版本,款式、字样基本相同,极个别地方有所不同。很明显,两书是同一个版子,先后在不同地方印刷,在东京印刷的版子是对上海版子基础上稍有改动。为什么在上海版子上《凡例》与《总叙》注明的"南昌沈兆禕"字样,在东京版子上被删除了,原因不详。顾燮光在《译书经眼录》中称《新学书目提要》编者为沈兆禕,所见当为上海版本。查沈兆禕,一作"沈兆祎",江西南昌人,生卒年不详,清优贡生,戊戌变法时,官候选训导,曾任南洋驻日监督、江苏扬州府学训导,1915 年任山东临沂县知事,主修《临沂县志》。按古人字号多与名义相近,或为名的补充,或与名有关,则"沈兆禕"的"禕"读 yi,与其字"幼沂"的"沂"音近。沈兆禕弟沈兆祉,字小沂,"祉"偏旁为"示","禕"的偏旁亦为"示",以此到推,则"沈兆祎"合乎常规。此条资料蒙本书责任编辑吕高升提供,谨此鸣谢。
② 朱勋跋语,《新学书目提要》卷一后附。
③ 赵祖惠跋语,《新学书目提要》卷一后附。

兆襐"于近译诸书,分门抉择,著为提要",学者翻阅此书,虽未及浏览原书,已能窥其一斑。[①]"《新闻报》曾连载此书总叙与例言。此书在当时颇受欢迎,两年中就印刷了三次。

《译书经眼录》,顾燮光编,八卷,杭州金佳石好楼 1934 年石印。顾燮光(1875—1949),浙江绍兴人,字鼎梅,青年时代随父去江西萍乡,受业于鳌洲书院。光绪年间廪贡生,善书汉隶,亦善绘画花卉,酷爱金石,访得古人未著录碑刻近七百种。著有《河朔金石目》、《非儒非侠斋诗文集》等。《译书经眼录》系继《增版东西学书录》而作,收录西书时间,起于光绪二十八年,迄于三十年。所收书目分为二十六类,共收译书 533 种,本国人辑著书 644 种。分八卷,卷一史志,卷二法政,卷三学校、交涉、兵制,卷四农政、矿务、工艺、商务、船政、理化、象数,卷五地理、全体学,卷六博物学、卫生学、测绘、哲理、宗教、体操、游记、报章,卷七议论、杂著、小说,卷八本国人辑著书。大类之下分若干小类,如学校类下分学制、教育、教授、文学、蒙学等,兵制类下分营垒、舰船、海军、枪炮、子药、器械、战术等,小说类下分政治、科学、侦探、儿女、冒险、神话等。书目下列卷数、版本、译著者,介绍内容得失。

《中国学塾会书目》(1903),中国学塾会编,共收 178 种,分 7 类,算学类收《心算启蒙》等 17 种,格物类收化学、声学等书 57 种,历史类收《万国通鉴》等 8 种,地志地图类收《地理初阶》等 14 种,宗教哲学类收《天人对参》等 5 种,读本类收《训蒙求是》等 6 中,杂存类收各种挂图、须知类读物 64 种。书目下注明作者、内容、价格,少量的有简短评论。中国学塾会,原名益智书会(School and Textbook Series Committee),是基督教传教士编辑、出版教科书的机构,1877 年在上海成立。1890 年机构改组,西文名改为中华教育会(Educational Association of China),中文仍称益智书会,

---

① 《新学书目提要》,《新民丛报》第卅八、卅九号合本,第 163 页。

1902 年,中文名改称中国学塾会,1905 年改称中国教育会,取消"益智书会"之中文名。1916 年再改为中国基督教教育会。1894 年,美华书馆出版过英文《益智书会书目》(*Descriptive Catalogue and Price List of the Books*,*Wall Charts*,*Maps*,*etc.*),所收书目与《中国学塾会书目》基本相同。两相对照,可以弄清《中国学塾会书目》一些西书的来源。

广学会有在自己出版物后附载已出书目的习惯,比如在所出版《泰西新史揽要》后面,就印有广学会历年所出书目,标明册数、售价,虽为售书广告,亦便于读者了解其出书情况。该会也编过《广学会译著新书总目》(时间不详),北京图书馆出版社 2003 年出版的《近代译书目》,收有此书。

此外,还有一些新学书目,比如丁福保编的《算学书目提要》(1899),邹寿祺编的《列国史学书目提要》(时间不详),王景沂编的《科学书目提要初编》(1903),陈洙编的《江南制造局译书提要》(1909),为某一类或某一单位的书目。

以上书目,《西学书目表》涵盖《译书事略》,《东西学书录》涵盖《西学书目表》,《增版东西学书录》又涵盖《东西学书录》,《译书经眼录》上接《增版东西学书录》,所以,本书选择《增版东西学书录》与《译书经眼录》,便涵盖了 1904 年以前西书。《西学书目问答》与《新学书目提要》是另外两种类型的新学书目,前者面向的是比较初级的读者,后者面向的新学素养较高的读者。

对于 1905 年以后至 1911 年的新学,迄今还没有比较完整的书目出版。可以聊作弥补的,有四种目录书。其一,《中国译日本书综合目录》,谭汝谦编,香港中文大学出版社 1980 年出版,收录 1883 至 1978 年的中译日文。其二,台湾中央大学图书馆编的《近百年来中译西书目录》,台湾中华文化事业委员会 1958 年出版。其三,《晚清营业书目》,周振鹤编,上海书店 2005 年出版,内有许多属于新学的书目。其四,《近代汉译西学书目提要(明末至

1919)》,张晓编,北京大学出版社,2012 年出版,收录明末至 1919 年出版的汉译西学著作,包括外国人用汉语著述的西学,以及日文西学书籍之中译本,内容丰富,很有价值。尤其是本书所收沈兆祎编《新学书目提要》中,不少书目没有标明出版时间,在张晓所编书目中多有注明。上述这些书目配合使用,对于晚清新学书目便可以有相对全面的了解。

多年以前,笔者就想编一部涵盖整个晚清的新学书目,并留心搜集相关书目,但一直未能如愿。上海书店出版社一直以整理出版近代文献为职志,极力促成此事。2007 年,在时任社长金良年先生提议下,将上述四种提要性质的书目整理出版,为这一项目做了一个基础性工作。中国人民大学黄兴涛先生提供了《西学书目答问》复印件,哈佛燕京学社马小鹤先生帮助校订了其中缺损页;上海图书馆为我查找不同版本的西书提供诸多方便。金良年先生为全书编制了索引。书目类著作的索引很有必要,尤其是本书所收的几种新学书目,在书籍著录和原书文字编校方面并非尽善,若无索引,许多讹误单从表面上不易发现。本书索引关键词,既有书名、著译者,又有版本,这样交互检索,对于完整了解原书信息,大有裨益。

西学或新学包容极广,几乎涉及近代所有学科,也是常论常新的课题,基于此,关于西学或新学的目录书,自会受到学界持久的关注。本书出版以后,销量如清清细流,虽波澜不起,但也淙淙不息。经上海书店出版社孙瑜社长提议,现予重印。

谨对上述对于本书编写、出版提供帮助的各位朋友,表示诚挚的谢意!

本次重印除序言略有修改,正文挖补个别错字外,余均依旧。

于上海社会科学院
2007 年 5 月 28 日
2021 年 3 月 4 日修改

目　录

译书经眼录（顾燮光）

学　重学　电学　天学　地学　全体学　动植物学　医学

索引

增版东西学书录

序

　　自汉以来书目存者虑有四家：一曰藏书之目，如《汉书·艺文志》之属为官书，《遂初堂书目》之属为家书是也；一曰著书之目，如《通志·艺文略》、焦氏《国史经籍志》通历代著书之人，《明史》志艺文以明为断，方志志艺文以乡人为断是也；一曰译书之目，如隋《众经目录》、《开元释教录》是也；一曰买书之目，如《书目答问》是也。海禁既开，西儒踵至，官私译本书及数百，英傅兰雅氏所作《译书事略》尝著其目，盖《释教录》之派而参以《答问》之旨者也。其后或本之以为表别部居，补遗逸、楬精沽、系读法，骎骎乎蓝胜而冰寒矣。吾友徐子以为未备，自删札记之要，旁采专家之说，仿《四库全书简明目录》之例以为书录，补两家之漏而续以近年新出之书及东人之作，凡书之无谓者、复重者、互相证明者皆有说以明之。夫两家之书裨益学者睹成效矣，得徐子之书而详益详、备益备，按图以索，毫发无憾，盖公理渐明，诞谲无实之作日消，而简易有用之书递出，广学之倪吾以是券之矣。光绪二十五年三月山阴蔡元培叙。

　　前者吾友徐君以愁维则印其所编《东西学书录》而元培为之叙，迄今阅三年矣，又得新书数百种，君欲续著录焉而未果，会顾君鼎梅燮光自江西邮示所著，则此数百种者大略已具，且于前录遗漏之书亦有所补焉，徐君大喜，遂更为之编校增补而合印之。夫图书之丰歉与学术之竞让为比例，方今士气大动，争研新学，已译未印之书存目报纸者已不可偻指数，自是以往益将汗牛而未已，两君者诚能仿外国图书世界之例，日纂而月布之，其裨益学界非浅鲜矣。光绪二十八年十月元培又识。

叙例

西人教法最重,童蒙有卫生之学,有体操之法,有启悟之书,日本步武泰西通俗教育,其书美备,近今各省学堂林立,多授幼学,宜尽译日本小学校诸书任其购择,一洗旧习,获效既速,教法大同。

不精其学,不明其义,虽善译者理终隔阂,则有书如无书也。且传译西书才难费巨,所得复少,日本讲求西学年精一年,聘其通中西文明专门学者翻译诸书,厥资较廉,各省书局盍创行之。

算学一门,先至于微积,继至于合数,已超峰极,当时笔述诸君类皆精深,故伟烈氏乃有反索诸中国之赞,是西书中以算学书为最佳。

西国专门之学必有专字,条理极繁,东人译西文亦必先有定名,中国所译,如制局之化学书与广州及同文馆同出一书而译文异,所定之名亦异,骤涉其藩易滋迷误,宜由制局先撰各学名目表,中、西、东文并列,嗣后官译私著悉依定称,度量权衡亦宜详定一书以为准。

声、光、化、电诸书中译半为旧籍,西人凡农、矿、工、医等学,每得新法必列报章,专其艺者分类译报,积久成帙,以饷学者,最为有益。

欲知各国近政,必购阅外报,英之《泰晤士报》及《路透电音》,日本之《太阳报》《经济杂志》,于各国政要已具大略,盍仿西人传单之法,排日译印,寄送各官署,兼听民间购买,以资阅历。

言政以公法、公理之书为枢纽,言学以格致、算学之书为关键,东西人在中国译书者,大抵丁韪良、古城贞吉长于公法,李提摩太、林乐知长于政事,傅兰雅在局最久,译书最多,究其归旨似长于格致、制造诸学。算学之书可云备矣,惟公法、公理、格致之书中国极少,后之译者当注意于斯。

一人孤立,何以成学?译书虽少,备购匪易,莫若官设藏书楼,任士人进读西人多以捐设藏书楼为善举,或数十人、十余人联设学会,综购图籍,交相恢慎,事易功倍。

自《七略》以下门类分合、部居异同,前人犹多訾议,东西学书分类更难,言政之书皆出于学,言学之书皆关乎政,政、学不分则部次奚定?今强为区别,取便购读,通人之诮,知难免焉。

部勒书目于别出、互见之法,古人断断,东西学书凡一书可归两类者或一书旁及他事者比比多多,大费参量,今因其所重依类强入,于古人目录之成法相去远甚,等于簿录而已。

通行西书目但标译人不标撰人,西国立一议、创一法,勒为书即以其名名之,中译之本乃立书名、题撰人,作者之功岂堪湮没?今概为著之。其有采译各说以成书者,则译者之功为多,东西人译辑者概录于篇,中国人辑著者入于附卷。

东西人著书多分章节,不分卷数,中译之后乃析为卷,今从译刻之本析卷者注明卷数或标册数。

教会之书多医家言,局译之书多兵家言,自余局刻言学诸书皆彼土二十年前旧说,新理日出,旧者吐弃,以无新译之本,今姑载之,借备学者省览。

学者骤涉诸书,不揭门径,不别先后,不审缓急,不派源流,每苦繁琐,辄难下手,不揣梼昧,于书目下间附识语,聊辟途径,不足云提要也。

通商以前上溯明季,西洋人游历中国所著之书历算为多,东人之书传入中国医学为多,综核其数无虑百数十种,虽云旧籍未可厚非,其后交涉日繁,风气日辟,游洋日众,中国人言外事、讲西学者书亦日出,择其切实者掇拾数种,概附于后。

《书录》之作始于去夏,学业媿陋,仓卒成帙,舛讹尤多,方深愧恧,同学胡君钟生道南、何君豫才寿章、蔡君崔顾元培、杜君秋帆炜孙、马君湄尊用锡多为纠正例类,疏补书义,匡余不逮,何幸如之。同时沈君雨苍桐生撰西书提要未成,间掇其论说一并写入。光绪二十五年正月会稽徐维则识。

　　西人之学以知新为贵,故新书日出不穷,有昔为珍秘,今视为尘羹土饭者。中国译书之处,昔仅天津之水师学堂、上海之制造局而已,近年海内通人志士知自强兴学,非广译东西典籍不为功,苏、杭、闽、粤相继兴起,不数年间新书当可流遍于二十一行省。

　　兵家言南洋公学译之,商务书江南、湖北两商务报译之,格致学《汇报》、《亚泉杂志》译之,农学则《农学报》译之,工艺则《工艺报》译之,蒙学则《蒙学报》译之,此数种近日皆有译本,其东西政治、历史则上海近多设编译局,皆有译者,惟矿学、医学两种甚乏新译,富国强种均当务之急,有心人盍起图之。

　　算学以微积、合数为极处,著译之人非专门名家不能无毫发遗憾,故新译者甚少,《汇报》中附译之《几何探要》图说详明,尚称精审,其刘舍人振愚之《古今算学丛书》收录冗杂,亦无新译佳本,可知此道之难。

　　公法、公理之书为立国根本,故国际公法为交涉最要者,《岭学报》所译《公法探源》一书条分缕晰,推阐靡遗,然公理愈讲愈明,则考求此道者非立专门学堂不可,区区典籍岂足尽理法之能事。

　　民权、自由诸说乃矫枉过正之言,不足为学者训也,盖法人当路易第三暴虐之后,卢骚氏出倡为此说,举欧洲之人从之,讵知作法于凉,其弊犹贪,泰西近来弑总统、杀君后之事屡有所见,无君父之党所在跧伏,伺隙而动,岂非卢骚、斯宾塞尔诸人阶之厉乎?

　　五洲之民种色虽殊,固同一本也,李思约翰《万国通史》前编言之甚详,然谓人类先生于米素波涛米,后散于四方,较之西教所云分音塔诸说似近于理,其云石、铁、黄铜诸代仅得诸掘地之间,虽反复考征究同穿凿,然埃及、罗马诸古迹考古家至今珍之,则前说已不可非矣,则知世界文明蛮野固有循环比例之可证。

译西书难,译西史愈难,非通各国方言暨古文不能蒇事也,象形、谐声、会意,西字亦不能出此范围,然其拼合变化日新不已,今英文已有十万余字,即彼之文学家亦不能全识,盖西人得一新岛、造一新器必立一新名、创为新字,数十百年后将有字满之患矣。论者谓西文简于中文,岂其然乎?

西政之善曰实事求是,西艺之善曰业精于勤,西人为学在惜日物之力,有轮舰、汽车诸器则万里无异庭闼,有格致、电化诸学则朽腐皆变神奇,彼夫玩愒光阴,货弃于地,安得不为之所弱哉?明乎此,则可与探西政、西艺之本原。

中国舆图素乏精本,即世称胡文忠一统舆图尚多讹误,新化邹君沅帆有地图公会之设,仅译成头批,至今尚未卒业,论者惜焉。制造局所刊海道图亦据西人旧本,朱氏正元虽绘有沿海险要图,仅江、浙二省,用殊不广,至近年会典馆新测各省舆图〔下阙〕

声、光、化、电诸学,非得仪器试验、明师指授不易为功,虽英儒傅兰雅所译格致诸书详尽可读,卒无裨于风气者,以既乏明师又鲜仪器也,近日江浙志士设科学仪器馆于上海,取便学者,其功甚大。

《亚泉杂志》中言格致诸学颇多新理,然非稍有门径者不能获益,似不如《汇报》中所列西学设为问答浅显易解也。

译书不广,学难日新,新书既多,又患冗杂,坊间书估割裂成书,改名牟利,其害尤甚,上海近设检查书籍处,章程颇能扼要,然在下者之防范莫若在上者之维持,泰西有专利之条,日本有版权之例,可取法焉。

亚密斯丹《原富》甲、乙、丙三集,泰西政学家言也,严幼陵观察译之,于全书精到靡不洞彻,与昔译《天演论》足以媲美,盖能以周秦诸子之笔,达天择物竞之理,发明处尤足耐人三日思,新译书中佳本也。

自戊戌以还有报馆之禁，各埠报章为之一衰，其海外流传者类多偏激谬妄之谭，不足以贻学者，然欲知五洲时事，开内地风气，非此不为功，故旬报之设尤急于日报，苟有人踵昔日时务各报之例，采辑务求精审，吾知其功大矣。

每书凡译自东西人者皆缀以识语，或节录原序，或采自他书，或鄙人自撰，务求恰切，不敢为充篇幅之谈，其未寓目或欠精审者则付阙如，不敢为一辞之赞，若云提要钩元则吾岂敢。

旬、日各报附印之书最易散佚，兹择其尤者收录，俾便察阅，惟江海各埠译出新书颇多未见，暇时再当编辑再版，以臻完备。

目录之书，区别部勒最难，兹依徐君原书之例，取便学者，谫陋之诮自知不免，况新书日出，僻在一隅，搜罗每苦未备，窃附圣人"举尔所知"、"知之为知之"例，庶可见谅于大雅。

续《书录》之作始于辛丑二月，成于十一月，邮稿徐君以愆维则，遂仍曩例编为一书，并增益若干种文字，知己永矢，勿谖同志，如歙县朱君意如适、永福黄君少希士恒、黄君幼希士复、会稽陶君君节必恭、阳湖吴君伯揆亮勋、武进张君受甄赞墀、元和宋君潜五继郊、东台戈君镜湖文澜、山阴陆君拙存敬修、庐陵刘君幼甫承华、萍乡文君啸樵景清、钟君奏埙应德，或纠正疵谬，或假书考核，匡蒙不逮，俾成篇章，敬列右方以志高谊。光绪二十八年二月会稽顾燮光识于江西萍乡县署之小蓬莱。

广问新书之概则

　　庚子变后,学界萌芽,各省学堂益现发达之象,公哲士夫知改造社会与输通文明之二大要素非吸取各国新思想不为功,于是縻费脑力,扩张译界,政学、科学之书官私出版坊局发行,日缀报章未可指数,倘不都为著录,学者将从何介绍乎?维则于曩岁编印《东西学书录》,辑旧日译本,别以部居,析为三册,去岁复与顾君鼎梅爕光踵事赓续,视线所及几倍前书,名曰《增版东西学书录》,预约二月稍出版,然新籍愈多,财力未大,居地既僻,闻格又限,再期增广,难乎其难,爰动广问之思,遂创组合之义,特拟概则如左,我国志士及各地编译局所素有爱力,具见热心,凡平时目见、手自译著为拙录所未收者,随笔提要,络绎邮寄,或拙录讹略,实力指示,积日成帙,少则再为增补编印以行,多则改为《图书世界》月出一册,以为国民教学之前导,幸甚幸甚。

　　一书名　原书何名,今改何名。

　　二卷数　原书几卷,或未分卷,今分并为几卷(有无图及表附行)。

　　三册数　外国式装钉者亦著明之。

　　四版本　某年何家(何局何店)用何法刻印,某年何家用何法再刻印,某年何家于何书附行、附报印行、丛书合刻,撰成未刻、已译待印。

　　五撰人　何国人撰著,何国人增补,何国学校原书。

　　六译人　何国人译(我国人并著其爵里、字号)。

　　七提要　(一)全书之宗旨。(二)作书之原因。(三)全书之目录。(四)书中之精美。(五)书中之舛误。

（六）学之深浅。（七）说之详略。（八）与他书之同异。（九）书之全否。（十）译笔之善否。（十一）提要者之决说。

八检察　（一）改换名目。（二）错乱次第。（三）剿袭舛讹。（四）增删书报。

会稽徐维则号以愻识

住绍兴府城老虎桥,信件寄绍兴府城水澄桥墨润堂书庄转交

增版东西学书录卷一

史 志 第 一

先通史，次编年，次古史，次专史，次政记，次战记，次帝王传，次臣民传记

万国史记二十卷申报馆本，上海排印本，十册，石印本字太小，《富强丛书》本摘刻为三卷，改名《万国总说》

日本冈本监辅著。书虽甚略，然五洲各国治乱兴衰之故颇能摘抉要领，读西史者姑先从事是书，以知大略。益智书会印有石氏《万国史略》、来因氏《万国近世〔史〕》，同文馆刻有某人《各国史略》，制造局刻有美林乐知、王德均译《万国史》六册，译书公会印有法高祝著、张国琛译、胡惟志述《万国中古史略》五卷，均未成。

天下五洲各大国志要一卷广学会本，一册，浏阳质学社丛刻本，《小方壶斋再续钞》本

英李提摩太著，铸铁生述。以"富于养民，强于教民"二语为本书宗旨，历论古今各国有益于民诸大政，其意将合五洲万国为一家，尤汲汲以讲求教养讽中国。李教士所作诸书皆以保国养民为主，与他教士取义不同，虽简略未可厚非。是书亦名《三十一国志略》。益智书会印有欧氏《中国史略》，英鲁斯约翰《朝鲜纪略》、《满洲考》二卷，东亚书局译有《万国新史提要》、《五大洲人类种族考》，均未出。《集成报》印有法赖阿司撰、王衡龄译《五洲古今野史》，亦未成。

东洋史要四卷上海排印本，四册

日本桑源骘藏著，樊炳清译。其书合东洋诸国为一历史团体，于亚细亚东方民族之盛衰、邦国之兴亡言之甚详，而南方亚细亚、

中央亚细亚与有关系者亦略述之，洵为世界史教科善本。**徐补**

泰西新史揽要二十四卷广学会本，八册，石印小字本，湖南删刻本，上海石
印大字节本

英马恳西著，英李提摩太译，蔡尔康述。亦名《泰西第十九周大
事记》。首法事记，欧洲治乱关键也，英为泰西枢纽，故所记尤
详，大旨以国为经、以事为纬，于近百年来各国变法自强之迹堪
称翔实，为西史佳本。时务报馆译有《泰西新政史》、《日本新政史》，并
未见，《励学译编》有《十九世纪大事记》、《十六周至十九周大事记》，均
未印。

欧洲史略十三卷《西学启蒙》本，一册

英艾约瑟辑译。卷一纪欧洲诸族，卷二之五纪希腊、罗马盛衰，
卷六之八纪欧洲诸国分并始基、战争颠末，卷九纪耶苏教源流并
战事，卷十之十二纪法国诸政，卷十三纪德意志诸国联盟。全书
以事为纲，不分国隶事，体例似纪事本末，远胜《万国史记》及
《通鉴》，每卷后有总结一篇，盖仿中史论赞，颇为醒目，虽译笔
未佳，读之可知远西、中古、近今成迹也。制造局印有美林乐知、严
良勋译《欧罗巴史》六册，东亚书局译有《欧洲列国新史》、《日耳曼新史》，
均未出。

欧罗巴通史□卷东亚译书会本，四册

日本箕作元八、峰岸米造合著，胡景伊、徐有成、唐人杰同译。本
名《西洋史纲》，上溯埃及、波斯诸国之兴亡，下逮近百年欧美大
事，删繁举要，与《东洋史要》相垺，至体裁、文法译者悉遵原书，
书中地名、人名虽用译音，并载洋文于书眉，尤便读者。**徐补**

西洋史要四卷附图二十九叶金粟斋本

日本小川银次郎著，樊炳清、萨端同译。分上世史、中世史、近世
史、现世史四期，如《欧罗巴通史》而断限小异，事迹亦大略相
同，译书较为雅驯，其表各国帝王世系及舆图则《通史》所无也。
徐补

欧洲近世史□卷《励学译编》本

英阚磻师著,顾培基译述。所记系十六世纪欧洲各事,以斯纪为欧洲进步之始,书宗教改革之故特详,考察教务者不可不读也。

顾补

以上通史

万国通鉴五卷地图一册通行本,六册,坊间石印改名《万国史论》

美谢卫楼著,赵如光述。卷一东方国度,卷二西方古世代,卷三中世代,卷四近世代。所论皆教门、种族为详,各国治迹转多缺略,名曰"通鉴"太不顺矣,其图亦甚略,无足观。东亚书局译有《地球文明开化史》,《励学译编》有《世界文明史》,均未出。

四裔编年表四卷制造局本,四册,上海石印本

英博那著,美林乐知、严良勋同译,李凤苞汇编。自少昊四十年当西历前二千三百四十九年起,讫咸丰十一年当西历一千八百六十一年止,其中种族变迁、政学始末与夫战争大局,一一具载,颇便检阅,而舛错处亦不少,依《竹书》纪中国年代尤其巨谬。制造局有英傅兰雅、徐建寅译《年代表》一册,未印出。

和汉洋年契一册东洋刊本

日本芦屋子著,尚之补,大馆正材校正。凡分三列,上纪日本,次中土,次西洋各国,起自中土盘古,讫同治八年。伏羲以前帝号多本《路史》而次民、离光皆有年纪,西洋各国太略不足征,纪本国事神武以前无年纪,大率荒诞不足征,神武以后所纪核之《四裔表》颇有出入,《四裔表》自光严建号始列两层,此则自鸟羽起即分上下层,其间出入尤多。

历代帝王年契一卷光绪十六年刊本

英华约翰著。以耶稣纪年与中国年代并列,略无用处,早年教会之书多如此。

中等教育日本历史二卷教育世界社本

日本萩野由之著,刘大猷译。上卷四编,曰总论、曰太古史、曰上

古史、曰中古史;下卷三编,曰近古史、曰近世史、曰今代史;前附历代表略及皇室执政系略、谱略,后附诸国封建沿革略。是书为日本中等教育课本,略如纪事本末体,于建国之体制、皇代之系统、相门将门之更擅、忠烈贤哲之精诚,以及今世国政变革、文明进步,分章立题,首尾完具,足为历史学善本。**徐补**

日本新史揽要七卷上海石印本

日本石村贞一著,本汉文,观林松山序言"自著《内国史略》,间假字,不可与此编并论",可见此本系用原本翻印而妄题,游瀛主人译。是书用编年体,记神武天皇至明治天皇二千五百余年事,参证之书凡五百六十余部,一一注其所出,可谓博学而屡守矣。原名《国史略》,而翻印者依《泰西新史揽要》例改之,亦大谬也。**徐补**

以上编年

万国通史前编十卷广学会本

英李思约翰比事,蔡尔康属辞。第一卷曰太古志,皆地质学家、人类学家所钩稽而得者,所叙较《古史探源》等书为详,第二卷志埃及,第三卷合志迦勒邸、亚述,第四卷合志米塔、波斯,第五卷志犹太,第六卷志韭泥基、赫涕、阿剌伯,第七卷、第八卷志希腊,第十卷志罗马。其书于国政、战事之外,于民间俗尚、宗教之沿革言之尤详,借以见各国不免兴亡而人事必有进步,并附图四百幅以明之,虽译笔烦冗,然西洋古史固以此为最详赡矣。李与蔡将通译天下古今之国史,故名此为前编云。**徐补**

古希利尼建国考略一卷《岭学报》本

李承恩译。希利尼,中南际海,以故言人才者称中南,盖希腊之故壤也,不知其所自起,或曰雅弗之裔自小亚细亚航海往居焉。其国雅典以学胜,士帕太以专胜,理古力所伦得借手政柄,国顿富强,其经画规模垂于后,虽杂霸功,其善要不可掩,后人安其所遇不知振兴,俯首听人之命,岂非人事之不藏哉? 读此书可以鉴

矣。**顾补**

希腊志略七卷附纪事年表《西学启蒙》本,一册,《西政丛书》本

英艾约瑟译。希腊为泰西古文明国,其政教风俗、制度文为虽不及近数十年之美备,然民会国律战例之大、公理公法之原、格致制作之学已无不具,是书所载条理秩然,而今日欧洲以民立政、以学强国之渊源可资以考证。其九节纪律例诸贤为后来果鲁西亚士诸人先声,读此可知其原。

亚述国沿革考一卷《岭学报》本

尹端模译。西方之人重教,教之所至国之兴替因之,而所纪类不出示拿之间,文字不备,诸国蜂起,纷如乱丝,《万国史记》详而滋惑,斯编为调理亚述以来似续之迹,差为可据矣。**顾补**

罗马志略十三卷附年表《西学启蒙》本,一册,《西政丛书》本

英艾约瑟译。罗马立国实为欧洲千百年之大关系,其美风善政至今未泯,亦开今日各国君民同权、法令至公之运会。是书所纪自西历前七百五十三年即周平王十八年,至一千八百六年当嘉庆十一年西罗马亡止,凡欧洲治乱兴亡之枢纽无不具载,诚要书也。读西史者先希腊、罗马二志,以次及于专史,方知其自强开化之成迹。首小引、末年表尤为醒目,《格致汇编》六有《罗马志》,傅兰雅图说,附记于此。

腓尼基喀颏基考一卷《岭学报》本

唐绍仪译。当罗马之隆,辟欧洲、摧马其顿、坏波斯属之印度,合东西为一统,蓄志积虑,硎刃待发,喀颏基违其先志,悍然撄其锋,千年之积、仓廪广土为罗马藉,因以宰割天下,惜夫腓尼基乘亚述、巴比伦之隙,窃一艺之长,水之所至,筑船澳、储新粮,陆四十里建馆舍周行旅之乏,逐时趁虚邀世之利甚悉,殆亦今之英吉利与。**顾补**

马其顿考略一卷后马其顿考略一卷《岭学报》本

李承恩译。亚力山大足为一世之雄,因民所利,掠地遍三洲,建

名城以十数,据要害、上节度,诸方伯无敢有异志,令将士八十人皆娶波斯之女联其情,泯诸族翘异祸贼之患,为西方祖述宜矣。鉴希利尼诸国无统纪,纲领不振,或相攻击以至于亡,翻然美波斯之政,乃下至衣履之微则而效之,权主于上,风同于下,虽欲无强乌可得耶? 功高而骄,荒于酒色,夭其天年,可慨也夫。**顾补**

犹太地理择要二册 光绪八年刊本

美纪好弼著,陈觉民述。备采古书言犹太地理者辑录成书,尚有条理,读之可稍明国地沿革、风俗大略,惟其叙述各事必称引教书以征彼教之非虚,亦其大弊。

埃及述略一卷《中外舆地图说集成》本

英韦廉臣著。**顾补**

以上古史

支那通史四卷附地球沿革图 光绪二十六年东文学社印本,五册

日本那珂通世著。首总论,曰上世史,自唐虞三代至战国;曰中世史,自秦汉至晋并吴;曰中世史中,自晋至唐;曰中世史下,自五代至金章宗末年。其体例略如纪事本末,取精于诸史,凡我国二千年之治乱、政刑、地理、种类、教育、制度、风俗及农、工、商之大要无不略具,可谓简而赅、质而雅。吾国之史卷帙纷纭,难于卒读,读是书亦足以知古今政治之大纲、盛衰之要略。每卷后载历代世系,又卷末载宋儒传授图、文庙从配沿革表、宋辽金职官沿革表、宋百官品级表,尤便寻检。**徐补**

清史揽要□卷

日本增田贡著。用朱子《纲目》体例将我朝三百年朝野大事悉载无遗。**徐补**

支那最近史□卷 日本原刊本,上海编译局印本,四册

日本河野通之、石村贞一合著。仿《通鉴纪事本末》体例,始于元、明,至我朝光绪乙未止,编译局复续至辛丑和议告成之后,洵政治家研究近史必用之书。**徐补**

最近支那史四卷日本原刊本，光绪二十七年上海振东室学社编印本，四册

日本河野通之、石村贞一合著。自元、明以至光绪乙未中日战后止，仿编年体刺取正史，复旁搜各家记载以成此书，其兵制原因、宗教沿革、外交始末亦间载之，偶有考证及注释均载书眉，尚便检阅，惜搜采未广，未为详备耳。**徐补**

大英国志八卷益智书会本，二册，墨海书院刊本，《西学大成》本，上海排印本

英慕维廉译。依英士托马斯米尔纳所作史记译出，嫌太略，首列维多利亚世系表与《英兴记》所载足以互勘，其议院、教堂、地理等图尚明爽可观。制造局印有美林乐知译《印度国史》二册，译书公会印有英极盎而里崔辑林著、胡濬谟译《英民史略》十卷附图、大事表一卷、皇家世系表一卷，未成。东亚书局译有《英国古今历史》，亦未出。

英国纪略一卷《昌言报》本

昌言报馆译。言英之属地当以印度为最，所练土兵不甚得力，而土人之心尚有种教之见存于心，惟古迹名胜为亚洲之冠，亦讲时务者不可不知者也。至坎拿大面积等于美，如能振兴农政必可胜于美，且矿务所产甚旺，英据有如此属地二处，宜其强矣，加之沿海皆觅屯煤之所，握海军重权，可谓得自强之道矣。**顾补**

俄史辑译四卷益智书会本，四册，《富强丛书》本

英阙斐迪译，徐景罗述。俄国自西历八百六十二年合而为一，始有俄罗斯之名，是书所记即从此年起，当中国唐咸通三年，讫于咸丰六年，凡书七十七章，中如分波兰、弱瑞典、窥波斯、危突厥、战英法，其家法尚雄武、喜争战，君与臣居心残酷，皆可想见，而大彼得遗诏十四条，其忍心险语尤为五洲各国所公惧。至其旁征曲引，凡政教沿革与夫专制始末胪载尚备。制造局印有美林乐知、严良勋译《俄罗斯国史》二册，同文馆刻有某人《俄国史略》，东亚书局译有《俄国内政外交史》、《俄国近时大事记》，均未出。

俄史译要一卷《汇报》本

汇报馆译。始于俄皇禄立克西历一千八百六十一年，终于俄皇雅陆斯拉西历一千五百五十四年，言俄国政治甚详。**顾补**

法兰西志六卷_{原刊本,湖南新学书局本去眉批及东文}

日本高桥二郎选译。是书多取资于犹里之《法国史要》、《近古史略》、《法国史》，始克鲁建国至拿破仑止，体例似纪事本末，其所记载亦称翔实，王韬撰《法国志略》多取材于此。制造局印有英傅兰雅《法国新志》，未出。译书公会报印有英华耳司雷著、陈佩常译《拿破仑失国记》，未成。东亚书局译有《法国新历史》，亦未出。

联邦志略一卷附图_{原刊本,一册,《西学大成》本}

米利坚毕礼遮邑裨治文著。凡四十一邦，皆由十三邦所分，纪联邦故事及开国缘由，一一胪载，足以考见米人之治体、公会之渊源，惜四十一邦政治未详备。制造局印有美林乐知、严良勋译《德国史》二册，未出。

米利坚志四卷_{日本原刻本,三册,湖南新学书局本,上海石印湖南本}

美格坚扶著，日本河野通之译，日本冈千仞删述。是书自叙科伦布寻新州至一千八百六十年布堪南为大统领止，其中述华盛顿立国之事尤详，体例与《法兰西志》同，但于政教沿革、风俗迁移罕有发明，则犹不如法志也。益智会会印有施氏《花旗国史》，未印出。时务报馆译有《美国政书》，未出。日本经济杂志原本、孙福保译《非尼西亚国史》未成。

日本外史十二册_{东洋刊本}

日本赖子成著。自源平氏专政始，至德川氏止。《求是报》有《日本维新记闻》，均未译成。

日本维新史二卷_{日本善邻译书馆本}

日本重野安绎著，东京善邻译书馆及国光社印行。起于庆应三年幕府还政，迄于明治三十二年新条约实施，于维新大政提纲揭要，一览了然，所采辑事故据实直书，无铺张夸美之习，读之可以觇邻邦之国势与郅治之规模矣。**顾补**

日本维新始末一卷《知新报》本

　　周灵生译。言明治变法事甚详，可与《维新史》参观。**顾补**

日秘史二卷《通学斋丛书》本，实学报馆印本未成

　　日本新井君美著。盖读日古史之札记，书中多所考核，且援引中
　　国史事以相发明，亦史学之精本也。**顾补**

高等小学日本史一卷《蒙学报》本

　　日本松林孝纯译。**顾补**

特兰士拔尔建国记一卷《亚东时报》本

　　亚东时报馆著。言特兰士拔尔建国缘起甚详，其国民本荷兰种，
　　一名貌尔人，勇敢善战，视死如归，其地又产钻石、黄金，国颇富
　　强，合阿连日两国计略与日本相等。《亚东时报》另译有《特兰
　　士拔尔案件》，可知英、特龃龉之由。**顾补**

暹罗考一卷《萃报》本

　　英浮乃著。所言暹罗政绩颇详。**顾补**

　　　以上专史

支那文明史论一卷普通学书室印本，一册

　　日本中西牛郎著，普通学书室译。此书凡十章，推论中国人思想
　　性质及风俗、政治变迁之理，复收采经文、史事以征我国之向有
　　文明所在而得其研究之法，复推论中国将来时事及西人与日人
　　推测中国而处置之法，皆深切著明，不涉泛词。后载《现时我邦
　　汉文学之研究法》，专为日本人学汉文而设，惜所列各书未为善
　　备。**徐补**

列国变通兴盛记四卷广学会本，一册，玉鸡苗馆本

　　英李提摩太著，记俄国则详于大彼得政法，记日本则详于明治以
　　来仿效西法诸事，又附载其三条实美、公有栖川亲王、岩仓具视、
　　伊藤博文四人传略，于日记后以著其迁易新政之迹，其中言印
　　度、缅甸、安南等国兴盛及割归英、法以后之迹，欲变法自强者观
　　是书可以决所从事矣。东亚书局译有《亚美利加繁盛记》，未出。

列国现状一卷《亚东时报》本

法施塞著,亚东时报馆译。计分英吉利、澳地利、匈牙利、德意志、俄罗斯、意大利、西班牙、白耳时、荷兰、葡萄牙、瑞典、哪威、嗹马、瑞士、巴尔坤半岛、日本、北合众国,虽法人所撰,不免有扬俄抑英之处,然其概括列国时事,首尾了然,读之亦可知天下大势矣。**顾补**

英俄印度交涉书一卷续编一卷附图制造局本,一册,上海石印本,《军政全书》本

英马文著,英罗亨利、瞿昂来同译。全书凡十四章,续编一卷,多记俄在中亚细亚之策,皆杂采英、俄官报而成,读之知阿富汗、波斯之可危,与德、奥、土之为俄所忌,俄知谋印不易,改而图亚之心已非一日,观俄波和约宜知警矣。

英俄争中部亚细亚始末记一卷《亚东时报》本

日本长濑凤辅著,潜地道人译。英、俄为地球强国,两不相下,每相枘凿,尤关系者有三,曰东部亚细亚、曰土耳其、曰中部亚细亚,此三地乃两国盛衰强弱之所系,实为必争之区。斯篇所记英俄争中亚细亚始末,于英争波斯、阿富汗尤致意焉。**顾补**

英兴记二卷首一卷广学会本二册

英邓理槎著,美林乐知、任延旭同译。所记皆英主维多利亚在位六十年中之政教,大抵汇集报章而成,虽未详备,亦足考见英之日臻强盛也,记近今英事无过是书。

俄罗斯经国大略一卷《知新报》本

周灵生译。言俄国政治綦详,可与《亚东时报》之《俄罗斯近状》参观。**顾补**

俄罗斯近状一卷《亚东时报》本

亚东时报馆著。计八章,叙俄人帝系、政治、官制言甚明晰,亦考求俄事者不可不读之书也。**顾补**

俄国政治通考三卷《万国公报》本

美林乐知译,任延旭述。斯书为印度广学会所辑,原本英文也,刊行于一千八百九十三年,都上、中、下三卷,上卷专论俄国欧洲境内人民之情形,中卷专论俄国欧洲境内各城邑之情形,下卷专论俄国亚洲境内人民之情形,其于俄国幅员、户口、政治、宗教、学校、刑律、文事、武备、河道、铁路、耕牧、制造、商务、物产诸大端以及国俗、民风、日用衣食诸细务莫不详载,不以琐碎为嫌。**顾补**

俄政考略一卷《岭学报》本

尹端模译。言俄事多可考证,而以君主之国皆重世臣,俄国之乱党不能挠君权者皆贵族世臣夹辅之力也,颇与《孟子》"乔木世臣"之言相合。**顾补**

俄国秘事一卷《地球杂志》本,《通学斋丛书》本

地球杂志馆著。亦言俄事者不可不读。**顾补**

美国政体一卷《香港旬报》本

香港旬报馆译。言美国政事颇详。

法政考三卷《岭学报》本

唐绍仪译。首篇言议院,中言官制,下言听讼,元元本本,足资考证。**顾补**

明治法制史□卷杭州《译林》本

日本清浦奎吾著。是书备载日本维新以来法制之沿革,详今略古,巨细毕具,阅之可审其国实情,于讲政治学者不无小益。按日本法制变迁分三大期,一自神武即位迄千三百年唐贞观时,此为固守成法之期;二自千三百年迄三十年以前,此为折衷于华夏法制之期;三为采用欧美法制之期,以成维新盛业,观是编者可知因时制宜非一朝一夕之故矣。**顾补**

埃及政柄记一卷《汇报》本

汇报馆译。**顾补**

以上政记

东方交涉记十二卷制造局刻本,《军政全书》本,《富强丛书》本

英麦高尔辑著,美林乐知、瞿昂来同译。是书详叙俄土之战及山斯替夫、伯灵两约始末,其第十卷载俄皇与英使西麻之言,以见两国之注意与政策之所在,是英、俄交涉尤汲汲矣。《译书公会报》有美威廉司著、张书绅译《交涉记事本末》,未印成。

欧洲各国和战表一卷《汇报》本

汇报馆译。为表二,第一表列内讧外征,第二表惟列外征。**顾补**

土国战事述略一卷小方壶斋本

英艾约瑟著。记土尔其与其属地琐尔非雅之战事,案琐本欲兴师取土君士但丁都城,反为土所并,中间米罗施族克自奋发,其子米迦勤立,整顿军旅,讲求政治,土将监守之兵撤回,寻被刺,子米兰立,复能继父志。此篇所著寥寥数叶,然足见其大概。俄苏布勒有《英阿战纪》,未译出。

俄土战纪六卷附录一卷上海译书局本

日本□□□著,汤叡译。

印度蚕食战史□卷《励学译编》本,杭州译林馆单行本

日本涩江保著,汪郁年译,戴昌熙校定。言印度宗教、哲学甚详,杭州译林本文词微有不同。**顾补**

闽江观战记一卷《亚东时报》本

美罗蚩著,亚东时报馆译。于光绪甲申马江之役言之颇详。**顾补**

中东战纪本末八卷续编四卷广学会本八册

美林乐知辑著,蔡尔康纂。所采皆甲午以后三年内中外文报私家议论,而未战以前、罢战以后中外人振兴中国之策亦裒而附之,未尝稍加编订,有谓其书当分别之者,盖寓微词,然甲午一役赖以知其始末,他日记中东事者或有所取资也。《译书公会报》有俄来迪懋著、胡濬谟译《中日构兵纪》三卷,未印成。东亚书局译有《清日战争》、《日记中陆海战记》,未出

中东战纪本末三编四卷广学会排印本,四册

美林乐知、蔡尔康合辑。斯书译英兵部炮兵司蒲雷主事所著《东方观战记实》七章作全书之骨，按泰西观战人员遇事端详审慎，已非报馆访事之比，蒲雷复恪遵英例，俟罢战后遍搜各大国观战诸记一一覆对，勒为信史，就正本兵大司马，复咨送议院纂入官书。二君既译华文，亦期无一字出入，附以北京美使馆、英京华使馆议战守和诸电报，暨日人所得丁汝昌遗墨若干篇用石印以存真迹，而合肥相国奏疏七章、某君台湾纪事诗十八首亦附刊焉。**顾补**

记美日两国战争缘起一卷《亚东时报》本

日本有贺长雄著，亚东时报馆译。美国遗训不许干与国外纷争，自盂骆氏结盟于英以拒法、日，一变以保全本国利益为宗旨，迨一千八百四十五年单星党起于美之南方，主张古巴不可属日之说终以不敌而败，然美之欲图古巴实基于此。篇中所言美、日启衅之故极详，惜未译全。**顾补**

美西战纪本末一卷《知新报》本

美纽约虾巴报馆著，周灵生译。美西之战为古巴而起，西国船舰炮药虽坚猛过于美，然驾驭不得其人，以致败衄，孟尼拿及汕私衣高之役，西之大炮皆无所用，而美之十二寸、十三寸之炮亦止中二响，军械以灵速为上，固不在大也。中日鸭绿江之役，德国惩于船木易焚，改用铁代之，泰西人经一次战长一次阅历，不惜舍己从人，宜其强矣，若拘守旧器，不求新制，观于满滔造在孟尼拿之败，旧船之不足敌新船愈可知矣。**顾补**

美人侈谭战略一卷《知新报》本

美纽约哈罢月报馆著，周灵生译。言美西战事甚详，虽不免铺张美师，然其言西师处处失机，虽有坚船利炮不能致用，非美师足以败之，实西人自取败亡也。合前纪事本末观之，于美西海战之得失思过半矣。**顾补**

英攻黑人日记一卷《知新报》本

英伦敦《颇路磨路报》著,周灵生译。篇中记埃及之役,英兵进攻黑人,取道司拉劳,途中所历惊沙扑面,灾〔炎〕热异常,黑人勇敢善战,死而不厌,苟非军械窳陋,英必为所败。暗打文为著名大埠,而谞陋无状甚矣,文野之差别也。**顾补**

斐南战衅推原一卷《汇报》本

汇报馆译著。非洲地当赤道,又多沙漠,宜垂涎者少矣,乃以产黄金、金刚石之富,各国争分其地,英既购得新开河利权,欲自加,不通道于埃及,以期戎马无阻,中有德公额、阿比西尼、波尔斯各小国阻之,乃联好阿比西尼,假保利权为名,凌波尔斯之达国。斯编推论启衅原委极详,其责英人处亦有至理。**顾补**

拳匪纪事六卷附图上海排印本,四册

日本佐原笃介辑。卷首详绘联军入京两军相战情形并本书目录,卷一恭录上谕,卷二匪乱纪闻,卷三各省防卫志,卷四八国联军志,卷五通论,卷六附记并附教士受难记及救济日记,刊图百余幅,于拳匪肇事始末、和议约款条目详尽无遗,足资考鉴焉。**顾补**

　以上战记

环球国主表论一卷《汇报》本

汇报馆译。论中引西儒亚利之言,并云君主、民主、君民共主皆有损益,贵在得人而理,自是公论。表中所记人数、面积皆由西书译出,指本国而言,属地不在内。**顾补**

欧洲八大帝王传一卷广学会本,一册

英李提摩太著。亦名《欧洲八帝纪》,辑八帝事各自为传,欧洲往古战争之迹于此略见,其振兴文学、创修新政,由草昧而进文明亦粗具梗概,虽寥寥数叶,固谈欧事者一助也。《知新报》印有英约翰巴罗著、周逢源译《俄皇大彼得传》□卷,东亚书局译有《亚历山大王战记》,《译书公会报》印有英拔纳脱司密刺著、张令宜译《维多利亚载纪》十二卷,均未成。

天下各国帝王总统姓氏即位年岁表一卷《通学斋丛书》本

周道章、许同蔺辑译。**顾补**

华盛顿传□卷《时务报》本止刻一卷，另行本改名《泰西史略》，石印小字本

合众国耳汾华盛顿著，黎汝谦、蔡国昭译。书分七十六章，其中皆纪华盛顿事迹，然美国创立民主合众之规则与夫用兵、征饷、制度、人物大致无不具，阅此于美国未辟以前、既辟以后数十年中事已了如指掌，谓之"美国开国史略"亦无不可。

英维多利亚大事记一卷杭州《译林》本

英某氏著，译林馆译。泰西以商立国，而十九世纪英为独雄，虽由立法定制之善、议院宰相之力，然其君不为无功，百年以来英国领地面积自一百四万二千五百九十五方英里扩张至一千二百十五万一千方英里，他如定巴黎、柏林之盟，平孟加拉棕种之乱，澳、非、坎拿大、印度、缅甸以次宾服，遂能以英伦三岛控制五洲，为地球一等强国者，君主维多利亚之力也。斯书所记，起西历一千八百十九年，迄九十六年间，维多利亚死，故此四年阙不译。**顾补**

英君主维多利亚一代内所增属地情形记一卷《经世报》本

英泰晤士报馆著，寿薲室主译。英以孤悬岛国而所有属地如亚洲之南、墨洲之北、澳洲、非洲皆有新辟之土宇、约束之藩邦，又得水师、电线、铁路以资保护，握海上之商权，称地球之雄国，而印度、加拿大新疆日见繁盛，再阅数十年，其进境尚可量乎？论者谓泰西以商立国者，然尤以殖民为急，印度之亡，公司之力，南非洲之特兰士因英人之多而夺其自主之权，澳洲、加拿大土人皆以反客为主因之不振，噫！可畏矣。**顾补**

彼得中兴记一卷《知新报》本

容廉臣译。言彼得幼时受制于姊及士土李列党人，卒能削平大难，大振乾纲，微行至欧洲，以致强大其国，俄遂因之中兴，至今犹强，可不谓之令主与？斯编详于彼得幼时之事，而于迁都彼得

罗堡、灭荷兰、凌瑞典概付阙如，未为详备。

德王纪略一卷《知新报》本

英伦敦《温故报》著，周灵生译。记威廉第二之事，琐屑无足观，末段言德国税项等事足资考证之用。《亚东时报》有《德意志皇帝略传》，可参观。**顾补**

威廉振兴荷兰纪略二卷广学会本

广学会译。历叙威廉雄才大略，功业巍巍，而其道仍不外"教养"二字，洵兴邦之左券也。**顾补**

以上帝王传

古雄逸语一卷《蒙学报》本

日本幸田露伴著，日本松林孝纯译。**顾补**

意大利兴国侠士传一卷上海译书局本，一册

日本松井广吉著，日本桥本太郎译。意大利为罗马旧都，地居滨海，有国数十，常见侮于强国，几难自立，于是联邦之议起，辛苦坚卓，卒列于大邦。是书所记人各为传，皆曩时君相志士之事迹，其上下同志奋发自雄之概，犹令读者兴起。《汇编》二有英国傅兰克令传，又三有法国巴司嘎拉记、瑞典立尼由司记，又四有科伦探新洲纪略、英国高布敦纪略，又六有探地名人传略，又七有英国瓦特传，特附记于此。东亚书局译有《日本四十七侠士传》二卷，《日本宽政勤王三奇士传》，未出。《译书公会报》印有英骆盘铁著、沈晋熙译《威林吞大事记》，未成。

俾思麦传一卷《知新报》本

知新报馆译。言俾思麦治德事綦详，可资考证。《集成报》有《俾思麦小传》一篇可参观。励学译编馆新译有《俾士麦传》，未刊。**顾补**

渥雅度小传一卷《知新报》本

英侯滑布烟著，周灵生译。渥雅度以非律宾群岛抗西班牙、美利坚二国之师至年余之久，虽力竭为美所并，然其志固可嘉也。传

中言渥雅度之事甚详。**顾补**

日本龙马侠士传二卷**东亚书局本，二册**

　　日本愚山真轶郎著。日本当庆应之季，外有各国联合之患，内有诸藩追迫之变，龙马以一人首创攘夷，翊助王室，四方豪士云集响应，遂至杀身而后已，其后西乡、大久保诸人倾幕府、张民权，卒致维新，克巍强盛，皆采纳其议为多。此传所记略具其事。**东亚书局译有《日本维新三杰传》《英美文人传》，均未见。**

日本教育家福泽谕吉传一卷**教育世界本**

　　日本奥村信太郎编，汪有龄译。福泽生于天保五年，至明治三十年年六十余尚精神焕然，生平著述不下数十百种，大抵皆采集西洋之文明以为国运进步之助。其言曰："吾所引为己责者，一使全国男女之气质日趋高尚，不愧文明之名；二不问耶苏教与佛教，惟意之从，以和民心；三各出其力以研究有形无形一切高深之学问。"故终其身于教育、译述、演说之内，而卒得酬其所愿，何其快也。此传详记其修业以及游学之事迹，读之足以知君之孳孳于教育矣。**徐补**

明治中兴云台图录一卷**《蒙学报》本**

　　日本阿东处士、日本田岛象二图画并修纂，蒙学报馆译。日本明治变法二十年，名震全球，为亚东雄国，虽由睦仁之力排众议以求维新，然其得人之盛有足称者，读此书者知变法自强之际非一手一足所可奏效，则所以广学校、开民智者可不亟亟图之哉。**顾补**

日本维新三杰传三卷**苏州励学译社本**

　　日本北村紫山著，马汝贤译。彼国维新之治基于覆幕，覆幕之事基于萨长联合，而联合之策则西乡隆盛、大久保利通、木户孝允三人所为也，故合而传之。大抵覆幕尊王隆盛之力为多，维新政策多取决于利通，而地方自治制如开町村会、府县会、国会之议则孝允所建也，传中均详其本末。**徐补**

维新三杰事略一卷《五洲时事汇报》本

日本北村紫山著，日本佐原笃介译。**顾补**

日本近世名人事略一卷杭州《译林》本

译林馆译。辑日本千河岸氏之《近世百杰传》、小宫山氏之《洋
学大家传》，益以《维新以后诸功臣传》而成，斯书名曰《日本近
世名人事略》，考求日本变法维新之基由，与游侠义愤、博学远
见之士知有国耻，甘杀身以佐其君、兴其国，至今读之尤凛凛有
生气焉。**顾补**

日本中兴先觉志□卷上海石印本

日本冈本监辅著。中载明治维新人物事迹颇详，冈本君与诸君
生相前后，故叙事得以核实，读此书者于日本当日变法与今日自
强之原委思过半矣。**顾补**

开辟美洲阁龙航海家独列几合传一卷东亚书局本，一册

日本桥本海关译。上卷为阁龙传，下卷为独列几传，一辟美洲成
合众之局、一周全球开航海之业，实为古今罕有之奇人，惜传中
所载未能详其功业。阁龙即科仑布，《汇编》四有传可参观。

高隆传一卷《汇报》本

汇报馆译。从法文中择要译出，即觅美洲之科仑布也，或作阁
龙，篇中言高事迹颇详。**顾补**

古克传一卷《汇报》本

汇报馆译。乾隆三十三年西国天文家推算金星与日相蚀，拟至
期细察其形，墨大依地岛尤为清晰，于是英廷遣都司名古克者驾
舟前往考察，传中所记皆古克途中所经景象，亦寻觅新地者也。
顾补

爱尔兰威廉母传一卷《农学报》本

英《热地农学报》本，农学报馆译。威廉母姓盂尔器，盂尔器译
言游行之人也，为爱尔兰望族，传中所纪皆威廉母措施农商设立
行栈各情形，并称其善于种植加非，并精于泡制以致巨富云。

顾补

伊达邦成传一卷《农学报》本

　日本柳井录太郎著，沈纮译。**顾补**

巴思端尔传一卷《汇报》本

　汇报馆译。按巴思端尔即首创微虫学之人。**顾补**

　　以上臣民传记

政治法律第二

首政治，次制度，次律例，次刑法

国家学五卷日本善邻译书馆本，□册

　德伯仑知理著，日本吾妻兵治译。旧说以国家即君长之谓，固为巨谬，而法国革命盛唱国家即社会之说，亦不免流弊，德国政学家力矫其失，而伯氏之书集其成。第一卷国家之性质及其志向，第二卷国家并国土，第三卷国体，第四卷公权及其作用，第五卷国家及教会。折学说之衷，撢历史之粹，我国之不知国家为何物者读之可以起矣。**徐补**

国家学原理一卷译书汇编发行所本

　日本高田早苗著，稽镜译。是书为彼国东京专门学校讲义录，博综西儒之说而要以折衷于哲理、历史两派者为断，较伯氏所论尤为缜密。**徐补**

列国岁计政要十二卷首一卷光绪元年制造局本，六册，《富强丛书》本，
《军政全书》本，《西学大成》本，慎记书庄石印本易名《海国大政记》

　英麦丁富得力编，美林乐知译，郑昌棪述。各国此类之书或官撰、或私著，岁岁有之。是书编于同治十二年，英公使汇寄而成，篇中述欧洲各国疆域、户口、官制、教门、学校、国用、商务、兵政诸大事，虽澳洲、纽萨、威尔士、纽齐兰等地之政俗亦无不载，可谓勤矣，惜皆二十余年前陈迹，闻日本每年有译本，若由东文按

年译之则甚易。东亚书局译有《日本岁纪政要》，未见。《知新报》印有英咳咖路地辑、周逢源译《丁酉年列国岁计政要》六卷首一卷，未成。东亚书局又有《万国宪法国债新论》，均未出。

佐治刍言三册 制造局本，《富强丛书》本，石印本，格致书室排印本，上海排印本，《军政全书》本，会稽徐氏重印本

英傅兰雅译，应祖锡述。前半多言政教，后半多言财用而以各申自主之权为持论之主，书中论机器益民及赊借诸法尤宜详究。作者不详名氏，殆深于公理者也，中国宜多译此种书以启来者。东亚书局译有《欧美强国新政治学博议》、《万国维新政治学》、《英国社会古今义》，时务报馆译有《日本汇聚法规》，均未出。

社会学新义□卷《东亚报》本

英斯配查原著，日本涩江保纂，韩昙译述。言人种进化之理。

徐补

国债论□卷 杭州《译林》本

日本织田一著。合计各国国债多至二百七十万万员，以各国人口计之每人担二十三员，以各国土地计之每平方英里担七百二十二员，各国负此重债，每年当各出其岁入四分之一或五分之一以理之，然则整顿各国财政诚非易易，而《国债论》为不可少也。

顾补

英国教养平民法□卷《东亚报》本

英托立衣戏氏著，日本大桥铁太郎译。治国以教养贫民儿为最，盖将来由壮而老之害非可轻视，今上海所设养蒙义塾颇得其意。

顾补

美国宪法□卷《东亚报》本

日本坪谷四郎著。言美国政治颇详。**徐补**

日本宪法义解一卷 上海金粟斋本，一册

日本伊藤博文著，沈纮译。书凡七章，章各为条若干，为天皇十有七，为臣民权利义务者十有五，为帝国议会者二十有二，为国务大臣、枢密顾问者二，为司法者五，为会计者十有一，为补则者

一,总七章七十三条,而日本维新之规凡所以体国保民、纪纲四国、经纬万端者具于此矣。**顾补**

日本皇室典范义解一卷上海金粟斋本,一册

　日本伊藤博文纂,沈纮译。为书六十二条,所言皆日本皇家自条定之家法,非公布之臣民者也。**顾补**

中国度支考一卷广学会本,一册

　英哲美森辑,美林乐知译。是书专考中国度支,盖综中国壬辰以后三年奏报钩稽成书,分计出入之数,复总计全国每年出入清单,皆朗若列眉,篇中又叹息中国负债之可危、贷金之不易,是宜仿泰西设立预算来年出入之簿,以为开源节流计焉。

中国岁计录要□卷《时务报》本

　英哲美森译。言中国度支极详,辛丑中外日报登有度支简录可以互证。**顾补**

　　以上政治

德国议院章程一卷徐氏三种本,《元和江氏丛书》本,上海石印本,《西政丛书》本,《格致精义》附印本

　德芬福根鉴定,徐建寅译述。分为九章,所述皆民院章程,观图及问答诸制规模整肃,略可想见纷哓之习固无庸虑也。末附笔记条例四则。东亚书局译有《万国议院章程》、《万国选举公理》,均未出。

法国议院选举法□卷《东亚报》本

　日本若林信译。凡二十七条,其第二十条言贵族院议员不得兼参事院议官等职,亦防弊之一法。**顾补**

日本职官表一卷会稽徐氏《政艺新书》本

　日本官书,罗振玉译。日本变法首重官制,岁有裁制以期尽善,此为明治三十二年所新定,于近年所设省衙、品级、员数、俸金,旁行斜上,门分类析,多参用泰西各国之制度,方今裁并衙署、删汰冗员,阅此书足以采用其法。**徐补**

西欧邮政考一卷《岭学报》本

　　唐绍仪译。凡三篇,上篇言邮政之缘起,中篇言德国之邮政,下篇言各国之邮政。诚以邮政倡于德人,利国便民,为五洲所仿,作者于德特撰一篇,有以也。**顾补**

大清邮政局章程一卷又续删改本上海排印本,又在《约章分类辑要》内

　　英赫德著。分二十六章。**顾补**

万国电报通例一卷光绪七年中国电报沪局排印本,一册

　　东西各国电线局总办合著,胡礼垣译。为类十七,曰交涉、曰生意、曰收写、曰算账、曰计字、曰收费、曰传打、曰带交、曰加意、曰公务、曰记载、曰交还、曰数目、曰权衡、曰通传、曰会议、曰入约,首载公约二十一款,乃一千八百七十五年立于俄京,其通例订于一千八百七十九年,同时书名者十有五人,即按照公约而议行此例,虽在今日已为陈迹,然当时筹事之密、立法之公于此可见,此后随时增删之例当更加善,乃未尝踵译之,可惜也。**徐补**

美国到各国电信一览表□卷《湖北商务报》本

世界海底电信一览表□卷《湖北商务报》本

日本警察新法□卷上海善邻译书馆本,一册

　　日本官书。凡卫生保民之道,有关警察事务者备著于篇。**顾补**

上海英工部局章程一卷《萃报》排印本,单行本

　　英工部局拟。计上海洋泾浜北首租界章程二十九条,美国新定西华德路虹口租界章程八条,上海洋泾浜北首西国租界田地章程四十二条。**顾补**

　　以上制度

万国律例撮要十六卷英律八卷

　　英布茂林著,叶耀元译。**顾补**

法国律例四十六册同文馆本,初印本十二册,未全

　　法毕利干译,时雨化述。皆法王拿破仑所作治国之规模,实非律例,其译笔繁讹,精政治学者盍条理之。制造局印有英傅兰雅、赵元

益译《西法洗冤录》，时务报馆译有《法国律例》，均未印出。《求是报》有三乘槎客译《拿布仑律》、《日西律新译》，未成。南洋公学译有《日本法规大全》，亦未成。

英国水师律例三卷附一卷 制造局本，二册，《军政全书》本，《富强丛书》本

英德麟、极福德同著，舒高第、郑昌棪同译。名曰"水师律例"，颇与谳案条理可参证。后附一千八百六十六年整顿水师条例，尤为详慎。时务报馆译有《英国律义》、《英伦巡捕章程》，均未印出。东亚书局刻有《俄国东洋军政新策》二卷、《俄国东方新政策》，亦未见。

美国行军训戒一卷 《公法便览》附刻本

德李伯尔编辑。荷兰葛罗丢有《平战例法》，未译出。

陆地战例新选一卷 同文馆本，一册，《西政丛书》本

瑞士穆尼耶等著，美丁韪良译。凡八十六条，皆采诸国已行及愿从者，意在范围战争，故不详述战攻之法。穆氏为法学名家，首创此例，经会中十三人详加评论始梓行之，近年各国救治被伤兵弁不分畛域者，即用其议。东亚书局译有《海战万国公法》，未出。

英国颁行公司定例□卷 《新学汇编》本

英哲美森著，英李提摩太译，蔡尔康笔述。**顾补**

日本商律一卷 《湖北商务报》本

日本河濑仪太郎译。书分五编，分法例公司、各商务票券、海商等类，逐条详列，洵商业中准的也。

日本新定专利章程一卷 《湖北商务报》本

湖北商务报馆译。计五十三条，盖定于西历一千八百九十九年七月初一日，所有一千八百八十年旧章概行废弃，当日所发专利执照、所定年限仍须接算，以昭公允。**顾补**

铁路律例一卷 己亥《中外日报》本

沈遹梅译。凡十六款，附以载客律例十款，可与时务报馆所译各铁路章程参观。

洁净新例一卷 香港《中国报》本

英香港洁净局定。此例订于西历一千八百九十九年,其第三十四条则例章程限制住屋间隔等事,诚防疫之善法。**顾补**

日本报律一卷己亥《中外日报》本

樊炳清译。凡三十七条。**顾补**

　　以上律例

比国考察罪犯会纪略一卷《格致汇编》本,《质学丛书》本

英傅兰雅译。是会开办在光绪十八年夏,各国派员入会者十有六,各处博学会派员入会者十有九,会中备述医师、律家诸说,而医家考察罪犯主脑气偏左阻塞实为闻所未闻,是会中国派吴挹清观察宗濂与会,论中国审理词讼章程颇得体要,宜为比王所褒嘉。

　　以上刑法

学 校 第 三

附礼仪

肄业要览一卷上海排印本,一册,《湘学报》本改名《史氏新学记》,《西政丛书》本,格致书室印本,《格致汇编》本

英史本守著,颜永京译。史氏见国中大书院皆希利尼罗马之文,无当于实用,遂慨然推论人生学业轻重得失之要,复昌言讲新法而不明格致之害,著为成书,遍行国中,其后俄、法、德、意、荷、丹、奥诸国深知其益,译以教学者而国日盛。书中论列大旨分为五端,曰保护性命之学、曰护生计之学、曰教养子女之学、曰为民下之学、曰玩物适情之学,就五端分条推阐,确中时弊,内论尽民下责分一篇,尤足以救中国今日民心之弊,不可不急读也。

教化议一册广州刻本

德花之安著。

西国学校一卷广州刻本,一册,上海石印本改名《学校论略》,《西政丛

书》本

德花之安译。原书七卷,今为一卷,所记皆德国学校之制,叙课程不及西学课程汇编之详,而学校较备,每学皆有总说以挈其要,盖德制于学校最为精密,《列国岁计政要》所载亦详于德,当参观之。湘学会有删改本,今未见。

七国新学备要一卷广学会本,浏阳质学社刊《广学会丛书》八种本

英李提摩太著。前五章纪外国学校数目、费用及报馆、书籍馆,大旨已具,后二章按英、法、德、俄、美、日本以推算中国宜如何设学,末章专为中国筹变通章程,语焉不详,然大端不外乎此。光绪戊戌广学会复摘印其言学校、书籍者名曰《速兴新学条例》。

速兴新学条例一卷《新学汇编》本

英李提摩太著,蔡尔康译。即从《七国新学备要》摘出,篇中论征学童速奏其效,应读之书分十二类,颇有理,惟以教书冠首,殆所谓教士之言与。**顾补**

拟请创设总学堂议一卷《新学汇编》本

美狄考文等著。盖上诸译署王大臣者,篇中言兴学必先改换时文,引朱子《贡举私议》诸言以抵制拘墟者之谬说,可谓别具苦心。**顾补**

西学考略二卷同文馆本,二册,坊间改名《西学考》

美丁韪良著。此丁氏回国时日记,上卷载历涉各国之闻见,下卷言各国学校之规则,其论各国源流一篇足以窥学术递变之成迹,而于测算、格致、公法、史学尤三致意焉。

西学略述十卷《西学启蒙》本,一册

英艾约瑟著。综言各学渊源,为启蒙十五种之纲领。中述希腊旧学颇为翔实,其言教亦详,足与《古教汇参》互证。

文学兴国策二卷广学会本,二册

日本森有礼辑,美林乐知译,任延旭述。有礼曾肄业英国,复使美国,深鉴美之盛实赖学校,乃访求其文学成法,告诸本国朝廷

采而用之,遂广设学堂,遍召生徒,几如美盛。此编所载皆美国各部大臣、议院各绅及各书院监院照复公函,凡设塾之良规、教学之成法具著于此,惟其中论救世教语不免囿于美俗耳。

教育学纲要□卷《亚东时报》本

奥林度涅尔著,日本剑潭钓徒译。凡六章,一论人所以必需教育,二论教育要件并教育宗旨,三论所化性暨区分,每章各系备考以相发明。**顾补**

学校管理法一卷《教育世界》本

日本田中敬一编,周家树译。不知教育学而管理学校,犹之不明工艺学而管理制造厂,不惟无益,且甚危险。是书分十章,一绪论、二校舍、三校具、四教科、五学级、六教员、七管理狭义、八卫生、九经济即理财、十表簿,举学校关系之事一一详其利弊。我国近日士夫竞言学校,不可不熟玩是书。**徐补**

教育学一卷《教育世界》本

日本立花锐三郎讲述,王国维译。是书分为三编,第一编曰教育之精神,分宗旨、方便、方法三章;第二编曰教育之原质,分体育、智育及实际教育三章;第三编曰教育之组织,分教育、训练、教授三章。作者自言以德国教育学家留额氏所著书为本,其所未尽以己意补之,智育一章最详,皆以心理学说明之,读者可以证我国旧日专制强灌之非法矣。**徐补**

教授学一卷《教育世界》本

日本汤本武比古著。凡十四章,曰小学校教师、曰教授通义、曰兴味、曰类化、曰教授材料之选择及参互、曰教授之统合、曰教授材料之处置法、曰指示大旨、曰第一第二第三第四第五形式阶段即豫备授与联合结合应用、曰教授之原则。此书亦以体育、智育为宗旨,其推论教授之义理可谓反复详尽,后附各学教授案六则,凡为教师者读之足以知教授之门径。**徐补**

欧洲中古学人风气一卷戊戌《知新报》本

美纽约《哈罢月报》著,知新报馆译。**顾补**

法国乡学章程一卷《教育世界》本

　　法乡学原本,郑守箴译。章程凡二十六条,课程三种,一有益身体、二启悟聪明、三驯定心性,即体育、智育、德育之谓,以毋教学堂及上、中、下三等学堂表之。**徐补**

德国文教说略一卷《岭学报》本

　　岭学报馆译。德以文学雄地球,普鲁士兴,藉其通学慧智之民而兵之,以倾哇挞奥蹶法,赫然为欧洲望国,间考德史文教列表,其文学以撒逊为最,通国不知书者仅千之七,宜其强矣。此编考德之乡校书院颇详。**顾补**

美国太学考□卷《万国公报》本

　　泰西布兰飓著,美林乐知、蔡尔康译。**顾补**

国民教育资料二卷《教育世界》本

　　日本峰是三郎著,沈纮译。一国之人无国家思想,而言论自由则流弊甚大,故各国皆筹教育普及之法,而寓国家主义于其中。是书则日本教育家所持以为演绎国家主义之资料者也,我国有志教育者当依其例而酌于我国国体以为之。**徐补**

日本文部省沿革略一卷《教育世界》本

　　从日本官书中译出。彼国文部省建于明治四年,是编兼叙前三年旧大学及大学之沿革,自元年至三十二年,具见各学校逐渐改良之迹。**徐补**

日本陆军学校章程汇编四册南洋公学本

　　日本陆军省原本,南洋公学译书院辑译,不分卷。凡名学校者十三,不名学校而称教导团者一,自应募入学习业乃至学校中起居琐节各有章程,盖取单行各本缀而合之,去其重复,自成首尾,彼中陆军学校之制一览可尽。**徐补**

日本陆军士官学校条例□卷《昌言报》本

　　昌言报馆译。分三章,一曰总则、二曰职制、三曰召募定则。丹

徒姚锡光著有《东瀛学校举概》，可以参观。顾补

日本教育制度一卷时务报馆本，在《日本学校章程三种》内

　　日本古城贞吉译。此明治二十三年十月敕定，盖集诸教育书而成者，凡帝国大学令十八条、学位令五条、学位令细目十条、中学校令十四条、师范学校令十二条、寻常师范学校学科及程度十二条、小学校令九十三条，其更制设学、许状授官诸要皆任之文部大臣，故其气通、其法密，而于小学校教令尤为周详，日本变法首在学校，其知所重矣。徐补

日本高等师范学校章程一卷时务报馆本，在《日本学校章程三种》内

　　日本古城贞吉译。日本变法首在师范，其高等章程五十七条曰文科、曰理科，〔文科〕分伦理、教育、国语、汉文、英语、历史、地理、哲学、理财、体操为教目九，理科分伦理、教育、国语、英语、数学、物理学、化学、地学、动物学、植物学、生理学、农业、工艺、图学、体操为教目十五，每学之中又自有条目，其教授时刻、卒业年限、考校选择章程亦并详载，内附译者解语数则。译书公会印有日本安藤虎雄译《日本女子高等师范学校章程》，东亚书局译有《女学校胎教新法》，均未出。徐补

日本小学校章程一卷

　　日本松林方纯孝译。是书系抄录明治二十四年十一月官报，分二十四条，于小学各事颇详备。顾补

日本华族女学校规则一卷时务报馆本，在《日本学校章程三种》内

　　日本宫内省奉谕定，中国使馆译。徐补

东学游记一卷《岭学报》本

　　岭学报馆译。言日本学校之事颇详。顾补

附格致书院课程一册附课题光绪乙未上海排印本

　　英傅兰雅著。

　　　　以上学校

附西礼须知一卷戒礼须知一卷格致书室刊本，二册

英傅兰雅辑。中西之风俗不同，其礼仪亦异，迩来交际日繁，不得不讲求于此。是书所载仅言其大端，宜与袁氏《出洋须知》、蔡氏《出使须知》参看。

以上礼仪

交涉第四

首公法，次交涉，次案牍

万国公法四卷 同文馆本，四册，石印本，《西学大成》本

美惠顿著，罗恩斯注释，美丁韪良译。卷一释义明源，卷二论诸国自然之权，卷三论平时往来，卷四论交战，书成于一千八百六十三年，其后多有增修。案西国讲公法学者无虑数十百家，然皆持空理立说，专其学者名为公师，和战与夺决其一言，其权在王法之上。是本多据罗马及近时旧案，未能悉本公理，而所采又未全备，安得明斯学者考求近年各国办理之成案，取其合于公理者一一辑注，汇为一编，庶中土办理交涉得其旨要矣。东亚书局译有《平权自由新义》，未出。

各国交涉公法论十六卷 附校勘记、中西纪年 制造局本，十六册，《富强丛书》本，光绪丙申上海石印本

英费利摩罗巴德著，英傅兰雅译，俞世爵、李凤苞述。分为三集，大抵以罗马律法为根据，复汇集成案而成，于和战条例尤为详备，较丁译各书为优矣。性法、公法本分二端，言性法之书译本颇少，于此可见崖略。东亚书局译有《万国交涉新公法》，未出。

公法会通十卷 同文馆本，五册；东洋印本，五册

德步伦著，美丁韪良译。首论公法源流，二论代国而行，三、四论辖地、辖人之权，五论条约，六论邦国启衅，七、八论交战时事，九论局外权责，十载行军训诫。即事明义，绝无偏倚，丁氏复加注释，较《万国公法》更为明晰也。

公法便览四卷续二卷光绪三年同文馆本,六册,上海排印本

美吴尔玺著,美丁韪良、汪凤藻凤仪、左秉隆、德明同译。此书较惠氏《万国公法》更为周密,例有未达者历引泰西史乘及近今案牍以发明之,复经数手精心笔述,故其文义简显,非同惠书之佶屈。续上卷载欧洲各国三百年来所立条约,下卷名为证义,盖旁引他书以补正本书之阙漏,二者皆不可少。然翻译公法书,一字之殊情节大异,学者当合诸书参考之则得矣。

公法总论一卷制造局本,一册,《富强丛书》本,《军政全书》本,《西政丛书》本

英罗伯村著,英傅兰雅、汪振声同译。公法有二事,一为一定有界限之公法,一为各国现行相待之公法,此总论不过将各国常用之法挈其要领,凡交涉之成案不及备载,其末篇归重讲公法以息争端,乃仁人君子之用心。学者苦诸公法书繁重,得此足为纲领。同文馆印有德步伦著、美丁韪良、金楷理译《公法千章》,未出。

公法探源一卷《岭学报》本

德维廉奚夫特著,岭学报馆译。是书经八易稿至笃打轩利基夫根而书始成,其中发明引伸颇为该博,取而读之或亦言交涉之一助也。顾补

国际公法总论□卷《东亚报》本

日本角谷大三郎译。从最近世国际公法译出,国际公法者非法律也,无一定裁制,无一定法廷,又无一定立法,要以保本国权力不使外人干预为主脑,虽强国不能出其范围,谓之地球和平之具谁曰不宜。顾补

国际公法之主体一卷《东亚报》本

日本角谷大三郎译。以国家承认他国不可不加慎重,以免张乱党之焰,殊有至理。所言领海、公海以潮退落之时自三海里约缩得之可为主权所及之地,亦系确论。顾补

中国古世公法论略一卷同文馆本,一册,《西政丛书》本

美丁韪良著。杂引《公羊》、《左氏》以见列国交际之道,例既未备,且未能动中奥窍,能依其例广演之则佳矣。

以上公法

外交通义□卷日本刊本

日本长冈春一著。斯书起笔于外交之观念,而由与国际法之关系以至外交机关之品种、列国会议之委曲、条约文之样式,洪纤不遗,其所述公法家之学说并所采录东西外交之事项尤无遗蕴,诚有志研究斯学者所宜读也。顾补

外交余势一卷东洋本,一册

日本海舟胜安芳著。专言从前日本外交之难百倍中国,读之可知任事贵有坚忍之力以持之。时务报馆印有英巴克编、曾广铨译《中外交涉记》,又有《万国通商史》,均未印成。东亚书局译有《万国近世外交史》,亦未出。

连盟论□卷《亚东时报》本

日本有贺长雄著,飞天道人译。凡十章,皆论日本与中国宜协诺不宜同盟之理,并揭同盟之宗旨于篇。顾补

中部美利加五小国会盟为共和国合盟条约一卷《译书公会报》本

日本《中央新报》本,译书公会报馆译。顾补

华英通商事略一卷在强园《西学辑存》本中

英伟烈亚力译,王韬述。

英吐奥交涉原委一卷《知新报》本

英伦敦《摩宁列打报》著,知新报馆译。按篇中所称吐国即特兰士拔尔,又名达浪斯,又名干国,奥即奥凌资也。分条纪载于英、吐、奥启衅之由,言之颇详,《亚东时报》有《特兰士〔拔尔〕建国纪》、《图兰〔士〕拔尔案件》二篇可以互证。顾补

英吐交涉答问一卷《知新报》本

知新报馆译。凡十六章,设为问答,于英、吐启衅原委言之甚详,亦关心时局者所宜阅者也。顾补

论各国交付罪人一卷《亚东时报》本

亚东时报馆译。国家不得逾境而行法律,出界而执罪人,此公法家之通例也,往往有甲国逋犯来役,乙国容放交付,皆属其当然之权,甲国不能过问,故忽其区别,不免毫厘千里之差,为逋逃渊薮,岂立法者之本意哉?末段引千八百八十五年德、俄两国订立条约,千八百六十一年美利坚、墨斯古交付条约,皆有公罪、私罪之别,非务为袒护匪党也。谢希傅《归楂丛刻》有《义比交犯条约》可以参观。按此书系节录"万国公法讲演"一节。**顾补**

华英谳案定章考一卷广学会本,一册,浏阳质学社丛刻本

英哲美森著,英李提摩太、蔡尔康同译。西国人民寓居何国即归何国管理,天津之约因中西法律轻重不同,乃有会同讯断之名目,中国从此无管理之权,是法律不可不急修改也。是书为哲氏任副臬司时所定,即《华英会审章程》,但仅举刑律、户律大纲,未为详备。

星轺指掌四卷附续一卷光绪二年同文馆本,四册,《西学大成》本,上海排印本

布马尔顿著,欧洲葛福根注,联芳、庆常同译。此亦章程类之书,言使臣分内职掌,及派使规则、恃使礼法皆具于中,惜仅译上编。葛氏所注或引成案、或载条例、或辨异同,足以补原书所未备。续卷为美国领事则例,后并附公文程式。

　　以上交涉

法国脱雷福斯案纪事本末一卷《五洲时事汇报》本

日本田冈佐代治译。案脱雷福斯以泄漏军情被逮,定案后流于太平洋魔岛三年,其妻遍求著名律师为之伸雪,因自岛召还,复讯于列奴地方,篇中所纪颇为详确。脱雷福斯不过一兵官,要案中间翻覆数回,牵涉多人,乃成为军府政府、君主民主互相争斗之一大关键,亦考求时务之不可不知者也。**顾补**

地利花奇案全录一卷《知新报》本

英伦敦《温故报》著,周灵生译。地利花,法之都司,即脱雷福斯事也。**顾补**

图兰士拔尔案件一卷《亚东时报》本

《亚东时报》译。言图兰士与英龃龉争自主之原委,详尽可读。**顾补**

会审信隆行租船全案一卷《时务报》本

上海《字林西字报》原本,张德坤译。此为信隆洋行租用南洋兵船辇辒之全案,其中一字一句有暗为埋伏者、有互相抵制者、有避重就轻者、有以曲作直者,统观前后,于西律之旨足以略窥一二,而与西人交涉之道思过半矣。

以上案牍

兵 制 第 五

先陆军,次营垒,次海军,次船舰,次枪炮,次子药

前敌须知四卷图一卷制造局本,五册,《富强丛书》本

英克利赖著,舒高第、郑昌棪同译。全书宗旨侦探为主,历举各国战事若何合法、若何失势,皆引战史为证,其图皆各国战事营阵之式,西人凡观战者必有图说报之本国,共相考究,是书即当时所呈报也。《汇编》五有英奴里司《预拟将来陆战论》,可参观。

临阵管见□卷制造局本,四册,《富强丛书》本

布斯拉弗司著,美金楷理译,赵元益述。书成于一千八百六十六年布国大胜奥国后,据事立说非同虚拟,每论本国军事不善,一一指明其错误以垂鉴戒,复采各国修改军法与法国一千八百六十六年后修改之法引为比较,以证利弊,讲武事者宜细读之。

陆操新义四卷附录一卷天津机器局印本,上海石印本,《西学大成》本,坊间改名《德国练兵书》

德康贝著,李凤苞译。首论一队自战、全营合战,次论奋勇进攻不可坐守,终论攻法以何种排列为最,自同治五年战事始至光绪七年止,叠有增益。德国陆军为全球冠,师丹一役成效显著,其致胜之法不出乎各小综自为战,仍成一大军以合战,在因地、因人时有变化而已。制造局有英博兰雅译《陆军战法》,时务报馆译有《陆战新法》,均未印出。

陆军教育摘要二册南洋公学本

日本陆军省原本,南洋公学译书院编译。日本陆军省岁刊《陆军成规类聚》,凡军事之条教号令皆载之,是编据明治三十二年本摘译,其有关教育者凡十七款,为军士教育者二、为将校教育者四、为杂役教育者九,首末两篇则指导考核之事,皆与教育相联系者,各款皆由陆军省审定,颁发通行全国,著为成宪,虽或举条例、或挈指要,汇而合之体裁不无歧杂,然撫集官书类次成帙例仍原文,亦不必以此议之。徐补

步兵各个教练书□卷南洋公学本

日本军事教育会稻村新六编,南洋公学译书院译。日本现役兵每年以十二月一日入营,入营之始未谙军事人各施教令就范围,限十周毕业,是为各个教练。是书汇《步兵操典》、《野外要务令》、《军队教育次序令》诸书,而又以作者平日所阅历附著之,首绪言,次教练纲领,次十周课目,而终以结论,于作止、进退、军礼、枪法、攻守、侦探等事指导备至,又时时设为问答,使各兵知返求之道,又以毋泥成法勖诸教官,可谓详尽矣。徐补

步兵射击教范□卷南洋公学本

日本陆军省原书,南洋公学译书院译。《射击教范》为陆军省颁行各部队教育步兵射击之书,与《步兵操典》相济为用。是编据明治二十八年改正本译出,凡四篇,首射击学理,次射击教育,三场地器具,四簿记报告。末附图十七,说理者七、证器具者十;表十三,据实测者四、示成式者九。徐补

步兵操典□卷南洋公学本

　　日本陆军省原本,南洋公学译书院译。是书据明治三十一年陆军省所颁本译出,凡二篇,分九章,总三百四十四款,附录十四款,则步兵科军礼也。前篇述基本教练,以步伐谨严、技艺纯熟为主;后篇述战斗教练,以通权达变、不守故常为主。明治初陆军师法兰西,至二十年更采用德意志法,于是成各兵操典,然兵兵一种初无后篇,屡经修订始成今本,可谓择之审矣。**徐补**

野外要务令□卷南洋公学本

　　日本陆军省原书,南洋公学译书院译。是书为陆军省颁示将校下士兵卒练习战时应变之书,分上、下二编,上编为阵中勤务,凡十四篇,首军队统属联络之法,次侦探警戒,次行军宿营,次行李、弹药、辎重,次给养、卫生,次补充子药,次使用铁路、电信、船舶,而终以宪兵;下编为秋季演习,凡七篇,首总说,次演习之结构、实施、审判,次与演习之工兵、电线、架桥、行李等队暨一切关系之杂事,而终以地图、文书焉。是书初名《野外演习轨典》,取裁法、德两国兵家之言,折衷本国军事已然之迹,成书于明治十五年,越五年修订之,改名《野外要务令草案》,二十四年又损益之以成此本,并定今名云。**徐补**

军队内务书一册南洋公学本

　　日本陆军省原本,南洋公学译书院译。凡二十六章,章各有目,其大纲约分数端,曰官守、曰医事、曰营规、曰军礼、曰兵律、曰马政,而冠以服从,终以报告。原书本二十八章,译者删其无益实用者二章,而于二十二章增译惩罚法令大略以便诵览焉。**徐补**

骑兵斥候答问□卷南洋公学本

　　日本陆军教导团原本,南洋公学译书院译。凡答问六十四则,于搜索斥候一事曲折详尽,细大弗遗。**徐补**

作战粮食给养法一册南洋公学本

　　日本陆军经理学校原本,南洋公学译书院译。彼国陆军经理学校学生分两科,曰监督、曰军吏,是书为监督科教程本。分上、下二篇,上篇为预习事项,凡五章,首章释给养名义,二、三章论军队区别及行止事宜,四章论水陆交通之法,为本书最要关键,末章论凡关系给养之事;下篇为给养职事纲领及施行方法,凡三章,前二章即本篇条目,后二篇复推论给养之非常法者,至是而给养之道备矣。**徐补**

战法学二卷日本善邻译书馆印本,一册

日本石井忠利著,王治本订。书分二卷,曰高等战法学、初等战法学,高等者曰战略学、曰军制学,初等者曰军纪、曰教育、曰训练。书作于甲午战事以后,颇纠正中国兵法之弊,而立言简要,于海、陆各军法制已无不备,上卷之言编成、下卷之言教育尤为切要。英奴里司撰、英傅兰雅摘译有《预拟将来陆战议〔论〕》,未见。

战术学三卷南洋公学本,四册

日本士官学校原本,南洋公学译书院译。是书为日本士官学校教将之书,采取诸家兵学分类编辑,屡经增订,始于明治二十年,凡九年而后成。为篇十三,为图五十有二,首篇论用兵要旨,二、三、四篇论长短兵之用与步、骑、炮、工诸兵战术联合诸法,五篇论命令报知,六篇论警戒、侦探通法,七篇论行军,八篇论驻军,九、十两篇论警戒、侦探则详六篇之条目也,十一篇以下皆战斗之法。总其所论,盖多身在行间阅历有得之言,故虑远思周,非纸上谈兵者比。**徐补**

列国陆军制三卷制造局本,三册,《富强丛书》本,《军政全书》本

美欧泼登著,美林乐知、瞿昂来同译。所载自日本、俄、英、法、德、奥、意、印度、波斯九国一千八百六十年后所设之兵额,作者美人,故美国兵制从缺。日本自国变后借材法国,更定军制新章,卒成强国,印度、波斯兵事颓废,遂起各国干与之渐,其后印度卒灭于英,波斯屈于英、俄,未能自振,其亡也可立而待。作者首日本、终波斯,殆所以讽中国也。制造局印有英傅兰雅译《西国兵

制源流》，未出。实学报馆印有法爱乃培撰、朱树人译《欧洲防务志》二十卷图一卷，未成。时务报馆译出有《西国陆军制考略》，亦未印。

德国军制述要一卷金陵刻本，一册，《西政丛书》本，光绪乙未刊本

德来春石泰著，沈敦和、德锡乐巴同译。书中言陆军十有九、言海军一，此来氏在江宁充洋操教习时所述，意有专注，故详陆略水，但言军制而训练、战阵之法皆不及，自沈仲礼观察成《自强军西法类编》后此书可不读也。

美国陆军制一册南洋公学本

南洋公学译书院编译。是书原本不著撰人名氏，惟论及法兰西事皆称我国，当是法人隶美籍者所撰。译者就原书次第厘为八篇，惟前后皆叙国兵之制，独第三篇言民兵、义兵，第四篇纪脚车队又为民兵中之一事，且第一篇已略举步、骑、炮、工兵制而第五篇又专论骑兵一门，疑必是急就之作，故体例多未完整，然美国军制夙无译本，得是书亦可见大略矣。**徐补**

日本兵备要略□卷《亚东时报》本

法查原著，亚东时报馆译。所言虽系明治三十一年之事，不免有刍狗之讥，然其奇警处自有可观。**顾补**

日本现今兵制考暨陆军表一卷《中国旬报》本

日本有贺长雄著。日本未变法以前大权旁落，君等守府，迨幕府既倾政在王室，至明治二年新置兵部省，锐意改革军制，设学堂，募近卫团，招渔户以充海军，举通国之人皆兵，又仿常、豫、后备之制，国遂日强矣。**顾补**

日东军政要略三卷南洋公学本，二册

日本陆军经理学校原本，南洋公学译书院编译。日本陆军学校教为陆军监督、补军吏者曰经理学校，其教科书有《经理教程摘要》者，载军制条目颇备，译者复取陆海军省官籍删冗补遗以成此书，凡三卷，分九篇，一切兵卒征募、编列更代、教育廪给之法，与夫官秩、营制、军用、马政胪列详备，其所增益十倍原书云。

徐补

日本宪兵制一册_{南洋公学本}

　　日本《宪兵章程》原本,南洋公学译书院译。宪兵之设所以约束海、陆军人而辅警察之不足,其制始于欧洲,日本明治十四年仿行之,其后屡有损益。是书据三十一年改正章程译出,凡四款,首宪兵章程,次服务章程,次服务细则,次服务细则施行章程,末附勤务表三,宪兵之制大略可见矣。**徐补**

日本军队给与法一册_{南洋公学本}

　　日本《陆军成规类聚》原本,南洋公学译书院摘译。彼国称凡颁给在官员役钱物曰"给与",属军队者有平时、战时二种,所给有俸给、房租、粮食、被服、马匹、消耗物、阵营具、旅费、演习津贴等类。是书据明治三十二年定章分类条载,凡三篇,首篇叙会计出纳定则,二、三篇论给与之法,一平时、一战时也,战时给与较平时略增,然大致无甚殊异,故二篇纪述独详。**徐补**

　　以上陆军

营垒图说一卷附图_{制造局本,一册,《西学大成》本}

　　比伯里牙芒著,美金楷理译,李凤苞述。凡用兵者能明急成土垒之法为要义,西国曩时以筑垒获胜者史不绝书,书中于布置造作之法言之详慎,盖土垒既可蔽护围内之兵丁,又可防马兵之攻突,各国用此显著成效,诚军政之要事。

营城揭要二卷附图_{制造局本,二册,《富强丛书》本}

　　英储意比著,英傅兰雅译,徐寿述。备采各国造筑城墙、营垒之式以成书,说有未明益以图算,讲兵事者所宜留意。

营城要说二卷_{制造局本}

　　英傅兰雅、徐寿同译。

营工要览四卷附图_{制造局本,二册}

　　英武备工程课则,英傅兰雅、汪振声同译。首攻守各法,二行军取水法,三成行营各要件,四造望台及开路法,所论皆陆行工程,为工兵要事。闻近年德国新出书所论尤详,盍译证之。

以上营垒

水师章程八卷续编六卷制造局本,十六册

英水师兵部原书,美林乐知译,郑昌棪述。书中凡官名及所办事务等名皆译音不译义,故满纸多不相属之字,佶屈难读。

水师操练十八卷附杂说一卷制造局本,三册

英战船部原书,英傅兰雅译,徐建寅述。名曰水师而陆地战阵诸法间亦述及,其中言水师船舰操法未能详尽,枪炮操法则略具矣,首卷所述为战船操练要例,不可不读,特译笔欠简达。

防海新论十八卷制造局本,六册,《富强丛书》本改名《南北花旗战记》

布希理哈著,英傅兰雅译,华蘅芳述。专记南北花旗交战水路攻守情形,大抵缀辑文报而希氏复有所论断也。书中将所得新理、新法一一指出门径,而藏伏水雷之法论之独详,末于灯光照海之法尤为致意。

海防臆测二卷湖南长沙刻本

日本侗庵贺古著。序称侗庵著述百二十种,是书天保九年所撰,特其绪余耳,然其先见卓识可以窥矣。**顾补**

海军调度要言三卷图一卷制造局本,二册,《富强丛书》本

英拿核甫、英赖甫吞、英鲁脱能阚麦尔同著,舒高第、郑昌棪同译。首卷摘西国史事与现在水师征验,为拿氏撰;次卷论水战、论撞及分队、论行阵与战法不同、筹画与征验不同,为赖氏撰;三卷论水师轮船战法并图,为鲁氏撰。

海军指要一卷《格致汇编》本,《西学大成》本名《海战指要》

美金楷理译,赵元益述。海战之要既在船坚炮利,尤在布阵进退不失范围,书中论攻防交战诸法,或设问答以穷其旨,又列图式以明其用,与轮船布阵足以参观。《汇编》六有《海战要诀》一篇,亦可互证。

海上权力要素论一卷《亚东时报》本

美马鸿著,日本剑潭钓徒译。此书成于一千八百八十九年,当时北美怡熙为风,海军衰替,故为大言以激劝国民,其后十年有古巴之役,美国政略情形一变,海军推广之议兴,盖马鸿与有力焉。原书所谓一安稳口岸即古巴三查左之谓,当时该岛国属于西班牙,不便明言,故迷离其词,俾读者暗知其意之所在,美觊觎二岛盖滥觞于此,迨至一千八百九十八年藉救民而行其雄略,马鸿之志始酬矣。**顾补**

水师保身法一卷制造局本,一册,《军政全书》本

法勒罗阿著,英伯克雷译,程銮、赵元益重译。此法人所著英人译之,以告船主、军医者,凡饮食、操练、洁身诸法皆备,论铅毒之害尤详。

中国防海编一卷《亚东时报》本

德窝克涅尔著,日本晴猎雨读园主人译。专言扼守顺天、天津当以筑连系堡为第一要义,其筑铁路、练海军、经营胶州湾诸论颇有至理。斯书作于光绪十七年,呈诸使德大臣李君凤苞,《亚东时报》译之于二十五年五月,使当局者能采用之,何至有西兵之入踞哉?**顾补**

英国水师考一卷制造局本,二册,《富强丛书》本,《军政全书》本

英巴那比、美克理同著,英傅兰雅、钟天纬同译。先言船炮源流,继言船舰数目及制造体力,次言兵额、兵费数目及招兵、调备、操练、俸饷、充赏各章程,后载法、德、意、俄、奥水师大略以比较英制,固管理兵船者所当知,其铁甲船表不及《外国师船表》之详而有船料,炮数为《师船表》所缺。

法国水师考一卷制造局本,一册,《富强丛书》本

美杜默能著,美罗亨利、瞿昂来同译。前载船舰只数与造船法制,中载水师官弁额数,后专记造船之厂。法自西历七百五十年复兴船政,其后逐年增改,遂与英匹,足见西国讲求水师不遗余力。是书所记至一千八百八十五年止,以后更定兵制、增造战

舰,宜备考之以附于后。

美国水师考一卷制造局本,二册,《富强丛书》本,《军政全书》本

英巴那比、美克理同著,英傅兰雅、钟天纬同译。盖杂采报章成书,首论源流,次论办理兵船之事,次述各司职掌,次记各事,后总论海部须改章程及办事之法,条理秩然。美自立国以来,办理交涉向以和平为主,所设水师不过保护本国,然每年海部用款已耗费不资,书中所载未为详备。

美国水师缘起一卷《知新报》本

美尖士班著,知新报馆译。顾补

日本水师舰队报□卷《时务报》本

时务报馆译。顾补

以上海军

轮船布阵十二卷首一卷图一册制造局本,二册,《富强丛书》本

英贾密伦、斐路同著,英傅兰雅译,徐建寅述。进退布阵之法毕具于此。制造局印有美金楷理、李凤苞译《布国兵船操练》一册,未出。

铁甲丛谈〔谭〕五卷图一卷制造局本,二册

英黎特著,舒高第、郑昌棪同译。胪列英、法、意、俄、德、奥、土、美、日本、巴西、智利近年所制铁甲水雷诸船之数,至千八百八十九年止,并详言其制造及操演法。附论为美国凯来撰,足以补原书所未备。《汇编》二有《近时战船论》一篇,又六有《欧洲各国兵舰比较论》一篇,可参观。制造局印有英傅兰雅、徐建寅译《炮与铁甲论》十册,未出。

螺丝兵船表、行轮兵船表、炮架表附《汽机发轫》后,又附《开煤要法》后

英美以纳、白那劳合著,英伟烈亚力、徐寿同译。顾补

欧美各大国师船表一卷戊戌十月《申报》本

英惠而生著。斯表载一千八百九十八年各国水师情形并水师所用器械,惠而生阅之击节称赏,并捐资若干以示鼓励。惠君曾于白雷斯福叠详论各国水师,书中采近百年中情形而辑成者。

上船政大臣裕制船条陈一卷《昌言报》本,《秦中汇报》本

> 法杜尔业著。所言各国新制各船非尽是三十海里至三十二海里之速率,故欧洲各国制造各等快船无过二十二、三海里者,惟鱼雷艇兵船方有三十海里左右之速率,大东沟之役日人之胜中国,实赖有上等快炮,非以速率取胜也。前后所列各表言船政颇为详晰,惟言德厂非确实可靠诸款未免有偏袒之意。**顾补**

以上船舰

西炮说略一卷《格致汇编》本

> 英傅兰雅著。先论各种炮造法,后载各种炮图极精细,中有各厂前后膛炮优绌论一篇,详言炮制子药之合法与否,为全书纲领,讲兵学者所宜深究。《汇编》二有《斯米德炮纪略》一篇,可参观。

水雷秘要五卷图一卷制造局排印本,六册,又重刻本

> 英史理孟著,舒高第、郑昌棪述。此书出于一千八百八十年,故其法稍新,凡水雷及水雷船防御、保护、攻守、然放、制造及入水查看各法悉具,后论电光并制电法与电学参看。《汇编》一有《斯米德水雷说》一篇,又四有徐建寅《水雷外壳造法》一篇,亦可互证。

水雷图说四卷天津局印本

> 英施立盟辑译。英傅兰雅、华蘅芳同译有《海用水雷法》一册,稿存吴氏。

兵船炮法六卷制造局本,三册,《富强丛书》本

> 美水师书院著,美金楷理译,朱恩锡、李凤苞述。兵船枪炮与陆路枪炮不同,此书专言体式及然放法。《汇编》七有《大炮与铁甲论》,可互参。制造局有美金楷理、李凤苞译《美国兵船枪法》一册,未印出。又金楷理、朱格仁有《兵船炮法》四册,亦未译成。

攻守炮法一册制造局本

布军政局著,美金楷理〔译〕,李凤苞述。

管炮法程一卷光绪丙申金陵刊本

德瑞乃尔辑译,沈敦和重编。原书名曰《克虏卜海岸炮管理法》,仲礼观察详加校正,乃改今名。书中论查明临用法、用炮时法、用完时法、收存法,最详密。

海战用炮新说一册

炮准心法一卷图一卷制造局本,二册,《富强丛书》本

布军政局著,美金楷理译,李凤苞述。用炮取准,庶不虚糜子药,此书专言克虏伯炮取准法,但于图表算法未能详明,如谓弹在空中行抛物线不合可按表以画各段之图,然核算之法仍未道及。

制造局印有英傅兰雅、徐建寅译《操格林炮法》一册,未出。

炮法求新三卷附编附图制造局本,八册

英乌里治官炮局原书,舒高第、郑昌棪同译。

炮概浅说一卷附《借箸筹防论略》后

德来春石泰著,沈敦和译述。炮表、炮法中国已多译本,是书专讲各炮口径大小种类。盖中国所用之炮各处互岐,一有军事,则彼处药弹此处未能通用,甲午之役北军皆坐此弊,是宜及早讲求也。

回特活德钢炮说一卷制造局本在《西艺知新》中,一册,《富强丛书》本

英回特活德著,英傅兰雅译,徐寿述。论回特活德创制螺丝炮缘由及造法,内有钢性表将钢分红、蓝、棕、黄四类,并记各种钢合宜之用,固制造军器者所当详究。《汇编》二有论,可参观。

克虏伯炮说四卷制造局本,一册,《富强丛书》本

布军政局原书,美金楷理译,李凤苞述。卷一记先事筹备,卷二记临时致用,卷三记炮门、炮弹,卷四记炮表用法。此书所说在当时诚为精密,但外洋于克虏伯炮之制与旧式多所更易,是宜复加考求矣。《汇编》四有徐建寅《阅克虏卜厂造炮记》,可参观。

克虏伯炮操法四卷附表八卷制造局本,二册,《富强丛书》本

布军政局原书,美金楷理译,李凤苞述。记操演法可谓周备,表

记炮弹大小、远近、迟速专为取准之用，亦甚精善，然在教演者神明其用耳。

克虏伯演炮汇译一册

克虏伯电光瞄准器具图说无卷数天津学堂本，一册

不著撰人及译述名氏，观总说知原书即克虏卜炮厂所撰。电光瞄准者，加电灯于表尺准星之上，以利昏夜交战之用。书分四节，论造法、用法、管理章程及所用电气，后列四图极精致。

哈乞开司枪图说四卷光绪壬辰天津学堂本，一册

炮乘新法三卷首一卷图一卷制造局本，六册

英制造官局原书，舒高第、郑昌棪同译述。首论造炮乘材料，次论陆路炮车，次论水师炮架，于近时制造新法纤悉详尽。

　　以上枪炮

炮药记要六卷附图制造局本，一册，《西学大成》本

美水雷局原书，舒高第译，赵元益述。以化学之理，解其化分化合之性质、切用，其理既确，其配合愈精，是书能详言之。

制火药法三卷制造局本，一册，《富强丛书》本

英利稼孙、华斯得同著，英傅兰雅译，丁树棠述。以电气然放水雷之法略论于此，惟未及无烟药，宜辑补之。《汇编》五有《论新出新法火药》，可参观。

火药机器一卷《格致汇编》本

英傅兰雅译，徐寿述。自造药备料以至测火药疏密之气一一论列，可谓纤悉无遗。《汇编》六有《造大子药铜壳机器图说》，可参观。

开地道轰药法三卷图一卷制造局本，二册，吴县叶氏重校本

英武备工程学堂定，英傅兰雅译，汪振声述。先论各处开道工程，后论各药及轰用法，以图明说，皆有法度。《汇编》二有《凿石机器》一篇，可互证。制造局有美金楷理、朱格仁译《喇叭法》一册，未成。

英机器报试弹图八幅《萃报》本

英《机器报》著。昔会巴黎斯时试急冷铁法所制造之弹丸，其射击力能将全锻铁甲板贯通，其后用新压缩法造钢甲板，年进一年，巴黎斯之弹丸遂不能击贯之，于是造弹者亦更求精。当一千八百八十五年及八十六年中法国有几家制钢者，以秘密新法创造顶上着色钢制弹丸，英国某公司即拟仿制，先购此种径口十寸之弹丸，取十寸半厚之复制铁甲板，后更加以厚柏板，向之试弹能贯全板，弹丸全长二十六寸，仅短缩其半寸，英遂购买此法用之。此后英政府试验弹丸之法甚严，所用试弹之复制甲板必有弹子径口之尺寸一倍半厚，远约有一百二十码，所定之火药速力通例一秒时之间有一千七百余尺。至制弹所用之铁，须以上等最量瑞典铁锻冶，尤要者使其铁变为极刚硬之性，弹丸尖极硬，尾后略柔，则其射击不裂破，此皆其试验之图焉。顾补

克虏卜新式陆路炮专用铜壳子药图说无卷数附行炮表天津学堂本，一册，无表，天津局印本

不著撰人名氏，德瑞乃尔译，萧诵芬述。凡分五章，论炮身、炮闩、炮车、子药、引信等件，后列炮表及各图极精细，此即克虏卜新式陆路炮图说。

克虏卜量药涨力器具图说无卷数天津学堂本，一册

不著撰人名氏，德瑞乃尔译。首略说罗满德器具，盖其法创自罗满德，次略说铜柱器具，皆有试法章程及表图，次略说量药涨力微尺，论罗满德及铜柱两种用法，后列两图。泰西火器愈出愈精，读此及电光瞄准益叹功用之微妙。是书一名《罗德满器具说略》。

克虏伯炮弹造法二卷附图一卷饼药酒造法一卷制造局本，三册

布军政局原书，美金楷理译，李凤苞述。克虏伯来复炮弹制造之法至精且密，然大要不外铸铁体、包铅壳、配弹引、储炸药，书中于此数端反复详尽。

阿墨士庄子药图说一册天津学堂本

以上子药

增版东西学书录卷二

农 政 第 六

先农务,次蚕务,次树艺,次畜牧,次农家杂制

农事论略一卷附图《格致汇编》本,《西政丛书》本

英傅兰雅辑译。近年西国农事日精,农器日繁,今检其易明者载之,中记英国农会略章足备参用。

农学新法一卷广学会本,一册,《西政丛书》本

泰西贝德礼著,英李提摩太译,蔡尔康述。曰察土性、曰分原质,凡化学之有关农学者仅举数端,未为详备,然农家苟依其说用之,其获益已不少矣。

农学入门三卷《农学报》本

日本稻垣乙丙著,日本古城贞吉译。于天时、地利、种植、畜牧等事言之甚详,终论农业总要,于任土辨物分门讲肆,条理灿然,此农学教科书之浅近者。

农学初阶一册《农学报》本

英黑球华来思著,吴治俭译。书成于一千八百九十五年,为普通农学,较入门稍深,其目录悉依文学会农学条理而引伸之,以便童蒙诵习。编中所列皆取材各家之书,益以大书院中讲解,而复加以阅历、通以格致,近译农书此最详备。

农书初级一卷光绪戊戌制造局本,一册,《农学报》本

英旦尔恒理著,英秀耀春译,范熙庸述。书凡十章,多一千八百七十八年后所考得之新法,中论农事公理堪称完备,末论撙节各

法尤不可不读。五章以前从第七次印本译出,以下皆从新印第九次本。

农事会要□卷《农学报》本

　　日本池田日升三述,王国维译。**顾补**

农学经济篇二卷《农学报》本

　　日本今关次郎著,日本古田森太郎译。**顾补**

农业气象学□卷《农学报》本

农务化学问答二卷《农学报》本

　　英仲斯敦著,英秀耀春译,范熙庸笔述。凡答问四百三十有九,于化学有关农务者言之綦详。**顾补**

耕土试验成迹□卷《农学报》本

　　沈纮译,从日本农事试验成迹中摘译。考农事以辨土性为第一,能辨土性方知土中所缺者为何元素、所饶者为何元素,然后施肥乃有把握,中国农夫概施一定之肥料,固守往制,卤莽因循,不知变通,此卷可资借鉴焉。**顾补**

农产物分析表一卷《农学报》本

　　日本恒藤规隆著,日本藤田丰八译。专辨动植物类所合之质,列表分析,足以知何物所含何质为多,于人身有益与否,一展卷即了然矣,讲卫生学者不可不读。《农学报》印有日本桥原正三著、日本古城贞吉译《米麦篇》二卷,未成。

万国农业考略□卷《农学报》本

　　从《万国比较》中摘译。

法国农务说一卷《岭学报》本

　　冯维纲译。法之为国也,商务不如美,矿不如日耳曼,生计之勤不如英,而农事所获岁值一千八百余兆,惟俄足与之较,故虽普法之战赔款极巨,不数年即成雄国。斯篇胪陈土地、备考方里为详会计,次及农官,次及农学,终为农事,条其品目而法之农事备矣。**顾补**

斐利迭大王农政要略□卷《农学报》本

德师他代尔曼著,日本和田维四郎译,樊炳清重译。普鲁士在十七世纪之时仅辖白兰丁保一国,其长尚未称君,惟称克尔费尔斯脱而已,十字军之役白兰丁保人口大遭损害,田园荒芜,一千六百四十年斐利迭礼玺大王即位,首以振兴农务为任,爰自和兰召集农民及外国之为宗教而被逐者,移居之民随其故乡风俗,各奏所长,农务为之日盛,后嗣诸王能继厥志,普国之强实基于此。读此书者可知农学殖民为强国根本,宜先从事矣。**顾补**

日本农业书二卷《农学报》本

日本森要太郎著,樊炳清译。书分九编,言气候、植物、生理、土壤、肥料、农用植物、农用动物、农产制造、农业经济各事颇详。
顾补

附英伦务农会章程一卷附录一卷《农学报》本

英务农会原书,吴治俭译。首载英君主准设会诏,次钦定会章,次化学分原之例,次化学分原之价,次买卖粪壅、畜牧食料规例,次会友医治牲畜条例,次请本会除动物之害规例,次请本会查验植物规条,次论买种子,次择植物样至本会查验之法。此章定于英君主即位之第三年,首列大旨十事,可谓握得其要。《求是报》译有《墨西哥开垦章程》,未全。

附日本农会章程一卷《农学报》本

日本古城贞吉译。所列章程可谓妥密,其会报支会章程最佳,颇可采用。后附会员入会应守章程,又会员券据品式,又赏牌章程,皆官设之例,读之足以见日本讲求农务之要。

附日本农学章程一卷《农学报》本

日本古城贞吉译。分为四科,曰农学、曰农艺化学、曰林学、曰兽医学,首大学章程,次大学乙科章程,次卒业兽医学章程,次笃志农学章程。此乃日本国家大学堂章程,从《大学一览》译出者,所列各学条理繁琐并三年为期,日本所定学章皆考求西例,复酌剂己意,故详善胜于西。

附稿者传十二卷《农学报》本

法麦尔香著,朱树人译述。此书乃寓言,藉农者之说,将农理、农法叙入事迹中,俾读者易于感动,虽不足为农家专书,然有补农学。

农学肥料初编二卷续编二卷《农学报》本

法德赫翰著,曾仰东译。上卷六章皆论活质肥料,如兽粪、生植物之类;下卷七章皆论质肥料,如灰石、燐养之类。

厩肥篇一卷《农学报》本

美啤耳著,胡濬康译。家畜厩肥实壅田美质,此为一千八百九十四年上之农部大臣刊入《农人报》者,书中专辨厩肥所含之质有益农田之理,凡搀合法及功用亦备言之。

人造肥料品目效用及用法□卷《农学报》本

日本大阪硫曹公司编,林壬译。**顾补**

害虫要说一卷《农学报》本

日本小野孙三郎著,日本鸟居赫雄译。虫之为害不止农田园圃,实饥馑、疾疫之媒,流毒不少,此书研究考察,列图系说,细及微芒,并详论豫防除灭诸法,殆采录欧美经验之说而复加以亲历者。

田圃害虫新说□卷《农学报》本

日本服部彻著,日本井原鹤太郎译。考察虫类甚详,计二百零一种,各附以图,其言六足虫居多。**顾补**

熏虫法一卷《农学报》本

日本长崎常译录,日本藤田丰八译。计十八章,一绪言,二北美合众国熏虫法,三水化青酸、瓦斯之成迹,四麦利伦特州熏虫法,五苗水熏虫法,六温室熏虫法,七谷仓、粉坊熏虫法,八二硫化炭素、瓦斯熏虫法,九加拿大熏虫律,十克波哥洛尼熏虫法,十一纽奇伦特熏虫法,十二章比克脱利亚熏虫法,十三纽纱威尔司输出

果处理法,十四南奥大利试验,十五法国温室熏虫法,十六普国熏虫法,十七英国试验,十八结尾。**顾补**

采虫指南一卷《农学报》本

日本曲直濑爱著,沈纮译。书分十节,所述采集、储藏、畜养、试验之法专指六足虫一类,不及他虫,因六足虫变化之微妙与肆毒之奇横甲于虫类,此类能制则他类可无虑矣。全书大抵就英人貌黎斯氏《蝶蛾谱》、美人巴加德氏《虫谱》、美国农务省年报择要摘译以成完书,附图三十有五。**顾补**

以上农务

秋虫秘书□卷《农学报》本

日本竹内茂演述,日本远藤虎雄笔记。是书记十余年前金谓秋蚕害桑,摈而不饲,近察知因误于饲育、怠于栽培,于蚕无涉,所证有利四条颇有至理。**顾补**

饲蚕新法一卷益智书会本

美玛高温著,英傅兰雅译。

蚕桑实验说一册《农学报》本

日本松永伍作著,日本藤田丰八译。计四篇,一论桑,二论蚕,三论蚕室,四论饲养。松永氏供职蚕桑先后几二十余年,衔命巡行考求此事亦几十余次,得诸目验,固可征信无疑。

微粒子病肉眼鉴定法一卷杭州蚕学馆本在《蚕学丛刻》初集内

日本佐佐木忠二郎著。列论十章,其辨验微粒子毒不用显微镜而仍凭目验,其法由孵育及蚕、及蛹、及蛾调查三次,以定各毒病多寡之率,凡力不能购显微镜者,读此书试用之甚便。

试验蚕病成迹报第一第二第三《农学报》本,杭州蚕学馆本在《蚕学丛刻》初集内

日本农商务省编,日本藤田丰八译。分十章,曰蚕病有数种,白僵病、有节病、空头病、缩身病、细身病、蛆病是也,此篇专述明治十七年农商务省试验之成迹,其发明不少。其第二则言十八年

试验,第三则言十九年试验。顾补

生丝茧种审查法□卷《农学报》本

　　日本高桥信贞述,沈纮译。附以图说,列表以明之。顾补

简易缫丝法□卷附图《农学报》本

　　日本岛根县农商课编,日本井原鹤太郎译。顾补

屑茧制丝法一卷附图《工艺丛书》本,一册

　　日本竹泽章辑著,沈纮译。曰释器、曰练茧、曰练丝、曰漂丝、曰储料、曰计利,皆考究以最次之茧用药料制成良丝之法,器简制便而利颇厚,是不可不仿行。徐补

蚕务条陈一卷《农学报》本,《格致汇编》本印前二卷有图,名《日本蚕务图说》,《西政丛书》本同,单行本

　　英康发达著。中论中外蚕务情形甚详,复极言中国蚕政败坏,及蚕病之由、除病之法,盖法国蚕务总会致函总署,总署令榷署通札各关考察,此光绪十五年前后呈榷署各公牍也。

采访中国蚕业记□卷《亚泉杂志》本

　　日本中村利元著,亚泉学馆译。顾补

湖北农务学堂蚕业实修记要一卷《农学报》本

　　日本峰村喜藏著。顾补

喝茫蚕书□卷附图《农学报》本,杭州《蚕学报》本

　　法喝茫勒窝滂著,郑守箴译。法国讲求蚕务历有年所,自巴斯陡〔陉〕创制子法而蚕学大进,其黄蚕一种每韫昔蚕子得茧多至六七十启罗格,其立法善故收效捷也。郑君游学欧洲,便道至法国茫伯理挨蚕桑学堂学习,因思中国蚕病不讲,饲法未精,出丝日少,漏巵日多,因急取此书译之,而于饲蚕、制子二法言之特详,至考究蚕性,因非急务,故从略焉。为图凡三十有四。顾补

意大利蚕书一卷制造局译本在《蚕学丛刻》初集内

　　意丹吐鲁著,英傅兰雅、傅绍兰同译,汪振声、赵元益述。养蚕之法,一不可有病,二必使足食,三热度合宜,然各国所设之法惟意

最合宜。是书为意国侯爵丹吐鲁著,英人译之以教爱尔兰岛之民者,自饲养之法及民间、国家所得利益无不具载,蚕房、蚕具亦详说之,体贴周密,足以为法。

附蚕业学校指引一卷《农学报》本

日本东京丸山舍编辑,日本安藤虎雄译。此皆明治二十年各蚕业学校章程,汇刊成帙,日本蚕业小学校甚多,兹编新录皆著明之大学校得国家资助者。后附检查蚕种法,极可观。

以上蚕务

农业三事□卷《农学报》本

奥荷衣伯连著,日本津田述,沈绂译。发明三事,曰埋筒而地之瘠者腴,曰偃枝而实之歉者丰,曰媒花而种之莠者良,凭累年之经验,便实地之施行,功回造化,力谢汽机,法简效宏,殆无逾此。荷氏挟此术驰名中外,法主拿破仑第三世特命各官考验得实,大赏之,七年间解所佩悬荷氏胸前,以旌其明农之功,寰宇荣之。**顾补**

植物选种新说一卷《农学报》本

日本梅原宽重著。凡田产、水产、林产各种植物,其选种、播种、收刈诸法分条言其大概,宜忌、气候亦略言之。《知新报》有英甘列士拖镈著、周逢源译《树艺求精》,未印成。

农用种子学二卷《农学报》本

日本横井时敬编,日本河濑仪太郎译。书分总论、特论,与种子善恶优劣,靡不反复考证。**顾补**

森林学□卷《农学报》本

日本奥田贞卫著,樊炳清译。所言皆栽植树木之法,分七章,其论颇有理。**顾补**

果树栽培全书三卷《农学报》本

日本福羽逸人著,沈绂译。**顾补**

造林学各论三卷《农学报》本

日本本多静六著,林壬译。此编专论针叶林木及椰子类、竹类各种,其阔叶林木概从阙如。日本所有树种与欧美全异,故造林学亦非仅译西书所能足用,作者就日本所有者讲究之以成斯书焉。顾补

草木干腊法□卷《农学报》本

日本伊藤圭介原本,日本久保宏道校正,林壬译。顾补

接木法□卷《农学报》本

日本竹泽章著,罗振常译。顾补

附日本山林会章程□卷《农学报》本

林壬译。顾补

印度茶书一卷《农学报》本

英地域高劳著,容廉臣译,陈士廉述。地氏以他处自植之茶与印度、锡兰茶相比较,因得各种证据以成书者,复采集各家之说,附以己意,而植茶、制茶之法与格致、化学之理相关者,考求备录。言英国茶事当以此为最详。

附茶事试验报告二卷《农学报》本

日本农商务省编,日本藤田丰八译。卷中列表考证中国、印度茶种颇详。顾补

美国种棉述要一卷《农学报》本

直隶臬署原译,罗振玉编。此周玉山廉访官直隶时译本,自治地至收花其法皆备,而去子、打包诸说亦附著之,至其所言种植法与北方情形最相宜。

植美棉简法一卷《农学报》本

直隶臬署原译,罗振玉编。此美国农部及赈士厂所开种棉事宜,罗君删润之而易今名,所列八则与《美国种棉述要》小有不同,可以参阅。

山东试种洋棉简法一卷《农学报》本,原题《明农策》

英仲均安著,罗振玉编。仲教士在山东时所述,皆西人种棉常

·63·

法，按法种植每亩可得二百七十斤，中国沿海、沿江多宜棉之地，宜募佣举办，以开新法。

埃及棉花历年产地面积表□卷《湖北商务报》本

　湖南商务报馆译。**顾补**

种印度粟法一卷《农学报》本

　直隶臬署原译，罗振玉编。印度粟俗名"番麦"，亦名"珍珠米"，中国称"玉米"，亦称"玉粟黍"，亦称"包谷"。此粟利用甚广，可充食、可制酒、可饲牲，秆可制糖，中国则仅知杵以为糜而已，此书言其种法甚详。

家菌长养法一卷《农学报》本

　美威廉母和尔康尼著，陈寿彭译。此书一千八百九十七年美国农学会所刊。菌之种法甚易，即无田小农亦可于隙地施种，和氏此书采诸法简便者，陈君复取他书为之补注、补图，益缜密矣。

蕈种栽培法□卷《农学报》本

　日本本间小左工门著，林壬译。**顾补**

樟树论一卷《农学报》本

　日本白河太郎著，日本藤田丰八译。樟树之产，日本为盛而台湾尤盛，书成于割我台湾后，竭力表明种樟制脑、制油之利，并论制造之法，复申言从前中国未能保护脑务之弊，坐失利益，可为叹惜。

种拉美草法一卷《农学报》本

　日本古城贞吉译。拉美草亦麻属，为亚洲特产，其皮可制缕纺织，此书言其种植收取之法，苟移种之亦兴利之一端。

麻栽制法一卷《农学报》本

　日本高桥重郎著，日本藤田丰八译。于播麻、制苎、剥皮诸法举其大略。《汇编》四有《泰西治麻说略》一篇，可参观。

枇榔法一卷《农学报》本

　日本《农会报》著，日本藤田丰八译。枇榔即《本草纲目》之蒲

葵,日本冲绳诸岛多产之,篇中论枇榔种类甚详,并附以各国制扇之图。顾补

葡萄新书二卷《农学报》本

日本中城恒三郎著,林壬译。上卷六节,言种植之理;下卷十节,言酿造之法。《汇报》二十三号有《葡萄制酒法》,可参观。顾补

植楮法一卷植雁皮法一卷《农学报》本

日本初濑川健增著。楮与雁皮皆造纸之用,然二物种法小有不同,此书仅言其大概。

植三桠树法一卷《农学报》本

日本梅原宽重著。三桠一名结香,造纸最良。此书盖即梅原氏《三桠培养新说》,益以初濑川健增之说,合为著明者。

植漆法一卷《农学报》本

日本初濑川健增著。日本漆树有二种,一曰梨皮、一曰饼皮,此书所言皆日本种之种植、收刈法,讲求此业者可与中法互考之。

山蓝新说□卷《农学报》本

日本崛内良平编,林壬译。蓝为染料使用最多,日本所产凡二种,曰蓼蓝、曰山蓝,初不知山蓝之适用,嗣经研究成迹颇优,斯编所叙述不仅山蓝栽培法,且及制靛法及染色一班焉。顾补

落叶松栽培法□卷《农学报》本

日本高见泽著,林壬译。书分七章,其造林一章所言尤有至理。顾补

金松树栽培法□卷《农学报》本

日本加贺美著,林壬译。金松为常盘,其色四时不变,欧美人仰其苗于日本,争相播种,素苦无发明种植之法,加贺君因苦志经营,始究蕴而得良迹,以著于篇。顾补

蔷薇栽培法□卷《农学报》本

日本安井真八郎著,林壬译。上卷详言各国蔷薇之种类,下卷言栽培之法。顾补

薄荷栽培制造法一卷《农学报》本

日本山木钩吉著,沈纮译。栽薄荷可以制油、制脑,其用于药品甚广,欧美近来制造极精,此为日本人制造法,其器未甚详细,惟栽培尚可仿效。

淡芭菰栽制法□卷《农学报》本

美厄斯宅士藏著,陈寿彭译。凡十五节,都三千余言,而淡芭菰栽制诸法已备。末节论因地气种类而判优劣,固然,然仅指纬线北三十一度上数部落而言,非概论诸地所产不足以制雪茄也。雪茄之美者固莫古巴若,今大地所售安得尽出于古巴?仿制盖百之九十矣,其为美国所仿者不下四五十。此书所言制叶精美以备售,即供为仿制雪茄之用,次者则为纸烟,篇中不发明此说,而以限于地气种类为结,殆别有微意欤。**顾补**

阿芙蓉考一卷《农学报》本

英夏特猛著,陈寿彭摘译。陈君自述谓,原书大旨以中国人嗜鸦片者痼疾难瘳,多讥刺语,是书摘其要旨,参以他书,考究其源流、种植之法,俾中国人明其流毒,非冀挽回利权也。

牧草图说□卷附图《农学报》本

日本农商务省农务局编,周家树译论。取日本野草择其富于滋养、适牛马之嗜好者,得最佳之二十种,绘图二十,附说以明之。
顾补

　　以上树艺

荷兰牧牛篇一卷《农学报》本

荷兰爱新楷、葛尼能同著,鸳湖渔隐译。荷兰牧牛尚沿二千年来旧法,未尝稍替,其所产之牛素称极美,是篇为佛里寺牧牛公司所记,论牛种、论乳质、论乳牛皆备,惟畜牧法未详。《农学报》有英乔车阿美脱车撰、江绍基译《牧羊书》,未印全。

牛乳新书二卷《农学报》本

日本河相大三述,沈纮译。上卷言择牛种类,察乳之优劣多少,

下卷言制乳之法。顾补

牧羊指引一卷《农学报》本

　　日本下总种畜场原书,日本后藤达三编译,罗振玉润色。此为明
　　治八年以来在日本下总种畜场试验之法,四季饲养、通常治瘰诸
　　事,取简便者载之。

山羊全书二卷《农学报》本

　　日本内藤菊造著,罗振玉编润。言各国山羊种类皆备,其饲养、
　　挚乳、疗病及毛骨血肉利用亦一一言之,体察精细,殆过于《牧
　　羊指引》。

西国养蜂法一卷《格致汇编》本

　　英傅兰雅辑译。言光学聚蜂、化学察蜂之理至精至密,首言印度
　　不养蜂而专种鸦片,所失之利过于所得之利,然则养蜂之利可谓
　　大矣。《汇编》一有《论养蜂获利》,可参观。

蜜蜂饲养法二卷《农学报》本

　　日本花房柳条著,日本藤田丰八译。讲求养蜂亦振兴糖利之一
　　事,此书上篇叙蜜蜂生理解剖、营巢育儿,下篇述饲养管理各法,
　　条分缕析,较《养蜂法》为密。

养鱼人工孵化术□卷《农学报》本

　　日本金田归逸著,刘大猷译。顾补

台湾人工孵化鸭卵法□卷《农学报》本

　　萨端译。顾补

附日本水产会成迹概要一卷《农学报》本

　　日本藤田丰八译。顾补

附日本水产会章程□卷《农学报》本

　　沈纮译。顾补

　　　以上畜牧

农产制造学□卷《农学报》本

　　日本楠岩编,沈纮译。以酿酒、制糖为主,其余凡农学与制造相

关者皆附焉。顾补

西国漂染棉布论一卷《格致汇编》本

英傅兰雅辑译。以化学漂染棉布,其工夫分十七层,论甚详悉,后论印花法亦由化学研炼而出,并详所用之器具、材料。

制絮法一卷《农学报》本

日本格山原治郎著,日本井原鹤太郎译。言同宫茧、出蛾茧、屑茧等制絮之法。

种蔗制糖论略一卷附图《格致汇编》本,一册

英梅盛令辑,英白莱喜译,英傅兰雅编。专论沙糖出自蔗汁,不言及糖晶,自栽种制造以至贩运,大略已备。是书原为台地蔗糖工程而作,然能究心者未尝不可仿行于内地也。图从哥打郎许登干公司绘出,后附西印度从前造糖图并说为傅兰雅所增。

制芦粟糖法一卷附图《农学报》本

日本稻垣重为著,日本藤田丰八译。芦粟本中国北方之种,近来法、美二国移植甚盛,书自下种以至制糖具详其法,盖此物劳费至小,收利甚多,不可不精意讲求也。附图专绘制糖之器具,亦颇简便易制。

美国种芦粟栽制试验表一卷《农学报》本

日本驹场农学校编,日本藤田丰八译。此农学校以化学试验栽培及制沙糖之实迹,后并列澳洲、中国栽培诸表及甘蔗栽培、榨汁诸表,以资比较。

验糖简易方一卷《农学报》本

日本农务局原本,日本藤田丰八译。所植芦粟及甘蔗用波梅氏验糖器以测定糖汁比重,庶无误收获之期,此书列表以言验法,盖泰西皆用此法以定蔗茎,日本乃仿效之耳。《汇编》一有《西国造糖法》,可参观。又二有《造啤酒法》,附记于此。

制糖器具说□卷《农学报》本

日本大鸟圭介著,樊炳清译。论制糖之榨汁器、蒸发器、筛密器,

列图六幅以明之。**顾补**

以上农家杂艺

矿 务 第 七

先矿学,次矿工

宝藏兴焉十二卷制造局本,十六册,《矿务丛刻》本析为《要法八种》

英费而奔著,英傅兰雅译,徐寿述。论金、铂、银、铜、锡、铁、铅、锌、镍、锑、铋、汞诸矿形性,各尽其理,言炼法亦极详密,中译矿学之书以此本为最要。《知新报》印有英珍遮时令加著、周逢源译《考矿备要》,未成。

矿学须知一卷《格致须知》三集本,一册

英傅兰雅著。专论矿之性质,于开矿工艺未详。时务报馆译有《开矿章程》,未出。

矿务演说□卷《知新报》本

美安打必列治著,周灵生译。言矿之试验极详,颇有新理法。
顾补

矿石图说一卷益智书会本,一册

英傅兰雅译。但言纯整之矿石而不及汽、水、土、石各类,并有大图一幅,绘各沙石之形色俨然逼真,习矿学者宜先观此种书大有裨益。

矿石辑要编一卷《格致汇编》本

英傅兰雅辑译。先论金、银、铜、铁之矿,后略论诸宝石之矿,虽形性名目极繁,而辨别精细,复列图以明之,似继《图说》而作。

以上矿学

开煤要法十二卷附表制造局本,二册,《矿务丛刻》本,上海石印《矿务五种》本,《富强丛书》本,《西学大成》本无表

英士密德辑,英傅兰雅译,王德均述。试验、开采、起运、防备之

法及器具、工作无不详载，后出之书虽多，但加密求便而已。书中论预防各险甚详，中载中国产煤处所尚未周备。《汇编》一有《钻地觅煤法》，又有《力储于煤说》，又有《开煤略法》，并可参观。

试验铁煤法一卷制造局本

英傅兰雅、徐寿同译。

验矿砂要法□卷广学会本

同文馆化学教习施德明译。书凡十节，论矿质内提取金、银、铜、铁、铅、锡之类，系为矿师验矿所用，开矿之先将矿砂少许按法煅炼，查其内含各金之数，以定开矿时如何提炼、有无利益，记载明晰，法术简当，器具、药料开列全备，颇切于实用。顾补

井矿工程三卷制造局本，二册，《矿务丛刻》本，《矿务五种》本，《富强丛书》本，《西学大成》本

英白尔捺辑，英傅兰雅译，赵元益述。开井、开矿所论略备，中言造自涌水井及火药拉开土石法，可与东国凿井法、开地道轰药法参证，又载中国开井二法殆行诸北方者，西人之留心可知。《汇编》二有《起水论》，可参考。

银矿指南一卷附图制造局本，一册，《矿务丛刻》本，《矿务五种》本，《富强丛书》本

英亚伦著，英傅兰雅译，应祖锡述。此为亚伦重定本，中详于炼银诸法，于验矿之事未为详备，盖作者但求亲试，力从简便，勒为一书，未尝旁罗众说，故讲究此学者尚宜搜求新法参考之。

冶金录三卷制造局本，二册，《矿务丛刻》本，《矿务五种》本，《富强丛书》本

美阿发满著，英傅兰雅译，赵元益述。上卷论范模法及器具、材料，中卷论镕铸事，下卷论金类杂质、范铸诸事，堪称详备，但近出各器日趋良便，其法但资参考而已，论杂质未详。益智书会有英傅兰雅《金石略辨》，未印出。

西国炼钢说一卷《格致汇编》本

英傅兰雅辑译。是书盖择《炼钢全书》要说汇辑而成，凡炼铜、炼钢各法与钢之用处一一详说。按中国近来需铁甚多，若全取之外洋则巨资流出特甚，亟宜讲求开采、镕炼，庶不至仰外人鼻息，书中亦见及此，每申论之。《汇编》二有《化分中国铁矿说》、《西国炼铁法略论》，可参观。

各国硫矿同异□卷《知新报》本

英伦敦《矿务报》著，周灵生译。顾补

附印度产金额数纪略一卷《湖北商务报》本

湖北商务报馆译。顾补

附萍乡安源机矿图八幅照相本

德赖纶测绘，舒秉仁译。萍乡煤矿开采有年，自仿西法设机厂后，煤出日多，可与开平埒，此图即开创时绘造房屋机厂之图也。顾补

以上矿工

工 艺 第 八

先工学，次塘工、河工、路工，次汽机总，次杂工，次杂艺

工程致富论略十三卷附图制造局本，八册，《富强丛书》本，《西政丛书》本

英玛体生著，英傅兰雅、钟天纬同译。前三卷专论工程利益及国家定律保息擅利助本，又包工查验根源工程弊端，四卷以下分论各项工程利弊、开办利益。盖以工程能使商务兴盛，英人视工程为最要事，故其商务亦独盛，书中皆就英人所作之工程立论，颇称赅备。益智书会印有英傅兰雅《泰西工艺》，制造局印有英傅兰雅、徐家宝《工艺准总》，均未出。

考工记要十七卷制造局本，八册，《西政丛书》本

英玛体生著，英傅兰雅、钟天纬同译。言办理各种工程器具、材料，如何立合同，如何购买，如何定尺寸成色。即《工程致富》之

二集,两书相为表里,原名《制造须知》。《求是报》印有曾仰东译《工程选料书》,未成。

论机器之益□卷《新学汇编》本,广学会单行本

英艾约瑟著,蔡尔康润色。论机器并不妨害人工,足破中国守旧之见。顾补

附伏耳鉴厂管工章程一卷《格致汇编》本

德伏耳鉴厂原本,美金楷理、徐建寅同译。凡管工章程二十七条、救火章程四条、病会章程十五条,皆极详细。

以上工学

海塘辑要十卷制造局本,二册,《富强丛书》本

英韦更斯著,英傅兰雅译,赵元益述。西人以为筑塘可以救出没海之地,所获利益未可限量,不特捍水已也,故虽耗费巨资亦所不惜,是书于择地筑塘、泻水、御水、修筑旧塘之法,及工程经费、交涉利弊,与夫成工利益、造塘条理,无不详载。后附马立德所撰释解,足以补韦书所未备。

泰西河防一卷续一卷《中西闻见录》本

英艾约瑟辑译。此从英国名因赛格罗比帝亚白理达尼迦书中采其论水利之理者著之,凡地势自成之江河与人工所治之水路无不详论,艾氏复采中国言治河之法反复辩论,以证西法之周美。后有《淘水浇灌法》一篇,农家尤宜致意。

河工记略一卷《格致汇编》本

美狄考文著,英傅兰雅译。所记只一篇,即美国义德氏修治米西西比大河之法,今日黄河淤塞之形势与从前米西西比河相同,故狄氏引据《格致新报》所刊之论以答山东巡抚之问。《汇编》一有《新法开河机器船》,又五有英玛礼孙《黄河论》,可互证。

美人开通两洋议□卷《知新报》本

周逢源译。中亚非利加巴拿马海腰最窄之处,左为大西洋,右为太平洋,两洋为其梗断,嗣有创开通之议,寻得三处,一为梯汉地

辟、一为尼加拉瓜、一为巴拿马,虽屡有人开办,卒以费绌而止,此书于开通时卫生防范工程各事言之綦详。《知新报》有《极论美国开巴拿马之利》一篇,可参观。**顾补**

西国造桥论略一卷《格致汇编》本

英傅兰雅辑译。采拾各国造成之桥而总言铁与砖石之利弊,后附《潮水论》,盖自美国《格致报》录出,言潮水涨落以证每日地球之动,其说有据而可信。《求是报》印有法德勃甫撰、曾仰东译《建造桥路工程书》,未成。

行军铁路工程二卷附图制造局本,一册,《富强丛书》本

英武备工程课则,英傅兰雅、汪振声同译。行军铁路为工程兵专责,此书所载一为两要隘处择适中地造铁路以利军行之法,一为已成铁路为敌人毁坏修整复用之法,一恐敌人据此临时自毁之法,其号令法尤宜采用,若常路汽车所配零物及装运分两尺寸,又另为二表,颇极详细。

拟造浦东铁桥图说一卷《求是报》本

法邵禄著,曾仰东译。专论新式铁运桥之造法。

火车与铁路略论一卷《格致汇编》本

英傅兰雅译。一论铁路之益,二论工程,大约采自各公司所报,虽未甚详,读之亦足见有厓略。又《汇编》二有《论简便汽车与铁路》一篇,为近年英国新法,又六有《电车铁路说》,均可参观。

炉承新制一卷《求是报》本

比卑郎著,曾仰东译。卑氏新创火车炉承足以省工、省煤,坚实耐久,书中专论此器之料件质性、分量及运用之便,实为近时要事。

铁路纪略一卷附图附中国铁路利弊论《西学大成》本

英傅兰雅译。先论铁路各种工程,惟不详言造法,后论中国造铁路利弊,设为答问,至周且晰,读之足以破除成见。

铁路纪要三卷制造局本,一册

英柯理集,潘松译。铁路惟美为最多,其制造立法亦以美为最善,是书所记皆美国造路车及各工程之法,并述获利之厚,局译之以呈当路采择者。

开办铁路工程说略一卷附美国大火轮车图说《格致汇编》本

英傅兰雅译。书成于中国造成唐山铁路之后,专取英国办理铁路成法笔之于报,以冀中国采用其议,卷页虽少,于路车之事已言无不尽。《大火轮车图说》为近时新创之式,故附载之。

附伦敦铁路公司章程一卷《时务报》本

英铁路公司著,邓廷铿译,杨葆寅辑。凡行止车机、收卸货物、搭客收票、夷险记号皆有章程,令发惟从英伦公司,尤为详密。《汇编》六有言印度铁路一篇,其办法颇善,可互证。《实学报》印有德伏耳铿制造厂原本、美金楷理、徐建寅同译《伏耳铿厂制造股会章程》一卷,未成

附奥国商办铁路条例一卷《时务报》本

万国铁路会月报原本,黄致尧译。此条例皆铁路应办之事、应享之利、应守之责,而未及行军设路工程诸章程,于一千八百九十四年拟进,次年经奥王批准者。

附论筑造亚细亚铁路事宜一卷《亚东时报》本

英茂联著,亚东时报馆译。于各国承筑中国铁路分条言之,详明可阅。顾补

附西伯利亚铁路情形考一卷《湖北商务报》本

德《歌仑报》原本,商务报馆译。俄国建筑西伯利亚铁路,竭力经营以期速竣,篇中言各路入段,逐段工程道路远近、需费若干,以及已竣者何时开行,未竣者何时告竣,皆详志焉。顾补

附西伯利亚铁路旅程纪要一卷《湖北商务报》本

湖北商务报馆译。顾补

以上塘工、河工、路工

汽机发轫九卷表一卷制造局本,四册,《西学大成》本无表

英美以纳、白劳那合著,英伟烈亚力译,徐寿述。先论汽机公理,末论真理,中论机件、论行船泊船及兵船所司事,大旨与《必以》相同,此于水面所用之汽机尤加详。《汇编》一有《汽机要说》,可参观。

汽机必以十二卷首一卷图一册制造局本,六册,《富强丛书》本

英蒲而捺著,英傅兰雅译,徐建寅述。汽机之制愈出愈精,此书所论诸法颇详,首卷言造机公法,乃推论其理,讲此学者最宜深究,与《发轫》参观。

汽机新制八卷制造局本,二册,《西学大成》本

英白尔格著,英傅兰雅译,徐建寅述。书中论水陆所用各机件宏纤具载,记大小尺寸数目皆荟萃诸人制造试验之尽善者著之,然非明斯学者骤观未易悉其理,若近年改良之新法,宜另采一编以补之。

汽机入门一卷附图《西学大成》本

美丁韪良著。

汽机原始□卷《汇报》本

汇报馆译。言汽机之理甚详,附图六幅以明之,颇便初学。顾补

新式汽机图说一卷益智书会本,一册

英雷奴支著,英傅兰雅译。汽机制式繁多,非先绘画图象、熟习名目无以深明其理法,书中择总要之机件浅显论之,不求繁琐。

新式陆地汽机锅炉图说一卷《格致汇编》本

英傅兰雅辑译。近来各国讲求陆地汽机锅炉,年精一年,此编所载皆英国退辣车仑公司所造新式汽机锅炉图样,尺寸、价值并列。制造局印有英傅兰雅、徐建寅译《汽机尺寸》二册,未出。

兵船汽机六卷附一卷制造局本,八册,《富强丛书》本

英息尼德著,英傅兰雅译,华备钰述。专言理法及近今合用之式,于汽机源流与旧式汽机概置不论,词从浅近,算去深奥,专为便管理兵船之用。附一卷为重印时所补辑,中言三合抵力汽机

与封挑煤舱以强风力二事为详盖,近来均用此法。

工程机器器具图说一卷《格致汇编》本

英傅兰雅辑译。一泥土工程器,二工艺家手用器,三铁工轮工器,四特设工程器,五新法木工器。按工程之器具最繁,今择最要者译成一卷,足以备用。《汇编》一有《轮锯图说》、《打桩汽机说》,可参观。制造局印有英傅兰雅、徐寿译《造汽机等手工》二册,未成。

新式工程机器图说一卷《格致汇编》本

英傅兰雅辑译。皆采各国报章所载近时新出机器择要载之,为图十二。

汽机中西名目表一册制造局本

不著撰人名氏。是表本以《汽机发轫》所定名目为主,后更续译《汽机必以》、《新制》等书,名目渐多,今将光绪十五年所有成书内已定名目辑成是表,其名目皆指形象物,亦有言其功用与英文本义不甚吻合者,间有名目为从前所定揆之于今稍有不称者,宜参互考证之。《汇编》一有徐寿《汽机命名说》,可证。

以上汽机总

艺器记珠一册制造局石印袖珍本

英暮司活德著,英傅兰雅译,徐建寅述。书注二百四十页,六十二页以前工程各事,凡桥梁、屋脊、铁路、船澳等类各种比例率;六十二页以后制造各事,凡锅炉、汽机等类各种比例率,又列各种比例表,算式皆用代数,极简明。书册最小便于携带,实工艺家必不可少之书。

附罗马居民屋宇考略□卷《知新报》本

美纽约《格致报》原本,周灵生译。言罗马楼屋之制颇详,亦考求西国工程之不可不阅者也。顾补

农具图说三卷《农学报》本

法蓝涉尔芒著,吴尔昌译。各国农具式各不同,是编荟萃各制,

皆系以图,别其便用与否,前二卷皆论农具,后一卷皆论制造各物之具,亦工艺家要书。《汇编》七有《打米机器图说》,可参观。

风车图说一卷《农学报》本

美风车公司著,胡濬康译。详言一切风车装法,益以发动机器,其能力尤大。此为风车公司所撰,有图有说,以备购车者按图索之。《汇编》一有《风车说》,又《吹风器》,可参观。

泰西农具及兽医治疗器械图说一卷《农学报》本

日本驹场农学校原本,日本藤田丰八译。先列说后列图,凡农具之图四十六、兽医治疗器械图七,皆藉人力、牛马力而施之农亩,与泰西农具迥然不同,诚便于仿制也。《汇编》一有言起水机器,可参观。

新式焙茶机器图说一卷《农学报》本

英爱尔兰台维生厂原本,陈佩尚译。中国欲兴茶务,不得不讲机器制法,是编所列制茶机器有图有说,并列价值,可谓详细,足为讲求茶务者之助。

纺织机器图说一卷《格致汇编》本,一册,《西政丛书》本

英傅兰雅辑译。前论机器用法、纺织功效,后附《字林报》论上海纺织及丹科论纺织工艺情形,最足借鉴。《汇编》一、二有论棉花工艺源流、论棉花去子及纺纱织布各机器并价值,又总论,又《纺织厂图说》,又《美国棉油厂说》,凡八篇,可互证。

英机器报纺织机图二十幅《萃报》本

英《机器报》原本,萃报馆译绘。计二十图,棉花抽出机,缠绵机,自动喂哈绵机,开棉并打棉用复制机,单制打棉机,梳机,精制梳丝机一,备注管凝汽器,精制梳丝机二,备注管凝汽器,辊轴并梳丝机,回转平延梳丝机,梳丝匡前面之图,梳丝匡后面之图,缠丝机,纺绩丝环锤匡一,英国方法复制丝环锤匡二,滑面用纺绩机一,滑面用纺绩机二,引伸匡机,整轴车机。**顾补**

附中国纺织情形三卷《湖北商务报》本

日本《时事新报》著,湖北商务报馆译。**顾补**

炼石编三卷图一卷<small>制造局本,二册</small>,《富强丛书》本

英亨利黎特著,舒高第、郑昌棪同译。专论制造塞门德土之法,中论地学金石及煤层石灰石,可与地质学书参证。《汇编》四有徐建寅《论造石灰法》,可参观。

西国造砖法一卷《格致汇编》本

英傅兰雅辑译。所言皆英国之法,并及税则,后有轧磨泥轮一篇,盖轧磨沙泥为造砖工程中要事,固不可不讲求也。

铸钱工艺三卷附图<small>制造局本,二册</small>

英傅兰雅、钟天纬同译。首总论钱法源流,并用钱定值之法,从英国《通商字典》摘译,余论各国铸钱法及工艺物料,建造之费、换兑之值,诚理财者必须之书。<small>制造局印有英傅兰雅、汪振声译《铸钱论略》,未出</small>

英国铸钱说略一卷《格致汇编》本

英傅兰雅辑译。是编所录皆造金钱法,而造银、铜钱可以类推。从收生料起至造成止,其工夫分为十六层,又列总计盈绌之数,依次论略。《中西闻见录》有卜世礼《日本新货币考》,<small>附记于此。</small>

鼓铸小银说略□卷<small>同文馆本,一册</small>

　　　以上杂工

西艺知新正编十卷续编十二卷<small>制造局本,上海石印二层本</small>

江南制造局编。《汇编》一有《造冰机器》、《造针法说略》,又二有《造荷兰水机器》、《制纽法》,又四有《西国发蓝法》,又六有《压成金类器皿机器图说》、《论机器造冰之法》、《造自来火法》,又七有《制皮法》、《论电气熟皮》,皆西艺新法,特附记于此。

匠诲与规三卷<small>英诺格德著,英傅兰雅译,徐寿述。《富强丛书》本。专言工匠所用器具。</small>

回特活德钢炮〔说〕一卷<small>入“兵制”。</small>

造管之法一卷英由耳著,英傅兰雅译,徐寿述。《富强丛书》本。论造各种铅、铁、铜、钢之管。

回热炉法一卷英各尔曼著,英傅兰雅译,徐寿述。《富强丛书》本。回热炉乃制铁之用,《汇编》一有《汽锤略论》,又《论压水柜》,可参观。

造硫强水法一卷英士密德著,英傅兰雅译,徐寿述。《富强丛书》本。

色相留真一卷不著撰人名氏,英傅兰雅译,徐寿述。《富强丛书》本。论造照像器具材料及照像之法。

周幂知裁一卷美布伦辑,英傅兰雅译,徐寿述。论巩壶、盘管之裁割焊接法,皆从圆周割分,然后合为各器面积,故曰《周幂知裁》。

却水衣全论一卷英大斐斯著,英傅兰雅译,徐寿述。

以上正编凡八种

垸髹致美一卷不著撰人名氏,英傅兰雅译,徐寿述。

制肥皂法二卷不著撰人名氏,美林乐知译,郑昌棪述。《富强丛书》本。

制油烛法一卷不著撰人名氏,美林乐知译,郑昌棪述。《富强丛书》本。

镀金四卷不著撰人名氏,美金楷理译,徐华封述。《富强丛书》本。专言电气镀金之法。

制玻璃法二卷附瓷面釉质不著撰人名氏,英傅兰雅译,徐寿述。《汇编》一有《论韧性玻璃》一篇、《西国瓷器源流》一篇,又二有《造玻璃法》一篇、《西国造瓷机器》一篇,《中西闻见录》有《论玻璃》二篇,均可鉴考。

铁路针向一卷不著撰人名氏,英傅兰雅译,徐寿述。

机动图说一卷不著撰人名氏,英傅兰雅译,徐寿述。裒采群书而成,凡机器运动之法毕具,阅之足以自出新裁。

以上续编凡七种

日用制造品□卷杭州《译林》本

日本高桥橘树编。顾补

电气镀金略法一卷制造局本,一册,《格致汇编》本,《富强丛书》本

英华特著,英傅兰雅译,周郇述。按此法为英人司本沙与俄人约克皮同时考得,首论镀金源流,次论镀铜、镀银、镀黄铜、镀铂、镀锌等法,附录四十六款,又续附四十六款,备详节目。与《西艺

知新》内《镀金》参看,可互证其理。

电气镀镍一卷制造局本,《富强丛书》本

不著撰人名氏,英傅兰雅译,徐华封述。镀镍之法始于美国,近来别国皆仿效之,是书采拾各法,复备载器具材料,亦工艺之一助也。

金类染色法一卷《工艺丛书》本,一册

日本桥本奇策著,沈纮译。首染锌,次染铁,次染锡,次染金,次染银,次染铜,次染黄铜,皆言金类器物用化学药料染各种颜色之法,其法颇备,后附同药异色表。**顾补**

造铁全法四册制造局本

英非而奔著,英傅兰雅译,徐建寅述。《中西闻见录》有《泰西制铁法》,《汇编》一有造马口铁法,又三有炼铜、铸铜、轧铜板、铸铜管、抽铜管、焊铜管各法,均可参考。

论制白铁□卷《知新报》本

知新报馆译。言制马口铁之事甚详。**顾补**

合金录一卷《工艺丛书》本,四册

日本桥本奇策著,沈纮译。外洋贩卖金属之物多作纯质,一经化学分析,分剂自明,故凡金属结合者皆曰合金。近来创造合金新制以适用途,不胜枚举,若不明其学,不免络绎输入,以彼之合金易我之银金,得失所关非细。兹编专载金属之物理及化学及特质,以导制造之法。附载色素名目合璧表,分主色、染料,东西文并列,最便查检。**徐补**

西国造纸法一卷《格致汇编》本

英傅兰雅著。书中专论以化学造纸法并详其用器,而机器、手工之制亦略言之,后附印字便法,虽不及胶板印法之便,然足以备一法。制造局印有英傅兰雅、徐寿译《造象皮法》,未出。

西国写字机器图说一卷《格致汇编》本

英傅兰雅著。所载二种,一为哈门德机器、一为卡利古拉夫机器,卷页无多,未能成书,以其有合于用,姑载其目。《汇编》一有《印书机器图说》,又二有丁韪良论代笔新机,又《石板印图法》,又写字机器,又七有《石印新法》,皆足参证。

照像略法一卷《格致汇编》本

英傅兰雅辑。分十有八章,皆论器具、材料而照像法亦具于中,在讲求斯学者推究其理、神明其用耳。然近来西人复创照骨与照色之法,此书早出,其法未具,当别求新本参考之。

照像干片法一册益智书会单行本附《照像略法》后

不著撰人名氏,英傅兰雅译。照像用湿片,其事繁重不便,此书专言近设干片之法,前仍论照像之工,后论照像器具,盖与《略法》相辅而行。

照像器一卷《格致汇编》本在《格致释器》中

英傅兰雅著。专论照像应用器具,故独详于制器之法,然亦间有载于《略法》中者,学者宜互考之。

脱影奇观三卷续编一册北京医院刻本,五册,《中西闻见录》本摘刻未全

英德贞著。此书所言即灯影镜套大之法,然近来于脱影一事法更加密,放大照像有用电光以摄影者,可为奇妙,书中所论尚属旧法。

西灯说略一卷《格致汇编》本

英傅兰雅著。西人于燃灯诸事亦颇详究其利弊,书中先绘各灯体式,后论中国与英国海边所造灯塔为行船要事,特备详之,讲求船政者不可不考也。《汇编》二有《论煤气灯》,又五有《药水电灯图说》,又六有美卜舫济论造腊烛法,皆可参考。又四有《影戏灯法》,足以补其未备。

灯烛考□卷《中国日报》本

中国日报馆译。顾补

论制明油□卷《知新报》本

知新报馆译。顾补

灭火器说略一卷《格致汇编》本

英傅兰雅辑译。先论防火、免火诸法,尤注意于农家积穗场,后论灭火各器,如各种水龙皮管、火梯之类,西人于修举火政最为严慎,观此可知。《汇编》一有《便用水龙说》、《汽机水龙图说》、《论救火梯》,又二有《防火论》,又四有李提摩太《救火十则》,皆可参观。制造局印有英傅兰雅、徐寿译《造指南针法》一册,未出。

染色法一卷《工艺丛书》本,一册

日本伊达道太郎、小泉荣次郎合著,沈纮译。言布帛、丝绒、毛革等物染色之法,后有摄、列、华三氏验温度比较表,又波梅德、华特鲁二氏度数及比重比较表,凡讲求各艺学皆便翻检,除污迹各法亦附载之,原名《染色法一览》。徐补

入水衣略论一卷《格致汇编》本

英傅兰雅辑译。先论各国制造源流及用法,后论起船之法及哈兰胡弗公司日记,足见入水衣为船中必需之物,宜各国汲汲讲求也。后附火药、棉花药及水内电灯。

妆品编二卷《工艺丛书》本,二册

日本松永新之助著,沈纮译。皆言闺阁应用各种香品制造之法,凡配合之药品、重量均详载之,原名《化妆品制造法》。徐补

　　以上杂艺

商　务　第　九

先商学,次税则,附会例

富国策三卷同文馆本,三册,益智书会本,日本排印本,时务报馆刻有通正齐生重译本,惜未成

英法思得著,美丁韪良译,汪凤藻述。其论商理、商情专主均输、平准,以几何公法酌剂而消息之。泰西于商学一门类能阐发其

公理,故其行事无往不得其平,中土自管、墨之学微,士夫未有讲求于此者,此所以弱也,欲振兴商务,非急读此种专门书讲明义理不可。是书第十章言税法,尤多要义。制造局印有英傅兰雅、徐家宝译《保富兴国》,东亚书局有《欧美富国新策》,均未出。

富国养民策一卷《西学启蒙》本,《西政丛书》本

英哲分司著,英艾约瑟译。公理既明,则人人无专财之理,足以销弭争心而风俗大同。书分十二章,以地为财之本源,以工作为生财之善法,以行商为通商之要道,但贵有策以维持之耳。译本虽劣,宜急读之。

国政贸易相关书二卷制造局本,二册,光绪戊戌上海石印本

英法拉著,英傅兰雅译,徐家宝述。英以商立国,故贸易之事竭意讲求,如定律法、均税则、扩轮路、开河道、限金银之价、创邮运之局、定利息之界、立专利之期、设公司之例、议保险之法,凡国政职分所当为者无微不至,是贸易者实为英国开辟植民之长策。书中所设各法,于保护贸易之事无不具载大旨,以众人能自主为根本,然因地制宜,在管理者随时更变。同时英人直文思作国政与各工相关书,惜尚无译本。

保富述要二卷制造局本,二册,《西政丛书》本

英布来德著,英傅兰雅译,徐家宝述。书中专主保护工商,尤详论经理钱币之法,其论钱法专主用金,论贸易不主赊买,论关税不主重征入口而免出口,其酌剂工商之理可谓深得消息,然中外势有不同,谈商务者当审察用之。《汇编》二有言贸易稳法,可参考。

生利分利之别论二卷广学会本,一册,《西政丛书》本

英李提摩太著,蔡尔康译。即大学生众食寡之义,中国人有谓机器一兴有妨民业者,读之可释然矣。《实学报》印有美国家银行原本、容闳译《美国开设国家银行条例》一卷,未成。

富国须知一卷《格致须知》三集本,一册

英傅兰雅著。书分七章,曰开源、曰政教、曰农事、曰资本、曰人功、曰货物、曰钱币,不事远大,不求浅隘,立说甚为平近,讲商学者先读此书,再求商学之策。

斯密亚丹原富甲部二卷乙丙部各一卷南洋公学本

英斯密亚丹著,严复译。是书凡五部,尚有丁、戊二部未印。斯密氏当英国行护商法时创立自利利他一贯之说,而自由贸易之局由是开焉,英以致富。其言繁博精辟,多足为我国近状之药石,今去著书时已百余年,枝叶之义或为后出之说所胜,严氏悉附著之,而又时援我国近状以相证,可谓完善矣。徐补

富国真理二卷广学会本

英嘉托玛著,英山雅谷译,蔡尔康述。全书分十五章,一论专门名家,二论通工易事,三论省力,四论通宝,五论赊欠,六论借贷与赁田同意,七论诚实,八论同心协力,九论学问,十论则便有、有则必需,十一论生利、分利之别,十二论赋税,十三论治国之法,十四论均富,十五论赈济。顾补

理财节略□卷《江南商务报》本,《万国公报》本,《亚东时报》本,税务司自刻本

英戴乐尔著。分十三条,于中国商务出口货之宜如何整顿颇有见地,惟末条言禁内地种罂粟俾得广种五谷,使洋药畅旺,得增厘税,未足为探本之论。顾补

商务教程一卷《江南商务报》本

日本田冈佐代治译。此书原为日本小学学生知商务初步而作,故其所叙说悉依日本商务事项,与中国商务不同,译者存本书面目不改,而所纪讲说摘要、教授要领、方法、问答颇多可采。顾补

商工地理学一卷《江南商务报》本

日本田冈佐代治译。第一篇总论,分为二章,曰商工业盛衰之宗旨、曰商工业盛衰之原因;后分二大篇,曰 地文之状态、曰政治之状态,于工商各事言之甚详。顾补

报营业法一卷《江南商务报》本

　　驻扎日本神户领事译。**顾补**

致富新书□卷

　　英布茂林著,叶耀元译。**顾补**

世界商业史□卷《译林》本

　　日本六条隆吉、近藤千吉合著,译林馆译。斯书参考英人伊支氏
　　丐宾氏所著者,其中凡言财政、农业之事采长弃短,以成此书,所
　　叙古今万国之商业沿革极为详明,诚以外国贸易之兴已数十年,
　　其关系在文明二大原力,曰蒸汽、曰电气,今日之五洲通道、四海
　　一家者,非藉此蒸、电二原力之用哉。**顾补**

万国通商史□卷南洋公学本

　　英琐米尔士原书,日本经济杂志社译,南洋公学译书院重译。原
　　叙称是西历一千八百九十年英人琐米尔士撰,其书详欧而略亚
　　以此。**徐补**

列国商务撮要□卷

　　英布茂林著,叶耀元译。**顾补**

万国公司新法一卷《东亚报》本

　　德普洛布贤兹孰路诗痕拉著,日本桥本海关译。**顾补**

远东商品史一卷《江南商务报》本

　　英威廉母著,席有龄译。原书凡分四类,一农产品、二水产品、三
　　陆产品、四制造品,书成于西历一千八百九十九年,席君取而译
　　之,因事中辍,仅得棉花、羊毛、磁器三篇。**顾补**

太平洋商战说一卷《江南商务报》本,《万国公报》本

　　美佑尼干著,美林乐知、蔡尔康合译。斯书言大西洋之商务以开
　　通苏彝士河而盛,今世美商业日隆,乃拟仿苏彝士河故事,凿通
　　泥加濑瓜、派那马两地颈以通大西洋、太平洋,从此商途大畅,太
　　平洋一带皆为利薮,且美与中国纬度、土产亦大半从同,更可从
　　新河贩运,不必沾沾于苏彝士河矣。**顾补**

中国工艺商业考一卷附表时务报馆本,二册

　　日本绪方南溟著,日本古城贞吉译。分十章,所记皆中国与外国
　　贸易大势,然各港但载上海、苏州、杭州、汉口、重庆、宜昌、沙市、
　　九江、芜湖、镇江,他皆不及,言中国民业之不兴颇能深切著明。
　　东亚书局译有《中国商业全书》、《俄国产业新书》、《英国工业新书》,均
　　未出。

中国各地银两表一卷附说《江南商务报》本

　　日本藤田丰八译。采译各西人论说而成。顾补

中国度量权衡表一卷《江南商务报》本

　　日本藤田丰八译。顾补

条陈与中国议和之际事宜一卷《湖北商务报》本

　　日本贸易调查会著。一改革中国货币制度,二实废厘金税及通
　　过税,三改正度量衡制度,四解除输出米谷之禁,五对工业原料
　　品须保证输出无税,六保护商标。顾补

论近二十年间英国所执商业政策一卷《江南商务报》本

　　江南商务报馆译。顾补

印度商工业之四大种一卷《湖北商务报》本

　　日本《中外商业新报》原本,湖北商务报馆译。一制麻,二咖啡,
　　三阿片,四棉花,皆列表编年,考其地积产额收获,而与棉花之关
　　系尤致意焉。顾补

印度茶业纪要一卷《湖北商务报》本

　　湖北商务报馆译。顾补

日本大银行章程一卷《湖北商务报》本

　　湖北商务报馆译。凡四十八条,兴利防弊,足资取法。顾补

附农业保险论一卷《农学报》本

　　日本吉井东一著,日本山本宪译。凡各种保险之法及章程悉具
　　其中,名曰农业,特略详于农。

　　　　以上商学

华洋贸易总册总税务司本

中国总税〔务〕司辑译。自中国通商始,每年一册,至光绪二十
三年已积三十九册,凡各口出入货物、船艘、关税数目、贸易情
形,及所设沿海灯塔、灯船、海浮、新查礁石,皆由各关税司与之,
洋税司查报,而总税司总其成,中国商务之进退,阅此足以考见
原委。按税司之设始于咸丰三年,四年即在上海开办,其后续行
分设,于是有总税司及税司之名。《知新报》印有香港西字报原本、周
逢源译《东方商埠述要》,未成。

税敛要例一卷广学会本,一册

美卜舫济著。汲汲为中国筹税敛之法,取各国重敛公例与中国
相较,见中外待民之仁苛相去不可以道里计,中论烟寮、酒肆等
游戏之地设票收捐,隐寓禁止之法,中国未尝不可仿而行之也。

英国印花税章程一卷续编一卷《江南商务报》本

沈鉴译,杨葆寅辑。全书计一百二十二章,附表若干,于印花税
办法无微不详,可与《时务报》译《法国印花章程》参观。原书订
于西历一千八百九十年,续编则增修于一千八百九十一年,凡六
章,附表于后。顾补

英国印花税例摘要一卷《江南商务报》本

邓廷鉴〔铿〕译,李企晟编辑。顾补

法国赋税考略一卷《岭学报》本

尹端模译。详于法国之进款,分条纪载,甚便翻阅。顾补

法国印花税章程一卷《时务报》本

法印花局原本,黄致尧译。法自一千七百九十九年废印花旧例,
更定新章,以后随时增修,悉祖于此。此章程分为四类,曰按张
大小之印花、曰按值微税之印花、曰觅购印花、曰专项印花,其办
理皆遵此四类,可谓简括。昔言印税以法为最重,观此可知。时
务报馆译有《英国印花税则》,未印出。

日本印纸税法一卷《江南商务报》本

江南商务报馆译。顾补

登录税法一卷《江南商务报》本

江南商务报馆译。顾补

以上税则

法国赛会总章一卷附物件分类名目一卷《时务报》本《分类名目》未毕，《昌言报》接印

英万国公赛会原本，潘彦译。

美国博物大会图说一卷《格致汇编》本

英傅兰雅著。专记光绪十九年美洲希加哥地方之会。西人博物会之设，专考究五洲工艺商业以振厉国人，是编凡为院十有五所，章程二十有四条，各院细目一百七十六门，制度精美，指陈繁富，其有益于工商业者诚非浅鲜。《汇编》二有《美国百年大会纪略》一卷，记其图说、章程，足称后先辉映。

美费城万国商务公会记一卷《江南商务报》本

伍廷芳定，周自齐编纂，容揆译。系光绪二十五年九月美国边西温尼亚省费里地斐亚城商务博物院举行万国商务会，先期文请各国派员赴会共议商务关系之事，与会者凡国四十，赴会众请伍星使登坛宣议，昌言中美商务盛衰之由，并及美不当苛禁华民之意，会毕因取会中演说论列切实可行者择要译录，星使复取而删订诠次。盖五洲之物产、列国之邦交于此具得大略，至其因革损益变通尽利之处尤足借鉴，裨于治道者良多，岂第区区商务矣哉。顾补

日本茶业公会中央会议所规约一卷《江南商务报》本

江南商务报馆译。顾补

上海西商总会会章一卷《时务报》本

西商总会董定，曾广铨译。凡置产、入会、公举、醵资、理事会议规例、餐房、卧房、罚款、散会诸章皆备。

以上会例

船 政 第 十

先行船事宜，次船坞，次船制

行海要术四卷制造局本，三册

美金楷理译，李凤苞述。《汇编》一有美玛高温《救溺新法》，又英救生局《救溺说》，可备考。

航海简法三卷行海表一卷制造局本，二册，《西学大成》本

英那丽著，美金楷理译，王德均述。西人于海面行船考求日精，沙线、风涛之外，尤以讲究经纬度为最要。此书即于行船若何依距经纬度之法悉心推测，著之于篇，而言求其简，俾航海者易于寻览。

御风要术三卷制造局本，二册

英白尔特著，美金楷理译，华蘅芳述。是书为航海者避飓风之法，西人于飓风之由究之已数百年，知某处某种飓风其先见之兆如何，所行之路如何，用何法防之，书中所论至为详悉，而每年何处所起之状备载之，以资后日征验。

航海章程一册制造局本

行船免撞章程一卷制造局本，一册

英傅兰雅译，钟天纬述。

长江驾驶便览□卷上海石印本

泰西共得利纂述。轮舟引港并附各马头旗帜图样与各公司商标并法国风旗，著色绘成，附商务银洋兑钱总目表、中国丈尺斤两表。顾补

航海通书制造局本，每年一册

英行海通书原本，贾步纬译。按即赤道经纬表。

　　以上行船事宜

船坞论略一卷附图制造局本，一册，《富强丛书》本

英傅兰雅辑译,钟天纬述。西国船坞有三种,有修船之坞、有泊船之坞、有藏船之坞,是书据各国所设船坞以记其制度、论其利弊,殆亦采各工程报而成者。

以上船坞

西船略论一卷《格致汇编》本

英傅兰雅辑译。专论西国造船之法,首论各式之船,次论轮船源流,次论各船琐事,次论铁甲兵船,为斯米德稿,后有各国兵船表及记英国商船,盖傅氏采辑而成者,其论琐事最精细。制造局印有英傅兰雅、徐建寅译《造船全法》十册,舒高第、郑昌棪译《装船樯绳索书》一册,均未出。

轮舶溯源□卷《汇报》本

汇报馆译。推论轮舶创造之事极详。顾补

以上船制

增版东西学书录卷三

格致总第十一

格致总学启蒙三卷《西学启蒙》本，一册

英艾约瑟著。先论物理，次论体质，次论心性，取其切近者条剖缕分，罕譬而喻，务尽其理，于格致学之通义略备于此。

格致启蒙一卷制造局刻《格致启蒙》四种本，上海石印四种本

英司郁霍著，美林乐知译，郑昌棪述。凡九十章，专言动力、爱力、吸力、涨力、缩力、传力、压力、速力及流定变化之性，最便初学。《格致益闻汇报》印有法白耳脱保罗撰、王显理译《格致初桄》，未成。

格致小引一卷制造局本，一册，上海石印本

英赫施贲著，英罗亨利、瞿昂来同译。第一章论物与格物，第二章论有体质之物，第三章论生物。卷页虽少，然推论公理甚为明晰，讲水学、重学、气学者先以此为纲要。

格致质学启蒙一卷《西学启蒙》本，一册

英艾约瑟著。凡十一章，前言万物之力，后言各质之形性，论电力尤详，末附用器格言、器物价值亦便，大旨与司氏《启蒙》相似。

格物算学入门一卷《格物入门》七种本，日本明亲馆重刻本

美丁韪良著。

格致质学十卷附一卷美华书馆印本

美史砥尔原本，美潘慎文译，谢洪贲述。言物质体变为格致首要之事，是编前多论公性、公力、公理，后分论各学而力学、电学为尤详，其说多与司氏《启蒙》、艾氏《质学启蒙》相出入。《汇编》一有范约翰《格物论质》可参观。

格致略论一卷《格致汇编》本

英傅兰雅著。书从英国《幼学格致》中译出，虽简括而明备，尚胜于《格致须知》，论动物一门分类极佳，首论地文、地质，后论人之形性，亦甚简显。

格致举隅一卷益智书会本，一册

英莫安仁译，魏寿彭述。凡十章，多论声、光、气之浅理，与花木之资生煤之原因，每论皆明以图，最便初学，后论蜜蜂操作之理，可与《格致汇编》中《养蜂法》参看。

体性图说一卷益智书会本，一册

英傅兰雅著。体质、性情与动静之理为格致重学首要功夫，讲重学者宜先观。

格物杂说无卷数《格致汇编》本

英傅兰雅辑。此书从各国格致书中摘要译出，凡天地万物无所不载，皆西人新推测之理，每季译印数则，启人智慧不少。

形性学要十卷附图格致益闻报馆印本，四册

法迦诺著，汇报馆译。第一册四卷，讲力、重、气、水诸学，附图一百三十余；二册二卷，论声学、热学，附图八十六；三册二卷，论光学、磁学，附图一百余；四册二卷，论电学、气候学，附图百余。钩元提要，与《格致质学》用意相同，而较为简显易晓。**顾补**

格致源流说□卷《新学汇编》本，广学会单行本

美林乐知选辑，任延旭译。**徐补**

西学格致新编□卷《蒙学报》本

日本小杉丰瓮编，日本平阪闳补，日本松林孝纯译。全书计五篇，曰植物大要、动物大要、矿物大要、物理大要、化学大要，凡三十八章，又名《小学理科新篇》。**顾补**

格致丛谈□卷《蒙学报》本

日本古城贞吉译。

西学关键□卷《汇报》本

汇报馆译。言声、光、化、电诸学，设为问答，附以图说，颇便初学。**顾补**

格物探原六卷广学会本，四册，活字印本

英韦廉臣著。论天地物产之性质，归功天主，学者当分别观之。《汇编》二有《混沌说》，又有韦氏《格致穷理论》，可参观。

物理推原一册徐家汇印本

法罗爱第著，李杕译。以天象始，以推原终，是其命意之所在，而于各种物理仅言大略，其书与韦氏《探原》、合氏《新论》相似，然亦多教中语为可厌。东亚书局译有《近世物理论新编》，未出。

博物新论〔编〕三集上海墨海书局刊本，广州刻西医五种本，一册，重刻单行本，乐善堂刊本，三册

英合信著。初集论地文及光、电，二集论天文，三集论动物，书虽太旧，尚备大旨。

博物新闻无卷数《格致汇编》本

英艾约瑟译。此书疑即艾氏之日记，择其闻见涉于博物者条论其理，与《格物杂说》相同。

格致大全五卷

泰西毋路伯特蒲郎著。于各种格致新闻纸中收集各家之说，不分门户，随时编辑，如《格致汇编》焉。**顾补**

格致释器三册《格致汇编》本

英傅兰雅辑译。如测候、化学、重学、水学、照像、测绘诸器无不具载，有图有说，并列用法、价值，而根数比例之法亦可窥其大较。其书已散见各类，讲新学者宜亟读之。

算 学 第 十 二

先数学，次形学，次代数，次三角八线，次曲线，次微积，次算器

心算启蒙一卷美华书馆排印本，一册

美那夏礼著。演数必先记数，故西人习算以心算始。此书释题习问由浅及深，依次诵习步步入胜，前数章虽一览无余，入后愈引愈深，即已通数学者亦须耐想方得其妙，蒙学中善本也。益智书会印有哈氏《心算数学》，未出。

心算教授法一卷南洋公学本

日本金泽长吉著，董瑞椿口述，朱念椿笔述。是书属单级教授法，单级者合四种学级之生徒而一教师课之于一时也，书中按级设题，甚便学者。徐补

物算教科书二卷笔算教科书二卷南洋公学本

日本文学社编，董瑞椿口述，朱念椿笔述。前者本名"实物计"，故省曰"物算"；后者是算算，故径以"笔算"名之。各分为上、下两卷，上卷教师所用，下卷生徒所用。是书较笔算数家尤合于童子心才，盖幼童学算，其位数不宜过多也。徐补

笔算数学四卷益智书会本，三册

美狄考文著，邹立文译。以官话发明算术，甚便初学，其论理法亦详尽。全书约二千八百余题，日演十余题，足为一年程课。中年学算或不能全演习问，可习至第十章后再习十八、十九两章，即接学代数可也。

西算启蒙一册

不著撰人名氏。太浅，不必读。

数学启蒙二卷上海排印本，二册，湖南刻本，上海缩印本改名《西算入门》

英伟烈亚力著。专明笔算，分加减乘除、分法、比例方法、对数各门，每法但列一题，盖《数理精蕴》之节本。第二卷有开诸乘方捷法，为《数理精蕴》所无，最便初学。此法创自何而揲，在西土为新术，即中土天元开方也，但语太简洁，初学易忽略读过耳。英艾约瑟亦有《数学启蒙》，译成未刻。

数学理九卷附一卷制造局本，四册

英棣么甘著，英傅兰雅译，赵元益述。凡记数、加减乘除、分数、

开方、比例之理悉以浅近出之，于数学一切变化之理均已包括全尽，其深处已寓微分之理，附卷习算各法学者皆可晓然。第十款论何而捺解相等式之理，能开多位小数之方，其说较《数学启蒙》为详备，其理与天元同，其列式则异，《学算笔谈》第六卷亦引及之。制造局有英傅兰雅、李善兰译奈端《数学》四册，未成。

算学问答□卷上海中西书室本

德佘宾王著。近教徐家汇学堂学生之用，以官话手录归叠乘除笔算四法，末附英、德、法三国文，其书颇便于教授幼童。顾补

算法天生法指南五卷日本明石舍刊本

日本安明著。

算法古今通览六卷日本东都书肆申椒堂本

日本安明著。顾补

算法点窜指南三卷日本千钟房、青黎阁刊本

日本利政著。顾补

算法起原集三卷续集附录一卷日本千钟房本

日本佐久闲赞著。顾补

几何原本旧译六卷新译九卷共十五卷万历辛亥再校本，《天学初函》二编本，制造局依《数理精蕴》排印本三册，《海山仙馆丛书》本，以上皆刻前六卷。咸丰七年韩应陞刻本只后九卷。金陵与《则古昔斋算学》、《重学》三种合刻本共二十册，上海石印本，以上皆十五卷。《中西算学大成》本十七卷。

希利尼欧几里得著，前六卷意大利利玛窦口译，明徐光启笔受；后九卷英伟烈亚力口译，李善兰笔受。前四卷论线与面，五卷论比例，六卷论面与比例相合，七、八、九卷论数，十卷论无比例之几何，十一卷至末卷俱论体而十三卷论中末线之用，其十四、十五卷申言等面五体首例与薄大古书则后人所续也。每款先列界说，每题有法、有解、有论、有系，言理不言术，言象不言数，非心思细密者不可读。狄考文谓将当时算学几尽载其中，又谓七、

八、九、十四卷各国多不译，伟烈君译各国所不屑译者，不过为好奇者所乐观，其语未免过当。要之，此四卷于几何中最精奥，故李壬叔亦云各国俗本多掣去之。制造局六卷本有异同，金陵局本第十卷分上、中、下，《中西算学大成》本析而为三，故有十七卷。益智书会印有美狄考文《几何初基》，时务报馆译有《几何快读》，英华里司辑，英傅兰雅、华蘅芳有《代数》、《几何》，均未出

几何探要□卷《汇报》本

法□□著，汇报馆译。于几何之理言之极详。顾补

算磅捷诀□卷南洋公学本

算学奇题、算学奇论无卷数《格致汇编》本

英傅兰雅辑。此皆当时中外人所问答或见诸报章者，采辑成书，中有奇特之算法，为寻常思索不到者，不可不阅也。李镠有《算学奇题削笔》一卷，在《衍元海鉴》内。

以上数学

形学备旨十卷益智书会本，二册，坊间改名《续几何》

美狄考文、刘永锡同译，邹立文述。是书挈几何之要，增以近世新得妙理，每卷末皆有习题足资参详，后数卷多用代数式解题，较几何之解说联篇累牍者简明多矣。算数之书后出为胜，理固然也。

以上形学

代数须知一卷《格致须知》二集本，一册

英傅兰雅著。将代数法检其浅明者约分四章，虽透发未为详备，而简洁可喜，足为入门之阶。制造局印有英傅兰雅、华蘅芳译《代数总法》四册，未出。

代数术二十五卷制造局本六册，上海石印本，《西学大成》本摘刊第二十二卷代数几何，《中西算学大成》本并三角数理通名《代数术》，有删节

英华里司辑，英傅兰雅译，华蘅芳述。遍检代数诸书，由加而减、而乘、而除、而比例、而开方，本末兼赅，无有出于是书之右，诚代

数之丛书也。初学阅第一卷后宜先阅六、七、八、九四卷,否则至求等数、分指数诸法必厌倦不能再阅。其二十三卷方程界线近人往往以为误而不读,曾细研之,实为由代数通微积最便之路,《中西算学大成》并将此卷删去,尤为非是。其八线数理与三角数理之前数卷参订每款皆标明求某某之式,眉目一清,颇便学者。《中西闻见录》有艾约瑟《阿尔热巴喇源流考》,可参观。

代数备旨六卷益智书会排印本,一册

美狄考文著,邹立文、生福维同述。此书除加减乘除命分外,止有一次、二次方程式,习问之多与笔算数学同,盖专为初学入门而设也。第二百零四、五两款解二次方程之变法立术甚新,又第二百零七款第十六问光学题所论乘方反比例之理甚详,学者阅之亦可略知光理。闻此六卷乃其上编,尚有下编已译出,未刊。益智书会有美狄考文《代数初基》,未印出。

代数难题解法十六卷制造局本,六册,石印本

英伦德编辑,英傅兰雅译,华蘅芳述。用代演草极整极简,所列之式初无删节,始终完备,此从英国算学家吴德所著代数书及冈布利智书院所考课中录出,有数法为初学思索不到者,读之极能启发人心。既读《代数术》以后即宜读是书。

决疑数学十卷《行素轩算学》丛书本一册,制造局本四册,未印出,安徽周氏刻本

英傅兰雅译,华蘅芳述。是书从拉不拉斯与布韦森等所著书辑出,所采各题一能显出决疑算学理所能推得之各事,二能显出特设算法之最有公用者。盖决疑数理在算学中最为精妙,能以彼例此、以虚课实,凡事皆可求其定率、推其中数,数年之后必将盛行也。制造局有英傅兰雅、徐寿译《质学证明》四册,未成。

代微积拾级十八卷咸丰己未墨海书局刊本,又活字板本,赵元益、李凤苞同校本三册,坊间改名《代数学》,《中西算学大成》摘刻第九卷论越曲线为《代数术》殿

美罗密士著,英伟烈亚力译,李善兰述。前九卷论代数几何,首作方程图法,自点与线以至越曲线图,说明备其圆锥曲线各款,则艾书采其原,此书竟其委。中七卷论微分、后二卷论积分微分者,一刹那中由小渐大之积也,合无数微分之全积则积分也。大抵由代数级数以求其限而推其变,列款设题,简明可读。惟十卷微分第三款三题答数及十七卷积分第六款两题答数皆有误处,华氏《笔谈》已订正之。英棣么甘撰,英伟烈亚力、李善兰译有《代数学》,本十三卷,上海墨海书局刊,不戒于火,仅存第一卷。

代形合参三卷附一卷美华书馆排印本,一册

美罗密士著,美潘慎文译,谢洪赉述。是书前二卷即《代微积拾级》之前九卷,而条段算式均有增益;后两卷论空中之点与直线以及平面、曲面,皆以代数三次式推体积中各事,三变数二次公式一章则以容诸曲线之变,甚为明晰。附卷以图显格致之理,又及诸曲线之用。此书可与《方程界线》参看,已明《方程界线》之理者阅此较易。潘序云原书至今屡加增订,盖后出之本益臻美备,其微积两种必有可观,惜未译出。

以上代数

三角须知一卷《格致须知》二集本,一册

英傅兰雅著。约分六章,前五章论平三角,从《三角数理》一卷、四卷节出第六章论弧三角,从九卷、十卷节出三角之理,虽不甚详,初学可一读之。益智书会印有美狄考文《三角测算》,未出。

三角数理十二卷制造局本,六册,上海石印本,《中西算学大成》本有删节

英海麻士辑,英傅兰雅口译,华蘅芳述。前八卷论平三角,后四卷论弧三角,大率以比例求边角而以级数究其极,法无不备,理无不赅。第六卷专论对数,有足以补《代数术》第十八卷之未备。《中西算学大成》于三角只取其第四卷各种解法,卷中尚节去其测量器诸款,盖其前数卷与《代数术》之八线数理无甚异,故不录也;弧三角各款皆不删节,惟去其十二卷之设题。

八线备旨四卷美华书馆排印本,一册

　　美罗密士著,美潘慎文、谢洪赉同译。八线之学其用最广,是书卷帙无多,说理甚详,每卷又附以习练之题,可令学者随时推演,又与《形学备旨》相辅而行,故书中每引及之,学者宜互参之。

八线简表一册制造局本,《中西算学大成》本,《数理精蕴》本未善

　　泰西人原书,贾步纬校述。割圆一术,中西自古算学家皆以勾股屡次开方,费极大工夫始得圆周密率,而八线一表实创自西人,从三角比例衍级数而立表,始易其法,见《代数术》及《三角数理》。此册列正余弦切割各数至分而止,故曰"简表",除首位小数七位平常测算已足敷用,其正余矢为正余弦与半径相较之数,故不列表。

对数表一册制造局本,《中西算学大成》本,《数理精蕴》本未善

　　泰西人原书,贾步纬校述。对数创自讷白尔,后布里格斯改为十进,即今表也。以加减代乘除,为用最便,造法见《代数术》及《三角数理》。局本真数一万假数去首位,凡十位,万以外用中比例求之,有说,详卷首。

八线对数简表一册制造局本,《中西算学大成》本,《数理精蕴》本未善

　　泰西人原书,贾步纬校述。八线真数简者,七、八位用之乘除殊嫌烦重,故设为对数而以加减驭之,为甚便,此册亦至分而止,去首位假数九位。

新排对数表无卷数益智书会排印本,一册

　　美路密司原书,美赫士译,朱葆琛述。首真数对数表,次弦切对数表及辅表,次弦切真数表及正割真数表,次弧真数表,次经纬表,每篇皆列较数甚省推算之烦。观《三角数理》六卷摘刻一篇,知西国对数表皆如是,其弦切表即八线表,矢无所用,割线则可依代数对数求之甚易,故不列也。卷首略述用表各法,数目全用西文,对数虽止一万,旁列较数可备十万之用,八线亦列较数可求零秒,清晰便检,实善本也。

以上三角八线

曲线须知一卷《格致须知》二集本，一册

英傅兰雅著。是书即《圆锥曲线说》之节本，所节亦不过十分之一。

圆锥曲线说三卷金陵刊本附《则古昔斋重学》，《中西算学大成》为《代数术》第十九、二十、二十一三卷

英艾约瑟、李善兰同译。论圆锥曲线三种，曰椭圆线、曰双曲线、曰抛物线，均以代数比例布算证明圆锥割成三曲线之理，及求心差弦矢等法，其于法线、次法线、次切线皆未之及。学者既读此书，再取《代微积拾级》三、五、六、七卷读之，于圆锥三曲之学已具大概。

圆锥曲线一卷益智书会本，一册

美路密司著，美求德生选译，刘维师述。是书以比例布算，条段有视艾书较详处。圆锥学之用为形学中最要，是书本附《形学备旨》后，故题中所引诸款皆凭《形学备旨》。

算法圆理括囊一卷《白芙堂丛书》本

日本加悦傅一郎俊兴著。设题均甚奇奥，大率以级数立算，颇不易读。其友村上国辉序谓其高妙精微，非入其室者不能辄解，信然。书序永嘉五年壬子，按即中国咸丰二年。

以上曲线

微积须知一卷《格致须知》二集本，一册，《行素轩算学》丛书本

英傅兰雅著，华蘅芳述。是书即《代微积拾级》第十、十一、十二及十七、十八卷之节本，第十卷微分三款一、二两题答数已校正，亦名《微积初学》，刊入华氏丛书中。

微积溯源八卷制造局本，六册，上海石印本，《中西算学大成》本

英华里司辑，英傅兰雅译，华蘅芳述。前四卷微分术，后四卷积分术。其书较《代数术》更深一层，前伟烈氏译《代微积拾级》但具微积之梗概，又甚觉难读，例又未备，此书足以明其所晦、补其未备。凡代数甚繁之法以微积驭之而极简，故微积足以济代数

之穷,而尤能穷究诸曲线之情状,谓微积为今日算学之峰极,谁曰不宜。微积之书,中土惟《积拾》与此二种,其术尚未详备,闻日本微积书甚多,海内畴人盍多译之。

合数术十一卷制造局本未刊

英白尔尼著,英傅兰雅译,华蘅芳述。合诸项乘数之指数以成一数,故曰"合数"。其法由古廉法表而生,以新理发明指数之义蕴,推广真数之作用,凡真数对数之杂糅难明与夫戴劳之例、马格老临之例、拉果阑诸之例、拉不拉斯之例所难通者,以合数推之简易计倍,实算学中之偏师制胜者。昆明林绍清曾本其立术之旨另述二卷刊行,名曰《合数述》,上卷明其法,下卷详其用,简明易晓,学者先取读之亦足见合数之梗概。

以上微积

算器图说一卷《格致汇编》本

英傅兰雅辑。论当时最灵巧算器之制度与用法,乃法人多马所创制,仅一篇。

新式算器图说一卷《格致汇编》本

英傅兰雅辑译。论新式算器,一为美国斐拉得他伦厂所造算器,一为美国加法算器,书仅一篇,其用法、价值均详列。

附**量法须知一卷**《格致须知》二集本,一册

英傅兰雅著。是书即《算式集要》之节本。同文馆译有美丁题良《格物测算》,已佚。

附**算式集要四卷**制造局本,二册,《富强丛书》本

英哈司韦辑,英傅兰雅译,江衡述。前二卷专言各种面积、体积算式,第三卷专言圆锥曲线算式,第四卷附论测算地面诸法,每款先解题、次图次法、次公式、次设题。所列各表大半以最小之根数从其求边之本术返求之而得,故虽深奥之题,依式推算一目了然,而各种有法之形几无不备,测算家最为简便。华蘅芳译有《相等算式理解》二册,未刻。又合众国好司敦、开奈利同撰,英傅兰雅、李

善兰译有《算式别解》十四卷，未见。

以上算器

重学第十三

先重学，次力学，次重学器

重学浅说一卷上海排印本在王氏《西学辑存》中，一册

英伟烈亚力译，王韬述。首述重学源流，备举创法诸人，后论分
科发原权衡、动静等理，又有总论曰简器、曰繁器而总名之曰助
力器，意简词明，最便省览。

重学须知一卷《格致须知》二集本，一册

英傅兰雅著。篇幅虽少，于静、重学之义理择要著之，初学最易
通晓。

重学汇编一卷《西学大成》本

英傅兰雅辑译。此书所论摄力、重力合于体质者言之，若重学之
义理此不详论。

重学二十卷附圆锥曲线说三卷同治五年金陵局重刊三种合刻本无首卷
有附卷，上海石印本，咸丰己未钱氏活字板本作十七卷有首卷无附卷，《中
西算学大成》本

英胡威立著，英艾约瑟、李善兰译。重学分为二科，曰静重学、曰
动重学，而其理之最要者有三，曰分力、曰并力、曰重心，为动、静
二学之枢纽。盖万物以重心为定，若二力加于一体令之静必定
于并力线，令之动必行于并力线，故知分力、并力与重心三端，凡
环绕摄动诸力之理皆由此出。是书前七卷论静重学，后十卷论
动重学，末三卷附流质重学，以算法推论诸理，深切著明，实为善
本。西人原书本分三编，此仅其中编。

以上重学

力学须知一卷《格致须知》三集本，一册

英傅兰雅著。第一章总论体性,第二章略论各力,第三章略论重心,第四章略论动理,第五章略论摆动,第六章略论圈动。此皆力学之要理,尚粗浅,宜先读。

力学入门一卷附图《格物入门》七种本,《西学大成》本名《重学入门》,日本明亲馆重刊本

美丁韪良著。所言皆诸重学之公理,设以答问,力求简显,中言动力尤详。

力学测算三卷同文馆《格物测算》七种本

美丁韪良著。第一卷六章,论物之动静重质相吸之力、坠物之理,以微积分发明坠地之理,物之重心,以微积分求重心;第二卷六章,论力之分合、旋物之理,火器物之相触,索线物之摆动;第三卷七章,论横杆、轮轴、滑车、斜面、斜面下坠之理,螺丝尖臂磨阻之力,梁木之理。每章逐款设为问答,绘图衍代数式,间及微积,皆极简明,又皆有演题以为法式,附题以资练习。其书实为推广《格物入门测算》一卷之用。又李氏所译《重学》本为未竟之书,如残周面积、抛物线面积、求重心其法皆阙,是书一出其术始备,余亦颇多新理、新法,别有水、火、气、光、电等卷,通名曰《格物测算》。

以上力学

重学图说一卷益智书会本,一册,《西学大成》本

英傅兰雅著。以重学中器具分为两科,曰简器、曰繁器,一一剖析其理,说颇简达。

重学器一卷《格致汇编》本在《格致释器》中

英傅兰雅著。专述器具,首助力器,次杆,次滑车,次斜面,次轮轴,次螺丝,次论重心,次论离心力,共分六十图以明之。学者按图作器,悉心试验,自能究其妙理。

以上重学器

电 学 第 十 四

电学须知一卷《格致须知》三集本，一册

英傅兰雅著。书凡六章，略论电性、摩电气、吸铁气、化电气以及发电诸器之利用，皆取浅近不及深奥，虽简略，颇多新理。《求是报》有曾仰东译《格致训蒙电学》，未成。

电学入门一卷附图《格物入门》七种本，《西学大成》本

美丁韪良辑。此书亦论诸电学之公理，与《重学入门》体例相似。丁氏长于公法，故所著书专以透明义理为主，足为初学入门之阶也。

电学测算一卷《格物测算》七种本

美丁韪良著。凡三章，第一章测静电，第二章测流电，第三章测算阻力，亦设问答，绘图衍式，演题附题，与《力学测算》同例。

电学纲目一卷制造局本，一册，《富强丛书》本，《西学大成》本

英田大里辑，英傅兰雅译，周郇述。大凡三十九章、三百五十七款，但搜集诸电学之大旨，提要分陈之，不详言其理。初学宜先读脑挨德之《电学》，复以此书作门径推究其妙理，最为有益。

电学十卷首一卷制造局本，八册，上海石印本，《富强丛书》本，《西学大成》本但刻首卷

英脑挨德著，英傅兰雅译，徐建寅述。卷首总论源流，卷一论摩电学，卷二论吸铁气，卷三论生物电学，卷四论化电学，卷五论电气吸铁，卷六论吸铁气杂理，卷七论吸铁电气，卷八论热电气，卷九论电气报，卷十论电气时辰钟及诸杂法。西人电学日精，此皆十年前旧说，然中土无新译者，姑读之。《汇编》六有英欧礼斐《论电》，又附论雷电，均可互证。

电学总览一卷广学会本，一册

英傅恒理译著。凡七章，多言电报、德律风功用，书虽新出，而于

近年讲求之新理未能采译。

电气成体一卷《知新报》本

周灵生译。顾补

说电□卷《萃报》本

泰西甘能翰著。言电学各件试验,详明可读。顾补

电学图说五卷益智书会本,一册

英傅兰雅辑译。论吸铁气、摩电气、化电气、电报、电镀理法,各系以图,语择浅近,并多载新理、新法,为《总览》所未道者。原书大图五幅,缩摹订入,不损其真。《汇编》四有狄考文译《侯氏电机》,可参观。制造局印有英傅兰雅、徐建寅译《摄铁器说》一册,未出。

化 学 第 十 五

首化学,次化学器

化学启蒙一卷制造局刻《格致启蒙》四种本,上海石印四种本,《西学大成》本

英罗斯古著,美林乐知译,郑昌棪述。言化学者宜从是书及《化学入门》、《化学须知》入手,然后读《鉴原》诸书,方为有序。后列试问二十二则,即本书纲领。

化学启蒙一卷《西学启蒙》本,一册

英艾约瑟译。化学之大要不外乎火、风、水、地,此书专论四物之若何助长,含若何原质,并论金类、非金类,后论测验所得诸理最为精要,中附习问数十则,专为考课童蒙而设。

化学须知一卷《格致须知》初集本,一册

英傅兰雅辑。专论化成类质之大概,不及生长类原质,是书与罗氏《启蒙》同出一本,译者稍异其文。

化学易知二卷益智书会本,一册

英傅兰雅著。

化学指南十卷<small>同文馆本,上海石印本</small>

法毕利干译。前六卷论金、非金类交感之理,后四卷论生物化学,书中多设答问,其体例如《格物入门》。

化学入门一册<small>广州刊本</small>

泰西〔厚〕美安著。以火、气、水、土四行为大纲,与《化学须知》体例略同,词意简显,最便初学。图乃西印,较为精细。

化学入门一卷<small>《格物入门》七种本</small>

美丁韪良辑。此书亦论化学之公理,与《重学入门》体例相似。

化学鉴原六卷<small>制造局本,四册,《富强丛书》本</small>

英韦而司著,英傅兰雅译,徐寿述。其书凡四百十节,专论化成类之质,于原质论其形性取法、试法及各变化,并成何杂质,变而无垠,小而无内,皆能确言其义理,中译化学之书殆以此为善本。《汇编》二有原质化合、爱力大小说,可参观。

化学鉴原补编六卷附体积分剂一卷<small>制造局本,六册,《富强丛书》本</small>

英蒲陆山著,英傅兰雅译,徐寿述。书刊于光绪五年,以补《鉴原》之不及,其一、二、三、四卷论非金类质,五、六卷论金质类,所论原质亦六十有四,惟较《鉴原》为详,附卷论体积分剂亦极详细。《汇编》二有栾学谦译《论燐质》,可参观。

化学鉴原续编二十四卷<small>制造局本,六册,《西学大成》本,《富强丛书》本</small>

英蒲陆山著,英傅兰雅译,徐寿述。书中专详生长类之质,首论含衰之质,次论蒸煤、蒸木所得之质,次论油、酒、粉、糖、醋等质性,以至动物变化、植物生长等,各尽其理。

化学分原八卷附表<small>制造局本,二册,《西学大成》本</small>

英蒲陆山著,英傅兰雅译,徐建寅述。专言原质化分之法,为考质学最简之本,与《考质》相生法稍有出入,可以参核同异,下卷略及求数,后载金类结成表、化分表、试验各质表、预备物质细目,与《初阶》后二卷相似。

化学考质八卷附表制造局本,六册

德富里西尼乌司著,英傅兰雅译,徐寿述。书分四类,一化分功夫并器具,二化分药料并用法,三化分之质遇药料之变化,四化分各事。依类排列,其考验各物定其为何原质,所成无论简质、繁质、不知之物,条分缕析,大意与《分原》略同而加详焉。

化学定性分析□卷《亚泉杂志》本,普通学书室原印本,一册

日本下山顺一郎校阅,平野一贯、河村汪编,亚泉学馆译。斯书为日本有名之化学书,编纂之时取俄国某府大学校排依鲁所著之书为标准,旁采诸家之书参互考订,其宗旨实导生徒实习考质之法。书分二章,上章选择盐类中常用之物分别试验,以示各本质配质相感之性,名曰"考质分试法";下章则示以考质相生之法,名曰"考质相生法"。顾补

化学原质新表□卷《亚泉杂志》本

杜亚泉译。表中以原点重率序次,皆近世名家核定之最正确者,以便与化学周期律相对。○按,斯表所列原质七十六种,旧有译名者六十三种,未有旧名者十三种,皆近时所得之新原质也。顾补

化学求数十五卷附求数便用表一卷制造局本,十四册,《富强丛书》本

德富里西尼乌司著,英傅兰雅译,徐寿述。即《考质》之续编,专求轻重体积之数,或为原质所分析者则于所分各求其数,或两质合而为一者则以比例求其数与夫变换之质性、化合之形状。盖化学之理原凭求数,所求愈工,其理愈密,学者宜细心读之。后附表以折数推算原质,皆灿若列眉。

化学阐原十五卷同文馆本,十六册

法毕利干译,承霖、王钟祥述。毕氏既译《指南》,复译此以续之,盖《指南》论化合之理,此书详化分之法,化学中法文译本只此两种,此外制造局译本皆英文也。论体例名目则译英与译法者不相谋,论学问阶级则《鉴原》及续编、补编为入手功夫,《分

原》、《考质》、《求数》、《阐原》为精深地步,学者拾级而上,得英、法文两种译本考证之较为详审。

化学新编一册光绪丙申金陵汇文书院印本

英福开森著,李天相译。讲化学以考质为基,译化学书以定名为要,书中皆用考定之新名,复旁缀西字,至为清晰。论生物、死物各质自取法、收法、性情、功用一一详载,后附金类二十六种、酸质十二种,考底质之要,又试验金类全法图,工商业家不可不读。

化学工艺初集四卷二集四卷三集二卷附图三册制造局本

英能智著,英傅兰雅、汪振声译。初集造硫强水法,二集造盐强水法、造碱类,三集造碱类法、造漂白粉与钾养、镍养五,又附卷二集各有图一册。徐补

化学初桄□卷《励学译编》本

泰西李姆孙著,杨学斌译。书中试验设问,于化学之事言之明晰,殊便学者。顾补

昨年化学界一卷《亚泉杂志》本

日本《物理学校杂志》原本,王季点译。顾补

化学周期律一卷《亚泉杂志》本

虞和钦译。周期律为近来新得之学理,向来译书中未曾述及,亚泉学馆揭录化学原质新表,其序次悉依原点重率,以冀与周期律相核证焉。顾补

化学初阶二卷博济医局刊本,四册,《西学大成》本

美嘉约翰译,何了然述。是书前二卷与《鉴原》同出一本,后二卷亦与《分原》大同小异,虽译例不同,逐节考证,互相发明,偶有疑难,取两本对读之较省心力。

化学材料中西名目表一册制造局本,《富强丛书》本

英傅兰雅编。表成于同治九年,在江南制造局翻译《化学鉴原续编》、《补编》时所作,故为《鉴原》诸书之钤键,惟此译尚仍旧名,于近译诸书无所用处。

以上化学

化学器二卷《格致汇编》本在《格致释器》中

英傅兰雅辑。化学以置器试验为第一义,是书为伦敦各里分格致器行所造必须之器,约分二十一类,共有一千余图,可谓繁备,材料价值亦备列。《汇编》一有《化学器具说》,可参观。

以上化学器

声学第十六

先声学,次音学

声学须知一卷《格致须知》初集本,一册

英傅兰雅著。专言成声、受声、传声、附声之理,后备论音律,足以考证中国声律诸书。《汇报》四十七号起译有《声学总论》,可参观。

声学揭要一卷益智书会本,一册,登州文会馆本

美赫士译,朱葆琛述。凡七十一节,所论诸声之理简浅易晓,颇便初学。《汇编》一有论传声器、像声器二则,可参观。

声音学测算一卷同文馆附《格物测算》七种本附《气学测算》后

美丁韪良著。

声学八卷制造局本,二册,《西学大成》本,《富强丛书》本

英田大里著,英傅兰雅译,徐建寅述。西人论声音之理日精,此书所载半属浅说,然论发声、传声、成音、音浪颇觉透辟,中国极少新译之本,读此足以稍窥崖略。英艾约瑟有《音学》,译成未刻。

格闻一卷《求是报》本

英赫皮华著,陈寿彭译。专论闻根,实际以明声浪震动皆寄脑筋之至理,于声学专家之说概置不道。

以上声学

西学乐法启蒙一卷益智书会本,一册

西士女狄就烈著。书极浅显,于西国乐法大略尚能言之了然。

留声新机说□卷《知新报》本

周逢源译。所云铅皮胶棍各节与今售者异,然言理颇详,足为探要之论。顾补

以上音学

光学第十七

先光学,次光学器

光学须知一卷《格致须知》三集本,一册

英傅兰雅著。书凡六章,略论光性、回光、折光以及视理、光器之理,盖集光学诸书摘要而成者。

光学图说二卷益智书会本,一册

英傅兰雅辑译。前论光之性,后论视之理,其说多见于田氏之《光学》,然此颇简明便读。《汇编》七有《光理浅说》,亦傅氏撰,可参观。

光学揭要二卷益智书会本,一册,登州文会馆本

美赫士译,朱葆琛述。西人光学新理日出不穷,然大致皆备于此,后附论然根光即近年所创照骨之法,此书所说犹未完具。

光学入门一卷《格物入门》七种本

美丁韪良译。一论光性,二论回光,三论折光,四论视理,五论光色,六论器,所述诸说皆透发妙理,虽近来新理日出,其大要已不外此。

光学测算一卷同文馆《格物测算》七种本

美丁韪良著。凡三章,第一章论光性,第二章论返光,第三章论折光,亦设为问答,绘图衍式,演题附题,与《力学测算》同例。

光学二卷附视学诸器说一卷制造局本,三册,《西学大成》本,石印本名《光学大成》,《富强丛书》本

英田大里、西里门同辑著,美金楷理译,赵元益述。论诸光之理

已得其大较,其辨别日月恒星虹霓之光气,近译天学书中所言较密,盖新制之器愈精,其功用愈大,田氏所著《论声学凹凸之质力及速率》足与是书互证其理。

格影一卷《求是报》本

英亚克母雷低著,陈寿彭译。有形有光然后有影,西人深测夫影之远近浓淡,全分以验光力,复推光与影相射之理,以明眼中之小血管相通,书中粗言其理,足以知西人辨影之大略。

以上光学

显微镜远镜说二卷《格致汇编》本在《格致释器》中

英傅兰雅著。自有微、远二镜,实为世界上加无限力量,此书专言其功用,新奇可读。

量光力器图说一卷《格致汇编》本,一册,《西学大成》本

英傅兰雅译。此器为英国格致家克罗克司所创,书中论量光与光力之理,并言造器之法,精乎此,于测算之学又加一等功力矣。

透物电光机图说□卷《汇报》本

汇报馆著。始于西历一千八百五十一年隆高福创有电筒,继之者为德人高伦根,其制始精,篇中言透光机之理颇详,附图七幅亦甚明晰。《知新报》有《义光新器说》,《岭学报》有《坚伦镜说》,《中外日报》有葛格斯《射光镜说》,并可参观。**顾补**

以上光学器

气 学 第 十 八

先气学,次水学,次火学,次热学,次器具

气学须知一卷《格致须知》初集本,一册

英傅兰雅著。书列六章,略论空气之动静性及静力,又诸器及测候器,推论试验理法多以图明之,甚为浅显。

气学入门一卷附图《格物入门》七种本,《西学大成》本

美丁韪良著。专论蒸气力用与力学书互参,后论气器纺织之益、火轮舟车之式及创造之始,足备工程家省览,虽未详备,尚便初学,末附论声音。

气学测算一卷同文馆《格物测算》七种本

美丁韪良著。凡二章,上章论天气,下章论热地,附测算音学,亦设为问答,绘图衍式,演题附题,与《力学测算》同例。

气学丛谈二卷时务报馆本,一册

英傅兰雅译,华蘅芳述。以化学几何之学以证空气压力之理,非寻常谈气学之比,书中凡风雨表、寒暑表源流及各器利弊与制造致用原因,一一申论,讲格致学者不可不读。

气球考□卷《汇报》本

汇报馆译。书中言勃利司利之兄见弟所著之《西学大全》,悟气之轻者必上,以热气纳物中必将升上,遂用纸为球,烧羊毛、稻草吹气入球,遂乘风而上,继之者愈阐愈精而气之用渐广。篇中列表、列图,颇便翻阅。**顾补**

　　以上气学

水学须知一卷《格致须知》三集本,一册

英傅兰雅著。总汇各说集成六章,以图明理,于初学尚便。

水学图说二卷益智书会本,一册

英傅兰雅著。例尚说图,未多讲理,论动静水学,依图立说,尚便检阅。

水学入门一卷《格物入门》七种本

美丁韪良辑。此书论水学公理,与《重学入门》体例相似。

水学测算一卷同文馆《格物测算》七种本

美丁韪良著。凡二章,上章论静水,下章论流水,亦设为问答,绘图衍式,演题附题,与《力学测算》同例。

水鉴□卷《汇报》本

汇报馆译。**顾补**

以上水学

火学入门一卷《格物入门》七种本

美丁韪良辑。此书论火学之公理,与《重学入门》体例相似,惟上章论热气、下章论光学,犹《气学测算》之附音学也。

火学测算一卷同文馆《格物测算》七种本

美丁韪良著。专论热之功用,盖热者火之隐,火即热之显,因热气而究及涨力、汽力,亦设为问答,绘图衍式,演题附题,与《力学测算》同例。

以上火学

热学须知一卷《格致须知》三集本,一册

英傅兰雅著。但言热性、热度、热理之大要,与《热学图说》相同,若蒸力、火力乃详于《气学》,此不具。

热学图说二卷益智书会本,一册

英傅兰雅辑译。前论热性,后论热力,而于空气内之冷热度论之甚透辟。《汇编》一有《论量大热度表》,可参观。制造局印有美金楷理、江衡译《热学》二册,未出。

物体遇热改易记四卷江南制造局本,□册

英瓦特斯著,英傅兰雅、徐寿同译。一、二、三三卷为总说及分说气质、流质、定质得热而涨之理,四卷言物质涨大之公式及分说各种物体遇热之涨数,其推阐极为透辟。徐补

以上热学

气学器一卷《格致汇编》本在《格致释器》中

英傅兰雅著。气学器以抽气为主,已于化学器内择常用者论之,此皆化学器内未经列入之气学器。

水学器一卷《格致汇编》本在《格致释器》中

英傅兰雅著。书分两类,曰静水学、曰动水学,静详而动略,内有一门专论起水、引水理法,谓之发水学,一并言之。

以上器具

天 学 第 十 九

天文启蒙一卷 制造局刻《格致启蒙》四种本,上海石印四种本,《西学大成》
本名《天学启蒙》

英骆克优著,美林乐知译,郑昌棪述。第一章论地球并地球之
动,第二章论月并月之动,第三章论太阳所属天穹诸星,第四章
论日,第五章论恒星,第六章论分画天穹之用,第七章论日月诸
星行次亘古不紊,所言简明易晓,确有至理,为启悟初学要书。

天文启蒙七卷首一卷《西学启蒙》本,一册

英艾约瑟著。论地球日月星行动之真迹,次论方位,次论推测,
专取浅显之理以罕譬之,详于骆书而课蒙尤便。《汇编》四有英
罗亨利译《潮汐致日渐长论》,又七有《答日距地远近论》,可
参观。

天文须知一卷《格致须知》初集本,一册

英傅兰雅著。但论日月诸星,于测算之法略而不言,后附说用器
亦未备。是书疑即骆氏《启蒙》,同出一本,惟译笔略异。

天文略解二卷光绪二十二年汇文书院排印本,一册

美李安德著,美刘海澜订。前卷记各国言天文之源流,稍略;后
卷记日月、地球、日会、五星、诸行星、小星、日月食、天王海王二
星、飞星、慧星、黄道光、潮汐,皆采集诸书而成,颇详备。

天文图说四卷益智书会本,一册

美柯雅各著,美摩嘉立、薛承恩同译。一卷论日月并各行星之
次,末附八星日月度里表,二卷论天文图撮要,三卷论天空异象,
四卷论天空星宿,简要便读,图在每卷之首,极为精美。

天文揭要二卷益智书会本,二册,登州文会馆本

美赫士译,周文源述。书多新说,足以校正《谈天》之误者,其大
旨假诸器以步诸曜之经纬为天文用学,证诸耀之摄力与行向为

天文力学,论诸耀之形势体质为天文体学,末列杂问、图表。书从路密司书补阙拾遗而成,甚为详密。同文馆译有《天文略论》,未印出。

谈天十八卷附表一卷咸丰己未上海墨海书局大字本,制造局重刻本,四册,《富强丛书》本,石印本

英侯失勒约翰著,英伟烈亚力译,李善兰删述,徐建寅续述。西人谈天善求其故,故歌白尼知地球与五星皆绕日,刻白尔知五星与月之道皆为椭圜,奈端又以为皆重学之理,由是论定而中国旧说更觉无谓矣。是书专主地动及椭圜立说,非通算明测量者不能读。原本皆准伦敦经度,今改用顺天经度,计里亦改用中里,又后列诸表皆便读者。制造局中有英傅兰雅、贾步纬译《恒星经纬表》一册,未出。

格土星一卷《求是报》本

英登林著,陈寿彭译。土星离地较远,其体较小,书中专言其形状而旁及诸小星,皆为近时新推测之理。《汇编》二有《论土星》,可参观。

彗星论一卷《汇报》本

汇报馆著。彗星之体分为三,一曰核、二曰圈、三曰尾,随星以易,不一其式,其轨道有自右徂左者,有自左徂右者,按程以计,或数千年一返,或数万年一返,西人核知定时返复不过十七星,列表绘图明之。其形有如刀剑、冰雹者,未精天文者不免疑其关灾祥,今西学盛行,知彗星出没皆有定期,即触地球之说亦复不确,虽天文家有测见日轮渐小,至十兆年日轮尽而地无光之说,然亦未足为定论焉。《汇报》九十二号有《小行星考》,百二十七号有《流星图说》,可参观。**顾补**

西国天学源流一卷上海排印本在弢园《西学辑存》中

英伟烈亚力译,王韬述。皆讲求天学家,旧说所载之人,见于阮氏《畴人传》者只七人,此书籍可补其阙略。

星学发轫十四卷引说二卷同文馆本

英骆三畏、熙璋同译。

测候丛谈四卷制造局本，二册，《富强丛书》本

美金楷理译，华蘅芳述。测候之学须用两法，或志其大端，推验其变；或细推琐屑之故，有所见，按年月日纪之。是书专究天气变化、地面热度诸理，复及纤细之敌，以征其信。篇中间列图表，皆极详明。《汇编》一有艾约瑟《测月新论》，可参观。益智书会印有〔德〕费理饬《测候易知》，未出。

测候器一册《格致汇编》本在《格致释器》中

英傅兰雅著。此从伦敦尼古类氏散布拉公司所造器译印，为类七，为图七十有四，所论皆测量所用各器，与各器之理及功用，其详其密实，讲地文学者不可少之书。《汇编》一又有《自记风雨表图说》，又二有《论测风器》、《论汽机测验诸器》，均可参观。制造局印有英傅兰雅、江衡译《测候诸器记》二册，傅兰雅、华蘅芳译《风雨表说》一册，傅兰雅、徐寿译《燥湿表说》一册，皆未出。

地 学 第 二 十

先地理学，次地志学

地理学讲义□卷附六洲表四幅上海金粟斋本

日本志贺重昂著，萨端译。原书及表成于明治二十二年，其书略言数理地理、自然地理、政治地理三种之分别，而尤详于研究政治地理之法，钩元开径，有裨学者。附表四纸，分别亚细亚、欧罗巴、亚非利加、太平洋、北亚美利加、南亚美利加六大洲邦国，而记其位置、面积、人口、政体、宗教、教育、人种、人情、财政、气候、职业、物产、贸易、交通、都邑、港场、度量衡等事。顾补

地理启蒙一卷制造局刻《格致启蒙》四种本，上海石印四种本

英祁觊著，美林乐知译，郑昌棪述。自地形以至地球内层，词虽

简而论颇备,讲地质学者宜先读之。《汇编》七有英慕维廉《地球奇妙论》,其说更新,可互证。

普通地理学□卷《励学译编》本

美福来著,周先振译。**顾补**

地学启蒙八卷《西学启蒙》本,一册

英艾约瑟译。专论以石为考求地质之根基,惟论矿仅及煤层,于地质学未为全备。

地学须知一卷《格致须知》初集本,一册

英傅兰雅著。凡六章,略论地质及石之层次,以究生物种类、水陆变迁之理,于石类、矿类之详细形性皆未论及,大略与祁氏《启蒙》相同。

地学指略三卷益智书会本,一册

英文教治著,李庆轩译。专论地内之泥沙土石而未尝深入其里,盖考地壳之书于地质学中所谓浅说。《中西闻见录》有包尔腾《地学指略》,可参观。益智书会印有○文氏《地学入门》,未出。

地学浅释三十八卷制造局本,八册,《富强丛书》本,石印本

英雷侠儿著,美玛高温译,华蘅芳述。大旨以地球全体均为土石凝结而成,其定质虽为泥为沙、为灰为炭,而皆谓之石类,均有逐渐推移之据,观地中生物之形迹可知当时生长既有水陆湖海之不同,又有冷热凝流之各异,故地层累不明,无从察金石之脉。是书透发至理,言浅事显,各有实得,且译笔雅洁,堪称善本。制造局有美金楷理、李凤苞译《地说》八册,未成。美林乐知有《地理浅说》,译成未见。

金石识别十二卷附表制造局本,六册,《富强丛书》本,赵元益有重校本,未刊

美代那著,美玛高温译,华蘅芳述。详言地面、地壳两层各质皆归金类,甚合天然之理,所译金石家诸书以此为最有用。原本诸图别以五色,颇为醒目,惜今本改之。

金石略辨一册_{益智书会本}

英傅兰雅著。

地学稽古论一卷《格致汇编》本

英傅兰雅著。以混沌未开之先为极古，既开之后为荒古，动植生为太古，人类生为近古，欲知地球古事莫如考究地学，以有层累之可寻明，此学则考土性以便农田，验地脉以识矿产，辨石质以利工程，而地球往古形迹亦可于此见焉。傅氏所撰《须知》与此大略相同。

以上地理学

地学举要一卷《西学大成》本

英慕维廉译。首论地球形势大率，次地质，次释名，次陆水分界，次州岛，次山原，次地震，次平原，次洋海，次潮汐，次湖河，次地气，简而能赅，便于初学。

地理须知一卷《格致须知》初集本，一册

英傅兰雅著。约分六章，略论地势、空气、雨雪、水源、潮汐之理，简明可读。

地理质学启蒙七卷《西学启蒙》本，一册

英艾约瑟译。论地球实形，论昼夜风气，论水行于地功用，论海，论地球体内，所言皆地面之学，透发公理，颇能详明，宜与《地学启蒙》接观。

地势略解一册_{光绪癸巳汇文书院排印本}

美李安德著。采掇诸说而成，分二十章，凡洋海、陆地、风雨、时令、大山、冰川、飓风、空气及物类原质之理，并能参究其奥，训蒙最便。甘弟德有《地理问答》，已佚。

地理初桄一卷附图_{益智书会本，一册，光绪二十三年重印本，《格致汇编》本未全}

美孟梯德著，美卜舫济译。凡十八章，先言地壳、地形及海洋、洲岛、空气之属，后论动植物及人类，其中略参林乐知《地理小引》、傅兰雅《地理须知》。

地志启蒙四卷《西学启蒙》本，一册

英艾约瑟译。不论各国舆地，不论地球体质，不论有关地理之天文，惟取地球仪与测绘原由，及地上之水陆、山谷，总言其形势。凡行船测量者取而观之，可得其要理。

八星之一总论一卷广学会本，一册，《格致汇编》本

英李提摩太著。初名《地理〔球〕奇妙论》，印入《格致汇编》中，后乃复有增损，更名《地球养民关系》，以地球列于日月行星，故名"八星之一"，然其中言地不及言天之详，而言天又不及言地之畅，论种族异同、宗教流派极可观。

地球说略一卷光绪四年排印本，一册，《小方壶斋再续钞》本。

美祎理哲著。益智书会印有沙氏《地球说略》，未出。

地理略说一册附图一册美华书馆印本，上海重印本，二册

美戴集著。亦名《地理浅说》，凡一百十四章，皆设为问答，所载之说太浅、太旧，论中国亦甚简。益智书会印有贝氏《地理略论》，未出。东亚书局译有《美国纽约京城风土记》一卷，亦未见。

地理全志五卷益智书会本，一册，《西学大成》本

英慕维廉著。读此书可知国地政俗大略、地学门径，惜太简、太旧，而于近年沿革相殊亦多，但每卷各列文质政论颇可观。益智书会印有江载德《万国地理》，又《地理大图》，《译书公会报》印有法蒲以贤著、法赛商重编、法古雷业增订、吴宗濂译《增订五洲通志》，均未成。

地志须知一卷《格致须知》初集本，一册

英傅兰雅著。约分六章，于五洲各国风俗、人物大略专就近今略述之，可谓简矣。

地理志略一卷《小方壶斋再续钞》本

美戴德江著。

蒙学地理纪要一卷《蒙学报》本

蓝寅译。

世界地理志一卷《蒙学报》本

　　蒙学报馆译。六篇,一总论,二亚细亚洲志,三欧罗巴洲志,四阿非利加志,五美利加洲志,六大洋洲志。**顾补**

舆地启蒙□卷《蒙学报》本

　　曾广铨译。于五洲各国政治、出产、面积、户口言之綦详,所附之图亦精核可观。

列国地说一册广学会排印本

　　美卫罗氏译,金向敷述。凡十三章,所附之图亦甚精审。**顾补**

五洲图考四册《汇报》本

　　法龚古愚、许采白合译。将天下大小各国考证方隅、风俗、政事、物产、人才以及山川险要、名胜要区,皆自西书中译出,汇为一编,附地图五十七幅。**顾补**

坤舆撮要问答四卷《汇报》本

　　孙文桢译。于五大洲列国疆界、山陵、河海分类别门,绘图著说,演成问答,语简意明。**顾补**

舆地入门一卷《汇报》本

　　孙文桢译。凡十六章,从西国启蒙书中译出,附《汇报》印行,分宇宙浅说、方向地面形势释名、五洲总论,亚洲总论、亚洲列国、欧洲总论、欧洲列国、非洲总论、非洲列国、美洲总论、美洲列国、澳洲总论、澳洲列国、略论中国直省题名等类,所言颇明晰可读。**顾补**

舆学续编一卷《汇报》本

　　孙文桢译。斯书较《入门》尤为详备,惟卷首事多相类,因作书者皆以释名为讲学之端,入后则不雷同,计分坤舆分洲、美洲、非洲、奥洲、欧洲、亚洲,所言甚详备可观。**顾补**

欧洲新志□卷《通学斋丛书》本

　　英计罗原本,李家驹译。是书原名《地学》,卷帙甚繁,兹择要译成,颇资考证。**顾补**

东亚三国地志二卷附内外比较表附图_{日本刻本,二册}

日本辻武雄著。其间于东亚唇齿之情势及水陆边防、通商口岸、人口、人种、风气、物产、航线、铁路、政事、军备、交涉,胥能言之有物,附以内外比较表、精细地图数叶,缘辻君前由朝鲜而游支那访问风俗政治,归国后据三国形势博考内外地理家之所著作与其亲历之地,取舍折衷,参以新议而成是书。**顾补**

非洲疆域说略□卷《知新报》本

周逢源译。**顾补**

澳大利亚全洲情形□卷《知新报》本

周逢源译。**顾补**

日本地理编纂要旨二卷《蒙学报》本

日本松林孝纯译。甲卷二章,曰日本地理总论、曰畿道地理上;乙卷三章,曰畿道地理下、曰各道总括、曰地球。盖为小学校教则大纲之旨,以充高等小学校地理科之用,其为目则日本地理二卷、外国地理一卷、日本地理补习一卷,都合成篇,附日本地图一幅,以资考证。**顾补**

公额小志□卷《汇报》本

汇报馆译。公额即刚果,在非洲之南,篇中言该处山川甚详,其风俗《汇报》曾译《公额陋俗》篇,可资考证。**顾补**

金陵志□卷《汇报》本

法方□著。斯书元本法文,凡金陵省城内外形势、物产、商市、工程、古迹、武备、教堂、学堂、医院、局厂衙署、通商约章及名贤巨宦等无不备载,并列图画若干以资醒目。**顾补**

西里庇岛考□卷《格致新报》本

格致新报馆译。

治河四策□卷《新学汇编》本

美李佳白著。

治水辟地策□卷《新学汇编》本

比利时沙度恒著。

五大洲图说一册美华书馆刊本

美潘雅丽著。

万国舆图一册上海同文书局石印本

英原图,陈兆桐译。

平圆地球图一幅益智书会本

坤舆方图一幅日本印本,上海重印本

日本木村佶卿绘。

五洲各国统属图一幅广学会本

英李提摩太著。

亚细亚东部图一幅附朝鲜图一幅日本刊本

日本省三绘。

亚细亚东部舆图一幅日本石印本

日本河合喜太郎著,日本那珂通世校正。顾补

唐土历代州郡沿革图一册附日本图日本重印本

日本

海道图说十五卷附长江图说一卷海道总图一幅分图十二幅长江图
五幅制造局本,十册,上海石印本

英兵船部原书,美金约翰辑,卷一、卷二、卷五英傅兰雅译,卷三、卷四、卷六至卷十五及《长江图说》美金楷理译,皆王德均述。起自琼州,讫于辽东、台湾,后附朝鲜、琉球、日本各处沙线、飓风、礁石诸忌,胪列详尽。顾书中所列地名间与中图不合者,盖书为西船驶行时所记,有本于中图者,有访诸土人者,余则随意命名,体例未善,王君译成更为校正,如中国有名者以中名译之,西人传误者以中图正之,无义可译者取西音以写中字,详于沿海,略于内地,为总图一、为分图十,以册不能容,别锓附行,但海中岛沙消长不同,港汊通塞日异,在留心者随时征验增修耳。

八省沿海舆图七十九幅天津局石印本

日本陆军测量部绘。是图本东方沿海俱全,今刻只直隶、奉天、山东、江苏、浙江、福建、台湾、广东八省,然其图最精密。

新长江图□册总税务司印本

中国总税务司绘。

长江形势测量图记□卷汇报馆本

法蔡□□著。于一千八百九十七年西十一月自沪启行,乘舟至宜昌一带测量长江形势,直至一千八百九十八年西三月间始抵四川叙州府屏山县界,将一路经纬线及江心深浅、水纤曲岭、埠岸、礁石、沙滩等一一详说,为轮舟往蜀之南针。绘图六十五叶,每叶长一尺半、广一尺三寸,并著法文图说若干卷。顾补

中俄交界图三十五幅天津局印本

俄原图,洪钧译绘。按原图只数幅,文卿侍郎展为三十五幅。

以上地志学

全体学第二十一

附心灵学

全体新论一卷惠爱医馆刊本,一册,《海山仙馆丛书》本作十卷,墨海书局本

英合信、陈修堂同著。其骨度与《灵枢·骨度》篇、宋人《洗冤录》微有不同,昔人谓头骨八斤,蔡州人有九斤,同洲且如此,况异域乎? 得诸目验,谅非凿空。

身理启蒙一册《西学启蒙》本,一册

英艾约瑟译。略于全体模状而详言骨肉、血脉运动之由,故谓之"身理",其末章兼涉心灵学。

全体须知一卷《格致须知》三集本,一册

英傅兰雅著。傅氏于心灵一学亦最留意,故此书后论脑筋、觉悟二章颇简明可读。

体学易知一册北京刻本

益智书会印有范约翰《质体形性》，未出。

体骨考略□卷图□卷北京刻本

英德贞著。

全体图说二卷益智书会本，一册

英稻惟德译。图凡八幅，演为图说上、下二卷，第一幅图说无上水泡骨，与头骨八斤之说不合，阅者当参观《全体新论》。

全体通考十八卷附图二卷同文馆本，十六册

英德贞著。详较骨度诸书未及其密，余与《阐微》相似，惟说理称名之文太病诘屈，然名家著述积理甚微，似较他书讲形用者更进一层也。《汇编》一有舒高第译《论脉》，可参观。益智书会印有英德贞《人身理论》、博氏《人身浅说》，皆未出。

全体阐微六卷附图福州排印本，四册

美柯为良译。书刊于光绪七年，论全体形状部位说甚精密，其论脑曰脑为一身运动之主，而脑丝所成之脑筋又为一身运动之主，分为二种，一自主、一不自主云云。西人论脑筋功用之书极多，中译书中推此书为详，与心灵学诸书所论微异。

省身指掌九卷附西字表一卷美华书馆印本，一册

美博恒理著。先论肌骨，次论消化养育，次论血脉运行，次论声与呼吸，次论肾经皮肤，次论脑与脑线，次论脑与灵魂。论列极有条理，且较《全体阐微》说理新而要，八、九两卷皆言脑气筋作用，尤不可不读。

人类学□卷《汇报》本

汇报馆译。顾补

男女交合新论一册上海日清书馆印本

美法乌罗著，日本神田彦太郎、王立才编辑，忧亚子译。首论精神之爱，中论交合之要，终论妊娠之源，其阐发制造儿女之法可谓透辟。读此书于强种改良之道深为有益，世人每作淫书视之则大谬也。徐补

怪生记□卷《汇报》本

　　汇报馆译。所言怪生之人皆附图列说明之,是于全体中别创一
　　格者。顾补

五官异景一卷《汇报》本

　　汇报馆著。顾补

附人与微生物争战论一卷《格致汇编》本

　　英礼敦根著,英傅兰雅译。人之病症大半为极细微之生物所成,
　　西人赖显微镜之力推得妙理,近有特设之书论之甚详。此为礼
　　氏集会讲论之作,于成病、免病之理法但言其大略,然苟据其论
　　以深究之,足以补中医所未备。

　　　　以上全体学

心灵学无卷数益智书会本,一册

　　美海文著,颜永京译。西人论脑气作用之说愈出愈精,大凡知觉
　　为一纲,情欲为一纲,志决为一纲,是书但译智才一卷,余未之
　　及。颜氏所译如此书及《肄业要览》皆启悟童蒙善本。

知识五门一卷益智书会本,一册

　　英慕维廉著。造物生人,与以耳、目、鼻、舌、手以成视、听、嗅、
　　尝、摩五觉之外,感因境生情结为景状,皆觉动脑筋之所致,即所
　　谓心灵层功用,此书即明五门知觉之理,以显其动变之才能,然
　　尚未详备。

人秉双性说一卷《格致汇编》本

　　英傅兰雅著。人或秉有双性,西人早有此论,傅氏更历据往事成
　　此一篇,以证其理。盖此说起于格致家脑部有二之语而推演之,
　　他日必有考究得其确理者。

性学举隅二卷广学会本

　　美丁韪良著。先总论若干条,余分上、下二卷,上卷论灵才即智
　　之属,下卷论心德兼仁勇言之,第十四、第十五两章颇及哲学家
　　之言,说理浅显易解,屡引我国古书以证,甚便初学。自序谓此

等书徒强记无益,必能问能解方妙,甚是。**徐补**

以上心灵学

动植物学第二十二

先植物学,次动物学,附虫学

活物学二卷广州刻本

泰西厚美安著。书凡八章,所谓"活物"者兼动植物而言,植物分为五种,曰单珠、曰众珠、曰上长、曰内长、曰外长,动物、植物初视绝然不同,细观之亦大同小异,书中所载纤悉毕备,言简图详,初学最便。

植物须知一卷《格致须知》三集本,一册

英傅兰雅著。

种植学二卷《农学报》本

英傅兰雅译,徐华封述。

植物学启蒙一卷《西学启蒙》本,一册

英艾约瑟译。书中皆言植物学公理,其体贴之精为他书所不及。后附植物学程课之式,极可取法。

植物学一册益智书会本

英艾约瑟、韦廉臣著。于形性土宜利用之道犹未具,其言用功立册、记表格之式,学者所宜仿效,惟置器刈取图绘无专法以便讲授,是大缺事。益智书会印有英韦廉臣《植物形性》附图,未出。

植物图说四卷益智书会本,一册

英傅兰雅著。为讲求植物学之初基,以之教习童蒙最为相宜,叶氏《植物学歌略》凭此书而作,欲详考干体部类、土宜形性者宜与《西药大成》参看。益智书会印有英傅兰雅《植物利用》,未出。

草木图说前篇二十册东洋刊本

日本欲斋饭沼长顺著。搜罗本国及外来草木凡三千余种,其编

次则依西国林娜斯氏《药品本草图谱》，其命名译字则依田川氏《植学启原》、伊藤氏《本草名疏》，其书以辨物为主，故笔不能尽者绘之以图，甚便考察。

西国名菜佳花论二卷《格致汇编》本，一册

英傅兰雅著。是书分两类，一为常菜类、一为常花类，傅氏见英国塞敦行中牌印甚多，取其五十余方编为是书，详加考译，以为植物富民之助，前日本横滨农政学堂每年采办花草以资考究，亦此意也。阅卷内似尚拟续译，惜未踵事。

以上植物学

动物学新编一卷益智书会本，一册

美潘雅丽著。部类尚清，品目未备，且好引教书亦其蔽也。益智书会印有英韦廉臣《动物形性》附图，未出。

动物须知一卷《格致须知》三集本，一册

英傅兰雅著。

动物学启蒙八卷《西学启蒙》本，一册

英艾约瑟译。是书依法人古非野所定分为四类，一曰有脊骨之动物，二曰有圜节之动物，三曰柔体质软之动物，四曰动植难分之动物，其体格同异、脑筋方位剖别微妙。原书十卷，今仅八卷，其柔体类、动植难分类俱阙。

百鸟图说一册益智书会刻本

英韦门道著。其论鸟有一百四十五种，曰肉食之鸟、曰家鸟、曰善爬之鸟、曰鸽类、曰鸡类、曰善跪之鸟、曰水地行走之鸟、曰有掌之鸟，所列名目足以证中国言名物诸书其词尚浅近，间附腊丁称谓，专为训蒙而设。

禽鸟简要编一卷《格致汇编》本

英傅兰雅著。西国于动植学最所讲究，皆设院藏蓄，任人观览，以资考察，此书虽较韦氏《百鸟图说》所论更详，然西国必有特设详备之书，惜无译本。

百兽图说一册附论一卷益智书会刻本

英韦门道著。论兽有一百三十五种，曰猴类、曰蝙蝠类、曰食昆虫类、曰肉食类、曰有袋类、曰龈物类、曰无齿类、曰厚皮类、曰返嚼类、曰水陆同居类、曰永居水中类，体例与《百鸟图说》同，首论百兽之心灵，以证生人之心灵，说甚奇凿。东亚书局有《动物图》，又《日本水产动物图》七幅，均未见。

兽有百种论一卷《格致汇编》本

英傅兰雅著。其分类与韦氏《百兽图说》同，惟所论较韦书为详赡，学者当与厚氏《活物学》参观。

以上动物学

虫学论略一卷《格致汇编》本

西国华约翰稿，英傅兰雅辑译。是书大概分两种，一变不全、二变整全，每种又分八种，八种之中每种更分若干种数，计每虫可分十七层部位，头分四层，身分三层，尾分十层，虫气出入不由口而由尾上，两边有气管以通出入之气，西国院中聚虫样二十万种悉心考究，可见西人之学纤细不遗。《汇编》二有《说虫》，可参观。

名和昆虫研究所志略一卷《农学报》本

樊炳清译。研究六足虫之理甚确。顾补

昆虫标品制作法一卷《农学报》本

日本鸟羽源藏著，农学报馆译。大致与《采虫指南》同，惟所言昆虫即六足虫，人所知者有三十余万种，而日本已有五万种，于此可见日本人之留心学业矣。附图三十有五。顾补

日本昆虫学一卷《农学报》本

以上虫学

增版东西学书录卷四

医学第二十三

先内科，次外科，次药品，次方书，次卫生学

西医略论三卷惠爱医馆刊本，一册

英合信著。论所不能尽者著之以图，虽曰略论，而西国审证治疗之法已具于斯。

西医举隅□卷续编□卷

病理撮要一卷光绪十八年博济医局刊本，二册

不著撰人名氏，尹端模译。凡有病无名之证，中医概以"瘰疾"名之，此种证候必有依附化生之物，观此可知其要。

儒门医学三卷附一卷制造局本，四册，排印本

英海得兰著，英傅兰雅译，赵元益述。上卷论养生之理，中卷论治病之法，下卷论方药之性，附卷慎疾要言，与前论养生所言甚精详，尤不可不读。书中病名则依脑髓、脏腑内外次第列之，药名则以性之汗、吐、补泻分之，于人身脉络病情传变未及详载。

体质穷源□卷

体用十章四卷光绪十年博济医局刊本，四册

英哈士烈著，孔庆高译。西医详体而略用，并言体用既不失之蹈空，亦不过于征实，可以邮通中西。盖是书继《体质穷源》而译，所谓"体"者指全体，所谓"用"者指功用，书中所用名目皆依《全体阐微》，以归画一。

内科新说二卷惠爱医馆刊本，一册

英合信著。自叙谓取欧罗巴医书择其要义,译以唐文,盖为彼国相传之学,曰"新说"者较中土医说为新耳。

科理法前编六卷后编十六卷附药品分类并药方一卷_{制造局本,十二册}

英虎伯著,茄合哈来参订,舒高第译,赵元益述。脉、因、证、治四者之中,是编于因、治二端最所着意,前编统论病源与医理,后编习练医事,附卷分类三十有三,列方三百有一。

内科阐微一卷_{同治十二年博济医局刻本,一册,光绪十五年重刻本}

美嘉约翰译,林湘东述。专论审疾之法而不详言治法,首载医理撮要一篇,足以见西医之精细。嘉氏居粤最久,故所言颇能参中西以立论。

西医内科全书十六卷_{光绪八年博济医局刊本}

美嘉约翰、孔庆高同译。盖继合信氏《内科新说》而作,论肠胃三卷,论肝胆三卷,论肺部三卷,论脑部三卷,热症总论二卷,杂症时疫二卷,所列各症皆择中国所有者,其权量悉改正,但奇零之数恐有舛错,学者当细加复按焉。

炎症论略一卷_{广州刻本,一册}

美嘉约翰译。此即《割症全书》之第一卷,西人谓炎症实百病之总纲,无论内外症皆可发炎,此书即辨明原因,深究形状,无微不至,足补中医所不及。

皮肤新编一卷_{光绪十四年博济医局刊本,一册}

美嘉约翰译,林湘东述。《内经》言善治者治皮毛,其次治肌肤,又言秋刺皮肤,中医不甚措意,而以一表药了之,其着而成病者当检此编。

妇婴新说一卷_{惠爱医馆刊本,一册}

英合信著。西医于外症尤擅长,其治难产必能补中医所不及,惜于各种外治置而未录。

妇科精蕴图说五卷_{光绪十五年博济医局刻本,五册}

美妥玛氏著,美嘉约翰、孔庆高同译。书分四十六章,体贴详密,尤详于胎产一门,其考究部位足与中医互相参证,西医妇科之书无有过于此者。

胎产举要二卷光绪十九年博济医局刊本

美阿庶顿辑,尹端模译。上卷论胎,下卷论产,皆设问答以明其理,可谓详备,惜译笔欠显达。

产科心法□卷上海排印本

刘廷桢译。**徐补**

儿科撮要二卷光绪十八年博济医局刊本,二册

不著撰人名氏,尹端模译。是书与《病理撮要》俱为岭南尹文楷笔译而未载撰人,盖据各西书撮其要也,书中辨症皆设为问答,间列药方,甚为详便。

眼科撮要一卷光绪六年博济医局刊本,一册

不著撰人名氏,美嘉约翰译。盖亦据各西书撮要而成者,其发明眼睛珠眼帘白壳罩睛皮脑筋衣瞳人内外各症皆备,而割治诸法应用器具亦详载。

眼科指蒙一卷附图益智书会本,一册

英稻维德译,刘星垣述。眼症有内外之别,书分三十七篇,已具大略,其教学者以剖析猪、羊目互验部位病症,是诚西国之医术。

眼科证治三卷美华书馆印本

泰西聂氏在济南施医院译。论症治及割刺之法详于《指蒙》,后附试眼字码其法甚善,无病之目平时亦可用此法试之。

眼科锦囊四卷续二卷福瀛书局刊本

日本木庄士雅著。兼采中西,各宗其是。

脉说一卷万国公报本

英德贞著。

脉表诊病论一卷《格致汇编》本,一册

英傅兰雅辑译。马利所作之表名曰身内通行血脉医学理以表,

置于小臂,每脉一至板必少动,而虚实舒缩诸象可知。书中专论表之用处、造法,并言其弊及改变之法,列为图解以明其说,后附实脉类图说。又英散特生论心缩之法与时刻,因与人身发血管有相关之理,故载之。

中西病名表□卷

以上内科

内外科新说□卷广州刻本

英合信著。

外科理法□卷上海排印本

刘廷桢译。顾补

割症全书七卷博济医局刻本,七册

美嘉约翰译。首论炎症之理,后于剖割之法与夫器具、药方言之详密,足以补中医所未备,军中采用其法最有效,然不可不讲求手法也。前刻本只一册,未备。

裹扎新法一卷光绪元年博济医局刻本,一册

美嘉约翰译,林湘东述。论割症之理当先明全体部位,部位明然后裹扎亦得其法,书中所论为近来讲求至精至详之法,特摘刻之以备检览。《汇编》六有《裹臂新法》,可参观。

临阵伤科捷要四卷附图制造局本,四册

英怕脱编,舒高第、郑昌棪同译。此为临阵便用之书,医生于军营职司随处吃重,尤不可不先事研求,附伤科捷要图与《割症全书》参看。

增订花柳指迷一卷博济医局刻本,一册,光绪十五年重刊本

美嘉约翰辑译,林应祥述。论下疳白浊之症及治法綦详,辨妇人白带与白浊之别,足与中学参证。

以上外科

西药略释四卷光绪元年博济医局刊本作一卷,光绪十二年新增重刊本

不著撰人名氏,美嘉约翰、孔庆高同译。说理精确,西书之善者。

此书所载西国常用药品约百余种，前有总论讲明用药之总理，极便省览，惜两次写刻译音先后不同，学者当以第二次刊本为准。《汇编》七有英稻维德译《医药略论》，可参观。

西药摘要一册上海通行本

不著撰人名氏。摘其名目，中西文并列，殊无用处。

泰西本草撮要一卷《格致汇编》本，一册

英傅兰雅辑译。西国言药之书不独讲论药品形性，兼论治病理法，此书不能将药品与治病相关之理一一详论，但取植物、动物、金石之品绘图以明之，择要以解之，期其简明也，惜又仅译植物，余皆未备。

泰西本草名疏三卷东洋刊本

日本伊藤清民著。书以穷究植学之理为主，故雌雄之辨、种属之条颇为详密，说恐不明附之以图。伊藤氏本有《本草大成》之作，惜未成。

西药大成十卷首一卷制造局本，十六册

英来拉、海得兰同著，英傅兰雅译，赵元益述。屡次增修，造物之机久而愈泄，以割破牲畜试各种药品功用为非是，能集西医之长而不护西医之短。此书从第五次删补印本译出，后哈来重增之条亦择要译补于内，西药之书此为最备。

西药大成药品中西名目表一卷附人名地名表制造局本，一册

英傅兰雅译，赵元益述。列以西字对以中文，专为查阅来拉氏《西药大成》而设，惜初译之本兼造名目未能改正，亦是书之弊也，人名、地名凡他书所常见者亦载之。

中西药名表□卷

　　以上药品

万国药方八卷山东刻本，八册，美华书馆石印本

英思快尔著，美洪士提反译。古人能化各药之性合为一方，今人之方罗列药品而已。是书于草木、金石之原质、化质曲尽功用，

虽趋新而实能反古,其良毒之间在用者之详慎耳。前后印本详略互有不同,后刻本增收中国药品多至数十种。

医方汇编四卷首一卷光绪乙未广济医局排印本,五册

英伟伦忽塔著,英梅滕更译,刘廷桢述。西国权量尺寸与中土不同,首载英、法各表最为详便,其言经络脏腑部位名目悉准《全体通考》、《阐微》诸书,学者当参观也。

附日本红十字会同盟诸国记□卷《译书公会报》本

译书公会〔报馆〕译。**顾补**

以上方书

孩童卫生论一卷益智书会本,一册

英傅兰雅辑译。极言血之功用,尤以饮酒、吸烟为大害人身,书中发明食物之利害独详。

幼童卫生编一卷益智书会本,一册

英傅兰雅辑译。原书为约翰怒及布登所著,而戒烟会中女监督恨得氏复有所增改,大旨与《孩童卫生论》略同,此益加密,后附《学堂要言》、《全身骨数》各一篇。

初学卫生编一卷益智书会本,一册

美盖药格著,英傅兰雅译。此较以上二书又加精详,中载护脑、免病各说,皆体贴微密。

居宅卫生论一册附图《格致汇编》本

英傅兰雅辑译。是书六章,为图六十有五,其汲汲于造屋事,内却病通气之法讲求摄生,可谓详备。伦敦大都会层楼高耸,煤气熏蒸,尤易致疾,故此编论免煤瘴及通水之法三致意焉。

居处卫生论□卷《蒙学报》本

英夫兰考尔著,蓝寅译。凡七章,皆言筑造房屋饮水、沟渎、天气诸事,于病人所居之室言之尤详。《蒙学报》有曾广铨译《西文养生学》,未毕。**顾补**

学校卫生学一卷《教育世界》本

日本三岛通良著,汪有龄译。是书凡十篇,一总论,二校地,三建筑校舍及教室之构造,四采光法,五换气法,六暖室法,七机椅及学生态度及书籍、黑板,八生徒之疾病及学校医之监督,九体操及游戏,十授业及休业,于学校中有关卫生者备举无遗,任教育者诚熟玩而实行之,庶不至以学校为弱人、夭人之所矣。**徐补**

化学卫生论四卷广学会本,四册;《格致汇编》本,二册

英真司腾著,英傅兰雅译。神农本经每言轻身延年,知卫生必资食养,以化学卫生能彻食养之利弊。真氏原本有与近时新理未合者,英罗以司重为理董,即今刻也,广学会重印本复增新图三十余幅。

卫生要旨一卷上海石印本,一册,益智书会本

美嘉约翰译,海琴氏校正。此书继《西医内科大成》而作,所言皆日用平常之事,乡曲贫民亦易采用,其立论周密精微,具有至理,后论整饬全家,推爱乡邑,为国培元,慨乎言之,亦属可取。

延年益寿论一卷《格致汇编》本,一册

英爱凡司著,英傅兰雅辑译。是书论人老之故及天然之死,论人老死聚质之根原,论饮食用何重数能致延年,论人与动植物益寿之案,论人生免死之法,论益寿可用之物,其言率取医义而究与医义异,立法近乎卫生又与卫生不同,大旨以免病为主、延年为宗,所论平实可听,亦西人养生之要书。

治心免病法二卷益智书会本,一册

美乌特亨利著,英傅兰雅译。所言之理与寻常西医书截然不同,其分无形之格致为三级,一为心灵变化层,二为神灵变化层,三为性始层,分析甚清,惟其于治心之要,未能确明其理,七章以后皆讲求性始,西国甚属风尚,书籍甚多,惜中国尚少译本。

免晕船呕吐说一卷《格致汇编》本

美巴次著,英傅兰雅译。巴氏久在轮船行医,考悉晕船之根源与治法,虽依其法未能全免,然十验八九。《汇编》本仅摘其大要,

原书未见。

食物标准及食物各货化分表□卷《亚泉杂志》本

亚泉学馆译。系从日本近藤会次郎与田中礼助所编之《有机化学》内节译，养生家随时检阅，使然料、补料合于比例，当不让参著矣。顾补

以上卫生学

图学第二十四

先图算，次测绘，次画学，次画器

运规约指三卷制造局本，一册

英白起德辑，英傅兰雅译，徐建寅述。几何学以作图为要，是书即节录几何略有附益然，首言单行诸法，次言合形诸法，次言更面诸法，共一百三十六题，条段详明，能括形学之大纲。其第一百二十一题其法颇简，初学每不易解，如究其原因，即从《几何原本》第六卷第十五题化出，故宜参阅之。

器象显真四卷附图制造局本，三册，《富强丛书》本

英白力盖辑，英傅兰雅译，徐建寅删述。首卷论画图器具，卷二论用几何法作单形，卷三以几何法画机器视图，卷四机器视图汇要，凡算学家之画法悉具于中，最为明晰。

以上图算

测地绘图十一卷附一卷附表一卷附照印法制造局本，四册

英富路玛著，英傅兰雅译，徐寿述，附图英浙密斯著，英傅兰雅译，江衡述。一总论，二测量底线，三分地面为原三角形，四图内置补象物，五行军揭要，六准平线以定高低，七证验高低诸器，八临摹镌刻诸法而照印法附焉，九经画新疆属地，十球形相关之理，测地必准度数，故十一以下皆言测天之法。西人凡测新地极为审慎，以后逐年测查增改，中土向无善本，宜用其法从新测量

成一精图，最不可少。制造局印有英傅兰雅、黄宗宪译《海面测绘》一册，未成。

绘地法原一册附图制造局本，《西学大成》本

英国原书，美金楷理译，王德均述。为章十有二，为图十有二，为表五，又附以经纬圆、方等图。绘地必准诸天，故此书先言测定经纬、考求朔望交食以准地体，后论绘画，分总平圆诸图及画图诸法，读此书不特详于绘地之理而天学亦可稍得崖略。《汇编》二有《论测绘器具》，可参观。

算法量地捷解前编三卷日本明石舍刊本

日本信义编。

行军测绘十卷附图制造局本，二册

英连提著，英傅兰雅译，赵元益述。书刊于同治十二年，凡一百五十四款，既论测量绘画行军诸图之法，复论考察天时、地理、政事、风俗、水陆诸道、武事、考古诸事，后附英国讲武书院章程，于行军讲求绘地之事可谓详尽靡遗。

　　以上测绘

画形图说一册益智书会本

英里察森著，英傅兰雅译。书中论画视图十有二法，后及于数体相并之画法，各线隐现逗接亦皆有法，洵初学画形之捷径也。制造局印有英傅兰雅、赵元益译《测绘海图全法》，又傅兰雅、徐建寅译《绘画船线》二册，均未出。

西画初学六卷《格致汇编》本

英傅兰雅译。是书乃英浅巴司《启蒙丛书》之一，首列总论，次视法，次临画，次看物绘画，次布置方向，次光暗总理，次渲染各色，作书之意欲学者易明，故指证绘山水之理法并画工所赖之理法，浅词详解，足为启蒙之用。

图画范本四册南洋公学本

南洋公学译编。取日本小学校所用范本，去其非我国常有之物

而摹之。**徐补**

论画浅说一卷上海排印本，一册

　　不著撰人名氏，山英居士译。译笔甚劣，说亦浅甚，于画学之理未得其门径，可不读。

　　以上画学

测绘器一卷《格致汇编》本在《格致释器》中

　　英傅兰雅著。西人于测地一事，既有专业之人，复有精良之器、详明之法，不惜工力，经年细测，宜其密益加密。此书测绘之器择其简要者载之，上半皆测量所用，下半皆绘图所用，后附邹代钧上会典馆言测绘地图书，又湖南测绘舆地图章程，所言甚有条理，惜各省办理未能一辙。

画器须知一卷《格致须知》二集本，一册

　　英傅兰雅著。是书所列各器即《器象显真》第一卷，解说字句互有异同。制造局印有英傅兰雅、赵元益译《绘画测量诸器图说》一册，未出。

　　以上画器

理学第二十五

先理学，次文学，附书目

斯宾塞尔文集□卷《时务报》、《昌言报》连印本

　　英斯宾塞尔著，曾广铨译，章炳麟述。斯氏为西国格致名家，创天演之说，深研夫质力聚散之几，推极古今万国盛衰之由，著书造论贯天地人而一之，而大旨以任天为治为本，剖析精微，折中至当，实为奇论，惜译者未精斯学，未能曲达其旨，读者未免掩卷耳。

劝学篇一卷《侯官严氏丛刻》本

　　英斯宾塞尔著，严复译。此书以勉人治群学为宗旨，以为凡人民

自相生相养、通功易事以至于礼乐、刑政之大,皆从能群之性以生,故惟群事为最难,亦惟治群学为最要。是篇以近今格致之理推明日用人生之事,以及治平之大,精义妙说深切著明,惜仅译第一篇耳。**徐补**

天演论二卷侯官嗜奇精舍石印本,上海重印本

英赫胥黎著,严复达指。因斯氏创任天为治之论而赫氏尽变其说,谓天不可独任,贵乎以人持天,所论保种保群、自强进化之公理,皆与斯氏异说以救斯氏之末流,其有裨于国计民生殆非浅鲜。是书经严几道观察译而文之,纵横奥颉,大能达其旨趣,附著论说复能曲申其义例,中译之善本无有过于此书者。英斯宾塞尔撰有《群谊篇》,柏捷特撰有《格致治平相关论》,皆严复译成未刻,《国闻汇编》有严复译斯氏《劝学篇》,亦未刻全。

物竞论□卷译书汇编社刊本

日本加藤宏之著,杨廷栋译。是书据生物进化之例,以验天赋人权之说,以发明强权之理,先总论,次举人类中五大竞争而分论之,一治人者与被治者、二贵族与平民、三自由民与不自由民、四男与女、五国与国,博综约说,勃窣理窟,廉顽立懦,有功世道。

徐补

辨学启蒙一册《西学启蒙》本

英哲分斯著,英艾约瑟译。人生之初有知识即知分辨,穷理度物、审情推事,大小精粗无不各有界说,创斯学者首自希腊,其后西人殚心探讨,其理日精,而大书院中遂为教授童蒙课程。是书所列条理仅举大略,足以窥见辨学之门径,亟宜考究其理由,浅入深详,列问答以成一书,借为课蒙之用。利玛窦有《辨学遗牍》,与此异。

格致新机七卷广学会本,一册

英慕维廉著。序言指为培根为理学家言与寻常言格致不同,但译笔甚劣,未能深明其义。《汇编》一有慕氏《格致理论》,可参

证。又二有慕氏《格致新法》，疑即《新机》之节本。

理学须知一卷光绪二十四年格致书室刊本，一册

英傅兰雅著。其书专揭分晰事物之法，于理学为论辨，于辨学为理辨，与艾约瑟所译《辨学启蒙》相出入，而文词之明白过之。学者欲穷格致之要，宜读此以植其基，而旁考《西学略述》中之言理学与赫胥黎《天演论》下卷以穷其流，于真理庶乎无疑。

理化示教□卷《教育世界》本

华语考原二卷《格致汇编》本

英艾约瑟著，英傅兰雅辑译。考究中国古语源委，而于心声之发尤能推阐其理，盖心灵学之支流，西人好学深思于此可见，至其论古音亦颇有理，虽谬处不少，其发明中国音学之功诚不可没，惜其书似未译全耳。

以上理学

译书事略一卷《格致汇编》本，一册

英傅兰雅著。凡制造局及局外译述各书无不详列，检阅亦便，中论译书之法、译书之益颇可探取，而设局源流亦载之。实学报馆印有朱树人译《巴黎书库提要》，未成。

日本理学书目□卷《亚泉杂志》本

亚泉学馆译。分十三类，一理学，总记学校用理科书，二物理学，横文物理学、理化学，三化学，四天文学、历书，五气象学，六博物学，七生物学，八人类学，九动物学，十植物学，十一地质学，十二地震学，十三矿物学。顾补

以上书目

幼学第二十六

附体操学

启悟要津一卷上海排印本，一册，坊间改名《格致西学启蒙》

美卜舫济著。凡天地万物之理略举其要,设为问答,专为发蒙之用。

幼学初阶一册香港文裕堂刻本

不著撰人名氏。专取简笔之字以成浅俗语,盖香港西书塾中教幼童而作。

初学阶梯三册香港文裕堂刻本

不著撰人名氏。亦西书塾教初学之本,取习见习闻之事物著为小论,第三论故事、论五金、论香港各篇颇足观,中有涉教中语,可厌。

发蒙益慧录三册

蒙学浅说一卷广学会本,一册

不著撰人名氏。此久于中土之教士所作,篇中所说情景半多中俗,期易于感发也,惟其宗旨不离乎行教教孩提者,宜节取之。

西塾训蒙法一卷《岭学报》本

岭学报馆译。从德文原译本译出,斯书先后序次颇有合于古者小学教人之意,惟原书漫漶,篇帙无纪,《岭学报》取而润色之,次为十类,曰才质、曰师范、曰诱教、曰训讲、曰教法、曰温习、曰惩戒、曰家学、曰问答而以词论终焉。**顾补**

比类学□卷《蒙学报》本

曾广铨译。又名《西国教养小孩法》,其书后半部多言教事,无甚精义,所译仅五篇,已足括全书之要。**顾补**

少年世界□卷《蒙学报》本

日本高山林次郎著,日本松林孝纯译。**顾补**

家庭杂志□卷《蒙学报》本

日本松林孝纯译。**顾补**

教授图说□卷香港石印本

英协巴甸著。每套二十幅,便华童习英文日课之用。**顾补**

养蒙正轨二卷《万国公报》本

英李耀春、汪振声合译。上卷为瑞士柏思大罗齐《训蒙新法》，下卷为德福若伯《训蒙法》，皆能阐发教育之理，宜西人奉为定法也。**顾补**

教育说略□卷澳门荷兰蒙学书塾本

　　荷兰澳门蒙学塾著。书分论五篇、章程若干，皆由浅及深，便于开蒙益智。**顾补**

　　　以上幼学

幼学操身图说一卷益智书会本，一册，光绪丙申北洋官书局本，会稽徐氏重刻本，上海石印本，坊间改名《西国易筋经》，《格致汇编》摘刻名《易筋西经》

　　英庆丕辑，翟汝舟述。是编凡图三十二，图各有说，义取浅近，便于指授。体操之法与中国《易筋经》大略相似，西国学堂列入程课中，国人秉质柔脆，亟宜讲求体操，亦强学之一助也。

简易体操法□卷《蒙学报》本

　　日本涩江保编纂。**顾补**

　　　以上体操学

宗教第二十七

古教汇参三卷益智书会本，三册

　　英韦廉臣著，董树棠述。专述埃及、巴比伦、叙利亚、希腊各教及印度之婆罗门，惜多阙略，未能详尽，译笔亦劣。

旧约合参一卷《汇报》本

　　章旌云译。于旧例〔约〕一切要事备举大纲，略仿年表体裁，依次编录。**顾补**

自历明证八卷广学会本

　　美林乐知著。记各教源流颇详，足资考证，末记古时欧洲民人去旧更新之机，亦足以瞻欧俗之旋转。

救世教益一册广学会本

　英李提摩太著。

圣会史记四册

二约释义丛书三册广学会本

　英韦廉臣著。

游记第二十八

聘盟日记一卷《中西闻见录》本,小方壶斋本

　俄雅兰布著,柏龄译。此一千六百九十二年即康熙三十年俄特
　派雅兰布至中国详订通商条约时所纪,详载京都景物而已。

探路日记一卷小方壶斋本

　英密斯耨著。此一千八百六十八年使中国,至七十七年差满遂
　游西藏、云、贵等处而作。《译书公会报》印有英巴伯《探西藏行记》一
　卷,法岱理松著、袖海客译《东游随笔》,均未成。

柬埔寨以北探路记十五册同文馆本

　法晁西士著。自西贡起游历云南、四川等处。

黑蛮风土记二册上海石印本,小方壶斋本

　英立温斯敦著。游阿非利加洲之日记,专记其风俗及历涉情景,
　无关宏旨,立温斯敦居非洲最久,宜其所记尚为翔实。

中亚洲俄属游记二卷时务报馆印本,同文馆本,二册

　英兰斯德路著,杨枢、莫镇藩同译。详记俄人所属诸部,足以见
　英人注视俄国,眉间所注出自李顺德师及沈子培比部手,详考舆
　地为多,讲西北地学者宜取资于此。

历览记略一卷《格致汇编》本,制造局本,一册

　英傅兰雅、徐寿译。斯为傅氏请假回国时历览制造各厂日记,详
　言机器制造,而于规模制度、房屋之壮丽、汽机之鼓铸、轮轴之斡
　旋,无不绘图详载,讲工程学者当浏览也。《汇编》一傅氏又有

《游览东洋日记》。

环游地球杂记一卷续录一卷《格致汇编》本

美潘慎文著。所记皆各国制造各机器,而于美国言之尤详。

西行琐录一卷小方壶斋本

德福克著。此克氏与奥国人满德至甘肃办理织局时所纪行程及甘省风景,盖光绪五年间情形也。

观光纪游十卷明治十九年排印本,小方壶斋本

日本冈千仞著。当光绪十一年间游中国所作,曰航沪日记、曰苏杭日记、曰沪上日记、曰燕京日记、曰沪上再记、曰奥〔粤〕南日记,愤中国之积弱而以六经毒与雅片毒并言,儒者当自反取诟之由。

斐洲游记四卷上海中西书室排印本

英施登莱著,汇报馆译。述洲内地方、物产、民情甚详,附图若干幅,坊间删改其书名《三洲游记》,殊嫌割裂。**顾补**

李傅相历聘欧美记二卷广学会印本

美林乐知辑译西报而成。上卷纪李文忠公道出各国优待之隆,下卷采时务各报论中俄密约事,具体而微,无甚精意。**顾补**

西藏游记一卷《亚东时报》本

英撒倍朗达著。拉萨为西藏首府所在,达赖拉麻居焉,向不许外人入其境,迩者西人冒险探讨是地不啻千百,皆为土司所阻而返,撒氏于二年前由印度起程渐至拉萨附近,为官吏所缚投于岸狱,幸事申免死送出国境,归国后记录道途所经而作此书。**顾补**

南部阿非利加游历谈□卷《亚东时报》本,《通学汇编》本

日本古谷驹平著,亚东时报馆摘译。古谷驹平君夙有意于南部阿非利加,此次远游途次抵印度麻都拉斯,由麻都拉斯驶往那大尔,沿东岸而南进,经苪西都伦顿波土埃里沙倍斯茉些尔倍远喜望峰转而赴岌朴丹,更中央铁路北进入内地,于金魋联地方视察金刚石坑,在都兰士拔儿地方探见金银坑,又旁察其风土人情

焉。**顾补**

东游纪略五卷《通学斋丛书》本

　　英艾约瑟著。当中国元世祖时有欧洲加路博俄革五博士相继东
　　游亚地，即所见闻各有著述，艾君就其所作摘译以成斯书。**顾补**

支那纪游一卷《通学斋丛书》本

　　德利施和芬著，英艾约瑟译。盖游历中国日记，于中国诸省形
　　势、矿产记载甚详。**顾补**

墨澳觅地记□卷《汇报》本

　　汇报馆译。书中所记乃麦折伦寻觅新地之事，盖继高隆后一人
　　而已。**顾补**

游历亚中记一卷《汇报》本

　　瑞典赫定著，汇报馆译。书中记赫君游历亚洲中央，备尝辛苦，
　　由俄国乌拉山抵燕京，由乌拉山出帕米尔山跋涉于回部、西藏
　　间，该处中、俄、英三国交界，为必争之地，故所记特详。所言加
　　斯加城之冰山光怪陆离，读之令人生噤，惟西北苦寒缺水，惊沙
　　万里，资斧费至四万余佛郎，则此游诚不易矣。**顾补**

游布哇事宜□卷《译书公会报》本

　　日本金城生著，译书公会报馆译。篇中言布哇人情风俗而区别
　　日人宜来不宜来者逐次解说，皆有根据，然自美人收布哇入版
　　图，恐日人不能来去自由矣。按布哇又名火奴鲁，又名夏威仁，
　　又名檀香山，特附注于此。**顾补**

欧美漫游记□卷《译林》本

　　日本镰田荣吉著。于欧美各名埠险要、胜迹言之甚详。**顾补**

报章第二十九

中西闻见录北京印本，每月一册

　　泰西人在京都施医院编辑。创于同治十年七月，略述泰西政学

而中国人之著作亦有附刻,惜不久旋止。

万国公报广学会本,每月一册

泰西人教会编辑。报创自癸未、甲申间,后因事中止,至己丑复延林乐知主笔踵而行之,甲午以后又延蔡尔康笔述。报中所采多教士议论时事之作,而中西重大新政悉具于中,惜文笔未佳,每册首载有言教之说为可厌。

中西教会报广学会本,每月一册

泰西人教会编辑。多载说教之语,极可厌,然亦间有新政、新论。

西国近事汇编三十六册制造局本,每年四册

癸酉,美金楷理译,姚棻述;甲戌、乙亥、丙子、丁丑,美金楷理译,蔡锡龄述;戊寅、己卯、庚辰、辛巳,美林乐知译,蔡锡龄、郑昌棪述。依年翻译西国各报而成,凡各国交涉、和战、政治、法律、文学之事靡不具载,惜至壬午而止,后宜续行之。

格致汇编二十八册自印本,每年四册,凡七年

英傅兰雅辑。所言格致新理择要摘译,洪纤具载,汇集成编,多有出于所译各书之外者,凡首尾完具之数十种已散见各类中,载答问语数百条,若分类别刊一编,其启发后学不少也。

西国近事□卷制造局本

凤仪译述。专译西报中所载大事,每月一册,抄送总署及南北洋通商大臣、江海关道,惜未刻印。

时务报石印本,设上海

中、东人合译,汪康年等撰述。采译英、法、俄、日各报,凡中外政要译录颇详,光绪二十二年七月起至二十四年六月止,每月三册,后改《昌言报》。

知新报排印本,设澳门

中、西人合译,何廷光等撰述。采译英、葡、德、法、美、日各报,附印译书数种,光绪二十三年正月起,每月三册,今已停。

官书局报排印本,设北京

北京官书局辑译。今已止。

尚贤堂报_{排印本,设北京}

美李佳白辑译。李教士于光绪二十三年在北京创设尚贤堂,以中人曾记奏明,复编印报章以为为学之助,所撰多中西政要,惜不久辄止。

农学报_{石印本,设上海}

中、东人合译,罗振玉等撰述。光绪二十三年四月始,至十二月止,每月二册,二十四年以后每月三册。专译中外言农之书,次第编印,数叶装订成册,所译以日本农学新法之书为多,首载中国讲农谕折禀牍,及东西农人各报,间录会员采访各省农事情形,最为可观。中国近来讲求农政诚为亟务,此报之益实非浅鲜,但农人多不识字,守旧之见牢不可破,开通风气在报馆,振兴农利在有位,宜于此二端先加意焉。

经世报_{石印本,设杭州}

译英、法文报章,章炳麟、宋恕等撰述。光绪二十三年七月起,十余册即止。

实学报_{石印本,设上海}

王斯沅等译,王仁俊等撰述。光绪二十三年八月始,每月三册,首载章奏及英、日报文,后附刻中西人书籍甚多,均未完全,原此报主义将分天、地、人、物学为四纲,包举宏广,惜十余册辄止,未暇自备体例。

求是报_{排印本,设上海}

陈季同、曾仰东、陈寿彭等辑译。内编目三,曰交涉、曰时事、曰附录;外编目五,曰西报、曰西律、曰制造、曰格致、曰泰西;稗编所采多法国书报,中以所译拿布仑律为最佳。自光绪二十三年九月起,每月三册,旋截止,所译均未成。

译书公会报_{排印本,设上海}

中、东人合译。光绪二十三年十月起,每七日一册,不久即停。

此报以译书为主,择欧洲言政治诸书每期各印数叶,惜皆未成。

蒙学报石印本,设上海

中、东人合译,叶瀚等撰述。光绪二十三年十一月起,每七日一册,所译皆东西文蒙养之书,最于童蒙有益。中文各种多出浩吾茂才一人手,立法之善,可谓苦心孤诣矣。

国闻汇编排印本,设天津

中、西人合译,严复等撰述。光绪二十三年十一月起,每月三册,专译俄、英、法、德、美、日各报及各国近闻,首译泰西名论甚为可观,报章之最佳者,惜至七册即止。

岭学报排印本,设广东,重印合订本

张百熙、黎国廉等辑译。始于光绪二十四年正月,仿《湘学新报》体例而稍变之,分六类,曰国政、邦交、文教、武备、史学、民事,皆译自西书互为考证,与《湘学新报》以中国旧籍考证不同,附以西文译篇,每月三册,至十六册停止。顾补

格致新报排印本,设上海

朱开甲、王显理等译。光绪二十四年二月起,每月一册,每次载答问数则,颇足启发,至十册止,后与《益闻录》合,改名《格致益闻汇报》,每七日印二次,后又改名《汇报》。

东亚报排印本,设日本

中、东人合译,韩昙首等撰述。其例目曰论说、曰宗教、曰政治、曰法律、曰商务、曰艺学、曰经世文选,后附各书,所载皆采自日本各报,后译诸书皆言政治、法律,光绪二十四年五月起,每月三册,今已停。

亚东时报排印本,设上海

日本山根虎之助辑译。分论说、商务、讲演、军事、中外论丛、史传、杂录、汇报、诗赋等类,始于光绪二十四年五月,至二十六年三月停止,凡二十一册,报中多总核名实之文,足为我国诡谲反复者药石。顾补

昌言报排印本,设上海

中、东人合译,梁鼎芬、汪康年等撰述。光绪二十四年七月起,每月三册,至十册止,体例与《时务报》同,然多采商务各报,凡《时务报》附印未成之书仍由《昌言报》接印,惜不久即停。

五洲时事汇报排印本,设上海

日本佐原笃介、沈士孙合辑译。首论说,次录谕旨、奏疏,次五洲近事,附印法国脱雷福斯案纪事本末、各国财政大数表、维新三杰传,始于光绪二十五年八月,至第四册停止。

工商学报排印本,设上海

张德坤等译。光绪二十四年八月起,每月四册,不久即停,后附英惠克斐尔撰《东方商埠考略》一种,论中国各口岸商务,颇足借鉴,惜未成。

汇报排印本,设上海徐家汇

法教士等辑译。其体例一仍《格致益闻汇报》之旧,仍每七日出二纸,每纸界八叶,四叶言西学各事,颇浅近易晓,附以答问尤为明晰,四叶言时事,亦无冗杂之弊,间有言教务处,宜分别观之,始于光绪二十四年七月。顾补

亚泉杂志排印本,设上海

杜亚泉译著。所论算术、格致、化学多有新理,始于光绪二十六年十月,月各二册,至十册停。顾补

译书汇编排印本,设日本

中、东人合译。是编搜集东西各国政治书籍翻译成册,中分政治学、法律学、行政学、经济学、史学、政治哲学各类,末间附杂录,亦译自他书,概不参以议论,原著皆东西硕儒著名之书,每月一册,始于光绪二十六年冬季。顾补

工艺报及工艺丛书排印本,设上海

奚世干、沈纮辑译。光绪二十六年十月始,振兴工艺为近日中国救贫之要政,奚君本有译印日本工艺制造之书为《工艺丛

书》，后虑行之不广，乃仿东西洋各国杂志之体，与《工艺丛书》皆月出一册，俾人人便于购阅，报中采译皆近年各国新出之法，并中国各报之关于艺事者，凡可以自成一种者入丛书，余皆编入报章，曩为巾箱本，自二十八年正月始改为大本。奚君字挺筠，为南汇乡人，乃能出资以作斯报，可谓难得，特附记之。**徐补**

励学译编木刻本，设苏州

励学社译。译东西各书有关政治、舆地、格致、历史者，按月译行，间附小说一二种，每月一册，始于光绪二十七年正月。**顾补**

译林排印本，设杭州

林獬等合译。择东西政治、史传、制造各书，按月译行，附以日本政治各表，颇便观览，每月一册，始于光绪二十七年正月。**顾补**

教育世界排印本，设上海

罗振玉辑译。始于光绪二十七年五月，每月出二册，皆言教育之法，附译之书为六类，曰各学科规则、曰各学校法令、曰教育学、曰管理法、曰学级教授法、曰各种教科书，近年遍设学堂，讲求教法，则此报万不可少也。**顾补**

外交报排印本，设上海

张元济等辑译。始于光绪二十七年十二月，月出二册。报分八类，首论说，选择东西外交家著述，或自撰、或来稿；次谕旨，不涉外交者亦录之；次文牍，凡章奏、条约、规则、报告皆隶之；次本国外交纪闻；次译东西文报，以各国对我国政策为第一类，各国互相交涉为第二类，各国内政为第三类；次要电汇录。交涉之学为今日之急务，编斯报者可谓得要领矣。**徐补**

附泰西新报源流表□卷《岭学报》本

岭学报馆译。**顾补**

议 论 第 三 十

先通论,次论政,次论兵

中西四大政一卷广学会本,一册

英李提摩太著。即《救世教益》之第七章,所列之目与《新政策》
同,此书合中西而论之,其说稍详。

隔靴论一卷东洋本

日本盐谷世宏著。日本地处同洲,言中国利弊较确,其论英十胜
而中十败,比互言之,诚有见地。盐谷氏虽守旧家,乃能洞见如
此,安得不愧。

民约通议二卷上海译书局本,一册

法戎雅屈娄骚著,日本中江笃介译。

大东合邦论一卷附宇内独立一览表东洋刊本,上海译书局本,一册

日本森本藤吉著。书作于甲午以前,尚未甚轻量中国,又审中国
之轻日本必无合理,故昌言合朝鲜而微见中国当合之意,名理叠
出,近日中日联盟之先声也。上海译书局翻刻易名《新义》,凡
言朝鲜当自主不必藩属中国,及言中国满汉不洽者皆删去之,补
以表章孔教及男女平权二义,寻行数墨多无聊语,且有牵就字数
径删一叶者,亦是书之厄矣。

东方时局论略一卷制造局本,一册,《军政全书》本

英邓铿著。书作于一千八百八十九年,第一章记东亚细亚日迫
情事,第二章记俄人觊觎高丽证据,第三章各报论俄人动静,内
附中高通商条约,皆探取各报之论东亚细亚情事者,深切著明,
可谓直揭俄国诡谋矣。

中西关系论略四卷续一卷光绪二年印本无续,益智书会本,一册,小方壶
斋本

美林乐知著。首论欧洲与中国关系紧要及中外交接情形,次多

说教事，毫无足观，三论西域回教情形及论中国宜招抚喀什噶尔方略，四卷以下录赫德、威妥玛、镂斐迪诸人议论公牍。林氏处中土最久，借箸代筹，颇能洞中奥窔。

自西徂东五卷广学会本，五册

德花之安著。引西国事与中国相较，不事夸张，不偏回护，其辨论义理颇有精微处，将以西国政教良法以救中土政俗人心之弊，名曰《自西徂东》，取义有由也，中言息战及公法本旨、禁买奴婢诸篇最可观，译笔亦佳，惟教语可厌。

中西互论一卷广学会本，一册

美林乐知著。此因尼山圣裔六廉有《东西洋通商总论》之作，而林乐知作书后一篇以驳正之。

宇内和平策一卷《亚东时报》本

日本狩野良知著。书分五章，极言俄人弭兵之说必不可信，且云战争足以利世、和平足以害世，反复辩驳，颇有至理。**顾补**

大同学一卷《万国公报》本，广学会单印本，一册

英企德著，英李提摩太译，蔡尔康述。凡四章，曰今世景象、曰进境、曰相争相进之理、曰人世第一大事，其意在以彼教主义与哲学者争，理多不确，所征引颇可观。**徐补**

西学探源四卷商务印书馆本，二册

日本冈本监辅著。是书从彼国所译西文史及立志编等节录西人言行，类次而论之，征引颇繁，其宗旨则欲以程朱学说矫彼国偏嗜西学者之失，自称尚有《东学探源》未印。**徐补**

铁鞭四卷商务印书馆本

日本冈本监辅著。分生、长、收、藏四编，其宗旨与《西学探源》同，所征引亦有重复者，而节目较为详备。冈本君为彼国老名士，三十年前以气节、文章为时推重，维新以来以主张旧学，渐见疏于时贤，牢骚不平，闻其所著《万国史记》于我国流布颇广，遂挟所著以来，其友人为之陆续付印，此书及《西学探源》最先出

者也。其抉摘彼国浮薄少年之弊或非加诬，然布此两书于我国实有阻遏新机之虑，淮橘为枳，殊可惜也。其书往往作不了语，有我国帖括习气，尤不可解。**徐补**

以上通论

治国要务一册广学会本

英韦廉臣著。凡九章，中言林木之益，其说甚可据，惜中国未尝采用之也，末章复涉教语，可删去之。

时事新论十二卷附图说一册广学会本，三册，湖南翻刻本

英李提摩太著。分国政、外国、养民、新学、利源、军务、教务、杂学为八类，言取浅近，不立高论，事事可见诸施行，李氏盖主天津报馆时所作，末附图四十有五，观之可以比较各国政事优劣。

九九新论二卷广学会本

美林乐知著，蔡尔康译。斯书以兴华为宗旨，更杂采九十九年各国近事以实"九九"二字之名。**顾补**

西铎□卷广学会本

英李提摩太著。

新政策一卷广学会本，一册

英李提摩太著。立为四纲，曰教民、曰养民、曰安民、曰新民，所列诸法半已见诸施行，惟其于枢要之地必曰并用西人，其居心可想。

整顿中国条陈一卷《时务报》本

美福士达著。一曰成陆军，二曰兴铁路，三曰整国课，四曰改刑律，五曰更取士之法，虽寥寥数百言，而中国近来亟应更改之要政几洞彻无遗。

新学汇编四卷广学会本，四册

美林乐知、英李提摩太、美李佳白合著，蔡尔康编。所录诸文多见于广学会所刊书及《万国公报》、《中西教会报》中论时事诸作，等于坊间射利之本也。

保华新书四册广学会本

英贝思福著,美林乐知译,蔡尔康录。书中力辟画分方罫之妄谈,而以洞辟重门为欧洲各国自保在华权利之上策,各国诚采用其议,保华之局即寓其中。**顾补**

南洋贵有华人旅居说□卷《万国公报》本,《湖北商务报》本

西班牙绵嘉义著。所言南洋各岛农、工、商务非华人不能成,足为华人可用之证据,美国各地禁止华工之苛例亦以此,苟在上者能普用之,于富强何有。**顾补**

保全中国策一卷《东亚报》本

英既府罗理既卡司著,日本大桥铁太郎译。言德据胶州之失计,惟英以保护中国为己任,虽出于战亦所不惜,英重商务,固与他国务兼并者异矣。**顾补**

支那保全论一卷《亚东时报》本

日本有贺长雄著,飞天道人译。为中日联盟之议而发,凡六章,一总论,二论同盟担保策,三论联合担保策,四论同盟担保与联合担保孰利孰害,五论联合担保有益于支那,六结论。**徐补**

支那教案论一卷南洋公学本,一册

英宓克著,严复译。是书成于光绪十八年长江教案叠起之时,凡四篇,首发端,二政治,三教事,四调辑大旨,谓我国崇尚虚无、散布流言之积习,实足为教案之媒,而要无非教士处置之失,当有以激之,至于助以兵力、坚以盟约,尤足动华人仇耻之念而自塞其流行之机,可谓洞见症结,及去年拳教之争而其言大验矣。书中言我国立教以孝为本而致力于人事,本能范围各教而不相争,如回、佛其明证也,而西教士强欲以不拜祖先之例绳之,因而决裂,其言亦有至理。

论英人十大罪一卷《亚东时报》本

日本福本诚著,剑潭钓徒译。以英人凌虐特兰士人不合公理为英罪,其论甚确,今环球强国务为兼并,又岂独英人哉?**顾补**

东略罪言一卷《中国日报》本

　　俄伊克那什著,中国日报馆译。所言东三省必实汉民、驻汉民、设汉员、延汉儒,然后兴观有由、习尚可化,俾得转弱为强,斯语甚有至理。**顾补**

兴华新义一卷广学会本,一册

　　美林乐知著,蔡尔康述。析为五纲,中言道德一门仍不免教门之意见,权力一门其说多可采用。

醒华博议一卷广学会本,一册

　　英李提摩太辑。所辑皆欧美人议论中国之手札,已成陈说,惟后论补救工商之法最可取。

印度隶英十二益说□卷《万国公报》本,广学会单行本,《新学汇编》本

　　美林乐知著,金襄如译。篇中言印度隶英之益有十二,曰息纷争、禁盗贼、正律法、拯疾苦、筑铁路、兴营缮、课吏治、论时政、增进益、通声气,然英之虐待印度不得举议员、不得为兵官,则所谓十二益者仅英人受之,印度君民何与焉。**顾补**

山东贫窭考□卷上海广学会本,《新学汇编》本

　　英仲均安著译,张召棠述。言东省贫窭不关河患,惟民间未学工艺,不知制作,以抵制漏塞为贫窭之源,其言颇确。**顾补**

　　　以上论政

未来战事论一卷《中国旬报》本

　　俄布乐著,中国旬报馆译。布乐君为俄旧京木斯哥之银行老手也,近年弃其故业留心经济,著有《过去未来战事》等书,而尤着眼于未来一说。此卷为其生平得意之作,四年前脱稿于俄,复译为法、德文,共六卷,英人史秩独取其末卷节而译之,已足括全书之要,并将其大意设为问答以尽其义,而《中国旬报》即据史秩本转译华文,改名《俄人论战》附报印行。**顾补**

拟请中国严整武备说一卷《格致汇编》本

　　德瑞乃尔著。瑞君于同治九年来中国为登荣水师教习,是编所

列凡八章,计二十条,历言德国武备之精及兵额,以冀中国更改其制,惜当时未尝信从之。

借箸筹防论略一卷附炮概浅说金陵刻本,一册

德来春石泰著,沈敦和译。此来春石泰训督自强军时上之南洋大臣之作,德人入中国稍后其能洞悉我各省水陆形势,为之从容措置,了如指掌,令人惊愧。至论查照人数、抽编兵额虽属泰西之制,然裁汰绿营之后未尝不可渐以仿行也。《炮概浅说》论别具。

扬子江筹防刍议一卷《时务报》本

德雷诺著,张永鉴译述。长江本天险,江深水阔,大帮兵轮亦可畅行,雷氏奉江督之命委勘吴淞至金陵一带江防而作,书凡八篇,于一切布置台濠、安设炮位,皆因地制宜,虑周藻密,又辅具所需之电光灯、测远镜、水雷、电报机、德律风,复应添用药库、兵房、护墙、炮架等,皆条分缕析,不厌详尽,可谓知所要矣。

欧洲列国慎战论□卷日本《国光杂志》本,《通学斋丛书》本

日本《国光杂志》著。**顾补**

论俄国增兵过度一卷《亚东时报》本

英西门士著,美林乐知译,任延旭述。**顾补**

论裁撤军备大有害于文明□卷《亚东时报》本

英士度尼罗著。论弭兵独利俄人,以其性好争战而力不足,若各国赖有战事以鼓动民生气,否则姑息苟安,有不甚设想者矣,盖俄人倡议弭兵而反增军备,诚有不足取信于人者。**顾补**

以上论兵

杂著第三十一

先杂记,次小说,次琐录,次丛编

言志录一册

日本佐藤一斋著。

西事略一卷《蒙学报》本

曾广铨译。所言皆西国故事，意主箴规，使幼童易解。**顾补**

北京纪事□卷《励学译编》本

英赫德著，励学译社译。**顾补**

黑人种类俗尚说略□卷己亥《知新报》本

美《纽约哈罢报》著，知新报馆译。言鸟卑也之黑奴种类俗尚极
详，可与英女温斯敦所著《黑蛮风土记》参观。**顾补**

黑奴吁天录四卷林译本

泰西土斯活著，林纾、魏易合译。原名《汤姆》，叙当日南美洲凌
虐黑奴之状，惨暴至无人理，而情文凄惋，闻者酸鼻，读斯书可以
悚然惧矣。**顾补**

奉俄皇命记一卷《中国旬报》本

泰西乞顿约瑟著，中国旬报馆译。斯书详言俄国政治苛刻，犹太
人被俄国窘迫之情状，盖冀世知亡国之惨，有以感悟儆醒，使之
振奋勉励以保国也。**顾补**

累卵东洋一卷明治三十四年日本排印本，一册

日本大桥乙羽著，大房元太郎译，愚公订。言英人蚕食印度种种
酷虐情形，有智度其人者欲雪此耻，游历亚洲，以冀借助外人重
兴印度，皆寓言也。**顾补**

儿童笑话□卷《蒙学报》本

日本《少年新报》本，日本古城贞吉译。虽系寓言，足以启发童
蒙智慧。**顾补**

　　以上杂记

昕夕闲谈四册申报馆本

不著撰人名氏。亦名《英国小说》，读之可以见彼土风俗，惜仅
译上半部。

百年一觉一卷广学会本，一册

美毕拉宓著，英李提摩太译。言美国百年以后事，亦说部之属，

泰西人亦有此种书，甚可观，惜此本未全耳。书中多叙养民新法，原名《回头看》。

长生术一卷《时务报》本

英解佳著，曾广铨译。叙述中亚非利加洲荒古蛮野之形状，托言亲身游历，所述文情离奇怪诞，颇堪悦目。东亚书局译有《长命术》、《催眠术》，均未出。《昌言报》印有美劳立志撰、曾广铨译《西伯利亚避虐记》，未成。

茶花女遗事一卷《昌言报》本

林纾译。记法国名妓马格尼事，刻挚可埒《红楼梦》，且亦藉以见法国风俗之一斑。徐补

金刚钻小说一卷《工商杂志》本

桴湘生译，天倪子笔述。顾补

迦因小传一卷《励学译编》本

蟠溪子译。此书西名《迦因嘉托来》，所译系下半部，缠绵悱恻，甚可观。顾补

以上小说

西法食谱一册

造洋饭书一册美华书馆印本

泰西高夫人著。皆作西菜之法，录之以教庖人者。《汇编》二有《磨面器》一篇。

以上琐录

增版东西学书录附上

东西人旧译著书

凡传入中国者著之,言教之书不具列

利玛窦字西泰,意大利亚国人〇其《几何原本》一种至伟、李两君乃译全,故列近译各书中

同文算指前编二卷通编八卷别编一卷《天学初函》二编本,《海山仙馆丛书》本,《中西算学丛书》本

前编言笔算,通编以西术论,九章。

句股义一卷或标明徐光启撰 《天学初函》二编本,《海山仙馆丛书》本,《指海》本,扫叶山房本,《中西算学丛书》本,《西学大成》本

测量法义一卷《天学初函》二编本,《守山阁丛书》本,《海山仙馆丛书》本,《指海》本,《中西算学丛书》本

或标明徐光启撰,盖当时各书皆称口授而徐与李之藻笔述也。此书专明句股测量之义。

圜容较义一卷或标明李之藻撰 《天学初函》二编本,扫叶山房本,《海山仙馆丛书》本,《守山阁丛书》本,《西学大成》本,《中西算学丛书》本

此书专明圜容之义,而各面、各体比例之义亦备。

乾坤体义二卷明释广凑校刻本,明万历余永宁重刊本

上卷言天象,下卷言算术。

浑盖通宪图说二卷或标明李之藻撰 《天学初函》二编本,《守山阁丛书》本,《中西算学丛书》本

此书出自西国简平仪法。

经天该一卷附图康熙间梅文鼎刻本,《艺海珠尘》本,《高厚蒙求》本,《西学

大成》本

万国舆图

西字奇迹

西国记法

辨学遗牍一卷《天学初函》本

此利氏排斥释氏之作,于不可究诘之笔,穷言力辟,适见其多事也。利氏尚有《畸人十篇》、《天主实义》、《西琴曲意》、《二十五言》诸书,以其宗旨皆发明天主教,故删去之。又有傅汎际《寰有铨》六卷,其旨相同,亦屏不载。

交友论一卷《天学初函》本,《续说郭》本,《宝颜堂秘笈》本

此与建安王论友道而作,其言不甚荒悖,然多为利病而言,醇驳亦参半。

玛吉士字□□,葡萄牙国人

地理备考十卷《海山仙馆丛书》本

地球总论一卷《小方壶斋丛书》本

熊三拔字有纲,意大利国人

泰西水法六卷明徐光启同撰　《天学初函》二编本,嘉庆庚申扫叶山房重刻本,《农政全书》本,《授时通考》本

此记取水、蓄水之法,而引水法别有备论,兹不具。

表度说一卷《天学初函》二编本

表度起自土圭,今创为捷法,以随意立表,诚为至便。全书未见,兹仅举其要。

简平仪说一卷《天学初函》二编本,《守山阁丛书》本

弧三角以量代算之法实本于此,今复推于测量,法简而用捷。

阳玛诺字演西,葡萄牙国人

天问略一卷《图书集成·乾象典》本,明万历己卯刻本,《天学初函》二编本,《艺海珠尘》本

皆设问答以发明其义,其说与《乾坤体义》大旨相同,又与《表度说》次第相承,浅深相系,盖互为表里之书也。

景教碑诠

艾儒略字思及,意大利国人

几何法要四卷《新法算书》本

  即《几何原本》求作线面诸法，而较《几何原本》为详。

西学凡一卷附录唐大秦寺碑一篇《天学初函》本

  所述皆其国建学育才之法，凡分六科，与近时彼土学校之制不相上下，读之
足以知学制源流。

职方外纪五卷《天学初函》本，《守山阁丛书》本，《墨海金壶》本，《龙威秘
书》本

  所纪皆绝域风土，为当时舆图所不载，故曰《职方外纪》。

西方答问二卷

三山论学

景教碑颂注释

熙朝崇正集四卷

利玛窦行实

杨其园行略

张弥克遗迹

邓玉函字涵璞，日耳曼国人

黄赤距度表

正球升度表

测天约说二卷明徐光启同撰　《新法算书》本，《重订新法历书》本，《图书
集成·乾象典》本，又《历法典》本

奇器图说三卷附机器图说一卷明王徵、蒋友仁同撰，附卷王徵撰　明崇
祯刻本，道光己丑张氏重刻本，坊间通行本改名《机器图说》，《守山阁丛
书》本

  专论重之本体及引动之理，与南怀仁《灵台仪象志》相发明。

人身说概二卷

汤若望字道未，法兰西国人

历法西传一卷《重订新法算书》本，《图书集成·历法典》本

新法历引一卷《重订新法算书》本，《图书集成·乾象典》本，又《历法典》本

新法表异二卷《重订新法算书》本，《昭代丛书》本，《图书集成·历法典》本

新法晓式二卷《重订新法算书》本,《青照堂丛书》本,《昭代丛书》本

大测二卷明徐光启同撰 《新法算书》本,《重订新法历书》本,《图书集成·历法典》本

历学小辨二卷或作一卷,明徐光启等同撰 《新法算书》本,《重订新法历书》本

浑天仪说五卷《重订新法算书》本,《图书集成·乾象典》本,又《历法典》本作四卷

西洋测日历

周天列宿图一卷《重订新法历书》本,《图书集成·庶徵典》本

恒星经纬图说一卷《重订新法历书》本

星图

恒星表五卷或作二卷,《重订新法历书》本

恒星出没表二卷或标明李天经撰 《重订新法算书》本,《重订新法历书》本

恒星屏障

恒星历指四卷或作三卷 《重订新法算书》本

测食略二卷《重订新法算书》本,《图书集成·乾象典》本,又《历法典》本

古今交食考一卷或标明李天经撰 《重订新法算书》本,《图书集成·历法典》本

交食历指七卷或标明徐光启、罗雅谷同撰,后三卷明李天经续修,《新法算书》本,《重订新法历书》本,《图书集成·乾象典》本

交食表七卷明徐光启同撰 《新法算书》本,《重订新法历书》本作九卷,附交食图意大利闵明我康熙年修

交食表用法

交食蒙求一卷明李天经同撰 《新法算书》本

坤舆格致五卷明崇祯十三年刻本

割圆八线表附代勾股开方法一卷明徐光启同撰 《重订新法算书》本

割圆八线表六卷明徐光启同译 《新法算书》本

远镜说一卷《重订新法算书》本,《图书集成·乾象典》本,《艺海珠尘》本,

《镜史》附刻本

筹算一卷筹算指一卷《新法算书》本

火攻挈要三卷图二卷焦勗述　明崇祯癸未刻本,道光辛卯扬州重刻本名
《则克录》,不全,《海山仙馆丛书》本

奏疏四卷《新法算书》本

罗雅谷字问韶,意大利国人

测量全义十卷《新法算书》本

五纬表说十卷《重订新法算书》本

五纬历指九卷或作八卷,明李天经同撰　《新法算书》本,《重订新法历书》
本,《图书集成·乾象典》本

五纬总论一卷明李天经同撰　《新法算书》本,《重订新法历书》本,《图书
集成·乾象典》本

五纬用法一卷《新法算书》本

月离历指四卷明徐光启同撰　《新法算书》本,《重订新法历书》本,《图书
集成·乾象典》本,又《历法典》本

月离表六卷明徐光启同撰　《新法算书》本,《重订新法历书》本作四卷

日躔历指四卷明徐光启同撰　《新法算书》本,重订本作一卷,《图书集成·
乾象典》本,又《历法典》本

日躔表一卷或作二卷,明徐光启同撰　《新法算书》本,《重订新法历书》本

日躔考昼夜刻分二卷或标明李天经撰　《新法算书》本

日躔增五星图一卷明李天经同撰　《新法算书》本

历引一卷

黄赤正球一卷或标汤若望撰　《重订新法历书》本

火木土二百恒年表《重订新法算书》本

周岁时刻表一卷《新法算书本》一名《岁周平行表》

夜中测时一卷《重订新法算书》本

筹算一卷《新法算书》本
　　西人之法皆用笔算易之以筹,虽取简便,然易于移动,故今日多尚笔算也。

比例规解一卷或标明徐光启撰　《新法算书》本,《重订新法历书》本,《图

书集成·历法典》本,《中西算学大成》本

凡分十线,梅勿庵有《度算释例》,即本是书而有所增订。

毕方济 字今梁,纳玻理国人

灵言蠡勺二卷《天学初函》本

皆论亚尼玛之学,亚尼玛者,译言灵性也,可知西人言心灵学亦已久矣。

睡答

画答

高一志 字则圣,意大利国人

空际格致二卷

西法以火、气、水、土为四大元行,一志因作此书以扬其说。

寰宇始末二卷

孟儒望 字士表,路西大尼亚国人

天学略义

龙华民 字精华,西济利亚国人

急救事宜

地震解

死说

庞迪我 字顺阳,依西把尼亚国人

人类原始

七克七卷《天学初函》本

大旨亦本天主教宗,然其立言不为无理,故附存之。

曾德昭 字维先,路西大尼亚国人

字考

南怀仁 字敦伯,一字勋卿,法兰西国人

灵台仪象志十四卷图二卷刘蕴德等同修　康熙年刻本,《图书集成·历法典》本作七卷,有图并说,无表

此康熙九年南氏为监正改造仪器时所作,多采入钦定《仪象考成》中。

测验记略一卷

验气说

历法不得已辨一卷

康熙永年历法表三十二卷康熙年刻本，即《七政交食立成表》

表为汤若望所推，十七年八月南氏乃续成之。

赤道南北星图

简平规总星图

坤舆全图

坤舆图说二卷《指海》本，《图书集成·乾象典》本，又《坤舆典》本

上卷自坤舆至人物分十五条，皆言地之所生；下卷载海外诸国道里山川、民风物产，大致与《职方外纪》互相出入。

坤舆格致说略二册明万历甲寅与《坤舆图说》合刻本

坤舆外纪一卷《说铃》本有删节，《龙威秘书》本

西方要纪一卷利类思、安文思同撰　《昭代丛书》本，《学海类编》本，《小方壶斋丛书》本

专记西洋国土风俗、人物土产及海程远近，意在夸大，语多失实。

熙朝定案二卷

恩理格字性涵，热西玛尼亚国人

文字考

穆尼阁字如德，法兰西国人。案又有穆宜各，字全真，法郎济亚国人，待考

天步真原三卷薛凤祚同译　《守山阁丛书》本，《历学会通》本，《椿树斋丛说》附刻中卷，《推测易知》摘录下卷

论日月食与《新法算书》互有同异，其所传比例数表以加减代乘除、折半代开方，今日行之，不知穆氏早言之焉。

天步真原人命三卷薛凤祚同译　六君子室校本

比例四线新表一卷薛凤祚同译　《历学会通》本

比例对数表一卷薛凤祚同译　《历学会通》本

天步真原选择二卷薛凤祚同译　《历学会通》本

戴进贤

日躔表

月离表

二表列入御制《历象考成后编》中,乾隆二年复与徐懋德增补表解图说。

黄道经纬恒星图一幅钦天监刻本,京都重刻本

地球图一幅钦天监刻本,京都重刻本

颜家乐

测北极出地简法

杜德美

周径密率

求正弦正矢捷法

康熙地图一册西洋雷孝思、麦大成、费隐如同奉敕测绘　内府本凡内地十
六叶、外边十六叶,皆著明经纬度数

蒋友仁

地球图说一卷何国宗、钱大昕奉敕润色　《文选楼丛书》本,焦循有补一卷,
在《木犀轩丛书》中

郑麟趾字□□,朝鲜国人

高丽史二卷现行本仅世系一卷、后妃列传一卷,盖残帙也

黎崱字景南,号东山,安南国人

安南志略十九卷首一卷光绪甲申乐善堂排印本
　　所纪安南事实与《元史》列传多有异同,可以参考。

室直清字师礼,一字汝玉,小字顺祥,号沧浪,日本国人

赤穗义人录二卷《甘雨亭丛书》本
　　记元禄十四年收并赤穗城死事义人。

贝原笃信字子诚,初号柔斋,后称损轩,又改益轩,日本国人

格物余话一卷《甘雨亭丛书》本
　　亦日记之属,中记彼土风俗掌故,多可采。

新井君美字在中,初名玙一,字济美,号白石,日本国人

白石先生遗文二卷拾遗二卷立原万辑　《甘雨亭丛书》本
　　中多论史之作,足以参校国史。白石本有《经邦典例》之作,惜未见,仅存其
序于《拾遗》中。

奥羽海运记一卷《甘雨亭丛书》本

记宽文十年河村瑞贤办理海运之事。

畿内治海记一卷《甘雨亭丛书》本

记天和三年治理畿内河道事。

奥州五十四郡考一卷广赖典补遗 《甘雨亭丛书》本

专考陆奥山川地理,其记沿革分属足以证史。

南岛志一卷《甘雨亭丛书》本

即琉球志也,所记甚略。

丹波元简字廉夫,又字栎窗,日本国人

素问识八卷《聿修堂丛书》本

博采诸家,上及《苍》、《雅》,因文字以求义理,惟于运气从略。

灵枢识六卷活字版本,此书晚出

伤寒论辑义七卷《聿修堂丛书》本

是书为栎窗未定之本,其子元坚录稿刊行者。

金匮玉函要略辑义六卷《聿修堂丛书》本

杂采诸家,后下己意,为栎窗手定本。

脉学辑要三卷《聿修堂丛书》本

首以总说,次以各脉形象,又次以妇人、小儿及怪脉,颇详尽。

救急选方二卷《聿修堂丛书》本

援据赅博,病有阴阳塞脱之不同,仓卒之际或难认者,间揭其厓略。

丹波元坚字茞庭,日本国人

伤寒论述义五卷《聿修堂丛书》本

因《辑义》为栎窗未定之本,茞庭述为五卷,以扩《辑义》之余意。

伤寒广要十二卷《存诚药室丛书》本,《聿修堂丛书》本

采摭颇富,推其用意,亦是补《辑义》之遗。

金匮述义三卷《存诚药室丛书》本,《聿修堂丛书》本。

亦以述《金匮辑义》之所遗。

药治通义十二卷《存诚药室丛书》本,《聿修堂丛书》本

时有精义,如论石膏逐水之类,工于寻讨。

诊病奇侅二卷附载五云子腹诊法一卷活字版本

足备医家之一格，傅、廖二序俱谓丹波元简著，误。

森立之字□□，日本国人

本草经四卷附考异一卷温知药室刻本

与孙、顾诸家辑本略异，李英公《新修本草》卷子本尚存彼土，故编次较为可据。

多纪柳沜字□□，日本国人

难经疏证二卷《聿修堂丛书》本

分八十一难为六篇，颇有发明。

栗山愿字伯立，一字潜锋，一名成信，本姓长泽氏，日本国人

倭史后编二卷《甘雨亭丛书》本

但记后小松、称光、后花园三帝，略仿本纪之体，至叙室町将军则兼编年之体，采录甚详，足以据补黄氏《日本国志》所未备。

弊帚集二卷《甘雨亭丛书》本

皆生平所为文，原有十六卷，罹灾后叔弟敦恒搜辑得此。

安积觉字子先，号淡泊，日本国人

淡泊史论三卷《甘雨亭丛书》本

子先深于史学，故其持论至当，为彼土所罕见，附录诸文一卷亦甚简古。

祇园瑜字伯玉，号南海，一名贡，字履昌，初名正卿，一字斌，一字汝珉，日本国人

湘云瓒语二卷《甘雨亭丛书》本，日本《南畮丛书》本

亦笔记之属，其说多新奇，附录一卷和文未译。

丹波康赖字□□，日本国人

医心方三十卷安政元年东洋刻本

多纪元坚序称是书拟王焘《外台秘要》而作，今按所征引多已逸之本，赖此以存，洵可宝贵。

雨森东又名诚清，字伯阳，又号芳洲，又称尚纲堂，日本国人

芳洲口授一卷日本《南畮丛书》本，《甘雨亭丛书》本

此为门人所录，故曰口授，书中略载彼土事实，而于佛氏之语多所引说。

伊藤长胤字源藏，号东涯，日本国人

帝王谱略国朝记一卷《甘雨亭丛书》本

自神武天皇狭野始,至朝仁止,各为传略,详载世系,其南朝后醍醐天皇尊治以下亦备记。

萱野三平传一卷《甘雨亭丛书》本

记萱野崇实之事。

丹波雅忠字□□,日本国人

医略钞一卷《聿修堂丛书》本

摘录单行径易之方,以备卒病暴疢之检用。

三宅缉明字用晦,号观澜,又号端山,日本国人

助字雅一卷《甘雨亭丛书》本

总记虚字,未为详备。

烈士报仇录一卷《甘雨亭丛书》本

亦记元禄十四年赤穗城义士报仇之事。

大地昌言字逊轩,日本国人

赤穗义人录后语一卷《甘雨亭丛书》本

编中皆题咏赤穗义人之作,而序跋鸠巢义人,录者亦并载之。

栎荫拙者字□□,日本国人

医賸三卷附录一卷《聿修堂丛书》本

此医家之札记。

佐佐宗淳字子朴,日本国人

足利将军传一卷《甘雨亭丛书》本

采辑各书以成足利氏一门之传,可为详备。

桂山义树字君华,号彩岩,日本国人

东韩事略一卷《甘雨亭丛书》本

首载诸王事迹,次人物,次景物诗,次书目,甚略,无足观。

琉球事略一卷《甘雨亭丛书》本

大旨与《东韩事略》相同,后载字母四十有七,足备考。

小坂元祐字□□,日本国人

经穴纂要五卷青云堂刻本

于经脉流注、孔穴分寸荟萃为编,颇便披览。

铃木重充 字梅隐，又字贞斋，日本国人

鸠巢先生书批杂录三卷《甘雨亭丛书》本

搜辑室鸣巢之说，附以己说，间有辨论处。

赤松鸿 号沧洲，日本国人

大高忠雄寄母书一卷《甘雨亭丛书》本

大石良雄自画像记一卷《甘雨亭丛书》本

大高忠雄及大石良雄皆赤穗义士之赫赫者，此《寄母书》暨《自画像记》读之足令人起敬。

赖维宽 字千秋，日本国人

天野屋利兵卫传一卷《甘雨亭丛书》本

天野屋利兵卫，名直之，亦赤穗义士之一。

锦城大田 字□□，日本国人

太学原解三册

疑问录二册

凤鸣集三册

仁说三书二册

梧窗漫笔二册

梧窗漫笔后编二册

梧窗漫笔三编二册

龙背发秘二册

龙背师傅图说□册

寿松园 字□□，日本国人

活花干瓶图式十八卷

活花手引种十册

皇朝活花古意一卷

梵汉瓶花考一卷

竹器原一卷

活花早教谕十一卷

一叶百瓶图解二卷

正风雅整九体图传十卷

祇园百瓶图谱二卷

草木出生传三卷

活花图大成三卷

万年青图谱一卷

瓶花诸说辨五卷

寿松图意匠瓶几图解二卷

活花一月升达传二卷

失名明时朝鲜国人

朝鲜史略六卷一名《东国史略》

始于檀君,终于高丽恭让王,体仿编年,事迹颇具。

增版东西学书录附下之上

中国人辑著书上

中外大事表□卷上海排印本

西史简明大事表□卷黄庆澄　未见

西史纲目初编二十卷周雪樵　上海石印本

君主民主君民共主表一卷唐才常、蔡钟濬　《湘学报》本

国地异名录一卷林谦　清河王氏《小方壶斋舆地丛钞》本

国名归一表□卷傅云龙《实学文导》本,《通学斋丛书》本表中奥地利列奥
　大利洲中,大谬

各国种类考一卷唐才常、蔡钟濬　《湘学报》本

五洲风俗异同考一卷易鼎　《湘学报》本

五洲属国纪略四卷沈林一　光绪戊戌练青轩排印本

朔方备乘八十一卷何秋涛　直隶原刻大字本,上海石印本又札记一卷,李
　顺德师撰,邢郑学庐刻本

英法俄德四国志略四卷沈敦和金陵刻本,《小方壶斋续钞》本,光绪二十
　二年上海排印本

西征纪程四卷邹代钧　光绪十七年排印本,小方壶斋本　详言地理沿革、
　政治、风俗,故入此。

西俗杂志一卷袁祖志　小方壶斋本　详言西俗,故附此。

中西纪年周始表一卷钱恂　光绪甲午刻本

续四裔编年表□卷《湘学报》本

法国志略二十四卷王韬　光绪庚寅淞隐庐重订本

俄国志略一卷附俄国边界图中俄条约说鹭江寄迹人　《格致汇编》本

德国合盟本末一卷徐建寅辑译　　自刻本,上海石印本,上海汇印《西政丛书》本

美国合盟本末一卷徐建寅辑译　　自刻本

美国地理兵要□卷顾厚焜　《小方壶斋续钞》本

檀香山群岛志一卷谢希傅　《归楂丛刻》本

墨西哥述略一卷谢希傅　《归楂丛刻》本

巴西地理兵要□卷顾厚焜　《小方壶斋续钞》本

日本国志四十卷首一卷黄遵宪　光绪十六年广东刻本,浙江书局刻本

日本图经二十六卷傅云龙　小方壶斋本未全,光绪十五年日本石印本作
　三十卷

日本志□卷姚文栋　未刻

日本地理兵要十卷姚文栋　排印本

安南小志一卷姚文栋　小方壶斋本

琉球国志略十六卷周煌　福州《武英殿聚珍丛书》本

琉球纪略一卷姚文栋　小方壶斋本

朝鲜志二卷不著撰人名氏　《艺海珠尘》本

越南世系沿革略十卷徐延旭　小方壶斋本

越南地舆图说六卷盛庆绂　求忠堂刻本,小方壶斋本,《中外舆地图说》本

法国维新大事记□卷叶瀚　未刻

瑞士变政记三卷附录一卷赵秀伟　上海译书局本

日本安政以来大事略述一卷唐才常、蔡钟濬　《湘学报》本

朝鲜大事记□卷《经世报》本

澳大利亚洲志一卷吴宗濂、赵元益译,沈恩孚编,《渐学庐丛书》本

普法战纪二十卷张宗良、王韬　弢园王氏刻本

普法战纪辑要四卷李光廷　《榕园丛书》本

法国防务述略一卷朱树人　附《欧洲防务志》后,未印出

地球十五大战记十五卷赖鸿翰　上海译书局本

东方兵事纪略五卷姚锡光　石印本

以上史志

光绪会计录四卷李希圣　　时务报馆印本,光绪丙申自刻本

列国岁计比较表一卷《江南商务报》本

万国近政考略十六卷邹弢　　光绪二十二年上海排印本

各国财政大数表□卷《五洲时事汇报》本

财政四纲四卷钱恂　　日本排印本

英国岁计汇要□卷沈遹梅　　未见

英政概一卷法政概一卷刘启彤　　上海石印本,《西政丛书》本,《小方壶斋
　　续钞》本

英藩政概四卷刘启彤　　上海石印本,《西政丛书》本,《小方壶斋续钞》本

俄事新书□卷《筹鄂龟鉴》本

德国新制纪要一卷谢希傅　　《归榑丛刻》本

巴西政治考二卷顾厚焜　　《小方壶斋续钞》本

日本新政考二卷顾厚焜　　铅字印本,石印本,《西政丛书》本

日本会计录四卷姚文栋　　附《地理兵要》后

日本现今岁计表一卷《译林》本

钞币论一卷许楣　　上海石印《治平十议》本

万国币制考一卷官书局本,《秦中汇报》本,《集成报》本

各国金银铜三品货币表一卷杨模编定,许同蔺增辑　　《通学斋丛书》本

权度通议一卷梅文鼎　　未刻

权量录一卷吴中顺　　未刻

中西度量权衡表一册不著撰人名氏　　天津局石印本,元和江氏《灵鹣阁丛
　　书》本,江南重刻本,湖南重刻本,石印本

中外权衡度量释义合数表一卷邹凌沅　　《通学斋丛书》本

中西权度合数考一卷杨毓辉　　石印本

中外度量衡表二册宣人哲　　石印本

各国宝星考略□卷黄致尧　　时务报馆本未毕,后《昌言报》接印

改定宝星图一卷《通学汇编》本

中外章程汇编八卷《通学斋丛书》本

法律探原二卷马建忠　会稽徐氏《政艺新书》本

英律全书五卷胡礼垣辑译　香港排印本,坊间石印改名《西例便览》

秘义交犯条款一卷谢希傅　《归楂丛刻》本

　　　　以上政治法律

学校通议□卷李钧熙　未见,《湘学报》有总论一篇。

西学课程汇编一册沈敦和　光绪十一年耳学庐刻本,上海石印本,《西政
　丛书》本

学校刍议□卷夏□□〔偕复〕　日本排印本

教育一得□卷叶瀚　《励学汇编》本,《同文沪报》本,《中国旬报》本

学堂教科论一册蔡元培　普通学书室印本

学政私议一卷罗振玉　教育世界社本

各直省大学堂章程一卷常熟张氏石印本

课士略说□卷顾□□〔家湘〕　《萍乡课士新艺续编》本,又排印单行本,又
　有《劝士质言》十二卷,未刻

推广鳌洲书院章程□卷钟应德　排印本,木刻本经他人删改,不佳

东瀛学校举概□卷姚锡光　《时务报》本,《湘报》本

日本游学指南□卷章宗祥　日本排印本

　　　　以上学校附礼仪

公法指南六册蔡锡龄　江南制造局未印出

公法驳正□卷宋育仁　未见

释公法一卷《湘学新报》本,《集成报》本

绥服纪略□卷松筠　小方壶斋本

中西纪事二十四卷夏燮　自刻本,光绪丁亥上海排印本

柔远记十八卷附二卷王之春　光绪十四年刻本未见,光绪十七年广雅书
　局刻本,坊间缩印改名《国朝洋务柔远记》

通商始末记二十卷王之春　石印本

金轺筹笔四卷曾纪泽　原刻本,湘南新学书局本,石印本,小方壶斋本,坊

间缩印改名《中俄交涉记》

龚星使照瑗与英外部会议纪录□卷吴宗濂 《经世报》本

上前出使英义比大臣龚星使条陈□卷吴宗濂 《经世报》本

皇华挈要一卷谢希傅 《归樗丛刻》本

秘鲁出使章程一卷谢希傅 《归樗丛刻》本

出使须知一卷蔡钧 小方壶斋本

使例述略一卷唐才常 《湘学报》本

各国通商条约□卷同文馆本

条约类编□卷保定刻本

各国通商条约税则章程后附照会十四册山东官书局刻本

通商约章成案类纂三十五卷天津官书局刻本,广东善后局重刻本,上海
　　排印本

交涉约章摘要□卷王鹏兀 江西洋务局本

通商约章纂要七卷首一卷附一卷劳乃宣 光绪十八年上海排印本

约章分类辑要八十卷蔡乃煌等辑 湖南洋务局本,上海石印本

中外交涉类要表一卷钱恂 光绪甲午刻本,湖南刻本,《西政丛书》本

各国换订约章表一卷《秦中汇报》本

中俄界约斠注七卷首一卷钱恂 光绪甲午刻本,湖南刻本

帕米尔分界私议一卷钱恂 原刻本

帕米尔图说一卷许景澄 《渐学庐丛书》本

帕米尔辑略一卷胡祥铼 《渐学庐丛书》本

中俄交界续记一卷王锡祺 自刻本,小方壶斋本

吉林勘界记一卷吴大澂 小方壶斋本

云南勘界筹边记二卷姚文栋 自刻本,《小方壶斋续钞》本

　　以上交涉附案牍

中西兵略指掌二十四卷陈□□〔龙昌〕 上海石印本

自强军西法类编十八卷附创制公言二卷沈敦和 石印本,《西政丛书》
　　中有《自强军洋操课程》十卷

泰西兵制考□卷夏承庆 《通学斋丛书》本

陆军新书六卷叶耀元 未见

陆军战例新选□卷罗焕章

拟练新兵营章程一卷洪述祖 《求是报》本

城堡新义□卷李凤苞 制造局本

地营图说一册萧开泰 刻本

列国海战纪一卷李凤苞辑译 《西学大成》本

整顿水师说附英埃战纪秘鲁战纪一册光绪乙酉天津机器局印本

法国海军职要一卷马建忠 上海石印本,《西政丛书》本

日本水陆兵志□卷刘庆汾 上海石印本

外国师船图表八卷附杂说三卷图一卷许景澄 原刻本,上海石印本

西国兵船纪略三卷光绪乙酉天津机器局印本

美国师船表补□卷谢希傅 未刻成

日本师船考一卷附图表姚文栋 附《日本地理兵要》后

日本师船考一卷沈敦和 光绪二十年江南水师学堂缩印本,上海印本附
《日本史略》后

太平经略四卷萧开泰 未刻

练阅火器阵记□卷薛熙 《昭代丛书》本

火器图说一卷黄达权、王韬辑译 弢园王氏自刻本,上海印本一册,《西学
大成》本

火器测远图说□卷方恺 未刻

火器真诀解证一卷李善兰、沈善蒸 光绪壬辰自刻本,则古昔斋本无解证

火器新术□卷黄方庆 黄岩喻氏刻本

火器考一卷陈寿彭辑译 《求是报》本

陆兵枪学二卷傅范初 未刻

炮说一卷陆桂星 附《对数术》后

艇雷纪要一卷附图李凤苞辑译 天津局本,《西学大成》本

鱼雷图说一册黎晋贤 天津局印本

鱼雷图解秘本一卷_{光绪乙酉天津机器局本}

水雷问答一册_{王平　天津局印本,光绪丁酉石印本}

演炮图说前后编一册_{丁拱辰　道光辛丑广州刻本,道光壬寅重刻本作四卷}

炮法举隅□卷_{丁友云　未刻}

炮法撮要一卷_{董祖修　光绪辛卯自刻本}

炮法画谱一册_{丁乃文　制造局本}

炮规图说□卷_{陈鹏　陈氏刻本}

炮概问答□卷_{葛传章　《自强军西法类编》"军器学"之一,《通学斋丛}
书_{》本}

算炮捷法一卷_{彭瑞熙　未刻}

炮法求准一卷_{叶耀元　未刻}

炮准测量一卷_{曾纪鸿　未刻}

新创佛身炮架说一卷_{萧开泰　未刻}

克虏伯子药图说二卷_{郝艻、关钟崝　天津局印本}

子药准则一卷_{丁友云　制造局本}

火药问答□卷_{葛传章　《自强军西法类编》"军器学"之一,《通学斋丛书》本}

　　　　以上兵制

泽农要录六卷_{吴邦庆　《畿辅河道水利丛书》本}

农学论一卷_{张寿浯　《农学报》本}

区种五种□卷_{邹凌沅辑　致知书局本}

日本农业维新记□卷_{罗振玉　《农学报》本}

蚕桑萃编十五卷_{卫琪　天津刻本}

蚕桑答问二卷续编一卷_{朱祖荣　《农学报》本}

养蚕秘诀一卷_{张文艺　《通学斋丛书》本}

蚕外纪二卷附引用书目表_{陈寿彭辑译　杭州蚕学馆本在《蚕学丛刻》初}
集_内

粤东饲八蚕法一卷_{蒋斧编　《农学报》本}

吴苑栽桑记一卷_{孙福保　《农学报》本}

栽桑问答一卷

福州蚕业公社章程□卷高凤谦 《湖北商务报》本，内附饲养春蚕成迹表、选种说、蚕具价目表、每蚕耗用表、饲蚕利息表、劝种桑启、桑种表、种桑利息年表、种桑饲蚕利息年表

种植刍言□卷江召棠 江氏自刻本，宜春县署排印本

稼圃刍言□卷彭梦日 湖南刻本

植物近利志一卷孙福保 《农学报》本

商原树艺杂录一卷《江南商务报》本

木棉考一卷陈寿彭辑译 《农学报》本

木棉谱□卷褚华 《农学报》本

通属种棉述略一卷朱祖荣 《农学报》本

振兴中国棉业说二卷夏敬观 《通学斋丛书》本

劝种洋棉说一卷朱祖荣 《农学报》本

种棉实验说一卷黄宗坚 《农学报》本

广种柳树兴利除害条陈一卷徐绍基 《农学报》本

轮机茶经论略一卷陈沛圆 未见

加非考一卷陈寿彭辑译 《农学报》本

艺菊法一卷慕陶居士 《农学报》本

檇李屠氏艺菊法一卷相国治 《农学报》本

橘录一卷韩彦 《农学报》本

水蜜桃谱□卷褚华 《农学报》本

檇李谱□卷王逢辰 《农学报》本

缸荷谱□卷杨钟宝 《农学报》本

种木番薯法□卷梁廷栋 《农学报》本

种烟叶法一卷检庵先生 《农学报》本

黔蜀种鸦片法一卷不著撰人名氏 《农学报》本

牧猪法一卷陈梅坡辑译 《农学报》本

烘鸡鸭法一卷不著撰人名氏 《农学报》本

记海错□卷郝懿行　《郝氏遗书》本,《农学报》本

闽中海错疏三卷屠本畯疏,徐𤊹补疏　《艺海珠尘》本,《农学报》本

养鱼法□卷姚元之　《竹叶亭杂记》本,《通学斋丛书》本

葡萄酒谱三卷曾仰东辑译　《农学报》本

炼樟图说一卷陈骧　《农学报》本

蒲葵栽制法一卷刘敦焕　《农学报》本

　　　以上农政

矿物理学□卷《亚泉杂志》本

矿学述管一卷冯澂　《强自力斋西算丛书》石印本

考察金石表一卷《亚泉杂志》本

江西前代矿政考□卷顾迪光　《课士新艺》本,《豫章补乘》本

湖南矿务章程□卷喻兆蕃　长沙矿局刻本

开平出售煤数表□卷《江南商务报》本

滇矿图略三卷吴其濬纂,徐金生辑　云南刻本

全台矿务说略一卷陈沛园　未见

炼金新语□卷舒高第、郑昌棪同辑译　制造局未印出

炼钢要言一卷徐家宝辑译　制造局本,上海石印《矿务五种》本,《富强丛书》本

炼钢书一册舒高第、朱格仁辑译　制造局未印出

　　　以上矿务

万一权衡□卷钱国宝　金山钱氏活字版本

艺学汇编□卷邹凌沅　《通学斋丛书》本

造铁路书三卷舒高第、郑昌棪同辑译　制造局本

星轺考辙四卷刘启彤　光绪己丑上海印本,坊间缩印改名《铁路图考》

铁路纪要□卷沈遹梅　未刻

中国铁路新图一幅中国旬报馆石印本

中国天津铁路公司公牍并章程一卷伍廷芳等　光绪十四年天津石印本

芦汉铁路探路记一卷陈庆年　《求是报》本

筹办萍乡铁路公牍二卷排印本

西悉毕利铁路考略一卷钱恂 《时务报》本

俄罗斯铁路图表□卷李家鏊

机器图说八卷傅云龙

新造机器图三种朱依典 见《湘辅丛刻》内

汽锅用法一册不著撰人名氏 天津机器局印本

商原制造杂录一卷《江南商务报》本

通州大生纱厂章程一卷《江南商务报》本

东国凿井法一卷胡璋 《农学报》本

代耕架图法一卷王忠节公 《农学报》本

银圆局制造章程纪略□卷《经世报》本

粤厂制造银币记一卷不著撰人名氏 会稽徐氏《政艺新书》本

铸铜币答问一卷不著撰人名氏 会稽徐氏《政艺新书》本

铸钱说略一卷《工商杂志》本,《湖北商务报》本

奇器补诠二卷梅文鼎 未刻

自鸣钟说一卷梅文鼎 未刻

钟表图说一卷徐朝俊 《高厚蒙求》本,同文馆本

照相易法一卷欧阳鹏 石印本,《汇报》本

　　　　以上工艺

续富国策四卷陈炽 原刻本,湖南翻刻本,光绪丁酉上海石印本,《西政丛书》本

工商必读□卷黄庆澄 未见

商务表无卷数《湖北商务报》本附每期《商务报》印行

商务专案□卷《湖北商务报》本附每期《商务报》印行

商务通议□卷《湖北商务报》本附每期《商务报》印行

中国在欧开办商务节略□卷时务报馆未印成

江海口岸贸易表一卷《江南商务报》本

汉口商务条议一卷《江南商务报》本

皖北商务说略□卷黄盛元　《沪报》本,《湖北商务报》本,《商务日报》本

整顿皖茶文牍一卷程仪洛　《农学报》本

茶法刍议一卷陈为鉴　《湘学报》本

禁烟私议一卷陈为鉴　《湘学报》本

世界各国商业比较略说□卷《江南商务报》本

各国商埠考一卷《江南商务报》本

亚东商务考略一卷李钧鼐　《湘学报》本

光绪通商总核表一卷钱恂　光绪甲午刻本,湖南刻本,《西政丛书》本,户部官印续纂本

光绪通商总核表续一卷《江南商务报》本

光绪以来洋关税钞岁入表一卷续表一卷《秦中汇报》本,《萃报》本

光绪通商列表一卷杨楟、杨楷　光绪乙酉原刻本

通商表四卷李圭　海宁署自刻本

税说□卷《汇报》本

日本商约解义一卷不著撰人名氏　《时务报》本

美会纪略一卷李圭　小方壶斋本

拟中国建立商业总会章程一卷李钧鼐　《湘学报》本

附京师土产表略一卷寿富　《农学报》本

附瑞安土产表一卷洪炳文　《农学报》本

附江震物产表一卷陈庆林　《农学报》本

附宁波物产表一卷陈寿彭　《农学报》本

附善化土产表一卷龚宗遂　《农学报》本

附永城土产表一卷韩廷钧　《农学报》本

附武陟土产表一卷韩廷钧　《农学报》本

附各国物产考略一卷《江南商务报》本

　　　　以上商务附会例

船政年表一卷《萃报》本

福州船政局造船表一卷《萃报》本

火轮图说□卷郑复光　附《镜镜诊痴》后，道光丁未以后又补本

造船法□卷不著撰人名氏　制造局本、船政局本俱未刻

船机图说三卷戴煦，王朝荣续　未见

以上船政

增版东西学书录附下之下

中国人辑著书下

格致古微四卷王仁俊　光绪甲午刻本，石印本，坊间改名《格致精华录》

格致浅理一卷不著撰人名氏　《湘学报》本

格致蒐奇□卷黄庆澄　未见

格致书院课艺□卷王韬编　光绪丙戌年起格致书室印本

格物答问二卷黄英　光绪年成都刻本

格致答问类编二卷邹凌沅　《通学汇编》本

康熙几暇格物编二卷圣祖仁皇帝御纂　《通学斋丛书》本，《汇报》本

西学通考三十六卷胡兆鸾　湖南刻本，石印本

西学脞录一卷冯澂　《强自力斋西算丛书》本

　　　以上格致总

乘除新法□卷方正球　未见

算学发蒙五卷潘逢禧　自刻本

算略一卷冯经　《岭南遗书》本

西算初阶一卷华蘅芳　《艺经斋算学丛书》本

算法须知一卷华蘅芳　《格致须知》初集本

算学入门三卷周广询　湖南刻本

数学求原十卷谭文　石印本

数学钥六卷杜知耕　式好堂本，《算学丛书》本

中西算学启蒙五卷张鼎祜　光绪年刻本

算学启蒙通释三卷徐凤诰　光绪十三年刻本

算学启蒙述义三卷王鉴　崇文书局本

乘除源流表□卷张鸿勋　《灵宪书屋算草丛刻》本

加减代乘除术□卷张鸿勋　《灵宪书屋算草丛刻》本

测算指掌一卷凌霄　未刻

心算初学六卷朱葆琛　美华书馆印本

算学识别一卷李圆松　《湘学报》本

启蒙算书□卷《蒙学报》本

算学初阶□卷黄庆澄　未见

数学揭要□卷《亚泉杂志》本

面体比例便览一卷年希尧　在《测算刀圭》内

比例数解四卷梅文鼎　未刻

续增新法比例四十卷陈厚耀　未见

比例会通四卷罗士琳　嘉庆戊寅刻本,广州重刻本

四率浅说一卷刘衡　《六九轩算书》本

面体互容比例一卷席淦　未见

配数算法二册华蘅芳　未刻

勾股比例表图说一册王鉴　光绪甲午京都刻本

比例新术□卷黄庆澄　未见

开方命算□卷黄宗义　未见

开方说附刊误三卷李锐,下卷黎应楠补　《李氏遗书》本,《算学丛书》本

方程新术细草一卷李锐　《李氏遗书》本,《白芙堂丛书》本

开方补记六卷张敦仁　自刻本,原书九卷未刻完,文选楼刻本只六卷

开诸乘方捷术一卷项名达　《高斋丛书〔刻〕》本,《算学丛书》本

开方密率捷法一卷图一卷马负图　未见

开方捷法□卷张裕叶　未见

开方余义附开带纵立方法□卷顾观光　《算剩余稿》本

开平方捷术□卷张鸿勋　《灵宪书屋算草丛刻》本

筹表开诸乘方捷法二卷刘衡　《六九轩算书》本

带纵开立方算草一卷_{年庭相}　未见

开方之分还原术□卷_{宋景昌}　未见

乘方捷术三卷_{邹伯奇}　《邹徽君遗书》本

开方用表简术一卷_{程之骥}　《南菁丛书》本

开方表一册_{贾步纬}　制造局本

经界求真一册_{徐鄂}　光绪乙酉自刻巾箱本

开方别术一卷_{华蘅芳}　《行素轩算书》本,石印本

诸乘方变式□卷_{华蘅芳}　《算草丛存》本

积较术一卷_{华蘅芳}　《行素轩算书》本

积较客难□卷_{华蘅芳}　《算草丛存》本

叠较持钱术□卷_{张鸿勋}　《灵宪书屋算草丛刻》本

直积回求一卷_{谢嘉禾}　《谢谷堂算书》三种本,《富强丛书》本

隄积术辨□卷_{蒋维钟}　常州刻本

积较补解□卷_{王季锴}　光绪辛卯刻本

不定方程解法十三式附录三式十问一册_{不著撰人名氏}　天津制造局
　石印本

方程举隅□卷_{吴传绮}　岳州金鄂书院本

立方奇法□卷_{龚杰}　未见

开方提要□卷_{黄庆澄}　未见

勾股法解几何之根一卷几何增解一卷_{梅文鼎}　《勿庵历算全书》本在
　《勾股阐微》内,《梅氏丛书辑要》本

几何补编四卷补遗一卷_{梅文鼎}　《勿庵历算全书》本,《梅氏丛书辑要》本
　改作四卷

几何摘要三卷_{梅文鼎}　未见

几何举要一卷_{庄亨阳}　《庄氏算学》本

几何约一卷_{方中通}　自著《度数衍》本

几何论约七卷_{杜知耕}　康熙年刻本,文渊阁传钞本

几何易简集三卷_{李子金}　《隐山秘事》本

几何体论一卷几何用法一卷孙元化　未刻

矩线原本四卷安清翘　《数学五书》本

几何六和六较解义一卷顾观光　《算剩余稿》本

几何第十卷释义二卷黄庆澄　光绪戊戌自刻本

几何浅释□卷黄庆澄　未刻

洛书探赜偶编一卷叶振铎　《亚泉杂志》本

形学补编一卷叶耀元　未刻

形学衍七卷王泽沛　未刻

截球解义一卷李善兰　钱国宝校本,《白芙堂丛书》本,《邹徵君遗书》本,
《咫进斋丛书》本

代数余烬一卷顾观光　《算剩余稿》本

元代贯通四卷顾遹光　未刻

代数一隅□卷吴名诚　吴氏《算学一隅》本专择代数术之处详加证释

代数备旨题问细草六卷袁绹维衍　石印本

代数一得□卷崔朝庆　自刻本,《南菁札记》本名《读代数术记》

配数算法三册华蘅芳译　未见

代数阐微衍草一卷张鼎祜　自刻本

代数详解六卷冯澂　未见

代数启蒙四卷冯澂　《强自力斋西算丛书》本

盈朒演代□卷韩保征　《南菁札记》本

盈朒代数细草□卷张东烈　《南菁札记》本

亥加人开立方解证□卷刘彝程、沈善蒸　自刻本

解代数一卷沈善蒸　附《火器真诀解证》后

代数照变释略二册吴砺珉　见《湘辐丛刻》内

勾股衍代二卷江衡　《南菁丛书》本

代数勾股术四卷张茂滉　光绪年刻本

代数勾股□卷方克猷　未见

九容拾遗演代一册王泽沛　未刻

· 187 ·

代数通艺录十六卷附札记方恺　常州原刻本,光绪丙申广州刻本,石印本,坊间石印改名《代数精华录》

代数引蒙一卷陈寿田　未刻

代数钥七卷黄庆澄　光绪戊戌自刻本

代数指掌□卷黄庆澄　未刻

通分百鸡术□卷张鸿勋　《灵宪书屋算草丛刻》本

通分捷法一卷左潜　未见

连分求一术□卷张鸿勋　《灵宪书屋算草丛刻》本

连分数学一卷华世芳　《恒河沙馆算草》本

级数回求一卷李善兰　《则古昔斋算学》本

泛倍数衍一卷王季锴　光绪辛卯刻本

古歌解□卷龚杰　未见

借根方浅释一卷刘衡　《六九轩算书》本

借根得一一卷张鉴　未见

借根方勾股细草一卷李锡藩　《白芙堂丛书》本,《西学大成》本

对数阐微二卷数理精蕴本

对数广运一卷年希尧　在《测算刀圭》内

对数表一卷年希尧　在《测算刀圭》内

对数表引说一卷用对数表诀一卷造对数表法一卷朱湘澄　未刻

对数探原二卷李善兰　《则古昔斋算学》本

对数简法一卷又续一卷戴煦　《粤雅堂丛书》本

对数详解五卷曾纪鸿、丁取忠　《白芙堂丛书》本

对数衍一卷顾观光　《算剩续编》本

对数四问□卷刘彝程　《皇朝经世文续编》本

对数旁通一卷蒋士栋　《思枣室算学新编》四种本

对数术二卷附算学杂草二卷陈其晋　自刻本

答数界限一卷华世芳　《恒河沙馆算草》本

考数根法一卷李善兰　《中西闻见录》本,《湘学报》本

数根术解一卷华蘅芳 《行素轩算书》本

平三角举要五卷梅文鼎,杨作枚订补 上谷刊本,《勿庵历算全书》本,《梅氏丛书辑要》本

三角和较算例一卷罗士琳 《观我生室汇稿》本

三角法摘要一卷年希尧 《测算刀圭》本

三角辑要一卷何梦瑶 未见

平三角和较术□卷项名达 附《勾股六术》后

三角和较算例演草一卷王錱 未刻

三角宗要一卷设例二卷吴中顺 未刻

平三角测量法□卷华蘅芳 《算草丛存》本

平三角术一卷吴嘉善 《白芙堂丛书》本

三角数理□卷方恺 未刻

项氏三角和较术解四卷周达

勾股三角求整数术一卷周达

弧三角举要五卷梅文鼎,杨作枚订补 上谷刻本,《勿庵历算全书》本,《梅氏丛书辑要》本

正弧三角疏义一卷江永 江氏翼梅本,《守山阁丛书》本,《海山仙馆丛书》本

正弧三角会通□卷江永 《翼梅算剩》本

释弧三卷焦循 《里堂学算记》本

弧角条目一卷汪莱 六九书楜本,《算学丛书》本

斜弧三边求角补术一卷董祐诚 《董立方遗书》本,《富强丛书》本,《西学大成》本

弧三角和较算例□卷项名达 附《勾股六术》后

两边夹一角图说一卷丁兆庆 《算法大成》本

弧角拾遗□卷贾步纬 制造局本,附《勾股六术》后

弧角设如三卷张作楠 《翠微山房数学》本

弧田问率一卷谢嘉禾 《谢谷堂算学〔书〕》三种本

弧三角举隅一卷江临泰　《翠微山房数学》本,《西学大成》本

弧三角平视法一卷陈澧　广雅书局刊《东塾遗书》本

弧三角拾遗一卷徐有壬　《务民义斋算学》本,《白芙堂丛书》本,《咫进斋丛书》本

弧三角题解□卷方恺　未刻

弧三角图解十卷盛钟圣　石印本

弧矢启秘二卷李善兰　《续艺海珠尘》本,《则古昔斋算学》本,《中西算学大成》本

弧矢启秘图解二卷席淦　未刻

弧矢算术细草图解□卷冯桂芬　《昭代丛书》本

弧矢释李一卷蒋士栋　《思枣室算学新编》四种本

求弦矢通术一卷伊德龄　《传习录》本

对数尖锥变法解一卷李善兰　《则古昔斋算学》本

尖锥补解□卷方克猷　未见

八线测表图说一卷余熙　未见

八线真数表一卷年希尧校　在《测算刀圭》内

八线类编三卷张作楠校　《翠微山房数学》本

八线假数表一卷年希尧　在《测算刀圭》内

八线对数类编二卷张作楠校　《翠微山房数学》本,《白芙堂丛书》黄宗宪校本

八线对数还原法□卷顾观光　《算剩余稿》本

八线比例图说□卷方克猷　未刻

方圆幂积一卷梅文鼎　《勿庵历算全书》本,《梅氏丛书辑要》本

方圆幂积比例补□卷江永　江氏翼梅本

洞方术图解二卷夏鸾翔　《邹微君遗书》附刻本

方圆订注图说□卷杨定三　未见

方圆阐幽一卷李善兰　《续艺海珠尘》本,《则古昔斋算学》本,《中西算学大成》本

测圆要义□卷_{黄宗羲}　未见

割圜八线解一卷_{黄宗羲}　未见

解割圜之根一卷_{梅文鼎,杨作枚订补}　《勿庵历算全书》本

圆径宗旨一卷_{顾长发}

周径说一卷_{谈泰}

割圆记摘录一卷_{张豸冠}　《神羊遗著》本

缀术辑补二卷_{罗士琳}　未见

割圆密率捷法四卷_{明安图撰,陈际新续成}　淮南书局本

勾股割圆记三卷_{戴震}　微波榭本,南昌梅氏重刻本,上海重刻本

割圆连比例术图解三卷_{董祐诚}　《董方立遗书》本,《富强丛书》本

缀术释明二卷_{《白芙堂丛书》本}

割圆八线缀术补草四卷_{徐有壬撰,吴嘉善述草,左潜补草}　《白芙堂丛书》本

造各表简法一卷_{徐有壬}　《务民义斋算学》本,《咫进斋丛书》本,《邹徵君遗书》本,《白芙堂丛书》本,《西学大成》本

测圆密率三卷_{徐有壬}　《务民义斋算学》本,《白芙堂丛书》本,《咫进斋丛书》本,《西学大成》本

圆率通考一卷_{徐有壬}　未刻

割圆阐率一卷_{刘彝程}　未刻

象数一原六卷_{项名达,共七卷}　新阳赵氏《高斋丛刻》本

外切密率一卷_{戴煦}　《粤雅堂丛书》续集本

假数测圜一卷_{戴煦}　《粤雅堂丛书》本

求表捷术一卷_{戴煦}　《粤雅堂丛书》本

缀术释戴一卷_{左潜}　《白芙堂丛书》本

割圆捷术汇编一卷_{王吉甫编}　道光辛卯刻本

释轮二卷_{焦循}　《里堂学算记》本

测圆海镜图表□卷_{李善兰}　传钞本

测圆海镜释义二十四卷_{胡文渊}　未刻

海镜窥豹一册王鉴　光绪甲午刻本

测圆海镜通释□卷刘岳云　未刻

测圆海镜细草通释十二卷王泽沛　未刻

测圆海镜图解二卷叶耀元　未刻

割圆通解□卷吴名诚　苏州局本

海镜一隅□卷吴名诚　吴氏《算学一隅》本

　　专发明九容比例之理，一题具有一法。

圆率考真图解一卷曾纪鸿、左潜、黄宗宪同述　《白芙堂丛书》本

圆率释董一卷蒋士栋　《思枣室算学新编》四种本

平圆互容新义□卷周达　《亚泉杂志》本

释椭二卷焦循　《里堂学算记》本

椭圆求周术一卷董祐诚　《董方立遗书》本，《西学大成》本

椭圆术一卷图解一卷项名达，戴煦补图解　《象数一原》本，《连筠簃丛
　　书》本无图解

椭圆正术一卷徐有壬　《务民义斋算学》本，《白芙堂丛书》本，《咫进斋丛
　　书》本，《西学大成》本

椭圆求周术一卷徐有壬　钱国宝校活字版本，《邹徵君遗书》本

椭圆正术解二卷李善兰　《则古昔斋算学》本

椭圆新术一卷李善兰　《则古昔斋算学》本

椭圆拾遗三卷李善兰　《则古昔斋算学》本

致曲术一卷致曲图解□卷夏鸾翔　《邹徵君遗书》附刻本

万象一原九卷夏鸾翔　《振绮堂丛书》本

容圆七术三卷曲面容方一卷黄宗宪　自刻本

九容公式□卷王孝同　未刻

抛物线说□卷华蘅芳　《算学丛书》本

抛物线释一卷翟宝书　自刻本

曲线新说□卷蒋维钟　常州刻本

抛物线割圆说□卷方克猷　未刻

圆锥三曲线公式□卷方克猷　　未刻

西算新法直解八卷冯桂芬、陈旸　　同治间广州刻本,光绪丙子活字版本

微积释马一卷蒋士栋　　《思枣室算学新编》四种本

微积新衍四卷杨之培　　《算学丛书》本

微积集证□卷杜魁云　　见《湘辎丛刻》内

合数术〔述〕二卷林绍清　　光绪十四年天津刻本

笔算五卷梅文鼎　　《勿庵历算全书》本,《梅氏丛书辑要》本,《青照堂丛书》本

笔算衍略一卷安清翘　　《数学五书》本

笔算图一卷时铭　　未见

学强恕斋笔算十卷续一卷梅启照,梅文堉续　　同治九年江宁藩署刻本无续,光绪壬午河东节署刻本,石印本

笔算一卷吴嘉善　　《白芙堂丛书》本

筹算七卷梅文鼎　　《勿庵历算全书》本,《梅氏丛书辑要》本

西洋筹算一卷筹算易知一卷詹梅妻王贞仪　　未见

筹算图一卷时铭　　未见

筹算入门三卷凤藩　　光绪丙申刻本

简算新法一卷叶耀元　　未见

环中黍尺六卷梅文鼎　　上谷刻本,《勿庵历算全书》本,《梅氏丛书辑要》本作五卷

度算释例二卷梅文鼎　　《勿庵历算全书》本,《梅氏丛书辑要》本

珠算一卷方中通　　《算学丛书》本

假数尺一卷吴中顺　　未刻

对数尺记一卷邹伯奇　　《邹徽君遗书》本

量法代算一册贾步纬　　同治间制造局刻本

尺算征用一卷求在我者撰,马建忠校　　光绪年刻本,《算学丛书》本

数理精蕴五十三卷钦定　　局刻本,石印本

梅氏杂著一卷梅文鼎　　《梅氏丛书辑要》本

中西算学通序例一卷梅文鼎　　未见

中西合法拟草一卷江永　　《守山阁丛书》本,《海山仙馆丛书》本

艺游录二卷骆腾凤　　嘉庆乙亥刻本

博能丛话□卷罗士琳　　未刻

衡斋算学七册汪莱　　嘉庆间六九书槲刻本

钝砚卮言一卷钱绮　　道光戊申刻本

算牖四卷许桂林　　道光庚寅刻本,重刻本

算迪十二卷何梦瑶　　《岭南遗书》本只八卷

算海详说□卷李长茂　　未见

庄氏算学八卷庄亨阳　　未刻

有不为斋算学四卷傅九渊　　未见

学算存略四卷安清翘　　《数学五书》本

中西算术合法二卷陈寿田　　未刻

学计一得二卷邹徵君文存一卷邹伯奇　　《邹徵君遗书》本

西洋算法四卷程禄　　未见

管窥一得十二卷殷增妻沈绮　　未见

九数外录一卷顾观光　　《武林山人遗书》本,制造局本,《槐庐丛书》本

算剩余稿二卷初编一卷续编一卷顾观光　　《武林山人遗书》本

数学拾遗一卷丁取忠　　《白芙堂丛书》本,《西学大成》本

算术简存五卷詹梅妻王贞仪　　未刻

象数窥余四卷詹梅妻王贞仪　　未见

算术随录一卷张豸冠　　《神羊遗著》本

算学辑要十卷潘绍经　　光绪丁丑福州船政局刻本

读有用书斋杂著二卷韩应陛、张文虎编　　未刻

学算笔谈六卷华蘅芳　　《行素轩算学》本

算草丛存八卷华蘅芳　　自刻本

蓬斋算草杂存六卷黄传祁　　未刻

白芙堂丛书札记五卷黄传祁　　未刻

学算绪言十六卷黄传祁　未见

天元代数几何浅释二十卷吴传绮　未刻

算法正宗四卷冯澂　《强自力斋西算丛书》本

数学脞录一卷冯澂　《强自力斋西算丛书》本

澄园琐录四卷关耀南　光绪二十年刻本

学古堂算学日记四卷吴□□〔寿萱〕　未刻

算学济用筹略四十八卷萧开泰　未刻

思枣室算稿一卷蒋士栋　《思枣室算学新编》四种本

谈算辑要□卷五术汇通□卷彭瑞熙　未刻

悯笑不计一卷黄宗宪　未见

规矩准绳汇考一卷《图书集成·经济汇编·考工典》本

算学策要十二卷附补遗二卷李鉴青、谢程九编　光绪戊子刻本

中西算学辑要十卷周毓英　湖南刻本

算法大成上编十卷下编十卷卷末表陈杰　道光癸未己日乃孚斋刻本，
　　上编

中西算学大成一百卷陈维祺、叶耀元编　通行本

同文算学课艺四卷李善兰编　同文馆活字版本，上海石印本

锁闱元草一卷李镠　《衍元海鉴》本

龙山书院元草二卷石鲸书院元草二卷李镠　《衍元海鉴》本

集贤讲舍课艺初集续集附垫亭算稿菊亭算稿实生算稿崔朝庆编
　　光绪丙申泰兴刻本

广方言馆课艺□卷刘彝程、沈善蒸编　光绪二十二年印本

求志书院算学课艺一卷刘彝程编　上海石印本

两湖书院算学课艺□卷石印本

萍乡算学课艺十二卷未刻

萍课衍算一卷毛宗藩　上海石印本

畴人传四十六卷续畴人传六卷阮元撰，罗士琳续　《文选楼丛书》本，学
　　海堂刻本无续传，《观我生室汇稿》本，光绪壬午张氏花雨楼本，海盐徐氏缩

刻张氏本，石印本合三编及《近代畴人著述记》

畴人盛衰考一卷张彣冠　《神羊遗著》本

畴人传三编七卷诸可宝　原刻本,《南菁丛书》本

再续畴人传拟目□卷华世芳　原稿本

近代畴人著述记□卷华世芳　原稿本,《笔谈》本

古今算学书录四册刘铎　《算学丛书》本

算学书目提要三卷丁福保　光绪乙亥竢实学堂刻本

内如代数、三角、微积等书均有刊误数十条,最便初学。

以上算学西算入中国最早,故中人言算之书颇繁,今择其专言西算及
中西兼通者备著于录

重学一卷薛凤祚　《历学会通》本

重学杂解一卷顾观光　《算剩余稿》本

馨求重心术一卷邹伯奇　《邹微君遗书》本在《学计一得》内

以上重学

电学二卷曾纪鸿　未刻

电学问答一卷天津水雷局辑译　原刻本,《西学大成》本,《格致汇编》本

电气问答一卷王平纂　天津水师学堂本

电学源流一卷不著撰人名氏　《西学大成》本

电学试验□卷亚泉学馆著　《亚泉杂志》本

以上电学

化学理论□卷《亚泉杂志》本

质点论□卷《亚泉杂志》本

化学原质大同表一卷江南商务报馆本

分南名、北名、东名、西名、西号、分剂、体积、较水重溶。

以上化学

视学二卷年希尧　康熙己酉刻本,又乙卯重刻本,一名《视学精蕴》

镜镜诠痴五卷郑复光　《连筠簃丛书》本

格术补一卷邹伯奇撰,殷家儁笺　《邹微君遗书》本,《白芙堂丛书》本

光学述墨一卷冯澂　未刻

光论一卷张福禧　元和江氏《灵鹣阁丛书》本

　　　以上光学

天学入门□卷徐朝俊　《高厚蒙求》本

天经或问前集四卷游艺　康熙年刻本

璇玑遗述七卷揭暄　一名《写天新语》

写天新语补注□卷王锡阐　未刻

写天新语钞存一卷梅文鼎　未刻

天步证验□卷未见

天文说一卷董以宁　《昭代丛书》合刻本

天文考异一卷徐文靖　《昭代丛书》合刻本,《赐砚堂丛书》本

宣西通三卷许桂林　原刻本

天球浅说一卷齐彦槐　未见

圜天图说三卷续编二卷李明彻　嘉庆己卯刻本,道光元年续刻本

谈天集证一卷顾观光　《十万卷楼丛书》内《武陵山人遗著》本

谈天正议一卷释天附图一卷吴调阳　《观象庐丛书》本

读谈天一卷冯澂　《强自力斋西算丛书》本

西学图说一卷王韬　《西学辑存》本,详于测天故入此

天文略论□卷不著撰人名氏　同文馆本

天算或问一卷李善兰　《则古昔斋算学》本

天文浅说□卷薛承恩　未见

学强恕斋天学问答二卷梅启照　光绪年刻本

中西天文算学问答十卷江衡　长洲蒋氏刻本,石印本,重印本作《天算策
　学通纂》

天文算学纂要二十卷推测易知四卷陈松　光绪丁亥刻本,石印本改名
　《天文纂学精蕴》

天文管窥二卷吴泗　光绪年刻《游艺录》本

大测精义□卷孔兴泰　未见

测影捷法测影定时简法一卷梅文鼎

白道交周解□卷高弧简法□卷顾观光　《算剩余稿》本

量天理法一卷吴中顺　未见

测天约术一卷陈昌齐　《岭南遗书》本

更定测北极出地简法一卷胡维德

测天蒙气差□卷席汇湘　未刻

日差原理一卷梅文鼎　未刻

撰日浅说一卷梅文鼎　未刻

七十二候太阳纬度一卷梅文鼎　未刻

太阴表影辨一卷梅文鼎　未刻

太阳行度解□卷许宗彦

太阳出入通轨□卷吴玉榗　未刻

躔离引蒙一册贾步纬　制造局本

时宪书法解新推交食法一卷黄宗羲　未见

交食蒙求补订二卷附说二卷梅文鼎　《勿庵历算全书》本,《梅氏丛书辑
　　要》本内作《日食蒙求》一卷、说一卷、《月食蒙求》一卷

交会管见一卷梅文鼎　《勿庵历算全书》本,《梅氏丛书辑要》本

交食作图法订误一卷梅文鼎　未刻

授时步交食式一卷梅文鼎

交食举隅二卷惠士奇

交食举隅图说□卷罗士琳　未刻

增广新术二卷罗士琳　南陵徐氏《积学斋丛书》本

交食余义□卷顾观光　《算剩余稿》本

交食引蒙一册贾步纬　制造局本

交食细草三卷张作楠　《翠微山房数学》本

交食算草二卷吴中顺　未刻

表算日食三差一卷徐有壬　《务民义斋算学》本,《咫进斋丛书》本,《白芙
　　堂丛书》本

凌犯新术三卷司徒栋、杜熙命 道光年刻本

交食捷算四卷黄炳垕 光绪甲午刻本

中星谱一卷胡亶 康熙年刻本

新测中星图表一卷张作楠 《翠微山房数学》本

新测更漏中星表三卷张作楠 《翠微山房数学》本

咸丰元年中星表一卷冯桂芬 咸丰年刻本

中星更录钦天监官修本,每年一册

心香阁考定中星图一册宋楠妻江蕙 光绪年刻本

中星图表一卷吴中顺 未刻

中星全表三卷刘文澜 道光辛卯刻本

星学初阶一卷钟瑞彪 光绪十八年刻本

星躔分时图说一卷钟瑞彪 光绪十八年刻本

南极诸星考一卷梅文鼐 《檀几丛书》本

三十杂星考一卷梅文鼎 《勿庵历算全书》本编入《揆日纪要》,《梅氏丛书
辑要》本编入新著

北极高度表一册刘茂吉 乾隆己未刻本

北极经纬度分表一册齐彦槐 自刻本

恒星纪要一卷梅文鼎 《梅氏丛书辑要》本,又有《星轨真度》一卷未刻

恒星表八卷附说一卷王鉴 稿藏顾氏,未刻

恒星说一卷江声 《昭代丛书》本

赤道南北恒星图一幅邹伯奇 附《邹微君遗书》后

赤道经纬恒星图一幅六严 扬州平山堂刻本,重刻本

新测恒星图表一卷张作楠 《翠微山房数学》本

恒星图表一册贾步纬 制造局本

光绪丁亥恒星经纬表八卷附说一卷王鉴 未刻

恒星说一卷江叔沄 未刻

恒星余论□卷张景江 道光十七年邵氏《棣香斋丛书》本

岁星表一卷朱骏声 未刻

帝星句陈经纬考异一卷梅文鼎　未刻

彗星谱□卷陈热　未刻

彗星考略□卷张禧　未见

五星行度解一卷王锡阐　《守山阁丛书》本,《木犀轩丛书》本编入杂著

火星本法图说一卷梅文鼎　《勿庵历算全书》本,《梅氏丛书辑要》本

上三星轨迹成绕日圆象一卷梅文鼎　《勿庵历算全书》本,《梅氏丛书辑要》本

星轨真度一卷梅文鼎　未刻

步五星式一卷梅文鼎、梅文鼏　未刻

五星纪要一卷梅文鼎　《勿庵历算全书》本,《梅氏丛书辑要》本作《五星管见》,《西学大成》本

揆日候星纪要一卷梅文鼎　《勿庵历算全书》本,《梅氏丛书辑要》本,《西学大成》本

金水发微一卷江永　《江氏数学》本

中西星经异同考一卷梅文鼏　《指海》本

中西星经合钞二卷张鉴　未见

五星推步简法一卷顾观光　金山钱氏活字版本,光绪元年钱氏重刻本

五星法象编五卷刘湘煃　未刻

步纬简明法一卷许桂林　未刻

五纬捷算四卷黄炳垕　光绪四年刻本

黄赤距纬图辨一卷求赤道宿度法一卷梅文鼎　未刻

古今宿度表一卷张永作　未刻

黄赤距绖新表□卷张鸿勋　《灵宪书屋算学丛书》本

紫气正朔表岁周行表岁差表甲午宿铃表合一卷吴中顺　未刻

揣籥小录一卷续三卷高弧细草一卷张作楠　《翠微山房数学》本

古历列宿距度考一卷梅文鼎　未刻

写算步历式一卷梅文鼎　未刻

推步法解五卷江永　《守山阁丛书》本,《五礼通考》"观象授时"本

· 200 ·

一线表用六卷推步惟是四卷_{安清翘} 《数学五种》本

天文算学推步细草十二卷_{崇源} 未刻

甲子元推步简法一卷癸卯元推步简法一卷_{顾观光} 金山钱氏活字版本,光绪元年钱氏重刻本

平立定三差解□卷_{顾观光} 《算剩余稿》本

推步迪蒙记一卷_{成蓉镜} 《南菁丛书》本

步算筌蹄五卷_{施勋} 竹义山房本

授食历故一卷授时历法假如一卷_{黄宗羲} 未刻

西历假如□卷_{黄宗羲} 未见

晓庵新法六卷历法表三册晓庵杂著一册_{王锡阐} 《守山阁丛书》本但刻《新法》,《木犀轩丛书》本

历法记疑□卷_{王元启} 未刻

西国年月考一卷_{梅文鼎} 《勿庵历算全书》本编入《岁周地度合考》,《梅氏丛书辑要》本编入杂著

西国日月考补遗一卷_{顾观光} 《武陵山人遗著》本

历学疑问三卷补二卷_{梅文鼎} 《勿庵历算全书》本,《梅氏丛书辑要》本,《艺海珠尘》本只补二卷

历学骈技四卷_{梅文鼎} 《勿庵历算全书》本,《梅氏丛书辑要》本作五卷

学历说□卷_{梅文鼎} 《昭代丛书》本,《梅氏杂著》本

历志赘言一卷思问录一卷丽泽遗珠一卷_{梅文鼎} 未刻

历象考六卷_{胡俱} 未刻

历学补论一卷_{江永} 《翼梅》本

岁实消长辨一卷_{江永} 《守山阁丛书》本,《海山仙馆丛书》本

恒气注历辨一卷_{江永} 《守山阁丛书》本,《海山仙馆丛书》本

冬至权度一卷_{江永} 《守山阁丛书》本,《海山仙馆丛书》本

七政衍一卷_{江永} 《守山阁丛书》本,《海山仙馆丛书》本

历言大略一卷_{龚士燕}

历学厄言□卷_{顾观光} 《武陵山人遗著》本

中西历算考略四卷黄传祁　未□

历学杂识一卷冯澂　《强自力斋西算丛书》本

历统岁实消长表三卷张鉴　未见

历算纲目十二卷萧开泰　未刻

中西合历同文馆本,推自光绪己卯冬至起,每年一册

天地图仪一卷徐朝俊　《高厚蒙求》本

日晷测时图说□卷徐朝俊　《高厚蒙求》本

日晷备考三卷梅文鼎　未刻

勿庵日晷器一卷梅文鼎　未刻

测望仪式一卷仰观仪式一卷月道仪式一卷梅文鼎　未刻

测器考二卷漏壶考一卷璇玑尺解一卷梅文鼎　未刻

仰观覆矩一卷梅文鼎　《勿庵历算全书》本编入《岁周地度合考》

测算日晷新义二卷刘衡　《六九轩算书》本

中星仪式一卷齐彦槐　未见

新创杪微仪式说六卷萧开泰　未刻

月星仪式一卷萧开泰　未刻

纪限仪测量法一卷徐士均　附《对数术》后

纪限仪理原□卷席汇湘　未刻

附勿庵历算书目一卷梅文鼎　《知不足斋丛书》本

　　　以上天学

地图说二卷焦珵琥　未见

岁周地度合考一卷梅文鼎　《勿庵历算全书》本,《梅氏丛书辑要》本编入
　《揆日杂著》

四省表影立成一卷马德称原书,梅文鼎考定　《勿庵历算全书》本编入《揆
　日纪要》,《梅氏丛书辑要》本编入《揆日杂著》

分天度里图法一卷梅文鼎　未刻

陆海金针一卷梅文鼎　未刻,一名《里差捷法》

朔食九服里差三卷徐有壬　《务民义斋算学》本,《白芙堂丛书》本,《咫进

斋丛书》本

舆地经纬度里表一卷丁取忠　小方壶斋本,《白芙堂丛书》本

万国经纬地球图说□卷蒋廷葶　原刻本

陆海临镜一卷萧开泰　未刻

本国中等地理教科书□卷张相文　南洋公学本

地理问答二卷王亨统编　上海排印本

海域大观□卷徐朝俊　《高厚蒙求》本

海国闻见录一卷并图陈伦炯　《艺海珠尘》本

海录一卷杨炳南　道光壬寅刻本,《海山仙馆丛书》本,小方壶斋本

海国图志一百卷林则徐译,魏源重定　咸丰壬子古微堂重刻定本,石印本

瀛寰志略十卷徐继畬　道光戊申原刻大字本,崇明李氏刻本,《小方壶斋再
　续钞》内有订误一卷

续瀛寰志略□卷薛福成　未刻

地球图说□卷丁日昌　未刻

地球图说补一卷焦循　自著《易余籥录》本,《木犀轩丛书》本

地球新义□卷□□□〔廖平〕　成都排印本

寰舆简览□卷谢希傅　未刻成

舆地说□卷王定固　见《湘辖丛刻》内

五洲舆地类表□卷孙福保　《实学报》本未印全

瀛海各国统考无卷数王之春　光绪十七年广雅书局附《柔远记》刻本

天下四海总图无卷数王之春　附《柔远记》后

舆地社舆地全图六百七十幅邹代钧　舆地公会日本铜印本西北地图九
　十幅已出

平圆地球图二幅李凤苞　制造局译印本

各国都城地名译音异同表一卷《湘学新报》本,《通学斋丛书》本

亚西亚洲全图简明说略□卷叶瀚　《蒙学报》本

亚洲山势简明说略□卷叶瀚　《蒙学报》本

亚西亚洲水流说略□卷叶瀚　《蒙学报》本

江海口岸图□卷曾纪泽

舆地沿革表四十卷杨丕复　　湖南杨氏刻本

历代地理沿革图一卷六严　李氏五种本,广东冯氏重刻本,日本刻本

历代舆地沿革险要图一册杨守敬　湖北饶氏刻本,重刻本,上海石印本

大清一统舆图三十二卷胡林翼　原刻本,武昌局翻刻本,上海淦记石印本

皇清地舆全图一册董祐诚　长洲胡氏刻本,广东重刻本,湖北重刻本

皇朝一统舆图一卷六严　李氏五种本

皇舆全图一册邹伯奇　《邹徵君遗书》本

皇朝直省舆地全图一册光绪己丑点石斋石印本

皇朝直省舆地全图一幅紫虚草堂绘　光绪癸巳印本

沿海形势略无卷数王之春　附《柔远记》后

环海总图无卷数王之春　附《柔远记》后

沿海舆图无卷数王之春　附《柔远记》后

五省沟洫图说一册沈梦兰　《所愿学斋书钞》本,苏州书局重刻本

黄河经纬度里图一册梅启照　光绪壬午河东节署刻本

黄河全图五册倪文蔚、吴大澂等修　光绪庚寅鸿文书局石印本

长江图说十二卷黄翼升　武昌书局刻本

海运图说□卷施廖士　《求己录》八种本

江浙沿海图说二册图二十六幅朱正元　铅字排印本

湖南全省舆地图说一卷附表二卷彭述　湖南刻本

夏口厅治舆地全图□卷庄劼钦、徐彝斋　原刻本,辛天成翻印本改名《夏
　口分界图说》

陕西南山谷口考一卷毛凤枝　木刻本,《通学斋丛书》本

大金沙江上游考□卷杨兆鳣　《湘学报》本

东三省舆图一幅曹廷杰　光绪十四年刻本

外蒙古喀尔喀四部图说一册姚文栋　光绪丁亥刻本

光绪新订西北边界图二幅例言一册许景澄　光绪甲午石印本

宁古塔纪略一卷吴振臣　《昭代丛书》本,《赐砚堂丛书》本,《通学斋丛

书》本

西藏赋一卷和宁 《榕园丛书》本

西藏赋□卷徐松 徐氏三种本

西藏记二卷不著撰人名氏 《龙威秘书》本

和林诗□卷李顺德师 西北地理五种本

四塞纪略赋一卷文守元 广东刻本

西招图考□卷松筠 嘉庆二年刻本,道光二十七年刻本,成都刻本

西域水道记□卷徐松 徐氏三种本

八纮绎史四卷陆次云 《龙威秘书》本

绎史纪余四卷陆次云 《龙威秘书》本,《昭代丛书》本

三岛分图无卷数王之春 附《柔远记》后

俄国新疆考□卷《申报》本

俄罗斯图一幅附铁路说不为生绘 光绪壬辰印本

瓜哇岛纪略一卷《译书公会报》本,《通学斋丛书》本

古巴考一卷《通学斋丛书》本

　　　　以上地学

医学总说□卷舒高第、赵元益 制造局未译成,《汇编》一徐寿有《医学论》
　　一篇,后附《慎疾要言》

医理略述二卷尹端模辑译 博济医局刻本,《格致汇编》本

中西脏腑辨正□卷刘廷桢 未刻

中西脏腑图说六册朱少廉 广东刻本

中西骨格辨正□卷刘廷桢 未刻

中西五官经络辨正□卷刘廷桢 未刻

妇科全书□卷舒高第、郑昌棪 制造局未印出,《汇编》一、二舒高第有论牙
　　齿、论舌、论呼吸气各一篇

眼科书□卷舒高第、赵元益 制造局未印出

中西药物表目□卷叶意深 未见

身理卫生论□卷王季烈 《蒙学报》本

卫生学问答二卷丁孙保　常州刻本

卫生浅言一卷《中国旬报》本

卫生汇编一卷邹凌沅　《通学斋丛书》本

附泰西红十字会年表说略一卷孙涤笔述，罗饴校　《同文沪报》本

附日本赤十字社章程一卷罗焕章译，罗饴校　《同文沪报》本

　　以上医学

图形一斑一册王肇铉　光绪十七年日本东京使署刻本

测量全义二卷袁士鹏　未刻

测量备要三册邹伯奇　未刻

测量释例八卷不著撰人名氏　天津石印本

测量绘图术□卷张鸿勋　《灵宪书屋算草丛刻》本

测量图说一卷徐宝书　自刻本

测地绘图补一卷叶耀元　未见

测地志要四卷王炳垕　同治六年刻本

测量要法□卷邹代钧　未刻，《汇编》七有杨文会《舆图尺说》一篇

丈田绘图章程一卷冯桂芬　《校邠庐抗议》本，《续西学大成》本

苏省舆图测绘图解一册同治四年苏州刻本

　　以上图学

物类释□卷《蒙学报》本

西学原始考一卷王韬　《西学辑存》本

初学读书要略一册叶瀚　光绪丁酉自刻本

西学提要一卷方克猷　会稽徐氏《政艺新书》本

读书法□卷汤振常　上海义记书庄石印本

九经今义□卷成本璞　长沙刻本

马氏文通六卷马建忠　光绪二十四年排印本，石印本，绍兴府学堂重刻本

文法捷径□卷王季烈　《蒙学报》本

文学初津□卷《蒙学报》本

文学初阶六卷杜亚泉编　商务印书馆本

盛世元音一卷沈学 《时务报》本

切音新字□卷林辂存 上海刻本

英字指南六卷杨勋 光绪五年排印本

中俄话本□卷高福满 上海义记书庄印本

东语入门二卷陈天麒 光绪二十二年刻本

日本字音述解□卷郑永宁 未见

和文汉读法□卷不著撰人名氏 译书汇编馆本,无锡丁氏重印本

寄学速成法一卷附常用假名引异解汉字汇林文潜 光绪二十七年温
　　州寄社刻本,原名《广和文汉读法》

东语正规三卷唐宝锷、戢翼翚 光绪二十六年日本印本

东文典问答□卷

泰西著述考一卷王韬 《西学辑存》本

中西普通书目表一卷黄庆澄 光绪戊戌自刻本

通学书籍考一册邹凌沅 《通学斋丛书》本

　　　以上理学附文学、附书目

蒙学图说二卷张仲球译 光绪戊戌原生学舍石印本

童蒙记诵编二卷周保璋 光绪丁酉刻本

蒙学课本初编二编南洋公学本

蒙学课本二卷南洋公学本,《通学斋丛书》本

蒙学举隅□卷刘俊莑

幼雅十五卷陈荣衮 光绪丁酉广州刻本先出九卷

训蒙捷径四卷黄庆澄 算学报馆本

利济教经一卷陈虬 《利济报》本

利济教经答问一卷陈虬 《利济报》本未全

普通学歌诀□卷王荫沂 木刻本

便蒙丛编无卷数苏州中西小学堂本,合订者名《便蒙丛书》

中文高等读本书□卷叶瀚 《蒙学报》本

新学开蒙浅字文二卷上海石印本

西学蒙求答问□卷黄庆澄　算学报馆本

群经蒙求歌略一卷黄焱秋　光绪戊戌石印本

群经篇目歌一卷群经教授源流歌一卷蔡震　《沪报》本,《时术丛谈》本

诸史蒙求歌略一卷黄焱秋　光绪戊戌石印本

普通新历史□卷普通学书室本

皇朝纪略一册绍兴北乡义塾编　普通学书室本

天文歌略一卷叶瀚、叶澜　自刻本,重刻本

地球韵言二卷张士瀛　光绪戊戌聚珍本,会稽徐氏重刻本

地理歌略一卷叶瀚、叶澜　自刻本,重刻本

中国直省府厅州县方名歌□卷《蒙学报》本

时务蒙求一卷黄庆澄　算学报馆本

时务蒙求答问□卷黄庆澄　算学报馆本

算雅一卷李固松　《湘学报》本

学计韵言一卷江衡　光绪丙申上海石印本

启蒙字书□卷《蒙学报》本

习字范本□卷南洋公学本

儿童画学一卷蒙学报馆编　《蒙学报》本

植物学歌略一卷叶澜　上海石印大字本

动物学歌略□卷叶澜　未出

妇孺韵语□卷卢子骏　《辑善录》本

妇孺通解□卷陈荣衮　《辑善录》本,原名《古今通语》

妇孺须知□卷陈荣衮　未见

　　　以上幼学附体操学

进藏纪程□卷王世睿　《昭代丛书》本

藏行纪程□卷杜昌丁　《昭代丛书》本

蒙游纪略□卷戊戌《申报》本

安南纪游一卷潘鼎珪　《龙威秘书》本

使琉球纪四卷李鼎元　小方壶斋本,上海申昌书室排印本

使琉球记一卷张学礼　《龙威秘书》本，小方壶斋本

使西纪程二卷郭嵩焘　小方壶斋本，《西学大成》本

英轺日记八卷刘锡鸿　小方壶斋本

使英杂记六卷张德彝　小方壶斋本

西辀日记一卷黄楙材　小方壶斋本

印度札记一卷黄楙材　小方壶斋本

使法杂记六卷张德彝　小方壶斋本

适可斋记行六卷马建忠　自刻本

使德日记一卷李凤苞　小方壶斋本

西海纪行□卷潘飞声　《潘兰史集》本

萨克逊游记□卷潘飞声　《潘兰史集》本

使美纪略二卷陈兰彬　小方壶斋本

游历美利加图经三十二卷傅云龙　石印本

游历加纳大图经八卷傅云龙　石印本

古巴杂记一卷谭乾初　小方壶斋本

游历古巴图经二卷傅云龙　石印本

游巴塘记□卷侯永龄　《万国公报》本

游历秘鲁图经四卷傅云龙　石印本

游历巴西图经十卷傅云龙　石印本

南洋述遇一卷不著撰人名氏　《通学斋丛书》本

南行日记一册吴广霈　弢园王氏排印本，《小方壶斋再续钞》本

奉使俄罗斯行程录一卷张鹏翮　《艺海珠尘》本，小方壶斋本

西伯利东偏纪要一卷曹廷杰　汪氏《振绮堂丛书》本

〔西〕伯利探路记二卷曹廷杰　小方壶斋本

使俄日记四卷张德彝　小方壶斋本

俄游汇编八卷缪祐孙　光绪己丑上海石印本，小方壶斋本

俄游日记四卷缪祐孙　与《汇编》合印本，小方壶斋本

使俄草八卷王之春　光绪二十一年上海石印本，《小方壶斋再续钞》本

使东述略一卷使东杂咏一卷何如璋　通行巾箱本，小方壶斋本

扶桑游记三卷王韬　排印本，小方壶斋本

东槎闻见录四卷陈家麟　东洋排印本，小方壶斋本

东行日记四卷李圭　小方壶斋本

东游记一卷吴钟史　小方壶斋本

东游纪程二卷朱绶　南昌刻本

游历日本图经□卷傅云龙　石印本

东辖日记一卷东洋琐记一卷王之春　小方壶斋本

东游日记一卷黄庆澄　光绪甲午自刻本，《小方壶斋再续钞》本

奉使朝鲜日记一卷崇礼　《小方壶斋续钞》本

异域录二卷图理琛　自刻本，借月山房本，《指海》本，小方壶斋本

出塞纪略一卷钱良择　小方壶斋本

海隅从事录一卷丁寿祺　小方壶斋本，又《再续钞》本有《西行日记》

乘槎笔记二卷斌椿　通行巾箱本，小方壶斋本

初使泰西记三卷宜垕　小方壶斋本，通行本

航海述奇四卷张德彝　小方壶斋本

随使日记十卷张德彝　小方壶斋本

使还日记一卷张德彝　小方壶斋本

欧游杂录二卷徐建寅　自刻本，小方壶斋本，坊间翻印改名《西游日记》

西辖纪略一卷徐建寅　《译书公会报》本

漫游随录二卷王韬　小方壶斋本

乘桴漫记一卷王韬　《弢园老民自著书》本

涉洋管见一卷袁祖志　小方壶斋本

出洋须知一卷袁祖志　小方壶斋本，申报馆本

瀛海采问记实一卷袁祖志　小方壶斋本

道西斋日记二卷王咏霓　石印本，小方壶斋本名《归国日记》

欧游随笔四卷钱德培　自排印本，小方壶斋本

重游东瀛阅操记一卷钱德培　自刻本

· 210 ·

使西书略一卷孙家谷　小方壶斋本

环游地球新录四卷李圭　自刻本

游历笔记二卷不著撰人名氏　小方壶斋本

三洲游记八卷不著撰人名氏　小方壶斋本

出使英法义比四国日记六卷薛福成　光绪甲午刻本,小方壶斋本

出使英法日记二卷曾纪泽　上海排印与文集合印本,小方壶斋本

出使美日比日记十六卷崔国因　光绪甲午排印本,《小方壶斋再续钞》本

游历图经余纪十七卷傅云龙　石印本

天外归槎录□卷潘飞声　《潘兰史集》本

泰西各国采风记五卷宋育仁　光绪丙申缩印本,《小方壶斋再续钞》本,附
　　纪程诗

出洋琐记一卷附录一卷蔡钧　豰园王氏刻本,小方壶斋本

随轺游记初集四卷吴宗濂　时务报馆本

随轺游记续集二卷附余编一卷吴宗濂　经世报馆印本

　　　以上游记

辑善录广东公善堂排印本,光绪二十□年□月始,月出一册,旋停止

利济学堂报陈虬等　温州木刻本,光绪二十二年始,月出二册,至二十册止

商务报沈祖燕、詹垲等　上海排印本,光绪二十三年二月始,月出十五册,旋
　　停止

湘学新报江标、徐仁铸　长沙木刻本,光绪二十三年三月始,月出三册,至四
　　十五册止

湘报湘人士合辑　长沙排印本,散为日报,合为月报,光绪二十四年二月始,
　　至八月止

秦中书局汇报李有棻　长安排印本,光绪二十□〔三〕年□月始,月出二册,
　　至二十册止

集成报不著编辑人名氏　上海石印本,光绪二十三年四月始,月出三册,旋
　　停止

菁华报顾燮光　萍乡排印本,光绪二十□年□月始,月出二册,至四册止

・211・

时务月报_{湘人士合辑} 长沙木刻本,光绪二十□年□月始,月出一册,旋停止

卫生新学报_{赵元益等} 上海排印本,光绪二十三年六月始,月出三册,旋停止

博闻录_{陶必恭} 南昌排印本,光绪二十□年□月始,月出□册,旋停止

萃报_{朱克桑等} 上海石印本,光绪二十三年七月始,七日出一册,旋停止

工商杂志_{邹凌沅等} 南昌排印本,光绪二十六年四月始,至十月停止

算学报_{黄庆澄等} 上海刻本,光绪二十三年九月始,月出一册,旋停止

医学报_{沈习之等} 上海排印本,光绪二十三年□月始,月出□册,旋停止

女学报_{沈静英等} 光绪二十四年六月始,月出三册,旋停止

湖北商务报_{湖北商务局} 武昌刻本,光绪二十□〔五〕年□月始,月出三册

江南商务报_{江南商务局} 上海排印本,光绪二十□〔六〕年□〔二〕月始,月出三册,旋停止

杭州白话报_{杭州刻本},光绪二十七年□〔五〕月始,月出三册,旋停止

南洋七日报_{赵连璧} 上海石印本,光绪二十七年八月始,月出四册

苏州白话报_{苏州刻本},光绪二十七年□〔九〕月始,七日出一册

京话报_{黄思永} 京师工艺厂印本,光绪二十七年□〔八〕月始,月出二册

普通学报_{杜亚泉} 上海石印本,光绪二十七年十一月始,月出一册

选报_{蒋智由、赵祖德} 上海排印本,光绪二十七年□〔十〕月始,月出三册

童蒙易知草_{刻本},光绪二十七年十二月始,月出□册

史学报_{温州刻本},光绪二十八年正月始,月出□册

　　以上报章近年中国所设日报,《申报》以外尚有《新闻报》、《博闻报》、《博文报》、《时报》、《福报》、《沪报》、《广州报》、《苏报》、《汉报》、《中西报》、《直报》、《益闻报》、《循环报》、《杭报》、《香港华字日报》、《华报》、《南纪日报》、《指南报》、《闽省会报》、《香港新报》、《循环日报》、《华洋报》、《星报》、《叻报》、《苏海汇报》、《中外新报》、《维新日报》、《大公报》、《奇闻报》、《俄京华字日报》、《国闻日报》、《中外日报》,或行或停,约举之已不下数十种,此外未悉者尚多,今择旬报著于录

明夷待访录二卷黄宗羲　石印本,原刻本

校邠庐抗议二卷冯桂芬　天津广仁堂刻本,光绪十年江西刻本,《葛氏丛
书》本,上海石印本甚多

罪言存略一卷郭嵩焘　光绪二十三年天津时报馆重印本,光绪戊戌时务报
馆重刻

藏印边务录□卷升恭勤公　时务报馆未印出

瀛海论一卷张自牧　广州刻本,小方壶斋本

蠡测卮言十卷张自牧　光绪五年排印本止三卷,小方壶斋本

幽忧论一卷祖香先生　《孟晋斋集》本

盛世危言六卷续编四卷补编六卷郑官应　排印大字本,上海石印本

筹洋刍议一卷薛福成　光绪丁亥刻本,制造局本,《普天忠愤集》本

海外文编四卷薛福成　光绪丙申上海石印本,湖南刻本,光绪乙未萧山陈
氏刻本

李肃毅奏议二十卷李鸿章　上海排印本

曾惠敏文集五卷奏议六卷曾纪泽　上海排印本

条议存稿一卷徐承祖　光绪十一年排印本,石印本

西事蠡测一卷沈纯　小方壶斋本

游历刍言一卷黄楙材　小方壶斋本

瀛海卮言一卷王之春　光绪十七年广雅书局附《柔远记》刻本,小方壶斋本

黎莼斋集□卷黎庶昌　余编二卷光绪丁酉上海石印《黎星使丛稿》本

使东奏议□卷黎庶昌　未见

使东文牍□卷黎庶昌　未见

出使条陈一卷吴宗濂　《经世报》本

富强刍议八卷杨毓辉　石印本

劝学篇二卷张之洞　两湖书院石印本,同文馆本,山阴汤氏刻本,上海印本
甚多

中国亟宜改革政法论二卷何启　广东刻本,合《盛世危言》坊间改名《时
务丛钞》,又名《洋务丛书》

曾侯中国先睡后醒论书后一卷何启、胡礼垣　原刻本,《新政真诠》本

新政始基一卷何启、胡礼垣　《新政真诠》本

新政变通一卷何启、胡礼垣　《新政真诠》本

劝学篇书后二卷何启、胡礼垣　单行本,《新政真诠》本

新政安行一卷何启、胡礼垣　《新政真诠》本

庸书内外篇二卷陈炽　光绪丁酉上海缩印本,《西政丛书》本作八卷

适可斋记言四卷马建忠　自刻本,《西政丛书》本

息养庐文集十一卷徐□□〔锦华〕　木刻本

潜书四卷唐甄　苏州刻本

时务条陈□卷赵宽　《集成报》本

筹海蠡言一卷钟体志　南昌刻本

筹鄂龟鉴七卷□□□　上海石印本

东三省边防刍议□卷沈贤　《实学报》本

保教末议□卷陈继俨　《知新报》本

危言四卷汤寿潜　光绪十六年刻本,上海石印本,又排印本,会稽徐氏排
　印本

治平通议八卷陈虬　光绪十九年自刻本,以下二种总名《蛰庐丛书》

报国录四卷陈虬　光绪十九年自刻本

邵氏危言□卷邵作舟　上海刻本

守信录二卷李宗言　南昌刻本

原强一卷严复　《侯官严氏丛刻》本

上皇帝书一卷严复　《侯官严氏丛刻》本

论世变之急一卷救亡决论一卷严复　《侯官严氏丛刻》本

学会兴国议一卷董祖寿　《经世报》本

著相庵瞽音一卷何树龄

卑议四卷宋恕　光绪二十四年自刻本

辟中原人荒议一卷宋恕　《经世报》本

中西教学通议□卷黄传祁　未刻

时务论一卷宋育仁　附《泰西各国采风记》后

昌言集□卷《昌言报》本

涵鉴斋文录□卷袁叔舆　湖南刻本

老剑文稿一卷潘飞声　《说剑堂集》本

变法平议一卷张謇　《中外日报》附印本,上海排印本

求己录三卷陶保廉　杭州求是书院石印本,上海石印本

辛卯随侍录□卷陶保廉　木刻本

□茧阁微词二卷顾燮光　未刻

　　以上议论

西事凡四卷王韬　《弢园老民自著书》本

台事窃愤录二卷王韬　《弢园老民自著书》本

弢园文录外编八卷王韬　排印

谈瀛录六卷袁祖志　上海石印本,坊间翻印改名《出洋须知》

文牍偶存一卷谢希傅　《归楂丛刻》本

酸鼻录□卷抱器旧主　《同文沪报》本

五次问答节略

英人强卖鸦片记八卷附录一卷汤叡　上海译书局本

康说书后一卷何启、胡礼垣　《新政真诠》本

义和拳源流考一卷劳乃宣　自刻本,《汇报》本

天津一月记□卷不著撰人名氏　《沪报》本,《中国旬报》本

外国竹枝词一卷尤侗　《龙威秘书》本,《昭代丛书》本

西番绎语一卷不著撰人名氏　《龙威秘书》本

日本杂事诗二卷黄遵宪　《西政丛书》本,小方壶斋本,排印本

闽中新乐府□卷林群玉　《知新报》本

游日本诗变前编二卷后编二卷傅云龙　石印本

游美利加诗权一卷傅云龙　石印本

游加纳大诗隅一卷傅云龙　石印本

游古巴诗董一卷傅云龙　石印本

游秘鲁诗鉴一卷傅云龙　石印本

游巴西诗志一卷傅云龙　石印本

柏林竹枝词一卷潘飞声　《说剑堂集》本

庄谐选录□卷《中外日报》本

西国古世代史演义□卷《蒙学报》本

格致演义□卷曾广铨　《蒙学报》本

航云记□卷《蒙学报》本

工程致富演义□卷杨子玉　《湘报》本

摩西传一卷贯公　日本排印本

洋务实学新编二卷傅云龙　原刻本,石印本

时务报馆文编《时务报》本

时务报馆译编一卷续编一卷《时务报》本

翼教丛编六卷苏舆　光绪二十四年武昌刻本

萍乡课士新艺四卷续编四卷三编四卷四编四卷后编二卷外编四卷
　　顾□□〔家湘〕　排印本,重印本,三编以下未刻

沅湘通艺录十二卷江标　湖南刻本

边事汇钞十二卷又续钞八卷朱克敬　湖南刻本

事物汇表二卷邹凌沅辑　《通学斋丛书》本

通学汇编文编八卷邹凌沅辑　《通学斋丛书》本

时贤闳议一百卷顾燮光　未刻

　　以上杂著

译书经眼录

序

　　域外文字译行于我国、播传于现今者,如象教经论则始于晋,欧西典籍则始于明。盖利玛窦之来我国为明万历九年,居广州二十载乃入京师,其后如庞迪我、艾儒略、熊三拔、邓玉函、汤若望、南怀仁遂先后继至,然所译述大都以宗教、历数、农学之书为多。迨于有清道、咸之间,言政俗之书间有译本,同、光以后则江南制造局、格致书院所编译者盛行于世。若日本文译本,则以光绪甲午我国与日本构衅,明年和议成,留学者咸趋其国,且其文字移译较他国文字为便,于是日本文之译本遂充斥于市肆、推行于学校,几使一时之学术寖成风尚,而我国文体亦遂因之稍稍变矣。近岁以来,复以海内外政治之变迁,标举文化、区分派别,欲求言文一致而不过其大要,欲求整理国故而自失其固有,舍己以从人,昧古以徇今,犹以文体改革自命为时流,此诚可谓大惑不解者也。今欲知世界之大势、政群之原理,固不可不从旁行斜上之文字求之,若国家与社会维系而不敝者,则一国自有一国之礼俗,根性流传,斠若画一,岂可削足而适屦、惩羹而吹齑耶? 顾兄鼎梅近以《译书经眼录》见示,盖其前二十余年之述著,其时蒐集译本,提要钩玄,此如杨园备忘之编、义门读书之记同其旨趣,前二十年宗元固尝与一时朋辈从事于此,即鼎梅之所著录亦尝经眼,今其所著或佚失而无传,或弃置而不讲,恐越数十年将举其篇目诧为古书,此则时代学风之嬗变有非贤哲所能推测其将来者也。鼎梅将以是录付印,属序于宗元,辄举一时随感所及奋笔书之。鼎梅近嗜金石之学,研究古代文字,所以编印此录亦以存其少作,宗元又闻鼎梅于曩岁曾与吾乡徐君以愻同编《东西学书录》,久经刊行,此又鼎梅赓续前录之意,用著于篇,亦以见鼎梅今昔为学之勤,不随时以为俯仰也。中华民国十有六年十二月同里诸宗元序。

自序

　　清光绪中叶，海内明达，惩于甲午之衅，发愤图强，竞言新学，而译籍始渐萌芽。新会梁氏著《西学书目表》及《读西书法》，学者方有门径。老友徐君以苶病其略焉，乃仿提要例而有《东西学书录》之作，蔡孑民先生叙之，是时燮光醉心新学，日以读译书是务，为补其阙，由徐君合印以行，而孑民先生复识之，匆匆三十余年矣。嗣后燮光遨游南北，迄光绪三十年止，又读译籍约千余种，仍踵徐书前例，著为《译书经眼录》一书，弃诸行箧有年，中岁以还劳心政治，对于兹著视等尘羹，时际沧桑，辞荣辟地，太行访古，荏苒十年，饥可驱人，学益荒落，甲戌夏秋于役关辅，轮蹄无恙，爰返杭州，取旧稿整理之，以所著录各书间有少传本者，惧其佚也，厘为八卷，姑记昔年陈迹，未足值学者一噱耳。孑民先生杖履绥和，奖掖后进，今睹此书印行，得毋感季札自郐之讥，同切徐公挂剑之痛也夫。乙亥正月会稽顾燮光自序于西湖金佳石好楼中。

述略

　　本书系继徐君以愻《东西学书录》而作，著录各书由前清光绪二十八年至三十年止，徐君原作初版成于光绪二十五年三月，增版成于二十八年十月，计四卷，附录二卷，为类凡三十八，内燹光补阙者三百余种。为卷凡八，为类凡廿五，附子目若干，体例循前书稍变，因时制宜，未能削足适屦也。

　　壬寅以还，世尚游学，扶桑三岛，一苇能航，和文迻译，点窜便易成书，然瞬息已成故纸，此所著录迄今求诸坊间湮没殆将半矣。

　　自商务印书馆崛起申江，延聘通人注意新籍，开吾华书林之新纪元，厥后继之云起，以主者具奋斗精神，译著与日俱进，学子欲求善本，固当知所先后矣。

　　教科书以商务、文明两书局编译最早，至今已成书业之重心，至专门科学之书，科学仪器馆因曾译之，新学会社则译印农学诸书至今犹未已也，至政治、历史诸书，广智书局、作新社均有译本，旋亦中止，若医学、全体各书，各教会译著转无曩昔之盛，岂社会智识已新，无劳他人借箸乎？

　　湖北《武学全书》、浙江《武备新书》均为兵家言新译之本，今日已为陈旧，然对于战术研究、营垒工程、器械考察、枪炮测算均附图解，在当时甚切实用，迥非纸上谈兵者比也。

　　留东学界颇有译书，然多附载于杂志中，如《译书汇编》、《游学汇编》、《浙江潮》、江苏、湖北学生界各类，考其性质，皆借译书别具会心，故所译以政治学为多。

　　林琴南先生以译小说而得盛名，操觚之士群趋于译小说之一途，新著乃日出不穷，阅者亦应接不暇，过眼云烟，瞬息即幻，本书著录无多,聊备一格而已。

徐君原作经始适当戊戌之后,对于新籍立论固难著笔,著录尤费选择,各书传世恐已十存三四而已,今徐君墓木已拱,同时商榷者仅蔡子民先生安善,今兹《经眼录》缮定,得就正有道,追怀旧雨,感慨系之。

是作草创于卅余年前,久已视成废纸,年来息影湖滨,以整理金石旧稿为乐,取此稿阅之,以尚足备新学书目之用,无宁过而存之,爰加删润,幸成篇章。友人青浦徐君调均、女夫鄞县戴君仁_{静山}皆参编辑之劳,缮稿则儿子培熹,合并志之。

译书经眼录卷之一

史 志 第 一

首通史,次专史,次编年,次帝王传记,次臣民传记,次女史,次政记,次战记

西洋史要四卷图一卷上海金粟斋排印本,三册

日本小川银次郎著,樊炳清、萨端合译。泰西自有史籍以来约四千五百余年,埃及、波斯、希腊、罗马互相争竞,迭为盛衰,迨救世教出而宗教一变,纪元十九周以来,门户纷纭,党派水火杀戮之惨,言者酸鼻,至十八周教皇失权,君纲失统,革命崛起之风云遂深布于欧洲,民蒘洶可畏也。夫是书分四大期,曰上古史、中世史、近世史、现世史,虽三万余言,事能扼要,译笔清晰可读,附图二十九幅亦精细可观。东亚译书会之《欧罗巴通史》、敬业学社之《欧洲历史揽要》,体例相同,事迹稍异,均宜参观。白振民译有日本长泽市藏著《新编万国历史》,杭州求是书院译有日本辰巳小川著《万国史要》,天津东华译书局译有日本元良勇次郎、家丰永吉合著《万国史纲》,日本译书社译有法尼骚著《欧洲文明史》,范通甫、王琴希合译《世界史》,南洋公学仿中学校课本汇集英文本编译有《列国史》。

世界史要一册上海开明书店洋装本

日本雨谷羡太郎、坂田厚允〔胤〕合著,吴家煦译补。全书凡分四编,上溯太古,下迄现世,详述民族之变迁、文明之递嬗、社会之兴革、政治之得失,提纲絜领,纤悉靡遗。译者复网罗近年来有影响于世界之大事,以补原书所未备,且于人、地诸名详加审择,一从旧译名之通行者,并以歧异者附注于下,甚便学者。顋

芬室〔主〕有译本,未出版。

泰西十八周史揽要十八卷上海广学会排印本

英雅各伟德元本,英季理斐成章译,李鼎新述稿。始汉平帝元年,终康熙五年,所述十八周情形尽得大概,言教务兴衰特详,盖教会之书,非史家者言也。惟篇中列每周各国帝王世系尚为明晰,论古者宜有取焉。附以图画若干幅,亦楚楚可观。日本译书社译有日本博文馆编《十九世纪》,励学译社译有《十九世纪大事纪》,又译有《十六周至十九周大事记》,谯陵译者重译有日本大同畅三郎译、美遐度宣著《欧洲十九世纪》,杭州译林社译有《十九周大事记》。

欧洲历史揽要四卷敬业学社石印本,二册

日本长谷川诚也著,敬业学社译。大致与《西洋史要》相同,而记事互有简略,译笔雅驯可读。

西洋通史前编十一卷壬寅会文译书社石印本,七册

法驼懊屡原撰,日本村上义茂译。原书系西历一千八百六十五年出版,计十一卷,分神代纪八、上古史纪十二、中古史纪十一,盖始于天地开辟,而终于西历一千四百八十一年,所分各纪年岁互有长短,盖以事迹为主,非若近日西历以百年为一纪也。所记神代纪多本教书,荒诞不足信,译笔亦艰涩可厌。每纪末胪列年表颇为清晰,全书可取者仅此。

世界近世史前后编二卷上海作新社洋装本一册,癸卯五月再版本,商务印书馆排印大字本,广智书局本

日本松平康国编著,作新书局译。凡五编,前编分二编曰近世之发端、曰欧洲宗教改革之时代,后编分三编曰欧洲列国之波兰、曰亚东诸国之变化、曰欧美自由主义之发动,盖始于新世界之发现,迄于拿破仑第一之创业,每论分若干章,章分若干节,所记事实颇为详核,译笔亦明畅可读。卷首列亚、欧、美洲图三幅,亦精采。商务印书馆所印国民丛书社本译笔互有详略,惟以此五编为前编,另有后编未译。广智书局本加有案语百余条,尤便

读者。

世界文明史一卷 商务印书馆本

日本高山林次郎著,商务印书馆译。书计三篇,一曰未文明之人类,计二章,言人之原始自然民族之类;二曰东洋文明,凡六章;三曰欧罗巴,凡九章。举凡东半球欧、亚、非三洲之宗教、文学、美术、哲学源流莫不备载,以及东亚文弱之源,西欧尚武之性,并发明其所以然,洵考求文明进步所当读者。书中各有细目,列诸书眉,尤便检查。励学社另有译本,未见刊行

西洋史钩元一卷 上海新中国图书社洋装本,一册

日本箭内亘、小川银次郎、藤冈作次郎合编,留学生译。凡十四篇,于西洋、东方古代诸国迄今诸国之成立止,凡有关时局者皆提要言之,罗罗清疏,足备考核。

西洋历史教科书二卷 商务印书馆本,二册

出洋学生编译〔辑〕所译述。全书计六编,分古代、中代、近代、最近四史,于泰西千年历史兴衰、政教沿革,类能分条胪列,体例甚精。惜事迹未能首尾贯串,阅者或致茫然,亦一阙憾也。

万国春秋二卷 成都《启蒙通俗报》本

日本岩原次郎撰,榴芳女学生译。原名《地球十九世纪大事史》,译者恐童蒙难记,暂改今名。起嘉庆五年,至光绪二十六年止,仅举大纲,稍嫌疏略耳。

万国史讲义一卷 商务印书馆《京师大学堂讲义》本

日本服部宇之吉讲述。《万国史》者,记国与国关系之书也,盖用以研究今日世界文明诸国之大团体其始原于何时、何地,如何变迁而进于今日情状,此即万国史之宗旨是也。此系第一卷,凡二章,曰埃及与亚细亚诸国之关系、曰希伯来族全盛之时代,盖言太古史而未终者。

万国史要上中编二卷 杭州史学斋石印本,四册

美维廉斯困顿著,张相译。第一编曰古代东洋诸国,凡八章,言

地理,埃及,阿西里亚人及巴比伦人,海部流人,腓尼西亚人,印度人,波斯帝国,古代人民之商业;第二编古利司史,凡五章,分总说,第一、二、三年期三史,古利司之文明;第三编罗马史,凡四章,言地理及人种,古代罗马,王政之时期,共和政治罗马史;第四编中代史,凡八章,分绪论,三百年间史,霞立缦立国,封建制度,教皇,十字军,骑士之兴废,中代之文明政治史要。每编末各有温习提纲,以便读者记忆,译笔亦雅驯可读。

万国通史续编十卷上海广学会排印大字本,十册

英李思约翰辑译,曹曾涵纂述。是书凡十卷,一至四为英吉利志,详溯英吉利立国之由,至一千九百零三年今王爱德华第二止,插图一百八十有九,另有英王世系表一大幅列入第一卷之首;其五、六为英之属地志,插图四十有九;七至十为法兰西志,自立国迄今,共插图一百二十八图,中附墨罗彬、楷丕特阀、罗哇、步尔朋、拿破仑奥利痕五朝世系表五幅,卷末列表十九幅,记法之大事。人、地诸名表一卷,卷首另列中西年表以资印证,每卷各附彩色地图十幅于首。

万国通史三卷文明书局本,二册

日本天野为之著,吴启孙译。全书三编,分上世、中世、近世三史,始埃及建国,迄十九世纪末止,惟所记详西略东,未免与《万国通史》之名不符。盖作者以发挥世界全体情实文明为主,故独详欧洲,实有感于白种之于政治界大有进步也。译笔详赡畅适,具有史材。

万国历史三卷上海作新社洋装本,一册

作新社译。上卷记罗马帝国以前之事,为古代史;中卷记十字军起以前之事,为中世史;下卷则迄于今日,为近世史。惟所述诸事不及亚细亚诸邦,于命名"万国"未免不顺。上卷所记亚历山大之战功、苏格拉第师徒之学说,中卷所记蒙古人之侵略,均为历史重要事实,略而不详,殊为读史之病。惟所记斯巴达制度各

条足补他书未及,其下卷记近时事亦尚合史裁,全书可取者殆在斯乎。

万国史纲目前后编八卷日本东京劝学会排印本,八册

日本重野安绎著。书起埃及建国,迄普法战争,于五洲邦土疆域、形势盛衰、政治事迹胪列靡遗,发挥悉遵紫阳之例,其音义、讲义亦皆考核精当,惟不合教科之用,可作历代大事表观之。

万国兴亡史上下二卷大宣书局洋装本,二册

日本松村介石著,戢翼翚译。本书以追溯人种历史根干为宗旨,故独详于古代史而略于中世史,其近世、最近二史则付阙如,盖有待于续补也。惟其详于古代略于中古,仅叙文明源流发达之由,似未得谓扼要,缘欧美文明之盛全在近世、最近二世,不于此求之而徒言古代难征之事,未免失读史之法矣。且命名"万国"而阙东洋各国,揆之著书之例,未免名实不符之诮。日本东京觉民社、上海言志社均有译本,与此事同文异。

欧洲十九世纪史一卷上海广智书局本

美轩利普格质顿著,麦鼎华译。全书计七编,凡三十章,言欧洲十九世纪事甚详,其第七编言今日之情形三章颇足为知新之助。

亚细亚西部衰亡史一卷《译书汇编》本

日本野口竹次郎著,丁文江译。详叙印度、安南、缅甸衰亡之原因,欧人殖民之政略,而于印度尤加详焉,自其开国以迄于亡分上世、中世、近世三纪,凡宗教、风俗、地势无不明备,足使崇拜外人者见之憬然而悟。

东邦近世史二卷汉口日报馆印本

日本田中萃一郎著,汉口日报馆译。书分上、下二卷,上卷庚子年出版,下卷癸卯年出版,自明季葡人喀玛发见东印度航路起,迄于现今,取材宏富,着眼高深,读之可见欧势东侵之渐、亚洲削弱之原,盖东籍史界中言近事之最详者。上卷附报印行,下卷另排单行本。

东洋文明史一卷支那翻译社洋装本,一册

萨幼实译,郭奇远、马君武润色。是书以专述东洋文明为主,足
征地球开化最早之区盖五千年于兹矣。凡四编,一支那之文明,
凡六章;二印度之文明,凡六章;三美梭巴达之文明,凡四章;四
埃及之文明,凡七章。于中国、印度、波斯、巴比伦、腓尼基、希伯
来、埃及各国数千年之地理、种族、政治、学术、宗教、美术等,皆
言其沿革,于中国尤详,盖取材于日本白河次郎之《支那文明
史》、日本高山林次郎之《世界文明史》二书。书中不列日本者,
盖日本维新以前多为汉化,维新以后易为欧化,无特别之文明
焉。高丽、安南与支那文明同,故亦不及。以埃及开化最早,东
邻印度与东洋文明颇有关系,故附及之。

亚美利加洲通史二卷商务印书馆《历史丛书》本,二册

戴任〔彬〕编译。凡十章,一曰总论,言地理、人种、气候、物产之
类,二曰殖民之时代,三、四记竞争及革命之时代,五至八言宪法
施行、宪法施政之时代,记各大总统之递嬗而分内乱、再兴、发达
三史,九曰文明史,十曰技艺。美洲自十四纪后发现,欧人据以
殖民,迨华盛顿出而创独立,开西半球共和政体之先声,厥后门
洛、林肯、格兰德、麦荆来诸人继之,宪政、农商、美术、工艺遂足
凌驾泰西,英雄造时势,良有以夫。本书专记美之立国始末,墨
西哥、巴亚各事仅附一二,取名《亚美利加洲通史》,未免名实
不符。

以上通史

支那史要六卷上海广智书局本,四册

日本市村瓒次郎著,陈毅译。卷首列历代一览表、历代帝系表、
历代帝都表,全书八卷,一总论,二古代史,自开辟至秦之并吞六
国止,三上世史,自秦一统至隋止,四中世史,自隋统一至宋末
止,五近世史,自元至道光止,六近代史,自道光以后迄台湾、伊
犁之议止。于中史数千年沿革掌故,类能扼要,文笔亦条畅贯

串,盖论史之书也。书眉分列子目,尤罗罗清疏。

支那全书七卷教育世界社石印本

　　日本藤田久道编次,增田贡校。始太古人皇氏,迄光绪五年止,书中按朝代摘录要事数条,不编年次,盖史钞类也。僭闰各朝低一格别之,至逊清事迹则抄录增田贡《清史揽要》补之,于历朝兴衰治乱略举其纲,未能别具识见,童蒙备翻阅可也,未为善本。

增补支那通史十卷文学图书公司石印本

　　日本那珂通世原著,狩野良知增订。那珂氏原著仅四卷,分总论、上世史、中世史上中下四大期,盖自唐虞迄宋末止,兹增补之本改为十卷,其卷一至卷五概系增狩野氏增入,其六至十则那珂氏原著也。卷一记历代图系沿革各表三类至宋末止,二至五则记历代政教各事。

续支那通史二卷会文政记社石印本,八册

　　日本山峰畯藏著,汉阳青年译。书分近世上中下史、最近史四期,自元太祖元年迄光绪中日之战止,另列子目于书眉以资考证,间有错误之处。全书仿纪事本末之体,记载尚不简陋。

支那近三百年史四卷上海开明书店洋装本,一册

　　日本三岛雄太郎著。本书摘录《开国方略》、《圣武记》、《满洲源流考》、《啸亭杂录》、《湘军记》等书,尚称雅饬,出自外人,尤为难得。我华掌故自有专书可读,不必乞诸其邻,转贻数典忘祖之诮。

支那文明史一卷上海竞化书局洋装本,一册

　　日本种白河次郎、国府种德合著,竞化书局译。本书分十一章,以寻常事理暨学术、宗教诸事推之往古,以证中国先世之文明,而摘叙诸条不甚得体,征引旧籍亦病芜杂,涉及经学然家法不明,所知已浅,盖所论之理愈繁而其证愈晦,欲持以窥古国之文明,歧多而羊亡矣。

中国文明小史一卷上海广智书局本,原名《支那开化小史》,东亚译书会译

日本田口卯吉著,刘陶译。计十五章,自开辟至明末,盖日人论中史之作,发挥间有识见。吾华论史之书甚多,此书可略涉猎,以觇外人学识,毋庸急读也。寄东译社译有日本矢野仁一编《清国史》,鞶芬室主译有《支那文明史》。

国史略七卷日本明治十六年三版本,上海石印本改名《日本新史揽要》,七册,又改名《东洋新史揽要》

日本石村贞一撰。始日本神代,迄明治十五年止,仿编年体而叙事简老,日本三千余年之政治、典章沿革皆能举其大略,据日本岩垣氏之《国史略》增入近代时事,于南北朝正闰亦多订正,参证之书凡五百六十余部,一一注其所出,可谓博学而孱守矣。坊估用原本翻印,依《泰西新史揽要》例改之,妄题游瀛主人译,殊属大谬。

日本历史五卷上海教育世界社石印本,五册

日本荻野由之著,刘大猷译。上自神代,下迄明治二十九年,其时宪法已经颁布,国会已经开议,下距改正实行之期二三载,法制大备,又与吾国结邻,所谓近己而俗变相类,尤学者所宜留心也。书虽不多,而日本建国之体例、皇代之统系、相门将代之更擅、忠烈贤哲之精诚,以及今世国政变革、文明进步,分章立题,首尾完具,盖纪事本末体也。

日本编年史二十卷日本明治十六年刊本,二十册,教育世界社石印本改名《日本全史》

日本小西惟冲编次。始神武天皇,迄后龟山天皇,叙事较《国史略》为详,文笔亦雅隽可读,论赞处颇深探马、班之奥,日本史书中佳本也。续作始后小松天皇,至明治止,体例与前编同,教育世界社《日本全史》曾收入焉。

日本外史二十二卷日本明治三十四年刊本,十二册,上海石印小字本

日本赖襄著,赖龙三补。原书成于文政十年,专志将门兴废,始

于源氏,终于德川氏,仿司马《史记》列传体,文笔亦朴茂可读,赖君山阳痛王室之失权、武门之跋扈,采日本书二百五十余种而成此书,感慨淋漓,精审宏博,盖得史家之三长矣。迨明治十年尊王议起,政变维新,日本之强遂冠东亚,山阳提倡之功可谓先时豪杰,顾亭林云"儒者立言当为后世",信然。所附系谱沿革诸国亦足备考核。丁志译有《东洋史略》,杭州译林社译有日本泽田吾一著《明治史》,均未出版。

新选日本历史问答二册上海广智书局本

日本冈野太郎著,逸人后裔译。全书用问答体,分四编,曰上古史,记神代王政时代;曰中世史,记武门政治之时代;曰近世史,记新时代;曰通史,记国体、国家之发达,共十四章。于日本历史举纲提要,便蒙善本也。

日本诸国封建沿略一卷附《日本历史》后,上海教育世界社石印本

日本荻野由之著,刘大猷译。《日本历史》逐时叙事,略明大势推移,关于诸藩建置未能详举,此作能述其要略,再证以本书地图,则学者自得要领矣。

日本维新三十年史十二编附录三十年国势进步表一卷上海广智书局排印,六册

日本东京博文馆编辑,罗孝高译。是书体裁分十二编,一曰学术思想史、二曰政治史、三曰军政史、四曰外交史、五曰财政史、六曰司法史、七曰宗教史、八曰教育史、九曰文学史、十曰交通史、十一曰产业史、十二曰风俗史,于日本维新三十年以来政治程度言之綦详,译笔虽间有繁冗,然可资取法。原书成于明治三十年,日本人举行维新大祝典于东京博文馆,乃聘日本著名博士高山林次郎、姊崎正始等十二人分纂而成此书,盖有黄氏《日本国志》可以上溯日本三千年政教之沿革,得是书可以研究三十年维新之进步、泰东变法得失之林、亚洲政界先路之导,洵杰作也。其中军政史、外交史、财政史三编,尤宜取而先读。附《三十年

国势进步》一卷，颇便考镜之用。顾学成译有日本石田新太郎编《西洋历史》，张少海译有日本天野著《万国历史》，日本坪谷善四郎著有《明治历史》，福建延晖楼张弧译有《明治二十四年之日本》，福建延晖楼施景崧又邵仲威均译有《世界历史问答》，邵仲威译有《支那历史问答》，张尊五译有《日本历史问答》。

日本维新活历史一卷译书汇编社洋装本，一册

日本阪东宣雄著，陆规亮译。日本维新之治，以尊王覆幕诸人为首功，西乡隆盛其最著者，书记西乡氏始末历史极详，论断平允，译笔雅达。惜热心侠肠之士虽建伟功，卒招奇祸，此不学无术之霍氏终于族灭，可哀也夫。

希腊史一册

日本桑原启一纂译。是书叙事详密而又参酌诸书，援引精确，其于希腊兴亡之迹、欧洲文化之原，尤能慨乎言之，发人猛省，诚史学中所宜读之书也。戴任一译有日本宫川铁次郎著《希腊罗马史》。

希腊史一卷上海商务印书馆本

日本柴舟桑原著，商务印书馆译。全书凡分八篇，前四篇总叙希腊极盛时代，后四篇总叙希腊衰微时代，一、二篇言团体之效，三、四篇言合纵连横之益，五、六篇言各邦之分裂、国民之残杀，七、八篇言希腊衰弊、罗马内侵之由。此书于希腊战争言之特详，然希腊为欧洲各国文化之原，若哲理、文学、政治、美术诸学实胚胎于此，作者皆略而不详，未足为信史焉。

犹太史一卷广智书局《史学小丛书》第五种本

日本北村三郎著，赵必振译。犹太为耶教发源之地，亚伯拉罕创业于上古，摩西继之以立教大辟，琐罗门以武略服四邻，以色列人遂极一时之盛，耶稣崛起以传福音，遂夺欧洲政教之权，终莫补犹太之衰弱，纪元十周以来，十字军兴而教祸遂烈。是书首章至十一章则言犹太历史，始亚伯拉罕，迄十字军之役止；十二章至十七章则言犹太政治、美术、商业之盛衰，文字、宗教之沿革。

然皆寥寥数语,无裨考古之资,其所引证多出《创世记》,未免近于神话。

亚西里亚巴比伦史一卷广智书局《史学小丛书》本,一册

日本北村三郎编述,赵必振译。书凡七章,述亚西里之覆灭、新旧巴比伦之盛衰,简明可资考证。其云凡涉《旧约》经典者概删除之,一洗东西古今之旧说,为史界开一生面,尤有特识。

腓尼西亚史一卷广智书局《史学小丛书》本,一册

日本北村三郎撰,赵必振译。凡七章,记腓尼西亚之兴亡及其贸易、文学各事,皆甚简略,惟于腓尼西亚殖民地曰加达额之历史、商务言之尚详,盖以弹丸之地、贸易之国执尚武政略,与方强之罗马抗,其覆灭宜矣。

日耳曼史一卷《译书汇编》本

史寿白译。详述日耳曼人种兴盛之由,足供历史研究之用。诵读一过,恍见偷通人种祖先情状焉。

土耳机史一卷上海广智书局本,一册

日本北村三郎撰,赵必振译。土耳机,古之强国,今则列于病夫,其地绾亚、欧两洲之管键,固金城汤池之区而亚洲屏翰也。是书首编三章,论土耳机之形势;第一编曰上世纪,凡四章,始土耳机开国,迄幕刺特第二世之武略;第二篇曰中世纪,记进略世代,凡五章,始马哈默德第二世之伟绩,迄索利曼之殂落;第三编曰衰颓时代,凡七章,始塞利慕第二世,迄塞利慕第三世,其六、七两章则专言政治、兵制而参以议论;第四编曰近世纪,凡十三章,始马毛度第二世之中兴,迄塞尔维亚、罗马尼亚、勃尔俄利亚及东琉米尼亚之位置,其第七章以下则分记近世政治、兵制、财政、宗教、教育、美术、贸易、交通等,十三章结论论土耳机之形势尤有无限感慨。另附图一幅,统系、时代表,勘误于后。

波斯史一卷广智书局《史学小丛书》本,一册

日本北村三郎著,赵必振译。波斯为亚洲中部之国,与俄、土接

壤,盖欧、亚之关键也。纪元前有齐鲁士、冈庇西士之英武勇敢,灭巴比伦、埃及各国,继之士太流士之雄武,赫然为东方强国,近世纪以来内政不修,遂为英、俄鱼肉,可慨也夫。凡三篇,分上世、中世、近世三纪,于波斯数千年盛衰皆择要言之,其记蒙古侵略亚细亚中部事亦具首尾,虽摘引中史得体,而西史未能详稽,为阙憾耳。卷首另撰地势说略一篇,记英、俄关系一章,均有裨实用焉。

亚剌伯史一卷 广智书局《史学小丛书》本

日本北村三郎著,赵必振译。马哈默德以勇毅创教,善战立国,威震欧、亚二洲,固一代伟人也。是书凡二篇,首列亚剌伯之说略,第一篇凡六章,言马哈默德创教立国及亚彪庇、结阿马二君之勇武,亚剌伯隆盛之时;二篇凡七章,则言亚剌伯之分裂、灭亡及其政治、文学、宗教、贸易各事,类皆述其大略,语焉不详。盖以教门之书涉于亚剌伯之宗派,摘录而成文学一门,挂漏尤甚,其第七章言商业处亦多模糊影响之谭,寥寥万言,实无可取。

波兰遗史□卷 《江西官报》本

日本涩江保著,陈澹然重订。体例与羽化生所译同,文笔简雅过之,盖陈君治古文家言,故能一洗繁冗也。

埃及史一卷 广智书局《史学小丛书》本

日本北村三郎著,赵必振译。埃及为古时名国,其文学、法律诸端为欧洲人所称道。著埃及史者自以考古为要,本书分为三篇,详今略古,措词多疏,以此著书未免齿冷矣。

埃及近世史一卷 广智书局本,一册;又再版本,商务印书馆《帝国丛书》本

日本柴四郎著,麦鼎华译。埃及上古开化之国也,文学、美术照铄古今,其地扼欧、亚、非三洲之要,自苏彝士河通,尤为列强必争之地。是书专记十九世纪埃及衰乱情状,凡二十四节,卷首述埃及中兴雄主谟罕默德阿梨之事,终以国民党亚剌飞欲复主权排外之败亡,篇中言埃主济度开苏彝士河失计于前,威斯主醉欧

风失计于后，负债累累，权落外人，党同伐异，各私其国而埃及亡矣。国债、客卿足亡人国，可畏也夫。

俄国新志八卷 上海制造局刻本，石印本四册，《续富强斋丛书》本

英陝勒低撰，英傅兰雅、潘松同译。全书十六章，于俄之政治各件列表作论，互相发明，其国之户口、物产、武备、商政无不与日俱进，殊可畏也。金粟斋重译有日本林毅陆译、法坡留著《露西亚帝国》，日本译书社、金粟斋均译有日本利喜雄著《俄罗斯史》，戴任一译有日本川岛纯干著《米国史》，杭州智育译社译有英约翰克老特帕司著《合众国史》，金粟斋译有《比公时代独逸帝国史》，译林社译有《英国通史》，南洋公学译有英白克尔《英国文明史》，杭州智育译社译有英嘉尔谷著《英司中小学校课本》，译林社译有日本泽田吾一著《德国通史》，又译有日本泽田吾一著《美国通史》。

近世露西亚一卷 上海通社本

日本占部百太郎著，廖寿慈译。首叙民族与人种，次叙社会及经济产业之状态，次叙国民之思想及政府对待之政策，体例甚为完善，叙露之内政或伤于简略，且于他书不无异同，而于外交无一字言及，尤不足餍读者之心。盖俄人政策素尚阴险诡秘，虽以日人之善觇人国亦不能得其底蕴，固可畏矣。

英国维新史四卷 作新书局洋装本，一册

羽化生编译。书凡四编，编各为章，专记十六纪时英王查尔斯宠信嬖臣，力行专制，卒为民党所侵，身弑名裂各事，每编各附有关涉之人小传以资考核。

法国新志四卷 上海制造局原刻本，上海石印本四册，《续富强斋丛书》本，《政治艺学分类全书》本

英该勒低辑，英傅绍兰口译，潘松笔述，英秀耀春、范熙庸同校，第二卷以后则为英秀耀春口译、范熙庸笔述。全书计十七章，辑于光绪二十三年，所列各表极有条理，考求法政者当于此求之。按，近来译者译西音敌怕门为省，尔朗敌司芒为府，光登为州，康谬恩为县。法国共八十七敌怕门，是八十七省矣，窃以中国疆域之广，仅二十二行省，

法国之地不及中国十分之一而言八十七省，似觉未妥。考《瀛寰志略》言佛朗西国旧分三十三部，近改为八十六府，《海国图志》言佛兰西有八十一大部落，均无作省者，是书译为郡县、乡党而以郡守、县令、乡正、党正名其官焉，似较妥协。嘉定吴宗濂译法培尔畸著《法国史记提要》，又译有《绘图法史问答》，译林社译有日本泽田吾一著《法国通史》。

法兰西史五卷 商务印书馆《历史丛书》第一集本，一册

商务印书馆编译，张宗弼校。始上古高卢建国，迄一千八百七十六年共和新政止，凡分五卷，一上古之政治、二封建时代之政治、三法兰西立君之政治、四法兰西革命时代之政治、五法兰西今世之政治，于二千年来法国民俗之强悍、政党之倾轧、教祸之水火，皆扼要言之，颇足以资考证。其言法之大革命处词多平恕，无偏激之弊，译笔亦雅饬可读。

法史揽要二卷 会文学社排印本，三册

法费克度著，刘翘翰、王文耿同译。是书凡三编，上编凡五十一章，中编五十七章，下编百一十章，始法之建国，迄一千八百八十七年止，于法之政治沿革皆择要言之，惜译笔尚欠条理，宜润色之乃佳。附法王历代世系表四幅，尚足资考核也。

革命前法朗西二世纪事二卷 出洋学生编辑所洋装本，一本

日本中江笃介著，出洋学生译。欧洲十八世纪末为新旧交讧之时代，法当其冲，遂有大革命之举，以开今日欧洲之局。虽法之乏贤君，实孟的斯鸠、卢骚诸人之学说有以鼓吹之也。本书二卷，纪路易十五、路易十六时事，斯时法之政治腐败、官吏昏庸，路易十六以柔懦寡断，独立于民焰方张之日，不知未雨绸缪，卒被弑死，可哀也夫。

法兰西今世史一卷 出洋学生编辑所洋装本，一册

日本福本诚著，马君武译。本书原名《现欧洲记》，现今法兰西制度仅得其大略，而于经济、科学、文学、美术、性格各类颇能详其沿革，遗闻琐记著录亦多，盖游记随笔之书，非政治舰国之史

也。译者间附按语以相发明,文笔尚称修洁。

德意志史四卷上海通雅书局洋装本,一册

日本河上清原著,褚嘉猷译。起日耳曼人种出现之时,迄于德意
志联邦成立以后,约为古代、中世、近世三期,于日耳曼种族之统
系、普鲁士政治之源流,皆有关于考证。其记法皇之旧事,可知
从前旧教威权之烈;记列国之纷争,足见近来帝治国统一之功。
至所云上古日耳曼人最爱战斗,田猎公议为治方针之主义,叙义
勇奇士之旧俗,均足考近日德人尚武、自由、警察各学所由出焉。
译笔通邑,洵属佳史。

美国独立史一册译书汇编社本

美姜宁原著,章宗元译。原书前后各六卷,此为前六卷,一觅地
之原、二殖民之原、三殖民地之进境、四合众、五自主、六立宪。
盖专记美国开国之史,其余各卷另译为《美史纪事本末》一书,
可以参观。

美史纪事本末八卷首末二卷《求我斋丛谭》木刻本,二册

美姜宁著,章宗元译。本书为美国哈伐特大学校史学教授之本,
凡十四卷,其前六卷述开国前事,别译为《美国独立史》,今译其
自总统始都八卷,又首末二卷,起乾隆五十四年,迄光绪二十八
年止,于美立国百余年宪政、共和、民政诸党之兴替,保守、帝国
二主义之反对,南北、西美之战争,皆能探原言之,足资读史之
证。其卷末原书仅附于上卷,以著者绝笔时西班雅之战尚未结
局,译者采辑丛报之记补之乃成完本。美史无善译本,得此书读
之可以无憾。至译笔详瞻雅饬,无译书陋习,洵属通材。

南阿新建国史四卷上海广智书局本,二册

日本福本诚撰,贺廷谟译,又作陈志祥译。杜兰斯哇为南阿非利
加小国,人口仅二十万,与英血战三年,穷英兵力始以和罢,古鲁
家之价值遂辉腾于历史,而维多利亚之霸业衰矣。书凡四篇,纪
杜兰斯哇与阿列西新建国事甚详,首地理及政治,次新建国史,

三英阿最近之冲突,四南阿概论。夫阿州鱼肉于欧人久矣,得古鲁家振作民气,其收效若此,然则地广人众者可以鉴矣。

特兰斯法尔一卷杭州合众译书局本

日本福本诚著,合众译书局译。本书即广智书局所译之《南阿新建国史》,译笔虽殊,事实则一。篇中所论英特曲直颇存公理,行文亦慷慨淋漓,令人生尚武之念。盖特兰斯以一隅小国抗方张之英,终立交互之约,使弱小者得免鱼肉之患,则特人虽败,其志固足多矣。

以上专史

政典絜要八卷上海石印本四册,北洋官报局本

日本增田贡著,毛淦补编。始天命,迄同治,仿编年体,颇备考核,惜有错误。原名《清史揽要》,于此稍有同异,此本盖经毛君删改故也。

东西年表一卷小方壶斋石印本,群书宝窟小字本

日本井上赖圀、大槻如电合撰。凡分三列,上纪日本,次中国,下西洋各国。中国始太昊,迄光绪二十四年。日本神代时荒渺难信,所记从略,鸟羽起分上、下层,盖仍和汉洋年契旧体而增益者。天津东华译书局译有日本小川银次郎编《万国大事表》,未出版。

十九世纪大事表一卷《便蒙丛编》本,石印本

董瑞椿译。此表以西历为纲,附东亚大事于中而存中日两国年号,凡一国事总隶一系,涉及数国乃别其条,若非大事则仍汇列焉。

以上编年

成吉思汗少年史一卷上海人演译社本

日本坂口橸次郎著,吴梼译。本书据《元朝秘史》而加删饰,分十二章,叙成吉思汗少年之事实,略仿纪事本末之体例,于每节后附以案语,援古证今,尚足以资考镜,惟间有粉饰失实处。

亚历山大一卷新民译印书局本

日本幸田有成著,赵必振译。全书十二章,评论亚历山大之功罪悉当,独于其战事略而不详,虽叙述波斯之战,然不足以概其战迹,至记其失德之处,直书而无粉饰之辞,可以当信史读矣。

彼得大帝一卷上海文明书局洋装本,一本

日本佐藤信安著,愈愚斋主译。本书凡九章,叙彼得生平事迹,详于细事,其雄才大略语焉未详,琐碎之讥当无可逭。卷末附彼得遗训十五款,足征俄人阴谋盖有所受之矣。

拿破仑一卷上海益智译社本

日本土井晚翠著,赵必振译。此书综括拿破仑事业大略,行文颇多精采,惟详于战事,于其刚愎自用、外交失策处均甚简略,盖善善从长,著者或别有会心也夫。

拿破仑一卷文明书局本

吴元润、秦国璋译。本书凡三十九节,记述拿破仑一生历史极为详备,译笔亦详瞻可读。

林肯传一卷文明书局洋装本,一册

日本松村介石著,钱增、顾乃珍合译。本书以勉励青年立志为宗旨,故述林肯历史以征豪杰英雄可学而成,不必以艰难困苦而自阻也。书凡十三章,分记林肯幼年、青年、容貌、智辨、德行、政治代言、大统领及被刺之事,复作《豪杰论》以冠于卷首,而以结论终之,于林肯氏生平历史皆能举其大略,文笔夹以叙议,故能一洗历史复杂之习。使美无林肯其人,则南北战争必无定局,黑奴之赦未审何年,乃大功甫竣旋被暗杀,则林肯之生其关系美洲者甚大,至其德行才略超然绝俗,宜其为东西人之所崇拜矣。

麦荆来三卷通雅书局《新史学丛书》第二编洋装本,一册,一名《米利坚近世史》

日本根岸磐井著,张冠瀛译。美自麦荆来氏以帝国主义为政策,遂败西班雅,收取非猎宾、古巴等地,而孟录保守之主义替矣。是书分上、中、下三编,编各为章,记麦氏之生平及内治、外交政策至为详晰,下编间记罗斯福氏历史政策,以明麦氏继起得人,死可不朽,复以日、美相比较以证帝国主义之发达。作者于政治、经济两界皆有心得,借麦氏以发之,其文笔夹叙夹写,尤能深中肯綮,译笔足以达之,故能一洗翳障。

以上帝王传记

日本维新慷慨史二卷广智书局排印本,二册

日本西村三郎编辑,赵必振译。本书原名《日本慷慨家列传》,译者稍更次第,编为二卷,以先觉者叙于前,攘夷者次之,而以维新功臣殿之,虽从时之先后,而以事类相从,颇合史家列传之法。所列诸人虽出于明治以前,似于世界无关,然无先时之英雄则无后来之建设,追溯本原,则诸人固人杰矣。

日本维新百杰传一卷上海开明书店洋装本

日本干河岸贯一原著。篇中所列诸人不尽维新之彦,著者必欲足百人之数,故不免滥竽充数之病,以此著书其识隘矣。至文笔尚属明畅,可取仅此耳。

泰西历代名人传六卷上海鸿宝斋石印本,四册

汇报馆原译,徐心镜增订。始洪荒,迄光绪,凡百三十余人,各以所长分注目录之下,计分德行、政事、武功、神勇、才智、辞令、帝王、将相、硕儒、教士、性理、哲学、天文、舆地、医算、格致、形性、农化各类,尤为明晰。卷首另列图十二幅,殊便检查之用。原书系汇《汇报》而成,故多教士列传,然纪元以前泰西文化未进,其儒者半教中人,得此书考核古事,或亦柔日读史之一助与。

日本西学传略一卷《群学社编》本

日本木村一步编,郑诚元译。书纪青木昆阳、前野良译、大槻槃水、杉田玄白、青地林宗、宇田川玄真、大槻盘里、宇田川榕庵、杉田成卿、箕作阮甫凡十一人,皆日本文化、天保、安化、文久诸年间讲求荷兰学者。

哲学十大家一册文化编译会社洋装本

日本东京文学士著，国民丛书社译。书记琐格剌底、弗拉的、亚里斯多德、倍根、牛董、孟德斯咎、本唐、达尔文、斯宾塞十人事迹，各节录其学说以明宗派。盖泰西哲学盛于琐格剌底，至亚里斯多德而衰，中阅千余年宗教盛行，其学中绝，迄今文化开通，智慧日进，而哲学因以中兴，遂有古代、今世之别，探厥本源，原无二致也。开明书店译有《泰西十大家》与此同，惟译笔事迹、学说较此本为简。

自由三杰传一卷译书汇编社《传记丛书》洋装本

党民子译述。书记威腊斯、勃鲁士之拒英独立于苏格兰，维廉德尔之拒日耳曼独立瑞士，备历艰难，前仆后继，卒达其目的，孰谓匹夫之可侮哉。

曾国藩一卷开明书店洋装本，一册

日本川崎三郎著，顾学成、唐重威合译。是编本东文体例，提纲挈领，寥寥数千言，于公之学问、经济综括靡遗，推许处能，得其大而无一贬词，盖公之忠贞格及遐方，于兹益信。

释迦牟尼传一卷新中国图书社洋装本

日本高山林次郎著，雄飞太郎译。本书多节抄《佛本行集经》杂凑成书，所言多未得佛教真相。原著凡十四章，译者加以案语，亦无大乘理想，且释迦事实吾华佛书具在，多可考核，取材东籍未免辗转失真。至按语云中国所传释迦行状多误谬不经，不考著者所据之书贸然言之，崇拜外人之心何其挚耶？至隐名而模仿外人，真无爱国思想矣。

苏格拉底一卷杭州合众书局洋装本，一册

日本久保天随著，张相译。苏氏为西洋先哲，生于纪元前四百六十余年，所学以知德合一为宗，以改革道德为用，故为雅典诡辩所忌，卒以无罪死。全书八章，首记波斯战后希腊文化之盛，二及七皆记苏氏之生及死与门弟子讲学各事，八绪论则发明苏氏与孔子同异之理。

恺撒一卷上海人演社洋装本

美克拉哥著，张大椿、沈联译。本书分十一章，只叙恺撒之战事，似为恺撒一人之私史，然罗马之所以强、高卢之所以克，颇能述其梗概，且于当日世界形势亦多表见。恺撒为罗马首杰，以善战称，然嗜杀成性，卒不得其死，岂非不学无术之为累乎？著者叙事实于前，而以诸家论断附于卷后，颇足以资证订。

加里波的传一卷上海广智书局本

广智书局编译。加里波的为意大利建国三杰之一，此书即叙其事迹，虽为一人私传，实意之复国史也。

讷耳逊传一卷日本东京译书汇编社本

英罗培索叟述，译书汇编社译。是书分四章，记讷耳逊一生历史，于英之海军发达进步备载其间，且于当日欧洲形势、英法用兵之方略亦多表见，虽撮举大略，而英雄、时势之关系端绪分明，于读史者固不无裨益焉。惟所记事实皆无年月，无以资学者参考，此则体例之未尽善者矣。

克莱武传一卷商务印书馆本洋装本

英麦可利著，商务印书馆译。印度以二十余万里之国，英人克莱武以商会书记，不劳一兵遂墟人国，可不谓之人杰哉？是编虽为克氏私传，然其述印度衰颓之状、西力东渐之原及克氏开拓商务之策，皆有关于印度灭亡，且多西史所未载，颇足以资考证。惟于战功外，凡学说、政界、思想皆略而不详，殆武人中之卓卓者与。

俾斯麦传一卷上海广智书局本

上海广智书局同人编译。全书凡分八章，纪俾斯麦事实能括其大要，附录逸语亦非无益之谈。篇中论断列其一生政策为三略，谓改革军政联奥以破丁抹为一事，破丁抹后结法以破奥为第二事，摧丧法威以张霸权为第三事，盖皆自其显著者言之，迹其平生运用之谋略近于古人钩距之术，览兹所载如见其用心矣。

卑斯麦一册 *少年社洋装本*

爱卑斯麦者译。本书凡分四章,曰传略、曰铁血政略、曰国家社会主义、曰评论,章分若干节,每节系以译者识语,寥寥数千言,颇有余音不绝之趣。

梅特涅一卷 *竞化书局洋装本*

日本森山守治著,陈时夏译。梅特涅,奥之名相也,其政策以抑自由、重主权为宗旨,其功业以覆拿破仑、倡神圣同盟为欧西各邦推重,卒以操纵失宜,身逐国乱,为天下笑,然其人之才智固未可厚非也。书凡五章,一总论,二梅特涅之修业时代,三、四梅特涅之成业时代,五梅特涅之末路。全书于梅之生平事迹言之綦详,于其崇专制、抑民权处独著深意,殆有前车之感也夫。*始于千七百九十五年,终于千八百四十五年。*

戈登将军一卷 *新民译印书局本*

日本赤松紫川著,赵必振译。是书为"世界历史谭"之二,叙述戈登战事甚详,始立功于中国,继立功于埃及,其宗旨在藉武功以干涉政权,其志虽未得逞,其心亦甚狡矣,用客卿者慎毋惑于小忠小信而太阿任其倒持也。

　　以上臣民传记

世界女权发达史二卷 *文明书局洋装本*

美他士坦登蒐辑,王维祺重译。本书原名《妇人之活动》,日本译名曰《西国妇人立志》,编译者改名《西欧女子自助史》,桐城吴芝瑛女史叙之改为今名。书中内容所记为英、法、德、意、俄、荷兰六国妇人于政治、法律、道德、宗教、教育、美术之活动事略,译者更为补辑欧洲古代女子事略一卷,由女权放弃时期进而至于女权发达时期,前者种因,后者食果,复演繁嬗,无承不授,则固史家之通例也。

东洋女权萌芽小史一卷 *广智书局洋装本*

日本铃木光次郎编辑,赵必振译。是书辑日本明治以来闺秀之见称于时者,辑其逸事凡七十七人,以为女权之助。惟书中各人虽有表见,大都受东洋教育而以幽娴贞静为德,而无西洋旷任之风,如此女权洵可贵矣。译笔瞻雅,尤便卒读。

世界十二女杰一卷广智书局洋装本,一册

日本岩崎徂堂、三上寄风合著,赵必振译。汇集法之沙鲁士格儿埵娘、苏泰流夫人、加安打娘、朗兰夫人、意大利之加厘波儿地夫人、路易美世儿女史,俄之女帝伽陀厘,英之缕志发珍逊女、克路崎美苏女王,西班牙之女王伊纱百儿,美之扶兰志斯娘,普之王后流易设,共十二人,或身刺乱党,或尽忠国事,或身支危局,或力犯艰难,或具桀骜之天才,或擅奸雄之本领,薰莸同列,足为女界之鉴。译笔瞻雅,可叹观止。

世界十女杰一卷上海译书局本

不著撰译人名氏。所载列女闺秀诸传大约以十二女杰为蓝本,其已于丛报印行者删之,于世界无关系者削之,而取裁于他书以补增之,其体例略似《列女传》而宗旨迥别,虽杂琐事皆为史氏之所不详,文笔多六朝气习,具征述者修辞之功。

　　以上女史

西巡大事记六卷上海石印本

日本吉田太郎辑。记庚子拳匪之乱,附以议拒中俄密约各演说,与析津生所辑《拳匪纪略》大同小异。

外患史一卷时中书局《国耻丛书》洋装本,一册

陈崎编译。本书以激发国民志气为宗旨,采辑日本各书关于中国外交者译辑成书。凡五章,曰交通、曰贸易、曰战争,类事以便索引也;曰俄罗斯、曰耶苏教,其关系特重别出以资详稽也。附篇二,曰印度,怵亡象也;曰日本,策兵机也。译者间附按语,简明沉痛,于二百余年来国际失败之故洞悉利害,诚外交界中之佳著矣。

西力东侵史一卷《闽学会丛书》本,洋装一册

日本斋奥具著，林长民译。托始于十四世纪之季，至二十世纪之初，于欧人扩张权力于东洋，及吾亚人受侮失，计前后五百年事，历历如绘，论断处尤有特识。全书凡十章，所附年表略足备考察西力东侵之渐。文明书局之秦元弼译本与此同。

清俄关系一卷会文学社本

日本绿冈隐士编纂，钮镱译。是书分二十二节，次第交涉之先后，起明神宗万历四十七年俄之侵略满洲，讫于光绪二十四年俄之要求伊犁，中俄之盛衰、交际之得失，作者皆附以论断，近人颇采其说。书中所记多史氏之所未备，颇足以资考。惟其言咸丰八年以后各事虽详于叙述而多粉饰之词，殆犹有所顾忌与。

哥萨克东方侵略史一卷作新社洋装本，一册

作新社重译。本书为西历一千八百八十五年俄都莫斯科所藏，在本国图书馆曰《阿姆尔乌地士利地志》，日本取而译之，其纪述俄之哥萨克东侵情事至为详悉。凡十三章，追记十六世纪之末露人始肆力东方，迄西历一千八百六十年北京条约成，乃达其侵黑龙江、松花江两地占领之权，俄于是有东方不冰港口，而海参崴遂更名为盐浦斯德。书中所述如俄将姆拉由之雄鸷、教士因纳根其之阴险，而数千里之地遂不战而拱手为俄所得矣。此编则自俄将东征以迄爱珲定约之年，纪载蝉联，终始相属，日蹙百里于此征之，盖中土旧籍所未闻也。俄皇彼得有言，蚕食敌国先以耶苏教夺其民心，然后乘虚捣之。俄以教灭人国，又岂徒波兰已哉？至所云黑龙江、松花江二地民情、地势，均足备地志之用，而所记俄人殖民政策不畏艰难，必达目的而后止，尤为可惧。译笔雄厚，颇得原书之旨。

日本政治沿革史一卷上海富强斋译书局洋装本

日本秦政治郎著，张品全译。本书凡分八纲若干目，记日本二千余年政治沿革，自神代迄明治维新时代止，附表若干幅以相印证，卷首冠以变迁、政治二总论，足扼全书之要。

日本明治法制史三卷商务印书馆《政学丛书》本，一册，杭州《译林》本未全

日本清浦奎吾著。是书分三编，一曰国法，凡二章，言宪法、议院、公文、法例等事；二曰政法，分为三部，共十六章，言行政机关各部行政行法诉讼等事；三曰司法，凡分三章，言裁判所及刑、民、商各法。于日本维新以来法制之沿革，详今略古，巨细毕具，可审其国实情，于讲政治学者不无小益。按日本法制变迁分三大期，一自神武即位迄千三百年唐贞观时，此固守成法之期；二自千三百年迄三十年以前，此为折衷于华夏法制之期；三为采用欧美法制之期，以成维新盛业。观是编者可知因时制宜，非一朝一夕之故矣。

断肠记一卷《渐学庐丛书》本，一册

日本胜安芳撰。是书成于明治十一年，追溯嘉永癸丑以来欧美各国订约互市之颠末涉己事者而成。此书备举生平更历世患，触冒危难之险，皆足裨史家掌故。方王室未维新也，大将军德川氏柄政，惩前毖后，知锁港孤立之为害，于是建议通商，而当是时众说纷吷，争诋幕政失计，以攘外为宗旨，论非不正而不知其无济世变也。及长藩构难，衅起萧墙，兵连不克，有河决兵烂之势，大将军深察时变，奉归大权，赞成帝业，今二十余年矣。准前后事势观之，然后知德川氏所处为极巨艰，其臣节愈久而益明耳，语曰：不习吏，视已成事。前事不忘，后事之师也。然则此记岂止为幕府阐征也哉？求是室主译有泰西马勒尔著《近世政治史》，日本高田早苗译有《英国国会史》，金粟斋译有日本森山守次郎著《政治史》，南洋公学译有日本松平康国著《美国宪法史》，又译日本下山宽一郎著《万国政治历史》，毛乃庸、罗振常同译有日本坂本健〔一〕著《日本风俗史》。

国民同盟会始末一卷杭州通志学社本

日本国民同盟会原编，袁毓麟译。此会之立盖由东亚同文组织而成，当戊戌以至庚子之间，日本人之薄游我邦者日以同种、同

文、同洲之说遍语士夫,强聒不已,皆此会中人也。暨庚子之役联军入都,俄踞东三省,于是国民同盟会起焉。此书由会中人所为,故独悉其原委,而于当时所有议案、书牍皆备其文,译而传之,亦足见其运动之苦,虽乏实力而用心则可嘉矣。

朝鲜政界活历史一卷 开明书店洋装本,一册

日本中岛生著,中国益闻子译。书凡十二章,叙朝鲜争夺政权之根源、阶级党派之流弊,及其国人物之履历。朝鲜以贫弱小国处于强俄腋下,政治腐败,宵小横行,而无改良善法,其危立待矣。请鉴前车,毋贻后悔也可。

欧洲列国变法史二十一卷 文明书局排印本,八册

法赛那布著,美麦克范译,许士熊重译。欧洲各国之变法也,成于十九周以后,远因近果各有不同,英之变法也以和平,法之变法也以扰乱,若意大利、西班牙、瑞士各国,皆以外侮日迫而不能不变者,盖所处之势不同,故调剂维持之道遂异,其足为我借鉴者一也。全书二十一卷,一论嘉庆十九年之欧罗巴,二至四则记英吉利,五至七则记法兰西,八比利时及和兰,九瑞士,十西班牙、葡萄牙,十一意大利,十二至十六则日耳曼,十七奥斯马加,十八瑞典、那威、丹麦,十九俄罗斯,二十、二十一则土耳其及巴勒康。书中所记变法,于英、法、日耳曼特详著之者,为法人故能言之侃侃,若俄罗斯变而未善、土耳其拘守不变,均日就衰弱,皆附及焉,以明法之不可不变而变之不可不尽善也有如是夫。

世界政策二卷 支那翻译会社洋装本

美兰希罗原著,日本吉五〔田〕源五郎译,钟匏尘重译。著者为美国挪司东大学政治学科教授,凡四十万言,调查各国政治关系于中国者颇为详备,译者撮其大意编译成书。分为上、下二卷,上卷曰支那之开放,凡四章,论支那社会、政治特质及外人在中国所获利益势力现象情状;下卷曰支那开放政策之结果,凡三章,论俄人及西欧列国在东方之形势,而终之以东西文明之会

合,盖纪列强施其帝国主义于中国之实象也。惟原书作于西历一千九百零二年,迄今已阅数载,日、俄和后世界大势一变,读是书者勿讶措辞之偏激,引以为前车之鉴也可矣。

十九世纪外交史一卷杭州史学斋本

张相译。原本为日本民友社出版之书,论断简严,颇具特识,译笔渊懿雅达,颇费锻炼之功。惟所译人、地名多依日本音,故不免错误之病。

最近外交史一卷作新社洋装本,一册

作新社译。书凡八章,始德、奥、俄三国同盟后德、俄之关系,迄千八百九十四年各国外交新政策止,中如非洲之开辟、孔戈之独立、埃及占于英、安南属于法,皆言之甚晰。综观大旨,知十九世纪欧洲外交之方针以我华为中心点,恫吓狡诈因时而应,读此书可以惧矣。

近世欧洲大事记一卷《国民丛书》第二种洋装本,一册

日本森山守次著,国民丛书社译。始维也纳会议,迄十九世纪后半期欧洲诸国之动静止。欧洲自十八纪以来,拿破仑败亡,各国文明因以日昌,民气大动不可遏止,如法之革命、意之独立、普之自强,均于维也纳会议后为之灰线,中如西班牙、波兰之问题,墨西哥之事件,普奥、普法、俄土之战争,皆大有影响于世界,虽弱肉强食,天演之淘汰方新,而文化野蛮,社会之公理难恃,迄十九世纪以后亚东大陆遂为外交家之大舞台,而立宪、共和之政亦为国民所公认矣,读是书者可不惧哉? 至其译笔雅瞻,尤得行文之法。

英兰觇国记一卷上海开明书店洋装本,一册

日本好本督著,曙海后人译。是书详于英之教育、风俗,而于伦敦之繁盛略不置词,盖取其精神之文明而遗其物质者也。书中所记各教养贫民、盲人、女子之尽善,奥克司福特大学之完备,慈善事业之周详,盖能于教育之中使无物不得其所,虽圣王之政何

以异斯以此,觇国可谓能得其本矣。惟于英之现今政策未加详考,美犹有憾焉。

俄国政略二卷附录年表一卷京都译学馆洋装本,一册

日本加藤房造著,林行规译。是书总汇群籍,诠辑要领,明俄罗斯成立及领土扩张之故,凡分三卷,而别以欧罗巴、亚细亚二编,为章十二,章各为节,卷首冠以绪论,卷末为结论,总论俄之政策。附录年表始一千三百年,迄一千九百零二年止,盖数百年来俄之野心于此具见,其以蚕食鲸吞灭人国家、覆人宗社者百异其策,必达其目的而后止,有令人足畏者矣。

俄罗斯经营东方策一卷《通社丛书》洋装本,一册

日本蕨山生著,通社译。记俄人施其膨胀政策于远东,中国失败之由、日本关系之大,皆殷殷言之,备极警悚,且以俄之占领辽东半岛引为日本深耻,并论条顿斯拉夫民族之野心及美之可畏不下于俄,犹有特识。凡分八章、五十二节,一绪论、二俄之侵略政策、三俄得日本沿岸地之情形、四海参崴之发达、五俄之占领满洲、六旅顺口之形势、七朝鲜半岛南岸之问题、八绪论。

　　以上政记

中东战史上下二卷玫瑰轩《日本丛书》本,二册

日本清香田村维则编。言甲午中东之役颇详,措辞间有偏抑处,日人之辞固宜尔也。合姚氏《东方兵事纪略》观之,则知武备之不可不讲,此书可藉以为鉴矣。金粟斋译有日本涩江保著《日清雅片战史》,又《法国革命战史》,又译有日本辰巳著《海上权力史论》,苏州励学社、福州东文学堂均译有《欧米独立战史》,南洋公学译有日本松井广吉著《意大利独立战史》,吴宗濂译有英穆和德著《武志说略》,吴宗濂译有法腊复勒著《中西启衅始末》,毛乃庸、罗振常译有日本松井广吉著《美国南北战史》,章安寄社译有日本涩江保著《英国革命战史》,又译有日本松井广吉著《伊大利独立战史》,又译有日本涩江保著《希腊波斯战史》。

俄国蚕食亚洲史〔略〕一卷广智书局《史学小丛书》本,一册

养浩斋主人辑译。上编为日本佐藤弘著,言俄蚕食旅大、辽东情况;下篇为英克乐诗著,言俄侵帕米耳、阿富汗与英争雄亚洲事。持议透辟,读之令人知俄之宜远。

印度灭亡战史一卷上海群谊译社本

夏清馥编译。本书蓝本于日本印度史之《印度覆灭记》,参用英文学博士某所著《印度史》汇译成书,起于印度之政略,讫于全印之沦亡。其中述社会之腐败、英法之权力、灭亡之惨酷,颇能撮其指要,体例略与纪事本末相近,凡十二章。印度为五千余年文明旧国,土地、人民广莫繁殖,英人克莱武以商社书记率兵数百竟灭其国,英人以商为处置印度之策,其阴谋即为各国之准,利益均沾,遍地通商,遂群以印度视我矣。作者备述英之狡狯,为他书所未详,足为参考之资,其亦同抱鳌纬之痛也乎。

飞猎滨独立战史一卷附录志士列传一卷上海商务印书馆《战史丛书》本

飞猎滨樟时著,日本留学生译。美败西班牙沿有飞猎滨群岛,土酋阿桂拿度起而抗之,卒以败逊于外,事虽不成,其志固未可非也。是书凡十四章,系飞人樟时亡命于日本时所作,记当日美西战事、飞岛独立原因甚详,后附樟时小传,志士列传始阿桂拿度,凡二十三人。书辞旨沉痛奋激,译笔足以达之,殆有感于亡国之惨也夫。

希腊独立史一卷上海广智书局本,一册

日本柳井绚斋著,秦嗣宗译。希腊为古文明国,始并吞于罗马者垂二千年,继受制于土耳其凡四百年,终则志士洒尽热血,及今世纪之初人民倡义,复立为国。是书计四编,凡十六章,追溯希腊古来之略史,迄媾和及独立之期止,盛衰原委、战争颠末详尽靡遗。至参考之书,乃积斯美士古德里志呼伊乌等诸氏之《希腊史》,马肯志氏之《十九世纪史》,美哥列尔之《近世政治史》,伯加氏之欧罗巴、土耳其史各书,提其大纲、略其繁冗而汇成者。

原书附有希腊、土耳其古来诸名士之列传甚夥,因于书无关,故
未译入。

波兰衰亡战史一卷日本译书汇编社洋装本,一册

日本涩江保著。波兰者西方之大国也,其版图仅小于俄,兵强极
于一时,未几为俄、普、奥三国瓜分,贵族、民人同沦灭亡,可悲也
夫。是书分三编,总论共十二章,推论波兰灭亡之三原因,一国
王公选之弊,二外国干涉之祸,三人民不得与政治之故,言之极
详,堪为殷鉴。惟推其受祸之深,则在教徒之互相侵虐,俄人乃
乘瑕肆其要挟,教之足亡人国,可不惧哉。

苏格兰独立史一卷商务印书馆《历史丛书》本

美那顿著,商务印书馆译。苏格兰一岛国也,其民人苦英重税起
图独立,威灵槐累司为之于前,劳拔得白路司继之于后,卒能脱
英羁绊,为历史之光,虽建国不久终为英灭,然诸人爱国精神终
不可灭。作者为美人,故叙苏人独立战迹特详,盖美之于苏固有
同病相怜之概。全书凡二十章,始言苏格兰亡国之由,迄苏主劳
拔得白路司卒止,叙事甚详,足备考核。

苏格兰独立志一卷上海通社洋装本,一册

英华德苏格著,穆湘瑶译。苏格兰之抗英在泰西十三世纪初,未
几复合于英,距今数百年,已为陈迹,作者未详何代之人,所记各
条为见为闻亦不可晓,盖译笔之疏也。所述各节尚资参考,惟记
首尾事实无商务印书馆所译《苏格兰独立史》之详,因所据之本
有同异耳。

佛国革命战史八编上海人演社本,一册

日本涩江保著,人演社译。本书记法国革命之乱,共分八编,始
论佛国政治之腐败,次论革命立宪及立法盟约之议会,而终叙山
岳党之反动。凡所叙述悉扼其要,盖参酌于法人封斯勒尔、麻立
得二氏之《佛国革命史》而为成书,非毫无根据之作也。且法民
好动,得孟的斯鸠著书立说以鼓舞其自由爱国之心,遂一动而不

复静,民党之残忍甚于昔日之政府,以暴易暴,读史者未能为民党宽也。拿破仑乘之,以民政之形式行专制之实力,立法兴学以教其民,佛之国基始定。民可使由不可使知,孟氏虽贤犹未足以语此也。

义大利独立战史六卷上海商务印书馆《战史丛书》本,一册

日本留学生译。卷一曰前记,凡十一章,言义大利之地理原起,始西罗马灭亡,迄拿破仑时止;卷二、卷三各四章,言义大利独立战之远近原因;卷四凡五章、卷五凡四章,均记义大利独立之战;卷六凡六章,记义大利统一之战。附录诸杰凡十一人,皆有关于义之独立者,惟杂奥王、法相于中未免不类。译笔颇病芜杂,似宜检点者也。

普奥战史一卷商务印书馆《战史丛书》本

日本羽化生著,赵天骥译。德意志联邦之合,实肇于普奥之战,盖大有关系于欧洲之大局也,本书于两国开衅原委、媾和始末及前后两约皆详记之,固非专论兵谋。当时意大利与普为援,因与奥军相关,篇中亦及其事,惜俾斯麦一传略而不详,未足窥当局经营之策。作者自序引中日之战以为比例,盖主持调和东亚以敌白人,其心亦良苦矣。

美国独立战史二卷商务印书馆《战史丛书》本,一册

日本涩江保著,中国东京留学生译。书分上、下二卷,区以九编,一叙美与殖民地之轧轹,二至八叙革命大战,叙战后情状及种种政策,体例尚称完善。美之隶于英也,困于重税,尽失主权,华盛顿出起兵抗英,血战八年乃得独立,今且为地球强国,使无此战则美之为美未可知矣。书中谓泰西数大战可称义战者,惟英国革命之战及此战耳,其说甚当。盖无爱国爱民之心而穷兵黩武,此拿破仑所以致败也。作者取材于伯通《合众国史》、左马司奥堪《美国革命史》二书,详于革命之因而略于善后之策,以致首尾不能完具,亦属阙憾。至译者所附考证,涉于烦琐,无裨实用。

英美海战史三卷上海世界译书局石印本，一册

英爱德华史宾著，日本越山平三郎译。是书分三类，一曰威利湖战事，在一千八百十二年，记英人怨美自立，藉查逃兵启衅，美将玻理力战之勇，竟败英之海军；一曰毋亚路派列沙湾战事，记美将扑他一千〔八百〕十四年与英海军战败被擒情形；一曰鸤耶痕普列痕湖战事，记扑他还美，英复举水陆两军侵美北境，美将马苦独诺败之，杀英名将，自是美之北境无英只骑焉，马苦诺之功伟矣。综览英、美海战诸役，玻理之厚待英人俘虏，扑他之与英将交际，马苦独诺之坚忍卓越，各有所长，未可以成败论之也。

近世海战史一卷群谊译社洋装本，一册

日本浅野正恭著，叶人禄〔恭〕译。书分上、下二编，凡十四章，记近世中日、美西二次海战胜败得失之故，足为考察海军之助。插图若干幅，绘明当时战阵线路形势，尤足为推求驾驶者之规则。其言中国海军以列阵失法，西班牙海军以军舰陈腐，均为致覆败之原，而日、美之海军经此次战事之实验遂得以进求完善，为东、西半球新起之雄国，于东南洋海权各张一帜，海军为立国根本顾可忽哉。

日俄战争写真帖初二三四集四册商务印书馆洋装本

日本诸画家绘。每集凡六十图，皆写日俄战争景况，每图有中、英、日三国文字以记其事，摹写逼真，阅之如置身枪林弹雨之中，大和士尚武之魂胥于此表之矣。

以上战记

译书经眼录卷之二

法 政 第 二

首政治,次宪法,次财政,次经济,次警察,次法制,次法学,次法律

国家学原理一卷译书汇编社排印洋装本

日本高田早苗讲述,稽镜译。是书为日本东京早稻田专门学校讲义录。盖"国家学"者译自德文,与英文所谓"政治学"相似,德儒伯伦知理分为国法、行政二学,其总论国家者则为国家学原理,而以统计、行政、国际公法、警察诸学附之,其政治学又析为国内、国外二类,以研究内政、外交之学术,至考国家性质者则为普通政治学焉,今以国内政治为宪法、行政二科,宪法论国家创建之规模,行政言国政施行之秩序。是书计十六章,则专研究国家学原理,以神学契约为失当,而以君民立宪为历史之要,而其能博综西儒之说以析衷于哲理、历史两派者为断,较伯氏所论尤有至理。章安寄社译有日本有贺长雄著《国家学》,又译有日本平田东助译《国家论》,又译有日本桥爪法学士著《国政学》,陈超译有日本小野梓著《国宪泛论》,日本译书社译有《今世国家论》。

政治学上编二卷广智书局洋装本,一册;商务印书馆排印本,二册

德那特硰著,冯自由译。本书曰国家编,冠以总论,言无形学、政治学之界限为上、中、下三编之大纲,第一篇曰国家之重要质点,凡二章,言天然及社会之要质,二篇曰国家之生理,凡二章,言国体、国家之范围,皆发明国家原理而以政治为结果也。商务印书馆戢翼翚、王慕陶合译之本仅译上编,分为二卷,未为完本,惟间

· 254 ·

附译者按语则较此为清晰。

政治学中编二册光绪二十八年六月广智书局洋装本,二册,二十九年二月
再版本

德那特砡著,冯自由译。书分三编,一论国家之主权,二论国家
之机关,三论国家之机能。著者以英、德、普宪法为基而释今世
立宪共和国家之要旨,取义实质,不尚形式,研究特殊国家之法
典,规定国家直接之意旨,而宪法区别之要点明矣。

政治学下编一册光绪二十八年六月广智书局洋装本,二十九年二月广智书
局再版本

德那特砡著,冯自由译。书分五章,一警察制度,二人口调查,三
施济贫民,四公众卫生,五公众教育。本书为政治学行政编,故
所论多实迹可法。

政治一斑八卷上海商务印书馆排印本,二册

出洋学生译述。全书四册,第一册三卷,曰人民,为日本桧前保
人著;第二册曰地方制度,为日本上野岩次郎著;第三册四卷,曰
国会,为日本池本吉治著;第四册曰中央政府,为日本绪方真清
著,类皆发明社会自由之说,以专制政体为诟病者。其云守己自
由不妨人之自由,为法律保护即有服从法律之义务,其说近是,
然揆其全书宗旨,无非以立宪为然者,盖时会使然,读者未可以
今例古可也。金陵东文学堂谢晓石、杜子英又张少海均译有日本永井惟
直著《政治泛论》,金粟斋、日本译书社、寄东译社均译有日本高田早苗译、
美韦尔孙著《政治泛论》,白作霖译有德来独恩著《政治学》,张少海、笃斋
主人均译有日本石原健三著、日本木三郎著《政治学》,白作霖译有日本浮
田和民译《比较行政法》,张少海、笃斋主人均译有日本市岛谦吉著《政治
原论》,张少海译有日本高田著《政治史》,日本译书社译有美勃拉司著《平
民政治》,杭州译林社译有《泰西政治类典》,南洋公学译有美韦尔孙《政群
源流考》,陈运鹏译有日本有贺长雄著《行政法》。

帝国主义一卷上海商务印书馆《帝国丛书》本

日本浮田和民著,出洋学生编辑所译。所论以铁道、商业、殖民

各政略为帝国主义者所操纵,归重于德、俄二国,柄国者宜防其扩大也。译笔庸劣,宜条理之。

欧洲新政书二卷 商务印书馆本

德米勒尔著,商务印书馆译。序谓读其书使人知流血之惨,憬然有前车之鉴,其用意盖可知矣。

十九世纪末世界之政治一卷 上海广智书局本,一册

美灵绥著,罗普译。凡五编,一曰民族帝国之主义,二曰中国开放门户,三曰中国有关于地球全局,四曰德国之帝国政略,五曰美之于东方局面。全书专论近世各国形势及关系中国之处,而以民族帝国主义发明之。其言中国民质原美,导之得人足为世界实业之中心,而商人崇尚信义,尤足钦佩,西人未可遽以激烈手段处之,所言尤有至理。

欧美政教纪原二卷 新民译印书局洋装本,一册

日本井上圆了著,林廷玉译。原书为欧美各国游记,专取其关于宗教、政治者编成一帙,盖考察西政、西教之作也。著者宗旨以地球立国各有性质,政教不能强同,法之政教不能行之于英,则欧美政教安能行之于东亚哉?盖欲弭新旧之争必察政体之合,世之醉心欧化而无爱国思想者,读此可以鉴矣。

欧美日本政体通览一卷 《译书汇编》本,商务印书馆本

日本上野贞吉撰,颠湼生译。详言德、美、奥、法、英、日六国政体制度等类,凡六章,译笔亦浅显可读。商务印书馆本阙日本一章,译笔则较为条理。

各国国民公私权利考一卷 《译书汇编》本

日本井上毅著,留学生译。论国民应有之权利,分为二章,曰公权、曰私权,公权者参与公共事务所得之权利,即公益上之权利也,私权者人民自营生计所得之权利,即私益上之权利也,并引核各国实例以为证。讲政学者宜读是篇,可知权利为人人固有之物,宜确守界限,勿放弃责任也。

以上政治

宪法论□卷

日本法学士菊池学而著,林棨译。是书首论国家观念,次论统法权及国政体,日本议会与夫选举、政党诸大纲中分细目,于宪政一切组织完备可读。

各国主权宪法对照一卷《政治学报》本

日本川泽清太郎著。各国宪法不同,学说亦异,然不外立宪主权、共和主权二派。是书阐明宪法原理,两说并列,互相比较,旁采众说以资参考。

议会政党论三卷商务印书馆《政学丛书》第二集本,一册

日本菊池学而著,商务印书馆译。书凡三编,首曰绪论,凡三章,论国家观念及主权国体之区别种类,第一编曰议会,凡五章,论议会之制度、性质、组织、职权等;第二编曰选举,凡三章,论选举之意义、代表、方法;第三编曰政党,论政党政治各原因、目的及英之内阁政党之理由状况。

普通选举法一卷开明书店洋装本,一册

日本丸山虎之助著,季铭又译。书凡八章,以普通选举为强国之本,盖欲国民有爱国精神,非使之有权则不能达其目的,亦言宪法议会之书也。卷末附改正选举法、各国选举实例,可与选举妇人之问题三篇以资印证。

代议政体原论一卷大宣书局洋装本,一册

法义佐著,日本山口松五郎译,王钝重译。书分四编,若干章,一论代议政体之目的、政权及贵族、平民政体之异同,二论代议政体之体裁、字义,三论选举权之源因、利害,四论上下议院之利、英国国会上下分离之源因。盖代议政体以上置主权、下搜众智,合从所推而为政,以期合于国民政体之程度,亦言宪法者所宜取法者也。

日本国会纪原一卷附录一卷译书汇编社洋装本,一册

日本细川广〔世〕原著,译书汇编社译。日本以明治二十三年为设立国会之期,政党萌芽,民气大动,惜取法之成规,遂生嚣张之习。论者以亚洲各国惟日本有国会为美谈,不知前无所承,其弊必流于纷扰,盖变法必合国民性质,徒袭皮毛安能获益? 本书著于议会未成之前,故未载其条例,然所述政治变迁大势、臣民要求情形,及加藤宏之、板垣退助诸人驳议,附录各人论议,于国会设立情形尚能言其本末,则固今日政治家所宜浏览者也。

英吉利宪法史一卷《政法学报》本

政治学报社译。欧洲各国宪法以英最为完备,盖合君主、贵族、共和三政治,取长略短,合国民程度以成,而政体遂昭著于天下。考其建国立法原于上古索逊之时,虽屡经变乱,幸国民上下同心,卒以恢复权利,经约翰王德华一世之查尔斯一世之屡经修改,方成篇章,言宪法者所宜取读者也。

法兰西宪法一卷群学社编本

群学社译。斯法定于西历一千七百九十三年,凡三十五条。

美国宪法提要一卷文明书局本,一册

章宗元译。美国宪法,各国成典宪法之祖也,订于乾隆五十二年,凡七章,其后续增十五章,都二十二章、四十五节。其第一章定立法之制,第二章定行政部之制,第三章定司法部之制,第四章为列邦互相交往及与中央国家交往之制,第五章为增修宪法之法,第六章为施行之法,第七章为签署之法,其续第一章至第十章皆载国民之权利,第十一章修司法部之制,第十二章修行政部之制,第十三章至十五章皆南北战后续订定释奴及善后之法。今确依原文逐句详译之,附以案辞,则采诸他书、录诸讲义者。

美国民政考二卷文明书局洋装本,一册

美勃拉斯著,章宗元节译。美为完全民主之国,其宪法大致取法于英而去其不合于己者,其宗旨重在立法、行政、司法三部互相牵制,不使三者之一压乎二者之上,盖深惩于英之议院独揽大权之弊也。自开辟殖民地以来,历年积成条例,根柢甚深,其新创不过数条,皆屡经全国政党审定。原本二大册,甚为繁重,择要译为二卷,一曰合众国家,凡二十四章,论美全国政法之制度,二曰列邦国家,凡十二章,论列邦自治之规模,条理明审,亦讲求美国宪法者所宜读也。卷中插美国四十五邦图一幅,卷末附美国历任总统姓氏及在位年期表,及一十三邦签署宪法三年表,亦足备考核。

英国地方政治论一卷 新民译印书局洋装本

英希西利洛度利科著,日本久米金弥译,赵必振重译。英之政治以保守为宗旨,故布令发法惟务勿伤现存制度,以致错杂纠纷,难于完备,其现行法律关于地方政治者其数殆达七百,欲审其构成活动之法不綦难哉?本书以西历一千八百八十二年出版,凡四章,记上古索逊时代及中古、近时、现时地方政治之成立改正,详其权利范围,以明立宪之由变迁而成,非仓卒可以集事,必因地制宜而地方自治之制乃能立于完善之地矣。

普鲁士地方自治行政说一卷 商务印书馆《政学丛书》本

德莫塞述,日本野村靖编译,商务印书馆重译,张宗弼校。泰西各国地方之自治也,滥觞于日耳曼列邦,而发达于英、德、瑞典、诺威诸国,其主义以地方之人办理地方之事而受成于政府,非谓自治行政之区无须政府之命令而可以自由办理,盖民人乃为国家办理事务,其地方自治乃为结合团体之关键。普鲁士为日耳曼列邦之一,故所行自治行政之法屡经审定,其合于国民性质,各国历史、风俗、疆土各殊,故其国之性质不能强同,然以其乡村为国家基础,其立法用意则一也。本书凡六章,首言自治要旨,次乡村总论,继之以府、村、郡、州各制,所论普之自治行政提纲挈领,已极详尽,至其法制所在,当与地方自治精义参观,以此书乃专论大意故也。

地方自治〔制〕论一卷 上海广智书局本,一册马赛讲述,汪贡夫笔译。书分十章,采各国地方自治制度绅其原理,析其规则,分别权利、义务,求合于中国程度,盖立宪基础之书也。

地方自治一卷_{文明书局洋装本}

日本桑田熊三著,陶懋立译。积市、町、村而成县,积县、郡而成国,地方自治即组合全国团体而为宪政中之最要者,日本自治多取法欧洲,故能臻此强盛。著者为日本东京专门学校法学教授,兹编为其讲义,凡二编,若干章,分总论、特论二类,总论专言自治之制体,特论则论市、町、村各种自治之行政机关,条理井秩,有上下、大小相维之势。盖日本以君主立宪攻体,虽取法欧西,颇能撷长弃短也。

以上宪法

新译列国岁计政要上中下三编_{光绪辛丑海上译社排印本,十二册;壬寅再版本,原名《万国统计要览》}

白作霖、傅运森、张相文合译。首列中国,上编记亚洲各国,中编记欧洲各国,下编记美、阿两洲各国,计分皇室、政体、官制、面积、人口、宗教、教育、刑法、赈恤、财政、军备、产业、航海、内地交通、货币、属地若干类,条例详明,考核精细,讲求时事者必宜读之书也。卷首所载释语、各国货币表、中外度量衡合数表、中日度量衡比较表、中西东纪年表,尤便学者。按,郑译麦丁富所著以五洲分列属地、海岛各以类从,如亚洲之锡兰、印度,非洲之埃及,亦裘然举录,兹编之例,则附庸虽大不书,有主权者虽小亦必特录,是以文匿哥列于欧洲而印度则附英、荷之下,澳洲各地属英为多,不复别编,土、暹诸国虽屈伏强大之下,政权犹存,康哥多为比属而行政之权仍归其国,议院振作有望,未便等夷,至如韩国、阿比西尼等郑译以商务稀少,不予著录,今则情形不同,去取自异,非好有出入也。

万国国力比较二十三卷表一卷附录一卷_{商务印书馆《政学丛书》第一}

种本

英默尔化撰,富士英译。全书系搜辑各国之统计报告,于人工、动力、蒸汽力、农林渔矿制造各业、贸易、运输、银行、货币、租税、公债等皆详载之,比较精确,网罗无遗,诚讲求经济学者所宜读也。惟书名《万国国力比较》,阙亚洲诸国,体例似较《新译岁计政要》为逊。

最新万国政鉴五编五十一卷 国民丛书社排印本,八本

日本《太阳报》原译,赵天择、王慕陶同编译。原名《世界国势要览》,为日本《太阳报》按年编辑,汇集多数之参考书,岁出一部,如财政、外交、军事、农工商业、贸易、交通月异而岁不同,若皇室、政体、面积、人口、宗教、教育则大同小异。是书分五编,一亚洲之部,二欧洲之部,三北亚美利加洲之部,四南亚美利加洲之部,五阿非利加洲之部,皆分类列表以资考证,体例与白氏《新译列国岁计政要》同,且多剿袭之处,驯至例言亦沿用之,未免为译界之累。

中国财政记略一卷 广智书局排印本

日本东邦协会纂,吴铭译。原书系取日本《东邦小鉴》中论述中国财政一篇译之,虽寥寥四章,然于中国财政考之颇详,而食盐加价、洋盐进口尤致意也。教育世界社石印刘氏《光绪会计表》、李提摩太《中国度支考》、《新译列国岁计政要》卷首中国门均可参观。求是室主译有泰西殷格兰著《理财史》,越僧重译有日本天野为之译《财政学》。

欧洲财政史一卷附表一卷 上海商务印书馆《政学丛书》本,日本专修学校本,《译书汇编》本,广智书局本

日本小林丑三郎著,胡宗瀛译述。凡四章,一概论、二古代之财政、三中世之财政、四近世之财政,始纪元前,迄十九世纪末,凡英、俄、法等国一切财政历史纪录极详。后附七表,以明各国近岁出入,并富力担当之比较,其国债表一幅,尤足资考证。

欧洲各国比较财政及组织一卷 《译书汇编》本

德海开路著,译书汇编社译。比较财政自古为难,然国势盛衰系之,此欧洲各国所以有预算之法而无多取、寡取之患也。是书列表凡十有七,分类为二,一曰各国财政年表,可知一国之财力;一曰各国比较组织表,可知各国之财力。观其出入各项井秩不紊,盖几经讨议、调查始能成此善政,其间尤以邮电收入之费盈于邮电局费为可法。读是编者勿惊其收入之宏,当观其条理之密;勿讶其征敛之苛,当知其分布之公。国计于是觇,预算法于此立,或亦可以为借镜之资乎?

国债论一卷商务印书馆《财政丛书》本

日本土子金四郎著,王季点译。全书凡三章,言国债之性质、利害得失、种类各节,详晰综贯,足研究财政之用。夫国债取之于民则强,借诸外人则弱,欧美、埃及诸国成绩固昭昭也,我华政体虽已更新,尚无预算以示天下,欲恃募集以发国民爱国之心难矣,然讲明学理固亦言财政者所当研究者也。

地方自治财政论一卷商务印书馆《政学丛书》第八集本,一册

日本石塚刚毅著,友古斋主译。本书凡五编,一总论,凡四章,论地方自治体之性质、种类,财政学之目的,自治体之经济限制;二岁出论,凡七章,论日本、欧美自治体经费岁出实况、增加原因,及经济政法律上判定、查定岁出之当否原则;三岁入论,凡十六章,论自治体之收入,国税、地方税之区别、沿革,及日本府、县、市、町、村直接、间接特立税之得失性质,而以英、法、普各国地方税以征明之;四共有财产论,凡七章,则论财产、财政之性质、类别,及日本、欧洲各国市、町、村之基本财产及森林、土地一切财产管理之法;五地方债论,凡五章,则论地方债募集之目的、现况、实况及偿还之法,首尾别有绪论、结论以发明之。盖组织地方自治团体,以财政为全局机关而国家之基础固矣,故观察地方自治财政之学理与日本现行制度,旁考欧美各国地方财政实况而详述之,诚言立宪法所宜借镜者矣。

欧洲货币史二卷 新民译印书局洋装本，二册

英达布留耶西容著，日本信夫淳平述，新民译印局重译。本书为西历一千二百五十二年至一千八百九十四年欧洲各国通货史，凡三章，始于欧洲金货铸造之创始，绝笔于晚近印度政厅之停止银货自由铸造，其间或以当时之政策究学理，咸征人民之休戚于实际，述关于货币消长古来学者之谬见，考证详确，统计精晰，中列各表尤足考金银货币消长之由，盖财政学中调查之善本也。惜多用和文名词，不免芜晦，是在善条理者耳。

日本货币史一卷 新民译印书局洋装本

日本信夫淳平著，新民译印局译。书凡三章，一德川幕府以前之货币概略，二德川幕府之货币制度，三明治政府之货币制度，于日本千余年货币之制考核极细。按日本维新以前其货币多类华制，自安政间与美缔约始改用金、银二货，论者为日本明治之兴实基于此。

日本财政及现在一卷 《译书汇编》本

日本小林丑三郎著，王宰善译。凡五章，一维新之财政，二明治十年后之财政，三明治二十三年后之财政，四明治二十七年后之财政，五今后之财政，于日本三十余年来财政盈绌、筹画预算，列表附说，言之綦详，惜译笔用新名词过多，未免芜杂之病。

英国度支考一卷 商务印书馆本

英司可后开勒著，华龙译。本书凡六章，一曰一千六百八十八年革命以来财用考，为英伟勒生所撰，言英政府筹款之法，其入款以关税、货捐为大宗，出款以军费、债费为大宗，而债费由军费而积，故商工业宜兴而战事宜慎也；第二章则总英本国与欧洲属地财政，分出入总数、税务、国债、各地方财用四类，皆列表以资考核；三至五则分论亚、非、美、澳四洲属英各地之财政，亦列表甚详。读者当知西人理财学之精而有相维相系之道，若讶其赋税之重，借口取法而大困吾民也，则大背译者之旨矣。

以上财政

经济学大意一卷日本东京专修学校洋装本，一册；《同文沪报》排印本

日本法学博士男爵田尻著，日本吉田谨三郎译。考"经济"二字英人名为普利替克乐伊克诺，日本则译为"经济"，于中国所称之"经济"微有不同，盖专论财政计学之书也。全书分若干章，译笔明畅，发挥比例处颇有至理存焉。

理财学精义一卷商务印书馆本，一册

日本田尻稻次郎著，王季点译。即理财学之大意，译笔条畅过之，盖前书以东人译汉文，宜其不及也。

经济通论五卷商务印书馆《财政丛书》本

日本持地六郎著，商务印书馆译。卷一曰总论，凡五章，论经济学讲究根本及国民经济各学及其沿革；卷二曰财之生产，凡五章，则论自然、劳力、资本要素之组织；三曰财之交易，凡十章，则论货币汇兑、银行恐慌、外国贸易之交易；四曰财之分配，凡六章，则论地代赁银息润之关系；五曰财之消耗，则论奢俭、保险、人口之理。盖于生财、用财之道，生利、分利之原，均能阐发精微，研穷本末，苟取而法之，与民生国计亦或不无小补矣。

经济学讲义一卷商务印书馆《京师大学堂讲义》本

日本杉荣三郎编。经济学系论人类理财之学，分通论、各论二类。是书凡五篇，篇各为章，若干节，首曰总论，曰生产，曰交易，曰分配，曰消费，盖通论中最简明者。

经济各论讲义二卷商务印书馆《京师大学堂讲义》本

日本杉荣三郎撰。本书发明货币各理，凡二篇，上编曰硬货论，凡十七章，言金、银、铜三品各货本位之变迁，制度之沿革；下篇曰纸币论，凡十章，言纸币之性质、利害、准备机关各法。

经济纲要一卷癸卯时中书局洋装本，一册

日本普通教育研究会编纂，时中书局译。全书发明租庸赢各理，而以主张实用为主，故不偏于学说。计分六章，章各为节，一经

济之概念,二财之生产,三财之交换,四财之分配,五财之消费,六财政,类皆参考西儒李楷图、斯密斯各说而以日本之经济之实验以相印证,于奢侈大有害于社会、经济二者尤痛切言之。

以上经济

警察全书二卷东华译社洋装本,一册

日本宫国忠吉著。警察之学以保存治安、防制危险为主,东西各国立法綦详,固地方自治之规模,亦巩固国权之机体。本书著者为日本法学大家,所纪特详,至译书汇编社之《警察学》仅译其总论之部六章而阙其七、八两章,未为完备。本书分为二编,上编曰总论,凡八章,言警察之沿革、观念、分类、概念、基础及范围、执行机关形式责任;二编曰各论,则论保安、行政、司法三类,每章凡若干节,于警察应尽之义务皆分类详言之。

警察学一卷译书汇编社洋装本,一册

日本宫国忠吉著,译书汇编社译。是书为警察总论之部,凡六章,一曰警察之沿革,二曰警察之观念,三曰警察之分类,四曰警察法之概念,五曰警察权之基础及其范围,六曰警察之执行机关,于警察应尽之义务规则言之极尽。警察为内治要政,东西各国视之极重,其制度发达于十八世纪,至今遂为行政全部之关系,至设学堂以教之,可谓知治国之道矣。

日本警察法令提要一卷译书汇编社洋装本,一册

唐宝锷译。译者以备当局参考,采仿为主义,爰将日本现行之保安、司法、行政三种警察,视中国今日最要而可行者,依次择要编译,其紧急要法令各附绪言以明其旨。计分二类,一曰治安警察,凡二章,则言集会、结社、演说各类及出版物之认可法令;一曰司法警察,凡二节,则论司法警察官办事规则。

以上警察

万国通典辑要四卷四明攻瑰轩石印本

日本冈本监辅撰,成饴辑要。书分门三十四,兹存四卷,分类十

四,首尾各系论说,书眉分列子目,均便检查。

英国通典二十卷 文明书局排印本,二册

英高尔敦著,许士熊译。是书为英政典,分类胪列,颇便考核。其第十六卷系言宗教,无关实用,译者删之,颇具特识。原本作于西历一千八百八十八年,与今稍异,然宏纲大旨未尝更变,简约详瞻,足为考政治者之助。

日本制度提要一卷 日本译书汇编社发行所排印洋装本

日本相泽富藏著,陶珉译。日本自明治维新后官制屡更,至明治二十七年制度大定,盖参以西政而能损益者。是书计八编,曰总论、曰帝室部、曰立法部、曰司法部、曰枢密院、曰行政部、曰台湾总督府、曰地方制度,各有子目以相发明,卷末八类尤便考核。按日本自政移武门,制度一变,洎德川归政,王室维新,明治元年至廿七年屡有变更,本书总论言之綦详,其宫内省另设大臣总理帝室一切事务,无宦寺一职,尤得正本清源之道,其余各省亦皆立法井然,实事求是,维新三十年,俨然为东方文物之邦,如此可畏也,夫世之变法者当急取法焉。杭州译林社译有《欧洲各国议院章程》,吴宗濂译有《法外部章程》,又译有雷那尔辑《法海军章程》。

日本变法次第类考初二三集十二册 壬寅政学译社排印本

程恩培集案,程尧章译述。分二十五类,共九千余条,始日本明治元年,迄明治三十四年十一月止,以宪法居首,盖寓统治之意也。

现行法制大全一卷 《译书汇编》本

译书汇编社辑译。日本自维新以来采用西法,法令日备,学者不扼其要,教科难竟其功,此篇所采辑以明治三十年为止,盖最新之本也。全书分四编,曰国家、曰法、曰公法、曰私法,皆发明国家统治权力之作用,人民服从法律之义务,纲举目张,有条不紊,洵政治界之要典也。其行政各部言通常警察、非常警察各款,尤堪借鉴。

日本行政法三卷《通社丛书》洋装本,一册

顾昌世编译。是书凡三编,一曰总则,计七节,记行政规画、机关、自治、官职等类以揭行政之大要;二曰行政组织,凡三章,记普通地方特别行政之组织;三曰行政事务,凡五章,记国民物质、精神、公共救恤、安宁资财之行政事务,另有绪论以冠诸首。日本自明治维新以来,无事不取法欧西,故其行政之法厘然秩然,详备周密,是书虽仅一册,然于日本行政诸法制胪举得要,有志法政者曷取读之。

日本行政法纲领一卷译书汇编社洋装本

董鸿祎译辑。全书凡五编,分五大部,每编若干章,一曰内务行政,警察、卫生、医学各事隶之;二曰军务行政,凡组织军制、征发兵员各事隶之;三曰财务行政,凡度支、租税各事隶之;四曰外务行政,凡外交政策隶之;五曰司法行政,凡民事诉讼隶之。诚以国家精神在于政法,不提挈其纲领而区别之,则先后失序,机关必有腐败之叹。是书于日本政法种类系统解释,尚称明晰,盖言政法学者所宜读也。

日本各省官制规则二十八条辛丑《教育世界》本

山阴樊炳清译。

文部省官制十二条辛丑《教育世界》本

山阴樊炳清译。

以上法制

万法精理十卷上海文明书局洋装本,《译书汇编》本

法孟德斯鸠著,张相文译。原书奥衍宏深,该博繁富,自古开化诸邦以及世界著名各国莫不沿流溯源,穷其利弊,盖西国言政治书中第一巨作也。惜语多偏激,流弊随之,语及吾华意存讪毁,博而不精,有阙憾焉。

国法学四卷译书汇编社《政治丛书》第一编洋装本,一本

日本岸崎昌、日本中村孝合著,章宗祥译。各国国法之组织起源

均各不同,不明其故则莫明政治之利害,而法学即以此为范围,凡国家如何成立、机关如何运行,举元首、臣民与立法、司法、行政等项均包括在内,日本各政治学校均以此科列入首年,其重可知,法科大学亦然。是书本大学校之说,凡四卷,另列绪论于首论国法学之意义、渊源,第一卷曰论国家之组织,凡三篇,论统治权、领土、臣民各法;第二卷曰论国家之机关,凡二篇,论君主、国会之理;第三卷曰论国家之机能,凡二篇,论立法、行政、司法之理;第四卷论国家之联合,凡三篇,论事实国际法上之连结。

法学通论一册上海作新社洋装本

作新社译。是书发明法学,概论各法之纲要,为法学者必要之书,日本著者有数十种,此编未列著作者姓氏。计五编,首泛论,次法律,次权利及法律之私权及法法,四公权及私法,五国权及国际法。德人奈布尼都以法律为权利之学,故无权利即无法律,即世所谓以强弱而定公法之类是也。然公理愈讲愈明,国际法尤为交涉之准,西人以权利所及法律即随以行,寓华西人既不受我管辖,权利既失,法律安行,所谓义务裁制者又安可问乎?是书撮法学之大纲,以法学纷繁先言普通,搜集诸说,尚为精备,研求专门法学者当以此为梯阶可耳。至原书多引用日本法律以资考证,其名目各处亦沿用日文,盖以中律无可借证故也。

法学通论□卷政法学报社本

日本织田万著。法学通论所以说明法学,概论各法之纲要,为治法律学者必要之书。日本法学通论之著不下数十种,以是著为其特色。本书大旨以普及法律思想为主,故行文平易浅近,且博采众说,加以断语,尤觉醒目焉。

法学通论二卷上海金粟斋本,一册

日本矶谷幸次郎著,王国维译。书分绪论、本论二卷,各为章目,盖矶谷幸次郎教授生徒时所讲演也。按法律为人群进化之原,国家、文物之要,故凡刑法之分,公法、私法之别,莫不具有纲领,使国有独立之精神、人有完全之权利。日本步武泰西,法律竞尚西制,迂者多病之,然其能于保存国粹之中寓采撷欧化之旨,读书中各篇知日本之强由于法律之改良,而本书所论英国衡平法者可以鉴拘泥顽固之失矣。

法制新编一卷译书汇编社洋装本

日本葛冈信虎讲义,朱孔文笔述。凡上、下二编,上编曰法制大纲,下编曰法制实体。原书不分章节,逐条衍译,词旨婉约,盖讲义之体固宜尔也。本书宗旨于民约之说不甚主张,于自由、平等亦能明其界限,防流弊而不失和平之正,可谓循诱有方矣。

比利时国法条论一卷湖北洋务译书局本,一册

曾仰东译。是书据西历一千九百年比京国学课本,计五章,曰立国总论、曰国民、曰疆域、曰主权、曰律法,盖四者为立国之体,非精求其理者不能去其流弊,比利时以弹丸小地峙列强之间,巍然独存,民俗静穆,乃知立国自有真也。

以上法学

罗马法一卷启新书局洋装本,一册

启新书局译。罗马法为欧美现行法律之渊源,中世以来欧美学者悉力考求,斯旨益畅。本书凡四章,分四期,自罗马创立至奢士芝尼亚帝时代止;其第二章为表十二,第一表至第十表为平民所规定,以剥夺从来贵族之权利使进于平民之地位,十一表为贵族所定,则以压民权为宗旨,十二表举仅存五条中之重要者;三、四章则叙罗马法沿革之由及现今各国采用之实。本书为日本早稻田大学讲义,译者间附案语,有足以发明其理趣者矣。

法律探原二卷会稽徐氏《政艺新书》石印本,一册;《增版东西学书录》收入附册内,兹查系译本,改归此类

马建忠译述。上卷曰论法,下卷曰民律,推论法律之行废而归其准于性法,盖性人所自有而法则以济其穷,恐其侵人权利,于是律例生焉。其律则分民律、公律而以公法终之,使人民无敢或越,共守其敬人敬己之要旨,然则性法所系顾可忽哉？求是室主译有泰西孟口著《商律》,金陵东文学堂谢小石、杜子英合译,又求是室主、又唐海平均译有《法律泛论》,杭州译林社译有《法兰西法律书》,又译有《各国议院典例要略》。

法律学纲领一卷《译书汇编》本,一册

日本户水宽人著,颠涯生译。凡六章,一曰法律学者何,二曰法律学之分类,三曰法律哲学者何,四曰推理派沿革派,五曰比较法学,六曰法律及权利。全书于法律类派考证极详,第六章言国际公法为公共之法,与国内法不同,故缔约必诸国之意相同,若弱国不能不强从也。约而言之,国内法所以治内而间能羁束外人,国际公法为交涉之具,亦为私家之直接,此法律所以有公法、私法之别,无权利则法律失其真矣。

法学门径书一卷开明书店排印本

日本玉川次著,李广平译。本书指示学者读法学之门径,凡六章,以实际研究为各类必要之机关,而以养成法律为普通之智识,其分晰比较处颇为简明。

法律教科书一卷作新社洋装本

作新社编译。本书分三编,若干章,分总论、性法、人定法三类。盖法律以性法为主,立法者因之而得权衡,法律家因之而识治国之原,民因之以防虐政,国因之以护治,故其关系极为至要,而人定法因之完全,遂无遗憾。虽寥寥数千言,于法律源流、成立、沿革、宪政、国际皆扼要言之,足资教科之用。

日本法律参考书概评一卷译书汇编社本

不著译者姓名。是书就宪法、国法、行政、民商刑事、民事、国际、公私各法等书撮其大要,盖书目提要类也。

新法律字典一卷《政法学报》本

未著编译人姓氏。日本法律专门字多从西书译出,几经审定,大都的当可用,近译法律诸书沿用日本定名,骤难索解,得此书研究之则思过半矣。

海参威公董局城治章程一卷 商务印书馆本

李家鏊译。书为俄国东海滨兵备巡抚所批,定城治章程共十一节、若干类,凡屋宇、街道、饮食、起居,以绝疫疠、慎防护、杜火患为宗旨,严密详备,洵有益民生治安之作。译者以吾华侨民以不谙语言,每至误干禁令,故译之以告羁旅华人,盖有苦心存焉。

俄租辽东暂行省治律一卷 商务印书馆本

李家鏊译。原书为阿穆尔官报所载,为俄历一千八百九十九年八月辽东暂行省治律,凡一百三十八条,兵、刑、钱、谷、邮电、路矿类,步骤秩然,俨为俄之属地,惟俄律随时更易,不无小异,然大致固不甚相远也。自日俄战后辽东半岛属之日人,则此书已成陈迹,读之者追溯远因,知交涉之不易,留为前车之鉴也可。

　　以上法律

译书经眼录卷之三

学 校 第 三

首学制，次教育，次教授，次文学，次幼学

日本陆军大学校论略一卷浙江官书局木刻本，《续富强丛书》本，《新政丛书》本

　　日本东条英教口述，川岛浪速初译，张浍香双绥点定。分本旨、原始、编制、学生、教育、退校、经费七篇，语简辞赅，多可取法。惟每名学生三年之费需二千余元，薪水、旅费尚在其外，储材不易可见一斑，然兔置干城，得战胜于庙堂，则此区区何足惜哉？丹徒姚锡光有《东瀛学校述略》，张大镛《日本学校纪略》，可以参观。

日本学政纂要二卷劝学会洋装本，二册

　　日本冲祯介著。本书胪举日本学政大要，以普通、师范、中等、高等、专门、贵族、女子、废疾、私立、军事各种教育为之纲，各有细目以相发明，其规制、课程足为考察之助，卷首所论各节尤足以知日人教育精神之所在。

日本学校源流一卷《新政丛书》本，制造局大字本

　　美路义里撰，美卫理口译，范熙庸笔述。全书四章：一明治以前学校情形，二新教法始行之大略，三详论新法，四新教法相关之各事，于日本学校源流考之极详，附历年各学校比较表，尤便考核。

英德学制比较一卷武昌翻译学堂洋装本

英查理斯伯德撰,项骧译。英查理氏游于德之司德辩学校,讨论其课程教育,以英之学制比较之,著为论说,计三章,著论宏通,译笔畅达。其言德人受高等教育者多于英,足见学制之善,欲英政府择善而从,诚属热心之论,所论科学各节尤为本书特色也。

英国十学校说一卷泰东时务译印局洋装本,一册

　　陈寿彭辑译。本书详考英国十大学校规则沿革,具征英人学制之善,卷首列欧洲各国大学校沿革考及表各一篇,亦足资考证。

法国学制一册京都译学馆洋装本,上海时务书局本改名《法国经世辑要》

　　林行规译。是书编译英人格烈森《法国教育沿史》,并参考日人土屋政朝《佛兰西通国制度》二书而成,计三编,首详言法国学政得失、前代教务改革以明学制之变更成立,次载述文部省及各教务局之模型,以至选举局员稽查功课,以揭教育之枢纽,末编综核各学区规则,制稽察督励之方,而以地方学政终焉。编更分章,章复析节,条序厘然,颇资证考。时务书局之本小有异同,似系译者初稿,故字句无此整饬。

文部省外国留学生规程一卷辛丑《教育世界》本

　　日本明治三十四年三月敕令本,沈纮译。山阴樊炳清译有文部文课规程八条、文部大臣官房图书课事务分掌课程六条,可以参证。

日本中学校令施行规则一卷教授要目一卷上海作新社洋装本,一册

　　钱恂译。皆本明治三十四年三月五日文部大臣松田正久所颁第三号之省令也,计七章,一学科及其程度,二学年教授日数及式日,三编制,四设备,五设置及废止,六入学、在学、退学及惩戒,七补则,八附则。日本自明治十三年以来教育程度岁岁进步,学校规则屡屡改良,至明治三十三年而小学校之令定,三十四年而中学校之令定,盖小学教育为国家应担之义务,而中学校则关上等社会,所系尤重,厘定规则、选择学科非教育家所当留意者乎?其《教授要目》为日本明治三十五年二月文部大臣理学博士菊

池大麓所颁训令中最新者,其《要目》首列修身科,所云对国家责务以忠君爱国为首,其教授上之注意第一条云彼诡激例语总须避之,若偶尔言及亦当留意,不令误用;第三条云当第二学年或第三学年时生徒之身体及精神渐起变动,易陷于内外之诱惑,此时宜注意务使养坚固之志操,成良习惯;第四条云伦理学之一斑无徒驰于高尚,或涉于诸学派之异说。由此以观,是平权、自由诸说固非日人所许,其防学生嚣张之弊盖有先几之烛者矣。

中学校学科及程度一卷辛丑《教育世界》本

日本明治十九年六月文部省令本,陈毅译。

中学校要则一卷《速成师范讲义丛录》本

日本平田芳太郎讲述,周凤起编辑。学校以教员为重,而师范尤为造就教员之地。是书计四章,首总说,次高等师范学校,三女子高等师范学校,四师范学校。全书于日本学校均括其要说,总论一章言日本学制甚详,足资取法,师道立则善人多,可谓知本矣。

师范学校学科及程度一卷辛丑《教育世界》本

日本明治二十五年七月文部省令本,陈毅译。书分十二条,于学科程度言之极有条理,讲求教育者所宜取法者也。

师范学校卒业生服务规则一卷辛丑《教育世界》本

日本明治二十五年七月文部省令,陈毅译。原书二十四条,言卒业服务规则极详,当与学科程度参观。日本步武泰西,教育界尤为讲求文明进步其说如此,其强也宜哉。

师范学校简易科规则一卷辛丑《教育世界》本

日本明治二十五年七月文部省令本,陈毅译。

成城学校生徒心得一卷辛丑《教育世界》本

高凤谦译。全书计八章,一纲要及通则,二尊称,三敬礼,四服装,五寄宿规则,六班长及规则,七讲堂管理、生徒之勤务,八校外寄宿舍之规则。日本仿行西法,学校尤所注重,规则所立,学生视为目的,罔敢违犯,书中尊称、敬礼、服装列为专章,具有深心,孰谓自由易服之说为日人所认许哉?

高等女学校令施行规则一卷辛丑《教育世界》本

日本明治三十四年三月文部省令本,沈绂译。全书八章,一学科及程度,二学年教授日、式日,三编制,四设备,五设置及废止,六入学、在学、退学及惩戒,七补则,八附则。

日本关小学校教员检定等规则三十三条辛丑《教育世界》本

高凤谦译。

小学校令一卷辛丑《教育世界》本

胡钧、樊炳清合译。原书系日本明治二十三年十月敕令第二百十五号。全书八章,计九十六条,一小学校之本旨及种类,二小学校之编制,三就学,四小学校之设置,五小学设置上所有府、县、郡、市、町、村之负担及授业费,六小学校长及教员,七管理及监督,八附则。

小学校要则二卷《速成师范讲义丛录》本

日本山路一游讲述,朱杞、龙纪官编辑。是书分上、下二卷,共计十章,上卷曰编制、曰设备、曰地方制度、曰设置,下卷曰就学、曰教员、曰地方制度之概要、曰学校费及授业科、曰教育之机关、曰校务整理,于日本小学校规制沿革言之极详。近日我华讲求教育,小学规制未备,盍取而法之。

实验学校管理术一卷上海广智书局本

日本山高几之丞著,胡家熙译。计九章,一总论、二位置、三编制、四设备、五管理、六经济、七卫生、八表簿、九教师,寥寥数千言,于小学应尽教育义务颇为扼要。小学为立身始基,所系极重,日人兴学育才,尤留意幼稚园,可谓知本矣。

学校建筑模范图一幅译书汇编社本

日本文部省秘本。详列学校房舍一切配置之法,自师范以至幼稚园无不具备,吾华近日兴学,所建学校苦无成式,盍取此图参考之。

以上学制

万国教育志三卷上海进化译社洋装本

日本寺田勇吉著，赵必振译。本书分为三编，一国家与教育之关系，二欧美诸国之教育制度，三日本帝国之教育制度，皆发纾教育制度之概要，以明立国特质、进化精神之作用。卷末复列二表，以观教育行政及教育制度之关系，所论颇多精义，足资考证。

东西洋教育史二卷猎较社洋装本，一册

日本中野礼四郎著，蔡艮寅、贺廷谟合译。书分三编，编各为章，第一编所述东洋教育家则首中国而次以印度、波斯、埃及、犹太，于中国尤三致意，令人慨想尧、舜、周、孔往时教育之盛；其二、三编所述西洋则首太古时之希腊，次中古教育家，次近代教育家，而终以十九世纪教育之大势。上下纵横，使知泰西各国气象日新，其来有渐。卷首冠以总论，所言颇能扼要，译笔亦通达畅适，足以卒读，张氏竞良所著《万国教育通考》殆以此为蓝本焉。上海苏报馆亦有译本。

泰西教育史二册金粟斋本

日本能势荣著，叶瀚译。是书分上、下二篇，上篇论教育沿革，下篇记近世教育家略及改良方法。今海族勃兴，学战最烈，新理日出，捷如传电，哀我中国沉梦方酣，欲唤醒国民精神，振兴远东国势，必自讲求教育始也。

教育史教科书一卷作新社洋装本

作新社编译。本书所述乃日本教育，详考其如何变迁而有今日之发达，自秦、汉迄明则取法乎吾华，安化、明治以来则取法欧西，故第一章叙日本古来至王朝教育，二至三叙他国教育与当时关系者，如唐、宋、明以来之学术及印度佛教等，四、五叙日本中世至近世之教育，六至十一叙近世之末至王政维新后日本教育之变动与欧美教育之渊源，十二叙日本教育受欧美教育之波及

所以有今日之教育。综全书观之,则日本学术自古迄今类皆借助他山,择善而从,毫无固执拘迂之习,故能文明大启,国势日强。所述中西历来学派洞明源流,语多实际,虽专言日本教育源流,固可当西洋教育史读也。惟言日本处多用"我"字,译者未加删改,殊属疏忽。

内外教育小史二卷辛丑《教育世界》本

日本原亮三郎编,沈纮译。原书分上、下二卷,上卷专言中日教育,计十五章,一日本上古至天智天皇,二支那上古,三秦、汉以后,四唐代,五、六日本王朝时代,七佛教,八镰仓町时代,九宋、明时代,由十至十四德川时代,十五维新以后;下卷言泰西教育,计十四章,一西洋古代,二、三西洋中古,四至十四西洋近世。

原师一卷武昌翻译学塾洋装本,一册

日本泽柳政太郎著,武昌翻译学塾译。全书凡十二章,专言教育重要,将来资格效果规则各事。观其绪论中言日本小学校教员至六万千有余名,宜其强矣。

教育新论一卷教育新史一卷文明书局洋装本,一册

张肇熊译,《新论》为日本天眼铃本力所著《丈夫之本领》一书中之一篇,名曰《自助》,举泰西教育家言侧重自修,颇与吾儒"君子求诸己"之旨相合,译者分为五章,其中精理名言均能发明其奥;《新史》系摘译日本中野礼四郎所著《东西洋教育史》中"欧洲各国教育现情"一章,凡欧洲各国学校种类、课程、卒业期均列说著表以明之,译者分为四章,条理亦甚精密,凡司教育者宜取读之。

实用教育学一卷文明书局洋装本,一册

日本越智直、日本安东辰巳郎合著,张肇桐译。凡五篇,首附概论,一论智育,二论致智之方,三论德育,四论养德之方,五论体育兼论学校卫生事宜,六论管理事宜,盖综合教育学、教授法、学校管理法而为一书,简明扼要,有足取焉。其论智育、体育、德育

即《中庸》所谓三达德,足为中外古今一理之据;所言修身之教以躬行实践、取法鸿哲为上,万不可采用宗教家言,此指西教而言,读者勿误会之。

教育学原理一卷 教科书辑译社《教育丛书》第一编洋装本,一册

日本尺秀三郎、日本中岛半次郎讲述,季新益译。是书为东京专门学校文学教育科讲义之一,专述教育学之原理,分序论、本论、余论之类,综论教育之形式终之。盖国民不能无教育,而教育非管理、制度二者所能发抒其精神,是编博采泰西教育家言,而征以心理、宗教各理,故无陈腐庸陋之谭,亦教育书中之善本也。

国民教育资料二卷《教育世界》本,一册

日本峰是三郎著,沈纮译。全书计三十三章,上卷八章,发明国民爱国之义务;下卷二十五章,则言政治之教育焉。夫一国之人无国家思想,而言论恣肆则流弊甚大,故各国皆筹教育普及之法而寓爱国主义于其中,是书日本教育家所特以为演绎爱国主义之资料者也。

教育与国家一卷《速成师范讲义丛录》本

日本山路一游讲,颜可铸编辑。书分八类,一汉学之传来,二西洋文物之传来,三通俗教育,四书籍及学术器之输入,五西洋之学术及分类,六学问之应用,七东西学风之差异,八学校之统系。通篇皆发明日本国家教育之理,其所言学校统系尤详,惟海军、炮兵、铁路、邮便、电线皆有特殊学校,故不讲述焉。

教育学原理一卷《速成师范讲义丛录》本

日本波多野贞之助讲述,颜可铸编辑。有各种科目然后有教育学,而教育之理必假科目以立,是书择最要言之,凡分十有八节,其教育分普通、职业二类,尤有至理存焉。

教育探源一卷 辛丑《教育世界》本

日本冈本监辅著。

家庭教育一卷 上海人演社印本

上海人演社辑译。书凡二十章,以日本民友社之《家庭教育》为主,参考日本母亲之心得及吾华之宪法等书,译者间附己意,指摘中国旧时家庭缺点以补原书所未及。按家庭教育为幼稚时代之原动力,一或不慎流弊滋多,本书所言择交、自治诸说极有至理,世之爱子若孙者当于此加之意焉。

女子教育论一卷上海作新译书局洋装本,一册

日本成濑仁藏撰,杨荫栋、周祖培译。全书四章,分宗旨、德育、智育、体育四类。

以上教育

教授学一卷《教育世界》本,一册

日本汤本武比古著。原书计十四章,附录各一章,言教授各事极详,其言孔子为世界大教育家,发明愤起、悱发、举隅之理,尤可谓有功圣道。

新教授学一卷杭州排印本

日本小山忠雄著,田真译。本书发明教授之理,凡五篇,若干章,分总论、教授原理、材料、方法、问答五类,皆详其体要,惜译笔冗弱,未足以达全书之奥。

新学教授学一卷上海排印本

日本槙山荣次著。是书首列绪论,次教授之目的,次教授之材料,次教授之作用,其于教授新法靡不赅备,洵教科书中别开生面也。

统合新教授法二卷上海南洋公学本,一册

日本樋口勘次郎著,董瑞椿译。上卷十一章,论教授不可妨碍活泼之理;下卷十一章,则言统合教授之法。盖以日本用德人爱培脱教育法,过于拘泥,致妨幼童灵泼天机,各学科支节漫无伦次,故学生不能专精,盖欲以游戏循诱而以普通归宿焉。

中学各科教授细目十八卷附表文明书局排印本,一册

江苏师范讲习会译。本书分伦理、国语、汉文、英文、地理、历史、

数学、博物、植物、生理、矿物、理化、化学、物理、习字、图画、唱歌、体操为十八科，科各系以细目，按学年次第胪列，故甚清晰。惟该书译自东文，书中于国语、汉文、地理、历史四科皆偏重日本，日人之书固宜尔也，苟取法之，其细目配置似宜改定。卷末附第一学年至第五学年时间配置表五幅。

日本普通学科教授细目上中下三卷附中学校令施行规则一卷光绪二十九年翔鸾社洋装本，一册

日本东京高等师范附属小学校编纂，胡元俊、仇毅编译。日本东京高等师范学校为全国考求教育之地，其中附属小学校为师范生实验之所，实全国小学校之模范也。所用教授细目乃精于教育者编定，共十二门，惟算术、手工二门有刊行本，余皆手录之书，外人无从见之，胡、仇二君以学速成师范游于日本，惟高等师范学校校长嘉纳治五郎是依，得见细目，借录一过，取其第二部译之。其中年分学期，学期分周、分时间，详密周备，无微不具。复取日本堤又次郎所著《中学校教授细目》以补之，其分学期、分周、分时间与小学细目同，合二者编之，则普通学科教授之细目遂以完备。又附日本文部省明治三十四年所颁中学校令施行规则于卷末，凡六十一条，以资考证。按我国近日讲求教育，每日功课排列之时常患先后缓急之失序，苟取斯书读之，以其实验为我教育进步之方针，劳逸盖迥不侔矣。

小学各科教授法九卷附论一卷附表一卷文明书局排印本，二册

日本寺内颖、日本儿崎为槌同著，白作霖译。本书专发明小学各科教授之法，故于注意实际分科言之，不厌详尽，且措辞平易，无偏激之言。附论九章，所言教育原理足辅教授法之用，附表七亦足资考核。

小学校教授学及管理法纲目一册上海会文堂本

日本田口义治编纂，章梴译。学校教授学及管理法之系于教育进退，盖什与伍之比例，彼东西诸国教育进步之速，盖由教育学

及管理法之良美周密也,吾国学校虽立,于此二者驳而不纯,欲求教育进步岂不难哉?是书言教授学者分章十八,自修身至于历史、地理,均详言其要旨、方法;言管理法者分章十二,自学级至于学舍、器具,均明其关系、编制,凡学校校长、教员皆宜家置一编也。

以上教授

罗马文学史一卷 开明书店洋装本

日本涩江保著,何震彝译。本书考罗马文学分三大期,时代有王政、共和、帝政之异,计三篇,凡若干章,于罗马古世戏曲、诗歌、文史、哲理之源流沿革、著作姓名,皆言其大略,惟译笔宜加条理方能醒目。

版权考三卷 商务印书馆本,一册

英斯克罗敦、英普南美罗白孙合著,周仪君译。原著为英泰晤士报馆所辑,详考各国版权之起点、要义,罗列现行法律,足觇各国近日文明之程度。译者分为甲、乙、丙三篇,甲篇论版权之胚胎,乙篇论版权之发达,丙篇论版权之完备,盖经无数法学家判定而始勒为定章,虽至艺学、戏曲之微,莫不给以版权,同受国家保护之益,以此率民,宜其强矣。译笔亦条畅可读,无满纸砂石之病。

外国地名人名字典 党民编译社本

日本坂本健一编辑。世界历史、地理译音各殊,歧多羊亡,徒耗脑力,是书以日本文部省所撰为粉本,加以采择,凡地名位置、历史情状、人物事迹皆了如指掌,诚世界之大字典焉。

朝阳阁字鉴三十卷附古籀篇首卷书体要览目录二卷 日本弘文馆本,一名《篆学大全》

日本高田忠周著。上自三代、秦汉金石文字,下至唐、宋、元、明、清诸说,考经论说,网罗搜集无有遗漏。古文篆籀摹写凡二万数千百字,每字注脚援《尔雅》、据《说文》,正欧、赵之误,补许、郑之阙。至其论古籀为世界文字鼻祖,字母不过一百四十七形,实为千古创论。上海碧梧山庄易名为《金石大字典》。

以上文学

训蒙穷理图解二卷 攻媿轩《日本丛书》本

日本福泽谕吉著。书凡十章,为台湾民政部学务课本,言格致诸理,语简能赅,尚便学子。

以上蒙学

交 涉 第 四

首公法,次交涉,次案牍

国际公法志上卷 广智书局排印本,一册

蔡锷译。书凡五章,首列总论,则论国际公法与历史之关系、公法与私法之差别,第一章曰邦国独立权及互相保持之责,二曰处置国财国产法,三曰邦国之权利及义务,四曰外交上之礼仪,五曰邦国互市之权利及义务。条分缕晰,备极周详,间引西事以证公法,尤便考求。惜所编译仅成上卷,专言平时国际公法,战例无闻焉。然其第一章言法普之役,普欲假道比利时以攻法,比以中立不允所请,德无如何,可征中立之权限。日俄之战以东三省为战地,其蔑公法甚矣。

国际公法精义一卷 《闽学会丛书》本

林棨译。中国开辟以来垂数十年,交涉日棘,皆吾国人夙未讲求国际公法故也。昔所译公法各书,劣者既嫌其陈腐不适用,佳者仅罗列条文以备参考,毋惑乎讲求者之无专家也。书凡二编,上篇论国际公法之主体,下编论国际上国家之权利义务,皆本近今名家之说演译成书,博考详稽,折衷至当,有志外交者所宜亟读者也。

万国公法要领二卷 译书汇编社《政治丛书》第七编洋装本,一册

日本沼崎甚三著,袁飞译。公法以四种原质而成,其准绳本诸人

性,故虽有性法、学说、习惯、条约四类,然天然公理按以国际成例,故无敢越厥志也。本书分为二编,一曰平时之部,凡十八款、七十七条,分论公法关系于邦国民人之权限;一曰战时之部,凡二十一款、九十条,论战争时对于敌人及局外中立之权力、义务。纲举目张,甚有至理,虽着墨不多,颇足以资考证焉。

各国交涉便法论六卷上海制造局大字本,《续富强丛书》本,二册

英费利摩罗巴德著,英傅兰雅译,钱国祥校。是书系《各国交涉公法论》之末集,又谓之交涉私法,盖公法为国与国之事所用,而便法则土人与客民之事所用也。互市以来,商埠遍于各国,其政府皆有管辖外人之权,日本仿行西法,亦能自保主权,外人居留、游历者无敢越志以行,内政既立,国势乃张,然则便法也非今日我中国所宜急讲求者乎?原书四十八章,推论详明,颇不偏倚,合《交涉公法论》前三集参观之,则其理乃全。

国际私法一卷

李广平译。国与国交际谓之国际公法,个人与他国交际谓之国际私法,我华未明国际私法,故失治外法权,而个人交涉又受屈辱于外人。本书指示详悉,条理简明,凡与外人交涉者宜取读焉。

支那国际论一册作新社洋装本

法铁佳敦著,作新社重译。凡四章,曰交通、曰排外、曰背约、曰裁制,于吾国六十年外交失策言之备切,惜措辞鄙夷我华过甚,读者曷反躬自问而求一雪此耻也。铁氏为法之国际法学家,为日人所钦佩,此书为其绝笔,在东译西书中为最新之本,讲公法者当取读之。

以上公法

交涉要览类编初集四卷光绪壬寅湖北洋务译书局本,四册

陈钰选、郑贞来译。是书系译辛丑秋英国第六之蓝皮书册所纪,皆联军入京以后英外部与驻华公使领事筹议和约商酌之书电,

凡二百三十八件,因欲读者知交涉之命意,故附件有中文者概不赘译,沪上各报择要译登,未及此书之全。慨自庚子乱后,泰西各国对我政策恒违公法,索惩祸首最急者出于和平之英,加税免厘商约迄今未得就绪,公法条约视强弱也明矣,读是书能不惧哉。

亚东各国约章一卷湖北洋务译书局本

陈肇章译。是书据英人所辑东亚各国约章原本译成,条约凡十,终之以一千八百九十九年英俄互换中国铁路条约,剥肤之切,读之悚然。盖辑者年订一书,足资考镜,以防俄为宗旨,兼观德、法、日之意,并以验东方各国之振拔自奋若何,洵外交之要著也。我国历年约章虽有订本,而他国之换约章尚无译者,然则此书流传,于交涉中又多一借镜矣。

以上交涉

支那外交表一卷附广智书局《中国商务志》后

日本织田一著,蒋箓方译。始顺治元年,终光绪二十六年,所记甚略,备考察而已。

以上案牍

兵 制 第 五

首陆军,次营垒,次海军,次枪炮,次子药器械,次战术

近世陆军二卷商务印书馆《政学丛书》本

陶森甲译辑。书分二编,一曰日本陆军,凡十六章;二曰各国陆军,凡二十六章。原书著自日人,故言日本军制组织特详,其下编胪举欧美各国,亦能举要言之,洵为近日言陆军者最新之本。

德国陆军考四册江南制造局排印本

法欧盟著,吴宗濂译文,潘元善执笔。全书计八章,言德国兵制始乾隆四十年,至光绪十六年,损益处颇为详备。其卷首总叙德

国今日情形及历朝皇系,则摘译法蒲以资《五洲通志》之德史补之。按自同治十年普法战后,环球遂艳称德之陆军,然其能自强实造端于菲哩特威廉第一之讲求武备,迨威廉第二始能克奏肤功,盖二百余年之经营缔造方克成此精美之制。是书为法将编辑,以专家而纪寇仇,其言尤为可信。卷末另附德皇三代年表暨今德皇全家小像、俾士麦小传、影片,并德战歌、国典等类。

日本武备教育一卷商务印书馆《政学丛书》本

商务印书馆译。日本,尚武之国也,自明治以来仿行西法,迄今摧折强俄,武功称盛。是书凡五章,于日本武备教育言之极明,篇中胪列各国海军比较表,愈足征日人之留心兵事,所论百年长策以制我华为武备教育主义,则其忌我、畏我之心固与欧西各国表同情焉。其第七、第八章海军、陆军二史,尤足征日人军事进步之速。

养兵秘诀二卷泰东同文书局排印本,二册

日本辻明俊著。本书酌采德国养兵之概,参以著者阅历,今分前、后二编。前编七章,一总论、二新兵教育、三射击法、四兵语及地形学、五征候及方位学、六记号及暗号、七兵役义务;后编八章,一行军、二宿营、三警戒、四步哨、五巡察及斥候、六战斗、七步兵之工程、八卫生法。虽寥寥万余言,于兵之性质、责任、训练尤三致意,文笔亦畅达可读。末附铜版图六幅,共四十类,皆本书下编中行军时之用。

护队辑要一卷上海扫叶山房本,湖北《武学全书》本,武昌刻本,宝善斋石印本

德谭发勒原本,德斯泰老、冯锡庚同译。发勒,德之名将也,于德国颁行护队章程外,各有自订讲护队之书,俾官弁、兵丁考求实在之法。斯书删繁就简,分行护队、坐护队二类,语简可法,盖译以资学者肄习之书也。广智书局所印英毅译《德国名将兵法论》与此同。

以上陆军

沟垒图说四卷湖北《武学全书》本,上海扫叶山房石印本,宝善斋石印本

德国武备原本,德福克斯选译,詹贵珊同译。行军以营垒为要,筑造工程非简易坚固不能御于仓卒。是书凡四卷,于沟垒因地制宜之法详晰靡遗,附图若干,尤便检查。

炮台说略二卷湖北《武学全书》刊本,上海扫叶山房石印本,宝善斋石印本

德国武备原本,德何福满、杨其昌译,萧诵芬笔述。上卷言工程形势之宜,扼要为说,凡二十有八,附图十有五;下卷言攻台、守台之因时制宜,为说一十有九。按炮台为固圉要着,译印尚无专书,苟取是书法之则,铁瓮金城又谁敢越雷池一步哉?

行营防守学一卷浙江《武备新书》刊本,《续富强丛书》本

北洋武备学堂原译,浙江武备学堂重译。防守有久暂之分,并宜视时刻短长与当时就地取材,故其学分三种、一经久防守、二将战防守、三行营防守。此书所论系第三种行营,其造法出于顷刻,胜负系之。全书凡三章、十五节,以建造枪沟、炮队遮盖、另造帮垒为防守之要,附图十五,均清晰简明,可资考证。其计算每点钟取土数目,以地质松坚定其多少,尤为考核工程之准。

步队工程学一卷浙江《武备新书》刊本,《续富强丛书》本

北洋武备学堂原译,浙江武备学堂重译。凡十一节,于步队工程各事言之綦详,所论沟墙各节尤为全书之要,盖与《行营防守学》互为表里者也。附图三十三,足资实用。

以上营垒

清国海军近况一斑一册日本明治二十二年排印本

日本海军参谋部著。于中国海军船舰、马力、旗帜言之綦详,原书作于明治二十三年,未数年而有甲午之役,大东沟一战,我之海军歼焉,则日人筹划于数年前,其深谋远虑可畏也哉。

世界海军力上下编二卷上海《通社丛书》本,一册

日本浅野正恭著,钱无畏译。自铁甲、鱼雷各物兴,海上旌旗为

之变色,江南制造局旧译《轮船布阵》诸书,大都陈腐已不适用,兹书作者系日人,稿成于甲午战后,深明海军为防护国权根本,于列强舰队强弱考查极细,上编言海军之制度,下编言各国海军之强弱,于日本海军构造言之尤详。卷后附表三十五,尤极有用。全书无一泛语,非近日译书冗杂可比。

俄国水师考一卷《续富强丛书》本,一册

英百拉西撰,英傅少兰、李岳蘅同译。自俄土之役英禁俄舩不出黑海,俄几无水师矣,自东得珲春而海上旌旗为之变色,甲午后得据旅顺,俄之水师遂不可制。斯书所纪系一千八百九十五年俄国水师情形,后列铁甲表十五、巡船于〔及〕炮船表十二、三副佐巡船表二十八,于船名、船质、吨数、马力考察甚详,出自英人,亦可谓有心人矣。

以上船舰海军

毛瑟枪学一卷浙江《武备新书》刊本,《续富强丛书》本

北洋武备学堂原本,浙江武备学堂重译。后膛枪至毛瑟,精利极矣,不善用之反足以自害,教练士卒必使之明全枪机括装卸之理,乃足以杀敌致果。书中备举大端,分十八条,其零件、备件、瞄准诸法为目六十有五,盖本德国毛瑟枪章程而加以损益者。

新式毛瑟快枪学一卷浙江《武备新书》刊本,《续富强丛书》本

北洋武备学堂原本,浙江武备学堂重译。前书言明毛瑟枪之理,此乃专言打靶命中之法,操演新军者所宜急读者也。

美国新出萨维治新出灵巧六响来福枪利用功效图说一卷益新西报馆石印本

元丰顺洋行叙。书中言该枪虽属六响,可当单响之用,随装随放,快慢自由,急时可六响联贯而出,淘军中利器也。篇后胪列较他枪优处十条,自系确论,非扬己抑人者可比。附图六幅,亦详明可观。

快枪图说一卷附总件名目考一卷湖北《武学全书》本,上海扫叶山房石

德国武备原本,德瑞乃尔口译,萧诵芬笔述。七密里九毛瑟快枪为德国最新之式,于西历一千八百九十五年改定者,致远攻坚,两臻其美。此图乃法国政府于是年颁发之本,凡四十一图,专言快枪件数、用法、子弹施放、管理章程,使有此枪者熟悉而善用之,至打靶瞄准、线路身手等法或与老毛瑟枪同效,故未备载。书分枪件、总考、管理、枪法四类,尤为明晰可读。

枪法图说一卷湖北《武学全书》本,上海扫叶山房石印本,宝善斋石印本

法国武备原本,德何福满、杨其昌同译,蒋煦笔述。凡八章、二十三图,皆言持枪操演之法。

快枪打靶通法二卷湖北《武学全书》本,上海扫叶山房石印本,二册,宝善斋石印本

法国武备原本,德斯泰老口译,萧诵芬笔述,王肇铉绘图。凡十章,有图有表,发明子弹速率、飞路、准力器具等理,译笔亦浅明可读。

施放行营炮章程一卷浙江《武备新书》刊本

北洋武备学堂原译,浙江武备学堂重译。凡三章,一击静物、二击动物、三随机施法,共四十九条,于考究改正相距与偏差之法、用弹试击之理,言之极确。

施放炮书一卷浙江《武备新书》刊本

北洋武备学堂原译,浙江武备学堂重译。全书凡十一章,论分甲、乙,甲论飞路,凡六章,一解说,二论飞路情形因何力而成,三论飞路由炮口至击中处之情形,四论子弹击出将与一物相遇及已遇之后情形,五论子母弹,六论群子弹;乙论炮之能力,凡五章,七论命中之功,八论炮表,九论事表,十论子弹中物效验,十一论炮位本身相关之事。

格鲁森快放炮操法一卷浙江《武备新书》刊本

北洋武备学堂原译,浙江武备学堂重译。全书凡三大节,曰未套

马之炮操法、曰上下炮尾、曰移动已下架尾之炮,胪列操法、口令共四十条,各有释语以发明之。瞄准要法专言瞄准,此则详论操法,盖互相体用者也。

瞄准要法二卷浙江《武备新书》刊本

北洋武备学堂原译,浙江武备学堂重译。第一卷论起首教练法,凡三章;第二卷论教练深进之法,凡五章。发炮以瞄准为要,其机巧快捷,非练习有素则临阵不能得其利用,故新兵使其由初法练起,旧兵向深处习之,以期学至极精,方有实效,盖训练炮队新兵之要书也。译笔亦条畅简明,专为武备而设,无艰深芜杂之病。

　　以上枪炮

雷火图说一卷湖北《武学全书》刊本,上海扫叶山房石印本,宝善斋石印本

德国武备原本,〔德〕何福满、杨其昌译,闵广勋笔述。地雷为行军利器,轰毁敌军工程,其效极大,药性有猛缓之殊,工程有险易之别,临敌有攻守之不同,故必相机行之始能收摧枯拉朽之功。书中备列埋雷轰工程药性各说,附表以明其理,附器械图三十四以明其用,盖雷火书中之最新适用者。

军械图说二卷湖北《武学全书》刊本,上海扫叶山房石印本,宝善斋石印本

德国武备原书,德何福满、杨其昌同译。卷一曰军械总揭,则言军械分别、炮弹声路;卷二曰火药,则言各种药力运送管理之法,附图三幅以明之。

行军帐棚说一卷湖北《武学全书》刊本,上海扫叶山房石印本,宝善斋石印本

德国武备原书,德何福满口译,杨其昌同译,闵广勋笔述,石其荣绘图。凡十二节,言帐棚制用各法甚详。卷末附图一大幅,言帐棚之用。

　　以上子药器械

地势学五卷湖北《武学全书》刊本,上海宝善斋石印本,扫叶山房石印小

字本

德库司孟撰,德福克斯增补,詹贵珊译述,周家禄编校。武备中所谓地势,乃就地上之山川而言,其城郭、树木、房屋则为人工地势,故其学分二种,曰溥通地势则泛论天生及人工,并就各地形势以定其名目,其类有三,曰地面、曰水学、曰地势分类学,武备地势则专论行军驻营、布阵扼守之处,故皆分别表明,于桥渡之事尤三致意焉。附图八十一,亦浅近易,行军队中要书也。

步兵操法摘要一卷浙江《武备新书》刊本,《续富强丛书》本

北洋武备学堂原译,浙江武备学堂重译。计分三类,曰论列队时一哨官弁应站地步、曰操队章程、曰撤操队章程,寥寥万余言,简要可法,图二十二发明列队变化各式。

步队战法二卷湖北《武学全书》刻本,上海扫叶山房石印本,宝善斋石印本

德梅开尔撰,德斯泰老、蒋煦同译。上卷七章,言步队操演之法;下卷十二章,言步队打仗之法。于步队进退疾徐皆言之井井,附图九幅,发明因地制宜之理,颇觉了然。

马队战法一卷湖北《武学全书》刻本,上海扫叶山房石印本,宝善斋石印本

德梅开尔撰,德斯泰老、蒋煦同译。马队利于攻敌,用违其法最易取败。是书九章,言马队冲敌、洒开打仗、列排各法甚当,淘军政要籍也。

炮队战法一卷湖北《武学全书》刻本,上海扫叶山房石印本,宝善斋石印本

德梅开尔撰,德斯泰老、蒋煦同译。凡十一章,于炮队攻守、施放子弹各法皆分条言之,可资取法。

三队合战法一卷湖北《武学全书》刻本,上海扫叶山房石印本,宝善斋石印本

德梅开尔撰,何福满、杨其昌同译,蒋煦笔述。步、马、炮三队为军制所必备,盖步队利于近战,马队利于冲敌,炮队利于击远,互相补救,收效极大。书凡二章,则言各队合战之益、各队联合之法,虽千余言,译笔简赅可读。合以上三书读之,而兵队战法

乃全。

战法辑要六卷湖北《武学全书》刻本，上海扫叶山房石印本，宝善斋石印本

德梅开尔撰，何福满口译，杨其昌同译，蒋煦笔述。卷一言战时
报传信令各法，卷二言开差安营粮食各法，卷三言战时攻守各事
附医药队法，卷四言侦探保护各法，附意、法、奥、德各国前行护
队式图一幅，又各图坐护队式图二幅，卷五言随地打仗之法，卷
六言小战法，附我兵各种记号图一幅于后。

治旅述闻上中下三卷光绪二十八年明耻堂排印洋装本，三册

顾臧译。是书为日本国士官学校教程，分为三编，上编曰各种兵
战法原则，计六章，附图二十八，步、骑、炮兵各自战斗之法详焉；
中编曰野外帅兵法则，计八章，行军、驻军、馈给、命令之事属焉；
下编曰临敌决计通则，计十章，因地制宜、联合指挥之用略载焉。
查日本士官卒业者位仅将校末，职指挥只数十人，而其教程简明
详核若此，宜其强矣。

　　以上战术

译书经眼录卷之四

农 政 第 六

首农务,次蚕务,次树艺,次畜牧,次农家杂艺

农理学初步一册<small>上海中西印刷局洋装本,一册</small>

美哀奴的伊辣剌统著,日本久原躬弦译,王明怀重译。本书凡十章,于土质、植物、空气、养料、肥料、保护家畜等,皆择化学简易之理有关农学者言之,切于实用,足取法焉。

以上农务

麦作全书一卷附农事试验本场肥料配合表<small>壬寅《农学报》本</small>

日本杉田文三著,罗振常译。篇中就日本各处麦作言之,凡分三类,曰大麦、小麦,于性质、种类、土地、播种、肥料、收护、病害皆缕晰言之,而大麦尤加详焉,所列各场试验表亦便调查之用。

除虫菊栽培制造法一卷<small>壬寅《农学报》本</small>

日本收野万之照著,沈纮译。除虫菊产日本南海纪伊国,采其花研粉和水可以杀有害植物之虫,其用至广,其效至大。篇中分选种、播种、培苗、分苗、移苗、施肥、去草、除虫、采花、刹茎、合药各条,语极浅近,可取法焉。

以上树艺

特用作物论四卷<small>辛丑《农学报》本</small>

日本农学士本田幸介述,罗振常译。是书第一卷纤维料属上,言制纸用类;第二卷纤维料属中,言织物用类;第三卷纤维料属下,言绳索用类、叠表用类;第四卷染料属、淀粉料属、饮料属,各用

料属于各植物堪以制作用物者言之綦详,因材而笃朽腐神奇,日人诚善于农学矣。原书始明治二十二年本田君官驹场教官,至二十二年春奉命渡欧止所讲述者,此系三十一年再版本,原序言日本田中节三郎励精是学,所著书尚未脱稿,他日取而校之,当更有新理可互证者。

啤噜国雀粪论一卷壬寅《农学报》本

香港原译本,日本东京民部省钞本。雀粪出秘鲁国海岛之南八山,每年约有三万万担,泰西农家用为肥料收效极巨,篇中极言用雀粪之益,于〔与〕考验为制雀粪之法,惜译笔俗劣,聊备参考可也。

以上农家杂艺

矿 务 第 七

首矿学,次矿工

求矿指南十卷附一卷《续富强丛书》本,二册

英安德孙撰,英傅兰雅、潘松合译。首卷论查地面形势、求矿,二论各种土石层,三论吹火筒分别矿之法,四论矿石之性情,五论含金类之矿,六论别种有用之矿,七论各种土石之原质等事,八论用湿法试验各种矿石,九论试验矿含金类数目之法,十论测地求矿之法。全书所言矿学次第不紊,备极详审,其论开矿不可谓愈深而可得佳矿处亦有至理。附卷论矿中之杂务,胪列各表颇便考核。近来所译矿书《宝藏兴焉》外,当以此为善本。

新式矿物学五卷附录三卷图一大幅启文译社洋装本,一册

日本胁水铁五郎著,钟观诰译。书凡五章,章各为卷,所言颇多新理,其于地壳原料、岩石关系、购造沿革言之綦详,至其识别各矿性质成分,莫不阐明其生育变化之理,并指明日本所产各矿之地以为印证。附录矿质一览表、吹管分析法大意,日本矿物模范本图一大幅,均便矿学参考之用。

中学矿物教科书□卷北洋官报局排印本，一册

　　日本山田邦彦、日本石上孙三合著，陈钟年译。此书略从矿物、岩石、地质等顺次发明，凡四篇，计二十八节，系日本著为中学课本之用。所言产额、产地、制造等处多征诸日本附近，盖为本邦人实用起见固宜尔也，译者随笔译出，亦足为考证日本矿物之一助。书中附图若干幅，颇精采可观。

矿学简明初级教科书一卷导欧译社石印本，一册

　　日本江吉治平编著，梁复生译。是书部分四版，言矿类凡三十余种，皆日本所产者，其余各矿之形式、取材试验皆举要言之。附标本图四幅，惜石印模糊，未加彩色，不足供考察之用。

日本矿律一卷《译书汇编》本

　　唐宝锷译。日本矿律颁于明治二十三年，共九章，一总则、二试掘及采掘、三矿区、四使用之法、五矿业警察、六矿夫、七矿业税及矿区税、八罚则、九附则，而别施行细则，凡关于矿产种种办法皆定有规则，简明完备，其于保护国民权利尤三致意焉。

日本矿砂采取法一卷《译书汇编》本

　　唐宝锷译。是书颁于日本明治三十六年，凡采取砂金、砂锡、砂铁皆依此律，共二十五条，另施行细则十四条，附以规费章程，以补矿事之不足。

　　以上矿学

工 艺 第 八

　　首工学，次塘工、河工、路工，次汽机，次杂工，次杂艺

修路说略一卷湖北《武学全书》刊本，上海扫叶山房石印本，宝善斋石印本

　　德国武备原书，德何福满、杨其昌同译。凡十三节，均言修路工程，惟末节则言毁路、阻路之法，附图七幅。

　　以上路工

商 务 第 九

中国商务志一卷上海广智书局本，一册

日本织田一著，蒋篯方译。自道、咸以来立约通商，当局者昧于商战之公理，失治外之法权，租界之地即同外国，漏巵之溢等恒河沙，矿路航业各利皆与外人共之，中国之商务尚足志哉？是书计十章，于各商埠推广输运各情言之綦详，欲振兴我华商务者当亟读之。

万国商业志二卷广智书局《万国通志》第五编本，一册

陈子祥编译。本书分上、下二卷，共四章，一曰太古商业志，记埃及、亚西利亚、巴比伦、中国、印度、腓尼西亚、加塞治、希腊、罗马之商业；二曰中古商业志，记查列曼帝国、意大利、英吉利之商业；三曰近世商业志，记葡萄牙、西班牙、内则兰、法兰西、日耳曼、英吉利之商业；四曰最近商业志，记英、法、日耳曼、俄罗斯、奥地利、瑞士、西班牙、北美合众国、印度、日本、中国之商业。盖追溯数千年上下商业关于文明发达之由，商战竞争之猛，于最近世章中尤三致意焉。至其搜辑精博，议论通畅，足为研究商学之助。

　　以上商学

大阪博览会便览一册日本裕邻馆洋装本，一册

日本石原昌雄等著。日本明治三十一年三月设第五回内国劝业博览会于大阪，聚通国所产分类摆设，今特准人入赛以相比较。凡分十门、五十九类，举凡有关会场之会馆局所、旅肆、银行、名胜、寺观等皆详载之，以便我华赴会者游览。卷首附第五回内国劝业博览会俯瞰图一大幅，大阪图二幅，画像八人皆与会事有关者，楼阁风景图凡二十六处，皆镂写真铜版，景况逼真，令人神往

扶桑三岛间矣。

以上会例

船 政 第 十

首航务，次船坞，次船制

最近扬子江之大势一卷广智书局排印本，一册

日本国府犀东著，赵必振译。本书原名《扬子江航路记》，记重庆至上海扬子江航路发达及商埠兴盛之由，凡六章，所言偏重航路，似原名较为近实，译者改之未免不合。且所论各埠情状亦多歧异，或可以备参考，然亦不足据也。惟言大阪汽船各事较为扼要，作者日人固宜尔也。

以上航务

理 化 第 十 一

首物理，次化学

格致读本二卷南洋公学排印本

英莫尔显著，李维格、伍光建订。计四十课，述英国童子佛勒唯诺偕有妹娜赖问答之辞，于动植物各学言其大略，语其浅显。

格致读本卷三一卷上海时中书局排印本

英莫尔显著，时中书局编译所译。全书列课六十，附图七十九，第一课至第二十二课则论水雪空、淡炭养各气，二十三至四十七则论动物，四十八至六十则论植物，其佛勒唯连问答一仍南洋公学所译卷一、卷二体例。

理化示教上下二卷《科学丛书》本，二册

樊炳清译。上篇曰物理示教，凡九章，列图四十三；下篇曰化学示教，凡十五章，列图六十二。本书以实验为主，所言类多浅显，

后附《理化通论》则综论全书之要。

初等理化教科书一册文明书局洋装本

侯鸿鉴编译。凡十五章、八十二课,皆言试验物理各法,间附设问答以明教授之旨,复附图七十以相发明。卷末列中日度量权衡比较表四幅,其名词多用新译,故附旧名于下,以资参考。

格物课程上卷一卷湖北洋务译书局排印大字本

法亨利华百尔所著,陈箓编译。是书为课蒙之用,故说理浅明,计列课十五,所言皆无机之物,尚有下卷未译。

格致教科书一卷商务印书馆洋装本

商务印书馆编译。书凡八章,一总论,计五节;二论三种物质,计四节;三热学,计十四节;四光学,计十二节;五声学,计十节;六电学,计十五节;七磁学,计九节;八重率与密率,计二十六节。每节各有习问,每章各有提纲,卷末则附格致问题以相证明。全书图说详明,论理新颖,其八章论重、密二率各节尤扼全书之要。

中等格致读本四卷南洋公学第二次石印本,八册

法包尔培著,徐兆熊译。论中等教科之用,编为四卷,每卷分为上、下,列课若干,凡动植、矿物、化学、生理各类皆逐类言之,颇为明晰,插图若干幅,附以练习问题,皆足为发明各理之用。第二卷英保罗伯德著,徐□□、陈昌绪合译。

物理学上编四卷上海制造局刻本,石印本六册,又石印大字本四册

日本饭盛挺造编纂,日本丹波敬三、柴田承桂校补,日本藤田丰八译,王季烈润辞。书凡四卷,一曰总论物理学之区别、性质、公力;二曰定质重学,凡重心、器具运动略详论其理;三曰流质重学,言流质压力及运动;四曰气质重学,言空气之用。卷各为章,章各为节,析理既精,译言亦雅,言格致者亟宜读之。

物理学中编四卷制造局大字刻本,四册

日本饭盛挺造编纂,日本丹波敬三、柴田承桂校补,日本藤田丰八译,王季烈重编。书凡四卷,卷一曰浪动通论,凡四章,总论各

物浪动之理;二曰声学,凡二章若干节,总论声音、乐音及紧要发音体;三卷曰光学,分为上、下,凡六章,论发光、传光、回光、折光,光之分列色,及光学器具、光之本性;四曰热学,凡四章,论热之本性及热源第一、二、三功用,涨大变化、热度各理。中插图凡二百五十九,论理新确且各有实验,列式以相发明,洵理科中善本也。

物理学下编四卷制造局刻本,四册,支那新书局石印本

日本饭盛挺造〔编纂〕,丹波敬三、柴田承桂〔校补〕,藤田丰八译,王季烈重编。凡书四卷,一磁性学,凡九节,论磁性定义、种类,及磁铁之吸引力、功用、感应制造各法;二曰电学上,凡十二节,论静电气各类及器具之功用;三曰电气下,凡二章若干节,言动电气之生起强弱功用及电气磁性,及附电所用工艺中致用之理,并附录动静电气以相印证;四曰气候学,凡四章,论包围地球之空气湿度、光学现象。插图二百二十九,皆立说证明实验,列代数算式以求其理之确当,译笔亦清疏可喜。

新物理学一卷《新世界学报》本

马叙伦译。书为日本普通教科书之一,附图若干以发明物理试验之功用,语简能详,译笔亦足达之,足备小学之用。

蒙学理科教科书四卷文明书局石印本,四册

无锡三等学堂编译。上篇二卷,译日本高等小学校理科教科书,删其深奥之理暨彼国之物产,而存其日用浅显与吾国之儿童常伴合者,缺者辑而补之,盖乡土格致之类也;下篇二卷,则专言普通物理,分类列入,大半译自东籍,参以吾国教授经验之本。明晰简便,颇适教科之用。

新编小〔学〕物理学一卷《科学丛书》本

日本木村骏吉著,樊炳清译。凡十三章,于各物之力质体气言之极详,列图凡八十八,以明其用,后附问题一卷,尤便教科之用。

小学理科教科书四册教科书辑译社洋装本

日本棚桥源太郎、樋口勘次郎合著,曾泽霖译。书共四册,每册分三篇,适合儿童一学年之用,所载悉以农、工、水产、林业并育儿、卫生、家事,以成科学之全体焉。

小学理科新书一卷《便蒙丛编》本

王季点译。全书计二十章,语简能赅。

　　以上物理

化学一卷商务印书馆洋装本,一册

美史砥尔著,中西译社译,谢鸿赍鉴定。书凡三章,一总论,言化学各原质,热光消化比例,物体组织,有机、无机之别;二曰无机化学,言非金金类、贵金各质之原理;三曰有机化学,则言生物各质之作用;四结论、五问题,将全书前三章编为问题以便教科之用,卷首另附教授要言、化学原质简要表,分列原质旧名号元重考得之,期以便学者考证。据译例言,原书订正后出版数十次,美国学塾重之,此译系正编,另有附卷,分试验方针、定性分析、举要名目表三类,尚未译刊。综观本书,力祛艰深以求简要,故所言颇明晰易晓,洵中学教科化学之善本也夫。

化学新书一册上海启文〔译〕社洋装本

徐有成译。是书以实验为主,故于各元素化分各理言极详明而多新法,中附图六十八,亦足发明。卷末附列器械品数、药品重量,皆本书实验时所必备。

理科教本化学矿物编三卷附化学原质异同表一卷上海进化译社洋装本,一册

日本樱井寅之助著,杨国璋译。是书为日本弘文书院理化专科讲义,经文部省检定者。凡三编,上编述化学原理,为本书之本论;中编矿物,即无机化学;下编述有机化学,总计六十章,外结论一章。书中以事实、实验、推定、决定四类阐明化学各理,插附八十余图以资印证。卷末所附化学原质异同表一卷,为陈君石麟所编,搜罗新译书甚广,颇便考核。

中等最新化学教科书二卷表一卷教科书辑译社洋装本，一册

日本吉田彦六郎著，何燏时译。本书上编三十五章为无机化学，下编十二章为有机化学，皆发明物质能力、化合分解构成实验各理，征以欧洲中等教育之教课程度而观察有得者。插图凡三十六，皆于本书有关者，附元素周期律表、日法度量衡比较表、原质名异同表、化学器具及药品价目表。

化学新教科书二卷表一卷商务印书馆洋装本，一册

日本吉田彦六郎著，杜亚泉译。本书与何氏燏时所译同，惟较原书间有增补窜改之处，盖译者取合近日中国教科之用，故特加以订正，其精诣处固未尝删去也。且是书初稿由日本中岛端氏译为汉文，又经易稿数次，其晰理明审似较何译为善。附录各类，除周期律表、中法度量衡比较法、合质名目表三类，余皆为何译所无。

化学探原一卷会文学社石印本

美那尔德著，范震亚译。本书以试验各类元质杂质为主要，故胪举试验各类甚详。盖探原学分两种，一探杂质内之元质，二定其函元质多寡，故第一分九类定各金类于盐内为何元质，第二凡三类则再验盐内之酸质，并详论或负电元质之理焉。

以上化学

象数第十二

首数学，次形学，次代数，次三角八线，次曲线，次微积，次重学

算学公式及原理一卷上海文明书局洋装本，一册

日本白井义督撰。都九类，曰算术、曰代数、曰平面几何、曰立体几何、曰平面三角、曰球面三角、曰解析几何、曰微分、曰积分，凡

一公式之下附以原理图解,理论精晰。

算术条目及教授法上下二卷辛丑《教育世界》本

日本藤泽利嘉太郎著,王国维译。上编曰泛论,计十二节,一普通教育中数学科之目的,二算术科之目的之特殊,三英、法、德算术之异,四以算术解释代数上之事项之困难,五于算术中深入整数论之不可,六于英国算术与代数之远别,七于本邦算术之来历,八所谓理论流义算术于本邦普通教育之不适当之事,九所谓理论流义算术于本邦普通教育之弊害,十竞争试验之材料中不可重置算术,十一算术即日本算术,十二注意;下编曰各论,计十四节,一算术条目,二数学之定义当自算术中除之,三定义四数之呼法及数之写法,五四则,六诸等,七整数之性质,八分数暨循环小数,九比及比例,十步合算及利息算,十一开平方,开立方不尽根数,十二省略算,十三级数,十四求积对数。

中学算理教科书第一卷教科书辑译社洋装本

日本水岛久太郎著,陈楑译补。说理透辟,措词明达,于数理公式尤所详备。

以上算术

几何举隅一二三四六卷补译几何原本第六卷一卷江夏董氏家塾刊本,上海扫叶山房石印本,三册

英诂咸都辑,郑毓英译述,汤金铸校绘。《几何原本》言算理极深,中西算学奉为圭臬,近日西人迭有增修,用记号解释,设题问答,尤称简明。郑氏以英人诂咸都所演几何法式译为《举隅》一书,而西人几何演题始传中国。是书中名目概照原本,另作界说弁于卷首,其第五卷因论线之比例靡有所推,故从缺如,而诂氏原本第六卷亦缺数题,为是书他题推论所及,因补译之弁于卷首,书中题理深邃者则附图以明之。

几何探要九卷《汇报》本

法□□著,汇报馆译。都为九卷,盖欧几里得《几何原本》十三

去四,聊存其数而已。大较则后人修润者居多,卷多提其精义,立为若干题,题所造论与公论异,公论无待阐明而题则必须理证,理有余蕴则系以申之、案以推广之。卷末各从义类设问题若干以练习学者,殆言几何中之善本也夫。

几何学教科书一卷宁波新学会社洋装本

日本林鹤一著,邬肇元译。本书为几何平面之部,其宗旨以便省学生脑力为主,故文简意备,无旧籍沉晦之弊,其证明并用记号,简略而不失于严正,定理与设问之证明间有省略,留为教员各纾所见之地,问题稍难者亦略示以解法,且以求积问题以说明代数学之应用焉。至书中所用多日本术语,虽有一二不同,然均于定义中说明,学者亦能索解。

以上形学

溥通新代数六卷江楚编译局木刻本,三册,上海石印本

徐虎臣选译。本书规则仿日本诸家所译英国突兑翰多尔之《代数学》、英史密司《大代数》、美骆宾生之《代数教科书》等参酌损益,以副溥通新代数之旨,故自代数加减乘分迄多次式之解法,于每款之内悉解例题并附问题数则,由浅及深,间有摘从古书者,以示古今中西一辙之理,且析理极精,形式至简,设问反复引申,旁推曲容,无挂漏支离之病,诚习代数教科中之善本也夫。

算术代数贰样之解法一卷同文印刷舍洋装本

日本白井义督著,听秋子译。科学以数理为基本,而由浅入深、自繁得简,于同一问题得二样之解法,即算术、代数是也。本书合二样解法,译者并补演解式以明其理,则此书诚为是学贯通之善本矣。

以上代数

微积学二卷商务印书馆洋装本,一册

美罗密士著,美潘慎文原译,谢洪赉笔述。是书与李氏善兰所译之《代微积拾级》一书原本同出一手,然详略迥异,各章俱有增

益，末章以微积推重学为推算物理学之要术，为前译所无，盖据英文最新之增订本也。凡分上、下二卷，上卷言微分，凡八章；下卷言积分，凡七章。原书有《微积源流考略》一篇，译之冠于卷首，俾讲斯学者得资考证焉。按微积为算学之极，学者惊其程度之高，每有望洋之叹，是编取便初学，造语浅易，取材简括，较旧译《微积溯源》颇合教科之用。

以上微积

译书经眼录卷之五

地理学第十三

首地文,次地理,次地志,次地图

地文学问答一册上海商务印书馆本

邵羲译。迩来地理之书译者日众,惟地文学则阙如,然地文为天然之科学,凡欲研究地质学者不可不先求诸地文,若空中之水分、陆界之组成、生物之分布,皆地文学之显而易见者。

中学地文教科书一册教科书辑译社洋装本

日本神谷市郎著。以最新之学说明地球之构造,论证确凿,说理详明,插图五十余幅。

格致地理教科书一卷武昌翻译学塾洋装本

英博士阿克报尔著,仇光裕、严保诚同译。全书分八章,发明天地自然之理,由浅入深,秩然有序,为各专学必由之轨道,于地矿、格致、汽机诸理皆扼其要,盖地文学之书也。作者以教习率诸生于休息日清游,起设数问题,遂段解明,引人入胜于不觉,颇得循循善诱之理,惜译笔稍冗,当删润之。卷首附图四张,共二十一小幅,皆与本书中有关涉者。

天地奇异一卷广学会本,一册

英华立熙撰,张文彬述。书中胪举地文各学,凡二十四节,各附以图以相印证,所论格致各理尚不相悖,惟杂宗教语为可厌耳。

地质学简易教科书一卷上海科学仪器馆〔《科学》丛书〕本

日本横山又次郎著,虞和钦、虞和寅译述。地质为理学之一,其要在考求地球现状、性质及历史,故其范围颇博,且与天文、物理、矿物、古生物等诸学科交涉甚多。是书五编,曰地相篇、曰岩石篇、曰动力篇、曰构造篇、曰历史篇,所言皆能举其要,而动力篇之言水之作用火山现象,构造篇之言岩石配置地壳构造,尤有至理,其历史篇考求岩层及化石分为四期亦具特识,附图四十五幅,便于查核之用。

以上地文

世界地理志首一卷甲乙丙丁戊己六卷壬寅六月金粟斋第一版本,三册

日本中村五六编纂,顿野广太郎修补,樋田保熙译。卷首列地理学总论、数学地理学、自然地理学、政治地理学四类,部甲记亚洲各国,部乙记欧洲各国,部丙记非洲各国,部丁记北美诸国,部戊记南美各国,部己记澳洲各地,于六洲各国位置、境界、属岛、山脉、平原、河流、气候、农产制品、矿物、贸易、交通、人种、政体、都市区画、属地等皆缕晰言之,而于欧、非、美洲诸国尤加详焉。其于地面有关系者亦皆推测言之,惟海港要隘诸多挂漏舛误,是亦书中一阙事耳,而其体例详赡,译笔渊雅,固新籍中之上乘也。

世界地理二卷作新社洋装癸卯第五版本,一册

作新社编译。斯编荟萃舆地各书,求合中国教科之用,故于亚洲诸国三致意焉。书分三编,首编曰世界总论,凡一章三节,分言天、地、人文三类之地理;上编曰本国之部,凡二章;下编曰外国之部,凡二十九章,始日本,迄英领之北美止,中附舆图七幅、名胜图六幅,另附东西合璧地名译名于书眉,以便考核。全书编辑体例尚称详核,惜误字太多,为读者所苦耳。

改正世界地理学六卷文明书局本,二册

日本矢津昌永著,吴启孙译。矢津君为日本地学专家,所著书为全国学校课本,此书为最近之作,多新学理,且意欲为吾华教科之用,纪事著言多为中国而发。凡亚洲十七章、南洋群岛四章、欧洲二十章、非洲五章、北美五章、南美十一章,卷首通论一篇,

则括全书之要,卷末附录一篇,论列国大势,于交通、贸易、人种、财富、兵力、领土等类列表著说,尤为有关时局之言。译笔重加点窜改正,故亦畅雅可读,较初译之本据和文直译者宜其有霄壤之别也。

五洲图考四卷上海汇报馆本,四册

龚柴、徐迈、许彬合译。辑原书附印于《益闻录》中裒辑而成,举凡五洲大小各国皆考证方隅、风俗、政事、物产、人材以及山川险要、名胜要区,译自西书,言之缕晰,附地图五十七幅,亦甚精细。

五大洲志三卷泰东同文书局本,三册

日本辻武雄著。书分六编,首五洲概论,余以亚、欧、非、奥、美继之,每编末附沿革论略一篇,议论颇有特识,惟卷中阙中、日、韩三国,盖以另著有《东亚三国地志》一书,故不阑入。其记各洲人口、兵备、贸易、铁路、轮船、电线、邮便皆二十八年调查者,尚称核实。每卷末揭华英地名对照表以资印证,附铜版地图七幅于各卷首,亦甚精细。

万国地志三卷《科学丛书》本,三册

日本矢津昌永著,樊炳清译。本书据日本地志之例以为中等教育课本,先解说地理学上要旨以便学者,至地文、政治地理二者概不阑入。上卷曰总叙、曰亚洲总论、曰亚洲各国志,中卷曰欧洲总论、曰各国志,下卷曰非洲总论、曰各国志、曰北美总论、曰各国志、曰南美总论、曰各国志、曰大洋州澳洲总论、曰各部志。体例详审,所言亦简略要得宜,惟言特兰斯法尔末及英特交争,非猎宾、檀香山未属于美,于中日战事则多言及,则此书固甲午后之本,今视之业已旧矣。

新撰万国地理五卷开明公社排印本,三册

日本山上万次郎、滨田俊三郎合编,林子芹、林子恕合译。本书分五编,分记亚、欧、非、美、澳五洲诸国地理,每编各有总论以记其要。体例虽善,措词太简,译笔又复生涩,虽名新撰,实无胜人

之处。

地理学一卷《速成师范讲义丛录》本

日本矢津昌永讲述,朱杞编辑。分亚细亚、大洋洲、欧罗巴、亚美利加、中国大势、世界交通七节,于六洲山川均胪列其要,篇末言世界交通、贸易进步以铁路为枢纽,列表言之,足资考核。

地理志略一卷光绪壬寅福音印刷合资会社再版洋装本,一册

美戴德江著,谢子荣、丁辑五合校。计百有九章,于五洲舆地形胜、物产绘图列说,颇为精审。原书作于光绪七年,二十年来时局变迁已非曩昔,非洲已隶西人,美亦新增数省,此系再版,均已更正。卷末所载各国方里、人数、高山、大河数篇为初版所未有,其地名与《万国通鉴》异者概改一律,盖新加校订本也。

外国地理学教科书上中下三卷同文沪报馆石印本,一册

日本白洋一夫译述。全书七章,发明六洲位置、境界、地势、区画、邦国各情,颇为简明,译笔亦清晰可读。附图若干颇便印证,卷末所附世界各国面积比较表、世界各国人口比较表尤便学者。

外国地理问答一卷广智书局本,一册

卢籍刚译。语浅近可读,便于启蒙。

地理初阶一卷北京汇文书院本,一册

美李安德著。凡七章,首论地球,次中国,三至八则论亚、欧、非、美、澳五洲各国,九总论。书中概以官话编成问答,附图画以资观览,另附地图若干幅设以彩色,亦甚精细。

国际地理学一卷《闽学会丛书》洋装本

日本守屋荒美雄编,杨允昌译。地理为历史之关系人人知之,近今地理学之书大都详言面积、形势等,不适历史参考之用,此书特阐明地理与国际之关系,举近今国运大势、领地殖民之沿革言之綦详,诚地理学中之善本也。

世界诸国名义考一卷广智书局排印本,一册

日本秋鹿见二著,沈诵清译。本书按五洲分为五节,以约说、名

义二类解释地名过去历史及现在影响,虽略举大要,颇便地理教授之用,惟亚洲缺日本,因著者另著有《日本诸国名义考》,故不阑入。

地理教授法一册 东大陆译印局洋装本

日本斋藤鹿三郎著,陈由己译。本书为小学教授地理之用,凡九章,述明地理科之意义、性质、要点、历史、目的、教授之时期、材料、地理方法、器械、注意等类,作者系日人,所定课程多日本地理,苟取为吾华教科书之用,当酌改之,庶免邻猫产子之诮。

日本地理志一卷 上海金粟斋本

日本中村五六编纂,日本顿野广太郎修补,王国维译。日本以三岛立国,强起亚东,虽政治之维新,实地理之扼要,英以海水热流灌注而强,日本亦以印度、太平两洋之注射而吸得欧美之文明,此日本地理讲新学者所宜注意者也。是书计十一章,于日本各道之位置、广袤、人口、区画、疆域、河流、气候、物产、都市胪列甚详,惜于口岸商业仅言大略,然则此书犹未为完善之本也。

日本政治地理一卷 《南洋七日报》本

日本矢津昌永著,上海广方言馆译。研究地理有三种,曰数理地理、曰自然地理、曰政治地理,东西各国类有专科,吾华此学尚少精本,斯编讲求地理与政治之关系,于日本最详。一国土、二人民、三邦制、四经济、五交通、六生业及财产、七外交,凡日本维新后致强之根源皆备载焉。

　　以上地理

中国险要图志二十二卷补编五卷附图五卷 上海经世文社石印本,十五册

英伯利特辑,英海军海图官局原本,陈寿彭译。是书原名《中国海方向书》,为英国海军海图官局第三次裒集,晚近新出之本,都四大乘,兹取第三乘专言吾国滨海者十卷译之。原书阙琼海一带,因取第二乘中所言雷琼廉滨海者作为补编,又取甲午后至

己亥八月各西报及警船示册所载港岸转移、灯塔浮锚改设之事益之,得书五卷,乃成完书。夫志乘愈修愈备,后必胜前,昔年王氏德均所译《海道图说》似系西人初辑之本,故间有不详,今此原书乃其第三次所增广者,据云所增二百四十余条,细按之实较《海道图说》多逾一半,可谓精矣。然江海屡有变更,险要即随以异,上海海关有历年警船示册以告适从,再阅十余年英之海军必有新增之本,则此书又成筌蹄矣。查原书成于甲午,正当中日之役,书中多言商埠、商务事,是愿我之保国如其保商,吾国安则彼商寄寓于我者亦安,但言险要而不言攻守者,恐蹈越俎代庖之诮耳。乃自台、澎外属以后,广湾、胶州、旅顺、威海等相继出赁,图志依然,河山非旧,读斯书者能无感时兴叹耶?图五卷,凡二百零八幅,以原本九十幅展拓为之。

东亚各港口岸志一卷上海广智书局本,一册

日本参谋本部辑,广智书局译。全书凡七篇,首篇凡廿三章,记中国各通商港口;二篇凡二章,记俄领沿海州;三篇凡三章,记朝鲜;四篇一章,记法属之西贡;五篇记安南之海防;六篇一章,记英属之新加坡;七篇一章,记暹逻之盘谷;八篇一章,记小吕宋群岛。于各港位置、沿革、行政、兵备、风俗、气候、物产、贸易、街市、碇泊均分节言之,惟语多泛论,考核亦有舛误,未为精审之作。且此书译于光绪壬寅八月,而书中于台湾尚属吾华,则系甲午以前所辑可知,时逾一稔,风景多殊,当不免尘羹土饭之诮矣。

蒙古地志一卷金陵启新书局洋装本,一册

日本下村修介、关口长之编辑,王宗炎译。此为日本参谋本部官书,乃日人游历蒙古所记,参以俄人布拉第抡斯奇氏记载,又详考中国图籍汇为一书,于蒙古部落广狭、山川险要、兵制、物产、道路、商业无不备载,其历史一门详考蒙古古今沿革,尤足备柔日之助。

新撰亚细亚洲大地志四册上海正记石印本,四册日本山上万次郎编,叶瀚译。书凡七章,一世界地理总论、二亚细亚总论、三朝鲜、四支那、五露领亚细亚、六南部亚细亚、七西部亚细亚,每章首节则泛论位置、境界极点、广袤面积等类,次节则言地文地理,三节则言人文地理,体例甚善。惟亚洲各地虽英、法、葡所属南洋各岛均详载之,独阙日本,未免于《亚洲大地志》之名不符,岂别有见地耶? 附图八幅,足备考证。

西伯利亚大地志四卷金陵启新书局洋装本,二册

日本下村修介、加藤稚雄编纂,王履康、辛汉、经家龄合译。此书为日本参谋本部所辑,分天然、国体、历史三大部,而以总论冠之,凡该地沿革情形言之綦详,并据中俄英法各国书籍、日人旅行报告等书分门编入,其铁道关系极重,译者又将日本田边朔郎新著《西北利亚铁道》一书内各线路截译载入,尤为最新最要。卷首另附中外货币度量衡比较表、西伯利亚全图、西伯利亚航海及陆行线路图各一幅,精细如发,可资印证。按西伯利亚者古之鲜卑遗地,今亚洲新造之邦土也,俄国经营此地在十五世纪之末,迄今全归所有,为殖民、工业、殖产、兵备等,注入国帑不可数计,迩来密林深菁咸成村落,山谷河湖悉开道路,然远溯太古各种民族之蕃息兴亡迁徙者,尤宜知其经过年代,此书于历史人种详加考证,以示变迁,至事物则取最近者改正之。全书凡五十余万言,可谓体大思精者矣。

阿非利加洲一卷西阿非利加洲一卷经济书林洋装本,一册

英舆地学士某氏原著,瞿昂来、世增分译。原书系薛叔耘星使时命世君译自法文、瞿君译自英文,嗣经散失,惟瞿君译稿尚全,其世君译稿仅存西非洲一册,即法属塞内加尔、西苏丹、南河三部,故附印于后以备参考。书中于非洲各国疆域、形势、江河、矿产、户口、动植各物、气候、历史皆缕晰言之,惟译稿成于光绪十九年,如意伐阿比西尼亚、英脱相争、法并马达戛斯加岛之事均未载入,然非洲地志尚少专书,得此读之或亦足备考证乎。

北冰洋洲及阿拉斯加沿海闻见录一卷政学报馆本

日本阿部敬介著，唐人杰译。按阿拉斯加即监札加，在北美洲之西北，始属于俄，寻售诸美，距墨海岭甚近，与西伯利亚仅隔衣带水，三面濒海，岛屿、港湾极多，斯书于该处部落、形势、物产、风俗皆详言之。

澳洲风土记一卷作新社洋装本，一册

美白雷特著，作新社译。凡十九节，于澳洲各地风土、人民、动植各物择要搜奇，言之备晰，全书仅一万五千言，可谓简而能要也。第七节中言该处金矿有得金块大径尺许重百余磅，地球产金之巨当以此为最巨矣，有此宝藏而为英之属地，土人半就衰灭而开辟假手他族，读山枢之诗吾不能无动于中矣。

泰西风土记一卷上海时务书局排印本，一册

英立温斯敦著，史锦镛译，沈定年述文。是书为昔年申报馆译本，原名《黑蛮风土记》，记阿非利加洲蛮族情状颇为详晰，立温氏寓该地多年，此乃其日记所记，虽无关宏旨，然语多实录，或可当海外《述异记》读也。重印本改名《泰西风土记》，名实不符。卷首附图十一幅，绘记黑蛮之景者。

　　以上地志

近世万国新地图一册日本明治三十五年四月大阪田中宋荣堂洋装本，一册

日本服部悦次郎编纂。图极精细，每图之后附以各洲名胜影片若干幅，日本近出万国地图之最精本也。另有万国著名市街图一卷、地理统计表一卷，均极精详，亦附诸后。

新案万国地图一册附教科摘要一卷日本明治三十三年三松堂增定十二版洋装本

日本吉仓次郎编辑。计图十一幅，首行星轨道图，次发明月之盈亏、昼夜气候潮汐、日月蚀各星现象图，三世界图，四地球，五亚洲，六非洲，七欧洲，八北美洲，九南美洲，十大洋洲，十一日本，

十二朝鲜,后附《教科摘要》言地球水陆位置、气候、温度、雨量、政体、兵备、财政、物产、度量等,足辅图之未备。原书成于明治二十八年九月,此系三十三年增订本也。

万国全地图一册<small>日本明治二十九年二月东京协诚堂洋装本</small>

日本渡边忠久编辑。太旧,图未精审。

万国新地图一册附统计表一卷<small>日本明治卅四年大仓书店增订第四版本</small>

日本岛田丰著,日本岩永义晴校。共图十五幅,杂和文过多,未习东文难于卒读,统计表亦不详备。

中等教育辑制新地图一册附地志一斑一卷<small>日本精华堂洋装第四版本</small>

日本野口保兴著。为图二十二幅,首曰斜面地势,次曰雨量、风向、植物带、世界政治地图、六洲各自然地图、政治地图各一幅,清、韩、印度、俄、英、法、德各国图一幅。后附《地志一斑》一卷,则详言面积、位置、政治、户口各事以相发明,盖地文类也。图中无日本,颜曰外国之部,著自日人固宜尔也。惜多和文,未习东文者不能卒读。

清全地图一大幅<small>日本三省堂铜版本</small>

日本宫忠龟一著。图绘吾华廿一行省及内外蒙古、西藏各地,设彩色以资醒目,面积华度开方六尺余,山川路线、城邑市镇皆详志焉,惜间有错误,地名亦多挂漏,如此巨制而不免失之疏陋,惜哉。

清国分割新图一册<small>日本洋装本</small>

不著编辑者姓名。图十六幅,廿一行省及内外蒙古、伊犁、青海、西藏、札萨克图、唐努乌梁海、天山南北路各图,而以日本、朝鲜殿之。行省图仅备参考,惟东北各边较内府本为精细。

支那疆域沿革图一册附略说一册<small>日本明治三十六年六月富山房洋装四版本,大小二册</small>

日本重野安绎、日本河田罴同辑。始夏迄今,图凡十六幅,附图三幅,纵华度一尺二寸余,横一尺八寸余,铜版着色,精细可玩。

其图以清代地名为基,历代地名别以朱字,举其郡县,余从略焉,晋代十六国复杂太甚,另为三图附于晋后,至元代幅员甚广,则据德意志人某氏所撰元代地图别制一幅,黄河为中国积患,河道变徙亦载大略。《略说》一册,则据廿四史、《通鉴》节取历代关地理者按图编辑,俾读者左图右史,有互相发明之用。

支那古今沿革地图一册日本三松堂洋装钢版本,一册

日本小岛彦七著。本图据日本重野安绎所著《支那疆域沿革图》为蓝本而稍变其体例,计图二十二幅,一《禹贡》九州,二殷九州,三周代,四春秋列国,五战国,六秦三十六郡,八西汉十三部,九东汉十三部,十三国鼎立,十一西晋十九州,十二东晋,十三南北朝,十四刘宋二十州,十五北魏一百十三州,十六隋代各州,十七唐十道,十八五代及十国,十九宋十三道及辽五道,二十元代十省,二十一明代十五省,二十二清代一京十八省,皆界以彩色取便观览。惟图面积较《支那疆域沿革图》为小,仅具大略,未为详备。后附《历代地志摘要》一卷,始太古,迄现今,止择要言之,尚足备考。

北支那图一幅日本明治二十八年信阳堂本

日本崛内政固编辑。图分两面,阳面列盛京、直隶、山东沿海郡县、村落、地名、山川甚详,阴面列中国各行省全图,盖甲午日人攻取东方军队所用也。图中于中日接战处记以红色方旗,另作战记于图左,届时适中日停战议和,俄、德、法三国未倡还辽东半岛之议,故图中由凤凰城偏西北至海城另以红线界之,若俨然已归日本掌握者,讵知时局变迁,旅大属俄,未几遂有日俄之战,则此图其朕兆矣。

最新满洲图一幅附交通解说一册日本明治三十四年黑龙江会铜版本

日本葛生修亮绘图,日本伊东正基、小越平六、吉仓汪圣、高田三六、辻暎内田甲合著说。图高华度一尺八寸、广二尺,于满洲险要形势、路矿考察极详,其《交通解说》言满洲道里尤足备东方

地理之用。

极东地图一幅 日本明治三十五年正月信阳堂再版本

日本今泉秀太郎著。全图平方面积约华度五尺余，中国各行省测绘甚精细，日本、朝鲜亦附及之，盖极东地图固应尔焉。左方下附列北京天津近傍地图、世界总图、世界将来之道路图三小幅，以备参考。虽测绘尚称精密，中国内地各州县位置间有错误，盖作者不能遍游华土，仅据旧籍考证而成，虽体大思精，不能无遗憾焉。如江西莲花厅在永新、萍乡之间，图中列于永宁、龙泉之中，盖沿胡文忠舆图之误也。洞庭湖之新南州厅设已数年，图中亦遗之。

中日韩三国大地图一幅 日本青木嵩山堂明治卅四年十一月本

日本恒三郎制图，原田藤一郎校阅。此图据新地图组织而成，且系大陆旅行者原田藤一郎订正，著者自云谬误尚少，然细按之中国各行省州县名颇多遗漏，虽称精审，究未尽善。然图面积开方至华度六尺余，附以东洋著名军港图九幅于图左方，测绘细密，印制精良，固未可多得者也。

东洋小史附图一册 日本明治三十三年东京目黑山房、成美堂合梓洋装本

日本下村三四吉编纂。首亚细亚总图，次周以前支那图，迄现世欧洲借领地图止，凡十六幅，于古今沿革皆载大略，亦研究历史所必需者。

东洋历史地图一册 日本弘文馆洋装第五版本，第六版改名《亚细亚历史地图》，洋装本

日本市村瓒次郎监修，日本石泽发身编辑。凡图二十幅，始亚细亚古代地图，迄现世亚细亚诸国略图止，每幅各附小图一二幅于其侧，卷末附参考图画九幅，以写真版印之，无不逼真，足备考阅。其第六版改名《亚细亚历史地图》，全图面积较第五版大及一倍，文字全用汉文，颇便我华学者。其第廿一图附图缺日清战争地、扬子江口图各一幅，盖有所增订也。

西洋历史地图一册 商务印书馆铜版洋装本，一册

日本小川银次郎著,张元济校订。凡二十幅,为图三十八,自古代迄近世世界止,凡欧洲历史变迁沿革有大关系者皆有图以明之。

以上地图

全体学第十四

首全体,次心理,次生理

全体解剖图二十幅日本东京造画馆本

日本塚本岩三郎绘。凡二十幅,一皮肤纵断显微镜所见图,二前面筋肉图,三后面筋肉图,四手骨筋肉图,五骨格全体图,六侧面背面骨格变形姿势图,七脊骨头手骨足骨图,八胸腹腔内脏自然位置图,九消化机系统像图,十腹部皮肤筋肉取去消化机图、胃断面图,十一耳颚口齿舌图,十二呼吸机肺脏图,十三循环机想像图,十四循环机心脏图,十五心脏断面图、血球显微镜所见图,十六排泄机系统图、肾脏断面图,十七眼球构造图,十八耳构造想像图,十九神经系统图,二十大脑小脑延髓脊髓图。

生理卫生学一卷汉阳刘氏六吉轩刊本,北洋官报局排印本

日本斋田功太郎著,田吴炤译。全书九章,曰骨、曰筋肉、曰皮肤、曰消化器、曰循环器、曰呼吸器、曰排泄器、曰神经系、曰五官系,所列诸骨表言诸骨若干节、若干对,较旧译各全体书为详,附图二十九幅亦清晰可观。全书以生理卫生为主,故每章于各器之功能、运动之适宜、饮食之过量均切实言之。

造化机新论一卷商务印书馆本,一册

日本细野顺著,出洋学生译。所言生殖各器构造功用与《生殖器新书》略同,其言胎产、婚配、乳儿各说甚多至理。

妊娠论一卷癸卯五月再版洋装本,一册

出洋学生编译。本书以制造妊娠为主义,详论生殖器之生理障

害,以及胎孕结婚之合度、花柳病之豫防,一切关于男女疾病卫生之事,凡二十三章,插图三十有九。盖传种为改良国民之基础,东西学者列为专门,固未可以海淫之书例之也。

胎内教育一卷广智书局排印本,一册

日本伊东琴次郎著,陈毅译。本书以改良种族为竞争根本,于结婚前后胎内产后三致意焉。凡五章,一总论、二结婚前之注意、三结婚后之注意、四妊娠时之心得、五产后之心得,本书无纤毫猥亵之谭,而有教育进步之效,诚姆教中之善本也。

生殖器新书前后编二册嘉定日新书所洋装本,一名《男女婚姻之领港》

美霍立克著,仇光裕译,王建善述。书凡二十六章,插图二十四幅,发明男女生殖器之功用、生育之理趣,读之可以广嗣续、少废疾、救羸弱、免夭折、开智慧,诚卫生强种之秘笈也。著者以历年试验而成,此书译者复深明医理,故无诘屈膈膜之谭,所论卵珠精虫各理足与《交合新论》参观,或以导淫书目之,误矣。

以上全体

教育心理学一卷商务印书馆《哲学丛书》本

日本高岛平三郎撰,田吴炤译。书凡五篇,首绪论,言心理与神经之关系、精神之作用;二曰觉性之心理,言感觉、记忆之理;三曰悟性之心理,言思考、概念、判断、情绪、意思之各种教育;四曰理性之心理,性情之教育;五曰心理法及自我,言心理教育之注意极致。统计五十章,于心理、神经、感觉、教育各理缕晰言之,以此自修存心养性之功,或亦不无小补,吾儒所谓"不动心"诸说彼盖有所窃取也夫。

心理学讲义□卷商务印书馆《京师大学堂讲义》本

日本服部宇之吉讲述。第一篇凡四章,首曰感觉之作用及理法,凡七节,发明味嗅触听视筋肉感觉之主观性及发达;二曰知觉之作用及理法,发明触知时间幻觉融会之作用;三曰想像作用及理法、四曰思想作用及理法二篇,凡五章,言情之作用及理法提要。

全书大旨以心与神经系统相关切,而以感觉各理发明之,盖言心理学之最新者。

教育应用心理学一卷《科学丛书》本

日本林吾一撰,樊炳清译。本书凡三章,以智为感、触、臭、味、知觉各神经之主,而推论心意、情绪、感觉之作用,首列总论,盖括本书之大要也。

心理教育学一卷广智书局《教育丛书》洋装本,一册

日本久保田贞〔则〕著。是书集东西学说以感觉、心意为知育之本原,以记臆、观念为教育之精神,使其灵魂强固而备人圆主义,盖言心理学之书也。计十二章,冠以总义,演明教育之意义区分,一曰心意总论,二曰心身关系论,三曰心意发育论,四至十一则言感觉、知觉、记臆、想像、概念、断定、推理各力,十二章则言客观、主观教授法之功用,附以系论,足扼全书之要。

　　以上心理

记忆术一卷上海排印洋装本

日本井上圆了著,梁有庚译。记忆术为心理学之一,东西学者近颇注意于此,以求脑力之发达。本书凡分八段,而以联合交换为学问上记忆最便之法,并比较东西记忆各法加以著者新考出之方法,分学理、应用二派,且列表式以相印证,于身体、精神、卫生等皆须注意,立说颇是。惟语太简略,译者又非专家,读者遂苦其沉闷矣。

中学生理教科书九卷附录一卷教科书辑译社洋装本,一册

美国斯起尔原本,何燏时译述。原书为美斯尔氏之《生理卫生学》,译者复参考他书,每篇悉附试〔验〕方法以备教科之用,俾读者易解为宗旨,故行文务求平易。凡分九编,论骨骼、筋、皮肤、呼吸、声音、循环、消化及食物、神经系统、五官各类,逐条详说以明其理,复加结论以概括大要,每编末摘记常遇疾病之治法,末附录看病消毒及救急诸法,最后则揭以各编问题以便温

习,插图六十有四,皆足资读者考证。

新编中学生理书一卷绍兴通艺学堂石印本,一册

　　日本坪井次郎著,何琪译。分总论、骨系统、筋系统、皮肤系统、循环器系统、呼吸器系统,共十篇,附图八十,所论虽简略,尚有新理可资取读。

中学生理教科书□卷教科书辑译社洋装本

　　美斯起尔原著,何燝时译。说理、考证均精实详明,每篇悉附试验方法以供临时参考,插图铜版图画数十幅,尤精致可爱。

简明生理学一卷上海商学会洋装本

　　日本岩崎铁次郎编,吴治恭译。本书凡六章,于生理学闳旨择要设为问答,初学读之易窥门径。

高等小学生理卫生教科书一卷文明书局本

　　日本田功斋太郎著,丁福保译。本书原著即田氏所译之《生理卫生学》,丁氏译为教科书,故稍变其体例。

男女育儿新法一卷香港启智书会本

　　日本中景龙之助著,诱民子译。全书凡四十九章,于育儿各法言之极为简明,其言血族结婚之害,列表言之,尤有至理。按强国以强种为要,康健小儿即为人类之本,则生理学之宜亟讲也明矣。

人种志一卷《闽学会丛书》洋装本

　　日本鸟居龙藏编纂,林楷青译。现今为人种竞争时代,中国学者鲜有究心斯学者,《湘学报》内《各国种类考》仅据译书汇考成书,殊欠精审。

　　以上生理

译书经眼录卷之六

博物学第十五

首博物，次植物，次动物，次虫学

博物学教科书一卷光绪壬寅益智社石印本，一册

　　日本饭塚启著，益智学社译。全书四十八章，发明动、植、矿三物生殖功用关系之理，其学总名博物学，虽有机、无机二体之分，然其循环滋生之故、变化孳乳之功，固可以证天择物竞学矣。所绘五十六图，以表各物之形状、位置，尤为明晰，附博物统系表，亦足备全书考镜之用。

博物学教科书一卷启文译社洋装本，一册

　　虞和寅编译。博物学为动、植、矿石诸科之门径，区域甚大，编者从中、东文各书编译成书，以动、植、矿石分科叙述，颇有条理。

近世博物教科书一卷附录一卷《科学丛书》本，一册

　　日本松村任三校阅，日本藤井健次郎编纂，樊炳清译。第一篇曰植物，凡十二章；第二篇曰动物，凡十二章；第三篇曰矿物，凡六章。后附实验之部，分植物、动物、矿物三部，又附图四十四幅。

生理学教科书二卷商务印书馆洋装本，一册

　　廖世襄译。取法儒包尔培《动植生理学》略为增损，分为二编，第一编凡五十一课，附以五十五图，论动物行动、养生诸具，二编十八课，附图十幅，言植物生理性质，引证比例颇有新理，每课各编问题，尤便教科之用。

高等小学博物教科书三卷文明书局本

张肇熊译。博物为动、植、矿专门学之导引,故体裁与各专门学之书不同,盖专门书分纲析目,务求类次不紊,此则动、植间列,以启发性灵为主。本书上、中、下三编,编若干章,系采辑日本之博物书损益而成,取浅近实物而发明美妙学理,而取合小、中学教科之程度,插图若干亦甚明晰。

博物揭要一卷光绪三十一年二月洋装本,一册

王庆翰编译。本书三十三课,分言矿、植、动三物构造研究之理,浅显足资小学之用。

中国通商物产志字典二卷科学仪器馆《科学丛书》本,二册

日本上野专一编纂,钟观光、钟观诰译述。本书据海关税目及《本草纲目》等书,于中国所产动、植、矿制造各品皆考其出处、种类、价目,共三百三十种焉。惟书名《通商物产志字典》,殊欠洽切。

　　以上博物

中等植物教科书一卷《科学丛书》本

日本松村任三、日本斋田功太郎合著,樊炳清译。凡六章,一曰普通植物,凡五十四节,言各植物之构体,各附摘要于后;二曰植物之分类,分隐花、显花二大部而别之以菌、藻、苔、蕨、植、裸子、合瓣等类;三曰植物之形态;四曰植物之构造;五曰植物之生理;六曰植物之应用。共附图六十六,以相印证。

植物教科书二卷北洋官报局排印本

日本理学博士松村任三、斋田功太郎合著,北洋官报局译。凡六章,一普通植物凡五十四节,言各种植物之种类,二植物之分类,三植物之形态,四至六则言植物之构造、生理应用诸理,各有图以相发明,足供中学教科之用。

普通植物学教科书一卷商务印书馆洋装本,一册

日本好学原著,亚泉学馆译。全书分为四篇,篇各为章,一植物

形态学,二植物解剖学,三植物生理学,四植物种类学,卷首冠以总论,卷末附录植物记载法一篇,插图二百六十五枚,考核详明,析理简要,新旧言植物之书当以此为最完善矣。原作在日本重版至二十六次,屡加修改,其价值可知,译者具有专门学识,复取三好氏之《中等教育植物学教科书》,及高桥、丹波、柴田诸氏合译之《普通植物学》,白井光太郎所著之《中等植物教科书》,互相比较,斟酌从宜,虽与原书间有不同,然其折衷至当,其功固不可没也。

　　以上植物

普通动物学一卷《科学丛书》本

　　日本五岛清太郎著,樊炳清译。首章绪论,二章至十三章皆言各类动物形体构造之同异,十四章言动物之器官,十五章言动物之分类,列图百零七以相印证。盖动物分腔肠、棘皮、扁虫、圆虫、软体、环虫、节足、脊椎、原虫九类,本书剖析甚明,较旧译《动物学新编》为胜,末附录言解剖器具、药品、实验三节,列图八幅,尤切实用。

普通动物学一卷开明书店洋装本,一册

　　王建善译。本书备内地学堂之用,故取材最浅,语理简明,卷首列动物学功用范围之篇,尤足供教科之用。

　　以上动物

日本昆虫学上下二卷壬寅《农学报》本

　　日本农学士松村松年著,罗振常译。地球昆虫凡三十余万种,其形态则百余万焉,此书论昆虫经过习性及分类,故统名曰昆虫学,论分类者为昆虫分类学,经过习性及驱除防御法者为农用昆虫学。书分上、下二编,上编言昆虫弹尾、直翅、总翅、拟翅、脉翅、毛翅、有吻、微翅、双翅各类,下编言昆虫鳞翅、捻翅、膜翅各类,共图二百二十幅,皆有总说以发明之。

　　以上昆虫

卫生学第十六

首卫生,次医学,次药品方书

保全生命论一卷附一卷上海制造局刻本,石印本,一册

英吉兰肥勒撰,英秀耀春译,赵元益述。全书大旨以习劳立志、慎忧虑、节饮食、振兴生命力为保全生命之的,故所论分康宁、人情、呼吸、饮食、工夫、生命力若干节,其言颇可取法。附卷所言人之短处及性情而以随时应变为归束,足补前书之阙,盖作者以养心节欲、立志安分为指归,其言足与吾儒修身俟命、克己复礼相合,不仅作卫生书观也。惜译笔太冗,可删其半。

处女卫生一卷广智书局洋装本,一册

美来曼波斯撒利著,日本北岛研三译,冯需重译。书凡二十三章,论处女卫生各节甚详,目今时哲群兴女学,则此书亦所宜读者矣。

最近卫生学一卷广智书局洋装本,一册

日本桥善次郎著,海天独啸子译。书凡二十节,为日本近日新出版之书。第一节总论卫生之意义以括全书之要,二节言体温,三节言空气与呼吸,四节营养分,五、六、七节饮食、物食事卫生及饮酒、吸烟,八、九言衣服寝具之改良,十言居地及庐宇,十一运动及睡眠,十二、十三言温、冷、海水各浴,十四学校卫生,十五家畜卫生,十六花柳感染,十七结婚及遗传,十八肺结核之蔓延、豫防,十九流行传染病之豫防,二十救急处置。

实用卫生自强法一卷上海广智书局排印本,一册

日本医学得业士崛井宗一著,赵必振译。书凡六十章,于饮食、身体、疾病、结婚各节皆言之详晰,推论其致病之由而筹防御之法,其戒青年以方正自持,务养成康健国民而尽体育之功,尤为有功世道之言。

高等小学卫生教科书一卷文明书局本

美项尔构著,章乃炜译。全书十六章,补篇二章,皆就儿童身体、空气、呼吸、饮食、洁净、运动、休息、知觉浅近之理言之,颇为简易。

齿牙养生法一卷启文译社洋装本

日本四方文吉著,虞泰祺译。吾华齿牙之学素不讲求,故多胃病、喉疾,本书发明齿牙养生之理,足为吾人卫生之助。

救急处置一卷启文译社洋装本

日本立宽讲述,王明怀译。书分甲、乙二卷,甲论卫生大意,乙论防救危急之法。

以上卫生

男女生殖器病秘书一卷广智书局排印本,一册

日本山崎荣三郎著,浩然生译。综编男女生殖器构造之理、致病之由、养生之法,措辞简要,另附图二幅于后。

男女下体病要鉴一卷上海国民日日报社洋装本,一册

日本医学博士丸山万著,金柯译。是书专论男女生殖器致病之由,并言豫防救治各法,分节言之,多由实验,附录常用食物分析表、乳汁分析表、食物消化时间表、牛乳试验法,尤足为卫生之助,广智所译《生殖器病秘书》无此详瞻。

以上方书

测绘第十七

首测绘,次画学

测量学摘要一卷浙江《武备新书》刊本

北洋武备学堂原译,浙江武备学堂重译。行军以地理为要,测绘舆图最为兵家所重,与商家所绘游历之图专测面积、界址者异,然其图亦分大、小二种,以精粗而定其功用,故其要有三,曰量、

曰算、曰测,盖求物点对角底线相距之理、城市山林之高低远近,非此不足尽其用也。书凡十六章,所言测量理法、器具、比例仪器利弊均简明浅近,所附各图足备印证,洵学测绘者所宜急读者。

行军测绘学三卷量地表一卷湖北武学刊本,扫叶山房石印本,宝善斋石印大字印本

德国武备原本,德何福满、杨其昌同译,闵广勋笔述,石其荣绘图。卷一凡三十三图,言绘各种地图之法;卷二凡六图,言绘图着色之法;卷三凡图二十,言测量应用器;卷四测量地表,为测量最要之件,推测天度极便检查。

以上测绘

铅笔习画帖三册文明书局洋装本

日本广田藤治著,丁宝书编译。本书为高等小学之用,故结构渐形繁密,惟所选择者皆平易习见之物以为写生之导,原本杂入东邦品物为吾华所无,且不切实用,故特删之。

以上画学

哲理第十八

首哲理,次社会,次名学

理学钩元三卷广智书局排印本,二册

日本中江笃介著,陈鹏译。“飞罗坐飞”者原为希腊方言,世或译为哲学,此则据《易经》穷理之说,译之为“理学”,盖据原字之意义,乃欲为希圣希贤无所不达之谓,其宗旨在穷究万事之本原,其因果在研究社会之道德,与世所谓“哲学”其理一也。是书三卷,分若干章,晰理新颖,趣味深奥,有各种系谱图以发明之,殆穷理尽性之善本也夫。

伦理学一卷上海广智书局排印本,一册,又洋装本

日本元良勇次郎著,麦鼎华译。伦理分为二派,专门者尚直觉,故主原理;普通者尚经验,故主实践。自倍根以来,西洋伦理学已独立一科以为教育之准。是书上、下二编,凡五十章,分自己、家族、社会、国家、思想为五大段,以经验派之功利为干而以直觉派之言消息之,盖使社会、个人、国家、世界各主义以与东西洋思想调和,而引我儒家之言以相印证。译者举元良氏附缘彼国之言,悉以我国粹易之,惟国家伦理篇我之宪法未立,无可凭藉,则仍援彼国法制以示,礼失求野之义焉。

新世界伦理学一册新民译印书局本

日本乙竹岩造著,赵必振译。伦理为德育之本,故以振兴社会、发扬新道德为主义。是书凡三编,集东西诸儒之学说而发明社会契约、神造各理,盖有功世道之书也。惜译笔冗复,非条理之不能卒读。

伦理书一卷《科学丛书》本

日本文部省撰,樊炳清译。凡五章,曰概论、曰宗旨、曰行为之起原、曰意志、曰行为之标准。伦理以实践为主,而要以正心意为归束,本书语多纯正而极浅近,所云体欲、欲望、情绪三者为人生活动力,宜遵道理而受裁制,则放恣偏僻邪曲之行自无,足与吾儒之语相合。

伦理教科范本一卷文明书局本,一册,原名《修身范本》

日本秋山四郎原著,董瑞椿译。原书凡三卷,译者以前二卷皆刺取彼国名人事迹,故未译。是书分综论、对国、对家、对己、对人、对社会、对庶物七章,各为节,其精诣处历引吾华经传圣哲之言以相发明,诚德育中之善本也。

哲学原理一卷《闽学会丛书》洋装本

日本井上圆了著,王学来译。哲学为诸物理中之物理,以研察物质体源为主,与理学之以实验声色形质不同,为为心之学。古者其学专恃理想,或不免涉于空虚,今则借事物于理学相证,固能互相发明也，故考其源实与理学、宗教同时并起，而时间、空间之论即本书所云物、心、神之实体，故纯正哲学其范围极大，而东西洋、印度各学派遂因之以分矣。此书凡四章，首叙论，次总论，三结论，四附录，详述哲学研究之法、社会发达之由，旨趣盎然，译笔明达，后附泰西哲学家年表尤足备考核学派之用。

倍根文集上下编一册 新民译印书局 洋装本，一册

英倍根著，达文社译。全书分上、下二编，计三十七章，所言多精微哲理，政治、教育、理想各家之讨索，惟书成于数百年前，所言诸多不合，然其理固无古今异也。惜译笔平庸不足以达之，苟得如严几道其人译之，其隽永当不弱于原书矣。

弥勒约翰自由原理一卷 译书汇编社《少年中国新丛书》第四种洋装本，一册

英弥勒约翰著，马君武译。弥勒约翰为泰西十九世纪之哲学家，所著得学界荣伟位置。兹书为其中年所作，凡五章，一总论，二论思想及议论之自由，三论个人为世间福祉之一原质，四论社会之主权对于个人上之界限，五论自由之用，皆发明政治上、宗教上自由真理，而以专制、迷信为社会之公敌，其言侵害他人利益法律得干涉之，真理以压力而愈助其成，及野蛮人之无自由，均有至理存焉。

哲学要领一卷 商务印书馆《哲学丛书》本

德科培尔著，日本下田次郎述，蔡元培译。哲学以德国为最纯粹，而无束缚宗教及政治之偏见。著者为德人，任日本文科大学教授，约举哲学之总念、类别、方法、系统分为四章，以告学者，而以绪言冠之于首。其所演说皆以最近哲学大家康德、黑智尔、哈尔妥门诸家之言为本，非特折衷于惟心、惟物两派而已，其言神秘状态实有见于哲学同源之故，而于古代哲学提要钩元，尤足示学者研究之法，诚斯学之门径书也。译者为吾华研究哲学名家，故尤能得其精神，使读者有穷理尽性之妙。

哲学要领二卷 广智书局排印本，二册

日本井上圆了著，罗伯雅译。本书综论纯正哲学，于古今东西各哲学皆胪举其大纲，考东西历史哲学家之学说而论哲学之组织发达。分前、后二编，凡十一章，共五十九节，一绪论，解释哲学之范围、目的、学派等类，二东洋哲学，三支那哲学，四印度哲学，五西洋哲学，六、七、八希腊哲学，九、十、十一近世哲学，卷末附以结果批评；后编言哲学之内部性质组织，凡十二章，一物心二元论，二、三唯心无物论，四非物非心论，五、六无物无心论，七、八唯心无物论，九有物有心论，十、十一物心同体论，十二结论。合前、后二编所论，则泰西现近各哲学家均有倚重之弊而乏中庸之实，其学说大都始于二元、终于一元，以证理想之循环，且演译、归纳各有所尚，感觉、怀疑派别遂异，调和东西古今之异，必待大圣人出，发明二元同体之说，则东西哲学乃完全而成一炉之冶矣。

哲学新诠一卷 商务印书馆本，一册

日本中岛力著，田吴焰译。哲学为各种科学之进步，而于宗教有特立之研究，故以怀疑、经验为二大派，以客观、主观为大问题。本书诠解哲学于各科学相关问题，而以认识实在新理以发明之，盖指示哲学门径思想之书也。凡十章，若干节；一何谓哲学，二哲学问题何故而起，三哲学与科学有何关系，四哲学当如何区分，五认识论何故为必要，六认识之起源相关之问题，七认识之本质相关之问题，八实在论之问题为如何，九古今实在论之主说如何，十宗教于哲学之关系如何。

铁血主义一卷 上海商务印书馆本，一册

日本德富健次郎著，王钝译。原名《单刀直入》，译者改为今名，语简能赅，论理爽彻，盖格言语录类也。

原政上编四卷 作新社洋装本，二册

英斯宾塞尔著，杨廷栋译。书为上篇，共四卷，一曰总论、二曰论

纲、三曰政治成体、四曰政治分体,每卷若干节,皆发明群治、公益各理,以证种族进化之原。盖政治机关非抵抗不能达其极点,而善因善变乃足极群之精神,此政纲、政体之成分所以关人群之优劣胜败也。作者素长群学,故能以社会之观念以征天演学之目的,其旨微矣。惜译笔间有冗长之病,能删润之则精湛矣。

人群进化论一卷上海广智书局本

日本有贺长雄著,麦仲华译。中分人群发生、人群发达、国家盛衰三篇,上二篇原本英国硕学斯宾塞尔之说,后一篇则著者之意见,采大家之哲理而折衷之,于优胜劣败之理与夫群治进化之故,反复推阐,渊渊入微,絜领提纲,条分缕析,使繁赜深奥之学理灿若列眉,言约理博,可称善本。译文雅洁,尤为深切著明。

动物进化论一卷《国民丛书》第一种洋装本,一册

英达尔文创义,美摩尔斯口述,日本石川千代松笔记,国民丛书社重译。本书凡九章,辟宗教家言上帝造万物之神话,以证万物同一元祖、优胜劣败之至理,其主义在使人知天演淘汰之烈,而奋发其生存竞争之念,若其考究物理之详尽,犹其鳞爪之余耳。由第一章至第六章论动物变迁之原,发明自然、人力、雌雄之种淘汰之故;七至九则言动物皆一元祖,并证明人类与猿相似之理。盖以进化为争存之本,故其立论甚确。译笔典赡,足达其诣,欲究穷理尽性之学不可不一读也。插图三十有二。

生物之过去未来一卷开明书店洋装本,一册

日本横山又次郎著,王建善译。本书发明生物进化之理,并详论动物头骨发育、智识增进之故,并以天演学理推之,数百年后有高等动物出,其智力均较今人为优,语极奇凿。中附洪积期人骨、始祖鸟、哀龙、胎儿四图,为附说明之。

生物之过去未来一卷启文译社洋装本

日本横山又次郎著,虞和钦、虞和寅译。是书专论生物本源发生及变迁进化之原因,雄奇瑰丽,能使思想界为之一新,按之学理,

至当不易。其立说大概为未来世界当有一种高等动物,聪明强力更过于人,而其形态必脑前鹗后、口无牙齿,且视吾等人类为丑物云。

达尔文天择篇一册《少年中国新丛书》石印本,一册

英达尔文著,马君武译。自严氏译《天演论》出,学者始知天择物竞之理,惜语焉未详,自达氏《天择》、《物竞》诸篇出而全世界学术、政治面目一变。是书分十二章,发明天择生新种致灭种之情状、特性分歧、生物构造之程度,而以动植物实验为比例,使人知灭种之可惧,而优劣胜败之说为可信也。所附灭绝各图,亦足以资借证。

物种由来卷一一册开明书店洋装本,一册

英达尔文著,马君武译。著者以天演淘汰为万物公理,而以天择物竞为优胜劣败之原故,详考物种、生殖、变异各理,而征以博物家之实验。卷首列新派生物学小史及绪言各一篇,其论家畜变异、自然变异、物竞天择变异之例凡五章,盖原书之第一卷也,新中国少年社之《物竞》、《天择》二书即此书中之第三、第四两章也。译笔条畅可读,惜多枝词,能删汰之则成完璧。

物竞论一卷《少年中国新丛书》第一种合刻本

英达尔文著,马君武译。全书发明物竞与天择及植物争存互相关系之理,并引美、非二洲各种动植物之竞争生存以为证据,且戒物勿惧天战,以恒自强救种之灭,立言可谓透彻矣。

以上哲理

社会进化论一卷《闽学会丛书》本

日本有贺长雄著,萨端译。社会状态何日不在进化之中,炫于目前之文明不知所以变迁之理,则识见谫陋自不待言。是书分三篇,前二篇多据斯宾塞尔之说,后一篇全出著者之心得,其于人事变迁、国势消长论之綦详。

社会学提纲一册教科书辑译社洋装本

美吉登葛斯原著,日本市川源三译,吴建常重译。原名《社会进化论》,专言社会、个人之顺应、豫期、经济、经验之观念。书凡六章,皆发明社会之目的、聚合、联合、心意、体制、制度各事,盖社会学提要钩元之作也,惜理想高尚,译笔肤浅不足达之。

社会学二卷上海广智书局排印本,二册

日本岸本能武太著,章炳麟译。社会学为晚出宏大切实科学,近三十年在欧美学界有掩袭百流、一炉同冶之势,而吾中国学界犹复懵然,自严氏述《天演论》略阐斯诣〔旨〕,惟作者既非专门,所述仅得鳞爪,学者欲窥完全新说难矣。全书首绪论,次本论,本论分为六章,一原人状态、二社会与境遇、三社会之起原、四社会之发达、五社会之性质、六社会之目的,所论条段简明,学理精确,实治此学最善之本。盖原书本为日本专门学校讲义录,几经审订乃成完书,荟粹群书自树一帜,译者学术博通,所定名词切实精确,若此书者殆译界之善本也夫。

社会通诠一册商务印书馆洋装本,一册

英甄克思著,严复译。是书提纲凡四,列目十四,据天演之例以考社会之阶级,胪殊俗之制以证社会之原理,其所发明宗法社会谓由豢扰禽兽至于种人群制,再进而为耕稼民族,又进而为工贾行社,虽言我国事绝少,然多与我国四千年来社会吻合,译者时引伸其义证以我国社会情状,可为治群学者之龟鉴矣。

群己权界论一册商务印书馆洋装本

英穆勒约翰著,严复译。欧学东渐,自由说盛,然所谓自由者必有限域,我国社会骤闻其说,遽尔昌言,往往不知权界侵人损己,流于狂恣,则由于未明其说之本原也。穆氏为英大儒,学识迥绝,所著辄受赞美,兹篇首释思想言论自由,次释行己自由,明特操为民德之本,次论国群、小己权限之分界,终论自由大义之施行,其精理名谭洵万世之奇著。

社会学三卷上海开明书店洋装本,一册

日本涩江保著,金鸣鸾译。书三卷、十六编,一至八言社会据及宗教之观念,九言社会之进化,十一至十六言家族之关系。全书以斯宾塞尔之《社会学原理》第一、二卷为蓝本,杂采东洋诸说以相发明,大致以迷信为未开化人之征,而宗教实人群之一原动力,故必有家族而后有社会,而男女之婚姻尤为社会主脑,构造之关系为极巨。造端夫妇,宜尔室家,中外固一致也。

社会主义一卷 文明书局本

日本村井知至著,侯士绾译。全书凡十章,发明欧洲现时之社会问题,及有关涉于道德、教育、美术、妇人、劳工、宗教各原因,皆抉其要言之。其云因工业而有机械,因机械而生社会,因社会而生富财,自十九世纪以来劳工社会遂变为资本社会,贫富相悬,竞争轧轹,遂影响于今日欧洲社会。作者意欲厘正尽善,除旧布新,永合于均平之治,欲人各尽其责任,化工业时代而为道德时代,其旨趣亦大矣。

社会主义一卷 广智书局,一册

日本村井知至著,罗大维译。是书凡十章,发抒欧洲现时社会问题而推论主义,对于道德、教育、美术、妇人、劳动团体、宗教、理想各原因,盖以平等为社会之准,以道德时代为进化之极,力去个人私利,使群享幸福,其目的亦伟矣。著者撷美国之学说演说成书,虽不免丛杂之病,而却有精妙之理焉。

人权新说一卷 译书汇编社洋装本,一册

日本加藤宏之著,陈尚素译。本书主持进化主义,以优胜劣败为社会之确论力,驳天赋之权之出于妄想,并博引诸说相驳诘,以征其说之可信。书凡三章,皆综论天赋人权及权利忘〔思〕想进步之理,且以民人有普通选举权之非,而以英之限制选举注意实际为合于立宪之公理,并能力制过激主义,令民人咸有爱国思想。其立论精纯,可谓能见其大者矣。

以上社会

穆勒名学二册壬寅三月金粟斋本

英穆勒约翰著,严复译。穆勒约翰为西方名学大家,著书极富,严几道先生仅译其甲部,计八篇,一论名学必以分析语言为始事,二论名,三论可名之物,四论词,五论词之义蕴,六论申词,七论别事理之理法兼释五旌,八论界说,其卷首列引论一篇尤扼全书之要。按名学与理学不同,故其界极严,然名学能以无疑决他学有疑,其层累曲折,考名理义言,颇足辅穷理致知之用,盖各学之本原也,故西儒贝根谓之学学,其旨诚人勿以推知为元知,而归于诚实无妄,名学之用斯大矣。

名学一卷日本日新丛编社本

杨荫杭译。欧洲人以名学为各种学问之本源,学校必以供教科之用,其旨极隽永,其意极明显,而其学有东、西洋之分。是书以名辞、命题、推度法为三大部,而三部之中派别极广,盖神妙存乎人,其理固不易也。其学在中则尹文子、邓析子、惠施、公孙龙之徒与之相近,老、庄间亦相同,惜其未纯,至佛学盛于印度,内典诸说颇多名学,盖东洋之学起于印度,其流固不远矣。

论理学纲要一卷商务印书馆《哲学丛书》本,一册

日本十时弥著,田吴炤译。论理学为学问中之学问,为教育家所必知之科学,盖以人推断事理、讲解学问,非此不能清其界限,其源出于希腊,而与坚白、异同之说相近,即西人所谓辨学、名学是也。是书为近日新出之本,为日儒中岛力造所推许,首绪论,阐明论理学之定义、法则、资料与诸学之关系区分;第一篇曰思考原论,凡六章,推论思考之原理、本质、定义、名辞之义类,包延命题之类式;第二篇曰演译推理,凡六章,言直接、间接推理之本质,推测之各等格式,关于演译形式、资料谬误;第三篇曰归纳原理,凡四章,言归纳推理之概说、本质,又归纳研究法及关于归纳推理之谬误;卷末曰结论,论式之种类排列以竟其绪,而以演习问题附录之,名学书中之最新备者。至书中所用西字,译者仅假以作记号用，无深意焉。

论理学一卷《译书汇编》本

日本高山林次郎著，汪荣宝译。论理为推论形式法则之学，其原创于希腊，盖本几何之公理，比较二物而定其三之作用，即西人之名学、辨学类也。其学虽以知觉运动为宗，而归其作用于心，究与心灵学有异，东人名为论理，洵为定名。凡六章，一总论，二名辞命题及三段论法之序论，三统论名词、主词之关系，四命题，五命题之对当，六直接推理。所译仅上卷，未为全豹为阙憾耳。

论理学达恉一卷文明书局洋装本

日本清野勉著，林祖同译。论理学为哲学之滥觞，即名学、辨学类也，其学分演译、归纳二门，同源异流，各有其是而不可偏废。本书凡三十一章，于其性质、沿革、界限、形式皆举要言之，第一章至二十四章推论外延内包、思想三段、构造重体伪论各理，盖演译类也，二十五至三十章则言归纳各法而以分析、淘汰、观察、试验推诣明之，三十一章言演译，以发明错综因果之理。

以上名学

宗教第十九

世界之十大家一卷作新书局洋装本，一册

日本久津见息忠著，黄天暹译。此书凡十章，以比较世界宗教为主义，故于埃及、希腊、罗马、斯康的那比亚之古教，以及犹太、依士列孟、基督、伯儿细亚、波罗门、佛各教，皆考其定义、起源及与科学相反之理。

万国宗教志九卷镜今书局洋装本，一册

日本内山正如著，罗大维译。各国宗教以迷信皈依为主义，以入主出奴为目的，自世界有宗教家而杀戮之争益烈，十七世纪之欧洲流血盈野，同类相残，读史者可胜长太息哉。是编汇五洲宗教

家而渺为一书，凡分九编，一总论，二佛教，三印度教，四回教，五波斯诸国神教、支那日本教，七宗教余论，八宗教大祖传、各哲学大意，编各为章，章各为节，皆发明各宗教之源流、派别而叙其盛衰权力之由。末附以哲学各史，盖证明文明日进、民智日开，宗教将失其权而物理致知之实学将大昌明于世矣，惟侪孔子于宗教中未免不伦。

庚子教会受难记上下二卷广学会排印本，二册

英季理斐辑，任延旭译。上述使馆被围情形，各教士避难纪略；下卷述各耶稣教士被难纪略，附以小传若干。读之者想见当日匪势之盛，纵庇者之罪为可诛矣。

以上宗教

体操第二十

体操法五卷湖北武学本，上海扫叶山房石印本，宝善斋石印大字本，作新社洋装本

德国武备原本，德瑞乃尔口译，萧诵芬笔述。体操为西人强种要法，大小学堂皆定为课程，故通国之民皆可为兵。其操法有四，曰空手体操、曰运枪体操、曰用架体操、曰越险阻体操，附图六十以明之。此乃教兵士之书，故不厌其详焉。

国民体育学一卷文明书局排印本，一册

日本西川政宪著，杨寿桐译。日本自甲午战胜后，益知国民之体强弱为生存竞争之要质，创体育会以训练国中之青年，西川氏复著是书以传布各处支会，以资研究。书共六章，首论结婚，二论婴儿之体育，三论幼时之体育，四论少年之体育，五论青年之体育，六论少女之体育，于儿童发育康健之机、教养之方皆三致意焉。惟第一章至四章多与陈氏毅所译《胎内教育》相同，虽著者各殊，然公理则一，固未可以用意雷同相病也。

普通体操摘要一卷湖北武学本，上海扫叶山房石印本，宝善斋石印大字本

  王肇铉译。原书为日本师范学校教授生徒课本，八十七章，今摘
  取其演习哑铃八章译之，其空手体操已详《体操法》中空手体
  〔操〕部，此故略之。

蒙学体操教科书一卷文明书局三版本

  日本坪井玄道、日本田中盛业合著，丁锦译。此书原名《小学普
  通体操法》，参酌《新撰体操书》、《新制体操法》二书，又证以经
  验，始著为定本，译者仅译其上篇，其下卷哑铃操另编为高等教
  科书，其原例则备译入此本以备参考。书计四章，一曰整顿法，
  二曰矫正身体术，三、四徒手体操，附图列说皆甚明晰。

国民新体操一卷科学仪器馆洋装本，一册

  日本嘉纳治五郎编，钟观光译。本书记德人孙唐体力养成之法，
  及孙唐之在欧美兴行斗狮各事，卷末附年龄表练习法及解剖图
  一幅，皆征明本书所言之理，以励青年之学步者。卷首插孙唐十
  岁及现今肖像，俾读者比较知练习之有益焉。

高等小学游戏教科书一卷文明书局本

  日本山本武著，丁锦译。本书凡二章、四十八节，皆以游戏之法
  活泼幼稚体力，以养成尚武精神、爱国性质。事虽纤微，收效甚
  大，读之者毋以游戏忽之也。

游记第二十一

满洲旅行记二卷广智书局排印本，作新书局改名《白山黑水录》，洋装本
  一册

  日本小越平隆著，克斋译。上卷记满洲全地之形势，于俄人经营
  东方铁路情形尤极注意；下卷考求满洲物产、疆域沿革、山岳、江
  河、平原、窝集、面积方里，言之綦详，盖满洲地理志之书也。原
  书集自日本田边工学博士之调查及迁膜氏之实见并露国之书，

及闻诸日本远山景直氏及某氏之言以为证。

东三省丛话《政法学报》本

日本户水宽人著,政法学报社员译。是书为日本户水博士游历哈尔滨各处日记,虽语多琐屑,而其间涉及政治足为我棒喝不少,留心东三省时局者当取读之。

美风欧云录一卷镜今书局洋装本,一册

日本松本君平著,钟朴岑译。书为日本松本氏游美、英二国时调查政治、风俗之作,盖日记类也,其中言美之殷富、英之强盛,一切工商实业日事振兴,足为全球竞争之母。卷末附《英国论》二,言英国殖民政策膨胀弥缝之理,均甚有见地。惟原书未记游历之年,然考其言日本伊藤侯在纽约所寓馆在李文忠以后,又著者得见美统领麦荆来氏,其时大约在我华光绪二十四、五年间也。

报章第二十二

续西国近事汇编二十八卷上海石印本

钟天纬、郑昌棪、李岳衡、张通煜、蔡祚来、王汝骋、凤仪、汪振声等编译。始壬午,迄丁酉,于泰东西各国大事皆择要译之,颇备考核。丁酉以后报界日进文明,则此等书已成筌蹄矣。

报章源流一卷《南洋官报》本

英姑连氏原著,南洋官报馆节译。是书作于十九世纪,原名《报章沿革书》,于欧美各国报章沿革言之极详。按西国报章始于罗马,由官主持以当文告,未有论说,迄罗马分裂以后,言论自由之说出而流弊益滋,读是书者知文明诸国于报章定以专律,此民志所由定而国政所由立者矣。

英汉汇报上海排印本

英卢和生编辑。分论说、上谕、各国政治新闻、中国外交事情、工

艺制造、律例,皆英汉互译,习西文者颇便参阅。全年二十四册。

游学译编 日本东京排印本

湖南游学生编辑。凡分十二门,曰学术、曰教育、曰军事、曰实业、曰理财、曰内政、曰外交、曰地理、曰时论、曰新闻、曰小说,皆编译书报,间以新旧,摘其菁华,自为贯串,求合我国民程度、动阅者感情,实可谓译界中之进化矣。译笔平易近人,不求精深,过渡时代之言固宜若是。

政学报 上海排印本

张鸿等译撰。首录上谕,二本馆论说,三中外奏议章程,四图画,五译报,六选报,七同社著述,八政治小说。始光绪二十八年二月,出三册停。

新闻学一卷 商务印书馆排印本

日本松本君平著,商务印书馆译。新闻纸为社会之代表,欧美各国视之极重,故学堂列为专科。本书凡三十六章,详论新闻纸社员之权限、编辑之方法、发行之效果,并胪举英、美、法、德、俄五国新闻之事以相印证。盖新闻纸实为政治之机关,断非无学识之人所能主持,其左右世界之力为现今最有权势之作。著者为日人,其所论皆出于泰西新闻社之实历,则此书洵宜取读也夫。

译书经眼录卷之七

议论第二十三

首通论,次论政,次论学,次论兵

东亚将来大势论一册上海广智书局本

　　日本持地六三郎著,赵必振译。自西洋各国触接以来,我华政治方针一变,迨来势成积弱,外人犹耽耽深防黄祸之发,阴谋所伏,谬欲瓜分,国家、种族之安危早为识者所深虑。是书原名《支那问题与日本国民之觉》,计五章,类皆预测俄人可畏,西洋各国互圈势力以相抵制,而亚洲各国遂为集矢之的,可惧也夫。其第五章唤起国民精神以求自立于不败,智者之言固宜尔也。

支那问题一卷《译书汇编》本

　　赤门生辑译。是书以日本持地六三郎《支那问题与日人国民之觉悟》及美人卜氏所著某书为粉本,书中措辞惊心动魄,读之令人悚然起保种强国之心。

支那问题一卷文明书局洋装本

　　日本持地六三郎著,中国愈思斋主人译述。本书即广智书局赵必振所译《东亚将来大势论》,大旨以研究支那问题为主脑,而以职任悬之日本为主义,历引支那历史及世界各国对于支那之情形以发明之,虽措辞间有过当,然其议论透彻处论世者或有取焉。

支那一卷广智书局洋装本,一册

　　美魏礼森著,黄斌、范祎同译。支那问题西人著书无虑数百种,作者为美之陆军统将,游历最久,考察亦详,故所论情形专注重于教育，以发达农工商业进步为救贫弱之原，各篇之中三致意焉。原书二十二章，译者删并定为八章，综论中国地理、政治、教育、商业及历来交涉之失败，措辞稍激，然亦有为之言也。书成拳匪乱后，于各国对我政策危言耸论，深切著明，俄法阴谋、英德日现状阐抉无遗，迄今多验，盖著者为美人，固无所容其讳饰。其言美国最近思想以开通海道、减少运费为独擅我华之商务，且云福州、杭州、宁波等处皆合美国作为海港屯军之用，美由孟禄主义变为帝国主义，其说亦可畏矣。

中国现势论一卷商务印书馆《帝国丛书》本

法□□著，日本中国调查会译，留学生重译。全书凡三篇，首篇曰中国经济上之地理，凡二章，分若干节，于中国各省之经济统计列表胪载，颇称明备；二篇曰中国与列强之关系，凡五章，详言马关条约成后欧洲各国在中国肆其权力，俄租旅大，德占胶州，英据威海、九龙，法亦踏入中国南部，神皋之区遂为西人竞争之场，可不惧哉；三篇曰于中国通商口岸之经营，凡二章，言中国路矿之失权、列强势力之扩张，海军、贸易各表读之弥觉悚然。

支那鸦片病国史论一卷文明书局洋装本，一册

日本永野吉佑著，金柯译。鸦片烟之输入中国迄今百余年，漏出之银凡三十八亿两，国病民贫至于此极，中西交涉之失机亦肇端于此，抚今思古，可胜浩叹！本书著之日人，旁观者清，颇可取法。计五章，一沿革、二各港鸦片贸易之景况、三东印度之鸦片耕作、四论鸦片之流害、五结论，于鸦片原委列表言之颇详，其所筹禁烟之法六策，自以改正条约、鼓舞青年二策为最。

扬子江流域现势论一卷广智书局本，一册

日本林繁著，汪国屏译。扬子为中国血脉所关，古所称天堑也，互市以来为外人竞争之场，其出口物产足以敌输入之品，富源所灌，宜为东西人所注目矣。是书计四编，二编阙航路、铁道二章，三编阙就兵备上所见扬子江一章。综观全书，溯江流而论各商

埠地势,颇极精详,于四川、湖南尤属目焉,未雨绸缪,保我要区,其毋令为印度、埃及之续也夫。

俄罗斯对中国策一卷_{日本洋装本,一册}

日本度边千春著。自非洲瓜分后,欧洲列强视线转集亚洲,中日战后而绝东之问题起矣。是编所论者惟中、俄二国之关系,凡三章,一俄罗斯对亚细亚大陆,二中俄交涉沿革略,三俄罗斯之世界政策与对中国方针,且言俄国财政困难、国债日重,非维持世界和平不能遂其辽东政策,然列强皆耽耽于此,岂能任其狡狯?其致败也固宜。

第十九世纪欧洲政治史论一卷《译书汇编》本,作新社洋装本

日本酒井雄三郎著,华文祺译。凡四章,一曰近代欧洲之起原,二曰政党之抗争及制度之变更,三曰欧洲之政界进化,四曰物质进步所及政界之影响,后附结论一篇。书中论英、法、德、奥四国政治之沿革,以共和、立宪代专制政府,民党迭为冲突,几经竞争,政治、经济、社会各界始克进化,文明一新趋向也。

十九世纪欧洲文明进化论一卷附二十年来生计剧变论一卷上海广智书局排印本,一册

日本民友社著,陈国镛译。欧洲各学之进步始于十七世纪,至十八世纪而发达,迄十九世纪而文明进化乃定,其中如哲学、美术、工艺、宗教、政治、殖产等之改革,皆前者种因后者结果,其无形之转移潜化有执历史而不得其故者矣。本书凡二章,一曰十九世纪之前纪,追溯文明进化之母;一曰十九世纪,则论物质进步之影响,而以法国革命之乱为感动欧洲进化之原,盖西人学识经一次骚乱则民人增一番阅历,非贸贸然而能达此极点也。原名《十九世纪之大势》,作于日本明治二十六年,故篇称二十世纪为未来,译者以近来生计变迁皆由物质进步之故,择译日本田尻稻次郎所著《二十年来生计剧变论》以附于后。

西洋文明史之沿革一卷文明书局洋装本

美家永丰吉著,日本山泽俊夫编辑,王师尘译。本书大纲以进步、统一、自由三思想为结合文明所以发现者,由上古迄今,追讨其发达之故,且征引法之历史、哲学诸家学说,以详究文明史之沿革,其精粹处颇多人所未言者。

野蛮之欧洲二卷上海独社洋装本,一册

德麦克塞挪斗著,英亨勒孟书局译,独社重译。是书原名《泰西文化弊伪论》,中分宗教、政治、政体、生计、风俗诸论,痛诋时弊,为欧美各国所禁,译者抽译其政治、政体二编。其立论大旨以欧洲之纳赋税、守法律之未尽自由,而君主政体尤为野蛮之恶果,盖愤时嫉俗之作焉。

最近俄罗斯情势论一卷金陵启新书局洋装本,一册

日本内田硬石、吉仓凡农合著,启新书局编译。本书原名《露西亚论》,日本黑龙会出版之书,成于光绪二十七年十月,于俄国现在情势调查详备。凡六章,曰总论、曰俄罗斯帝国之根柢、曰俄罗斯帝国之运命、曰日俄海陆军之实力比较、曰平和之施设、曰结论,于俄之政治、军制、财用等类均能详言其腐败之故,并筹日本对俄之策,情势了如指掌,以此觇国,宜日人之操胜算矣。其言俄人图谋东三省不若图蒙古为得计,西伯利亚铁路实为将来致败之原,所论均有至理。中附军制、财政比较各表至为详悉,日人之处心积虑已蓄于数年之前,可畏也哉。

以上通论

政教进化论一卷广智书局本

日本加藤弘之著,杨廷栋译。原名《道德法律之进步》,书共三章,译者以第二章头绪大烦,析为三章,共成五章。全书持论以优劣胜败为天演之公理,故必弱者图强方足为争存之的,其较耶氏兼爱为物竞之反对辩论处极有至理。

自助论十三编《通社丛书》再版洋装本,一册,一名《西国立志编》

英斯迈尔〔斯〕著,日本中村正直译,羊杰重译。本书以勉人勇

往进取、立志崇俭为主义,历引西人成功家历史以相印证,盖有功社会之作也。全书凡十三编,编区若干节,一论邦国人民之自助,二论发明机器之元祖,三论四大陶工,四论勤敏,五论机会,六论工艺之发达,七论贵族,八论刚勇,九论事务职业,十论用财宜慎,十一论自修,十二论仪范,十三论德行之关系。其精义妙理颇足收顽廉懦立之效,译文亦条畅雅饬,足达其旨。

论邦国及人民之自助一卷《群学社编》本

英斯迈尔斯著,日本中村正直译,林文潜重译。是书为《西国立志编》之一,其立论警辟处最足发人深省。

加藤弘之讲演集第一册作新书局洋装本

作新译书局译。加藤氏为日本德学派名家,是书系摘译其讲演集,凡十一节,所言天则权利、道德法律关系类能据理而言,无嚣张之习。其第十节言立宪政体与自治制度,并斥法人路索之民约主义之误,英则专依法理循序谋新制度,宪政渐次发达,遂致强盛,法为法理诸说所囿,宪政未能完备,盖有感而发者也。

权利竞争论一卷文明书局洋装本,一册

德耶陵著,张肇桐重译。权利为人生必需之具,权利失则人之体格失矣,西人保护权利至出死力以争,盖优劣胜败之理虽系于天演淘汰,抑亦人之不善守其权利而竞争失其道耳。著者为德国私法家,尝主奥国大学讲席,以奥人萎靡,临别作此书赠之。全书发明权利竞争之理,凡五章焉,译者据英、日两国译本译之,殆欲读者知权利之重而起竞争之心也乎。《新民丛报》《权利思想篇》系掇此书大旨而成。

以上论政

修学篇一卷上海广智书局本,一册

日本饭田规矩三著,蒋方震译。书分十章,曰绪论、曰校外修学、曰目的、曰普通学、曰择书、曰读书、曰质疑、曰求时、曰有恒、曰括论,大旨以少年修学为竞争之预备,而以优劣胜败为归,校外修学尤自修之要，反复辩证，尤有益于蒙学焉。

教育家言一卷广智书局排印本，一册

蒋百里译。本书为日本苏峰生《教育小言》中之第一论，凡分五大节，以富进取、重责任、去倚赖性为教育国民之实效，历引欧西史事以相印证，盖无活泼、坚实、猛勇之性不足以屹立于天演淘汰之中故也。译者间附按语，亦有见到之处。

学生立志论一卷文明书局洋装本，一册

日本柳内虾著，秦毓鎏译。本书凡八章，大旨勉人以勇往进取为成功之母，而以怠惰玩忽为致败之原，立论深切著明而无偏激之语，足为青年规则焉。

史学原论一卷《闽学会丛书》洋装本，一册，《北洋学报汇编》本，进化译社洋装本，一册

日本浮田和民著，刘崇杰译。书凡八章，一特质及范围、二定义、三价值、四国家、五地理、六人种、七大势、八研究，博引泰西学说加以论断，盖泰西论史之书也。惟译自和文，悉用日本名词，为美中不足耳。《北洋官报》本加以注释，殊便观览。进化译社罗大维译本与此大同小异。

史学概论一卷《译书汇编》本

衮父辑译。是书以日本坪井九马之《史学研究法》为粉本，复参以日本浮田和民、日本久米邦武诸氏之著述及他杂志论文辑译而成，所采皆最近史学界之学说，与古史学有异，然其立论近于偏宕，盖论社会、历史之类也。

以上论学

杂著第二十四

首杂记，次琐录，次丛编

少年鞭一卷《群学社编》本

日本营学应著,郑诚元译。言艰难困苦足为青年学问之助,发明处颇有至理。

田川大吉郎之学说一卷《新世界学报》本

日本田川大吉郎著,杜士珍著。历叙不平之说,末以日本伊藤诸人证之,盖以孟晋为主义者,优游泄沓之流得此著读之,或可当瞑眩之药乎。

活青年一卷东华翻译社洋装本,一册

日本铃木刀著,范迪吉译。斯书不分篇章,大旨以自任独立、进取武健为大丈夫之本领,其措辞以激发青年刚毅之气为归宿,虽不免偏激,然其救世之心固不啻瞑眩之药也。内附案语七则,亦沉痛可读,译者文笔足以达之,故一洗翳障之弊。

女权篇一卷《少年中国新丛书》第一种合刻本

英斯宾塞著,马君武。著者以重女权为宗旨,全书十节,大都论男女之权起伏相同平等、自由之天则,力辟不同权、无灵魂之说,而女子服从为野蛮,唱随伤夫妇之感情,及驳夫妇同权不睦、妇人不可操政治权诸说为不可信,寥寥二千余言,虽足达其思想,究未足为定论也。

男女交际论一卷上海文明书局洋装本,一册

日本福泽谕吉著,张相文译。著者为东邦第一醇儒,因慨念当日日本女子墨守古训无才为德之说,故特撰是论以挽救当日积弊。自此书出,日本女学勃兴,去压制服从之习,此书诚女界之新导师矣。

　　以上杂记

致富锦囊一卷开明书店《实业丛书》第一编洋装本,一册

王建善译。是书原名《成功锦囊》,以勉人勤奋为成功致富之由,历举泰西名人事迹证之,俾人有所观感,盖有功社会之作也。译者间附片语,足以发明本书之旨矣。

战余录一卷时中书局《民辱丛书》洋装本,一册

陈崎编译。是书凡五篇，曰担夫、曰难民、曰土人、曰起居、曰杂记，皆记咸丰年英法联军犯北京北塘一带居民情况。原书摘译自英人斯文化氏所著《北支那战争记》之一部分，其措辞讥我民族之媚外无气节，备极戏谑，读之令人愤愤，译者间附按言，尤足令人激发国民之志气焉。

泰西事物起原四卷文明书局排印本，二册

日本涩江保编纂，傅运森译补。分天时、地理、人类、文事、科学、工艺、教育、政治、法律、宗教、礼仪、卫生、机械、商业、农事、军事、建筑、服饰、饮食、游戏、动物、植物、矿物、杂志，凡二十三类，皆汇考西书，详其原始，惟多引教书中言，未尽足据，且此等书亦犹吾华类书，无关宏旨，留备参考可也。

伊索寓言一卷光绪二十九年商务印书馆第四版本

希腊伊索著，林纾、严培南、严璩同译。伊索为希腊古时名士，距今二千五百余年，所著大半寓言，其说理新奇，大有裨于蒙学、修身之用，近时欧西哲学辈出，各本创见，立为师说，虽硕学如斯宾塞尔，其重蒙学仍不废伊索氏之书，盖正言庄论不如诙谐之感人深也。译笔修洁，间附按语，尤足醒目。

新厂谐译初编一卷上海清华书局本

周树奎译。本书撮译泰西谐语辑为此书，颇多隽永之词，足以启人思想，盖小说中之新颖者。

妖怪百谭一卷上海商务印书馆本，一册

日本井上圆了著，何琪译。自鬼神之说中于人心，而怪力乱神、孤虚旺相诸说遂大施影响于华社会，日本井上君以哲理之思想辟末俗之流传，曾著《妖怪学讲义录》一书，分实、虚、伪、误、假、真六怪，而以总论、物理、医理、哲学、心理、宗教、教育、杂部八大科综括之。是书凡百谭，皆从《讲义》中选录，皆伪怪、误怪类也，译者复加附录以相发明，洵有功世道之书。惜译者据和文直译，剪裁未工，为可惜耳。卷末附《鬼门论》一篇，倡革教之论，

译者复附和,偏激失当,窃所不取。

以上琐录

天则百话一卷广智书局排印本

日本加藤宏之著,吴建常译。原书凡百节,载于日本《太阳》杂志中,随笔记载,故不成一家言,然其中精理名词固有足供社会研究者。译者间附按语,颇有特见,并删书中无关宏旨者十节。

机外剑客杂著六种《政法学报》本

耐轩译。机外剑客,日本渡边国武子也,子为日本政治家,明治维新与有力焉。此为其二十年前所著,议论透彻,论者谓以禅理演政治,非大政治家不能云。书凡六种,一政谈一夕话、二政海一澜、三先进遗响、四狮子球、五矫世危言、六余论。

以上丛编

小说第二十五

首政治,次科学,次侦探,次儿女,次冒险,次神话,次社会,次理想

雪中梅一卷江西广智书庄洋装本

日本广重恭著,熊垓译。书成于明治十年,当时党派纷争,互相水火,外侮内患交迫而来,因著此书以调停平民、贵族之间,约十余万言,盖以政治家言作先河之导,文笔亦旖旎可读。

星球游行记一卷彪蒙译书局洋装本,一册

日本井上圆了著,戴赞撰。凡六章,记觉世生历游共和、商德、女子、老人、理学、哲学六世界,盖寓言之类也。书中立意颇有秩序,大旨以变法各事非一蹴可几,必循序为之,乃可立于不败之地也。

政海波澜四卷作新社洋装本

赖子译。书凡四卷三十五滴,为政治小说,所记系十余年情形,为彼都风俗议论之影,书中如东海国治及松叶、竹枝、梅花三女史情形缠绵,讲求政治而无佻达之行,大异吾国小说家所记才子佳人幽期密约之事,所论自由演讲各节亦措辞正大,无偏激诡随之习,吾于小说而知国家盛衰社会兴替之由矣。至其文笔旖旎,颇得六朝气习,是亦大可观者。

以上政治

世界末日记一卷北京《经济丛编》本

法佛林玛利安著,某氏译。言地球日老、太阳日冷,世界遂成冰雪而人类尽矣,其末日也仅有男名阿美利加、女名爱巴以终其局,盖寓言类也。语极凄惨奇凿,译笔典雅,足以达之。著者为法之著名文家兼天文学者,是书为其所著,原名《地球末日记》,以科学精确之理与哲学高尚之思融会而成斯著,小说中奇构也。

梦游二十一世纪一卷商务印书馆洋装本,一册,《绣像小说》排印本

荷兰达爱斯克洛提斯著,杨德森译。书纪西历纪元后二千零七十一年事,届时科学日精,造成大同世界,人民乐利,销尽战争,气球御风于天中,气筒运暖于地下,文明极点,读之令人神往。此书风行欧土,递相翻译,此本英文译成,文笔亦畅达可读。

空中飞艇上下二卷明权社洋装本,二册

日本押川春浪著,海天独啸子译。是书以科学之思想为主脑,复以才子佳人之事组织之,遂觉结构新奇,一洗陈腐,译笔复雅驯修洁,尤觉豁目。书中所记法武柄博士、日本一条武文、轻城伯、蔷薇娘诸事各具情状,洵属写生妙手。

环游月球一册商务印书馆洋装本

法焦奴士威尔士原著,日本井上勒译,商务印书馆重译。书为科学小说,发明炮弹速率、星月引力各理,而以美人巴毗根尼哥尔马斯顿亚腾诸乘炮弹飞行天空环游月球一转组织之,事虽子虚,然所论制造各事非深于科学者不能,译笔亦修洁可读。

以上科学

毒蛇案一卷成都《启蒙通俗报》本

黄鼎、张在新合译。书记英议探休洛克福而摩司于西历一千八百八十三年所缉英医牢爱勒此用印度蛇毒杀女子鞠利欧一案，于案中情节言之极详，译笔亦奇警可喜。

宝石冠一卷同上

黄鼎、张在新合译。记福而摩斯缉明英某银行股东亚历山德花而特遗失宝石冠一事，案情离奇，福能精细考察，俾股东之子阿收得以昭雪，诚智矣哉。

离魂病一卷文明书局本，一册，《新小说报》本

披发生译述。本书所演奇案乃美国事实，年月无考，约二十年前事也，所记乃美之奥利安州厚利银行失银一事，中如阿松之贞、雁英之义、院长之酷虐、真二福太阿桃之阴险、余金藏之病，缕晰言之，一洗翳障。惟译笔间有冗复，然演义体固宜尔也。

毒美人一卷《东方杂志》附刊本

美国乐林司郎治原著。是书记美人李劳来设塾于格偏维尔镇被杰姆森枪毙一案，经侦探福拉史侦破，其中情节变迁，颇有出人意表，亦足见西人侦探之术精矣。

邮贼一卷《东方杂志》附刊本

美某氏著。记美人劳而飞为侦探盗婚书以成友人梅甫葛丽兰婚姻之事，书中记穆汉尔之阴险卒以自败，于以知天道之尚存而机械适以自害也。译者用演义体译之，尤觉一洗翳障。

唯一侦探谭四名案一卷上海文明书局洋装本，一册，商务印书馆译本名《案中案》

英休洛克呵姆斯缉案，英爱考难陶列辑述，吴荣鬯意译，嵇长康作文。本书原文为医士华生笔记，凡十二章，盖记英兵官罅丢背约独挟珍宝五十万磅自印度遁归伦敦，友人莫敦索之于前，罪人思麻报复于后，卒致子死非命，宝沉诸江，首谋四人固未得之，而

鳝丢父子或以忧死、或被害死,象以齿焚,财能贾祸,天理循环,报应之说固不尽诬也,惟华生随呵氏探案多年,竟因此得偕嘉耦,殆由天定。书中所记如呵氏察表而知华生之兄之为人,用犬而得罪人之踪迹,神妙莫测,实存至理,读思麻所供一章知负人之宜谴而怨毒之于人甚矣哉。译笔冗复,可删三之一,然写情栩栩如生,固小说之佳构也。

补译华生包探案一卷商务印书馆《说部丛书》第一集本

英华生笔记,商务印书馆译。最先译包探案者为上海时务报馆,即所谓《歇洛克唔斯笔记》是也,呵尔唔斯即福而摩斯,滑震即华生,盖译写殊耳。嗣上海启明社续译凡六则,上海文明书局复选译七则,顾华生自言尝辑福生生平所侦奇案多至七十件,然此不三分之一耳。本书所译凡六节,情迹离奇,令人目眩,而礼典一案尤为神妙,机械变诈,今胜于古,环球交通智慧愈开而人愈不可测,得此书枨触之事变纷乘,或可免卤莽灭裂之害乎。

新译俄国包探案□卷商务印书馆《绣像小说》报本

《绣像小说》报译。书记俄包探梅嘉谐侦探女士裘丽华用海留卜儿汁毒死俄大豪伊坤图及侄伯兰一案,其述包探梅嘉谐改变面目为某伯爵至裘氏家借宿各节,尤奇凿可读。

以上侦探

俄国情史一卷作新书局洋装本

俄普希罄著,日本高须治助译,戢翼翚重译。书凡十三章,一名《花心蝶梦录》,记俄人弥士与玛丽结婚,中更兵燹,几经患难而后团圆,盖传奇类也。全书三万余言,情致缠绵,文笔亦隽雅可读。

儿童修身之感情一卷文明书局洋装本,一册

天笑译。书凡五章,记意大利瑞那地方工人子十三龄寻其母于北美洲事,途中备历艰辛,卒得达其目的。至孝格天,固无中外别也,译笔亦清晰可读。

忏情记上下二卷 商务印书馆洋装本，二册

日本黑岩泪香原译，商务印书馆重译。原著为法兰西小说，记法女花娜钟情医士穆洛根事，中经男爵福雷曼尔、法女忆茶各变，因案系狱，几陷谋杀二夫之罪，卒以昭雪，得与穆洛根成夫妇。译者仿章回体出之，写情颇觉栩栩。

以上儿女

航海述奇一卷 文明书局洋装本，一册

阿腊伯原本，英谷德译，钱锴重译。西人以商立国，视海若户庭，涉险探奇，列为专学，若教士、若舆地家均以此为要事，科仑布、古克等其名固昭昭在天壤也。是书凡八章，记黑庐腊希时代排倍特航海家新倍特七次航海遇险各事，事迹离奇，译笔雅驯，足可当《述异记》读也。

小仙源□卷 商务印书馆《绣像小说》本

瑞士文学家某著，泰西戈特尔芬美兰女史重订，《绣像小说》报译。原著系德文，记瑞士人洛萍生夫妇及子五人泛海遇险，居南洋小岛，经营田宅，家居纤悉之事纪载极详，虽事涉子虚，足征西人性质强毅果敢，勇往不挠，其殖民政策可畏也夫。

汗漫游□卷

英司武夫脱著，《绣像小说》报译。书仿章回体，记英人辫里物泛海遇险至小人国年余，乘舟得归，复遇险至长人国，见闻各事情节离奇，盖《镜花缘》类也。

绝岛漂流记一卷 开明书店洋装本

英狄福撰，沈祖芬译。狄福氏为英之小说家，系狱作此以述其不遇之志，原名《劳下生克罗沙》，日人译改今名，兹由英文译出而用日名。书凡二十章，记劳下生氏泛海漂流海岛及经商于北支那、印度各处，所遇颇经危险而得安泰返国，盖以激励青年为宗旨者。

金银岛一卷 明权社洋装本，一册

英司的反生著,商务印书馆译。书记霍根司哲姆者得海盗弗令脱地图,偕医士利弗山等往海岛掘藏镪一事,审知同舟中盗党密谋,旋相攻杀,卒能以寡胜众,而桀骜如锡尔福卒受其制,可谓智矣。

环瀛遇险□卷 商务印书馆《绣像小说》本

泰西奥爱孙孟著,《绣像小说》报译。所记皆西人过险之事,情状离奇,译笔畅达,读之可增人急智焉。

以上冒险

吟边燕语一卷 商务印书馆洋装本

英莎士比著,林纾、魏易同译。书凡二十则,记泰西曩时各佚事,如吾华《聊斋志异》、《阅微草堂》之类。作者莎氏为英之大诗家,故多瑰奇陆离之谭,译笔复雅驯隽畅,遂觉豁人心目,然则此书殆海外《搜神》、欧西《述异》之作也夫。

天方夜谭□卷 商务印书馆《绣像小说》本

《绣像小说》报译。是书为亚剌伯著名小说,欧美各国均移译之,最前十则已见他报,兹择其未印者译出。篇中所记三噶棱达五幼妇事尤为奇辟,至记某魔情状则有类《西游记》焉。

以上神话

译书经眼录卷之八

本国人辑著书

史志第一

中国历史二卷横阳翼天氏编辑　日本东京新社本

中国历史一卷夏曾佑　商务印书馆本，一册

支那四千年开化史一卷支那少年　广智书局洋装本，一册

普通新历史一册上海普通〔学〕书室本，原书系取《东洋历史》改定

古中国文明小史一卷恽福成　南昌木刻本

京师大学堂史学科讲义一卷屠寄　商务印书馆本

中国通史讲义□卷王舟瑶　《京师大学堂讲义》本

中国史讲义□卷陈黻宸　《京师大学堂讲义》本

历代史略教科书八卷柳诒徵　江楚译印书局木刻本，中新书局排印本

中学中国历史教科书二册姚祖义　商务印书馆排印本

精图中等本国历史教科书一卷何琪　会文政记社洋装本，一册，附历代
　一览表一卷、年表一卷

高等小学中国历史教科书五卷陈懋治　文明书局三版本，二册

初等小学中国历史教科书四卷姚祖义　商务印书馆排印本，二册

蒙学中国历史教科书二卷丁宝书　文明书局第五版本

元秘史山川地名考一卷蒙学报馆本

中国人物比一卷黄式苏　《新世界学报》本

中国历代党派考一卷许家惺　《群学社编》本

独史一卷陈黻宸　《新世界学报》本

中东战辑图考六卷王炳燿　石印本
中俄交涉一卷董鸿祎　明权社洋装本,一册
西史纲目初函二十卷二函十五卷周维翰　上海经世文社印本,上古史二十卷,起少昊四十年至汉哀帝六年;中古史十五卷,始汉元帝元年至唐武后十六年止
续万国史纲目八卷张茂炯　上海劝学会本,自同治十一年至光绪二十八年止
西史辑览六卷陈维新　江左书林石印本,六册
西洋史提纲一卷教育普及社辑　教育普及社洋装本,一册
全球进化史二卷李明智、詹垲　启明书局洋装本
欧史纪事本末□卷章宗祥　未刊
世界交通史略一卷邓何负　《经济丛编》本
欧洲历史之新人种一卷汪荣宝　《政法学报》本
万国人物传记类纂二十六卷排印洋装本
万国人物备考八卷余天民　杭州学稼社石印本,八册
欧洲列国战事本末□卷王树柟　秦中官书局石印本,八册
五洲三十年战史一二三册贺良朴　上海作新社洋装本
西洋历史教科〔书〕二卷商务印书馆本,二册;又高等小学,何琪编,会文政记洋装本;又秦瑞玠,文明书局五版本
蒙学东洋历史教科书一卷秦瑞玠　文明书局再版本
蒙学西洋历史教科书二卷秦瑞玠　文明书局第五版本
东洋分国史二卷秦蘅江　文明书局本,一册
英国维新史一册作新社编纂　作新社洋装本
法国志略二十四卷王韬　上海石印本
法兰西近世史一卷马君武　作新社洋装本,一册
维也纳会议之颠末一卷政法子　《政法学报》本
古希腊两大教育家列传一卷马叙伦　《新世界学报》本
德国六哲传一卷邓何负　北京《经济丛报〔编〕》本

杜国大统领古鲁家列传一卷杜士珍

拔都列传一卷汪荣宝 《政法学报》本

梅特涅传一卷马君武 《政治学报》本

五千年大事一览表二十册陈敬第 浙西书林排印本,二十册

泰西五千年大事表一卷汪钦 《群学社编》本

世界大事新表一卷出洋学生编译 普通书室洋装本,一册

国朝大事表一卷汪钦 《群学社编》本

西力东渐表一卷汪钦 《群学社编》本

最新六大洲万国时事表一卷傅廷玺 启蒙通俗报馆刊本

环球七十国时务表一卷傅廷玺、傅崇榘 《启蒙通俗报》本,系合《万国主
名表》、《万国时俗表》而成

政治法律第二

周礼政要二卷孙诒让 瑞安普通书室刊本,北洋官报局排印本,上海石
印本

皇朝政治学问答增校初编四卷二编二卷文明书局本,北洋官报局
〔本〕,二册

京师大学堂掌故学讲义□卷杨道霖 商务印书馆排印本

政治思想篇一卷杜士珍 《新世界学报》本

精本政学一卷恽福成 未刊

政治学教科书一卷杨廷栋 作新社洋装本,一册

进化要论一卷严一 译书汇编社洋装本,一册

政法片片录一卷政法子 《译书汇编》本

万国官制志三卷冯斯来 上海石印本,广智书局《万国通志》第三编,一
册,欧洲记英、德、法,美洲记美国,亚洲记日本,余付阙如

五洲各国政要考一卷钱恂 上海石印本

四裔制作权舆三卷归曾祁 《清英草堂丛书》石印本,一册

欧美各国政治详考二册单启鹏 木刻本

泰西政体沿革考一卷李祖沆 《群学社编》本

各国主权盛衰考一卷许家惺 《群学社编》本

日本政治撷要一卷萧鸿钧 《松心斋海外丛钞》之一洋装本,附《渡台纪略》

日本职官表一卷教育世界社《政艺新书》本

万国宪法志三卷周逵 广智书局《万国通志》本,一册

宪法精理一卷广智书局本,一册

宪法法理要义二卷王鸿年 日本三协合资会社本,二册

立宪论一卷耐轩 《译书汇编》本

立宪主义之由来一卷研究政法生 《政法学报》本

五大洲法系比较论一卷颜湼生 译书汇编社本

法学约言一卷黄群 《新世界学报》本

法典编纂方法论□卷赤门生 《政法学报》本

警察精义一卷唐宝锷 《政治学报》本

中国出入财赋考□卷京都刻本

中国最近度支新书一卷傅廷玺 启蒙通俗报馆刊本

光绪会稽表四卷刘岳云 教育世界社石印本

光绪二十四五年列国岁计表□卷高凤谦

中国货币改革议一卷泷川学人 《译书汇编》本

中西钱币权量考一卷沈林一 上海石印本

泉币论□卷章宗元 《实业界》本

银行论□卷王建祖 《实业界》本

释税□卷稽岑孙 《美洲学报》本

普通经济学教科书一卷王宰善 上海开明书店洋装本

中外度量衡表一卷宣人哲 《南洋官报》本

中西度量衡备考一卷邓端巘 湖北洋务局刊本,《北洋学报汇编》本

学校第三

万国教育大源流四册李宗棠

万国教育通考六卷张竞良 明权社洋装本,一册

教育制度二卷朱孔文 时中书局洋装本,一册

教育新理问答上下编二卷刘翰芬　广智书局本

论教育诸理一卷汤振常　《便蒙丛书》本

公教育说一卷汤调鼎　《新世界学报》本

教育家言一卷蒋百里　广智书局本，一册

续教育一得一卷仁和倚剑生　《便蒙丛书》本

教授心法□卷钟天纬

学务管见一卷张鹤龄　《华北杂志》本，河南高等学堂本

学校刍言一卷夏偕复　新教育世界社本

教习刍言一卷刘人熙　江西官书局刻本

学校管理法问答一册王宰善辑　日本东京三协合资会社本

变通小学议□卷茅谦　蒙学报馆本

州县学校谋始一卷方旭　《北洋学报汇编》本

普通专门学堂课程议一卷江国治　开明书店本

女学一卷钱保塘　武昌官书局本

女学议一卷《北洋学报》编　《北洋学报汇编》本

山西大学堂西学专斋课程表一卷山西大学堂编　排印洋装本

京师大学堂章程一卷张百熙　《政艺通报》本，各省官刻本

学堂章程二十卷张之洞　京都排印本，各省学堂排印本

日本学校纪略一卷张大镛　杭州木刻本，《新政丛书》本

考察日本学校记十六卷李宗棠　上海石印本

东游丛录四种四卷吴汝纶　日本三省堂洋装本，一册，文明书局重订本附
　刊误石印本，四册

日本学校章程汇编一卷陶森甲　上海商务印书馆本

东京留学要览一卷孙材　日本排印洋装本

游日本学校笔记一卷项文瑞　上海敬业学堂本，附酌拟学堂办法表二幅

日本学校层进表二幅吴稚威　科学仪器馆本

日本学校图论表一卷图一卷关赓麟　开明书店洋装本，一册

东学游记一卷刘作楫　《湖南时务汇编》本

日本各学校章程一卷姚锡光 《新政丛书》本

美国留学报告四种美洲留学生 上海作新社洋装本,一册

交涉第四

公法论纲五卷杨廷栋 开明书店本

国际法上之蒙洛主义一卷无名氏 《译书汇编》本

国际中立法提纲一卷王鸿年 《南洋官报》本

局外中立国法则二卷吴振麟 附录一卷,《南洋官报》本,战时国际法调查
局排印本,二册

条约名义问答□卷《北洋学报》编 《北洋学报汇编》本

第十九世纪外交通观一卷译书汇编社编 《译书汇编》本

五千年中外交涉史九十七卷屯庐主人辑 蜚英馆石印本,二十本

历代中外交涉表一卷李学铭 《知新编》本

支那交际往来公牍训译一册金国朴、张廷彦 泰东同文书局本

支那交际往来公牍一册金国朴、吴泰寿 泰东同文书局本

签约□卷吴天成 四川刻本

通商各国订约表一卷郭骧编述,金汝益列表 道口小学印书馆本

中外交涉新章汇编一卷陈□□ 普通书室本

中英商约解释一卷江西课吏馆 上海排印本

中越东西定议全界约文一卷孙传凤 《渐学庐丛书》本

辛丑各国和约文件壬寅中英商约税则汇录一卷苏报馆排印本

俄约纪闻一卷《苏报》附印本

珲牍偶存一卷李金镛 《渐学庐丛书》本

中国历年教案考程宗裕 《群学社编》本

诰诚州县办理教案手札一卷周馥 直隶刊本

粤汉铁路交涉档案一卷上海时报馆排印本

燕晋弭兵记一卷陈守谦 文明书局本

兵制第五

兵学新书十六卷徐建寅

训练操法详晰图说二十二卷袁世凯　昌言报馆石印本

绘图中西兵略指掌二十四卷陈龙昌　广方言馆本,二十四册

新建陆军兵略录存六卷袁世凯　自刊本,六册,附章程一卷

自强军兵法学十八卷军器学五卷军乐学一卷沈敦和　上海石印本

行军指南一册荫昌

操练洋操浅言一卷冯国士、葛道殷　《续富强丛书》本

兵法史略学二卷陈庆年　光绪己亥两湖书院刊本

中外兵学新法□卷沈桐生　上海石印本

陆海临镜二卷萧开泰　自刊本,二册

海军一卷夏清馥　开明书店洋装本

日本水陆兵制志□卷刘庆汾　上海石印本

日本武备兵学纪略一卷张大镛　杭州木刻本

日本军事教育篇一册钱恂

日本陆军军制提要一册王鸿年

日本新旧枪制考一卷盛开第　《群学社编》本

毛瑟枪图说□卷天津武备学堂本

炮法显微四卷萧开泰　自刊本,二册

炮法举隅□卷丁友云

炮法撮要□卷董祖修

农政第六

农雅六卷倪倬　辛丑《农学报》本

农事私议一卷附垦荒裕国策一卷罗振玉　武昌刻本

农事提纲一卷叶基桢　新农社洋装本

农学一卷北洋学校司编纂　北洋官报局排印本

农学述要一卷《北洋学报》编

农学论一卷张寿浯

农学日记一卷蔡济裹　《江西官报》本

农话一卷陈启谦　商务印书馆本

泰东西农业沿革考一卷江震学堂编辑

养鸡致富全书二卷叶基桢　新农社洋装本

美国农业论一卷稽苓孙　《实业界》本

蚕学新编一卷林楷青　新农社洋装本

养蚕必读二卷庄景仰　新学会社洋装本，一册

园艺学二卷叶基桢　新农社洋装本

陆稻新法二卷程家柽　新农社洋装本

植物病理学一卷叶基桢　新农社洋装本

养蜂学新书二册王学耒　新农社洋装本

农作物病理学教科书一卷黄立猷、程荫南　昌明公司洋装本

湖蚕述四卷汪曰桢

矿务第七

矿学图说二卷附图八幅《北洋学报》编　《北洋学报汇编》本

矿学问答二十九卷时敏斋主人　昌言报馆排印本，二册

矿政辑略八卷刘岳云　教育世界社石印本

矿质教科书一卷商务印书馆辑印，一册

矿务表一卷京都路矿衙门颁行本，《续富强丛书》本

矿物界一卷北洋官报局排印本

采煤韵语一卷程祖蔚　《江西官报》本

考化白金工记一卷傅云龙

工艺第八

工学一卷北洋学校司编　北洋官报局《蒙学课本》本

实验工艺学一卷徐自新　昌明公司洋装本

铁路论一卷胡栋朝　美洲学报社本

铁路表一卷京都路矿衙门颁行本，《续富强丛书》本

东省铁路合同原文、驿政表一卷钱恂　《癸卯旅行记》附录本洋装，一册

俄西伯利亚铁路图表一卷李家鳌

西伯利亚铁路考一卷瞿继昌　未刊

河防述要一卷《北洋学报》编 《北洋学报汇编》本

水利存要一卷《北洋学报》编 《北洋学报汇编》本

纺织图说一卷孙琳 《农学丛书》第三集本

自强军工程学一卷沈敦和 上海石印本

气球述略□卷天津武备学堂本

白话机器学指掌□卷寿昌编译局本

洋铁锹图说□卷

铸钱议一卷稷笙 《经济丛编》本

造冰理法略解一卷《北洋学报》编 《北洋学报汇编》本

商务第九

商律一卷商部编纂 北京官刻本,各省排印本

商约一卷吴天成 四川刻本

中国通商赢绌表□卷钱恂

长江通商章程一卷戊戌重修 武昌官刻本,《续富强丛书》本

商部甲辰年纪事简明表一卷商部编辑 官刊本

甲辰考察日本商务记一卷许柄榛 上海排印本

经济原理一卷无逸 《译书汇编》本

普通经济学教科书一卷王宰善 教科书辑译社本

生财论□卷章宗元 《实业界》本

交易论□卷章宗元 《实业界》本

公司一卷王建祖 《美洲学报》本

银行指南一卷章宗元 《美洲学报》本

记圣路易博览会中国人赛情形一卷张继业 《实业界》本

直隶土产表一卷《北洋学报》编 《北洋学报》"科学丛录"本

河南全省土产表一卷瞿继昌 未刊

河南全省制造土产货表一卷课吏馆 《河南官报》本

理化第十

科学丛录二卷《北洋学报》编辑 《北洋学报汇编》本

科学分类举要一卷《北洋学报》编辑 《北洋学报》"科学丛录"本

物理学一卷北洋学报校司编纂 北洋官报局排印本

物理易解一卷陈梶 教科书辑译社本

物理实验□卷章宗元 未刊

蒙学理科教科书上下编二卷无锡三等公学堂编

蒙学格致教科书一卷钱承驹 文明书局再版本

物理化学问答一册侯鸿鉴 日本游学社洋装本

化学探原一卷范震亚 会文学社本

化学命名法一卷虞和钦 《普通学报》本

化学一卷北洋学校司编 北洋官报局《蒙学课本》本

蒙学化学教科书一卷周柏年

白话化学指掌一卷寿昌书局编 温州木刻本

最新化学原质表一册侯鸿鉴 日本游学社洋装本

有机物原质之鉴别法一卷杜炜孙 《普通学报》本

水机图说一卷陈忠倚 《农学丛书》二集本

热学一卷伍光建 商务印书馆洋装本

火说一卷谢洪赉 《普通学报》本

力学一卷伍光建 商务印书馆洋装本

算学第十二

算学课程二卷附表一卷汤金铸 两湖书院刻本,二册

上虞学堂算学课艺二册支文甫选 实学社本

调查日本算学记一卷周达 开明书店洋装本,一册

启蒙算学三卷蒙学报馆编 《蒙学报》本

心算初学六卷直隶学校〔司〕鉴定 北洋官报局排印本,二册

蒙学心算教科书一卷丁福保 文明书局四版本

心算教授法一卷直隶学校司鉴定 北洋官报局排印本,一册

珠算教科书二卷曾钧 上海务本女学堂洋装本

蒙学笔算教科书一卷丁福保 文明书局三版本

小学新笔算教科书五册张景贤　文明书局洋装本,五册

初等小学笔算教科书五册徐寓　商务印书馆本,五册

初等小学笔算教科书教授法五册徐寓　商务印书馆本,五册

笔算教科书二卷北洋学校司编　北洋官报局本

数学佩觿二卷徐虎臣　江楚编译局本

小数除法一卷范祎　《蒙学报》本

诸分法一卷附小数乘法一卷叶耀光　《蒙学报》本

珠盘开方法一卷杜亚泉　《北洋学报汇编》本

算学开方一卷范祎　《蒙学报》本

迈当尺用法详解一卷《北洋学报》编　《北洋学报汇编》本

求一捷术一卷龚杰　《渐学庐丛书》本

立方奇法一卷龚杰　《渐学庐丛书》本

中西通术一卷龚杰　《渐学庐丛书》本

曲线新说一卷蒋维钟　《续富强丛书》本

比例一卷蒙学报馆编　《蒙学报》本

蒲莞并生草一卷两鼠穿穴草一卷崔朝庆　《续富强丛书》本

割圜通解一卷吴诚　《续富强丛书》本

测圜全义二卷萧书云　萍乡木刻本

合数述二卷林绍清　上海石印本

级数求和一卷杜炜孙　《普通学报》本

周美权算学十种周达　《普通学报》本,目列后

　　数之性情　　九九支谈　　几何求作　　几何原点论　勾股三角公式
　　曲线新理　　顺序组合法及等次积　　开六乘方奇法　　孔球解　弧
　　角脞录

衍元笔算今式上下二卷汪香祖　丁酉江苏书局刊本,长安刻本,《续富强丛书》本

元代合参三编一卷胡豫、沈光烈　墨润堂本

读勾股六术一册龚杰　上海育才学堂排印本

勾股演代五卷王锡恩　美华书馆本

形学八线二备旨解法二册实学社编　实学社本

形学习题解证八卷徐树勋

白话几何指掌□卷寿昌编译局编　寿昌编译局本

中学几何教科书□卷周家彦　教科书辑译社本

高等几何课本□卷章宗元　未刊

几何第十卷释义二卷王〔黄〕庆澄

白话代数指掌□卷寿昌编译局编　寿昌编译局本

代数蒙求□卷陈

代数术二十五卷末款详解一卷吴诚　《续富强丛书》本

代数术补式二十六卷解崇辉补　顺成书局石印本,八册

数根性情考一卷周达　扬州知新算社本

微积答问一卷杜亚泉　《北洋学报》本,《亚泉杂志》本

机器算学□卷梁和

天学第十三

天文要理□卷蒙学报馆本

天文新说问答一卷《尚贤堂月报》本

天学释名一卷《北洋学报》编　《北洋学报汇编》本

蒙学天文教科书一卷钱承驹　文明书局再版本,一册

动植物学第十四

动物学一卷北洋学校司编　北洋官报局排印本,一册

蒙学动物教科书一本华循　文明书局排印本

动物教科书一卷王立才　开明书店洋装本

植物学一卷北洋学校司编　北洋官报局排印本,一册

蒙学植物教科书一本华循　文明书局排印本

方言第十五

传音快字□卷蔡锡勇

变通推原□卷卢戆章

拼音字谱□卷王炳燿

合音新字一卷王照

快字新法一卷力钧

官话字母□卷王小航

天籁痕□卷刘孟扬

中日文通一卷张鸿藻 洋装本

和文法程□卷王楫林

和文译翼□卷胡祝楣 东亚善邻学馆本

中和字典一册通社编 通社洋装本

中英文通林孟垂

英文法程初二集丁家立

新译理窦三册钟天纬 南洋三等学堂本

华英字典一册邝启照 香港印本

华英字典一册冯镜如 横滨印本

英文汉诂一册严复 商务印书馆洋装本

译界要言一卷稷生 《经济丛编》本

地学第十六

初级地文学一卷胡绍曾 开明书店排印大字本

地文学一卷北洋学校司编纂 北洋官报局排印本

地文学教科书一卷新民书局本

高等地文学□卷章宗元 未刊

地文学问答一卷邵羲 北洋官报局排印本,开明书店排印本

地学始一册陈修琦 上海育才书塾排印本

地学始一册附教授本一册陈乔本

地史原理一卷陈黻宸 《新世界学报》本

地学政要述略一卷瞿继昌 开封木刻本

地理质学问答一卷徐继高 《便蒙丛书》本

盖地论一卷俞正燮 小方壶斋本

地椭圆说一卷傅云龙　《小方壶斋再补编》本

地理学一卷北洋学校司编　北洋官报局《蒙学课本》本

蒙学地质教科书一册钱承驹　上海文明书局本

普通地理读本一卷附暗射图十三页夏颂来　开明书店本,上海育才学堂排印本

中国地理学一卷《北洋学报》编　《北洋学报汇编》本

地理说略一卷吴钟史　小方壶斋本

地理考略□卷龚柴　《小方壶斋丛书》本

京师大学堂地理讲义一卷邹代钧　商务印书馆《大学堂讲义》本

蒙学中国地理教科书一册张相文　上海文明书局本

中国初等地理教科书上中下三卷附教授法一卷张相文　南洋公学本,一册

高等小学地理教科书四卷谢洪赉　商务印书馆本,四册

高等小学地理教科书一卷张国维　文明书局六版本

高等地理小学教科书□卷钮永建　上海文明书局本

中国中等地理教科书上中下三卷附图一卷张相文　南洋公学本,一册

中学中国地理教科书一册夏清贻　教科书辑译社本

中国地理略述一卷瞿继昌　开封木刻本

中学中国地理志四卷王达　北洋官报局排印本,四册

本国地理志讲义□卷邹代钧　《京师大学堂讲义》本

地略十四卷马冠群　文瑞楼本,《中外舆地汇钞》之一

舆地略一卷冯焌光　小方壶斋本

历代定域史纲四卷张印西　蘡碧轩石印本,一册

天下形势考一卷华湛恩　小方壶斋本

中国形势考略一卷龚柴　小方壶斋本

论中国地势一卷叶瀚　《普通学报》本

舆地全览一卷蔡方炳　小方壶斋本

方舆集成马建忠　未见,闻附图三千余幅,极精审

蓬莱轩舆地丛书□卷丁益甫

经心书院舆地学课程八册姚炳奎　武昌刻本

清朝舆地沿革考一卷遁夫　上海广智书局本

府州厅县异名录一卷管斯骏　小方壶斋本

沿江沿海水陆形要一册陈昌昙　木刻本

八省沿海要略八卷附图□幅瞿继昌　未刊

吉林全省舆地要略二卷瞿继昌　未刊

黑龙江全省舆地要略二卷瞿继昌　未刊

边疆要览上中下三卷李鸿儒　壬寅五月退思轩本

蒙学外国地理教科书一册张相文　上海文明书局本

小学万国地理教科书之一一卷黄斌　上学公学排印本

犹太地理择要□卷纪好弼撰,陈觉民述　广学会本,二册

海国图志征实一百一十卷孙灏　上海石印本

瀛寰全志七篇附中西名目表十六幅谢洪赉　上海商务印书馆洋装本,
　　搜辑中东西地志数十种而成,以印度广学会《地理精要》一书为准,附图二
　　百余幅,为地志教科书中最新之本

瀛寰新志十卷李鸿儒　壬寅五月退思轩石印本

美利加英属地小志一卷顾厚焜　《渐学庐丛书》本

列国地志要表八卷瞿继昌　未刊

新式万国地理廖小游

万国地名人名表一卷叶愈编　通社洋装本,一册

五大洲总图六幅邹代钧　舆地会译印本

五大洲平方总图一幅杨文会

大地平方图一幅邹代钧　舆地会译印本

地球图说一卷傅廷玺　成都傅氏图书局本

坤舆大势图一幅傅廷玺　成都傅氏图书局本

万国舆图一册商务印书馆辑　铜版着色洋装本,一册

五大洲水道图一幅热心冷宦樵夫绘　《启蒙通俗报》本

万国新地小舆图一幅陈昌晟 《启蒙通俗报》本

小学简明世界地图六幅文明书局洋装本，一册

普通地理暗射图十三幅育才书塾，开明书店石印本

小学暗射世界地图六幅文明书局洋装本，一册

地学图说一卷《北洋学报》编 《北洋学报汇编》本

历代舆地沿革险要图一册杨守敬、饶敦秩 湖北刻本

新中国图一大幅张鸿藻、权量、王璟芳合著 武昌中东书室铜印五彩本

清朝一统舆图一幅邹代钧 舆地会译印本

考正一统图一幅傅廷玺 启蒙通俗报馆刊本

万国通商中外水陆新地图一幅傅廷玺 启蒙通俗报馆刊本

亚东南形势道里图一幅傅廷玺 启蒙通俗报馆刊本

最新中国二十一省地图一大幅冯紫珊 日本铜版本

蒙学简明中国地图一卷俞亮 文明书局本，洋装一册

电线铁路洋关租界炮台海里简明图一幅傅廷玺 成都傅氏图书局本

长江黄河沿边十省计里图一幅赵□□ 上海石印本

沿海、长江险要图说余宏淦 江震学堂石印本

直东豫三省黄河图一幅河南官刻本

八省沿海通商口岸图一幅曾纪泽 未见

东三省舆地图说一册曹廷杰

畿辅全图十册《畿辅通志》本，又单行本

盛京全图四十五幅附表说一册会典馆本

吉林全图十四幅附说一册《吉林通志》本

黑龙江全图十三幅会典馆本

四川险要简明图一幅傅廷玺 成都傅氏图书局本

福建沿海图说一册图二十一幅朱正元 上海排印本

峡江图记二卷国璋绘，记宜昌至重庆岷江水程

滇缅划界图说一卷薛福成 传经楼石印本

三藏简明图一幅傅廷玺 成都傅氏图书局本

西藏图说十一幅瞿继昌　未刊

越南地舆全图一幅点石斋石印本

生理第十七

全体学问答一卷苏州崇辨学堂编　《便蒙丛编》本,开智书室排印本

全体学一卷北洋学校司编　北洋官报局排印本

生理学粹甲编一卷孙海环　《通社丛书》洋装本

生理卫生学一卷北洋学校司编　北洋官报局排印本

蒙学生理教科书一卷丁福保　文明书局第三版本

心学一卷陈之反　通社洋装本,一册

原血一卷黄式苏　《新世学报》本

痰饮辨一卷史琦　《格致汇编》本

肿胀辨一卷毗生,不著姓名　《格致汇编》本

葆精大论一卷王建善　育才书塾排印本

卫生保寿术一册许耆屏　广智书局本

卫生粹言一卷同志学社　上海竞化书局洋装本

蒙学卫生教科书一卷丁福保　文明书局第四版本

中西药物名表一卷叶缦卿　通社洋装本,一册

图画学第十八

测地肤言一卷陶保廉　秀水陶氏刻本

中西测量舆图全编一卷吴嘉善　戊戌制造局刻本

测绘学一卷沈敦和　《自强军西法类编》本

测绘舆地新书□卷萧启泰

测绘教科书一卷童世亨　上海务本女塾石印本,一册

普通用器画教科书一卷清隽堂　南洋学务译书院石印本,一册

图形一斑一卷王肇铉　自印本

地图说一卷庄廷敷　《小方壶斋再补编》本

初等画图范本四卷黄斌　南洋公学洋装本,四册

初等小学习画帖甲编八册教员用一册金石　商务印书馆本

毛笔习画帖甲编三册丁宝书　文明书局洋装本,三册

蒙学毛笔新习画帖五卷丁宝书　文明书局洋装本,五册,教员用一卷

蒙学铅笔新习画帖四卷丁宝书　文明书局洋装本,四册

哲理学第十九

经术公理学□卷宋育仁　上海同文社本

伦理学讲义一卷张鹤龄　《京师大学堂讲义》本

伦理学重要及其效用一卷马君武　《政法学报》本

张啸圃先生微言大义一卷恽福成

古精言释义一卷古精言辑释一卷恽福成　未刊

仁仁学郭子奇

修身书一卷张仲球　广东蒙学书塾本

蒙学修身教科书一卷李嘉谷　文明书局本

蒙学经训修身教科书秦基　文明书局本

初级蒙学修身教科书一卷附图一卷庄俞　文明书局本

高等蒙学修身教科书一卷上海人演社编　文明书局本

初等小学修身教科书一卷教授法一卷商务印书馆编　商务印书馆排印本

小学修身教科书一卷刘剑白编　文明书局本

中文修身书一卷蒙学报馆编　《蒙学报》本

时敏学堂修身科讲义二卷龙志泽　有正书局本

高等修身教科书一册教育改良会编　上海商务印书馆本

国朝经济家述目□卷张元孟、钱宗翰　《群学社编》本

女诫注释一卷袭毓芳　启蒙通俗报馆本

泰西格言集一卷高凤谦　《闽学会丛书》洋装本

泰西学案一卷王兰、周流合辑　上海明权社洋装本,一册

泰西哲学宗派考□卷汪歆　《群学社编》本

文学第二十

新编初级国文教科书上编二册何琪　会文〔学〕社石印本

初等小学国文教科书教授法第一册第二册蒋维乔、庄俞、杨瑜统　商务印书馆本

读书入门一卷王立才　排印本，原名《初等国文教授》

国文教授进阶一卷王建善　作新社排印本

中文读本书□卷蒙学报馆编　《蒙学报》本

女子国文读本三卷许家惺　群学社石印本，三册

中文释例一卷蒙学报馆编　《蒙学报》本

绘图四书速成新体读本施崇恩　彪蒙书室石印本

五经教科书二册越社　排印本

经学科讲义一卷王舟瑶　《京师大学堂讲义》本

中国文学史一卷林传甲　文明书局本

中国国学保存编之一一卷春水　《政法学报》本

子史切要表一卷沈兆祎　木刻本

方名类聚初编□卷许家惺、张元正　《群学社编》本

初学读书要略一卷　叶瀚　长沙三味堂刻本

名物书一卷张仲球　广东蒙学书塾本，《牖蒙丛编》本

事类释□卷蒙学报馆编　《蒙学报》本

释名□卷蒙学报馆编　《蒙学报》本

教授术□卷蒙学报馆编　《蒙学报》本

急就文字□卷安徽蠡海生

国文典问答一卷刘光汉　开明书店排印本

新尔雅十四卷汪荣宝、叶澜　上海国学社洋装本，一册，北洋官报局排印本，二册，江西广智书庄排印本

汉文教授法一册戴克敦　通行本，杭州刻本

文法书一册侯鸿鉴　日本游学社洋装本

蒙学文法教科书二卷朱树人　文明书局三版本

虚字博演□卷许家惺　未刊

横通举要一卷邹寿祺　杭州史学斋本

寻常小学书目初编一卷许家惺　《群学社编》本

普通书目表一卷陈虬　利济学堂本

佛学书目表一卷杨文会　金陵刻本

普通教科目提要一卷张一鹏　北洋官报局重校本

科学书目提要初编一卷王景沂　北洋官报局重排本

东西学提要总叙二卷沈桐生　上海石印本

新学书目提要法制历史舆地文学四卷沈兆祎　上海通雅书局洋装本，
　四册

列国史学书目提要一卷邹寿祺　史学斋本

埃及碑释一卷陈其骃　《振绮堂二集》本

幼学第二十一

字课图说八卷澄衷学堂编　北洋官书局印本，八册，长沙翻刻本

五千字课图说四卷吴椿　会文政记学社石印本，四册

绘图四千字文一卷奎照楼石印本

三千字文一卷拙居士

浅字文一卷邱炜萲　天南新报馆本

识字贯通法一卷《便蒙丛书》本

识字法□卷蒙学报馆编　《蒙学报》本

绘图速通虚字法四卷施崇恩　彪蒙书室洋装本，四册

绘图识字实在易二十册施崇恩　彪蒙书室石印本，二十册

孩童知爱六种邱炜萲　天南新报馆本

蒙学镜六卷钟天纬　上海一新书局本，三册

便蒙丛书初集六册阙名　木刻本

蒙学读本一至七编七册无锡三等学堂编　上海文澜书局印本，上海文明
　书局重修改本

牖蒙丛编二十四卷王锡祺　〔小〕方壶斋排印大字本，二十四册

训蒙臆说一卷吴朓　《便蒙丛书》本

蒙学修身书六卷蒋黻　江苏刻本

蒙学初级修身书一卷蒙学报馆编 《蒙学报》本

初级普通启蒙图课二册张维新 上海蜚英馆石印本

蒙学算学画一卷丁福同 文明书局石印本

中文训蒙学塾课程一卷附功课年表一幅瞿继昌 开封木刻本

女孩启蒙□卷汪猷 未刊

授学程度统一卷章炳麟 《便蒙丛书》本

小学教科问答八卷蒙学书社辑 蒙学书社石印本,四册

国民读本二册朱树人 上海文明书局本

文话便读一卷《便蒙丛书》本

小学初级读本书一卷蒙学报馆编 《蒙学报》本

小学新读本六编横滨大同学校本,六册

幼稚新读本六编横滨大同学校本,六册

小学普通读本一卷张一鹏 《便蒙丛书》本

普通新智识读本二卷朱树人 文明书局本,二册,北洋官报局本

掌故读本二卷窦士镛 文明书局本,二册

女子新读本一卷杨千里 文明书局本,二册

初等小学读本三编陈懋治、杜嗣程 文明书局活版本,三册

世界读本一卷文明书局编 文明书局活版本,一册

改良小学新读本□卷林慧儒 大同学校排印本

中国历史歌一卷袁桐 镜今书局排印本

经史歌略一卷许家惺 《群学社编》本

舆地四言便蒙四册孙稚筠 慎记书庄石印本,附图二十八幅

中国地名韵语新读本一卷陈庆生纂,韩昙补 新民书局洋装本

舆地韵言二卷黄芝 黔阳陈氏木刻本

中史历代事类歌一卷《蒙学报》本

中国少年立志歌一卷许家惺 《群学社编》本

中西律例歌略一卷龚穉 未见

算学歌略一卷徐继高 《便蒙丛书》本

学计韵言一卷江衡　《牗蒙丛编》本，一溉斋本有注有图

中西星宿歌一卷龚穉　味道腴轩本，《牗蒙丛编》本

化学歌括一卷虞和钦　科学仪器馆本

泰西舆地四字鉴一卷顾家驹　《牗蒙丛编》本，驹园刊本

五洲括地歌一卷蒋升　上海石印本

五洲各国京城歌一卷许家惺　《牗蒙丛编》本，戊戌刊印本

西国历史歌一卷袁桐　镜今书局排印本

西学三字经一卷樵新子　《启蒙通俗报》本

地理学歌一卷张一鹏　《牗蒙丛编》本，苏州中西小学堂本

日本舆地韵编□卷王恭寿

各种学业进化歌一卷许家惺　《群学社编》本

劝蒙歌一卷蒙学报馆编　《蒙学报》本

学生歌一卷达文社　达文社洋装本

最新妇孺唱歌书一卷越社　排印本，一册

学校唱歌集一卷沈庆鸿　开明书店甲辰再版本

游记第二十二

辽东湾一周游览记陆宗舆　《政法学报》本

癸卯东游日记二卷胡玉缙　文明书局洋装本，二册

癸卯旅行记三卷钱恂之妻单士厘著　国学社洋装本，一册

甲辰东游日记二卷胡玉缙　文明书局洋装本，二册

辽东日记一卷苏峰　《中外日报》本

东瀛闻见录二卷李宗棠　上海宝善书局本，二册

扶桑两月记一卷罗振玉　农学会社本，一册

爱国行记一卷吴仲玢　上海广智书局本

英轺日记十二卷载振贝子　上海文明书局本

醇亲王使德始末恭记一卷李道衡　上海理文轩排印本

俄属游记□卷杨枢、莫镇藩

游美随笔八卷章宗元　未刊

加菩提之意加尼亚旅行一卷君武 《译书汇编》本

报章第二十三

国粹学报邓实、刘光汉 上海排印本,始光绪三十一年正月,月出一册

科学世界虞辉祖 上海科学仪器馆排印本

教育杂志北洋学堂学校司编 始乙巳正月,月出二册

东方杂志商务印书馆辑 始甲辰正月,月出一册

政艺通报邓实 上海排印本,始光绪二十八年正月,月出二册

时务汇编刘作楫 湖南木刻本,始光绪辛丑年冬季,月出三册

群学社编许家惺 杭州木刻本,始光绪二十一年,月出二册,旋停

时术丛谭顾燮光、胡新德 萍乡木刻本,始壬寅正月,月出二册,旋停

新农界罗会垣、叶基桢 日本新农社洋装本,始光绪二十九年四月,月出
一册

日俄战记商务印书馆辑 始甲辰正月,月出一册

中国商务报吴桐林 北京《启蒙画报》排印,始光绪二十九年冬季,月出
三册

启蒙通俗报傅廷玺、傅崇榘 成都排印本,始光绪二十八年,月出二册

启蒙画报彭贻荪 北京排印本,始光绪二十□〔八〕年,月出一册

图画演说报杭州石印本,始光绪二十七年,旋停

中华报北京排印本,始光绪三十年冬季,日出一册

时事采新汇选北京撷华书局排印本,月出一函

北洋官报北洋官报局编 始光绪二十八年冬季,间日出一册

南洋官报金陵排印本 始光绪三十年,间日出一册

河南官报课吏馆编 开封高等学堂排印,始光绪三十年十一月,月出六册

四川官报成都排印本,始光绪二十□〔九〕年,月出三册

湖南官报长沙排印本,始辛丑夏季,月出二册

江西官报陈澹然 南昌官书局石印本,始光绪二十九年九月,月出二册

秦中官报课吏馆编 西安官书局排印本,始光绪二十九年,月出六册

通论第二十四

维新奏议二十一卷王绍康辑　上海石印本

南皮张宫保政书十二卷东吴仰止庐主辑　图书集成局排印本

南菁文钞十六卷丁立钧辑　南菁书院木刻本

寿椿庐富强刍议八卷杨毓辉　上海石印本

十九世纪列国政治文编十四卷邵羲编　东文学社排印本,十二册

知新编六卷求艾室主　湖南木刻本,五册

权制八卷陈澹然　南昌木刻本

忠略二十卷陈澹然　南昌木刻本

寤言二卷陈澹然　南昌木刻本

蓺言一卷陈澹然　南昌木刻本

科学丛录文编二卷《北洋学报》编　《北洋学报汇编》本

七政策要一卷孙不器　上海广益书局本

条议存稿一卷吴宗濂　寿萱室排印大字本

变法新议一卷庄思诚　上海排印本

一仁庐莞议一卷沈严　萍乡木刻本

治事文编二卷继良辑　振新学社石印本

求治管见一卷章钧　上海排印本

富强兴国略一卷陈镳勋　香港文裕堂排印本

校邠庐抗议别论一卷陈鼎　湖南刊本

读劝学编书后一卷陈鼎　湖南刊本

问学录一卷求艾室主　《知新编》本

历史通论一卷恽福成

政本书一卷严觉　北京日报附刊本

时事漫论□卷译书汇编社编　《译书汇编》本

公利一卷黄群　《新世界学报》本

生产论无逸　《政法学报》本

地球英雄论四卷陈伯龙　新民书局石印本,四册

现今世界大势论一册独醒居士　广智书局本

社会主义与进化主义比较一卷君武 《政法学报》本

杂著第二十五

理窟九卷李杕 上海慈母堂排印大字本，二册

读书札记十二卷章宗元 未刊

小学闻见录□卷译书汇编社编 《译书汇编》本

金陵卖书记二卷公奴 开明书店洋装本

汴梁卖书记三卷附图一大幅王建善 上海开明书店本

庚子义和拳案杂存劳乃宣 上海著易堂排印本

辟邪录三卷王锡祺 小方壶斋排印大字本

庚子录□卷王□□

警醒绘图录芙峰 《政治学报》本

印度宗教改革论一卷马叙初 《新世界学报》本

少年世界史二卷何琪 山会北乡蒙学堂第一次原刻本，二册

香港杂记一卷陈镱〔勋〕 香港文裕堂排印本

西国古时白话史□卷启蒙通俗报馆编 《启蒙通俗报》本

小说第二十六

万国演义六十卷沈惟贤、高尚缙、张茂炯合编 作新社洋装本，六册

泰西历史演义□卷洗红盦主 商务印书馆《绣像小说》本

文明史□卷南亭亭长 商务印书馆《绣像小说》本

活地狱南亭亭长 商务印书馆《绣像小说》本

商界第一伟人忧患余生述 商务印书馆《绣像小说》本

京话演说英轺日记□卷

老残游记□卷洪都百炼生 商务印书馆《绣像小说》本

负曝闲谭□卷蘧园 商务印书馆《绣像小说》本

邻女语□卷忧患余生 商务印书馆《绣像小说》本

维新梦传奇□卷惜秋填词 商务印书馆《绣像小说》本

俗耳针砭弹词□卷讴歌变俗人 改名《醒世缘》，商务印书馆《绣像小说》本

新学书目提要

凡例

一、本书撰述之旨，所以辨章学术，其于群籍之中旨趣离合、纪载详略，既存甄表之微，间有异同之议。然空文赞述则终鲜阐明，只著评论则未窥绳墨，故多引原文以资众览，聊示私中所及，又或因其篇章以推之事实，亦所以发挥而桄大之也，不辞饾饤之讥，自托揭橥之义尔。

一、谨按《钦定四库全书提要》，以著录、不著录为分，摈斥之书仅得列于存目，此自黜涉所寄，然别黑白而定一尊，学问之所以隘也。纬书歼自隋文，《孟子》困于洪武，以云公理，岂有定乎？此书出自私家，尤不敢自比官中成例。

一、征文既淆则弹事愈广，此必至之势也，然文人相轻，前哲所诮，兼以怀铅之彦半为并世之人，党派之祸方滋，门庭之分尤烈，故凡斯辨证，率用雅言。《箴膏》之于《解诂》，《纠谬》之于《唐书》，肆诋之深，非所取法。

一、近译各书良多餍饫，半从日本，或自欧洲。顾金口木舌，《法言》所以垂文；楚咻越鸿，俗语艰于定物。惟名与义自古难之，此书之作颇重斯意，自以谫学，又非多闻，未为阇宾之行，不解鲜卑之语，订正之要，宜有俟焉。

一、近人译书，于人名、地名之音多所未检，且病冗乱，宰我同于阚止，金河被以赫连，昔人所以贻讥也。今就太甚者间摘于提要，著以通行之音，庶存此义。谢客之翻内典，唐人之入辞章，虽贵雅驯，亦便省记耳。

一、此书所取皆在现行各籍，至于单行孤本、秘箧遗编，或海外之胡书，暨宾萌之载笔，初非经目，未暇旁求。访河间之定本，取卬筦之乐章,此属一朝盛业,非所语于儒生,其有惠我鸿篇,仍当随时著录,赓续之作,俟诸异时。

一、载籍极博,此书所列各种宜有诤俗之言,所南《心史》终出于井中,鲁国遗文亦行于邺下,属在右文之世,谅不绝于危言,不从芟刈之条,良有取于多识,大夫君子,无我有尤。

一、此书为目录之学,所宜重流别之分,中垒奏进之篇,仲容《略例》之作,以言体例,必取师承,然方贵知新则无烦墨守,故所析各门只在檃括,如其未审,尚拟改之。

一、此书之作,比日为篇,雪写露钞,终伤急就,况作者非所论于九能,又不周知四国,其为著作之体,将使纪文达、陆耳山辈地下笑人矣。兹于所有标题未遽自称扬榷,尚欲以其暇日扩此新知,则补阙订讹当有自证其失者,怀袖三年,炼都十载,慎重其事,不敢告劳,故只用排印,暂不镌版,以示不为定论。

一、著书日短,谘询犹稽荐绅先生;瞻学渊闻,尚望匡言捄其多阙。刘炫之规元凯,宁见持平;临硕之难康成,谁为答客?庶无僭于前哲,敢拜赐于通人,远追敬礼之定文,近惟弥勒之原理,仾闻久矣,诲尔劳乎?

一、既云新学,允宜备列其书,然旧译无灵,多成陈籍,且如上海制造局译书至数百种,若遍论之则劳而无功,非所以告学者也,故此书所及以近年所出之书为断。

总叙

夫文侯思治，别今乐前陈；汉主策边，则贤良集议。既亾闻于良说，宜取重于当时，自古所昭，于今为贵。史家秉笔，先登载记之篇；英彦成书，不少昌言之作。矧撙人设职，朱车载途。环球九万里，以太方孳；通商十七邦，官书盈尺。不劳画地成图，便当抵掌可述，则千秋之金鉴，犹百国之宝书。所以见此声明，考其法律，源流可按，授受斯多。五万载之石碑，重美洲之旧物；十二章之铜表，传罗马之遗文。莫不人蓄短毫，家持片札，初宏伟义，肇作新辞。森林独郁，溯蛮族之自由；樱蕊方红，是和魂之所寄。三年已邈，万卷非穷，羌有补于改弦，谅无忘于蓄艾者已。然而笙镛竞响，终非协律之音；泾渭殊流，宁见同归之派。言非一致，家自为师，轩眉拊掌之伦，舐笔和铅之士。论盐铁之计乃有多人，翻华严之经至于三部，或腾声于学界，竞树帜于译林，固以一字千金，愿书万本。魏文甄表之用，更生校理之勤，从事有年，服膺未释。诗家自好，恨不作于郑笺；《吕览》犹县，翻有迟于高诱。非云点窜，颇欲赞扬。若乃涉猎未宏，名词犹浅，惊世骇俗之论，卤莽灭裂之讥。初知汉读之法，已述和文；未窥民约之文，自称路索。八星之不知，五洲之未辨，刚果乃成为自主，泥瓜则易以巴拿。捣果为单，几令一行不识；说铃在肆，何劳扬子腾词。百家之言，黄帝不尽雅驯；五事之出，郭冲咸云伪托。既见弹于流俗，方衍谬于他年，信笔于是，寂寥雅言，终以歇绝菁华，既竭兰艾。同登不有搴裳，曷图滋蔓；用是然脂削牍，向晓搴书。占世论之多涓，惧民生之犹惑，岂有资于芳钥，聊用摘其冥行。未敢相轻，深忧失当，作为平议，以谂通人。旁行经说，岂有正读？无非棘下传书，良由嫉此蔽冒。权衡所在，谨慎将之，为书凡若干卷,名曰《新学书目提要》,所以辨同异、昭是非也。综其为篇,列目有八,体裁所在,扬榷可言。

崔实《政论》之篇,太初时事之议,穷变通久之道,周文殷质之宜,无取陈言,夫惟大雅。布新除旧,彗宿斯著其祥;进化改良,天演方传其说。轸覆车之重迹,审韦佩之遹宜,亦有薏苡禁碑、澶渊故事。信守则藏之故府,易行则近法后王,凡实验之多门,亦施行之不紊。名山所存,重以金绳玉检;进御之本,宁为鱼蠹蛛丝。古云缥缃之书,今见蓝皮之册。又如墨者巨子,包邱大儒,既四海之同心,即六家之要旨。街名万法,何期通德之门;人谥七贤,是曰顾厨之例。岂太平之人智,抑波斯之寓言,方假手于斧柯,谅不辞于津逮。此外修身大义,伦理专科,对人则贵于合群,律己则严于自治。义以正我,知愻记之未焚;仁者相人,瞻礼堂而隐约。纬书可证,戴记非讹,载在成篇,著为师范。是曰法制,其流一也。

横由世宙,经纬当今,备陈异俗之详,自写阴符之术。悚浮云之多变,概来日之大难,览大势变迁之说则晨悲黄种沉渊,省未来世界之篇则夜梦白翎翔海。其或同条相属,据事直书。竞传抗命之峰,间纪交兵之略,齿冷和平之会,讥深公法之文。斐滨凄雾,遥符五百军人;波亚蛮烟,多谢八千子弟。至有希踪高躅,崇拜伟人,惟崧岳之降神,亦江河之不废。重买丝而绣像,譬立石以范模。重以世族分支,教宗异派。称则力微皇帝,谥惟博大真人,兼求政典之遹,并述文明之祖。是曰历史,其流二也。

殖民之业,探险所经。能飞先上木星,没胫而求冰澥,或推行于轨道,兼注重于海权。昆仑屹崪,宁非希马之峰;裨海环流,即是阁龙之墓。宾布偏求蛮国,蜑珠裁漏麟洲,更言考古之资,抑亦儒生之事。游心旧史,瞩目新图,都名则审其对音,地势则辨其方位。扶桑可缅,占异说于美洲;奄蔡非遥,指方舆于俄国。虽无征之不信,亦有开而必先。况复界析华离,论腾瓜剖,研其物产,附及民风。形胜重于兵家,地肥出于佛典。金角之誉,君士辟其良湾;磁器之称，支那蔚为古国。测量已广，戒慎方深，益以科学之言，是为地质之说。验大山之性质，研地震之原因，温泉绕于英伦，海线长于日本。珊瑚成岛，乃云结自虫窠；荷兰建都，或谓填于鲸骨。影响推之文化，幸福及于政谈。是曰舆地，其流三也。

元滨方扬其埃，哲士犹殷其痛，伤翠毛之见炀，戴鹖冠而深藏。穷愁所以著书，曲学敢云阿世？位卑计掾，栖迟抗议之门；分守司勋，寂寞论兵之幕。乃有北朝文士，穷海累臣，自署新民，怆怀故国，林下见鹃而拜，九夷从凤以嬉。新城在望，凄其上堵之吟；入蜀何年，允矣尸佼之著。又壮游之志，古礼所云，交聘之仪，百王不废。离家二年，满纸旅行之感；廷争一字，皆言奉使之忠。士怀负笈之心，人有乘槎之望，亦越本朝之例，禁刊奏议之文。凡邸报之钞胥，即官中之鸿宝，近世或经采集，庶以广其流传。黄门启事，宁遗温室之言；青琐朝班，定京华之恋。揽兹数体，并属高文，著述之风，于斯为盛。怨夫容于江上，愁薜荔于大荒，汉使植其葡萄，楚臣佩其兰芷。是曰文学，其流四也。

今者环球竞言商战，至于实业，国有专门，百物所以成名，九州于焉铸鼎。陋齐民之无术，罄货殖以难书，俞跗失其针，工倕丧其指。群雄骈立，成俗相闻，载其书者专车，言其事者列屋。竞求波于海若，咸贷木于邓林，凡强国之多谋，亦富民之不妄。地分赤缇，几经土地之劳；人异乌俕，乃有得财之术。譬彼桓侯，初笑失于扁鹊；犹斯巧匠，机心运以飞鸢。并有新知，皆资取法，矧以战陈之事、教训之方，弃地之讥、怀宝之诮。人师尉缭，郡置铜官，数年以来，其说愈炽。上应玄武，颇闻汉代之功；下有丹砂，犹是齐人之语。此则昔闻遗事，今被邻风，略举数端，尤滋重译。卫鞅治秦，法令寄于耕战；马殷立国，流风重于工商。乐府传突厥之盐，名都记辽人之铁，三千里而求药，十万剑以横磨。挹彼注兹，宁容深讳。是曰西学，其流五也。

玩物有戒，艺学尤微，繄彼欧人，乃多创获。鬼工不绝，新理连篇。实验重于倍根，计学盛于斯密，虽借根之相袭，匪格竹之多迂。草生不茂，初有怵于留良；果落何心，翻证疑于吸力。若斯巧触，播以美谈，冥想所穷，神人如接。将以挥兹迷信，辟此謷言，亚当由是失灵，天质乃为所捣。炮弹犹差，未许升天之速；星球愈冷，从知奔月之虚。羲氏掌日，已昭七色之枳；电字从神，更蓄千年之气。学术占其进步，思想所以变迁，既前哲之用心，抑今时之利用。宜其周髀不隔，测地有仪，借汽可以行车，无电乃能传信。买树胶于荒域，搜瀑布于穷岩。七二原质，近说以为多讹；五万微虫，谛视犹其未审。尊闻弥确，抱器良多，耻一物之不知，羌遇人而辄问。师其长技，是牖灵聪，末日何愁，谷神宛在。是曰西艺，其流六也。

世变所以频繁，学术因之愈广，昔为一辙，今出多途。四库狭其分门，九流隘其支派，必师前例，当有新闻。自哲理东舒，别裁间作，标题既杂，目录几穷。正使班生尚存，《隋书》具在，其为定识，岂有不刊？跻《晏子》于墨家，已非通论；录《孝经》于小学，或是外篇。龙筋凤髓之号，实乃词章；解牛相马之谈，误屡农术。末流所衍，此类方滋，即语通行，已多小品。偶资记臆，偏重精神，或署青年，亦称怪杰。蒙学求其课本，体操附以新图，凡此片言，皆裨劝学。尔雅以观于古，长河不择细流，虽异草之难名，亦杂俎之不弃。二十札家之言，灌溉孔甲；百一诗篇之体，被服应场。辨章则别出裁篇，最录则都为一集。涉睢涣之分流，皆成断锦；过给孤之卫土，颇见散金。冀所得以偿劳，庶今人之不薄。是曰杂录，其流七也。

稗官之体，变俗是资，虽出委谈，久登里乘。溯虞初之托始，至唐代而盛行，沿及今时，已成风教。西游则长春却步，国志则陈寿焚书，惟口实之模糊，或传闻之轶丽。暹罗开国，题李俊之传奇；高丽称兵，指虬髯而可想。虽云躜语，颇复雄心，旁涉泰西，流风愈博，浸淫所及，磅礴东洋。法国三豪，仰尊严于佛禄；东邦百哲，著想像于耐庵。即论推崇，皆由时趣。方烟聚癖，譬酒生醒，草木炫其残英，风露感而变色。巴黎造纸，于此价高纽约；飞楼诡言，百丈传之中国。吸受方宏,以兴爱国之感情,并悉外人之性质。短闉春老,毋忘绝岛之行;属土瘴寒,犹署吁天之状。私中自励,遥契何堪? 近世好奇,尤多述异,可以纪诸觚剩,播此丹青。海战连年,黄报司其秘钥;神权不永,红党著其危机。虽故实之难凭,望流芳而可挹。是曰小说,其流八也。

猥以短材,丁兹浩运,游梁经岁,入洛有年,宁无呵壁之辞,方读《思玄》之赋。守辽东之皂帽,分南国之白头,寰宇多风,荒江自默。鲁连已拙,蹈东海其奚辞;沮授犹疏,望黄河而自陨。入世明其皆醉,涉溟省其方危,民生哀以多艰,时议梦而不一。饮之菊水,庶有续于断龄;浴以兰汤,谅无烦于大惑。梦天衢之有棘,见垣宿之生芜,属在当年,能无引领? 既乞灵之无术,羌望帝以何心。五龙夹日,迟拜表于衡州;独鹤寒年,怅行歌于开府。听之历数,委以悬谈,异象所呈,殷于迩日。横流未已,贤劫初长,俯注微尘,睠言京国。罗平妖鸟,方闻积衅之祥;淮海微禽,怆念游仙之语。每抽书向日,拥卷怀人,折苕之忧,至于掩袂。揲蓍有叹,戒此土之龙荒;观众生嗟,瞻于谁之乌止。虏马饮江,犹滞卯年之谶;金牛假道,翻愁丁力之穷。曲室寒心,高明来瞰,闭门不出,将语先喑。读汉乐而断章,只今衔口;证坠禅于不二,终日无言。伤禽多畏,抚翮骘其空弦;猘犬犹憎,在抱损其幽佩。戊己以还,差池自放,忧生念乱,寥阒如何。此篇之成,亦存初志,匪见陈于高论,度不嫉于明时。颇删发愤之文,弥著持平之概,冀以自证得失,岂必摘其瑕疵。灵均树蕙,忧百亩之不芳;元亮种桑,望三年而当采。以云微意,略出于斯。呜呼! 海外有州,人间何世? 兼年作客,累日为愁。燕巢自乐,栖晨凤以何枝;鱼烂颇深,羡游鲸之高逝。题辞方竟,彩笔已枯。是为序。

新学书目提要卷一

法　制　类

今日之著书陈义，欲以见诸施行者，专门之言则曰政学，策世之言则曰政论。顾求其界域则旁衍方滋，每多泛滥，必欲划为一定之范围，抑又隘矣。譬如学校管理之方、理财经济之术、权利义务之说、进化现势之篇，于事实皆与政界相关，于目录则与政谈不合，若改附他类则穿凿必深，另立一门则冗杂尤甚，别裁之用，于是为难。因以实施之纲领、哲学之名言，虽形式殊科，精神则一，溯其命义，皆以试验为衡冀、为准则，故此篇汇集众体而题曰法制类，以云兼赅似仍未协，特较"政治"二字则已优矣。前无所承，必有目为创作者，昔杜君卿之作《通典》，于财政一门并及户口，其为变例，目录称之。著述之用，搏一无功则不辞更张之，非诡为殊异也，其涉及经学者一二种，以尊崇典籍之意特首列焉。

周礼政要_{瑞安普通学堂刻本,上海各书局石印本}

《周礼政要》二卷，瑞安孙诒让著。凡为目四十篇，列经文及二郑注于前，而引近日列国政治之冥符者以证经义，冀以合于世用，其用心为独至。作者为海内大师，又曾著《周官正义》一书，以专家之业成不刊之文，后之言变法者宜必有取于是矣。顾闻此书本为某侍郎而作，当庚子、辛丑之间西安行在诏言新政，侍郎属为此作，初意将以进呈，效汉人诗当谏书之义，后未果为之，作者始以书刊布,故其为文章颇类国朝经筵讲义之体,而荒弩之论、俶诡之谈皆在所必屏也。《奄寺》一篇,不惜牵合经文,其命意良为沉痛。《朝议》一篇,以常觐之礼君坐臣跪为非,而思所以变之,与《龚自珍文集》中朝仪十等篇所见正合。按我朝用事之权实在军机处,而军机大臣之任,虽同列四五人,其权又为一人所独专,专之者则率为满相,盖由每日召见跪次有前后,跪稍后者即天语已不能悉聆,更无越次奏对之理。此事似微而实著,二百年以来汉人殆无真执政者,何尝非此末节限之,设使并坐论道,则何致偏重若此。说者徒谓乾隆一朝傅文忠、讷亲诸人之独对为军机专擅之风,亦未察及此矣。戊戌三月,德国亲王亨利入都觐见,或有建议谓宜令廷臣一律侍坐,以崇国体,即以为更改旧仪之本,其事甚顺,惜未能行。《广学》一篇谓甄拔学堂之学成者予以官职云云,自是量能授职之意,此亦近日舆论所同,惟学堂所以教人、官职所以任人,本自判然两事,非学无以称官,然即不任官亦岂可以不学? 衡之近理,参以外情,要皆如是,不必谓学成定当授官也。且为学之事固不尽以官为用,如学成者悉使任职,则农、工、商、矿诸实业将以何人举之乎? 此则权宜之言,非可据为定论者矣。《广译》一篇谓宜于京外各省广开译书之馆,官拨经费,每书印成进呈乙览,并分送各大小学堂以备诸生诵习云云,今日持此议者尤多,惟以理度之窃恐无益。考各国通例但有藏庋图书之所,并无专门译书之馆,盖百家腾跃,要不能合一炉而冶之,若就中国情形而言,以贤者而任译事已惧牵于文法,崇论闳议有所不收,若使不肖者为之,且将以官局之版权限私家之著作,以侵自由出版之权,如元代之著书必经官吏许可乃得刊行,而开通风气之用几于是穷,其故不可不思也。《选举》一篇欲废科举而任征辟,恐楚失而齐亦未得。《冗员》一篇谓两官裁一,则官俸已增,亦恐不然,似当更筹良法。《渔征》一篇备言其利,可谓知新。按日本与朝鲜曾订捕渔之约,日人有

《朝鲜通渔事情》一书述之,而英、美争渔之案尤为列邦所注意,中国如能整理及此,不惟坐收海利,兼可自保海权,否则他国或以捕渔之故而暗侵我海界,亦意计所及者也。《狱讼》一篇欲行陪讯官之制,考各国法律,荷兰独不设陪讯官,以其无益也,日本采之,故判事亦不用陪讯员,日本前任文部大臣井上毅所著《梧阴文稿》有《陪审论》一篇,历言其弊有五,闻英人撰述亦有讥议此事者,似宜合诸说以参证之。以上各节略加征文,良以通儒之言,一世所重,推究其说,所以自附于康成赞辨二郑之义也,其余同异尚多,要皆无关宏旨。或者以附会病此书,不知附会不足为害,原其著书之衷乃正以附会为用耳。至《博议》篇中有日本设元老院,凡除旧布新,上不敢独断,必付院议行,下有所欲陈,亦由院议达等语,则似未合。日本变法初年,其在朝诸旧臣以持禄保位之故,于新政每多沮难,故特设元老院以诸旧臣悉入其中,尊其名而不责以事,遂以相安,及诸人死亡渐尽,乃于明治二十三年之冬诏裁此院,实与《博议》之意无关,尤与议院之制迥异。此与通州张氏《变法平议》同一误会,谅由译述之讹。当明治十年先后之时,日本土民多以设议会为请,群情纷甚,其执政察其不可终抑,乃于十四年下诏,期以二十三年开置国会,众论始定,及二十三年遂立国会于东京,此则日本议院之原起,论事者所宜援据也。

十三经分类政要上海教育世界社本

《十三经分类政要》十卷,太仓周世樟编辑。分为君道、治道、礼乐、制度、人伦、儒术、天文、地理、物产诸门,而附以诸经略说、经义辨讹、辨疑三种,引经文及旧注于前,而益以辨论之说于后。其为书之体如此,盖目国朝经术极盛,学子说经每用汉儒体例,及世变之亟,则或以通经而致用,或欲援古而证今,而近日瑞安孙氏之《周礼政要》、宝应刘氏之《中庸九经通义》已成未刊咸有述焉,其流别则近于宋人,若王介甫之《周官新义》、真西山之

《大学衍义》皆所以导之先河也。此书之作，察其命意当准于斯，叙述颇详，良便检阅，至其征引之迹略近类书，则某氏序固云以资举业其为用，不得不如是矣。惟两汉遗说宗派自殊，当时经师相为授受，已有今文、古文之异，其于典章、事实传述多岐，若不分其渊源则无由析其条目，篇中采取每蹈此误，如以《王制》而证《周礼》则不知周制、殷制之殊，据左氏而斥公羊则不明传经与不传经之异，毛举一二，其弊已深。考其所自，或因刺取宋人之说太多，遂致家法不明之病，然所引前人之论往往不著姓名，无从深考，又凡引已佚之书皆不注明所据何本，即东晋所出伪古文《尚书》亦与群经羼列并不标明，此亦未符著述之例者。他如六宗之义历来说者凡十数家，五行之事刘向《洪范五行传》所言甚详，宗庙之制贡禹异议尤关大礼，载在《汉书》本传，凡此诸条皆宜博载其文，遗而未收，或有俟于续辑。若乃明堂之文，蔡邕与袁准异议，而所引中郎《月令章句》转引袁说之处未载驳议，反似蔡引袁说则误矣。至所附三种简率已甚，无关宏旨，未知取自何人，其实可不作也。世有纳兰容若其人，当以是书收入《通志堂经解》之列，或亦作者之用心乎？

皇清政治学问答上海文明书局本

《皇清政治学问答》二卷，分为初编、二编，上海文明书局编行本。国朝官制区别满、汉，汉人既不任满职，于朝廷制度多非所习，传述无由，士大夫亦遂不加以考察，懵昧之故，良由畛域限之也。此书称述各条昭晳无疑，略可依据，惟间有遗漏之处，如近支亲王以下、国公以上年幼未受封者皆称阿哥，公主、郡主未受封者皆称格格，奉恩之国公亦称入八分国公，入八分与不入八分之别实指八事之仪注而言详见《会典》，亲王、郡王有改封之例，若皇子封王者其奏事一切皆称臣，皇孙则当称奴才，王及贝勒、贝子得许给五品以下人员穿用貂褂，贝勒以上得兼都统，镇国将军以上得兼副都统，其兼任都统者殁则予谥，宗室觉罗之官学各分左右翼,此外复有八旗官学,又上亲临雍本依周制行三老五更之礼,至乾隆末年始废此仪节,此上编之当详者也。大臣予谥之典由内阁拟进八字,奉旨圈出两字,并非阁臣专定,"文正"二字不得辄拟,"襄"字亦曾奉上谕非曾立功者不得用,非由编修出身者不得谥"文"字惟仕至大学士者无论满人、汉人不在此例,尚书、总督若不在任病故者,非奉有特旨皆不予谥,满汉给事中、御史各员止许封章论事,不得上折自陈,每届年终各省在京官员皆由官最高者领衔谢恩,毓庆宫授皇上读书起于同治朝,非由上书房所改,批本为内阁学士专职,今则多以翰林院侍读、讲学士协同办理,无所谓翰林一员、中书七员,又东阁本名弘义阁,地在文渊阁之东,以敬避而改称,此下编之宜订者也。书成于壬寅六月,其时业经奉旨改题本为奏本,詹事府、通政使司两衙门亦先经裁撤,而篇中皆未叙明,是则涉笔之稍疏矣。

新译列国岁计政要上海海上译社本

《新译列国岁计政要》共上、中、下三编,不分卷,篇首载著书者原序,盖日本人而不著姓名,但题宁乡傅运森译述,通州白作霖校补云。按上海制造局曾译《列国岁计政要》一书,是书盖沿用其名,以别于旧作而曰"新译"也。篇中所纪于列国政权法令之本原、户口人民之多寡、疆域山川之夷塞、商务财政之大纲,要皆罗列有条,略可观览。据原序所云,采取之书择其最近,则是屡辑成书,并非转译西籍,周知四国政不易言矣。译笔雅驯,例言允洽,前列释语及货币表、度量衡合数表诸作读者便之,凡所胪陈,每资考证。如谓土耳其崇奉摩哈麦德以来,历世相传成案君民上下皆谨守之,名曰"墨铁迦法律",而前皇沙立曼二世所辑先代谕旨名曰"喀纳浑眉法典"者,则以为是人为非天定而服从者寡,波斯之法律亦悉依戈兰经典定之,其王虽有权力,恒受制于教而不能专恣,则知突厥、波斯所墨守者为教示之旧法,与墨守前代弊政者异出而同归也。观土耳其所借外债之多至二万九千七百五十二万,波斯关税课欧洲人以值百抽五,课本国人则自二分之一至八分,核其情形亦我内视之鉴。考俄人近年之移住美洲者至百余万人,中惟犹太人独多,则懔然于不保富民之失策也。凡斯碎义皆等片金,至于博采异闻,谅有关于典记。奥斯马加与匈牙利共治之详情,既为觇国之实验;荷兰废炮垒而藉堤防为守,可参兵备之新谋。俄罗斯太平洋及支那之舰队以浦盐斯德即海参威及旅顺口为总区,则知前索朝鲜马山浦者为联络两港之用;德意志境内运河开自威廉帝第二之日,则知沟通北海与波罗的海者盖为并省两队之防,此皆肇于新述释此旧疑者矣。其记德国国体云德意志皇帝有宣战、媾和之权,而记法国国体则云宣战之事若非经代议、元老两院于事前承诺则大统领不能行,又云按宪法凡德意志军队不论何等事情皆当奉皇帝之命誓立忠义,国内不问何地皇帝有建筑城寨之权,如有抗命之国按此指德意志合众国之各国则得分布戒严之令于其地,据其文论之,证以德皇自为陆军提督之制,则近人谓德为兵主之国说非无因。又谓北美洲之人往时奴隶之习尚存,全国中不学者之分数,至一千八百九十年尚居全人口中十三分之三,然则限制华人之议或由不学之论所成者乎? 在今日欧文未盛、译书不广,重雾为隔,契丹所讥,此书翔洽可据,故聊摘其要以饷承学者流。惟其记蒙古事于官制外多从阙略,自由中国书籍采取无资,而非洲各邦尤有遗憾,乃至撒必西河流之经行千里灌注内地者亦未叙及,仅以“河流湍激”四字赅之,则稍疏矣。篇中记俄人以旅顺口列为版图十八州之一,号曰关东州,是亦我国人所未及知者也。

万国官制志上海广智书局本

《万国官制志》三卷,各分章节,南海冯斯栾著。作者盖拟著《万国通志》一书,此书则《通志》之一篇也,考订列国官制,叙次厘然,似鲜贻误,然标名冒曰“万国”而欧罗巴一洲则仅载英、德、法三国,亚美利加洲则仅载美国,亚细亚一洲则仅载日本,且英国则止于英吉利、维而司两岛，德国则但言普鲁士一邦，其于大地各邦恐不足以概全体，且以东方人著书而首列欧洲、终及亚洲，例以《春秋》内外之义固将何以自解？此亦涉笔之未审者矣。篇中述英国地方政府之治有太守、州长等官而不及伦敦城长按所云太守略近此制而未析言之制，按此官之在英国虽无职任之重，然英皇常授以旧城之钥而亲命之，外务大臣每年必赴其宴会一次，以宣布外交之宗旨于众民，至城长就任之仪节犹煜耀一时，此固英京民俗之所关而有涉于地方政治者，此书专言官制，于此等事实似不容略也。所言官吏之性质一节，于各国任官所以黜涉之意颇能述其一二，自是译闻之新者，至以中国人之文笔译欧美之制度，而词语多效日本人，其于执事之间或恐比附之不切也。

原政<small>上海作新社本</small>

《原政》二卷，英国斯宾塞尔原著，吴县杨廷栋译本。原书卷帙盖不仅此，此所译者题曰"上篇"，其第一卷为总论，第二卷则言政纲，分而为八章云。总论篇中于文明、野蛮竞进递嬗之故穷其原委，而于近世人民之行谊颇著不满之辞，政纲各篇析言群治分合成就之理，语多渊邃，译笔虽修洁，似未能尽达原意，终使读者病其扞格，名家专门之书信足以困良译也。其深警之语略摘一二，如云善群之术萃于结群分体之中，分体既备则力图利己，各求衍其生息于无穷，共结之群遂失其所凭依而无与为治，所以秕政流传云云；治群之术益进，变化之力益弱，而牴抗变化之力则日壮云云。东西政略善窳攸殊，而哲理所推重滇若合焉，有君子犹吾大夫读此可为深念矣。其于治群之说不以康德之谊为然，此自学派之异，至谓人事繁迹之世合小群为大群，则政府之政纲不得不扩张完备以应之，而引罗马及英国之事以明其故，按中国历代以来疆域之拓较古时何啻数倍，即人民之蕃殖尤迥越于从前，而法度相袭，制作寂寥，一切条教科令不能与世俱繁，乃有千年未修者,此为治之大失,而从来未有见及,以此证之,其害愈显也。

欧美政体通览 上海商务印书馆本

《欧美政体通览》一卷,分为五章,日本上野贞吉原著,上海出洋学生编辑所译本。是书所述仅及德、美、奥、匈、法、英数国,于其国立法行政之纲领,援据明晰,诚为政治学书之佳本。原序有云,分政体为专制、为立宪者,法制之外形,要之历史有异,人情风俗不同,各国各具有特种性质,苟不察各国制度之本原,不究其用意之所在,漫取而为运用之资,则流弊不知,伊于胡底云云,尤为洞悉政体之谈,在今日言变法者宜有所择者矣。其记德意志联邦参议院之情实,亚美利坚议员代表各州与德国联邦参议院之同异,美国大统领之职任、法兰西大统领之权限,法国政府与其内阁之比例,法国议院与德国议会之分别,奥大利亚与匈牙利合治之规模及其参差之状,要皆纪载详尽,觇国所资。译笔亦复雅赡,惟译音多未经意,如奥相梅特涅则译为"密贴鲁理希",法人爹亚则译为"寄耶鲁",舍通行之名而用诘屈之音,似不便于读者也。

政治一斑 上海商务印书馆本

《政治一斑》原分四册,日本桧前保人、上野岩太郎、池本吉治、绪方直清四人分著,上海出洋学生编辑所译本。是书或为并世所作,或由译者合刊,序跋皆无,不能肛测。其持论每近于放任一派,力斥人民等级之非而推重自由之权,措词尤极抗激,至谓警察、官吏名为维持国家之安全、社会之治安,实则束缚人身之自由、剥夺个人之权利,人民违政府之意者即目之为犯罪,不啻为主治者助暴人民之爪牙,地方官吏迎合风旨,不计人民之利害,所行之政多颠倒是非,隐消灭人民之爱乡心,又虑上议院以一国之元老及贵族组织而成,独为暴君、奸相之器械,皆其命意之至显者也。其于地方自治之条理,关心至切,反复申论,以明其有利无弊。推究其说,颇似不满于日本现行之制度而思以渐易之者。日本为帝制之国，开创以来一系相承，故言论尤多忌讳，闻昔有文部省大臣尾崎氏者，尝于议会宣言谓某案若依共和政体则当以何法处理之云云，一言之误，遂以免职至终其身不复见用，宜学者之不敢昌言而为此含意未申之论也。据篇中所叙，书盖作于明治二十年之间，正当法国学派极盛之时，顾其立说则多以取资法国为非，略谓当封建反动之势趋于中央集权之时，喜法国制度之简易取而效之，致中央政府之权力无限，实人民之不幸，且使东京繁富人口日殖而各地方贫苦凋敝，流徙无已，类于巴黎等语，此亦独具之识矣。其时日本国会未立而池本氏已讨论其建置之宜，备述列邦情形而斟酌其要，绪方氏推究改易官制之事尤详，皆可见其用心。近日我国学者日言变法而不究其措置之条理若何，读此书者其亦知所从事乎？

那特硁政治学上海商务印书馆本

《那特硁政治学》分为上、下二编，德国那特硁原著，房县戢翼翚、东湖王慕陶译本。那特硁曾为日本之帝国大学教授，此篇分析章节颇繁，盖学堂讲义之类，中多日本名词，或就和文转译也。采辑西人学说甚博，于各学派皆略具要领，其论国家之渊源一节是众说之汇归，所论国权之范围及其制限各节良多精诣，而叙述各国立宪之制尤详，至论宪法之义而辨及国体及政体不同之由尤为名论。又谓英吉利中央政府权力微弱，不能果断，故其法典至今尚未编纂，按近人谓英国之宪法为不成文宪法，以未经国家编纂也。则亦可知专制之体未尝无适用之时矣。持论之间，颇归美于地方自治之政，以为共和政体之所由成，英国内阁交迭之变动不能牵及地方自治之政体，为大陆各国所无，而亚美利坚与瑞士其地方自治皆极发达，共和制之基础已固，法国则未能整顿，故共和之制难于久远云云，皆深合事情之说。又云共和国体无须重兵压制，惟法国因特殊之理由不得不置强大之常备军，故其共和制常为奸雄蹂躏，又云国家主义行于德意志，个人主义行于英吉利,盖因两国海陆地形之异与其文化程度之殊而定之,凡此片义亦读近世史者所当知也。译笔酋达,间有附注,皆于原书有关者焉。

那特硁政治学中编上海广智书局本

《那特硁政治学中编》二卷,德国那特硁原著,题云中国冯自由译述。盖作者原书本为上、中、下三编,商务印书馆本只将上篇译成,此则三篇并译而各为一册者也。两本皆出自和文,故所用名词及其文理皆近日人,译笔则不甚相远。此篇虽无深湛之论、高尚之想,而于各国通行制度言之甚悉,每遇政论之说分为两派者,各详其得失所在而不必为之折衷,尤合于言治之理论。官吏之义务一节语多可取,其谓国家有以法律严禁官吏为谋利者,此在俸禄优厚之朝则可,若官糈太薄则此弊必多,故官吏在本籍营商在中国尚无明禁,近闻日本亦颇蹈此风云。论地方行政之制度以英、法、德三国之规则及当时日本之新章分合参互以证其迹,如云今日法国学者每以其地方制度发达之功为得诸大革命以后,若以历史事迹征之,则法国革命大坏中央、地方之制度,及拿破仑一世乃尽变旧时区域,改地方制度,又云法国各地方之行政机关绝无仰承代议机关之义务,以是黜陟行政机关皆在中央政府权限之中,地方制度所以趋于中央集权而不甚发达,故其给与各县会之职权亦甚狭隘,此皆深中肯綮之言。以英国之地方自治为精神可取,形式不可取,运用之妙可学,组织之迹不可学,此数语可谓分别有识,惜于运用精神所在未尝缕析其故耳。谓欧洲大陆诸国多取地方分权之方向,惟英国则取中央集权之方向,按英国地方分配之权甚重,近日虽稍取集权之意而地方之权犹未见杀,此书所言不知何据。辨财政预算之性质独取行政事件之说,比较英、法、德、比四国预算之制,谓英国宪法虽无法律预算之区别,然二者之实际则区别甚明,法国预算制之始为公法学者误解英国宪法之预算与法律之关系,而条辨其误,此皆合于理论,有资讲学。惟君主之地位一节有海陆军不委诸他人而以国家之元首自统帅之,是为君主制之特质等语,按君主自为统帅列国虽有此制,皆存其名而不著其实,故邻邦帝皇相赠每用海陆军提督之衔,取彼荣名以为尚武,亦如我朝之制以乌里雅苏台将军称为定边左副将军,隐寓将军之衔,实为上所自主之意,似非君主制之特质。领事制度一节以治外法权始于纪元千二百年间,其时耶苏教之意大利人势力远过回教之土耳其人,遂于两国间缔结此约,今尚存于土耳其等国,顾闻泰西史家另有一说,谓实因回教强盛之时凡外人之寄居者厌其过繁,不欲自治,故委诸其本国治之,亦原因之小异者也。

那特硈政治学下编上海广智书局本

《那特硈政治学下编》一卷,德国那特硈原著,题云中国冯自由译述。前二编专研政治学之原理,此编则考究行政学之事也,所论只在警察、赈济、卫生、教育数事,盖以此为内国行政之范围。其言教育之条理甚悉,按泰西诸国于普通教育之事为益至宏,良由学务整齐,施教之规则划于一定而无过与不及之殊,譬以种树之方,裁剪培溉各适其平则垂荫之姿不至参差而异状,人力所至则天演随之,故日本学者之持论,或谓地球之上强弱高下之差相去最少,惟欧洲人殆天之所择而赋以权利者,虽崇拜过分,要非无据之言,此篇似未阐明斯义。警察章内记及制限流浪人之法,盖无业之人不可不有所惩,今世所传《商君书》所述有游惰之刑,此其治秦之法,可以今事征之,固不必援中养不中之义为说。于救济贫民之理与其法则具见周密,如贮蓄银行、动产银行等事推之,中国皆有取资。至卫生之理,西人所慎,然患之太深则其失必苛,如检疫、察病诸事,其方法尤多未善,学者立论似当更求良策也。篇中又云英国非常警察之处分独于阿尔兰见之,在英伦则未之见此,亦不平之一端,若此类者皆所以致阿人之怨,宜乎并立百年而未蠲旧感,读者于此可占其故焉。

政治学上海作新社本

《政治学》三卷,分为各章,美国拍盖司原著,吴县杨廷栋译本。盖以种族、国家、宪法等事以定政治学之范围而析其原理,勘论甚精,其文虽颇重复,亦西国法家著述之通例也。以民族地势合于天然者定立国之界限,为列表以明之,其在欧罗巴者九处自西班牙、葡萄牙两国之外皆有缺点,在北亚美利加者则凡三处论及人种,独盛称条顿一族之才能原译作"偷通",今就通行之音正之,虽稍涉偏私,顾谓民族国家之说创自条顿人,而往日罗马大同之说因以不行,此则要非自炫,故其驳国为世界包涵之论亦正与此理相同。夫使一国之立,不定国家之形体而日侈然于大同之美谈,则无以自域,而国民之性质遂无所附,此义一过,其弊所极,将如印度之族自称为世界上人,至于亡国之惨反无所恫,然则所谓民族国家者,诚各国所以自立之规而故为高论者所当择也。篇中于万国公法等事皆不甚取,虽立义近狭而所见不可谓不确矣,其斥欧洲学者为拘于成迹,不知国家与政府之分,又驳德人立宪国家之称谓立宪者以为表彰国家之区别,不如以为表彰政府之区别为当,两论相因皆为新谊,然所引美国制度则固确切可据。言国家之起原一章既主历史生产一派,又颇往复于神学、群学二者之间;言国家之形体一章于亚力士多德原译"挨立司他脱尔",今据通称改之、伯伦知理诸说既有宗主,复有不同;言国家之趋向一章,所论政府自由一节理想甚锐,第三卷专叙英、美、德、法四国宪法原始,考较尤悉,并以已论证其所闻,皆是篇之大概。至欲以强族尽化他种而托于物竞天择之言按原文未知是否引据此语,且云条顿民族私其文明而不普之天下是为溺职,则可为怵心刺耳者矣。第一卷第三章云亚洲风俗思想之害于政治者前已论及,第二卷第四章云凡民族分播之势莫不由于自然已言之详矣,按之书中皆不甚著,亦不解何故也。译笔明晰,尚少扞格云。

日本政治沿革史上海中西译书会本

《日本政治沿革史》八卷,分为各章,日本秦政治郎原著,上海中西译书会译本。自题第几纲、第几目,亦变例也。中国近来主变法者皆有模效日本之意,以为亚洲邻国民俗多同,取其成规可为遵率,然日本立国迄数千年,亦自有其旧法之相沿者,徒见其革新之功而不悉其从前之政,则于损益去取之际漫不察其原因,顾欲袭其现行之貌一举而赠之中国,亦见扦格之多而已。此书述日本往事起于建国之前所谓神代者,以迄明治变法之初,古代源流当已备举,其有关近政宜为体验者皆在初篇。如述封建之制实因酋长自治之政而一变,则今日文明日进,此制不容不废;谓皇室为日本帝国之一大地主而为宗教族制之国体,则尊崇君主国势不得不然;臣民参政之权于前朝早有端绪,则创立宪法之事要非甚难;文武出于一途,兵农合为一事,则尚武之风已有所本,而国民兵之举不致相惊。读书者援古以证今,其迹之著如此,惟作者则颇尊旧闻,故于欧美各国之军政不甚信其合用于日本,且有弓弩干戈之战、骑战步斗之变咸足资今日之范等语,亦可觇其意识矣。夫日本于法律、租税、官制等事,多取法于有唐而仿我邦之文辞、传荷兰之艺术,受纳之量自昔所宏,故挹注之资于今为贵。又观是篇所述其治法屡变,旧辙未深,则从事改弦不见妨于专一,此其较中国为易者也。篇末述维新初政虽不甚有条理,要裨稽核。译笔颇晦,宜求删润焉。

英国制度沿革史_{上海广智书局本}

《英国制度沿革史》三卷,各分章节,英国非立啡斯弥士原著,日本工藤精一译汉文本。其书专考英国制度之所起,颇述古代弊政,中国言治者类多倾心于英人,此书条举其布置而求其实施之原,宜为世人所共读者矣。英以岛国位于欧洲大陆之外,不为列邦风俗所侵,即一切政事之根源亦无羼受之害,故无论其科条之善否,要其政治之性质独能纯一不杂,而说者谓英之人民风尚所成亦多特异,则所以构此完粹之政体者,未必非地位之所予也。

惟中国亦然,地势虽不同于英,顾伊古以来环而峙者皆蛮群酋长诸国,不足以扰我文明,纵不获交通之利,亦不受交通之损,虽闭关自大其弊也封,而混同合污之病则曾未离其熏染,其政治之性质、人民之风气比而絜之,虽瑕瑜不掩,终与英为较近也,故来日之难诚非意计所及,然立宪之体最适于中国则已昭晰无疑。际此之时其缀诸英国者惟何?亦曰宪法之要义、地方之行政、习惯之成法而已。此书叙述英国各情不得谓之不备,惜考据之功多而贯通之意少,盖其书体例则然。第二篇虽较切用,而条规不具,亦无资于研究。然舍此以外言英政者更无全书指专论英国一国之政者,此其憾也。夫所谓不成章之宪法、习惯之法律者,在旧日之中国则亦有所存,地方自治之政英为最美,而自然之自治中国尤每见其风,至考求英国之实际,若所谓不成章者其奉行之方若何,所谓习惯之法律者其相沿之习若何?文不足征而欲于形质之中察其精神之所寓,亦甚难矣,此言英国制度者所以独难。若使久居其国,深究其治参之心得,著为详篇以饷于世,则其为福于中国未有艾也。篇中记约翰王设立大宪章之事,于改革诸条略已揭著,赖以考见其目,乃于大宪章所以成立之故则未及备载其始末,此为英国一大关键,是书又重于沿革之典,不知何以宜详反略。又陪审之制虽通行于诸邦,实初起于英国,而所纪各节竟不及此,亦所未悉也。译笔虽少疵累,然以日本文体行之,冗复之甚几令览者坐困,此亦东籍之通病,反不若直译之徒文气尚稍明顺。其于实施制度率用日本名辞,亦不知配合之间果能不误否耳。

国家学<small>上海作新社本</small>

《国家学》一卷,分为十章,上海作新社编纂。览其全书,似以日本人之著作辑译而成之者也。此等议论盖哲学一流之通于法家者,为行政之大关键,其绪论云国家学必并用哲学及历史之研究法,始能得真正之学问,即作者自证之理也。书中辨析事理颇具精诣,然多就西儒之说撷拾而补苴之,未能自立一义,故于卢骚民主之论与霍布士异义亦并存其说而无所折衷,其著书之例则然也。第九章言地方自治之政体,考其沿革甚详,所述自治之利益六条尤有确见,为治之先务盖于此征之,亦是书之要点焉。

法制新编日本东京译书汇编社本

《法制新编》二卷,题云日本葛冈信虎讲义,上海朱孔文笔述。盖用于教料之书也,就法律易晓之理逐条衍译,似尚非施于中等教育以上者。其词旨婉约,深合口授之义,使听者优游泳渍,可以自求深造,亦可见为教员者之所用心矣。辨卢骚民约之说而不为过甚之词,于自由、平等诸条厘其界限以俾学者之遵循,皆所以预防流弊,然指导有方亦不至教人为诇,求之近日师说,终属雅人之言矣。

万国国力比较上海商务印书馆本

《万国国力比较》二十三卷,系以比较表及附录,英国默尔化原著,出洋学生编辑所译本。题曰"万国"而所纪不及亚细亚诸邦,且所述仅在各国之财政与其商工诸业,而政事、兵威皆所未及,似不得冒以"国力"之文也。其书著录详审,据译者原序,当日盖搜集列国之统计报告而成,故能罗列其条目而加以综核之功,稽之古书,殆如有夏氏之铸九鼎,是亦私家之伟著矣。篇中引英人利威帛尔之言,谓英国之农业若盛则英国必穷,则知其以工商立国之有故;纪法兰西人口锐减之率则知其习俗华驵,民多不婚之所致;俄罗斯铁价昂贵至于农器用木、马不著蹄,则知其不能凌驾英吉利之由;奥大利海岸线短则商业不能出地中海,而挹注仅恃邻邦意大利,食物不足则人民大半凋亡,而国势常列于二等,在读者能以意推之,凡此片义单文要皆瑰珍异宝也。又云俄国劳工浪费人力,全国无论男女因微渺之所得而终身碌碌者不知凡几,因生活之难而虚无之主义以起,并历述其农民之苦状,此亦觇国者之要闻也。

日本变法次第类考上海政学译社本

《日本变法次第类考》共为初集、二集、三集,各分二十五类,不列卷数,阜阳程恩培、程尧章集译本。初集皆明治三十二年以前之事,二集、三集则皆近日所颁之成案也。其书专采日本施行之制度而述其大要,且各系以年月、综其体例,盖就日本人内川义章所纂之《法规大全》而加以摘录者,原书备列各种章程规则,载其全文,此则略叙其事由而益以论断,征引明晰,条理清疏,所以异于原书而有裨于学者,良可翘异。乃本书凡例则云,是书系集法学、政学各书,择其切要者译之,又采取法学、政治家之议论考据而成云云,其言似非实录,或者涉笔之未检欤。要其屠辑既详,纲领毕具,凡言日本变法之书,其切用盖未有过此者,亦见作者缕析之勤矣。第三集于刑法之次、官制之前注云"原阙",盖即谓内川氏之书于此独阙一门,此则葛龚故奏之讥正不容讳,抑亦手民钞胥之误而校者刊对之疏也。

约章分类辑要湖南洋务局刻本,上海石印本

《约章分类辑要》三十八卷,附系图表,番禺蔡乃煌等编纂,盖湖南洋务局诸员所为。其书多列官牍,皆取其著为成例者,以资官吏之信守。中国通商已历六十年,地方各官有遵奉条约、援据章程之责,而国家则于旧章新约曾无一纸之颁,一旦有事而课以罚,则为时已迟而不足以间群僚之口,故此篇之辑,其命意所在识者将有取焉。顾湖南一隅僻在偏服,见闻既隘,咨询为难,分纂诸人谅多俗吏,是书之作其阙漏之讥、贻误之柄,为失正多,读者尤当取其综核之功而鉴其疏略之病也。如卷首所载各国立约年月原始表,所叙诸国国体大约从《瀛寰志略》、《海国图志》等旧书录出,故于列邦之名多列数称,此不过译音之异,当时中外交通未盛,今则定名已久,何取纷歧?至云荷兰一名红毛,日本一名东洋,又分新旧教为耶苏、天主,似不知其同源,此类尤为通人所笑。其谓俄罗斯跨海据亚美利加境,此指监察加属地而言,

此地于三十年前同治庚午俄人已售于美国,著书者生在今日,岂可仍袭旧文?又云日本改从西法,习耶苏教者甚多,此则尤乖实录。列刚果一国于次注云"非洲小邦",而不知为比利时兼辖之国。至引王之春、钱恂之书而称曰苟棠中丞、念劬太守,亦非著述之例。书中所录奏折、咨文等件,于奉旨及年月、官衔之处或叙或不叙,总理各国事务衙门则省文称"总理衙门",或列领衔亲王之名而不称衙门,遣使一表于各使官阶或录或不录且多误,皆嫌淆杂,且与体制未协。近来电文每用诗韵次序以记日期,若不注明则人多不解,篇中亦蹈此弊。其交际一门并载檀香山照会条议诸条,此岛已归美属则旧例全废,前案似已无用。传教各门当为编书者所重,而于乙未四川之案、丁酉山东之案利害至巨,何竟遗之游学类中?摘录庆宽条陈称为御史,按庆宽系以员外郎衔考察商务,官局编书,于曾奉明旨之事不得诿为不知。权度既列专类,则于各国货币之制尤宜致详。禁令一门于英人梅生私运炸药之要案光绪辛卯,当时中英往来互辩,其文牍载于薛福成集中,岂容不录?佣工一门录招募洋将成案,而于各省学堂、各营练军之聘请洋员充当教习合同岂无一二可记,以备一格?租建门录日本杭州租界章程称为"塞德耳门章程",按塞德耳门盖英文称租界之译音,以此标题误矣。电线门则并张家口至库伦修线之奏案亦忘其事,铁路门至以盛宣怀之说帖与美工程师立尔枢踏勘芦汉铁路情形之第一禀合而为一,竟不可解,尤为巨谬,不知当时在事诸人何以卤莽灭裂一至此甚也。附刊各省勘设铁路轨道表注云:"皆照日本新编《东亚三国地里志》所载,其未载明里数者概不敢参以臆断。"盖据日本人辻时武雄之书,游客记录悬揣将来,岂可据为典要?且以中国人而考中国土地里数,自有舆图可稽,何至不敢臆断?此更不值一哚。他如入籍一事交涉所关,当列专类,公牍可省繁文,即奏章亦可依昔人中阙之,列地名至数处以上者宜用小字平列,此皆所以便览而原辑所未知也。

解释中英改订商约 江西课吏馆本

《解释中英改订商约》二卷，江西课吏馆著本，盖在馆肄习人员所为之札记也。于商约全文尚未尽录，然解释各条言其弊之所在，颇能窥见隐微而抉其心思，自中英商约布有成议，上海《外交报》曾条论其事，勘订尤密，此篇之作所见似较浅，然于外国情状不致误会，于我邦近事亦知内视，固不得不许其留心也。于外人购买中国公司股票一节，能据近出《地球大势变迁论》所谓平准界风潮之说以究此约之本旨，虽近于撷拾，亦可谓善解人意，一书之中此条尤见聪颖。于除去广东珠江阻碍一节颇疑涉及兵事，此则求之过深而其言近陋，反不合于事理。于裁厘之举意颇非之而特为隐约其辞，盖尤不免俗吏之见，要无足深论者。至论及加税而谓入口之税仍随货而纳之吾民，此固尽人所虑，然察其实际则外人之谋尚不仅此，其所以允加重税者欲逼其商人不以成货入口，而援据马关旧约均沾之例以争内地设厂制造土货之权，是加税之说行乃足使中国无税之可收也，此理甚显而近人似未论及，故略摘其要于此。此等实施条件，凡有悉心研究者皆足嘉尚，宜有取焉。

国际公法志 上海广智书局本

《国际公法志》一卷，分为五章，邵阳蔡锷著，原题上卷，则固未成之书，当尚有属稿而未刊者也。按"国际"二字为日本学者所定之称，盖谓国所以为国之理，其范围之域似不仅公法一端，而一国自立因与他国相交则公法之用遂广，凡所以自保其权而不侵他人之权、自尽其职而不使他人代其职，皆所谓国际之义也。此篇于国权所在与国体所关二者论列甚备，所据诸说并引成例，皆足以发明已说，是深有得于此学者矣。惜是篇之作本为中国治公法者言之，而他日在外交者必将有所择于此，而于中国故事以及今时情形未能申引而并论之，以资对鉴之用，此则书之遗憾,未知续篇之作其体又何如耳。

公法论纲上海出洋学生编辑所本

《公法论纲》五卷,吴县杨廷栋著。援据翔实,论断精明,词句简核而申譬确切,诚为法律书之善本,而治外交者所当知也。作者自序云前二卷较详,是为所以能入公法范围之本;后三卷较略,是为既入公法范围以后之事。盖深知公法之用尤在战胜朝廷,故必先求所以自克者,其用心为独至矣。然如论交涉则不及交犯之条,言海权则不记捕渔之约,此皆未备之处。又所引成案多在数十年或百年以前,各国情势攸殊,未必尽适于引用,即如两国因事争议请于他国政府公断一事,第三卷论奴隶一章曾引日本与秘鲁龃龉由俄皇公断一案以为说,近人嘉应黄氏所著《日本国志》于此案纪之颇悉,然迩来列邦事件类此者多,皆未尝以此为断,若使一旦据此,恐非他国所愿闻,略举一端可见其理也。

外交通义日本东京译书汇编社本

《外交通义》分为五篇,各分章节,日本长冈春一原著,仁和钱承志译本。于外交官之职务论列详明,凡使外国者其权之所在与其限之所立分划昭然,多引各国通例金鉴所垂法语名言,每通于立国之理,如首篇第三、四章言国家之种类及其权利义务诸条,又不独交际之事为然矣。其论使臣授受拒绝之事,罗列故事而比较之,所述各条于我邦近事多可援据者,官中视之可为鸿宝。中国派遣使臣未尝定有规则,何者为应尽、何者为当戒,自敕书数语以外更无明文,或以偾事见讥,甚乃贻人齿冷,典章未悉,无责其然,是书之译固有裨于使命也。

最近外交史上海作新社本

《最近外交史》二卷,分为七章,上海作新社编译本。记近三十年间欧洲各国秘密交涉之案,如德人以事离间意、法之交则令意大利附己以为助,操纵英、法之争则使俄罗斯中立而无功,皆俾司麦捭阖之算有以致之,而横流之被于中国者至今未已,推论事迹略可考见。盖自德帝威廉第二主结英之说而俄、法之情亲，其联合之势至今愈固，此一事也；德欲联英久无成效，乃反自附于俄而以退还辽东之役自见，故胶州之事俄人默许而旅顺继之，各国效尤者纷至，此又一事也。推其枋蘗，皆由俾司麦克退位而外交之策一乱，全局遂以多忧，一人之谋其关于大地者固若是其远也。此篇记载明切，论及各国政略皆推见其隐衷，读者观此于地球大势已略悉其情。译笔辨晰，并世殆不多遘，所叙遗闻亦有可参稽者。如俄将司哭勒夫即《东方交涉记》上海制造局译本所纪之史可柏勒，其人在中亚细亚之事甚多；法人夫兰士司格罗尼，即著《柬蒲寨以东探路记》广东刻本之晁西士加尼，其著述言西南地理极详；法国陆军大臣部兰痕即近年所译《马格利小传》丁酉上海《求是报》译述之布朗热，其轶事亦有关于国政，读新书者固宜证以旧闻也。

英国外交政略史上海文明书局本

《英国外交政略史》一卷，分为五章，日本高田早苗原著，无锡胡克猷译本。皆记旧日交涉之案而不及东方各国，所述各情纷纭蕃变，以事势考之，则英国往日之外交家似异于近来之镇定以守其宗旨而终底于成也。英为岛国，与邻邦利害不必相同，故列国相竞于中原，英则以其闲暇之时扬其威于域外，而其内治之粹美亦不随风尚为转移，故如俄、奥诸国所称神圣同盟而英独不预其事。近世论者以为，环海之国能受他人之文明而不染异邦之秽俗，此其国势所以独优也，顾其对外之方则畏葸为已甚矣，于梅特涅压制之策明知其非，而民党之变不能出一言、发一兵以为干涉之举，此篇所著情状昭然，谓秦无人至今齿冷而波沸云扰，祸且蔓延，此岂一国之忧而独英人之福也？揆之仗义执言之谊，于此其犹有愧焉。惟此书归美于滑铁卢一役，至谓欧洲人民有参预政治之权利皆是役之所赐，则其为功诚不可没。于英前相巴麦士顿外交之谋颇详述之，按中国与英人交涉五口通商之时、咸丰十年之役,当日遥为相持者皆即此人之用心也。所纪英国对俄、美之政略原委甚明,其言外交之职务亦有取云。

宪法法理要义日本东京王氏刻本

《宪法法理要义》二卷,分为五编,各分章节,题云温州王鸿年撰。据其所作序则作者曾于日本大学校学政治科,而以其校长穗积八束之说摘录其要以成为此篇者也。穗积氏盖素主君权之论者原序亦明言之,其大旨自有所见,未必定非。其书援据得当,断制尤明,立说既辨,记者复以显豁之文行之,尤足以动人。顾其言则有近于武断者,如云宪法者非所以束缚君主而实君主之所以束缚人民,此太偏于一面。谓惯习法必由国家认许以为有效始可与法律相并,不由于国民之确信,以国家与国民为对峙之文,则所谓国家者非专指政府而何? 又于欧洲人之称国民而不称人民亦显斥之,且云无论何等国体,无主权则不能成国家,若有主权则服从之义则含于其中,其辞甚悍,而所谓含有服从之义者乃并不能剖析,则仍系空言相诋。至论君主宪法上之大权而不称特权,此尤狡狯之尤,乃复自述所见,沾沾自喜,适形其浅。全书不及美国政体,谅亦以其制度与其主义多相格也。篇中惟谓英国君主与国会并行,而国会之权独重,征引讨论,皆甚确切,此为可取。所云共和大统领专制暨比利时原作"白尔义"诸国,名为君主而实则民主等语,皆供稽览,读者当有别择焉。

万国宪法比较上海商务印书馆本

《万国宪法比较》一卷,日本辰巳小二郎原著,房县戢翼翚译本。宪法为立国行政之本,各因其国习俗规制之,宜与其宗教、种族之异而定之,顾欲以一人之力汇为成书而条列其异同得失,是亦难矣。是书所引各国之宪法似尚非全文,而所系之论则持议极通,且征引典实,尤资稽考。如记意大利独与陆海军官吏以被选之权,其他学识技艺有功于国之人亦得为上议院议员,以示奖励;葡萄牙及南美之巴西国宪法有所谓特命权,而葡国又特定国会开闭之期,以示议院不由国王征集;希腊国会仅有一院,独行普通选举之法,其议事之制必经三次讨议始得采用;丹麦国王之赦免权不能及于有罪、受弹之人;利边利亚之立共和政体实出于亚美利坚人之计画,以明黑色人种亦有自治之能,凡此各条皆足以扩近人之新知者。其论土耳其以十余种族之人民立于一政府之下,风俗互易,言语不同,利害得失不能一律,若欲以政府之举徇人民之意向,则政略进取之道必不能豫决;论法、美二国之同异谓法国俗尚武略,逼处列强,敌国外患无日无之,执政威权不得不重,美国以工商致富,四境无虞,执政威权不得不轻,又法国自古诸州画一,美国州各一制,亦权限所以不同之因;西班牙之宪法与英国之宪法相似,而英国以国王为主,西班牙以国民为主,盖英国宪法由日积月累而成,西班牙则成于旦夕之间之故,诸说皆极著明。学者得此书而读之,其于各国之政体已可得其概矣。

各国宪法大纲上海作新社本

《各国宪法大纲》四卷,各分章节,题云上海作新社编译,未知原著何人也。其书仅论英、德、法三国及日本立宪之要,盖以示中国之准以为他日所取资,用意良善。篇中所记各国宪法之沿革诸条考古甚详,其有可讨论者,如云英国君主之地位实一名誉有力之世袭大臣,君主不列于内阁自佐治一世为始,按日本叙官无正一位之阶级,盖即以天皇当之,此与孟子所云天子一位列于班爵五等其说略近,英吉利之权重在内阁,亦与中国前代任用宰相相同,故英国无特纂之宪法,而以大宝敕令及权利法典代之,稽之中国历代政体亦微有此意,特未及发明耳,此英国之治所以宜于我中邦也。又云英国分殖民地为三种,列其制度于下而不叙地名,此自以明宪法之大意,然既未指实其地,则读者无由就其疆域以察其行政之方,按英国属地之政所分三等,一为专隶政府之制度,一为地方绅董议政,政府派首行政之制度,一为地方绅

董兼有议政、行政之权而政府派总督以监之之制度_{其总督仍受成}

^{于本国政府}，此即是书所谓三等制度者，其地虽不能具知，然如印度、锡兰殆为第一等之制，西印度诸岛别为第二等之制，澳大利亚各属及美洲之坎拿大皆为第三等之制，分目尚繁而大纲可见，此当为补证者矣。其谓设施印度政治亦惟内阁，叙印度事务之职云行政岁入，任命各州行政会议员必由印度会之多数而决，此会受国会之委托监印度事务尚书之责，然印度事务大臣之权虽轻，而印度总督之驻节于加拉戛达者则权望甚重，其于本国班在皇太子之上，颇得自专其事，现任殖民大臣金白雷之为印督，掠我边界野人山地数千里，皆其拓土之功，而内阁不得侵其权，书中云云恐未尽也。论拿破仑一世非尽力共和主义之人，而引其当日之言以为证，按拿破仑手定法律，自是专擅之旨，据此文观之益信，近人谓其欲尽废列国之帝王而代以民主，要是好异之谈。至谓德国之政制非联邦乃诸州之同盟体，记美国宪法而及宪法前文之要，并引美国旧事以明之，论日本宪法止定大体而其详则载于他法律中，为防乱于未然，此皆未发之论，其书因多裨也。

国宪泛论上海广智书局本

《国宪泛论》二卷，分为四十七章，日本小野梓原著，题云中国陈鹏译。盖日本宪法未立以前所著之书也。其持论皆根据事理，于欧洲名儒之说征引甚备而不为苟同，于设官分职诸门研究其本义之所在与其职分所当为，论行政官参议国会之事、刑法陪审官之制、会计预算决算之方，辨其利弊得失，皆反复申譬，不厌求详，观日本近日行政规模虽美，似犹未副此书之所期也。言国民自主诸章立义犹与我邦情势相合，述日本现时民权一章亦可见其变法之要，至论有国之全权一节以自来言国权所掌者综其说为五派，而颇主归权于主治者之义，盖谓以全权归之国人而使主治者为之代表也，此制若行，流弊自少，顾兹事体大，固当重言以申明之,篇中于此文论定尚略,而于各说之偏重亦未尝执势以辨之,其述第一派之说引及柳宗元《封建论》之文,按之其言,要不甚合子厚所论,略近联邦共长之体,初非专制帝国之言,以云比附似未谛矣。又自来泰西学者论及政权,率分立法、行政、司法为三而以为权之所出,故有三大权之说,作者独讯其分析之未当,谓宜以解散国会议员之事、代议人选举议员之事,各设专官,名之曰政本之职,而合政本、议政、行政、司法为四大官职,其于孟的斯鸠诸人三权鼎立之说辟之尤力,而谓立法一官当在行法、司法之上,并引美国宪法及英国之书以证明之,命义虽创而为说甚辨,要非故为可愕之谈者。然近日欧美学者之论则多以立法、行政两者并举而以司法一官为轻,已与前人之说微殊,推之作者之论,未知其意何似耳。驳卢骚之言谓立法之官非全能之官,盖恐其说一行则合众之政体将邻于专制,故为峻辞以拒之,其意良趋也。

宪法要义上海文明书局本

《宪法要义》一卷,分为十三章,日本高田早苗原著,金匮张肇桐译本。按日本变法几二十年而立宪之政体始定,其濡滞若此者,良以审慎出之,故伊藤博文编纂宪法首著日本天皇万世一系之文,又申之曰天皇无责任、天皇神圣不可侵犯、天皇有种种特权,所以防民气之器也。此篇亦多法学粹语,要皆依违于宪法之文而以己意附益其间以申辞之,盖托于尊皇之义而然,译者自序颇以旧译之阿附当道为非,顾此书虽不致袭此病,似于译者原意尤未悉合,不知何以必取于此也。第六章言天皇一节乃释其国皇室典范之文,译之似无所用。篇末云近俄国宗务大臣著书以论立宪政治之失,盖即波壁那士锡之言也。

宪法精理上海广智书局本

《宪法精理》二卷,分为八章,湘乡周逵著。作者于凡例自云此书为政理之言,非法理之言,达意为主,以求易解。详览其书,于持论称文皆不为过高,良与斯言相副,而考据既精,真理自显,成例所著,取法是资。篇中名论络绎,深合法律之义,自出真知灼见,非所语于饾饤之儒者矣。如论议员代表之事则并列四说,而以代表全国为然;论上议院诸章则深以贵族议政为非,言多不刊,可昭定论;如云泰西有贵族,泰东无贵族,有贵族者则上议院不得设,无贵族者亦将踵列国之成迹而设之乎? 此事于日本尚有间然。又云往日张平民之焰,使平民政治渐发达者此贵族也;今日阻平民政治之进步,使不得发达者亦此贵族也,皆极有识。论政府官员入上议院之制则以为英国之所独,其引美人之言谓行政大臣入议院亦使政府无庸才之一法,自是有见之谈。论英国革命以来所立三大主义,谓为代议政体与宪法之所由立;论法院一章于司法行政之分能详今昔之异势,此皆读者所宜究心。其所取材似亦间资东籍,故论主权一章分为五派,实与日本小野梓所著《国宪泛论》相同,即立论亦颇用其说,此正见其旁稽之博也。

宪政论上海商务印书馆本

《宪政论》三卷,各分章节,日本菊池学而原著,侯官林棨译本。日本之立宪法,在今日各国为最后,成规旧说皆有可师,则其研究之方甚易,顾东西殊俗,前无所承,则其创造之功又若独难。此书讨论甚博,虽未尝自立伟义,然补苴撷拾,为用已深,兹事体大,难判一尊,远绍旁搜,多能取益,则学子著书凡言之成理皆在所取者焉。其言日本政党之目的而述各种之详情,于政党内阁论一章能据英国之事实而辨其同异,可谓明于国故,兼察外情。篇中所言,如谓日本为家长政体,不能倡国家主权之说,即三权鼎立按此指孟的斯鸠立法、司法、行法之论亦漠不相涉,证其国家为可享私法上之权,谓亚力士多德所分三种国体按此指君主国体、贵族国体、共和国体适乎事实而不足于理论,且不必适用于二千年以后,言国体与政体之区别,剖析其故,皆有当于事理。惟所论议会两院之制颇以设立上院为然,并引日本贵族院之制度以与各国参考,按欧洲贵族之制由来已久,上院之设势所必循,日本虽重门阀,其世族名家根据之深似不若欧人之甚,而亦取上院之法崇贵族之名,此或效颦之过,非所语于傅会者也。第一卷第一章引法人及俄国波壁那士锡原译"白琢那士切夫"之言为议会政党之事,第三章颇贬今日指日本近日也之议会,皆宜注目之处。译者于日本文理不能裁节,颇欲令人生厌,又开卷所论原理,在作者著作之体固然,译述之书不同学校讲义,似可删其繁芜,毋使览者眩瞀而不能识其要也。

万法精理上海文明书局本

《万法精理》二卷,法国孟的斯鸠原著,桃源张相文译本。盖由法文而英文、而日本文、而中国文,凡四译矣。书分前后两篇,而前篇亦有数章未刊,姑就已行者先读之耳。卢骚之著作为法国革命之动机,而此篇之出则法国改政之所本,其三权鼎立之说,美人立国草制实与命意相符,至其分贵族、立宪、专制为三政体而定其所以为元气,贵族之风,中土所无,无劳学者之讨论,此则可以自幸者也。作者当日有著英国政体论之意,既乃欲以所论英国政体之言列入此书之内,又曾著《罗马盛衰原因论》以行于世而今无传本此书偶一引及,是篇所述则于罗马旧事颇详,于英国政典亦尝引及而不成章节。顾世态万殊,则名言不必悉验,如书中谓立宪王国之君主不当亲临讼庭,判决是非,而君主审事院之设在英国则未见其弊;谓共和国以版图狭隘为宜,至于疆宇恢廓则难期久远,然美利坚立国已过百年,亦安见其为短促? 于此见理论与实事之相反焉。惟平等过度必流为专制一语,则观近日美国修改政律特尊视总统之一身,其象已著,可以证之。篇中颇引中土史事,著书之时交通未盛,此可觇其博闻,其实精要之谈每可就中国古书遗事以相参,即如所云专政之民忍耻而偷生,不得不治以严刑,共和、立宪之民畏苦痛甚于畏死亡,故夺其性命而止,此非《周礼》大司寇"刑乱国用重典,刑平国用中典"之义乎？至论节俭诸条初读颇病其隘，然其言曰为欲经纶一国调剂而得其平，按贫富悬绝之病为近日政界之奇忧，而百年之前已怵横流之祸，先识之验无符著龟，此其异也。又谓法国旧法已具立宪之精神，罚锾一条贵族重而平民轻，至于加刑则严于平民而宽于贵族云云，按中国定例职官与平人之差别亦略近此意，而谓合于立宪之理则惜未详究其由而察其所以宜耳。所引我邦旧律以为比较参稽，则传闻或误，如第二卷子坐罪一节谓子若有罪连坐其父是其显著者。屡引某国，今不可知。又第二卷二章第十七节其说恐滋缘饰，译者似可从删，庶不致为舞文之具焉。

英国宪法论上海广智书局本

《英国宪法论》分为五章，日本天野为之、石原健三合著，题云中国周逵译述。按立宪政体之与地方自治实为中国必由之义，而两者之制皆以英国为郅美，此书专考英国宪法各条，诚我国言治者所宜亟读也。顾英国宪法未经编纂，惟据人民习惯之义以定为常则，而散布于寻常法律之中，盖兹事体大，英人重视之，虽以君主之尊荣犹不敢特修一书以为根据，亦《中庸》所谓"非天子则不制度"也，有其精神而无其制作，则英国之立宪学但能研其实际而末由考其全文。惟英吉利既以此立国，故其鸿生硕儒著书以言政者宜有不刊之言，此书所述多取于私家论撰，凡例所列参考之书近二十种而英人之成书独多，篇中推其创始，阐其用心，考据精详，议论缜密，昔人之论《周官》称为盛水不漏，此书之作庶足当之。前列蒋智由之序以为取鉴人国以浚吾之理想，而后徐图见之实事，良为有识之言，可知是篇之用矣。世有作者，刺取所引诸端以与我邦情形相证，何者合于国体、何者宜于人情，则折衷之宜必审其要，海内君子其有蓄铅素而怀袖笔者欤，读书者延仁深之。

世界教育谭上海开明书店本

《世界教育谭》一卷，凡十二章，日本泽柳政太郎原著，南汇王会颐译本。分教与育为二事,粹语良多,裨于师范之学,凡所箴砭各情皆中肯綮,观此亦见日本教育之遗憾。著书之旨以为各事之源皆由于教育,故汲汲以此事改良为先,而以目前之施教尤多未足,篇中所云教育不修则政治、法律以及农、商、工艺、美术各实业不达,亦可谓知本矣。

泰西教育史上海金粟斋本

《泰西教育史》二卷,分为九章,日本能势荣原著,仁和叶瀚译本。详论泰西古代教育之事业并及今日兴学之规模,其于名人论学之言尤能详其宗旨,而其说之有流弊者,复引他说或出己意作为评略以折衷之,求合于教育之理,可谓切实有用者矣。第五章述近代文学再兴之事,以为东罗马既灭,其寄居之希腊学者远遁于意大利,故意大利文学与美术之极盛在第十五、六世纪之间,实为诸国之先导,因思中国于康熙年间已遣学徒于意大利,计其时代正当所谓极盛之后,旧事无传,不知其成效何若,而学术不能东渐于我邦,徒留中华书院之名于拿波利之故府,此则可慨者也。第七章云斯宾塞尔之徒著书译传于日本,师范学校之教科无不用其书,教师无不读其书,则日本之教育必多出于英国学派,然谓今日尊信智育之家亦有倡德育为教育主目之论,将再兴支那古代之德育法,按近来日本颇有言保全国粹之义者与此说相似,虽曰剥极必复,亦由近日风气有以召此等议论也。篇中所引陆克、卢骚之书皆觇深蕴,然卢骚主张民权,独谓女子当重服从之德,此亦出入之异者。至所云智力研求一以实利实益为主,则强种强国必由之方矣。译笔斟酌过恒籍焉。

教育学原理日本东京教科书辑译社本

《教育学原理》一卷,分序论、本论、余论为五篇,题云日本尺秀三郎、中岛半次郎讲述,海门季新益笔译。按教育之道所以使人为学,而教育一事亦自系学问之一端,此篇所言皆深合授受之理,语多高尚,尤为从事师范者所当知。颇引西国大儒论学之言,可为准则。近来谈教科者皆以智育、体育、德育并列为三,盖本于希腊阿里士多德之旨,此书独增情育一条以补其未备,感化一篇所推各节即情育之事也,盖略出于卢骚、康德之绪论,其发明新理尤多,皆本于心得而课之事实,有足取焉。

各国学校制度上海海上译社本

《各国学校制度》三卷,日本寺田勇吉原著,通州白作霖译本。据作者自序,则是书作于明治三十年,在今日译书较广,学务一端尤世人之所欲知,此篇之存已近陈论,然上卷虽涉空谈而语尚征实,中卷叙述各国学制约而能赅,即下卷言日本学校情状亦每较近人为详,正当拔帜译林,不容束置高阁也。论英国教育之盛为风气使然,致其制度不能画一,良为有本之言。其云各国制度与日本相同者,略可考见日本采择之要,然谓各国同于日本,岂非倒果为因?至上卷第三章推论才由天禀之义,似于哲学太浅,且更无征文以自圆其说,不足以游于达尔文、斯宾塞尔诸人之门也。

德育及体育上海广智书局本

《德育及体育》二卷,凡二十二章,日本久保田贞则原著,上海广智书局译本。泰西言教育者率以德育、智育、体育三者分举,此书独不及智育者,以其理繁博,非一时涉笔所能具述也,于德育多纯粹之言,体育稍略,然其法亦尚备焉。

考察日本学校记上海石印本

《考察日本学校记》十六卷,题云皖颍李宗棠著。作者盖安徽颍州府属人也,其书为上官遣赴日本考察学务归而录以进者,于官立及公私学校抄录几遍,足见探访之劳。近年中国注意兴学,各省派往日本者皆以视察学校为名,踵趾相错于道,求其勤劬若此者盖未经见。然此书纪载虽详,究属草率从事,故于各种学校皆直写其章程,未尝加以申释,每门略叙数语于前,要皆泛谈,无当于发明之要,至其教育之精意、管理之良法、递进之阶级、出入之

414

经费皆从阙略,为益已浅,其于所察之职似仍多未尽也。且所列日本名词并不附注其义,则往往令人不晓,如东京大学校理科门所谓球数、球函数、结晶学、晶像学,陆军士官学校所谓治那伯条约,在览者岂能了然?而化学类中尤多直译之病,又如商法学之切手、手续、手形、为替,医学之血清,陆军之柔道等类,虽近译已多通行,亦宜解明其字义。又各学所谓随意科盖与选科同,以其可学可不学也,而或云选科、或云随意,又不解随意之义,则恐致误会。至陆军军人现役之宪兵则不详其制之若何,海军之机关学校则不问其名之所属,陆军户山学校本系明治初年所设,因旧日武人将弁于西洋操法不欲相师,故特设此校以资其观感,而篇中所叙但云以教导步兵实施导充精进云云,则于设立之本意已不能明。陆军经理学校门第四十七章宪法及行政"日本帝国之宪法但欧洲大中国及北亚美利加之国体"云云,第四十八章兵制"亚细亚强国之兵力及欧洲之兵力其比较说明日本帝国之陆军及海军",似此和文文义不为倒乙何从索解,亦太不经意矣。华族之制中国所无,学习院及华族女学校之规则皆无所用者焉。

日本学校章程汇编上海商务印书馆本

《日本学校章程汇编》一卷,宁乡陶森甲编辑。日者朝廷注意兴学,谕各直省一律设立大小学堂,于是各省遣员赴日本考察学务者骈踵错趾,相望于道,顾于日本教育之科条管理之方法未必有得,归国时写录官立章程数份而自谓已尽考察之责,不若此书之汇为一册,取便观觉为已足于用也。篇中于私立各学校章程广为抄撮,具见屡录之劬,且于各学校按年应读之书亦皆载入,尤资取法,言学务者不容废焉。

德国学校制度上海商务印书馆本

《德国学校制度》分为二编,日本加藤驹二原著,上海中国国民丛书社译本。是书译德意志各种学校规模极为明备,所列章程每引宪法及各条规以明其理,具见德国当日兴学之图。作者间有附论,亦资采取,如云国家之教育以小学为基,而幼学之根原又以小学校教员为重等语,自是名言。据加藤氏原序,其书盖以德人孤拉德那爱鲁氏之书为底本,盖亦重译而来者矣。

实验小学管理术上海广智书局本

《实验小学管理术》一卷,分为九章,日本山高几之丞原著,题云中国胡家熙译。据原序所言,则作者于管理学校之职从事其间已几十年,以体验出之,故凡所措置皆中于程格,书为小学校而作,然如监护、命令、训诲、赏罚、试验仪式诸条,即今日中国之为塾师而稍知事理者皆有可取资焉。

学校卫生学上海广智书局本

《学校卫生学》十卷,分为各章,日本三岛通良原著,番禺周起凤译本。今日中国学校初设,诸事宜求良法,卫生一门兼涉体育,亦正不容略置也。此书虽非日本学校定章,而所论甚密,良有补于立法之方。又作者为医士,其所规画亦当合于医理,固可取也。篇中谓教授成年以后之女子则以席地而坐为佳,似仍不免封故之见,日本人以膝着地而坐者乃因风俗守旧,未能改良,人种所以不能魁杰适受此害,作者既云日本人下体部不能与欧人等长由于席地而坐,若使青年女子习此,则传种之病必致全国男子俱受其累,何所为佳乎?此亦其小失而不必为之讳也。

政群源流考上海南洋公学本

《政群源流考》二卷,美国韦尔生原著,吴县李维格、新会伍光建译本。第一卷泛言建国立法之由,第二卷多考希腊古代之事,篇中自云以下两卷论列希腊、罗马初治尤详,则其为书固不止此,盖未经全译而有待于续出者也。其立说之旨略谓,一国之成其初出于父权家族之制而以亲亲之义联之,及族制变为都制,亲亲流为尚贤,而渐至于今日,又据希腊等国之政体沿革以考欧美治体,此其大意之所寄也。按西人著书考古,或以历史之事迹相衡,或以一己之私见为断,征文、凭臆两者相兼,初不若中国考据家言,必示人以其可信者,是书之体亦即此类,今取其说之近理者。如谓古时国群不守疆域,其以疆域为国者自废游牧而兴耕稼始,以拘法守成之习为初群时之所胚胎,以东方自封、西俗善变为地势便〔使〕之而然,以初群迁徙必有过人之才能服其众而变古维新,于是亲亲废而尚贤兴,此皆具有精识。至推求希腊古制所云有都之始族重都轻,及家治之制行于是都重族轻,如子出于母而反胜之,其取譬良然,惟揣悬宗老失柄之故则所见尚浅,窃疑族分为都则占地必愈广,孳生亦愈众,而族制以亲亲之故重于法祖此用本书之论,其条教之文、约束之法又无所更改,土地、人民日益增殖则旧日法简而不足以为治,于是宗老失柄而家治之制以衰,此虽无当哲理,以附是篇之说,或亦可比六朝人所谓又一通也。所记希腊旧事、雅典故闻乃真有合于近俗,可占西政之先河,较近日所译西史各书尤具要领,即至琐事遗俗亦皆详雅可据,于希腊属地公治之制,于雅典之索朗变法、毕西士治国、克赖锡尼当国三朝之事,参以辨论,皆能益人神智。记希腊所设特尔费会一节,以同教一端为希腊人所恃以合众,据此可知古代之为政者有必不能不合于教之理,言史事者可以此意求之。译者附注各条征引甚备,附列所引书目考尤便钩稽,以"鞑靼"二字为波斯古史陀氏之"陀",亦合于声转之说。然间有失检者,第一卷第六节所注当改附第七节"一妇多夫"句下,第二卷第九十四节"帝乌敦"三字当为之注明,第一百零三节有斯巴达地震"死者二万人"一语,此自本于西史,然此书正文乃云斯巴达之众始终未逾一万五千人,故其为治独尚武功,则注中所言乃与本书悬异,似亦当有订核也。

财政四纲归安钱氏自刻本,上海石印本

《财政四纲》四卷,归安钱恂著。盖分论租税、货币、银行、国债四事而作,作者尝著《光绪通商综〔总〕核表》一书,于计学夙所究心,又曾随使欧洲,久居日本,故此书言各国理财之制,于其推

行之方能详其得失之所在,盖得之实验者为多也。今就其分卷略举一二节而申证之,以资读书者探讨之助焉。

租税一卷,于按地价以征地租一事,引德国列邦巴敦之制而云日本虽亦照地价之法,而大异于巴敦税法之原则。按日本之法盖以几年而一定其地之价,然此文既未明言其论日本地税,亦未详析及此,似稍疏矣。又谓往时英国输入税非常繁重,一取自由政策之后商业渐盛,至握世界贸易之霸权,然自斯密亚丹之后自由贸易与保护贸易二者之利害得失,甲论乙驳,大启学者争议云云,顾以壬寅六月英国与中国新定商约观之,于加税一事竟允我值百抽十二五之数,此实反用自由贸易之义,盖笃信斯密亚丹之学说,知输入税重适足以自困商情,故以裁厘之举自利而不妨以加税之益饴我也,又不独自遏其货之来而使其商人争制造之利于中土矣。

货币一篇,尤为擘画精详,其于斯宾塞尔自由造币之说再三辨之,此自见理之正,亦言财政者之所必同也。然就中国旧习而论,则其说亦似可行,盖中国纸币之用皆由市商自制,通行已久,则自造货币岂独不行,且钞票自制则固有弊矣,《龚自珍文集》云"我朝行私钞而不行官钞,他日必有巨商倒闭而天下受其害者",至于货币一端,纯用本质而不必代数,当无此虑,何惮不为? 斯宾塞尔之论以为此一种营业之事精美者必取胜,其理想甚新,而驳之者谓货币独与他物相反,良货必见逐于恶货。顾求之中土人情,要未必合中国人之用纸币或取其旧者,盖以资信用耳,若货币则尤尚精良,故如前者广东所铸新钱则以致美而作二钱之用,近年江苏等省所铸铜钱则以圆〔圜〕厚而收当十之功,湖北银圆制较华丽则流通独广,以此证之不必尽如所驳矣。按各国矿业既盛,有以金银原块托官厂代造成币者,异日矿政大兴,则径许自由造币,使坑冶之质即可加以人工而获转移之利,不甚善乎? 此理犹繁,愿览者共证之也。

银行一卷,考古证今,于中央银行之制度叙述尤详。其论英国与日本之异,独能分别情形,近日中国设立银行已见明诏,颇闻将取法于日本,按官立银行当用中央银行之例,然中央银行者所以为各银行之表率而使之有所汇归,中国除通商银行一家介于官立、民立之间,界限犹未分明,此外则竟无创设者,顾欲官自立行,未谂将何所附丽,且为之亦复何利? 或者银行之开将以收揽财赋,固无意整理财政也。然以俄罗斯之专制,而于银行一事犹必略示和同,中国官权素尊,凡集商股于事之如何皆不许其人过问,至近日为尤著,则谁敢轻以资本投之于不可知之地者? 恐事必不举而所计为已左矣。故欲官立银行,不若先以劝业为宗旨,则实业可兴而庶政亦饬,如农业、贮蓄、庶民三种银行,此篇固条例其法也。

国债一卷,条分缕析,理论完密。按各国之所以募集国债者,自由决算一表以为之信用,然据此篇之所述,如云信用薄弱之国于永远国债不免募集困难,如土耳其、埃及等断不能募此种国债,又云土耳其、埃及等信用薄弱之国每用定期归付之法。按作者曾游土耳其,其言当有实验,以信用薄弱至于募债为难,此理之易知者,然不能用强迫之法以行之,又定期归额至时则不得不还,是则古国君权犹非甚盛,否则勒使输将而以一纸相谢,定限还款,且以他用而移,专制政体之于民债若此者多矣,亦何必以为难哉?

以上各节略表私衷,至于书中之言要皆反复详尽,学者读其终篇,于理财学之一途自当明于趋向矣。

袁批理财节略上海新中国图书社本

《袁批理财节略》一卷,造册处税务司美国戴乐尔原著,故太常寺卿桐庐袁昶批本。戴乐尔以中国近来商务情形及所宜整顿者凡十三条上之于我政府,而袁氏则就原本圈识其要以记上之例为平议之作者也,庚子乱后,袁之家人以其手迹付之石印而行于世。戴以职守所在,其研究利弊以为忠告之言,自多可信,袁批分别精细,察于盈虚之用,尤为不磨。当日款款之诚,览之如著,惟以通人謇节,其言论为一世所归,或将见诸实事,则于其未谛者要不能无以申之。如原文云"中国所借洋款虽出乎国家,而还款实由于国中,国家似是居间之人",袁批驳之曰:"洋债之害在国家,土货之利在商人,恶得云居间?"按戴说似谓出口货抵还借款,语意稍晦,然"还款由于国中"一语则此理甚明,试问各海关每季摊还借款非由进出口关税而何? 袁久任关道,岂不知此,乃必谓专害国家而利商人也,且谓"欧洲立国君与绅民共财,中国则否",不知各国之财亦非君与民共,实国家与国民共耳,今以君民对举则必国库为一人产业,此等旧义当由习染太深,非所以昭示来哲。又云:"非有白圭、计然能审势合时之人为之商务大臣,不能挽回利权。"此亦不切事理,外国之有工商等部,重在掌握专门之律而综揽其大纲,非必为之长者持筹握算以示之趋向也,前此策时者之论每谓以专门学堂之人学成则使任某某部之事,良为可笑之,尤且必求所谓大臣者以谋挽回之术,抑知大地之广、消息之微,又岂一二大臣所能具得要领? 况民间营业之事,若使官吏干涉,其弊将不胜言,此凡人之猥计,不谓名贤著论亦不出此范围也。谓日本重入口税而免出口税,所以商务振兴,此则诚然,然入口税过重或亦反害本国,英人斯密亚丹创自由贸易之说深究此理,一时学者从之,其政府亦阴采其说,此亦不可不知,至致慨税厘之重则所见者大,自非俗吏所几,顾裁厘之举今日已有定约,而为得为失论者犹有迟疑,则以乙未日本之约内地制造一条与此事有牵连之患也,在袁太常发论之时似尚未省及此,使在近日必将有异议焉。袁子梁肃附记数条,亦能持论云。

最新经济学上海作新社本

《最新经济学》共分为十六章,上海作新社编译。按历来之求新者皆知注意实业而劝工保商之说行,顾实业之兴宜有专门之学说阐明其义而提挈之,则经济学之书为尤要矣。近人侯官严氏译英人斯密亚丹《原富》一书,海内学者竞称其说,然其书见理虽赜,究属一家之言,不足以兼收异论,兹篇于西儒诸说撷取至博,不株株于一先生之说,异同之际能析其微而准之以实验,其自立之说亦皆精卓不磨,此其大旨也。夫理财之途至广而其为术不穷,故以浅显易知者而其义乃进而愈深。若以书中所言略举一二为证,如禁农产之输出、重入口之关税皆常理也,或反为不便而害及财政,故如俄罗斯以谷米不售为患则暂为亲英之谋己亥年事,麦垓尔知重税不足病商则竟作裁厘之请,参以近事,其效朗然。且如振恤贫民一举,英国学者群谓此事无益,故英政府特废其制而俾司麦克执政则反于德国行之,盖英吉利藩属众多,可为殖民之计,德意志领土尚隘,其人多转徙于四方,国势攸殊,则政体亦各适其当,此皆自然之谊也。篇中所列各节惟币货一条于用金、用银之分单本位与复本位之制尚未详其利弊若何,为读者研究之憾,至谓斯密亚丹之言不分经济学与经济术之区别而误学为术,则似中其失矣。其论宗教之关于经济,事虽易晓,理固不刊也。

最新财政学上海作新社本

《最新财政学》五卷,各分章节,上海作新书社编纂。览其征引各条多系日本人语气,则为东籍之译出者无疑。作新社于所译之书皆题曰编纂,其为例则然也。其书于制度之沿革种类厘析甚当,于诸儒论断亦能推溯其源流而罗列其同异,研究公费、私费之说及国家收出、收入之方,则于人民与国家相联之故分际犹明,而财政得失之间尤作者所注重,故博采众说欲以定其是非,惜于从违之间未能博辨鸿论,言之成理,凡剖决之处率以一二语赅之,发明殊鲜。又篇首考察财政之主因及其性质,此虽学理所关,在读者终病其冗,似当略省繁文。至于推求财政学之性质,则颇似学校之初级教授专门烦数之言,几有注《尧典》十四万言之患矣。第一编第二章所云内帑派谓设官衙以管理王室之财产,既未叙述其制,后文又云德国新建官房学之一科以管理王侯财产为主云云,与此文相应,然申譬不明,措词尤晦,实未易晓。第二篇第四章所谓永久费者,既系英国乱世之制,自宜详审其利害,作者虽力主其说,似无确见,不过欲从日本宪法之文耳。第三编第四章谓日本之制森林殆无为官有者,按此语考之日本之实其言似误,后文又云日本森林大半为官所有,则前后互异,必由误译可知,此亦不检之甚者。惟篇中谓斯密亚丹混个人理财与国家理财而一之,致后起之人多重私理财论而不及公理财论,故至今研究理财学者英国不能如法、德之盛,此则或有所见而云然。第四、五编详辨租税、公债之法,尤为学者所当研悉,所言各国机密费亦附著之要闻也。然直译之文每不达意,是则可憾者焉。

欧洲财政史上海商务印书馆本

《欧洲财政史》一卷,分为四章而以各表附录卷次,日本小林丑三郎原著,休宁胡宗瀛译本。欧罗巴一洲中古变乱繁兴,其原于度支租税之苛政者盖半焉,故欧洲前代之财政为近日言政治学者所当措意而纂历史者之所必详也。此篇为经济专门之史,博考各国古时用财征税之本末,以迄于近代,源流贯彻,读者便之。附录各表于各国近年经费财政之用、国债国力之详,与其岁出岁入之数,皆缕述而并挈之,亦可见作者考据之功矣。当十八世纪中法兰西大乱,盖由公债积重以致民不堪命而召革命之基,故路易十五临终亦逆知将有洪水之祸,是书记路易十四、五两代情事最详,其理财之迹乃与我邦近政大略相同,览至终篇,惕于往事,而不禁郭林宗瞻乌爰止之嗟也。

地方自治财政论上海商务印书馆本

《地方自治财政论》一卷,分为五编,日本石塚刚毅原著,题云中国友古斋主译。是书专论地方税与地方自治之事所宜整理之财政，征引列国成绩颇详，按地方自治之事当以财政为之基，作者专论及此，可谓能讨其源矣。地方税之名，盖谓以本土所出之税为境内治事之费而不归之于国家常用者也，欧美各国之中，其地方自治或有未完者，而地方税与国家经费之异用则莫不同，日本变法以来，诸务渐臻完密，顾于地方自治之体则粗犷犹多，似未能推行尽善，故其国人从前著书立说犹谆谆以此为言。原其所以多略者，虽以千年帝国，其权集于政府而保护之任重，亦半由其内国之贫，公费不集而无以植其体也，如此书所云自治制基本财产之整理殆未就绪，其利益甚微，无补于自治之发达，而望政府割其所辖山林原野之一部以让与自治体云云，是亦其明证矣。《诗》曰："高山仰止，景行行止。"虽不能至，然心向往之，其诸作者意欤？

理财学精义 上海商务印书馆本

《理财学精义》一卷，分为四章，日本田尻稻次郎原著，吴县王秀点译本。推究经济之理，剖析甚精，时作譬喻之词，亦使初读易明其故，于治生计学者示以康庄，诚善本也。日本人著书每以空文敷论演而长之，其名家专门之书蹈此病者正多，其弊使人眩惑而难晓，则觉其无意义而厌之，此书以至繁极博之说，其理殆通于几何算书而能以条达通邑之文出之，不惟作者之功，亦见译笔之雅，译东籍者宜知此意焉。

英国度支考 上海广智书局本

《英国度支考》一卷，为六章，英国司可得开勒原著，金匮华龙译本。其第一章言英吉利一千六百八十八年革命以来财用之情形，则英人伟勒生之所作也，以英人而考察英国之财赋，自有官书文告以为之据，固当较为明核。英国属地之广甲于列邦，观其所用于藩属之经费，可证其治理殖民地之绩，而印度之支款独巨，则七万四千之兵费为之也。多列表以明之，固便于比絜者焉。

经济教科书上海广智书局本

《经济教科书》六卷，分为各章，日本和田垣谦三原著，不著译者姓名，当系汉文原本，其命名为"教科书"，则或由刊行之人以意为之也。按施于教育之读本必当由浅入深，此则授受之时本有一定之法，今此书分章之处乃各为一义，并非循序渐进，似非所以资初学之门径也。且经济一门名目较繁，引端求绪之功当不专恃书籍而在听时之咨询，然后事理始能详悉，即省臆之方亦便，笔之于书即无从以质疑，且为用既赜，纵极明显犹惧不能尽喻，虽富于脑力者亦何能悉记乎？如此篇言财之交换、分配等章，亦正多此患也。

日本监狱法上海商务印书馆本

《日本监狱法》二卷，分为各章，日本佐藤信安原著，上海国民丛书社译本。中国刑法沿于前代酷虐之政，早见摈于文明，至于监狱一端，尤为众恶之窟，如有仁者必将涤荡瑕秽以为群治之基。据此书所述，则日本于明治四年已遣员至英国属地考察监狱情状，变政之始，可云如其所急矣。言日本监狱制度条规备极纤悉，以言其善则使被惩者于所犯法律之外不至多受一分之苛，而即以全人类相待之理，此王政之通则也，在今日之中国民德未进，劣种犹繁，似此完备之新章未必推行适当，然使为政者览之，先知此意以动其恻隐之心，即其为益又岂鲜乎。

日本国会纪原日本东京译书汇编社本

《日本国会纪原》一卷、附录一卷，日本细川广世原著。日本之有国会实为亚细亚诸国之创格，当废藩变法之后，百度维新，独至议院之制则审慎迟回而未敢遽立，故木户孝允游历各国而还，力主勤求内治之说以抗西乡隆盛诸人征韩之论，独于国会一事且不甚以为然，其学者如加藤宏之则以民智未开为虑，历经板垣退助诸人争辨，此书载其驳议暨附录各人论议，苍黄无主，左右

皆非,可见当时舆论之芬而政策因之不定矣。迨时机已熟则阏
之不能,故自由、改进两党皆成于明治十三、四年之间,而政府亦
遂以其时许开二十三年之国会,篇中所云自政党成立以来风靡
海内,某社某会骤增至数百之多,或拟俄国之虚无党而称东洋社
会党云云,当时民气思伸已可概见,其理无终阏者抑亦势使之
然。近人徒以日本国会为美谈,不知前无所承,则结构之难有若
是其甚者。观是篇所述诏开国会以前之事,知非一手一足之烈
所成者矣,然而蘸滴所肇则果实同根,当日以争竞得之,志愿虽
酬而其病亦终于纷扰,闻西乡从道于近年颇慨日本议会之失,谓
袭法国嚣乱之风,可觇其短,然此书引后藤元烨之言亦谓从前所
设议事院似法国国议院,则国会构造之始当是多取法国成规也。
所记政社勃兴、地方会议各条皆资参考,据末松谦澄之序则作者
死于议会未成之前,故其条例之如何为书中所未及者焉。

日本制度提要 _{日本东京译书汇编社本}

《日本制度提要》一卷,分为八篇,系以附则,日本相泽富藏原
著,题云陶岷〔珉〕译本。日本官制昉于《唐六典》,维新以来则
参考西法而定其职事,异日中国改革必将有取焉。嘉应黄氏纂
《日本国志》,于职官一门最详,然近年以来多有并易,黄氏所述
殆与今日不同,此书所载全属官制,于其职任所在皆条系之,盖
抄撮现行规则而为之者,虽非著作之体,其于中国固不可少之书
也。叙及地方制度亦资考核,日本于地方自治之体虽未尽完备,
亦当知其略焉。

日本政治地理 _{上海商务印书馆本}

《日本政治地理》七卷,日本矢津昌永原著,秀水陶镕译本。盖
以地脉之起伏系于国势之盛衰,就日本之地望以推论一国之政
治,此地学家之新说而西国硕彦之所已传也。上海商务印书馆
刊行是书,列为所集《地学丛书》之一,然推作者之意,固以政治
为经,并非考察舆地,若以目录而言似当在互见之例矣。按日本

之位于亚细亚,虽以海岸延长称为文明之现状,然验其地质则厥土不良,故凡卉无馨而众鸟歇韵,此虽无预人事,要为全球所未闻,至于地震不时则危象显著,火山屡发则智术难开^{按此二事此书亦曾论之},此皆言地理学者之所深忌。顾自其立国之势观之,则方位甚佳,有足以自守者,盖日本全国临海,其在太平洋犹披襟以当美洲而伛偻以负中国,自马关一隅眺之当可证明其迹,故与我邦交通已历千余年,以区区三岛卒能立于不败者,其形胜则然,此舆图之可稽而作者所未及,故略论之。篇中叙事持论皆多根柢,赞扬本国亦不为过甚之言,至谓日本人情乏实行契约之念及不证重共同物等,于交际之间颇招轻侮,此则有愧于中国人者也。第四卷言富之配布一节云,东京首府为经济社会之中心,故富家之多占全国富豪总数之三分五等语,并详列各地方富家之数,然则日本地方自治之制终不能比驾欧美者,良由京城繁庶而内地凋零,经费不敷则条理多阙,观此文之所著当晓然于为治之源矣。译笔甚达,前载译例具见悉心,然如"杀风吹荒"四字第一^{卷国之位置节}殆不可解谅,由一时之未察耳。

家政学上海作新社本

《家政学》五卷,各分章节,日本下田歌子原著,上海作新社译本。此书自其条目言之当归伦理学一类,亦法制家之分子也。作者为日本女子之秀出,曾学于欧美,归而任华族女学校校〔教〕员,著书之意已见于总论,以为治国之道当使国人皆齐其家而以《大学》家齐国治之理证之。按西国学者有所谓功利主义之一派,略谓人人自谋其身之利,合之则全国之人皆得所自利,然则人人自谋其家之利,其例正可相推,皆所谓自治之一事,若不能自利则安言其他? 顾亭林辨陈蕃之言谓:"不能扫除一室,岂能扫除天下?"此言自强者所当知,而读此书者宜明于所贵也。篇中所言各节布置精密,于交际之礼、卫生之方多取法于西人,至于人情所安则辅以东方之理,亦所谓从俗从宜,其言每关于行谊,深合修身之要焉。

家政学上海广智书局本

此书即下田歌子原本,题云中国汤钊译,上海广智书局印本。章节稍移先后,译笔则不甚相远,作新书社本较此先刊一月,当是同时并译各不相谋者也。

二十年来生计剧变论

《二十年来生计剧变论》一卷,日本民友社原著,顺德陈国镛译本。生理〔计〕之学于将来政界关系至重,近来列国学者于此极为究心,此篇于经济之理尚鲜发明,然缕述近状,足使读者藉以考见其原,要不为无益之作。论成于壬寅冬末,则西伯利亚铁路已通,而于二三年间欧洲各国商途之变未经推究,又中国裁厘加税亦于是年著为明文,其于商业之间必有利钝之绩,此篇亦未论及,皆似漏也。

支那化成论上海作新社本

《支那化成论》一卷,分为五章,英国胡奋原著,上海作新社译本。篇中所论我邦政治风俗各条所见尚浅,引证之处间有误者,然论断明白,亦往往中于事情。如云凡世界之国民皆受官吏之干涉,而干涉最少者莫支那民若按此言盖谭国之与民不相维系也,支那人不孤立,故不问何业无不结社而相救,此皆有得之言。至谓内阁位高任重而无人制之,弊害百出云云,按内阁衙门地望虽崇,然本朝自雍正以来政权实出于军机处,要非内阁主之,外人与中国相习几阅百年,而于权门所在终未分晓,亦可异也。第四章专论外交,述及旧事,于各国往时所以待我者亦可证遗闻,第五章之言经济则略叙大概而已,结论一章推言列国大势,亦外论之一端也。译笔简要,有足尚焉。

欧洲列国十九周政治史上海文明书局本

《欧洲列国十九周政治史》三卷,法国赛纽槃原著,美国麦克范译本,金匮许士熊转译。仅出英吉利一编,此外尚未成书也。史学一门为列国译甚重,著书言近代治乱之迹者尤多中国译本,则自广学会所译麦恳西氏之书即《泰西新史揽要》以外概未有述,故其书虽译笔甚芜杂,而学人欲略知十八世纪之事实者不得不取资焉。此篇叙述英国百年以来之变更简而不漏,译者虽昉日本文体列章分节,不能具纪事本末之条贯,然剖析清疏,于初读者亦甚便也。

十九世纪欧洲文明进化论上海广智书局本

《十九世纪欧洲文明进化论》一卷,分为二章,日本民友社原著,顺德陈国镛译本。第一章言十九世纪以前之事,所以溯其源流,第二章则专言今世之事,于学术、政治诸端质文相嬗之理言之详尽,可以觇其大凡,持论亦颇有所见。如云法国革命之事,宁谓其无所始而其问题至今未断,言近世物质进步能使贫富之度量相去太远,其流弊至于社会不能平等,皆足以资省览要,非浅学所能述也。

十九世纪欧洲政治史论上海教育世界社本

《十九世纪欧洲政治史论》一卷,分为四章,日本酒井雄三郎著,无锡华文祺译。详于政谈并及事实而益以议论,于其间持说多中于事情,且征引多而空文少,自是日籍之可观者。惟题曰"欧洲"而所载仅有英、法、德、奥四国之事,乃至意大利复国之情形亦并无一语叙及,则似大略矣。

十九世纪欧洲政治史论上海作新社本

《十九世纪欧洲政治史论》一卷,分为四章,附以结论,题云上海作新社编译,盖与华文祺所译之本同名而异实也。其书托始于拿破仑一世败绩之年,盖自拿破仑之用兵为列国所深惧,于是以联合之力扼而亡之,遂复法兰西之王位,以同盟之用保持君权而专制之风寝盛,两世纪之间变乱迭起,如环无端,各因大陆之势以牵动其国权,而或则真立宪政,或别实行共和,其在今日固一成而不可变矣。列邦之中惟俄罗斯君权素重,昔年民气犹未嚣张,故常以其势力干涉异国之政而无内顾之虞,英国则瀛海环之,虽与各国声闻相通而事机终隔,故不为大局所掣之,二国所以树威于全球者固百年时势之所驱也,篇中亦云俄国从来在欧洲政界外圈,又谓欧洲诸国独英吉利等内部发达无间,亦可谓明于其故矣。近日欧洲平和已垂成϶象,然可虑之迹犹有两端,一则法国王党为数尚盛,拿破仑之族某者寓公于意大利,前三年叠雷福斯一案因人情之腾跃,颇思乘势有为,是其革命之余祸犹未已;一则爱尔兰因宗教之异与英人情谊多睽,又每怨英政府治术之偏,前者维多利亚举行庆典之期,全岛竟树墨帜,而英国陆军之数则以爱尔兰人充兵者为多,异日抗命之举正不敢决其必无,此亦今世之深忧而于十九周之事已可逆睹者也。此书记事端绪分明,如谓法国议会不信决议之频繁与代议士之干涉行政实为民主制之主脑,德意志之政治乃专制义旨与民主义旨相合而成,皆言法学者所宜留意者焉。

日本现势论上海广智书局本

《日本现势论》一卷,分为八章,日本东邦协会原著,题云养浩斋主人辑译。以全球之大运推一国之新机,自云今日之日本,除海、陆两军以外皆不能自夸于天下,此则自信之言,非所语于虚憍者矣。其论保全中国之议,诋之为无力量、无方法,尤为切中时弊之谈。篇中持议有云向墨西哥啄取中美、南美之富源,开拓日本之殖民地云云,其不取于澳洲者,盖自其国际与其实力言之所以规避英人,以南美诸国政教畔嗟而思所以夺之也。合观大地,天演方殷,欲言定霸之图,惟此邦尚可措手,然使尼瓜拉哇运河未通,则海途窵远,绕度多阻,用兵、移民皆非所便,恐此说正未易行也。

国法学日本东京译书汇编社本

《国法学》四卷,日本岸崎昌、中村孝合著,乌程章宗祥译本。此自法学专门之书,其议论反复申譬,皆根据于事理,读者若未究心于法律一科而就其枝节观之,于学无当也。全书参考各国制度,具征博闻,于日本故事多与各国比絜其异同,略见当日变法所以斟酌之要。其论英、德诸国为共和国体而君主政体,日本为君主国体而共和政体,其说甚创而能自立其义。又谓今之欧洲国家皆由部落国家而成,民会即国民军,议长即临时之大将,后世相沿,遂为定制之官世袭之云云,此必更有所据,若以旧史所纪东国阿保机之事证之,其制乃适相类也。论臣民之权利一章推阐至尽,征引普、日两国宪法比例尤明,欲尽其职者所宜措意于此。论人民生籍之事援例甚详,其于交涉、行政皆近日所关,当先摘其要焉。

共和政体论上海广智书局本

《共和政体论》二卷,分为十六章,法国纳岌尔布礼原著,题云中国罗伯雅重译。前列作者自叙一篇,书中所论共和政体实专就法兰西情势而言,间引他邦之事以为比絜,作者所以遗其国人也。其义颇深而译笔尤晦,非惟词旨不明,乃至大纲要目亦未易猝晓,推其不能达意,殆所谓直译者流,使读者于当时费尽脑力始能约略领会,更何论神明其说乎?共和之治于政界之程度过高,断非今日之中国所能几及,可勿深论,惟行政论言内阁之权暨议院改选论一章,其说皆当研究,立法权论一章证明议院之制两院并立与专立一院之孰宜,而欲以宪法剂两院之平,所言甚中事理。第一章于议立制度之事不欲以今人而干涉后人之思想,褫夺后人之权利,尤为通论。议及教育之事,以为教育盛行则败检之事自少而罪人绝迹,独欲用强迫就学之义,此策亦庶可行。政教分离论一章,于损抑教门利益诸端裁酌尽善,盖欲藉以保护政权,可称深识。至集权及分权论一章,虽译笔不明,览其本意当以中央集权为是,此说之与他事相关,虽各有理致而与共和政体则必不相合,乃见其为凿枘。夫共和政体所以起者在于民权,而民权之所以立者在于自治,凡民所以必顾其权者惟何?亦曰权之所在即利之所在，有欲克削我之利者，则将用我固有之权以争所应得之分而已，故于其所不能直接者则委诸官吏以任之，于其所能直接者则地方行政在焉，此共和之治之原也，其事甚显，不必求之哲理。说者谓法为民主之邦而民权之优反不如英吉利，盖由地方自治之政有完全与不完全之分而然，此论良为不易，而推自治之赢绌则又由于中央之权，英国中央之权极轻，其行政之分配于各地方者独能平均相称，而法国中央之权极重，乃适与英相反，此自治之风所以不盛而共和政体所以多阙。作者于共和之治力求达于纯全，乃反注意于集权之政，亦所谓不揣其本而齐其末也。且法国以中央集权之故，致巴黎首府市肆殷阗而各郡县地方财力较绌，不能养成自治之基，日本于明治初年法国学派大行，采用中央集权之论，其弊所极则东京富庶而各境凋零，故地方自治创始多年至今仍未臻发达，学者著书颇以为病。英国伦敦之兴由于商务不在集权，而外埠如明支斯德第区，其户口林立、人民充牣，乃与京城不甚相下，比例之间其明效矣。作者于都府论一章侈陈巴黎之美观，以为冠绝天下，而不知巴黎之旺象即共和之缺点也，异同之趣虽在时哲有不敢谓然者焉。

内地杂居续论上海广智书局本

《内地杂居续论》一卷，分为十章，首刻〔列〕序论、本论而以结论、附录系之，题云日本井上哲次郎口述，泽定教、笹轩贯原笔记，武陵赵必振译本。据序论所云，则作者于明治二十三年曾著《内地杂居论》一篇，故此作名曰“续论”，成于明治二十四年，盖距新条约之成上溯十年，论杂居之害而非所以定杂居之法也。其立论大旨则以哲学家物竞之论、优胜劣败之例，惧日本人之学识程度不及白种而终为所熸，至引英人之于澳洲、俄人之于西伯利亚等事证欧人之用心，又此布哇即旧称檀香山亡种之事恐为其续，反复申辨不遗余力，其虑甚深而其言愈危，盖欲以刺国民之脑、动当途之听也。译者自为之序亦谓将以其说药中国，用意所在,良不可没。书中有云内地杂居非终不可许,惟今日则时机未至,按近来日本许外人内地居住已历五年,亦尚相安,未闻大失,此或内力之日增,未必立言之不验。惟条举各节虽颇明辨,而意料所不及者似尚有两端,则今昔之间当无所异,一则外人杂居有妨地方自治政体也,日本所以收回领事裁判权者实由于改正法律之效,至于各府县地方行政之制虽取法于名邦,谅必因其旧俗,东西万里,习尚不闻,一日以杂居之故,则或因事而迁就,或以己而强人,损益之间必为所乱,亦势所必至者;一则杂居既众,侵坏民间风气也,奢俭之用,各适其宜,日本独贫,尤当每事撙节,若与西人相处则雕文纂组、貊炙胡醯,垂羡既殷,傲行必广,即不计金钱之外溢,而豪华所极,国必随之而更穷断可知矣,作者似见及此而尚未质言此,皆害之见于实事者,固不必求之过深也。译笔殊利,惟于人名宜略除其冗。第六章所云有害宗教等语,译者附注甚不谓然,顾其言虽浅,尚无害于事理,可毋庸过讥耳。

日本行政法纲领 日本东京译书汇编社本

《日本行政法纲领》分为五编,各分章节,仁和董鸿祎著。于日本所以行政之要虽未探讨精意,尚能扬榷大凡,惟文词略近复沓,使览者病其冗杂而难于省记,则读书之功劳即于纲领所在仍多梼昧,此由好用日本文法、名词致蹈此弊,亦贤智之遇也。其分析至为纤悉,自是深通法学之言,虽论日本法制亦颇推及立法之原,于警察一端尤为加意,盖以警察为行政之总汇,故辨论独详。如谓古代警察制度在维持国家之安宁,不在增进个人之幸福,其实质称为警察,其形式纯然唯一之政治,此数语可谓洞悉源流。惟日本宪兵之立,似是于各兵之中择其品格纯正者别为一部,以防兵士之暴乱而禁其滋事等弊,其职与警察之职相关而不相联,而篇中乃云宪兵兼补助警察事务之执行,以专务之警察官为正,宪兵副之,以掌故言虽非误谈,似稍有未晰矣。外交一章,称我邦为清国,则此书似系译本,非必作者之自著欤。

权制陈氏自刻本,上海石印本

《权制》八卷,桐城陈澹然著。其为篇目曰军地、军势、军情、军财、军饷、军政、军谋、军本,凡所规画多属旧日情形,考察形胜以料兵机,则与顾景范之书相似,又每言及政事,审其所宜,尤类近日郑官应、陈炽等之言,其为书之体,文笔颇求简练而有拊掌申眉之慨,殆所谓策士之知几者也,顾其立言多误,则尝足以累后学。如《军地》篇云明故宫偏处金陵东隅,此王气所由衰,浙之金华民气尤为可恃,直隶势阔而神疏,陕甘势险而神促,江南势壮而神倾;《军制》篇欲用暹逻以制英、法,以苗人之短刀为最可用,以川人之用铁枪为御夷之奇兵;《军情》篇谓俄人虎踞三洲,其北亚美利加境孤悬与英、美接;《军饷》篇欲造玉币流行内外;《军政》篇屡言渔贩泗海之能,欲得海寇、盐枭之用,且虑京师之厂子大盗将为各国在京公使所结纳,又述炮车、短兵、毒物等事,欲以见诸施行;《军本》篇言建都之要,有非深明山泽阴阳之理则未易周详,而灵气所钟,非仓悴所能遝得等语。此皆迂阔之言,深昧当今之势,不有表正将入人心,其在当日或未熟思也。首篇言改正疆域纷纭蓄变,不免多事之讥,然论浙江当合江苏、江西当联福建,则亦不为无见,第其为益之处当在行政、通商,不必尽关兵事耳。于外情所知太浅,至云法以水师扼直布罗陀口,俄以舟师下苏夷士河,则意大利必困,按直布罗陀为英人重镇,苏夷士为各国公河,似此所忧岂非无理?余亦颇录薛福成、王咏霓等游记之书,惟广商埠、申民气二则则尚称远识耳。

最近俄罗斯政治史日本东京译书汇编社本

《最近俄罗斯政治史》一卷,分为八章,日本东京译书汇编社刊行本,盖日本人之书也。题曰“最近史”,实则篇中所纪自亚历山德第二时代起迄于今皇尼哥拉斯即位之年,以时系论之似不得称为“最近”矣。所述俄罗斯治乱情形尚有条理,日人好言俄

事而谙悉俄文者不多,凡所传闻要皆得自重译,此书于俄国旧事已著大概,要自可观,译而存之,当亦足稗学者。其记俄国初立银行必严预算以外之收支,立财政监督之制,然后信用大增,募集国债皆易,则可知专制之权有必不便于行政之时;萨马以司寇倡农地改良之议,不触政府之忌而收民众之心,则可知实业之兴本属民间自谋之事,举此二节亦资旁观,其书固不容略视矣。

英国枢政志上海南洋公学本

《英国枢政志》十四卷,英国图雷尔原著,上海南洋公学师范院译本。其书首言政府之定体,次及喀宾尼原译注为军机处之制所起,各部各官之沿革与其职守,而以枢政趋向一篇终焉。于各官之权限所在辨之最明,其著书之旨只载设官各门,故于议院之制不复专论,然以所叙诸条观之,则议院与各部对待之理已著其要矣。纪述赅备而不涉繁芜,便览而易记,施于教科尤称善本。前列新会伍光建所为序,谓此书不诩淹博,颇便读者,其说信然。又各卷分译不出于一人,而于制度之相涉者尚无岐异之弊,译笔亦如出一致,当由学堂执事人员订正之功,据伍氏之序,固谓书成为稍易若干处也。其记枢臣之所防英文称为"喀宾尼"云枢臣之称国律不载,按律而言枢臣实不得预闻国政,其权得自名存实亡、不预权要之内阁,盖今枢臣实兼阁臣,阁臣之不得预政已阅二百年,然自西历一千六百余年以前虽有枢府而内阁参知政事之名犹存。又云枢臣非例设之官,故英之首相不载宪典,其权虽冠同列,其官亦不过部臣之一,管理户部大臣宰相居之而于本部事务实不过问此数语见第二卷。据其所言,则今日以各部大臣编合而成之政府固与旧日之内阁迥殊,而政柄所归几与本朝军机处之设节节相似,此其制之近于中国者。近人译英事者每以内阁之名加其政府,而以宰相之名被于执政,反不若译以军机之名较相合也。第一卷云东方专制之君,立法、行法之权虽一人兼之,然譬如今日发一号令,明日因违令而罚一人,二者虽同出于君主,而政体有别,按此数语语意不甚明了,颇难分晰,未知原本文义若何。第四卷言内务部之制,开篇但陈古时秘书官与内阁之交涉而不及内务部,篇中忽云至今日管部枢臣增至五人即内务部等五大臣也,然则今之内务部与古之秘书官有何干系,内务部之设托始于何时,中间更变若何,皆无可考,似不免于疏漏。第七卷言兵部之制云当议论纷起,谓兵部大臣宜专选自下议院,此等议论其意何属,似亦宜稍述一二。又各篇每言若大臣出自上议院则以下议院一人为侍郎,又有久任侍郎之称,久任侍郎盖专任此部之职者,然于下议院选任侍郎之法亦未叙及,他如地方行政与户部、内务、民政等官相涉之处必多,各官迁擢更调之制自有一定之法,皆未尝一见于篇,亦是书之遗恨。末篇之论虽无深蕴,其理自不可易,所云英国法密而官权不重,异于他国,凡民政诸事皆委诸地方各局,此则自治之风独胜,可以觇英国之长。至译者所以载官名拟以中国之定职,自云意在近似,顾求合殊难,即如译次官为侍郎,其品位、职分似皆不尽相称也。

近世欧洲四大家政治学说上海广智书局本

《近世欧洲四大家政治学说》合为一卷,题云中国饮冰室主人辑译,盖撮取英国霍布士、陆克,法国孟的斯鸠、卢骚四家之撰著,搴其英华而以己见益之,以附于汉人赞辨先贤之义。至所引陆克学说一篇,则原注云采自《国民报》原本,按西国法家之崇议尚为中土学者所未知,至乃述其大要,奇辞奥旨以著于篇,又于其立论之偏抉其本原而直攻其失,则令往日鸿生怵于闻听而不能赞一辞,尤为读西儒书者导之朗辙,自彼土视之,宜称为美谈,以宏此学派者矣。篇中识别精审者,如以霍布士之说分而于二,又以荀子、墨子之书为之申证而推论之,谓卢骚浸淫于希腊柏拉图之说,且以旧义与新义搀杂,谓孟的斯鸠于民主政治之精义尚有见之未莹者,此皆不刊之论,其诸览者可以知所择焉。

路索民约论上海文明书局本

《路索民约论》五卷,各分篇章,法国路索近译多作"卢骚"原著,吴县杨廷栋译本。其书译自日本,已非法文之旧,然译笔明通,当能不失其本意。路索为法学名家,此书宗旨尤为民政之先导,鸿哲伟著传于我邦,作者如庄生所云博大真人,而述者之谓明不得不有所归美矣。按民约之说盖谓国家之立由人民相约而成,后之持异义者皆谓其言不足征信,盖据史事以折其非,然当日之言仅以为理所当然,不必求之事实,近人或援康德之书以解所言民约之意,其词甚辩,可息群疑,昔人所以攻之者大抵泥于言论之迹也。要而论之,路索盖薄视宗教之人,故能不为教约诸书所愚,而自树新义以托为人类立国之始,盖教门之謷谈每与政术哲理不相符合,故为通人之所不称,路索因著书排斥宗教,致不见容于当时,此书亦时露圭角,而末章为尤著,至诋耶苏教之法斥为大害政事,则掊击尤深,著论之旨于此可见,顾其不矜细行终虑大德,亦由宗教之感微而无以剂之于中正之域,此其学术源流与行谊之品格可以臆测者焉。篇中宏旨公理所昭当于人心,无俟觊缕,惟读其论生杀之权一章力辟赦罪之说,其言曰赦罪之权非为君主市惠而设,推其本意所在,良惧可以生之则可以杀之,而为上者得以操其柄而制之命,故哲学之名言谓仁之为文不符平等之义,亦此理之所寄也。人民论第二章历数地大之国诸弊,政府总论第二章谓理事之人过众则所理之事必荒,皆切中中国之病,几如为今日而言者,政谈之验,此其一端。所论设官之事如监国、总裁、审查等职,皆就罗马、希腊旧法而言,读者察其用心不必考其制度。又生杀之权章首节杀人者死以下十数语,似当另为一节而误合前文者焉。

自由原理日本东京译书汇编社本

《自由原理》一卷,分为五章,英国弥勒约翰原著,临桂马君武译本。西国法家之说陈义既高则析理至赜,其著书之文亦多渊邃之致,惟弥勒约翰推论自由之理一书,宗旨俊伟而纵横博辨,辟阖一世以自成其说。今此书在日本译成,译笔明畅有条,尤使读者易于入脑,因以养成其性质,则异日之收效必有惊人之奇。顾篇中于自由之理与所以干涉之用擘划甚明,其说若行亦不至漫无检束,投之今日之中国可谓教育之最宜者矣。所谓自由原理者,其阐发不一致,而以思想自由、言论自由、信教自由、出版自由诸端以为放任之极,则将以博异趣、求公是也。中国人民久困于文法,其于思想则因禁令而窒其机,其于言论则以祸福而防其口,至于信教一节尚与人事无关,惟嘉庆以来文网渐废,私家著述久不相闻,近日虽颇禁一二别籍,皆以出自逋臣,而新理新义研求既多,著书愈众,国家固未尝遏其流播,此出版一事之略可自由,而弥勒约翰所以鸣建鼓而求之者也。乃近日时彦之所为,则每欲自弃其权利,故于译书、学报大率请于官吏,冀得其一睐之荣,则郑璞逾于周宝,此皆受人以柄,检察版权之事必由斯举召之,览古思今,可为深虑矣。译者附注,于原书亦资参益,可并省焉。

法学通论上海广智书局本

《法学通论》二卷,分为十七章,题云日本铃木喜三郎讲义,中国震生译意。上卷综论法律,下卷专言民法,解释明显而语有分际,足征其学之深,其意不主于博采,故于诸家学说不甚旁求,而以切于日用者示人以可守之范围,诚为读律之门径,亦法学之教科书。译者自序云用此以引学者,其言固不诬也。原刊既以讲义标名,则当是学堂口授之本,故下卷所言较上卷为邃密,分而观之各有纲目,一章之义每视前章为精奥,其由浅入深之序条次秩然,此其迹之显著者矣。译笔于日本名词从改从汉文字义,亦审慎之一端,良便于读书者焉。

进化要论日本东京译书汇编社本

《进化要论》三卷,各分篇章,香山严一著。其书多谈治术,亦述近事,以书名论之则政学家言也。研察世情极有理致,推之科学、经济诸说皆鲜误谈，惜于哲学之义不深，未能尽达所见耳。所论机器有益于全部人民一节、机器能增年寿与丁口一节，皆非无据之言，而阐明不广，尚未质言其故。合力主义之改革一节，谓中国之贸易仅出百金之股份而担无限之义务，按中国营商之业利多则剖分，资绌则竟辍，凡预股者无再偿金之理，今以外国无限公司之制相拟，似非其例也。第三卷专论欧洲近代大事，皆能囊括大要，记希腊自立之事振起国民主义一条析为四说，具觇灼见，至推希腊革命之由而谓别国之语言文字若于平常日用之间推而行之，将有伤于我之国民主义，以戒世之学西语西文者，则其识尤深，即今日好用日本和文名辞者亦当引为金鉴也。篇中措词过激，间有贻人口实者，如云中国工人与美国工人其食用之程度大相径庭，无怪美人呼中国及日本人为贱种；又云今日之时代断不能恃人口之多，以四万万之众为荣幸，既与事理无关，且病其言直率，律以钟仪楚音之谊，恐非邦人所安也。

明治政党小史上海商务印书馆本

《明治政党小史》一卷，日本东京日日新闻原著，上海出洋学生编辑所译本。政党之分立，欧洲各国名目最繁，要皆各具宗旨，政事以抗论而得中，人才以竞争而愈出，国力之盛良由有党派以维持之，记曰：“一张一弛，文武之道。”政党之兴抑有合于是矣。中国数千年来，惟北宋神宗一朝，王介甫当国引用同趣诸人以坚持其政策，略见政党风气，而同时未有并起者，以外则竟无所闻，此亦可见东西两洲自古立国之异而风尚之殊也。日本自明治以来崇尚新法，而政党之相角亦有类于欧人，其初起之时盖由事欧学者宗派各别，其趋向遂歧，各徇所学而不相下，遂以相激而成，势之所极，固有莫之为而为者如是篇所云。先是，小室信夫、古泽滋二二人久驻伦敦，目睹英国议院政治，私欲行之本国，是时适及归朝按其谓明治六、七年之时，乃说合诸人上书，言设立民选议院、兴爱国公党以提振之，是为明治政党之权舆云云，亦可觇其

· 438 ·

所自矣。当时乃有主张民权、希望民主以结为政党者,其与日本建国之势适相背驰,若使其说盛行,必有不宁方来之惧,幸其无秩序、无节制而不能成也。篇中叙各党分合之迹及其代兴之由极为明晰,一朝政治之流派具载于斯,惜于政见之异同尚近简略耳。其述宪政本党之更迭云,颂之则可谓操守贞一,诋之亦可谓无能无策,其实此党命义每以日本无事可为而欲投其身,于中国观犬养毅所联之进步党可证其故,其意盖别有在也,自犬养辞官而大隈伯稍挫其锐,及星亨罢职而伊藤侯亦暂图息机,皆各党之关键,以后诸派离合,其要尚不可知,读书者宜留意于近闻焉。

各国国民公私权考上海商务印书馆本

《各国国民公私权考》一卷,日本井上毅原著,上海出洋学生编辑所译本。书中立说太抵分自营之利与共享之利为私权、公权,以今日各国之通例言之,私权为本国人民所有而外人亦得一体均沾,至于公权所在多与国政相关,则不能属之外国人以其概也,征引列邦宪法、国法诸条,读者藉此略知待外人杂居之例。近日有志言收回领事裁判权者于修改法律一端皆知注重,夫法律所以制人而人之权利即不能不明示以保护而加之范围,此一定不易之理,故是篇之译尤为异日之要图矣。顾犹有质疑者,如外国人任用官吏一条历引旧例并中国、朝鲜诸事,又云外国人从事陆、海军者,司令之重务仍不得任之,然闻俄国官吏多用德人,而其海军要职尤以瑞典、脑威之人为重,未悉所据何义;法国首废外民财产没收权一条及外国享有不动产等例,按法兰西境内土地多为外人所购,其制何若皆所未详;又如犹太人多著籍于各大国,然或不时驱逐,究之各国相待通用何法,所言归化各节亦未及之,此皆读者所欲知也。

美国民政考上海广智书局本

《美国民政考》二卷,共为三十六章,美国勃拉斯原著,乌程章宗元译本。以美人而言美政,故剖析极详,于其制度诸端能缕述其用意所在。美利坚立国之条理略具兹篇,自来译外国政史者所不及也。顾自此书所述而求之,则美国政体固以防弊为命义,作者持论亦稍稍及之,盖新立之邦甫免驱策,立乎今日以指当初深恫于专制之虐,故开国定法之始注意所重,惟汲汲焉以遏此横流。如创拟宪法之时则必申之曰立法、行政、司政三权平列,不相统属,惧偏重之害而流为专擅也;总统必四年一任,恐久于其位则根据已固,将联络党人以渐肆其权力也;总统岁俸仅年给五万金圆,各部大臣则八千元,患其多财而利用之以为结纳也;总统之举不必出于国会而国会之职常足以制总统之所为,所以相与维系而藉多数以监察一人也;内阁各部大臣皆综揽其大纲而其责多分于国会,虑政府干涉之重而定其权限,使不得逾其分也;其尤大彰明较著者,则外交、财政、兵事三者明自总统主之而尤多牵掣,如上卷第六章所云总统平时并不亲统常征之兵,即当统兵之时而国会掌粮饷之权足以制总统之命,第二十章云以外交政策之发端权及商议条约之任归诸总统,而以宣战、议约之权留于上议院,皆其明证,故书中云总统欲凭藉权势损坏宪法亦必不能,足见其防弊之深矣。然世变无常,所谓孟禄主义者既不能终守,则政柄要不得不移,盖往日政体务剂其平,足使有才者困于文法不能自奋于功名,而美国国势亦将以自域,非计之得也。此书云争战之时总统内政之权难定其确限,如南北分裂时总统林肯便宜行事之处颇多,而麦荆来用兵之时其国会且特用新注宪典以助其行事,此美国政体改革之萌蘖欤。

国家学纲领上海广智书局本

《国家学纲领》一卷,分为五章,德国伯伦知理原著,题云中国饮冰室主人译。作者为法学大家,此虽门径之书,然其立说之纯疵当由全体观之,自非寻章摘句所能得其要领,且列国既殊其政,则学说难定一尊,此由效验之异也。即如篇中论国家之所以立,于卢骚契券之说颇肆讥弹,若自心醉民约论者言之必当以为文人相轻之习,此亦犹宋人讲《易》,见仁见知各徇所知而已。其论国家之年龄各节,谓国家幼稚之时与势力强大之时性质不同,及进至老境则更得别种性质,故昔时罗马人区分国之年龄为幼、弱、壮、老四时,按自来世论皆以少年为进步之基而老大为颓唐之状,此独以中代为尚,立义颇坚,求之中土旧记则《曲礼》一篇以悼与耄为刑之所不加,盖亦治之所不及,可知法律所被当以中世为最文明,西人所谓现世于文则曰中天,而过去、未来之事学者所以不言也,亦可以附会者矣。

俄罗斯大风潮上海少年中国学会本

《俄罗斯大风潮》一卷,英国克喀伯原著,题云中国独立之个人译。其书盖纪俄国革命党人巴枯宁之行事,俄罗斯虚无派之情状宜为世人所经意,得此书而纪之亦可觇其概矣。篇中述巴枯宁之言,谓人之有特权者必至自杀其良知,专制之君吏固当除去,即被民选举者亦当除去云云,是其主义所不极独以帝制为非,亦并以民主为失,故革命党或名之曰无政府党,即由此等议论召之也。中国当前代扰攘至极之时,亦间有具此怀抱者,若葛洪《抱朴子·诘鲍》一篇记鲍生之言,谓有君不如无君,即此类也,其在《易》曰"宜建侯而不宁",圣人其有怵于是乎?又其纪俄罗斯农党乃成立社会之机关,居乡耕田之人其聚合力甚固,势力极大,遍于全国,而巴枯宁之言亦曰弃婚姻之制,男女有自然之法律以相交合,弃等级之制,无不平等之政治,无不平等之生计,弃承袭遗产之制,人人作工自食其力,田为公等之物,资产为全社会之公产,惟作工者能用之,依自然法律世间固不容有不作工之人,不作工则无所得,食人有二类,曰农、曰工,由斯二类组成极自由之社会云。据其言观之,则知无政府之论多由农、工两党所成,乃与中国古世之论正合,如古谣谚所云:"日出而作,日入而息。""凿井而饮,耕田而食,帝力于我何有哉?"是即其见于语言者,他如樊迟请学稼而孔子以上与民之义告之,子路所遇之丈人则云"四体不勤,五谷不分,孰为夫子",战国时之许行则谓贤者与民并耕而食,饔飧而治,而与其徒躬耕,尤为实行之义,而墨子书引神农之令"一夫不耕或受之饥,一女不织或受之寒",所谓"一夫"、"一女",实指君后而言,此则众说之蘖蕌,又不独田俅贵均之论矣。通古今合中外而其辙如一,消息之故抑何可言耶? 闻俄国政府每以革命党之被捕者流之于西伯利亚_按巴枯宁亦曾被放于西伯利亚,此盖汉武帝徙游侠以实关东之意,然聚黠桀之才于一方,或者有田一成、有众一旅则革命之举即未必成,而西伯利亚一隅竟叛俄而成自主之国,事未可知也。今者铁路大通之日,正党人东渐之机,默念数年之间其流派必将播于中国、日本,是又益我之忧也。东门倚啸,何代无人? 竟读此书,不胜轩人善眩之虑矣。

社会学提纲日本东京教科书辑译社本

《社会学提纲》一卷,分为六章,美国吉登葛〔斯〕原著,泾阳吴建常译本,盖由日本转译英文者也。按日人所谓社会,盖指人群而言,社会学则论人之所以处于人群及人与人群相待之义,此虽伦理中之事,而究其实际则良与政教相关。此篇语近钩玄,然论同情则推于国产,言思想则重于国民,亦可见其相通之故矣。篇中亦颇引事实以自证其理,书经重译则原意多晦,惟译笔甚达,足以发明其义焉。

社会党上海广智书局本

《社会党》二卷,日本西川光次郎原著,仁和周子高译本。按日本人所指之社会党盖谓人民结为党派,平民则抗对朝廷,工人则挟制业主,故近人译之亦曰虚无主义而近于革命之徒。此风盛行于欧洲,而以移民之由近且被于北美、日本,变法以来其国中士民差幸未染此习,故其政府每以此自矜,然观作者此书,每斤斤而乐述其事,一则曰可喜,再则曰可悲,则荃蕙之化为茅亦何地而不有,但未审所题姓字是否真名耳。原此党之所以立,皆由工党而成，而其在俄罗斯者则以农人为众，良以贫富不均、劳逸殊趣不平所积郁，抑遂生此田鸠贵均之论，所以起于战国，合东西古今之理而如以一炉冶之也。至所赖以制之者，则惟警察一端足以遏其乱萌而散其暴举，说者谓今日各国无论英、法、德、美之文明，若暂废警察一日则内变必起，故前者湖北创兴警察，而美国桑港某华字报竟敢明揭此义以仇执事者，是其明证也。然而本源未澄，则洪流之忧正未知所其届，故西国之为政者皆务有以剂之于平而不专以弹压为用，抑惧民德之不和则国权终以日熸，固仁人之用心，亦弭衅之良策，此书后篇所引瑞士之制其亦有可采法者乎？篇中所述之言不免浮夸之病，如云今者德意志全国三分之二皆入社会党，又云意大利昔昔利岛之人口四十万，社会主义者居其三十万，若斯讆说其谁信之？虽非惑世诬民之说，抑亦小辨破道之类也。

义务论上海广智书局本

《义务论》分为三篇，各自为章，美国海文原著，题云上海广智书局同人译。其书略论人之自待与待人之理，而推及于对国家之事，盖伦理科之书，而其涉于政治、法律者则甚多也。中多警策之言，要非有为而发，乃译者附注强以中国之事拟之。如篇中云出赋税以供政府为人民之义务，而附注乃谓纳赋于专制之国，其罪与助纣为虐等，似此过激之言岂有当于世事？至于所纪决斗之俗，此自西人剽悍之风，而附注云中国古时若此彬彬有礼之俗甚少，此则无理之尤者矣。原书诋柏拉图财产权之说令古人无以自解，知立言之宜慎者焉。

地方自治制论上海广智书局本

《地方自治制论》分为十章，题云马赛讲述，汪贡夫笔译。所论各节条理极为详备，末章引各国行政裁判之法而比较之，允为实验之谈。按地方自治之法实与人民幸福相关，各国之中如号称专制之俄近且推行此制，虽列邦制度不齐而精神则无不合，于是则官吏之职事轻而国家之干涉无所用,无论其国体为共和、为立宪,其必以此事为根柢理无二致也。顾自治之要犹在公费之集,其地方之民饶于财产者则收入既丰而百事易举,不然者反是,故农政不修,商战不力,国无三年之蓄者则自治之体必无以立,求之事实,此例甚明。论者每谓中国民间自有一种自治法,盖指善堂、公会等类而言,夫中土史籍于民俗之事不详,此等风会起于何时要无可考,以臆测之必在历代全盛之时,物力殷羡,人有余资而留此自治之基,以饷今日之言政者也。日本工业虽兴,而壤地褊小,土瘠则民无以瞻,故变法以来事事不后于列强,而自治之条规尚有阙憾,不能方驾欧美者,于此可见其故矣。此书第三章云町村之事务大都财政上之事,即如会计之事,町村行政中至要之务也,较之国家之会计为重云云,亦其证也。近人讲求地方自治之制似未推论及此,故因读是书而略述其要,至于篇中所著成绩灿然,固他日仿行之模范也。

政治原论上海广智书局本

《政治原论》三卷,分为二十四篇,日本市岛谦吉原著,顺德麦曼苏译本。上卷言政体,中卷言宪法,下卷言行政之事,征引既博,析理亦精,凡所申论皆一以实事衡之,无虚憍空谈之弊,此其善也。顾有不容不辨者,如第三章论政治之起原一节,痛诋卢骚国家由人民契约而成之说,一则曰荒诞无稽,再则曰浮夸诞妄,然持论太浅,所驳诸端亦不甚合于事情,其引轩利缅因之言曰,社会发达之初,所谓家族时代当家长握至大之权力云云,作者申之曰此时之君长决非如卢氏所云撰举于契约之上可知,按如所据之说,既有家族又有家长,则已近于列国之体,不在未成国家以前,视契约而成之说,已为在后一义,事势既不相背,何得倒果为因,辄以见难? 此显明易知者也。其第六章一人政体论乃云,原人有独力之性,无乐群之思,故欲约束之则不可无统一之者,虽有统一而权力微弱仍未易制其离散,故权力须非常之强大,据其所见则是家族有权之世已有约束离散之基,虽与卢骚之说不同,适足证国家既成然后其长有权,非有权者崛起而为长也,例以以矛陷盾之喻,不知将何说之辞,盖从前日本执政颇不乐闻民权之言,达官著论至有譬卢骚之书如洪水猛兽者,原作者之命意,当是有为言之,故原译例言亦谓勿执一端而泥之,然著书以行世而舞文以欺俗,曲学阿世固昔人所以讥公孙宏也。第八章论及美国代议士贿赂之弊,颇闻日本近日亦渐染此风,恐不如是之甚耳。第二十二章引格兰斯顿之言,以表英国内阁之所长而以美国之失反例之,其言选举统领限年在职之非,则亦言之成理者焉。

社会改良论上海广智书局本

《社会改良论》一卷,分为十二章,日本鸟村满都夫原著,武陵赵必振译本。于民俗、教育诸事殷勤注意而思有以进之,此书之所以作也,然空论盈篇,其持说多就日本为譬,按之中国进学之方似非今日必读之本。如第九章所引德川氏及美国哲学家之言指为前鉴,实则此等格言中土古书言之已悉,使吾辈览此不若还读我书也,间有一二隽语而未必深警动人。其谓正社会之趋向以示后辈之目的为先进之责任,又云境遇者吾之所自造也,境遇未善予将改筑之,勿为境遇之所限也,社会之不信予将启发之,以社会而徇予,勿以予而徇社会也,若此菁华皆可搴撷,然所护仅此则亦苏子瞻所谓虽得不偿劳者也。篇中言及福泽谕吉、加藤宏之二人,乃必述其恩赐五万元膺授爵之殊典,此当与刘子政《移太常博士书》而以违明诏、失圣意为言,并贻讥于学者,此其偶失检點者欤。译者于书中言日本事者皆改从中国立论而附注以明之,亦欲求其适用耳。

支那国际论上海作新社本

《支那国际论》分为四篇,法国铁佳敦原著,桐城吴启孙译本。盖庚子乱后法人著书以论我邦之事者,历诋中国自来外交之弊而谓列国处此当行干涉之策,虽所指各条未必不合,然召乱之实外人固有以启之,作者厚责于人而已斯忘也。篇中引证每有强辞,如以内地征收丝税为不合条约之文,按此事于光绪七年迭经法人滋议,然内地各税本与通商无关,岂得牵合约文辄欲指为失信?此则穿凿之尤者矣。至所述中国用刑之虐,以为同等相待之必不可行,是知旧律不改则断不能收回领事裁判权,以欧人舆论观之而益信也。

政教进化论_{上海出洋学生编辑所本}

《政教进化论》一卷,分为五章,日本加藤宏之原著,吴县杨廷栋译本。第一章言利己利物以为利物之心非人固有之性,此自哲理中之一说,然日本人持异义以诘之者极多,以其论之涉于偏宕也,推论强权之义谓政教进化未至则此说犹有未平。按作者于学派师承主张德国,其为此言似与德人宗旨稍近瞬驰,引韩愈之文以归咎于孔子,至谓孔教远逊于基督教而同异之间征文不备,乃适见其持说之陋。其于人类初生含有伦理之说斥法国福禄特尔之言,至诋为妄而并无深文奥旨以辨其非,或作者随笔记纂之书,非有意于著述也。

族制进化论_{上海广智书局本}

《族制进化论》分为三部,曰族制发生篇、发达篇、盛衰篇,各分章节,不列卷数,日本有贺长雄原著,上海广智书局译本。族制之源流关于人种之学问,是篇析理甚繁,征文亦众,然所引中国书籍则未谛者良多,如引唐代安禄山洗儿之事以证希腊之旧礼,不知小说所载不见旧史,未可援据也;第二篇第一章引三坟之文不知出何典,记其论人不知生殖之理一节正当引纬书亿万年后民复食土皆知其母不知其父之文以为确证,而篇中反未及之,此皆引用失宜之病。译者于卷中附注又谓,此书尝以中国古书推测今日情况失之太远,是亦其弊也。第三篇中国之教若以族制为基本则当以全国之最旧家为宰相,然彼不问姓氏之新旧云云,此虽泛论，亦似不知六朝时代专重门第南之王谢、北之崔卢，乃至为世柄所归也。又云后之天子亦有舍其子而让于贤宰相者，此似就历代禅让之事牵附而言之，要无当于故实，惟谓日本为单姓之族谓一种之族，中国为复姓之族谓数姓之族，是其差异，此语则较审耳。

十九世纪末世界之政治上海广智书局本

《十九世纪末世界之政治》分为五篇，美国灵绥原著，顺德罗普译本。译名取于日本，颇近繁芜，而书中论事则多有可采，语及中国大概亦颇合我邦事情，如谓中国官吏虽不能自处以正而责于下人毫不假借，故其国民自酿成一种美风，自奉俭约又耐勤苦，过西洋人远甚，宜于为兵，历来一统以为中国即世界，不知有与之并立而争者，则不知爱国等语，皆能抉见隐微。于地球大势尤为明晰，其记德帝威廉第二世与俾斯麦克宗旨之异趣，足补传闻之遗，叙俄罗斯之内情往往中其肯綮，于英治印度摘其教育之弊，谓文明之识不能容其种人而惧印度之终折于俄，亦有独到之识。又云今欧洲诸大国方盛意于世界，树其势力，未必夺欧洲诸小国以自弱，尤为洞观时局之言。篇中条列各国殖民之策，于其得失皆有发明，独至论断之间颇不满于拓土之事，此则识量之未宏也。其持论至确者则以海军之为用不至如陆战结局之惨，且与民主主义可以两立而异于陆军，此历来未有之名言，立国者经营戎备，于是说不可不察也。述某西人之言谓中国政略即铁路政略，其语深悚，令人有弦犹大钟、蜀道金牛之虑，至所引俄国宗教顾问波多士嗜此书又译作"波壁那士锡"，实即一人之书，其人盖素日排击列国政治而专务压制之策者，于近日政论良有相关，读者宜措意其说也。译者时有附注，固非卤莽从事者，然于人名、地名译文用字太杂，是亦微疵耳。

二十世纪之怪物帝国主义上海广智书局本

《二十世纪之怪物帝国主义》一卷，分为五章，日本幸德秋水原著,武陵赵必振译本。全篇之意皆以用兵尚武为非,而于列强扩张殖民地之事排击之至不遗余力。按作者曾著《广长舌》一书,体裁略近说部,曾有译本,其言论之间每与此书相出入,篇中行文虽以庄论自任,然诋人太甚,有乖文体,其于著作之例殆如司马子长所云言不雅驯荐绅先生难言之者也,论及武人行事率多吹垢索瘢之辞,未可依据,其深文周纳之处,至以俾斯麦克为大罪,且云德既捷法割地酬金而法国之工商日进,德国之市场大挫,又云美国独立之战,法人赴援反助其大革命之动机,德军入巴黎而德意志诸邦革命之思想因是而传播,此等附会之谈岂有关于学问?至谓义和团之乱日兵泣叹宁不如死,又谓山县有朋诸人为干涉选举、买收议员之作俑,若使斯言有验,亦其内国之羞,扬言以著于篇,正不知其何取,殆即篇中所论爱国心之不一致者乎?第三章所引法国德列呼耶一狱以证军人之凶暴,盖指旧译叠雷福斯之案而言,此事虽由陆军诸人抗议,实由非犹太人一会之议论主之,自是种类之争,不必涉于军事,亦未容以此为讥也。其论战争之间则文艺为所压服而多阻碍,此说亦不尽然,汉季云扰而经术自茂,六朝波沸而文采斐然,立国虽殊列证,则一作者之言亦如昔人所云知二五而不知有十也,墨翟《非攻》之篇、宋研寝兵之议,乱极思治,理有固然,欧美政谈亦多此派,要其陈义过高而按之中国事势尤为不宜,故略辨之如此,读者谅无惑焉。

新学书目提要卷二

历 史 类

历史一门最切于今日学界,亦莫难于今日学界。旧日乙部充栋盈车,乃者世变相仍,兼以智识日呀,前人窳例、历代破书,语其为体既不足言囊括之功,论其立言亦无当于一眹之用,东邻产猫之喻,一姓家谱之讥,取而代之,改弦而更张之,固时哲之用心,亦当世之先急矣。而承学者流抑又不审,或乃下笔不能自休,侚张其辞,鬼神易绘,于新史学各体之中则专传一门其尤泛溢者也,忠诚甫谥便录诏书,岳飞已遥徒钞别史,有欺耳目,无补评论,若使渔仲有灵,子元不昧,笑人已甚,拊掌何时? 若此类者,以其现行,姑为存录,并附识于提要,《诗》不云乎:"见睍日消。"天演留良之论,非虚委之自生自灭而已,必欲摧陷廓清,亦岂宏奖之意? 解人可索,谅符默许者焉。

万国历史上海作新社本

《万国历史》三卷,各分为章,上海作新社译,不著作者姓名。上卷记罗马帝国以前之事,为古代史;中卷记十字军起以前之事,为中世史;下卷则迄于今日,为近世史。惟所述诸事不及亚细亚诸邦而辄命曰"万国",此其名义之未安也。按史学家言古时事迹,当研究希腊之文学、斯巴达之武事为切于用,而亚历山德用兵之迹尤为读者究心,上卷所纪斯巴达制度各条能补近人著述之阙,至云斯巴达之公民禁为商业,货币只有铁钱,农业委之奴仆等语,按所谓"公民"者,此文未尝质言其例,度略如国朝之制,旗人专习骑射,不许服贾、屯田,而作者乃有此主义之结果大不利于人类之开化,此则囿于今日风尚,似未计及古俗之殊科也。于亚历山德之战功不甚详其方略,叙希腊学派则于柏拉图与苏格拉底师徒之异趣亦未析言,皆其略也。中卷记蒙古人侵略之事迹,未能旁稽旧记而证以新闻,如《元秘史》纪成吉思汗之征伐,曾至纥里蛮斩馘而还,纥里蛮盖日耳曼之转音,当时兵威已及欧洲中部,近人亦谓元兵曾入匈牙利之都,此皆可补入书者。其言十字军之役绵亘二百年而欧罗巴之利益甚大云云,则考史之心得其谓当时之文明皆集于阿剌伯而蒙古人尽荡除之,然则使元世宗之兵不及此域,或者数百年来科学早传于中国,必不由西班牙而独被欧洲也。下卷记近时事,于史裁较深,惟第十章之言则命义尚浅,至斤斤于万国平和会一事,适见其为欧人所蔽而已。

万国兴亡史 <small>日本东京觉民社本</small>

《万国兴亡史》不分卷篇,略有上古史、中古史之区别,日本松村介石著,日本东京觉民社译。详于古代史,略于中古史,而近世史、最近世史则无,古代史不过叙文明之源流,中古史则叙文明发达之由,详上古而略中古,于欧美文明之先路且未得其要领,何由知彼国之神髓?至于国民之进步、国力之强弱、古今盛衰之故、万国消长之迹,非研究近世史不能。篇中叙埃及数国之兴衰,或一种一族之起灭,即谓备万国之兴亡,似与体例不合。夫一国之建设,必几经挫折、几经惨沮而其基乃巩固而不摇,伊大利之建国,一覆于贾斯卿,再覆于斜尔门,自七百七十四年至千八百七十余年始藉法援而独立,一国之兴,其经分裂、遭吞噬者盖千百余年,拿破仑曰国之兴如孩提之行,言自立之不易也。此著记伊之建设仅于纪元七百年前,伊之兴废尚未可定。斯拉夫人种在二十世纪其势固足以称雄于宇内,然非丁麦二世之后,嗣王之暴虐无道者史不绝书,此著谓非丁麦二世垂有敕语,后王皆遵守弗失,而何以子孙之昏愚,终令豪杰叛离,成诸侯割据之政治耶? 数百年有安德纽母西史罗夫起而俄始归一统,不得谓俄皆贤君也,今日俄之强诚甲于列国,然皆公明自治之力,非其君之德之足以感人也,如谓俄君皆贤,彼无政府党中又何日日快其刃而思剸其腹耶?

世界近世史上海商务印书馆本

《世界近世史》为日本松平康国原著,中国国民丛书社译。分一卷为五编,第一编言封建之余波,第二编言君主之压制及教皇之威权,第三编言欧洲各国之民变及宗教改革之战争,第四编言东洋诸国之变动及教派之衰微,第五编言各国立法之如何、议会之如何及总政帝政之如何。论全书之体段,于部分之得宜不无缺憾,然其于封建而君主、由君主而共和,列国大事叙述纂详,但于欧西虽详而于中国甚略,中国之专制于历史颇为特色,专制之法,凡地球上之国莫不经此阶级始达立宪之程度,然各国之改革、各国之战争、各国之竞自由、各国之求独立,立宪政体福已昭昭然载于史册。此篇纪中国之事颇伤简略者,以中国自秦以来,中央专制之威积之数百年,既深既剧,君主屡易而所施政策二千年来如出一辙,故专制外亦无所纪,虽然,华盛顿血战八年,终拨乱而返正,中国民果各谋自治之策,人人有独立之精神,则新政体之发见必不出于数十年之后,即与泰西各国同辉煌于世界史也不难,而一卷近世史,讵仅略述三藩之颠末耶? 盖自周以至汉初为专制未盛之时,自汉景、武以后至清初为专制犹有憾之时,自康熙平三藩以后为专制之术极巧、极工之时,特叙三藩者,慨中国专制之进步有百世而不易者。或曰庚子之役,东南督抚亦有抗朝旨与他国立约之事,虽然,是有特别原因焉,不能认为中央、地方两权消长之证也。

万国史纲目日本东京印本

《万国史纲目》分上、下编，自日本纪元二千余年前西历纪元前三千余年至后鸟羽帝建久二年四卷为上编，自建久三年至明治四年四卷为下编，日本文学博士重野安绎著。其书全用汉文，所用人名、地名亦依《瀛寰志略》等旧籍所常用者，盖专为中国人而著也。其体例仿朱子《纲目》，用编年体，每条皆立一纲，其目则低一格，叙事颇为简洁，宜于中国人脑质，但近今西史之佳构无不用纪事本末体，旧裁之作万不能及新著矣。盖以一书而通上下数千年，其势万不能详，欲求详者必读断代史，泰西史家率分全史为上古、中古、近世、最近世四时代，各著为编，然分离断续，又苦于无一气贯输之精神，学者欲知泰西民族、社会、政治之大原，宜先读断代史，继读万国史，于古今世界大势可以了如矣。此书虽略，然较冈本监辅之《万国史记》及坊间寻常之译本有霄壤之别矣。

西史纲目上海经世文社本

《西史纲目》，毗陵周维翰编纂。分上古、中古、今古三世，都凡一百二十卷，已出版者自少昊四年至汉哀帝六年，共分二十卷，皆属上古史，其体裁仿温公《通鉴》、朱子《纲目》之例，而以《四裔编年表》为纲，捃摭诸书以为之目。夫《四裔编年表》所列事实其无关于民族、社会、政治之大原者十居二三，且于上古之事多所臆断，如某国以某为相、某国遣某为使，皆非历史上之要领，至于剧戏之演、玩物之作，更无关于国际。夫一国之专史，或纪以明事物之起原、考名臣之出处，若以一书而通上下数千年，所纳者仅荦荦大端，其势犹不详，况以无足重轻之事大书特书乎？若夫生卒之纪，大抵属于列国之君主，其他皆可不详，日本重野安著《万国史纲目》颇明此例，此书所载生卒甚繁而年月多不符合，释迦牟尼之生或云周庄王十七年，或云周穆王三年，而《左氏传》记鲁庄公七年甲午恒星不见，夜明，星陨如雨，后人附会其说，谓为佛之生日，《春秋纬》颇采之，牟尼之生实无年月可考,此书于庄王十年大书曰释迦牟尼生,不知所据何本?且以释迦之事备载于目,尤为繁杂。夫纪元前之事半属渺茫,言弗雅驯,缙绅先生罕言之,今本所载皆出于教门之附会,支离荒诞,甚于中国盘古、三皇龙头蛇身诸语,稗史家乐道其说,著者采引甚多,而各国政治反多有阙略,庄叟云"画鬼魅易,画犬马难",殆以一有所考,一无所考与。且《四裔编年表》其宗旨固不仅属于泰西,凡东洋分国如暹罗、南越、缅甸、朝鲜皆统于四裔之列,马贵与著《文献通考》,其"四裔"一门虽有东夷、西戎、南蛮、北狄之分,然如朝鲜、如倭即今之日本、如大秦即罗马,无不详述颠末,此书标名曰"西史纲目"而用《四裔编年表》为纲,是又合东西两史并而为一,未免名实不符,若谓仅记日本而不纪暹、越、缅、朝,则日本亦东洋之一部分,按之史例尤为不合,况暹、越、缅、朝于清日之维系、中外之交涉、支那之强弱,在近世史上固有紧密直接之关系者,略而不详,不足以资学者之参考。而作者之凡例谓暹、越、缅、朝此书皆不载者,不忍载也,此说尤难索解,夫暹、越、缅、朝四国昔为清之藩属,今则领于佛,或属于英,或扼制于日与俄,固有志者之所慨然,亦鉴戒之所在,是书于越、缅之失以有关于本朝之体统,概置不录,此二千年来中国史家之陋习,此亦蹈其弊而不之觉,将终无实录、无信史矣。所谓鉴者,其谓之何? 纲目体裁源流于《左氏传》,温公、朱子仿其例以定褒贬,以详叙述,然皆自为纲、自为目,其义已尽于纲者则无目,与《春秋》之有经无传者同,是书以他书为纲而自为目以实之,其意已不能相贯注,而书中每列一纲必虚衍数语以为其目,尤形繁冗,作者盖为初学之用,故杂采诸说,或附录,或夹注,引人入胜,虽语涉荒怪,然于读史者不无稗益,至有乖著作之体,亦择焉不精之故,取其大旨可耳。

世界史要上海开明书店本

《世界史要》一书,日本雨谷羕太郎、坂田厚允编辑,吴县吴家煦、傅绂译补。全书凡分四编，第一编为上世史、希腊史、罗马史，第二编为中世史，三编为近世史，四编为现世史，书成于明治三十二年，即中国光绪二十五年，故于欧洲十九世纪之事靡不详备，而于上世、中世尤能括其纲要，词简意赅，条理串贯，为诸史所不及。是书之宗旨叙述西洋文明发达之由及国家强弱之原理，故其历史详于西洋而略于东洋，西洋自希腊开化递传而及罗马，由罗马而灌输全欧，受其感化者遍于地中海以北，亚刺亚比仅小亚细亚之一岛耳，而采用欧洲学术技艺以奖励其国民，遂能侵略西欧，扩张势力，于世界文化之发达有密切之关系焉。自九世纪至十一世纪之间，欧洲之希腊学术渐衰，潘崛达及哥多瓦之学者发明种种之学术，十字军之兴，说者谓皆是等学术之潮流与智识之影响刺激而成，甚矣文化之消长与国势之强弱互为因果，世界虽变迁而皆不能出乎公例之外。此书论宗教之改革、论民党革命、论灭亡、论独立、论勃兴，莫不种因于数百载以前而结果于数百载以后，浮田和民著《上古史》，坪内雄藏著《中古史》，松平康国著《近世史》，皆分离断续，无一气贯输之精神，此著上世以反现世，虽杂采诸史排比以成，然有精神以贯注其间焉。虽然，纪录失实，良史不免。亚美利加之大陆实开辟于哥仑波，一千四百九十八年之事，欧美童孺皆能道之，北人迢顿人之一德派，或称期喀人发虽跋扈，只侵入欧洲之中部及英吉利而已，此书谓八百六十年欧人发见爱苏兰，遂由大西洋而达革林兰，继入亚美利加北部而殖民于其地，作者盖沿《亚美利加洲通史》之误，而未如参考近人译《哥仑波》一书叙述甚详，颇足以资考证。彼得之勋业，人之所崇拜也，然创都城于尼蛙河口，史家之所略，读者所不经意，不知创都之举于中国之现势不无影响，莫斯科俄之中土也，庶民会集，形势险阻，无异中国之关中，彼得必欲徙而之他者，因其时俄之时局在西北不在中土，西北定则中土亦固，第固中土则必坐失西北，彼得果无迁都之举，则瑞丁掣俄之首，丹墨掣俄之肘，日耳曼等国折俄之胁，俄之东部必失，徙海隅而都之，深知其势之在外也，俄处势力在外之时而迁都于海隅，中国处势力在外之时议迁都于关中，度量相越岂不甚远？作者只言彼得之迁都而不言迁都之要旨，不足以资学者之参考。至此书之所纪皆西洋之事，东洋历史概付阙如，于世界史之名称不无矛盾，顾泰西以文明自诩，雄长地球之心，凌灭他人之志，视世界中无一国可与相并，故恒称其史为世界史，实则世界史即西洋史耳。

欧罗巴通史上海东西译书会本

《欧罗巴通史》，日本箕作元八、峰岸米造纂，中国胡景伊、徐有成、唐人杰合译。全书分上古、中古、近古、最近世为四卷，上古、中古有教权无王权，近古有王权无民权，最近世有民权、有君民共主权无王权，此书于欧西之进步叙述綦详，然吾于其首卷、四卷不无遗憾焉。首卷纪罗马国势之强弱及教派之盛衰，而其政治、教育概乎未详，盖罗马之强弱盛衰人知之，罗马之所以强弱盛衰人未知之。罗马在民政时代其政治主自由，其教育主勇敢，故兵士应募皆以必死为戒，以保全其政体，且罗马之兵见黄金鹜罗马之国旗之闪则中心庄肃，万马无声，是又一种宗教之感情，降至帝政时代，政治、教育宗旨大变，而宗教之精神、爱国之精神始渐就澌灭，此罗马盛衰之原因而首卷之当详者也。革命者进化之母，故叙进化不得不叙革命，然革命即当叙革命之价值，一千八百三十年之革命，其收效则有议院法规并社会主义，一千八百四十八年之革命其有益于白人固非浅鲜，而以行共举权凡年逾二十一者有此权与引导统一指瑞士言之功为最大，一千八百七十年之战争，法兵虽败，然其结果有三要端，一德国自立、二教王失权及意大利之统一、三维新之战法，此革命之酬值而四卷之当叙者也。不独此也，各国之哲学、史学于政治、教育上有密切之关系者，此书概不过纪于卷末，而科学之进步尤从略焉，似不足以餍学者之心也。

《泰西通史》即日本箕作元八、峰岸米造所著之《西洋史纲》今名《欧罗巴通史》暨《西洋史纲要解》二书合纂，无锡华氏纯甫、李氏静涵译。全书所分节均循《欧罗巴通史》例，列《要解》于每章之后，凡《欧罗巴通史》之所略及其遗漏之事实，均于《要解》详原、补其阙，日本藤田丰八曰："此书简明精要，可为历史教科书中之善本。"诚哉斯言。夫史者非徒为陈人塑绘其面目而已，一群一族之渐张、一文一野之递嬗，始必有其所由来，后必有其所终极，研究史学唯此焉赖。《欧罗巴通史》叙述谨严，然于群族文野之原因、结果每略而弗详，《欧罗巴通史》提要已抉其失，得《要解》以辅之始成完全之西洋史。埃及建国有三十一王朝，或云以次递嬗，或云同时割据，此篇谓第一朝始祖为美内士，即位于纪元前三千六百四十三年，较原书似为有据。梭伦为希腊七贤之一，其任执政官也，首制法律，禁贷金以取重利，发官帑以赎奴隶，立宪法以固共和政治之基，准财产多寡以定国民之权利义务，纪希腊之初政亦原书之所未详。亚历山大既殁，小亚细亚中如别加摩、奔多诸国仅云割据一方而不详割据何地，并灭于何时，群族兴废，概从浑括，无以资学者之参考。东方诸国及罗马之内乱纷如乱丝，其端绪颇为难详，然不言其乱之源及乱之结果，则罗马内政之腐败、各国叛乱之终极皆不过得其影响，罗马教衰、基督教盛，然不言罗马之教何以衰、基督教何以盛，则宗教之改革及改革宗教之战争均属无谓。罗马之有东西，一分于三百十四年，再分于三百六十七年，三百十四年之分君士坦丁与利冠纽主之，三百六十七年之分法伦斯与革拉典主之，然皆复归一统。以上数节皆《要解》之所详，盖《欧罗巴通史》仅撮其要，《史纲》、《要解》兼纪其事。且人类学、地理学于历史皆有密切之关系，若人为若何种、若人占若何地，《要解》之所考核皆《通史》之所略，夫合匈牙利于蒙古，入印度、波斯于额利亚，此人种学上之贵分类,鲁突跨两州而不能易欧亚之界,英领遍四海而不能紊华离之形,此地理学上之贵分类,篇中所叙固知人类之不同,实为战争之媒,而某国兴于某地、某国灭于某地,盛衰兴废之迹亦如观诸鉴焉。此书仅当《欧罗巴通史》之第一部,故于罗马之外无所叙。

东洋分国史_{上海文明书局本}

《东洋分国史》,嘉定秦蕴江编辑。分上、下两卷,上卷叙日本史,下卷叙朝鲜、安南、暹罗、印度、波斯五史,波斯之盛衰有关于西洋者多而关系于东洋者少,纪事故从略,明治之维新实改变东洋之风潮,于现今之东洋时局亦最有势力,故叙日本独详。日本之兴,首攘夷,次讨幕,一人唱于前,众人和于后,不数十年而享文明宪法之福,夫政体之改革为事之所最难,法之三次革命、英之革命、美之革命大抵数十年、数百年而其事始成,其愿始偿,明治之维新若是易易者,非出于政府数人之力,全恃国民运动而成,盖诸藩之建,莫不修武备、讲美术,如上杉宪治等,又皆劝农兴学,政治灿然,斯时之民浸淫于兰学已深,虽属妇孺皆有尚武之精神,欧西之文明其艳羡也已久,特迫于专制之策,无由脱其羁勒,一旦有唱尊王者起,民之归仁如水就下,此书所叙,于自由、改进等党会特为详备,足为国民之导。唯朝鲜、安南、暹罗第详近世之事,以为观察东洋世界之一助,于体例无不合,然篇中所纪颇伤简略,如印度之亡非亡于亚兰帝,实亡于西令帝之时,武备不修,商业不兴,葡人、荷人乘机而入,印度之商权已操于外人之手,至英吉利入印度而东印度商社次第遍设,印度之精血吸收几尽,故克雷武以商社之一书记率商兵五百,能使印度帝国尽隶英之版图。夫印度之距暹罗仅隔孟嘉辣湾耳,印度公司自锡兰而普及于爪哇、苏门答腊、暹罗等地,势所必至,中外之交涉亦由东印度公司之权力扩张而入于中国之界,印度之前事实中国之鉴戒也,是篇所叙甚略,不足以资参考。安南、暹罗久领于他国,近世事实无甚可考,篇中所纪皆数百年前之事,固无足怪云。

万国通商史上海南洋公学本

《万国通商史》九卷,分为九章,英国琐米尔士原著,日本古城贞吉就日文重译,上海南洋公学印行本。详于西事而不及东方,多记旧闻而漏于近事,作书之旨固以略见原委,其为简要非所病,然上古商业虽微,欧洲境土虽隘,此篇仅以寥寥数章述之,似不足以推见源流而著其崖略。就所言各节观之,则航海之风起于腓尼西亚,及加尔达额人商法、商学盛于威尼斯人,而所谓都邑同盟者则近世通商立约之所昉也,此等故实亦散见于他书,此篇记之可以参证。第七章言护商税法之阻碍,虽证佐不丰,所言浅近,亦略见计学之理,英国自由贸易之策系及五洲之利害,若此等议论固当存之以备博采。第八章言美、澳两洲金矿极盛而物价工值并腾,莫测其故,此既自发题而下文云云乃终不能质言其理。第九章言万国通商后来之重任一节几累千言,纯为空论,乃真可以节译。又第四章言意大利之艺术,有"约当其时之前二百年"一语,所云其时者不知属于何代,似亦译者之过也。据前列旧译之序,则附有地图二则,而此本重译未经并著云。

中国历史日本东京东新社本

《中国历史》,横阳翼天氏编辑于日本东新译社,盖普通教科书三十编之首编也。编中区为甲、乙,甲编止于唐虞,乙编止于周末,中国二千年来所称为历史学如二十四史、《资治通鉴》等书皆不过王家年谱、军人战纪,非我国民全部历代竞争进化之国史,此书于古今人群进化之大势、盛衰隆替之原因结果及于社会有密切关系之事实,无不叙述详备,武王伐纣,夷齐谏诤,学者莫不贤夷齐,不知商纣横暴,民罹其凶,牧野之师,去民贼也,而夷齐谓为不仁,然则欲如纣遍鱼肉天下之国民而后可谓仁乎?迂妄之说,二千年来奉为经典,诚历史上之污点也。秦之一统,晋实使之,观晋之地势,包秦东、东南、东北三面,俨成合围之势,秦

· 458 ·

之举动晋得而掣其肘,是以晋不破则门户不开,门户不开而东南诸侯鞭长莫及,至晋地分裂而河南上郡、少习次第入秦,虞、虢、桃林、孟津、潼关亦不得不为秦有,秦之基础日益巩固,故三晋之分关乎晋之亡者小,关乎周之亡者大也。以上二说皆此书思想独及之处,学者虽百喙而不能为之辨者。至其论中国之学术,则尤确察我国民缺少之原质而灌输焉,墨子为中干之大宗,观《尚同》三篇知其救世之主义不外国民之自治、社会之独立,故其精神可牺牲其身为国民以求幸福,诚今日虚无党之远祖也。楚之攻宋,其徒赴难者七十二人,尚武之精神岂偶然哉?杨朱为士夫所鄙,然不损一毛之说,实权利竞争之达于点极,特惜乎其学中绝,不能影响于后世耳。许行为孟子所斥,然圣君贤主与民并耕,实今日欧洲社会主义之源泉,许行之创此说,盖以非君民一体以尽力于人人之公产之利益,不能立于竞争之世界,法儒孟德斯鸠有言曰"国有阶级之风者处竞争之世必亡",许行之意固与孟德斯鸠同。此三子者后世之所辟而目为异端者也,此书举为哲学,吾知相惊相骇者必有人,然揆之公理实难附和其说焉,虽然,此之理想诚破坏有史以来腐败之习,然亦有不能不为公共之见所惑者。卫灭于狄而齐改封之于楚丘,夫卫受齐封,卫之辱孰甚?斯时卫之君臣宜如何卧薪尝胆以雪前耻,传云"卫国忘亡",盖卫甘服于齐之保护之下,以为泰山之屏蔽,即此小朝廷亦可优游于世界,哀莫大于心死,卫之忘亡,卫民之心死矣,何怪菟圃之围而以国让父兄子弟及朝众乎?左氏于改封下而形容之曰"忘亡",美齐乎哀卫民也,此书谓齐桓善恤亡国,岂左氏之意哉?

支那近三百年史上海开明书店本

《支那近三百年史》四卷,日本三岛雄太郎原著,不题译者姓名。近来日本人于中邦事实,若能毛举数节便尔沾沾著书,此亦其类也。其于《皇朝开国方略》、《圣武记》、《满洲源流考》、《啸亭杂录》、《湘军记》等书摘录尚能简净,篇中议有直录曾文正《国朝先正事略》序之文者，又引乾隆上谕"朱果发祥"等语而前文不明著其事，几令阅者不解。言圣祖优礼儒臣一节，蹄涔测海亦见留心，而于博学鸿词科一举竟未叙及，则不免漏略之讥。论秀全之乱一节足参异论，卷末所叙文学诸章尚无讹舛。然中国人欲知本朝掌故，自有典籍可稽，不必藉重于此，要非世所急读也。

特兰斯法尔杭州合众译书局本

《特兰斯法尔》一卷，分为四篇，日本福本诚原著，杭州合众译书局译本。英吉利南非洲之战为全球一大关键，特兰斯法尔以一隅之地抗方张之势，血战三年，虽俘其长而不能得其众，终立交互之约而罢，自有此役，足使列强挫其雄心而潜以销其毒焰，其有裨于世局者尤深。此书记战局将开时其大统领古鲁家之言曰"事不可知，吾人必欲英国出惊骇全世界人类之高价以得之"云，观其措辞，固不以利害而挠其意趣，亦所谓虽败犹荣者矣。以地势言之，若使特人终为英梗则好望角海口本书译作喜望峰之权将非英国所能执，异日苏彝士河一有所隔，则英舰几无出海之途，其属地之棋布于五洲者将有鱼烂之忧，英国于我邦旅顺口之事则并不阻俄，于非洲法寿达之争则甘于逊法，独至南非争选举之微不惮出全国之力以服之者，盖亦形胜所系，不得不然，此固沙烈勃雷谋国之深算也。篇中于两国往来之文牍皆载其文，足备稽考，其记南非人物尤详，亦有资于观感。当英人要索铁路之时，特人乃别就捷径，自筑一路以应之，轻减商税以兴此路，尤见古鲁家运用之谋，于我邦近事多可对鉴，是亦读者所宜留意者矣。行文多慷慨之谈，足觇作者之意向。篇末论英、特曲直之详情，衡理至平，藉申公论，毋使乌渚黑白，尤有当于人心。近日列国争强，不复明于公义，荣枯所判，世论随之，希腊自亲于英、法则战土之役皆著祖辞，犹太见嫉于列邦则购地自存皆成罪状，不独英、特之战为然矣，匪有直笔是赖，不将使虎哥笑人乎？至所记英人寿模菘之名，则从前中国各报章皆译作"哲美生"，此虽无关要义,译者似宜改就通称,庶使览者不惑也。呜呼! 世竟滔滔,天犹梦梦,宁劳呵壁之问,终见常山之符,此则《陈书》有感,流涕何从者矣。

飞猎滨独立战史上海商务印书馆本

《飞猎滨独立战史》一卷,分为十四章而附录志士列传于后,并作者所自为传,飞猎滨人棒时原著,译者为中国人,自题为同是伤心人。棒时当日曾预独立之举,宜其慷慨言之,足使观者动色。篇中所纪,于抗拒西班牙之事颇详而不及战美之事,至第十一、十二、十三诸章所述建邦之情形,自称为共和国,其于立法、行政、司法三大权已具条理,所引独立党首领阿桂拿尔度之言,谓飞猎滨之议会乃模仿欧美诸国及日本之议会而成,是其立国规模灿然明备,而美利坚犹肆其攻略,宜为世论所不容者矣。作者于败亡之后寓迹日本,作为是书,按飞猎滨一岛实为西班牙前代飞猎滨王所得,隶之版图之下而以其名名之,然其地虽久属欧洲,其舆图实列于亚细亚,当时与美国久战各国处此,甘以舞文之公法自困而不为仗义执言,独日本人慨念同洲,其士人尝有间关以赴其难者,亦犹德、法诸国人之私助特兰斯也,或为美军所购则暂执之以俟事平而释之云,此亦当日之遗闻,可补是书所未及。所纪各志士列传生气奕奕,令人有楚虽三户之思,今者阿桂拿尔度之踪迹闻尚流转于台湾、香港之间,读书知人,拳拳勿释,识定凡君竟不亡,诵顾亭林之诗而不禁废书三叹也。

义大利独立战史上海商务印书馆本

《义大利独立战史》六卷,附录列传一卷,题云东京留学生译。按此等事迹当用中国史家纪事本末之例为之,乃合体裁,日本人之文大率分节另起,谅由才弱不举其文,若准其条目纪述大事,则枝言满前,徒累篇牍,甚无谓也。此书所记故实尚详,可云赅备,然亦正蹈此病,使读者不能首尾贯彻,其弊良深。附录各传题曰《义大利独立诸杰列传》而篇中所载乃及于奥相、法王,虽以事实相关,其于标名则已背矣。译笔尚尤,惟于人名、地名皆用日本假名之音而不加以修饰,芜杂颇甚,亦不可不检也。

苏格兰独立志 上海通社本

《苏格兰独立志》一卷,英国华德苏格原著,上海穆湘瑶译本。苏格兰抗英之举,事在泰西十三世纪之初,已当中国宋、元之际,凡当日之经营至今则为陈迹耳,目所不接,即事实岂有相关?且作者不详何代之人,载笔各条为见为闻亦不可晓,要当更求根据也。其书开卷即云,苏格兰自亚历山大第三以降,党派纷扰,不言起自何年,及至篇中乃显时代,此则西文著述之体,似此者多,不足为病,然译文务取便读,固当稍易其文。且苏格兰以姻戚之谊终合于英,今为一国,译者不为附注,则专读此篇者必谓苏与英分非情实矣。所述各节亦资稽考,以备西史之一条,正不必废。近来译书风气,好述此等事情,亦龚自珍所云"四海变秋气,一室难为春"者也,其于为学之方则似不甚切耳。译笔近率,然行文尚畅,于记事颇宜,终篇所言可悬厉鉴,虽其辞过狄然,意之所寄,卿言亦复佳也。

英国维新史 上海作新社本

《英国维新史》分为四编,上海作新社编纂。察其文笔,似系转译日本之书也。英吉利当二百年以前虐政繁兴,民不堪命,众议院起而抗命,先逐权臣,后弑君主,中间以总统当国者凡十数年,英国郅治之机实肇于此役,当时诸人回黄转绿,诚为希世之功。此篇所纪名曰维新,盖即革命之事也,记载始末甚备,起于查尔斯即位之年,迄于克林威尔执政之日,赋税之苛敛、教权之迫压、民情之拂逆、党狱之株连皆为召乱之由,述之用示炯戒,惜于议员之运用、民党之机谋仅著其外观而未详其实际耳。又据作者自注,谓于克林威尔掌权之颠末详细叙述,揭载评论,余稿尚存百五十页云云,是当必有可观,深有望于续出也。篇中于查尔斯行事纪之良悉,虽非由衷而发,时有自抑之言,其于众口沸腾未必毫无所惧,徒以权嬖盈廷,又屡失信于下,终以构祸,可以鉴矣。书中于克林威尔之生平未能得其大要,附记亨利伟恩之事谓革命之后因与执政相左,遂囚于狱,则未著明何事,似皆不尽合宜也。

佛国革命战史上海人演社本

《佛国革命战史》共分八编,日本涩江保著,人演社译印,但不著译人名氏,盖人演译社之译员也。此著始论佛国政治之腐败,次论革命立宪及立法盟约之议会,而终叙山岳党之反动,凡所叙述悉扼其要。法兰西当十八世纪之初,昏沉颠冥,气颓志痿,使无孟德斯鸠诸哲著书立说,鼓舞自由之志,激发爱国之心,民智不能开,民气不能变,即有拿破仑之才力智勇,亦不过杀人流血盈野盈城,同遭涂炭已耳。此著虽为战史,而必首叙新思想之渐出者,以明千七百八十九年革命之原因也,特惜乎民党残忍,有自由之形式无自由之精神,徒令盎日尔曼之热心渐就渐灭,米剌伯之言曰:"革命之善后莫如建设政府,而组织政府之人之意见与议会之多数相同,始足以维持秩序,收揽人心。"此说也盖以蜩螗沸羹,非政府之基础巩固、权力强大,不能冲今日之风潮发官令,无能之令,不独国民愈委靡不振,而议会、王室互相倾轧,卒之厌倦共和,反以戴强力之君主,以定一尊为得计,而实权与名誉遂归于拿破仑之手,拿之建不朽之伟业萌芽于孟德斯鸠、福禄特尔,培植于惕尔岳克、洛恩而始有此结果也。此书之梗概略具于是,虽然,《佛国革命史》一著于封斯勒尔,再著于麻立得,涩氏参酌二氏之说以著是编,凡地方区划之改正、宗教之改革皆据封斯勒尔之说,宗旨不甚相远,至于财政之议会,据麻立得所著之书,则与作者之意未免差池,然皆与革命战史无密切之关系,故略而不详。要之,十八世纪之佛犹二十世纪之支那,国民蒙昧如久寐然,纵有大声疾呼之人,而其行也不辨东西,有不免陨越之患者,然则无独立之思想、无自治之精神,即兴革命之师,亦徒以人命为儿戏耳。拿破仑即位,亲就学于荷兰,归而教其国民,岂不以无礼、无学不足以尽国民之义务哉?

美国独立战史上海商务印书馆本

《美国独立战史》为《万国战史》之一种,分上、下二卷,区以九编,日本涩江保著,中国东京留学生译。第一编叙美与殖民地之轧轹,第二编至八编叙革命数大战,第九编叙战后情状及种种政策,体段甚为完善。美之隶于英也,蜷伏为其属土,重税之轭制日有所增,主权损弃,美几不国矣,使非举兵抗争,八年血战,十三州之人民将沉沦终古而永无独立之望。此书谓泰西数大战,其可称义战者唯英国革命之战与美国独立之战,此说颇为允当。盖战争之起不由于忧国爱民,而其成功则往往以专制之政略施于新造之国,如亚历山大、拿破仑皆具有此种之思想,能牺牲一人,始终以利公众者,唯华盛顿一人,英国白爱龙谓华盛顿优于拿破仑万万,是书颇采其说。唯英人殖民地与法、西殖民地之战争,有英王维廉之战,有女王鞍之战,有薛尔基王之战,有法郎西、印度之战,而薛尔基王之役适法属路易司巴尔攻陷之时,此编未载其事,不无疏漏,且名臣列传其本皆可单行,至于通史所纪不过取其人之荦荦大端系于夹注,著者以名将事实附于每节之后,掊拾细琐,于当日战争之局漫无关系,又不著所出之书,使读者无从考证。华盛顿之执政,其于内政、外交及调停党派均有独立之精神,夫内政莫难于经济,而美则于一千七百九十二年凡农业会社、工业会社及机器、经财各会社均次第创设,外政莫难于交涉,而华盛顿峻拒法使,不劫英国之商舶,诚识时之杰也,此二者皆合众国独立之结果,是书于内政、外交皆略而不详,缘取载于伯通《合众国史》、左马司奥堪《美国革命史》二书,于战争后状态皆无所录,是书之略固有所承矣。左氏作《春秋传》,凡战争之大者其因必种于数年之前,其果必见数十年之后,作者详于革命之因而略于善后之策,首尾不能完具,作史者之大忌也。

至译者所附之考证,皆涉于烦琐,补苴之功其亦不足道也已。

印度灭亡战史上海群谊译社本

《印度灭亡战史》,嘉定夏清馥蓝本于日本《印度史》之《印度覆灭记》,参用英国文学博士所著《印度史》汇译成编。起于印度之政略,讫于全印之沦亡,其中述社会之腐败、英法之权力、灭亡之惨酷,颇能撮其指要,体例略与纪事本末相近,凡十二章。印度之灭亡亡于兵,实亡于商,自千五百九十四年荷兰设商税于印度,千六百年之后英与法之商业遂凌驾于荷兰之上,印度社会之设,凡布〔爪〕哇、苏门答腊、暹罗、孟买等处皆星罗棋布,印度之精血吸收几尽,故克雷武以商社之一书记率商兵数百,能使五千余年之文明、二十余万里之土地、二万万人口之大族不数十年而尽归欧人之掌握,藉商力以灭人国,固白皙种人之长计,此书所叙亦中国内视之鉴。克雷武为印度总督,改革弊政,扩张军备,其于印度之政治有无限之主权,若管辖其土地、征收其租税则必称奉命于总督,而货币之铸造、文告之颁布又系以印度之年号,印度自主之权外虽完全无缺,实则仅存其名耳。印度立国二千年,皆误于虚名之好,英吉利通印度最先,知之亦最深,故谋其国也不以兵而以商,处置印度之策是书亦较他书为详,至于奉弥尔耶法以王号,给俸十六万镑而宏大其第宅,盖十七世纪以来取人国者皆利用此政策,俄之灭芬兰、灭波兰、灭波尔的诸国无不以英为师,英人之狡狯备载此编,亦足以资学者之参考。虽然,印度之亡亡于印度公司,而公司之设其志不仅在印度,观其自孟嘉辣湾移于爪哇、暹罗、苏门答腊也,与中国固有紧密之关系,中外之通商亦由东印度公司之权力渐次扩张,思以待印度者以待中国,夫印度其已矣,彼处印度之东而立国于亚洲大陆者能以印度为鉴戒,则此书诚有功于世,有不得不急为表章者矣。

希腊独立史上海商务印书馆本

《希腊独立史》,日本柳井绚斋原著,中国秦嗣宗译。共分四编,前二编叙独立之未成,后二编叙媾和及独立之时。夫希腊为罗马所并吞,失独立者凡二千年,后为土耳其所并吞,又几及四百年,至一千八百二十九年英、露、佛三国共始认为世袭王国,英、法之援希腊,怜希腊也,露之援希腊,非爱希腊,藉希腊为傀儡以假英、法之力降服土耳其也,此书叙俄邀英、法以共击土耳其,可以见其狡谋,希腊之独立徒存其名,其不能出于俄之股掌,俄人知之,土耳其不灭而列国齐驱中原,究不知鹿死谁手,使英、法当日能逆料俄人之奸谋,无援救希腊之志,俄即开衅于土而有英、法之掣其肘,俄之志终无由逞,俄不灭土,俄终扼于土,盖俄之志在南侵而土为南北之冲,俄虽图南,其如君士坦丁之不能飞越何?自英、法合于俄而希腊独立之名布告天下,土耳其之命已悬于俄人之掌中,英、法犹堕其术而不之觉,篇中所述较他书为详。土耳其之与希腊较量关系之轻重,当以土耳其为首,为英、法计者宜急援土耳其而不专力于希腊,援土耳其其势可以抗俄,援希腊仅得独立之虚名而实以助俄,置虚名之独立国于俄保护之下,由保护而为属国,由属国而为吞并,希腊失其地,土耳其失其势,俄人南侵之机日迫一日,于英、法曾无丝毫之益,英国总理大臣达比卿言曰:“俄国之能施得意手段者,实英国成全之”。此说与作者宗旨如出一辙。夫俄为专制政治而忽援独立之希腊,其存心叵测三尺童子知之,英、法以救援希腊之故而不妨虎狼之露,英、法之失策有百喙莫能解者,故法援意大利之独立其理当其势顺,英、法援希腊之独立其理当而其势逆,观其末章所载英、法之占土地、思扩张,其利权亦不过分羹染指之惠,二十世纪之俄能称雄于世界者,于此书已见得其萌芽云。

普奥战史上海商务印书馆本

《普奥战史》分为七篇,系以附录,题云日本羽化生原著,桂林赵天骥译本。溯普法之战以前而有普奥之战,德意志联邦之成立实于此役肇之,盖非有此战则日耳曼联邦之局或折而奉奥亦未可知,俾司麦克虑之一战,定霸正在斯时,抑亦欧罗巴一洲中原大局之所系也。此书于两国开衅之原委、媾和之始末并前后两约之全文皆详纪之,固非专论兵谋,当时意大利与普为援,因与奥军相哄,篇中亦及其事,而以三国之兵力相为比较焉,独惜俾司麦克一传记事未备耳。作者自序引中日之战以为比例,盖甲午战后其国人持论颇欲调和我邦,而以普奥战后普人联奥之事以自圆其说,此乃推论于事前,虽贫儿之自暴,自我察之正当使礼义之不愆也。

南阿新建国史上海作新社本

《南阿新建国史》共分四编,日本福本诚著,桂林陈志祥译。首编论地理政治,次论新建国,次论英阿之冲突,次概论南阿,体例颇为完善。南阿之殖民也,始于千六百八十五年,法、荷之民相率迁徙于喜望岬,以不堪荷兰之抑压,北徙而至阿列西河北,建自由之新都,其后纳他尔之战败、英吉利之横夺,固布尔军进取之所召,抑南阿共和国建设之基也。自是以来,英、阿交涉日益繁剧,始冲突于一千八百八十一年,继冲突于一千八百九十九年,虽势力不敌,然布尔之名辉垂史鉴,论南阿者每谓布尔之民宜止于阿列西,不知阿列西非布尔所可久居,使当时稍涉于偷安,布尔之民久为蛮族所吞噬,进取不能,安望独立?论者又谓英之于阿,非迫以不可堪之境,不过干涉参政权耳,不知政权为国家之命脉,国无政权,于国家为属地,于人民为奴隶,古鲁家之出死力以争者,职此之由,不然,阿之不能敌英,彼岂不知之而必为螳之当车者?盖以战亦亡,不战亦亡,战或如千百八十一年之和议,不战则永受羁勒而未有已,谁其堪之!列国革命军之初起也,其势亦不敌政府,非律宾之反抗也,其力亦不敌强美,然皆不顾利害、不恤生死以争得其自由,特兰斯佛尔之抗英,其慷慨奋呼时目中只知有特兰斯佛尔之自由,并不知有英,英国虽强,其锋为之顿,其舵亦不得不为之转。当英阿之交战也,报纸中曾以景延广十万横磨剑为南阿之比,夫延广之抗契丹见麾而先溃,杜阿之抗英吉利妇女亦同仇,国民竞争之力相去殆不可以道里计。此书于杜阿精神叙述甚详,颇资学者之参考,至两国开衅未详其战若何,亦以报纸所传不无失实,故暂付阙如,然观南阿人物一节不必琐纪诸战役而国民之奋不顾身已如见云。

近世海战史上海群谊译社本

《近世海战史》二卷,日本浅野正恭原著,华亭叶人恭译本。上卷记甲午中日之战,下卷记美国与西班牙之战,作者为日本海军少将,当黄海战时未悉曾否预役,然自云事实译自英书,则旁观之言恐未必尽昭信论也。刘公岛之役,中国海军诸员受谤至深,今犹未息,据此篇所述,当日调度虽乖,尚非毫无措手,惟失律之事则缕数难终,至谓中国战舰以最大之船居中央,适与强固两翼之战术相背,又战时全队之半被蔽于己舰而不能发弹,在机关室传话管之士官畏接战之危不传指挥官所发传速力之令,此皆关系战术之尤大者。西人之于兵事,每经一役则实验犹多,独中国海军于马江、威海之间两为敌燔而事后体察之用曾未有闻,但作欷歔之言,岂睹利钝之绩?篇中乃以从前奥意之战与此相衡,考较之精可为法矣。所述美将马鸿之言,似在临陈参谋之际,又云大佐英格耳于斯开战之始以电信献策,则日本军中亦颇用西人为顾问,惟所叙语不分明,未知有误否耳。其以经远之沉比于维多利亚舰,按维多利亚一号为英国著名兵船,闻以操练而沉,至今未明其故,英国海军宿将多驻是船,及其沉沦而人才日绌,此或译自英文,故以致沉之同拟于经远,亦遗闻之不废者也。述美西战事虽详,于胜败之容于指挥得失之间不及其前编之悉,此则所见所闻判其详略,然如桑的亚哥原称"生的谷牙",此据中国旧译之战,述美兵船封港之谋,论西班牙之失策,皆言兵事者之所究心,塞耳佛拉用兵之劳,亦以较丁汝昌诸人略胜焉。

东方兵事纪略武昌刻本,江西通学斋本

《东方兵事纪略》六卷,分为十二篇,已刊者五卷十篇,每篇各标题目,丹徒姚锡光著。盖纪光绪甲午与日本构战之事也,此役利害之巨人尽知之,而于当时成败之迹则论者茫然,甚或杂以恩怨,传闻失实,黑白相淆,至于教会所作《中东战纪始末》一书出于中国某人所辑,哆口而言,如堕重雾,虽为识者所笑,犹且一时盛行,将以传为信史,则当时真状不著,可于此觇之矣。此书所载各节,于衅启之谋、开衅之故、海陆两军之相见、条约诸事之互商,皆能缕析言之,悉其原委,于纪载论断之间不参私见,尤著公评。作者于时方参兵幕,奔驰于锋镝之间,则所闻各条较为可据,亦固其宜,虽未必察及深情,第胪陈外状亦既可睹,行文叙事尤为雅驯,书之所以当传也。惟议款篇中有云,方张荫桓既归,李鸿章未发,朝命三品以上大员议和战等语,则似非事实,闻其时有建言请敕会议者,原折未经宣布,此事固未施行,此篇之言或传闻之偶误耳。

国民同盟会始末 杭州通志学社本

《国民同盟会始末》一卷,日本国民同盟会原编,钱塘袁毓麟译本。此会之立,盖由东亚同文会组织而成,当戊戌以至庚子之间,日本人之薄游我邦者日以同种同文同洲之说遍语士夫,强聒不已,所为皆此会中人,暨庚子之役联军入都,俄踞东三省,于是国民同盟会起焉。此书由会中人所为,故独悉其原委而于当时所有议案、书牍皆备举其文,译而传之,亦足见其运动之苦,虽实力尚乏,而用心则可嘉矣。其记当初之事,有云无形之团体于朝鲜协定日、俄出兵之区域盖甚有力者,此语词意未显,闻日本于庚子秋间颇欲与俄人定议共分朝鲜,前任内阁实主是说,其约未成而外间业经传布,一时党论嚣然,谓东三省既不可保全,则朝鲜一国当独归日本干涉,庶可屏拒俄辙,若使俄人复于朝鲜半分其地,则日本将何恃以自存? 故有某者径谒某侯,质言其状,词殊抗烈,某侯乃有所惕而因以息其议,与此事颇秘,得之传言,与此文所载略近,当即其事。所谓根津某之军事私见为伊藤内阁所忌禁止刊布者,根津氏之书盖详陈俄、日兵力之厚薄,于两国海、陆军情状核计甚精,谓一旦若有战事则俄将必败于日,所以鞭策其国人也。篇中叙述各节亦间有昧于情实者,如记中俄密约协力拒绝之事,颇欲专其美于会中,然据当时情实,则因日本外部电命其驻沪领事忠告江、鄂两督,南方大吏始为所动,力请政府坚持,并非得力于该会。又引中国各员之复书,一则曰欣喜不知所措,如绝处得生,再则曰甚为敬佩,夫以酬酢之文而欲求之交际之实,沾沾以自足,此亦何异稚子获饵之乐乎?至所纪以英日同盟之事为终,盖谓已偿凤冀,顾此会之成,根于同种同文等之空论,而至英日联盟之后一年以来,东人持议颇异,昔日甚且力辨同种同文之非,不惮扬言于众,谓恐以此说触白人之忌而碍联合之举,抑思所谓同者乃其自附于我,若在中国士论则何尝引而近之,出入之间良堪齿冷,因览此卷并竟其说焉。

可〔哥〕萨克东方侵略史上海作新社本

《可〔哥〕萨克东方侵略史》一卷,凡十三章,俄国莫斯科图书馆原本,日本人译本,上海作新书社重译。俄罗斯窥我东境,其发端在二百年以前,迩来邦人译述言俄事者颇繁,要皆注重近闻,未有远溯当年而察其进取之迹者,此书之在俄国,藏之京师,自是官中要籍。篇中所记涅尔琴土之约,盖指康熙年间尼布楚一役而言,以地名之对音而译写互异也,言掌故者于尼布楚约之十一条尚可览其全文,于以前失地之由则无从稽考。至于咸丰季年俄人乘英法联军之战掠地于黑龙江之旁,其事为尽人所知,而俄人所以经营者亦未之有述,此篇则自俄将东行之日以迄于爱珲定约之年,纪载蝉联,终始相属,日蹙百里于此征之,盖中土旧籍所未闻也。文词雄厚,似不失原著语意,其述地势、物产与其人种、民风,尤见邦人悉心此土,顾其自西伯亚而东渐,实由哥萨克种族启之,故是书以此标名,然百年以来自判刚脆,颇闻哥萨克兵队其勇敢迥逊从前,庚子天津之战屡见挫败,或乃自督燃枪反攻租界,今昔之间强弱之殊遂至此云。

俄国蚕食亚洲史略上海广智书局本

《俄国蚕食亚洲史略》一卷,分为上、下二编,自题养浩斋主人辑译。上篇盖日本人佐藤宏之论,下篇则英国人克乐诗之说,合录而成一书者也。两篇多主于持论,虽及故实,并非记事之体,似不必辄标史名,改云"论略"则较善矣。上篇略述近迹,人所具知,无庸深论,下篇于俄人侵略新疆暨印度、阿富汗诸地皆综揽其事情,良由利害相关,所以推论尽致,于英国执政之失策亦复言之成理。至谓俄国于地中海港湾,使昔能占得一地,则侵入东亚之志必不如今日之坚勇而害不甚深原译稍晦,此以大意述,要亦足备一说。论俄国之内政,则许西伯利亚诸部之自立而料其陆军之必叛,皆作者心得之言。又云俄国近频以俄帝之名颁布敕诏,进而渐次改革亦未可知云云,近颇闻俄帝有整理庶政之意,而宫中、府中每多牵掣,观此所记亦足证也。近日俄谋愈坚,抚卷之余可为深念,前烈之遗墨未干,旧都之悬谈犹炽,天衢生棘,岂有艾乎?

清俄关系上海会文堂本

《清俄关系》一书分二十二节,以第交涉之后先,日本绿冈隐士编纂,中国钮镋译本。是书起明神宗万历四十七年俄之侵略满洲,讫于光绪二十四年俄之要求伊犁,清、俄之盛衰,交际之得失,作者皆附以论断,近人颇采其说。中外之交涉以俄为最先,知中国之实况亦最深,视中国官府之人格亦最当,故改正条约皆出于秘密笼络大臣,非出于胁吓,即出于贿赂,无怪要求之事莫不如愿以偿。奕山,庸才也,千八百五十八年即咸丰八年之条约可以恫喝定之;崇厚,贪夫也,千八百七十八年即光绪四年之条约可以贿赂得之。若李鸿章、若王之春,皆小有才而营营于富贵者,故始则拒之,继则引而近之,俾清廷诸臣莫不恩俄德俄,思效奔走以为快,其计亦狡矣哉!此书详于叙述而粉饰其事,殆以言者之有罪与。俄罗斯之初在一千二百余年尚统御于金党汗国,至元室寖微,西方之大汗国主权皆移于俄人之手,俄势日益东渐,明穆宗隆庆元年、神宗万历四十七年皆遣使以通好中国,以无甚关系,姑置不详,清世祖顺治初年,清、俄两国干戈屡见,盖俄国东侵之进步益与中国之领土相近,黑龙江一带俄思握其利权,或遣使、或构兵,皆为蚕食东方之策。顺治间之交涉,此书所纪多史氏之所未备,颇足以资参考,唯《圣武记》纪康熙二十一年遣都统彭春等以兵猎黑龙江,径薄其郛侦察形势,筑城于墨尔根及齐齐哈尔以戍之,此书谓二十一年命都统郎垣以畋猎为名窥阿拔堇城之形势,二十二年命都统朋春等率大兵向阿拔堇城,于《圣武记》不无异同,二十四年四月官兵乘兵解水陆并进,克阿拔堇城,纵其人归雅库旧部,此俄人切齿之恨,至今犹藉为东侵之口实,此书亦阙而不载。二十五年之围,彼军死守,清帝乃以赐书付荷兰使转达其汗,俄乃遣使谢罪,诣边定界而去,两军固未分胜负也,此书谓若何败、若何胜,不知所据何本?魏默深撰《圣武记》,实身当其时,据实以书,无所闻异辞、传闻异辞之弊,俄与康熙之交涉当以魏说为准。日文原著人名、地名多以假名代之_{日本谓字母为假名},译者宜译以汉音,使学者知某为某名、某为某地,此书于人名、地名皆沿假名之旧,细写于旁,阅者且不识其假名,安知其音?且ソレ二字,日本训为此,是书误以为人名,亦细写于旁,尤为涉笔未检之处。纪文达云,古代人名多以一字之转音辗转相误,有一人而二、三名者,近来译本亦多此弊,此更不担其责,然于学者无益也。

近世露西亚_{上海通社本}

《近世露西亚》一书共分十节,日本占部百太郎著述,中国寥〔廖〕寿慈译。首叙民族与人种,次叙社会及经济产业之状态,次叙国民之思想及政府对待之政策,体例尚为完善。地球各国论强大之现象，莫不首推露西亚，然其地合芬兰、波兰、巴尔的诸领土，故跨欧、亚两大陆，其民则合鞑靼、波兰、斯拉夫诸种族，故称哥萨克之强兵，哥萨克之开拓阿母尔乌土利也，露实坐享其利，哥萨克之有大造于露，三百年前事耳，而露人对哥之政策日益酷烈，剥夺其自治之权，更革其军队，离间其团体，哥萨克虽疾视露政府，而其力有不能反抗之势，此固露政府之所甚快，然亦政党之所自出。露之专制政治近四五十年来，其权力愈大，凡政治上、学术上、宗教上、生计上无分毫之自由，无在不可，使其国民对于中央政府有决然绝望之态，故政党之潜势力日见发达，亚历山大二世弑于千八百八十一年，圣彼得堡裁判之结果据于千八百八十四年，禁令虽严、警察虽密，军人之流于西伯利亚者虽岁以万计，而倾覆政府之心有若极沸之羹，愈掩盖而愈膨胀者，盖自哥萨克兵受其箝制而专制之功遂喷喷于露政府之口，其对待政党之方法与待哥萨克同，千七百七十一年之案，死者十余人，至今言者犹饮恨焉，然则露势虽强，其行政之腐败、国民之运动冲突之举势或不免，外强中干，岂足恃哉！此书叙露之内政或伤于简略，且于他书不无异同，而于外交无一字言及，尤不足以餍读者之心。露人之外交视列国为纯熟、为阴险，往者希腊独立，俄与英、法同盟击土耳其以助希腊，露非爱希腊也，藉二国之力以灭土耳其为南侵之计耳，英国总理大臣达比卿言曰："露之能称雄于世界者，实英、法赞成之。"夫以如狼之英、如鹰之法犹堕其术而不之觉，无怪二百年来割中国之土地、虐中国之人民而中国之政府犹饮鸩而甘，以为可信、可恃、可为吾保护土地，虽分割而如芬兰、如印度，或可藉强大之力保一隅之地，以建设小朝廷，享幸福于世界，其亦痴耳。治阿之托庇于露，教会裁判制度则废止之，出版之书则频禁之，大学之设立则坚拒之，数十年来露人外交之策已变其方针，岂犹夫十八世纪之顷乎？露人波鳖那士德夫有言曰："露之经略东亚，英、美必出全力以抵抗，能使英、美有所利而支那在吾掌握。"又曰:"支那官府其气卑靡,支那人民犹多倔强,能以贿赂通其政府,以胁吓驭其人民,无虑其不为埃士梯德。"译云奴隶之称,日本之秽多非、印度之喀私德皆属此类。支那人格彼已洞见脏腑,近日东三省之经营颇实行其策,其对待支那人之心至冷且酷,而犹谓他日可仰其鼻息耶?联俄之策唱于数年之前,今犹有持此议者,放虎自卫,是诚何心!日本山本利喜雄著《露西亚通史》,于其外交亦略而不详,盖露之政策最诡谲、最秘密,有令人莫测浅深者,贾谊《过秦论》谓战国诸侯合从攻秦,秦人开关以延敌,九国之师遁逃而不敢进,俄策之诡秘颇与秦相若,故知之者鲜,此书之付外交于阙如,殆以是与?然未免负读者之望矣。

腓尼西亚史上海广智书局本

《腓尼西亚史》一卷,分为七章,日本北村三郎原著,武陵赵必振译本。叙腓尼西亚之事,于建国之情形及其兴亡之迹考证太疏,篇中并记加达腊之事,则腓尼西亚古时之属地也,其记两国前世之商业征述尚备,不为无裨,独于物名间以英语、俄语并注之,则不知何所取也。

亚西里亚巴比伦史上海广智书局本

《亚西里亚巴比伦史》一卷,分为九章,日本北村三郎原著,武陵赵必振译本。于古代事迹与其文学之盛征引似尚不误,恨未赅博尔。亚西里亚、巴比伦并为地球名邦,欧洲史家著录尤众,作者冒以史名而于各书未能参考,不得谓为成书也。近德国教士花之安所著《自西徂东》一书,谓《尔雅·释天》一篇岁阳岁名之文符于巴比伦之年号,此考古之异闻而著书者或不及知云。

犹太史上海广智书局本

《犹太史》一卷,分为十七章,北村三郎原著,武陵赵必振译本。详于教主之事迹及其宗教之源流,而于古时建国之情形则似未备,盖西史记犹太前世事者已较希腊、埃及、巴比伦诸邦为少,此篇纪述寥落,谅由书缺有间而然。惟犹太一国即《唐书》所载之拂菻,当时摩西教宗已入中土,近人歙县俞氏所著《癸巳存稿》尝考挑筋教即犹太教之俗称,而吴县洪氏《元史译文证补》亦谓河南一省尚有犹太人之苗裔,此亦言教派者所宜知,而是书所未及述者也。

希腊史上海商务印书馆本

《希腊史》,日本柴舟桑原原著。全书凡分八篇,前四篇总叙希腊极盛时代,后四篇总叙希腊衰微时代,一、二篇言团体之效,三、四篇言合纵连横之益,五、六篇言各邦之分裂、国民之残杀,七、八篇言希腊衰弊、罗马内侵之由。此书于希腊战争事不为不详,然希腊为欧洲各国文化之原,若理学、若哲学、若政治学、若美术学、若文学,凡欧洲各国烂然于学界者,莫不胚胎于希腊,是书于政治、教育概乎未详,即理学、哲学之大家如梭格拉底、柏拉图、亚里士多德皆略记出处,于其学略之真际一未阐发,至于技术亦希腊所最精,篇中仅言建筑、雕刻、绘画三事,而铎利克之究蒸汽、克洛东之播音乐,作者概谓不足称述,盖轻薄实业。数十年前日本士大夫犹不免为流俗之见所惑,岂知东印度公司遍设于孟买、锡兰等地,而数千年之帝国可倾倒于数百商兵之手,工商之业其权力实能灭人之国家,此书于技术一门仅以数节附于卷末,昌黎所云纪事必提其要者,其谓之何?

埃及史上海广智书局本

《埃及史》一卷,分为三篇,日本北村三郎原著,武陵赵必振译本。埃及为古时名邦,其文学、法律诸端为欧洲人所著称,著埃及史者自以考古为要,乃作者于此书则独多记于近事而阙于旧闻,详略失宜,当由读书不博而所记事迹亦未暇致详。第三篇所作阿剌比之传,征引其议论之全文而深致惜于其人,至以文天祥拟之,阿剌比者乃国民党中之首领,顾闻其初起之时,实赖英人援引而得跻要位,以利用其党人,使召埃及之内乱,英兵遂以平乱为名而入揽其大权利,是斯人其愚已甚,虽有关于国是,谅无当于美评者也。译者附注一二则,盖纠正书中持论之失者焉。

波斯史<small>上海广智书局本</small>

《波斯史》一卷,分为三篇,日本北村三郎原著,武陵赵必振译本。是篇叙事尚不甚陋,其记蒙古兵侵略亚细亚中部之事亦具首尾,惜于中土史乘钩摘得体而欧洲纪载未能撮其异闻耳,所引俄人之说盖辨《元史》本纪之文,亦有稗于考古。第三篇记波斯于英、俄之关系一章,并资省览焉。

阿剌伯史<small>上海广智书局本</small>

《阿剌伯史》一卷,分为二篇,日本北村三郎原著,武陵赵必振译。盖以教门之书涉于阿剌伯之宗派摘录而为是篇,此外各门皆略数述言而已,文学一门漏略尤甚,于古时学术未能推究,乃至字母亦未述及。其二篇第七章言近时商业挽回一节语多摹糊,几不晓为何代之事。寥寥一万言而疏芜已甚,或当日露钞雪写,急就成篇者欤?

土耳机史<small>上海广智书局本</small>

《土耳机史》分一卷为四篇,每篇分章节,日本北村三郎编述,武陵赵必振译。土耳机之政策非民治之主义,实君治之主义,于中国实不无影响。篇中于其盛衰之原因叙述甚详,当其始也,英明雄略之君后先继起,君民一类,文武一致,国民尚武之精神凛烈,有席卷欧洲之志焉;及其衰也,君奢臣惰,民气萎靡,阿多曼帝国遂如一货囊,英如狮、法如狼、奥如蛇,皆采囊以取物,而欲探囊底而全攫之者则有如虎之俄。夫以土耳机之强盛,而其亡之速竟不出于转瞬,其故何哉?盖自马哈默德以来悉索敝赋以勤征略,数十年来民力已竭,民财已穷,汉武帝之虚中国以讨匈奴,史家犹非之,谓尽民力耀国威,兵家之所忌也,且土自一败之后,人心皆馁,山谷之间草木皆兵,一蹶不可复振,职是故耳。特不可解者,英、法之与俄为同盟以碎土、埃之舰队也,土之国势日退一步，俄人南侵之机则进一步，土之版图日减一尺，俄人侵略之机则增一尺，希腊之分为小独立国也，即土耳机退一步、减一尺之势也，俄人之所大喜、欧人之所大戚也。那卫厘诺意之战争，识者早谓英、法之失策矣，至英、法自知失策，始抗俄而扶土，幸而俄可抗、土可扶则已耳，使君士坦丁一旦竟为俄所有，如昔日之强秦驰骋于韩、魏之郊，燕、赵、齐、楚虽连衡合从亦其如秦何，英、奥、法、德又其如俄何，而受英、法之保护者又其如英、法何？英、法之保土，非爱土也，藉土以抗俄也，俄不可抗，而今日之保土者异日之仇土最深者也。

日本维新慷慨史上海广智书局本

《日本维新慷慨史》分为上、下二卷，日本西村三郎编辑，中国赵必振译述。此书为日本维新诸人作传，以先觉者叙于前，攘夷者次之，而以维新功臣为殿，盖仍沿列传原名《慷慨家列传》之旧而稍更次第焉。列传体裁详于汉史，服虔曰："传次其时之先后耳，不以贤智功之大小也。"颜师古曰："虽从时之先后，亦以事类相从。《汉书》以江充、息夫躬与蒯通同传，贾山与路温舒同传，严助与贾捐之同传，皆不以时而以事实之相类。"两说相参，颇滋疑窦，此书宗旨多本师古之说，亦觉犁然有序。至于藤田攘夷失于卤莽，蒲生尊王失于虚憍，日本史学家多隐讳其事，然其事讳，其志转隐，译者加以案语，揭其失而表其志，使后世之忽而攘夷、忽而媚外者不得据为口实。维新之史亦得失之林也，但此书所列诸传皆出于明治以前，似于世界无甚关系，然欲知明治后之建设，必先知明治前之破坏，则此书亦未尝不可以资参考云。

德意志史上海通雅书局本

《德意志史》四卷，各分章节，日本河上清原著，海宁褚嘉猷译本。起于日耳曼人种出现之时，迄于德意志联邦成立以后，约为古代、中世、近世三期，于日耳曼种族之统系、普鲁士政治之源流皆纪载有条，关于考证。其记法皇之旧事可知从前旧教威权之烈,记列国之纷争足见近来帝国统一之功,此皆宜为着意者也。第一卷云上古之日耳曼人所最爱者惟战斗与田猎,复考古时军队之制,则今日德人尚武之风可于此证之。又云公议为治方针之主义,在草创之时代早以思想充满于日耳曼民族之脑中,自大村小邑迄各种族罔不有一议会存焉,按欧洲常谈每云自由种子由日耳曼森林蛮族所布,据此所述乃正可为征文。第二卷叙义勇奇士之旧俗,按欧洲警察之制度,说者谓由日耳曼古时骑马侠士之风所成,此篇可以参考。谓日耳曼中古市府之始臻繁盛,其故由于十字军之役各国师旅往返之频,有以速商贾贸易之发达,市民因而渐致富厚,创设自治之制度,按地方自治政体非人民殷富、财政易举则事未易行,此节乃其确据。凡此单文孤义,皆深可宝贵者矣。此外轶闻颇备,读者可以此意求之。惟斐迭礼第二之在位,教农治兵,成绩所著,至今称之不衰,此书仅泛论数言而不及其行事,为独阙耳。译笔明核通畅,并世殆不多觏焉。

亚美利加洲通史上海商务印书馆本

《亚美利加洲通史》,桃源戴彬编译。全书凡分十编,每编分章节,一、二编总论美洲之形势及其殖民,三、四编言竞争及革命,五至八编言大统领之递嬗,九、十编言文明及技艺之进步,体例颇为完善。美洲历史其有关于世界者在十五世纪以后之事,大半出于传闻,失实之处知必不免,如谓挪威、丹马二国人民在纪元八百六十年已发见阿衣郎达,又云素鲁芬先哥仑布而至芬兰巡墨西哥湾及加里比海,诸佳港早为伊等殖民之地,是发见新大陆者应归功于欧洲北部土人,而《哥仑布史》云哥仑布初至美洲,土人以为天神,谓其船之帆为翼,果欧人先至美洲,则航路久通,数见不鲜,奚容怀疑?且本史云哥仑布知天球为圆体,遂由欧西进航,果至亚洲之极东,哥之发见新大陆明明然矣,何前后不符耶?新大陆之发见,不过各国之殖民地耳,至英坐强大,遂食诸国而独握利权,使非血战八年,美洲之土人将化为虫沙。此书叙战事虽备，而库宾斯之役华盛顿救穆尔于伤，达拉登足龙革阿衣郎之战华盛顿腹背受敌，几为敌获两事见《大美国志》，此二事皆于华盛顿有紧密之关系者，篇中独付诸阙如，殆纪载之未备与？政党之竞争亦立宪国无形之天演，然合众国之设银行必垄断通国财政，大有损于社会之利益，驾革孙之排之拒之，公例也。北部执自由贸易主义，南部执保护主义，两部冲突，各执一说，非保护而袒自由，亦允论也。至于奴隶之问题，南北之战争势弗能缓，一千七百九十年奴隶之数已有六十九万七千六百九十六人，一千八百年复增二十余万，盖当是时民力尽、民财穷，皆思为奴隶以偷生，国家多一奴隶少一国民，七年之苦战，保国民也，然则宪法之立、奴例之去，势在必然，去奴例，兴教育，兵、农、工、商诸事无不有学校以教之，即技艺亦教育之一如蒸汽器、铁道、电信机类，顾据一千八百八十八年国民中不读书者居人数五分之一，而南部诸洲百人中约有七十人不读书，夫南部诸洲日日有他国人之移住，无怪其蒙昧，何北部国民亦若，是其放弃耶？无惑乎限制华人之请有加无已也。虽然，美国，新造之国耳，地方新辟，荆榛初翦，非有旧制美俗以为基础也，而十三洲攘臂崛起，创完固之联邦，定成文之法典，其宪法之美备、政体之善良，能使欧洲诸邦欢舞歌泣以随其后，使非富于自治之精神、丰于平民之思想，则美为英国之殖民，同为盎格鲁撒逊民族，而后来者能居上乎？读《亚利美加通史》，于美洲之形势已得其要领云。

英兰觇国记上海开明书店本

《英兰觇国记》不分卷篇，日本好本督氏原著，译者署名曰曙海后人，并未详其姓名。此书大旨谓英国文明之感化由于民智之高尚，故能政无不举而风俗蒸蒸日上，夫英之风俗与他国略同，而盲人之教育、女子之教育学校林立，规则详备，诚加人一等，故卡磨倍尔、雷痕茄、爱尔番特、哈司忒等无不出于盲人，至于女子之职业或为教师、或为医师而宣教于他国者尤多，盲人、女子亦尽天职为国家指臂之助,英之富强盖有由也。此书于盲人、女子之教育甚详,即慈善会之规则亦端绪分明,犁然可考,然于其现今之政策、国俗、人情漫无所考,亦不足贵也已。

埃及近世史上海广智书局本

《埃及近世史》一卷,分为二十六章,日本柴四郎原著,顺德麦鼎华译本。于治乱兴衰之迹能明其所以然,立国于今日者览之可以为鉴。中篇叙事颇重谟罕麦德阿梨之治功及国民党之情状,顾威斯明流一代锐意图新,其求治之诚终不可没,作者或取于欧人著述,故多著毁辞,若使秦人不死,或当验苟生之受诬也。引英相之言谓苏彝士河若成则不可不急图埃及云云,内政不修而欲通来辙,其危机盖如此,焉可不知所措哉?

法兰西近世史

《法兰西近世史》一卷,日本福本诚原著,临桂马君武译本。所述制度但略言其外观,不足以窥见政体,惟于境内地理、物产及其人民之实业所纪较详,当已著其崖略。其记学术各门亦有资于考核,然法学巨子多生是邦,此篇所载,于名人学派分别未甚详尽,而遗闻琐记著录独多,则其为书之体裁,盖与游记一门为近,要非觇国之谈也。至论法兰西人民增殖最迟而缕析其原因,则于国势之盛衰良有相涉之理,闻法国因人少之故,至于国内土地多为外人所购,其政府察知其弊,乃下令凡买地至若干亩者即应隶名法籍,以谋挽救之术,亦可见其不得已矣。篇中间有附注,皆作者之言。其于文词尚近修洁,然随笔之作,固非经意而出之者也。

成吉思汗少年史上海人演译社本

《成吉思汗少年史》,日本文学士坂口橪次郎著,钱塘吴梼译。分十二章,叙成吉思幼年之事实,略仿纪事本末之体例,于每节后附以案语,援古证今,未尝不可以资考镜。考《元史》本纪谓"帝深有大略,用兵如神",而其事实颇多未备,于其少年时期尤略而不详,此篇蓝本于《元朝秘史》而组织以文辞焉。别克帖儿,成吉思之异母弟也,以夺雏雀之故而不惜遗以一矢,此有知之属所不为,况泰亦赤惕之仇犹昨日事耳,先父弥留,言犹在耳,舍不共戴天之仇,而因小忿以灭其亲,爱情之绝、良心之灭,顾亭林谓其狼性犹存,诚不诬也,明宋濂修《元史》特隐讳其事,中国之无信史已非朝夕之故,此篇直揭其失,于史学要不为无助。阴阳谶纬,史家之所乐道,白鹰之梦谓为天婚,毛车之匿谓为神护,本纪所不载,《元朝秘史》特详其事,此亦沿其说而附会之,委巷之谈,其诞妄不足辨。至于成吉思之遗训,后人以俄皇彼得为比,夫成吉思与彼得之异同吾姑不论,第观其垂戒之言与作者之案语多抵牾不相合,出令一条,案语谓与立宪、共和政体如出一辙,夫立宪之国,其议举也皆出于议院,非三人谓然而即可也,以三人之言定夺于一己,其仍操于君主,此专制之长策,非共和之主义。内助一条,案语谓男女平权之起点,夫欧西女权由于女学之兴,非仅主中馈而妇道已尽也,以敬客为尽妇职,此放废女学之原因,非提唱女权之主义。忘本一条,案语谓国家之成立难保无忘国之子孙,不知别克帖儿之死无以训后世,开创之业不百年而土崩瓦解者,其弊不在子孙之忘,而正在祖宗之创。宗教一条,案语谓欧美贤哲名流莫不本于宗教之信仰,夫迷信之说非谓崇拜万有以冀幸福之幸获也,空言祈祷,无怪贬孔子而为中贤,信桑门而毁上帝,不再传而祖宗之成法已变更殆尽,无所谓教,何言乎宗,更无论乎信仰。夫泰西之政体、宗教,至十九世纪始为完善,成吉思时之时尚未萌芽,谓成吉思之思想已开欧洲文明之先声,吾未敢信。译者谓扩充其思想,实行此主义,其公民人权之昌荣必发皇辉耀于亚洲大陆,援引牵合,殊无义例。作者之意,盖以成吉思之英武,其兵力所及直至斡罗思以西,诚中国罕见之君主,故不惮粉饰其辞以光于历史,然亦不无失实矣。

亚历山大上海新民译印书局本

《亚历山大》一书为"世界历史"之一种,区一卷为十三章,日本文学士幸田有成著,武陵赵必振译。著者于亚历山大之功罪评论悉当,独于其战事略而不详,纪元前三百三十五年平希腊,三百三十二年取埃及,三百三十一年陷苏撒、亡波斯,三百二十六年征印度,以十三年之治世间,其躬历战阵灭国者三,并地数万里,奇伟之战绩,亚历山大实开其端,此书仅叙述波斯之战,意埃及、苏撒已属于波斯,故以波斯概之与?不知埃及虽灭于波斯,然一叛于纪元前四百六十二年,再叛于三百六十二年,埃之独立者百数十年,至亚历山大而始定其全土,《万国史纲目》直书曰亚历山王取埃及于法,甚合,独是亚历山大之战功固昭昭在人耳目间,然听妇人之言而焚波都_{补奥贺利斯},信谗言而戮忠臣列名他斯,因醉而杀良将科拉伊托斯,皆为名誉上之一大污点,历史家每叙其功勋于其失德之处均粉饰其词,史家之失实沿为体例,此著直书其事,略无隐讳,固足以补通史之阙,且可以资学者之考证,虽篇帙寥寥,亦当以信史视之矣。

彼得大帝_{上海文明书局本}

《彼得大帝》一书为"世界历史谭"之一,日本佐藤信安著,译者署名曰愈愚斋主,不知为何许人。此书叙彼得之生平,详其细事而略其大端。彼得之优点在富于独立之思想、进取之精神,洞府吴路基所谓"先帝所能者,一治国以公,二改革弊习,完成海、陆军之备,三大开门户,慎重外交,输入文化,增进国益",此语虽近诲谀,然俄当一千六百九十年间,其国土旷漠,其物产稀少,其国民野蛮蒙昧,彼得即位,亲赴荷兰学种种技术,归而教其子弟,十七世纪之俄非专制不足以挽回其衰,日儒松阴有言曰"专制者亦国家必经之阶级",诚哉斯言,且彼得专制非逞其权势而已也,深明夫专制之宗旨,实尽夫专制之责任,故其民以安,其国以强,后王奉其遗训而不知精神之所在,徒用饲狙豢虎之政术以为罔民之地,何怪虚无党、无政府党之日日磨砺以须也。然则彼得殆专制之厉阶与？曰不然。专制非害，无法主之专制乃为害，环球六十余国苟皆如彼得之专制，则民权可斥，君权可正，何论乎共和政治，何论乎周旋其间之立宪政治。今之论彼得者莫不谓其私天下之心达于极点，不知私之极即公之端，彼得之于天下真能私天下者也，能私天下则于公为近矣。此书谓彼得建立事业如有狂癖，闻女尼夫开河既竣，遂力疾往视，以其有利于国也，国之利即民之福，洞氏所谓治国以公者，盖于其至私之处见之，至其经略全欧进取之精神更足以陵轹一世，天纵不假其年而影响及于子孙，能使日盛月强，驯至今日，为世界第一雄邦，吾故谓波鳖那士德夫之罪虽不可胜诛，然必卧薪尝胆以求达其目的，要亦彼得之功臣也。昔李克用临终以三矢赐存勖曰："吾有三仇，愿汝毋忘。"其后存勖破梁及燕，还矢太庙，作史者讥其不终，而岂知其进取之精神诚足睥睨一世，视彼忘河北难，甘以根据之地拱手以让外人者，其度量相越岂不远哉？

拿破仑传上海益智译社本

《拿破仑传》撰于日本土井晚翠，武陵赵必振译。此书于拿破仑之事业虽综括大略，然其精神之所注已跃然于纸上。拿破仑之遇合，实由法兰西大革命之变乱酝酿而成，自一千七百九十一年路易十六既灭，唱共和之说者百弊丛生，而人心复倦于共和，思戴强力之君主以定一尊，拿破仑之得乘机而起，建不朽之伟业者非偶然也。或曰以拿破仑用兵之方略、外交之手段，十九世纪之列强孰敢撄其锋者？观其述怀之言曰"吾能使泥土为吾大将"，足知其心力之雄大、才力之宏博，诚有高立须弥俯视群虻之慨，虽然，拿破仑之心之才诚雄大矣，而其意见则私而不公，其胸襟则狭而不宏，故其用兵也得志则骄，失志则馁，见莫斯科之塔大呼落我掌中，自困于哥萨克之兵，而五十万之大军所存尚不足四分之一，斯时神气之沮丧如苻坚之败于淝水，草木皆兵焉。且从军子弟孰非吾民？用其力尤须爱其身，而契路加之役冻饿死者九万余人，曾牛马之不若，且曰自古创开天辟地未有之伟业者，不以人类视众庶而以器械视之，专制之主义暴虐之情状诚令人不寒而栗。锁港之说可行于十五世纪以前，非所论于开通之世界，拿破仑封港之令何时之不审也？况以英国海上之主权，欲以武力抑制之亦徒招欧洲之怨嚣，速他日倾覆之祸，私而不明，拿破仑虽长于兵，抑何短于谋乎？《普法战纪》谓其刚愎自用，又谓其勇而无谋，诚哉斯言。此书于战事虽详，而于前事均未纪载，犹不免有善善从长之意，虽然，作者之意固别有所在，以腐败之邦而果得拨乱反正之拿破仑雪前仇、握霸权，岂不可以称雄于世界？太史公列项羽于本纪而不加以贬辞，千载下读其片词只字犹有奋然兴起者，此书之主义殆同是国民之思想与。

古罗马之首杰凯撒上海人演社本

《凯撒》一书分十一章，美国克拉哥著，秀水张大椿、阳湖沈联译。此编只叙凯撒之战事，似为凯撒一人之私史，然罗马之所以强、高鲁之所以克，颇能述其梗概，且于当日世界之形势亦多有所表见，于史学要不为无益。当高鲁未属罗马之先为富里高鲁，合白耳义、若耳治、爱阔塔尼亚三大部而成，其兵力之强，久为罗马之所惧，高鲁之克，实凯撒之功，然高鲁大革命乌新及力之惨状，凯撒卤莽之咎，有百喙莫能辞者，失志则馁，得志则骄，铍交于胸，祸非天降，实自招耳。观第五章与第十章之所纪，首尾颇为完具，日尔曼之役为纪元前最惨酷之一战，兵戈十年，震动数千里，凯撒之濒于死者亦更仆难数，卒能以肆杀之手段大捷于来因河上，其功顾不伟与？此书述日尔曼之战事略而未详，读史者不无憾焉。然一战之功，杀戮者不可以数计，俘囚之虏烹其大半，余皆没为奴，随征之兵专事劫掠，岂法律之不严钦？盖战争之际，志存利己，众军将士得乘其隙，投其好而肆其毒，罗马史述客持兰之论，谓凯撒欲壑难填，贪心靡餍，有利可图者，虽鱼肉糜烂生民而不顾，旨哉斯言！篇中略于日耳曼之战事，殆有说以处此。专制之策,处野蛮之邦所不可阙,埃及之破也撒则揽求其权,高鲁之降也撒则厌制其民,半开化之国,政令、法律紊如乱丝,非力行专制之法不能挽回其衰,然罗马国势与埃及异,法令、制度虽未完善,然白罗脱、开苏司、屈里朋及黎瓣立诸人皆各据党羽,思握罗马之利权以称雄于一世,凯撒之回罗马,宜开诚布公与党人同心协力立共和之政治,以救祖国数百年之弊,吾知白、开诸人亦无不首肯者,其思砺刃而剖其腹者谁与?乃欲执罗马之全权,凡属国务悉归裁定,事无可否欲行则行,众怒难犯,彼岂不知且称帝号传子孙讵斯时之所能乎?散万金以结人心,此人情之大忌,何怪妒之、恶之而密谋杀害之者日伺其侧也。挨哀司之会,反对党之叵测,虽愚者知之,惑于为王之说而以身相殉,为公乎,为私乎?论者或谓牺牲一人以利公众,此后世曲原之词,不足据为定论。此篇详叙事实于前而以诸家之论断附于卷后,颇足以资证订,唯梦寐之奇、神鬼之幻,类于小说家言,然妻惑于梦,凯撒惑于妻,凯撒之愿力吾于此篇第九章知之,则此梦又不可不详者。

讷耳逊传日本东京译书汇编社本

《讷耳逊传》分一卷为四章,英国罗培索叟述,东京译书汇编社译。是编叙讷耳逊之历史,不过讷耳逊一人之私传,然英国海军之发达,其进步备载此编,且当时欧洲之形势及英、法用兵之方略亦多有所表见,虽撮举大概而英雄时势之关系端绪分明,于读史者固不无裨益。唯于千七百九十八年地中海之战,英舰过堪其亚之时实与法舰同行,逊以无备,未敢进击,至失敌舰之所在,迨复行搜索,往返千八百里,虽三旬而无功,《万国史纲目》记其事颇详,此篇谓烟雾迷漫,遂失法舰之所在,未免近于粉饰。至树旗于罗马都城遂尽驱罗马之法人,复意大利土地遂尽驱在意之法人,逊之志满气盛,或不免有夸大之语,然欲实行其政策则俄与丹墨、瑞典均有间接之关系,英虽称海上王,而以敌一国之力与四国构难,其势亦有所不敌,作者欲张大英国之海权,遂铺张其词,以高讷耳逊之价值,非可以传信者也。至所纪事实皆不载年月,意旨固不无重复,且无以资学者之参考,亦此书之所短也。

克莱武传上海商务印书馆本

《克莱武传》,英国麦可利著,上海商务印书馆译印。是编于克莱武之事叙述甚多,然自战功外,凡学说、政策、思想皆略而不详,殆武人中之卓卓者与。然当十八世纪之顷,英吉利以三岛之雄,逞蚕食之志于中亚,而五印度国相继沦夷,不数十年而尽归英人之掌握,借商以灭人国,克莱武亦世界之一伟人。盖自幼龄东渡为印度公司之一书记,其经营事务凡在印度洋及太平洋诸国有专用贸易之权,克莱武之组织俨欲吸取五印度之精血而空之,而二十余万里土地、二万万人口之大族可以不劳一兵、伤一舰抚而有之,如拾芥然,不然,以区区之书记,安能率商兵数百使印度帝国尽隶于英之版图乎?是编述印度衰颓之状,西力东渐之原,及克莱武开拓商务之策,多西史之所未载,颇足以资考证。至所记奈泊伯暗于外情,不无失实之处,然其交涉之失策,与中国政府终日以联英拒俄、联俄拒英,津津然以较量者,宛异世而同揆,洵中国之法鉴也。唯谓克莱武得他项贮蓄以争选举于国会,又谓私受米路巨金及欺华米准毒等事,种种罪恶胪具是编,不知自古英杰虽拿破仑、华盛顿犹不能无微疵,克莱武奏伟功于东洋,亦宜依大功不顾微瑕之例,不得以普通刑律例之,阅是书者取克莱武之大节,不必以所列罪案以没克莱武之功也。

加里波的传上海广智书局本

《加里波的传》一卷,题云上海广智书局同人编译。按加里波的一身之行事关于全国之中兴,此篇虽专记一人,实则意大利复国记也,以浃遝洞冥之奇功而中国向者盖无述焉,或至不能举其人名,固陋之讥,何啻堕雾。此传之作,不惟关系旧闻,抑且有资兴起,其命意自有所托,叙事之作而以凭吊之文行之,并附逸话数则,是列传之变体,求之中国史家旧例,则《晋书》夏统一传是其所昉也。

俾斯麦传上海广智书局本

《德相俾斯麦传》一卷,分为八章,题云上海广智书局同人编译。所纪事实能磥括得要,附录逸话亦非无益之谈。篇中论断列其一生政策为三,略谓改革军政联奥以破丁抹按即旧译"丹马"为一事,破丁抹后结法以破奥为第二事,摧丧法威以张霸权为三事云云,此盖自其显著者言之,实则改革军政者,内示联邦以新容,外向列国以实力,其攻丁抹而必约奥者,固以资其兵威,即以分地之事以激之怒而使必出于战也,战奥之役以联捷之势而不入其都城者,所以为示恩之举,使敌国畏威怀德,不至起复仇之心,则异日南向以与法战更无内顾之忧也,与奥战而先以地许法者,既以败其助奥之约,即用此以树法人之怨,使之愤郁不平,反致先冒不韪,而曲直之数,胜负亦以判之也。迹其生平运用之谋,盖略近于古人钩距之术,览兹所载,如见其用心矣。至其辞职之由,此传记之颇悉,其谓威廉第二帝命凡经国要务不与之议一事,按德意志自改联邦以后,其权集于普鲁士国宰相一人,所以维持本邦之势,新皇此命虽有憾于俾司麦,实与国权有关,当时上书力争,良以此故,所述此节未及兹意,似不甚明晰也。若乃临终题墓之言,谅同乌尽弓藏之慨,所列评论各节或至以此为讥,当是迁生以辞害意,不足病也。昔晋袁宏作《三国名臣序赞》,其于诸葛忠武则曰:"武侯处之无惧色,继体按之无贰情,君臣之际,良可咏矣。"竟读是传,有感斯言,抑亦异地而遥契者焉。

戈登将军上海新民译印书局本

《戈登将军》一书,为"世界历史谭"之二,日本法学士赤松紫川著,中国赵必振译。是篇于戈登战事叙述甚详,始立功于中国,继立功于埃及,殆以残忍之手段惯为人以戮同种者与。第考《东华录》所载,戈登之志不在平他国之内乱,而在藉武功以干涉人国政,观其劝改革军队之编制及国防战略等事,骎骎乎欲参清政府之权,奈两渡清国,志皆未遂,一千八百七十三年得埃及政府之请,遂从事于埃及之政界,戈登之顾问官至无一埃及人,戈登之作用岂仅仅为头衔计耶?虽然,戈登能扩张其国权,中国则委兵权于异族以锄同种,记云有知之属莫不自爱其类,嗾犬以噬人,其何心耶?管子固尝戒之矣,一则曰"毋仕异国之人,是为失经",再则云"疏戚而好外,企以仁而谋泄,此所以危",况听外人以救其难而谓可以立武,其亦知同类之伤非族之福,谋国者之大忌乎?夫春秋谋战,未尝不用客卿,楚之起疆、秦之获志、吴越之狡焉以竞噬,不能不借材于异地,然皆他国不能自用其材,激之使亡,故我得资其用,非乞于他国而他国贻之以良也,矧国家之畛域、种类之殊别者乎?金田之乱,不过内部之竞争耳,而乃延异服异言数十辈,持以太阿,使同种人相鱼肉,悲夫异哉!数十年来,白皙人种遍于亚洲大陆,玩汉人于掌,碎汉人于齿,蹈汉人于足,何莫非己之召之与?春秋之时,卫人伐邢,杀二礼而灭之,礼至为铭曰:"余掠杀国子,莫余敢止。"一则诈以灭同姓,一则延异种类以灭同种,爱情之绝、人心之死,中国人之特性何如出一辙耶?吾因戈登之事而不能不有痛于汉族,至于戈登之为人,他事无所传,惟其区区之战功,亦备载于此编,补史氏之所阙,于学者不无裨益云。

吉田松阴上海通雅书局本

《吉田松阴》一书分十七章,日本德富猪次郎著,中国王钝译。原书凡二十章,今改为十七章者,以其重复烦杂,无关紧要,故特删其文,俾此书之精神有一气贯注之美。篇中叙吉田松阴之历史首尾颇为完具,而安政之屠弱、大和民之昏聩,于当日之时势亦多有所表见,明治之维新非恃政府数人之力,全恃国民运动之力。盖当时国民之多数尚讴歌于封建政治,其欲倾倒德川之幕府者不过少数之智勇辩力者辈耳,松阴主义在攘夷而不在锁国,在尊王而不在讨幕,然为时势之刺激,其主张类于锁国之政策而为讨幕之先率者,势实使然,非其本意,观此书《攘夷》、《尊王》二篇可知松阴之心曲。松阴之攘夷也,始主战,继主和,神奈川之条约且开下田、箱馆二港,论者咸责松阴之无定见,不知外交之手段,虽百变而不离其宗旨,自美国总领事哈里士结下田之条约,而松阴之热心主张,非和亲论者复不可以已,盖神奈川之条约,松阴所不得已而认者,下田之条约虽不得已而不可认者,关系之轻重,相距殆不可以道里计,斯时之非和亲论者审于时、迫于势,对外之政策有不觉屡易其方针者,主和、主战视同儿戏,不观篇中所云而松阴之筹谋、廷臣之昏瞀终无以表白于天下。至谓革命之三种,有豫言家、有革命家、有建设之革命家,此篇谓松阴属于二种,而以打破革命派之全胜结局,以养成明治之局势,为松阴之功,尤此书思想独及之处。夫松阴之再次入狱,虽与周布长井冲突,实弥缝主义与打破之主义相冲突耳,盖久坂、高杉之攘夷倒幕,长井之开港论,公武合体之周旋,势成犄角,而长藩以一低一昂能打破革命派之结局而冀成后日之作用者,皆松阴首唱之力。论松阴始末之详,当以此书为最,至于纪事不载年月,近来译本多蹈斯弊,亦难为此书责矣。

日本维新百杰传上海开明书店本

《日本维新百杰传》一卷,日本干河岸贯一原著,上海开明书局刊本。必欲取足一百人之数,此自浅学之陋习,揆之著作之体,固不宜如是也。篇中所列诸人未必尽为英彦,尤与明治新政无关,作者凡例自云一百人皆胚胎维新之士,盖强辞也,如林子平、蒲生君平、伊能忠敬、吉田松阴诸人为最著,而菅茶村山之诗人亦复屡入书中,适以见其泛矣。纪事之文尚非庸冗,而其余诸人或至无事可纪,滥竽之讥,抑作者之过也。

世界十女杰上海译书局本

《世界十女杰》一书,不著撰人名氏,载烈女闺秀诸传,大约以

《十二女杰》为蓝本,其已于丛报中印行者删之,其于世界无紧密关系者削之,而取裁于他书以补增焉。此书之体例与《列女传》略似而宗旨迥别,中国之女学备载于《内则》一册,以勤俭为贤,以无才为德,故女子之主义大抵以殉父、殉姑、殉父母为应尽之天职,其矫情从事以博名誉于乡里者无论已,即有一二出于至诚亦不过尽其心力以牺牲一人,此伦理家、教育家之所不取。是书之出,为言女学者之标本,于世界甚有裨益,唯叙述之体贵简明而该贯,篇中译述富于六朝字句,虽修辞之意,未免涉于空论,传记体裁似有未协。且是书内容多取野史为证,润色之词颇及琐屑杂事,不尽关乎大纲,如美利莱恩持珈琲面包以饲生徒,抚慰病状,毛举细故亦择焉不精之处。至谓马尼他为红粉侠、奈经慨卢为普救主,殆以名词新颖,故据为标目与?顾称伽陀厘曰露西亚怪魔,苏泰流曰那破仑劲敌,名目固未切合,且无意义可索,不得谓非此书之所短。虽然,中国之女学已尽没矣,中国之女权已久失矣,蒲柳之质、愁病之身,久视为玩具,付诸无足重轻之列,岂知天下之大,一人有责,一介婵娟千钧一发,自十五世纪以来能力挽狂澜,使一草一木百世下尚得饮平和幸福之泽者,其出于女子之手岂少也哉?篇中所述不无近于琐杂,然皆史氏之所未详,固足以备史家之参考,且于女权之提唱亦稍为臂助云。

中国第一大伟人岳飞

《岳飞》一书,日本笹川种郎著,中国金鸣銮译。书中语意及全书之体例均与稗史相类,殆近人所编而伪托于译本与?是编意主铺张,不求考核,故未免踵讹袭谬。如第三节所云武穆为人喜战嗜杀,又谓武穆御敌不恃杀戮之手段,一人之言如出两口,且武人供鸡,武穆弗食,《宋史》本传及章颖所撰《南渡十将传》均不载其事,猥琐之举,不类武穆所为,殆后人附会之说。武穆诗词,载于岳庙集与《精忠类编》两书居多,然此书皆散佚无存,所传诗词已属吉光片羽,是书所载题壁之诗不下十余首,不知所据何本？且叙事而夹以诗词，尤与史家体例不合。武穆为人勇于进取，诚于独立，与秦桧之献媚戎狄、割地媾和不同，贤奸之辨历史自有定论，作者谓岳飞为武人派，秦桧为文治派，岳、秦并列，实属不伦，而武人、文治之有派，尤为世界之新名词。秦桧之当国也，政治、学术之败坏几于不可收拾，何文治之有？若以媚外为文治，则当时无郾城之捷、朱仙镇之功，桧能持此玉帛、土地以御金人之南下乎？至谓桧主保守，不知保守者何物，高宗杭州之临，江淮南北几无净土，使当日无韩、岳诸人，虽求为小朝廷而不可得，至建康既定，中原已有恢复之机，何取乎保守？南自南、北自北，卖国奸计不可胜诛。是书谓桧之媾和盖求天下之小康，且可以奉迎二帝，其心良苦，不知金兵果强虽和好不可恃，金兵已疲则中原之恢复如操左券，二帝之归指日间事耳，为桧原者何昧于建炎之时势耶？夫以秦桧为是，好奇者曾为此说，此盖摭拾唾余，排比成编，故论岳则谓桧为奸，论桧则又谓岳为冤，前后之说互相矛盾，至于叙事之间不纪年月，事实多所颠倒而词意不无重复，不足以资考证，徒滋学者之疑窦耳。

释迦牟尼传上海新中国图书社本

《释迦牟尼传》，日本高山林次郎原著，中国雄飞太郎译并加以感言。唯作者不著姓氏，署名曰雄飞太郎，亦由赵瓯北《廿二史札记》所云崔或之署名拜帖木儿、高寅子署名塔失不花，皆以汉人习蒙古之名以为骇俗之计，此更以习东洋之名以为荣，殆所谓识时务者与？是书所纪皆释迦牟尼之琐事，而魔王、恶龙诸条颇类小说家言，至谓夫妇之离合、悲喜之无常，支离附会，更与传奇仿佛，不足以显释迦，徒足以污释迦耳。释迦之宗旨在舍我身以救众生，苦众生之苦，忧众生之忧，不复有我相、人相、众生相、寿者相，所谓平等之极致、大同之化境也。读《金刚楞严经》，其思想之高、发愿之宏，诚无愧世界之哲学，东西伟人传列释迦于首，盖自释迦入涅槃后三千年来，其影响普及全球，今日发达之现象虽归功于耶苏,然饮水思源,固莫不崇拜释迦以为文明之初祖。何则?耶教之源流实剽窃印度婆罗门及佛教而成其言,天主即《韦陀论》所谓梵天大自在天,其言永生即佛教所谓涅槃,自余天堂、地狱之论,礼拜、祈祷之式,无一不与小乘法相类,泰西宗教家亦不讳其说,甚矣哉!佛者耶之母,耶者佛之子,殆释家所谓佛法无边者与。此书于释迦之学说之能力均略而不详,徒于其生死离合之间神异其说,其与今日之缁流法其形式而不考其精神者,其相去几何乎?是书原著仅十四章,译者加以感言,殆仿《晋书》体例,每篇后各附以论断与?然谓宗教之行端赖乎富,孔子周行列国,诸侯王分庭抗礼者,子贡左右之,释迦以一介沙门,能布教天下者,摩诃迦叶波须达长者左右之,此说之荒诞无据,更不值一笑云。

东亚将来大势论上海广智书局本

《东亚将来大势论》,原名《支那问题》,又名《日本国民之觉悟》,日本法学士持地六三郎原著,武陵赵必振译。夫支那之将来即支那亦难以自知,然以今日社会上、政治上腐蚀朽败之现状而欲望其改弦更张,诚非易言,分裂之势必不能免,其结果也亦未知鹿死谁手,此书谓:"分割者一时之势,终必归于统一,所悲者继而统一之人非亚细亚人种而斯拉夫之人种。"吾谓不然,分割之时期,斯拉夫人种或占支那之一部分,而必归于亚细亚之人种。何则?支那二千年来建国于其地者亦不尽出汉种,若托落古种,著者以辽人与土耳其同种,误矣。若蒙古种,若满洲人种,其始也言语形容虽属特别,久则与汉种同化,汉人能吸收其文明、研究其学术,汉种之势力愈大,昔洪、杨骚乱之际,魏斯勒将军探检支那之情形,归而就支那之将来而言之曰:"支那者,终昂首而起之国民也,他人如有英伟政治家及军人之崛起其间,力图进步,则彼等先藉用武器以向俄罗斯,支那人逐俄之后乃西进以蹂躏印度,扫英人而出印度洋外,当此生存竞争之关,英不得不联结欧美以御之。"论者皆谓魏氏之戏言,不知魏氏之口吻盖指数百年之后而言,有数百年之辗转而分割、而统一,汉人之惩创已深,汉人之陋习已革,汉人之文明亦达极点,而汉种乃复兴矣。至谓俄罗斯人种之气味与亚细亚酷似,遂谓支那之土地将并于俄罗斯,则尤不然。俄罗斯国民以尚武为主义,故其雄大之气象、坚忍之精神,欧罗巴人种犹有不及,何论支那。且俄之气味果与支那同,其腐败必类于支那,安有吞并支那之权力? 作者又谓俄有统制异种之能,非地球各国所能比拟,然德占胶州湾、英占威海卫及香港对岸之土地,其统制之策有条不紊,安见俄人独擅其长? 如谓俄对异种之政策,不强迫异种之人从本国之政教、制度、风俗,则吾犹未敢信,俄之占旅顺口、大连湾也,土著之民有不从其制度、法律者悬首于市以示警,盖钳制压抑之手段本俄人之所长,况非我族类则处之以奴隶、待之以牛马,无怪其然,占领一隅犹如此,统一全部无论矣。夫一朝之改革,其制度、风俗皆有损益之处,若蒙古、若满洲文明之程度远不及支那,而定鼎之始且不免以其野蛮之习俗强百姓以从之,况俄之程度较高于支那乎? 俄不并吞支那则已,俄苟奄有支那,专制之政策必变本加厉,支那之人种虽具奴性,谁其堪之? 且自各国交通以来,西欧之文明日益输入国民脑中,渐有所谓世界公理者,莫不思去专制之厄以享和平之福,特受外界、内界之刺激而未能慷慨以开过渡之路,支那即无恙,吾知宪法之争恐不出十数年之后,矧革命易姓乎? 作者谓支那之前程必为俄罗斯之属,殆视支那无一人矣,蔑视乎支那而第言日本应如何保全、如何抵抗、如何奋发以挽救大势,夫日本与支那虽为唇齿,然亦秦人视越人之肥瘠,无痛痒相关之意,支那之分割,吾知日本且与泰西列强得分羹染指之惠,岂真有爱情于支那乎? 吾得而断之曰:支那者支那人之支那,支那之亡,支那人自亡之,支那之兴,支那人自兴之,将来之东亚,其果如持氏所言乎?

支那问题上海文明书局本

　　《支那问题》一卷，分为四章，日本持地六三郎著，题云中国愈思斋主人译述。按此书即武陵赵必振所译之《东亚将来大势论》而广智书局于壬寅十月所曾刊者也，其议论如何于前本已为提要，可不赘论云。

现今世界大势论上海广智书局本

　　《现今世界大势论》一卷，凡十二节，附《灭国新法论》一篇，题云中国饮冰室主人译著。据其自序，盖撮取美人灵绶之《十九世纪末世界之政治》、洁丁士氏之《平民主义与帝国主义》、日本浮田和民之《帝国主义》等书而参以己见者，原书或已译、或未译，而惟作者以沉痛迫切之文，审时度势之语，出之以成此伟著，又以诸亡国之事比较近政而有灭国新法之言，皆所谓惊心刿魄，一字千金者矣。夫以世界主义一变而为民族主义，再变而为民族帝国主义，斯言已确，无待赘陈。盖白种所云殖民之事业，即我黄人亡种之权舆，既为对待之文，自属可危之事，震旦之族将何以立于地球乎？意者必有渡海而南以为扶余之王者，以舆图论之，帕米尔之高原、西伯利之广莫，此皆宜于迁徙之地，而斯拉夫之民族甚勇，俄罗斯之兵力犹雄，此隆中之对所云诚不能与争锋者，澳大利亚一洲地力未尽，犹待人为宾萌，既多托生，幅员尤较切近，顾英人治理有方，又厚集海军之力于此，此亦武侯所谓不可图者也。然则龙战玄黄而瞻乌爰止，觊旷土者必在白令海峡而遥红人杂居之域，度德量力，断可知矣。以前代之事例之，夏后之祀不复而淳维入于熏鬻，则在汉为匈奴，在今为匈牙利，奇渥温之殄其世也，帖木儿即犹以败绩之余裔屡毒于突厥、印度诸邦，盖国本虽颠而种人犹盛，废于此者或兴于彼，天道人事其何可量？故因是篇而聊述所见如此，庶使读者终自奋迅焉，《诗》曰："适彼乐土，爰得我所。"其有意乎？

泰西政治学者列传上海广智书局本

《泰西政治学者列传》一卷,日本杉山藤次郎原著,题云中国广东青年述译。所纪寥寥数人,盖其甄录之苟,每传之后附以己论,亦多有识之言,不作随声之论。如辨孟的司鸠三权鼎立之说极为可取,驳边沁现世实利之说言虽浅易,亦可补其阙也。其自称为列传,则文义之未安者焉。

未来世界论 日本东京留学生印本

《未来世界论》一卷,分为五章,日本渡部万藏原著,无锡秦毓鎏、金匮张肇相译本。此论本有六章,译者因末章措词过夸,故特删之。其所以译述之意,则以近年举国媚外斥为丧心,且惧其为祸之深,欲此论救之、鞭策之用,可谓知所施矣。译笔颇工,能称其文,惟人名、地名稍复冗杂。篇中大旨以白人且败而黄种将兴为言,宗旨甚正,且皆以地理、人种、时事诸端证之,议论皆中症结,征引尤多确据,非苟为附会以取快于时者。第一章谓文明之泉源不必有一而无二,此说极为可取,谓亚细亚最高山峰实东西两文明之起点,东流入于印度诸国,西流充溢全欧,复蔓延于美洲云云,按中国古书每言黄帝建都于昆仑,而帕米尔之地名释为宽平可居之义,则声名、文物必当于此肇之,此其说之可征者也。又云文明之静者必被制于野蛮力,文明之动者必能压服野蛮力,此亦居要之言,其以分合综合、自动受动两端为东西流文明之比例,似于地质学尚鲜明验,而以人民生计、社会竞争二者为两界进退之原则,自不可易。至论间接之地力 指地形、海岸线及人种等 每随文明之程度而异,然电、汽之力奥则天然之障碍除,而白人之文明只为普及异种之媒介 此二语乃第二章之论,尤有至理。第二章谓白人体力独劣于他种,脑力亦未必尽出他种之右,推测浅显而常人乃多不察。第三章谓白人人心渐弛,德义因之薄弱,即所谓德行亦一政策,皆深中西人之失,惟以殖民之策为非,虽有所见,似亦有所偏耳。第四、第五两章论世界将进于统一及如何统一之理,以近日政治、学术同盟等事观之,岂无可信,然多由利便而合,未必可推之国家,顾其言博大无垠,亦所以为独到也。窃谓今日欧洲诸国,如西班牙内治不修、意大利国势不振,至于法国政事多阙,人才不闻,则腊丁一族之衰,在白种人中已先著其象,且意兵则败于阿皮西尼亚,英兵则困于特兰斯法尔,庚子京津之役,各国联军除日本兵不计亦屡见挫失,西报评之,至以日本兵为第一而中国兵次之,则军事之精神于今已竭,他日者以红白蔷薇之兆为回黄转绿之机,事未可知,视所自待而已,然而下士闻者犹将大而笑之,则是书之译其亦不可以已乎。

史学通论 杭州合众译书局本

《史学通论》一卷,分为八章,日本浮田和民原著,中国李浩生译。按中国旧史大率偏记朝政而与学术、民俗诸事无关,近人已历言其弊,此书泛述史学大旨,门径既辟,堂奥愈宏,足为中土史家摘其冥行而导之逵路。第八章所论研究历史之法犹能开通智识,昔苏子瞻之论读史,谓每览一过当先究一门,其意盖与此近,惜未扩充其说也。历史之价值一章,于欧人所传时势造英雄一语不以为然,而历引众说以析之,又引《文中子》"自知者英,自胜者雄"二语以考其字义,然三国刘邵著《人物志》,析英与雄为二,其言较有识,不若详引其文而一反复之也。历史与地理一章,谓古今文明之发源地必气候温暖,而寒带与热带于历史上无价值,此固历来定论,乃作者忽以秘鲁、墨西哥之事为疑,谓其文明之发生在哥伦布发见美洲以前,不在此例,而以纬度之气候解之,此则未能自圆其说,究其所谓文明发生者,谅不过以秘鲁有五万年前之古碑,此亦不为典要,至今日则之二国者人才、政术一无可观,而教宗迷信之事尤炽,传芭会鼓之俗且为文明所讥,亦何发生之足云而以之顾影生疑也? 又谓意大利、西班牙、葡萄牙三国不出伟大之科学家为天然之现象所关,此虽有见而然,要未归之实测,即如近者无线电信之制,岂非意大利人爱克尼之所创而已著成功者乎? 论英、俄拓土之事,述史学家之言以为地理机会所成,良为深识,至于推考大势而虑及贫富、智愚之悬隔,且云未始非将来社会之大动机,此则列国所同忧,迩年以来巨生赡儒至结会以专研此事,犹未有定见者也。

历史哲学_{上海广智书局本}

《历史哲学》二卷,各分章节,美国威尔逊原著,番禺罗伯雅译本。题云重译,则当系述自和文也。以书名论之,度必专考古来学说,或就言论之枝叶而求学问之源流,始符标目之意,顾篇中纪载所及颇复糅杂无章,虽注重于文明,似不尽关哲学,未知原本是否兹称耳。所叙埃及等国文学、风俗等事,资于考古,教门仪节亦裨研究,于泰西新旧教能析其原委,欧洲学术出于希腊,政治沿于罗马,则欲充新识,要当不废旧闻,所谓将有事于配林,必先有事于汗池也。然书经展转流布,则文辞每患模糊,即如"罗马文明论"一章所引麦氏《欧洲共和政体论》,既不悉麦为何人,若按之原文则必有音可据,而其言曰希人哲学适于埃飘拉之主义,罗人哲学合于士托壹之主义,于埃飘拉与士托壹之下注以英文,然既不释明则不知所谓主义者果何所属,尚赖旁有符号知为人名而已,似此一节,岂云详审?至书之可采者,则以"中世史论"一篇为独优,以明于古世今纪政俗沿革之间也,其谓帝王、贵族、宗教三政治制胜于社会,于亚细亚及埃及固阻害文明之进步,在欧洲则因此相争而大助近代之革新,又谓欧洲因十字军之战争遂生感动之变化,而以史家著述之良恶例之,且以中央集权、王政组织之事皆由于十字军起而贵族领地之权利寖削,此皆深思独造之言。述英、法、美诸国革命之事亦可浏览,惟论及贵族主义、共和主义两节则其言太泛,似无所取也。

教育学史_{上海广智书局本}

《教育学史》上卷凡分三编,编区以节,日本金子马治著,顺德陈宗孟译。首叙古代之教育,次叙中代之教育,次叙近代前半期之教育,所列自然、现实两派略仿传纪之例而述其言论焉。希腊为教育之祖,其主义在肉体之壮美,然梭格拉底、柏拉图、亚里士多德皆谓肉体之善美不如精神上之善美,有强健之体魄无文明之精神,其弊必流于野蛮。罗马之教育主于实用,以理想为不屑,故其教授之法以记臆为先,脑力之能受与否概置不问,其弊在苛酷而闭国民之知识。基督教育主于神学,以圣书为唯一之课程,圣书外即教以教仪,故社会子弟无智无学,懵然于宗义之根本精神,于世事普通之理一无所知,虽以路德美莱克顿革宗教发见新教育,究不免失于偏狭。篇中所叙上古之教育颇撮其要,而端叙亦甚分明。近世欧洲之教育已臻完善,仿希腊之遗意而裁定于倍根与陆克、卢梭,倍根倡归纳法,其教育以养成完全之人物为主,尝语人曰:"持归纳之精神,遍经观察、实验等法而犹不能构多数之知识者,吾未之信。"近代科学之精神,实发挥于倍根、陆克、卢梭,承自然、现实两派以提唱新教育,谓教师之要务在造人心,在练磨生徒之能力,养成生徒之勇气,以扶植感觉之知识,使人人皆知名誉之可贵、学问之可好,派虽不同而皆独立与自治之基。是书以教育家之言,分类以纪于三编,颇为详备。夫倍根与陆克、卢梭之教育,其影响于社会若何普及,骤观似不能辨,然欧人所敬、所慕、所崇拜者实不外此三人,盖陆克先示英国教育之方针,卢梭又以其议论鼓动法国而渐次影响于各国,东洋雏儿亦能取欧西之绪余而加以研究,教育之功顾不伟与。

东西洋伦理学史 上海商务印书馆本

《东西洋伦理学史》分上、下二部,不著撰人名氏,近人所作之《东籍月旦》,所列书目有《东西洋伦理学史》一条,谓木村鹰太郎著,此即其原著与? 是书上部叙东洋之伦理家,下部叙西洋之伦理家。英儒倍根谓伦理之学内容綦广,有对于自己之伦理,有对于家族之伦理,有对于社会之伦理、对于国家之伦理,有对于人类之伦理,有对于万有之伦理,故中篇所列诸人骤观似觉不伦,不知管子虽以功利为主义,而二十四卷之论述,无一字不对于社会,诚社会伦理家之祖也。商子、王安石,其政令、法律后世儒者多非之,然其思想之所及,莫非对于国家。不以成败论人,亦此书之特识。老子、庄子虽务虚静之学,然皆得道德之真,观木村氏曰:"支那之诸子百家派虽不一,然著书立说,其所云伦理莫非以对于万有为主义。"故篇中列载诸子,以各有所取也。至西洋之苏拉笛斯代门也,然其教育则以对于国家为主义,若霍破司、若洛咢,其派与东洋之杨子同,殆所谓对于自己之伦理者,若拔独辣、若哈畿素雅以利他博爱为言,然观其论心理学,其主义对于家族者居多,若达克、若斯宾塞等论伦理道德,以功利为因,以幸福为果,而归本于进化,诚得伦理学之纲领者。盖泰西之论伦理与中国不同,故此书宗旨以有关于伦理之一端者皆录于编,虽然,周末之李斯、唐代之李翱,于伦理上皆漫无知觉之流同载此编,未免芜杂,至于东洋之孟子、西洋之康德均言伦理家之祖而不落党派者,篇中痛加斥詈,或亦偏见之未祛与。

罗马文学史上海开明书店本

《罗马文学史》分三时期为三篇,篇区以章,日本涩江保著,江阴何震彝译。罗马之文学吸取于希腊,而与希腊迥异,希腊之学术重实用,尤重理想,故哲学、理学、法学及美术学阐发于纪元以前,影响及十五世纪以后,开欧洲之文明,希腊实为初祖。罗马承希腊之后,专主实用,而以理想为不屑,故其国民有善美之体魄而无善美之精神,当时所谓文学,自诗歌、散文、戏曲、小说而外未闻有以学说名者,此编所载所谓王政时代、共和时代、帝政时代,上下千余年而文学之程度未见进步,至于亚乌轧利亚斯马可比亚士所著《沙他那利亚》一书,不过选集罗马诸家之文加以评语,抄胥家之所为,安得谓学术之博洽?布利尼之理学,在罗马时代固文学之宗,然谓学术高尚,为欧洲文明之源泉,则又名浮其实。罗马之戏曲,不过供春秋报赛之用,故韵脚无律,且流于猥亵,不能合文学之格,此书列为文学之一种,未免失于芜杂。

盖自理想之派绝于罗马，而罗马之学术遂灭迹于历史，即其文学诸家如诗歌、散文皆无裨实际，文学史之名亦作者好大之词，不足据为实录者矣。

中国学术史纲上海开明书局本

《中国学术史纲》，分一卷为六编，编区为章，上自太古，下迄本朝，凡有关于文化者备叙于篇，日本白河次郎、国府种德原著，梁溪杨志洵译述。中国之学术，尧、舜以前皆荒渺不可稽，自尧、舜以至三代，所传者唯道沾沾之学，纪载无传，后世史家无从考其源委。汉兴以来，斯时书已尽焚于祖龙，天下学者莫衷一是，于是汉代始用经学而学始有派名，自此以来，或尚性理学，或重文学，而谶纬之与佛教亦或为当王之贵。篇中统上古、中古而视为一致，条目似未分明，笺注之学始于马融、郑玄、王肃之徒，至唐人复疏解汉注，委曲旁引，琐细烦冗，固如作者云云矣，然既知其细琐烦冗，而又谓使学者能窥见往古，实汉、唐人之力为多，此说不无矛盾。且汉学之兴虽较优于唐，然碎义逃难，便辞巧说，《汉书·艺文志》所谓说五字之文至于二、三万言，幼童而守一艺，白首而不能通者，无裨实用莫此为甚，而此书谓当时人守遗经不创异说，不事朋党，何于当日聚讼之案未参考与？至于辽、金两朝政策皆尚诡谲，故辽制书禁甚严，凡国人著述不听刊行，其有著书邻境者处以死罪，与今日虎狼之俄禁载国事报章也同，当日书不能盛行，后世亦不知其学术之所在，篇中亦略叙此说，而又谓学术各有发达，放一奇异之光彩，不免近阿谀。盖中国之学术名儒之实际，有非扶桑雏儿所能得其梗概者，若小说、戏曲不过文人游戏之笔，何与于学术。是书之分章以记者，亦近世新史家之例也。

支那文明史上海竞化书局本

《支那文明史》一卷，分为十一章，日本白河次郎、国府种德原著，上海竞化书局译本。以寻常日用事理暨学术、宗教诸事推之往古，以证中国先世之文明，而摘叙诸条不甚得体，征引旧籍青黄杂糅，殆将自炫其博，实则徒乱人意。又颇涉及经学，然家法不明，则所知已浅，所挟者小，而欲持此以窥古国之文明，亦见其不自择也。惟第二、三两章虽近附会，尚多新义，如谓黄帝与埃拉孟德历史之奈科芬德为一人，契为西方亚细亚民族之后裔，谓巴比伦尼亚楔形文字与《周易》卦画之形相类，谓四岳为加尔齐亚君主所生四州国王之尊称，"黔首"之名即亚希利亚巴比伦之黑头民，《尚书》六宗之祭适合于斯希阿奈之六少神，下文又引《竹书》所载王神谓正与加尔齐亚之神同名，然今世传《竹书》乃伪中之伪，所引犹不足信。此皆可噩之论。今者东西对语，书名声教抵掌能谈，必欲合为一之者，世固不少其人，如德国教士花之安则云古代巴比伦所用之年号符于《尔雅·释天》岁阳岁名之文见所著《自西徂东》一书，瑞金陈炽则以摩西为墨翟之转音见所著《庸书》，仁和姚文倬则以亚当为伏羲、夏娲即女娲，闻前十年有湖北教民文生蒋某者，据《易》卦"龙战于野，其血元黄"二语为指铜龙攀架之事，是孔子先知后世有耶苏将西至欧洲，援此以送于罗马教，未果而卒以上两说皆未见著书，其为异说皆与此同，在心力方孳之时，固不容限其所至也。至以尧时洪水之祸为即西历纪元以前之洪水，此历来众说所同。又云奈科芬德即支那之黄帝，率巴古民族达于支那土耳斯坦，然后沿喀什噶尔而达于昆仑，即花国之东，昆仑、花国之名称以其丰饶，后世支那土即以为华而永用焉，此亦创见之论。篇中屡言中国民族自亚西亚等处而来，迩来我邦学者亦每主此说，然果出自巴比伦等处，则渐被之迹首在南方，何以滇、粤诸邦教化之迟、文物之绌，乃反后于各地，此其未必可据者矣。著此种书，其理愈繁而其证每晦，若自中土硕彦为之，其于别裁之际必当斐然可观，慎勿使东家髫儿操管以睨我也。

中国文明小史上海广智书局本

《中国文明小史》原名《支那开化小史》，每代纪其始末，凡分十四章,日本田口卯吉著述,中国刘陶译稿。夫文明由战争购来,英儒赫胥黎之言曰:"战争者,文明之母。"故泰西列国战争愈烈者,文明之程度愈高,而中国则战争之前,民之明义务者恒多凿井而饮、耕田而食,帝力何有于我,其富于自治之精神、丰于平民之思想为何如? 至其后战争愈多,民见愈愚,民志愈卑,戢戢于专制之下无纤毫发达之思想,盖泰西之战为公民而战,中国之战为一人而战,易姓者一人,吾民以血肉相搏者会无丝毫之益,或变本而加厉焉。篇中叙中国之文明,盖为上古时言耳,一统之势至秦而始成,此书谓始于帝尧,夫尧欲让舜而必先让四岳,俟四岳举然后试之,所以示不专也,使尧而果有大一统之势,意中既有舜则举而用之可也,乃必于四岳一再试其让者何哉? 尧咨治水于四岳,四岳举鲧,尧斥其方命圮族而不能不屈意用之,以至九载无功,使尧果有大一统之势,则以民命所系,委诸明知不可之人,尧不重负天下乎? 且舜受禹禅而必先自避于南河之南,禹受舜禅而必先自避于阳城,待朝觐、讼狱、讴歌之皆归然后践天子位,亦视当时贵族为趋向而已。盖尧、舜、禹之时为贵族极盛之时,非能大一统之时,谓舜、禹皆务中央集权之政以扩张其政府,非明于时势之言也。又云封建为周公制服天下之第一策,井田为制服天下之第二策,且云地有山川沼泽,人有强弱老幼,不能画一安能授田? 不知山川沼泽则置之矣,老弱不可以授田,择其强者以授之,所谓食八人、食七人、食六人、食五人者,皆指老弱言之也,三代之民仰事俯畜一视同仁,而无甚富甚贫之弊,井田为之也,此书谓为最大之疑问,毋亦以元魏之太和、李唐之贞观皆欲行之而卒归无成欤? 不知秦汉以来天子私天下,庶民私田产已非一朝一夕,欲复井田,是强夺民之田产,势实有所不行。周则不然,广封建、定采地,天下之田悉属于官,民受田于官,食其力、输其赋,平均孰甚焉? 上无可制下,下无所受制于上,君民所以一体也。如谓封建、井田皆为专制之策,是深文周纳之言,庸足凭乎。

新学书目提要卷三

舆 地 类

舆地一门,古无专类,即至图经之作,仅成为史部地志之一种而已。交通频仍,世寓日邾,昆仑采其灵药,瀛洲拾其玉尘。知赤岸之多虚,信红毛之有国,既详交聘之表,宜述画地之图。兼以游客骈来,每多测绘,作为短记,还饷其邦。虽不著于阴谋,已多关于土俗,展转译布,流传较多。等诸秦谍则求之已深,讶此胡维则知之尤灼,非有罗列,不将坠雾之讯乎?若论此学之专科,大率析为两派,辨气候、识经纬,相土脉、穷川流,是为一种;述及货贿,赋其都衢,国有常条,民存特质,是为一种。名家之学,皆在所详,必欲附会雅言,可分质、文二说,此又同归之中见为异出者也。惟游记之内或与文学类相通,区别之功谅当审谛,今就其篇中主于旅行之事者皆入此类,庶不辞屝错云。

世界地理志上海金粟斋本

《世界地理志》六卷,题云日本中村五六编纂,顿野广太郎修补,樋田保熙译。按日本人言地理者类多详于东方而略于外域,惟此书于欧、非两洲及南、北美诸国叙述独备,可为翘异。篇中于地质文之关系推测皆有理致,考较地面高低之处亦有合于测量,然涉及水道则较言陆地者为疏,故于海港要隘皆未论及,此其所阙耳。就篇中之所言有致疑者数事,"地理学总论"章云地热有隆起地面之动力,水有平坦地面之动力,二者作用相反,数千年后今日之地形何时复为沧海亦不能预指;"亚细亚总论"章云里海、咸海之水准线甚低于黑海,可见土耳其斯坦平原往时亦为海底,其水原通于黑海,不知何时隔绝,年年干涸,浅处为平原,深处为湖水。按沧海桑田之感,文人习为恒词,然使海而田、田而陆,则陆地骤增三倍之多,是鱼鳖失其游衍而人得其饶,嬴政当殖民,岂有相吊?今日科学大盛,人力可掩天行,即如英国泰晤士江之一部,于数十年前已用机器榨水而成干土,作者乃谓地复为海求之现象,良属多忧,窃意将来地力既穷,不足以统世人之用,则新机递嬗,必有率其智力以收利于元溟者,今日淘金、捕鲸已著其效,或且资之耕植,藉以居诸,龙伯相从,麟洲种橘,蕃变所演,其孰界之乎?"欧罗巴总论"章谓,欧洲动物之产远不如非、亚两洲,以为幅员较小,去热带远,又土地尽拓,人烟稠密之故,然考动物之多者,在野蛮之国最盛,文化渐进则动物之生日见其希,而野蛮愈著者其动力亦愈猛,两者相循,殆与为正比例,如非洲之程度最劣,则所产青狮一种尤著狰狞,印度、暹罗诸国学术较非洲稍高,故虎、豹诸兽虽多,其恶犹有未至此,亦天演说之一证。虽历来哲学家所未及,而其理最属显明,徒以人事之外迹推之,似未宣其蕴矣。又第一章分列地球人口为五种,于马来人种但云住亚细亚之马来半岛,皮肤褐色,而不详其所自出,按马来地名中国旧译称为巫来由,广东称猕猴为马流巫来由,与马来皆即,马流,之转音,盖南洋岛人以其种名被之猨类,顾人为猴种之说,近代盛行,则谓马来一种竟为猨种属,要不得以为诬,广东语斥人之无状者亦曰"巫来",盖恶而绌之之辞,此种人之所起而著书者所未知也。此外于地理诸条,方位、脉络大率明晰鲜误,其独讹者如谓长江、黄河皆出于昆仑,而以昆仑与希马拉雅山分而二之,按昆仑祖山载籍所重,然峰峦何属,指实为难,群书所称、世俗所目皆未必为典要,惟近日新化邹氏始以希马拉雅当昆仑，以高度准之差为近似，故人多从其说，此书云云，反恐误析。至以阿拉伯所属之亚丁为南端聂尔一小岛，则未知何意，亚丁地在苏彝士之间，为红海之一小湾，其附近之丕林乃为海岛，自非亥神多勇，愚公未衰，如此江山无能举步，昔五台徐氏作《瀛寰志略》亦以亚丁为海岛，其失政与此同，溯往若符，涉溟相契，心力所到，亦异闻也。谓中国以大臣四员、军机数人辟最高之政府，此亦不悉我邦情形而漫言之者。然全书译笔甚允，盖由印行者删润为多，其迹犹可见云。

改正世界地理学上海文明书局本

《改正世界地理学》六卷，卷首通论一章、附录一章，日本矢津昌永原著，桐城吴启孙译本。"世界地理学"五字为原书所用之标名，其曰"改正"云者，盖吴氏之译此书先有初本，后以文不称意而地域名称但取和音，且病其纪日本事太繁，故整齐而厘定之，以别于前编也。地理学一门于政治科学皆有连属，故西国学校尤必以是为始基，作者云激发爱国之心莫逾于地理学，以其挈长校短，多足观感之故，可谓垣堳之言矣。其书以明晳见重而非取详赡之长，虽略置尚多而条目甚朗，发言平允，渊识可称，我国管理大学堂事务大臣曾为审定，采入教科书目以颁之各行省为学堂课本，以书之层次咸秩，其于教授之事亦最相宜。中间略有参评或资补拾，如通论一章分别寒、热两带动物之性，谓热带之动物害人者多而温带皆有用之产，此例固然，然动物之驯狞异趣，亦由文化优绌与人为制力而分，要不尽由两带之异。谓人情由所居地理之情态而各异，因以平原、山间之居民证之，篇中亦每著其故，按凡人性质系于地理，此自一定之仪，即如《尔雅·释地》所谓"太平之人智，丹穴之人仁"，在故书之中尤多叠见，惜近日理论大盛而于此一节实验尚微，独多泛拟，所谓知其然而不知所以然，考察之功或当俟医学日精以后。亚细亚洲一卷叙中国本部面积、人口表，由译者新就本年英国最近调查之书易之，具见求详之意,至述及中国各省大势,有山西省位山东之西一语,此乃成为巨误,中国建立省分之初所以取名山西者,实指恒山之西而山东之名亦指恒山之东,古时直隶属境接今山东之北境,率称为山东,譬如汉谚所云"山东出相,山西出将"皆以此分界,至元人建都燕土以其地直隶于中书行省,后世因之有直隶省之名,而山东一省与山西省属遂无寸壤之接而遥指恒山以位于其东,此名义之未协者,作者云山东之西则竟以山西为位于泰山之西,其为重牺安所得辞? 不有辨章,终成贻累。其言及制度于分旗一事,又以上三旗与下五旗平列为上下各四,此亦未检之疏。此外则凡属于亚细亚洲之各邦,凡是立君皆有论列,殆将取足世界分国之数而独遗廓尔略一方。大洋洲即澳大利亚洲与太平洋散列群岛一卷于行政之体太略,不足取证,此土昔为重镇,今建联邦,自立政府者有年,不当以他处藩属而忽视其治迹。欧罗巴洲一卷谓俄国半为愚昧之农民,近年虚无党等逞其不平,为国家患,其实俄国之虚无党即系农民所为,于此曰愚昧,于彼则曰虚无,亦见其强分而已。谓匈牙利多蒙古种,按匈牙利即古匈奴之遗裔,其人率为黄种,仅云多蒙古种似不足以征之。谓英国为世界创始之立宪政体,此亦未谛,立宪之治不必前有所承,英之宪法文告未颁,安于习惯,世人方目为成典,创始之说似无所依。阿非利加洲一卷尚称典核,谓埃及尼绿河之水所以定期涨溢,为阿比西尼亚塔拿湖之发源,由六月至九月之雨而致,此为往日载笔所未闻者。于特兰斯法尔之事略缀数语,慨念未闻,桐城吴氏之序独殷殷以此为说,似非作者之所措意。北亚美利加洲一卷简而尚备,然如坎拿大一隅地位不适于航路,英人不惜迂道行舟,渐臻此盛,西印度之称盖因当日发见指为印度,后知其误遂系以西,凡此浅闻皆堪弥阙。南亚美利加洲一卷纪载寥落,于诸邦国体亦近模糊,当非详为研究之作。综览全集,为用若斯,篇中有云欧洲地形区分人类之营业,事殊识判,以竞争著其发达,其得便于地势者为多,及附录章记开通之大要一节皆合事程,可供撃揽。译笔修洁,不涉繁芜,所列地名则与通译、旧译未尽划一,书前列有某氏评语盛许记日本事中论山脉一段,以为史迁未辟之境界,就省其文,未见可异,要非"顾瞻有河,粤瞻雒伊"之比也。

世界地理上海作新社本

《世界地理》二卷,各分章节,上海作新社编纂。据前刊凡例,自云遍采各家之书与直译一书者有异,此自博涉之意,然著书之例固当视其分门以划为定体,政论之作可以融会各说而示以折衷,史记诸书亦当荟集众流以成其信实,至于地理一事,征其脉络,述其物产,皆以现象为衡,虽作者考察之功有精粗、详略之异,而媪神不昧,山川有灵,断不因著述殊科而迁移其大势,两说不容并立,亦何必遍采为贵乎?此书之作尚无显谬,叙述各节亦近详明,然缺点颇繁,不能不略举数则,凡例曾云纂译是书特以供中国教科书之用,则补苴之事亦未必无裨矣。如世界总论章云若尼加拉瓜运河凿成,又将为交通上一大要点,而于此河开后其在美洲流域何数城可以兴衰不能具言。亚细亚总论章云亚细亚有世界第一之高山、第一之高原、第一之半岛,按此盖指希马拉雅山、西藏、印度三处而言,顾何不指明其地望?中国总论章云据日本参谋本部之中国地志有三千九百十万里,据几痕氏亚细亚地志有有三千四百五十万方里,据政家年鉴有三千二百二十万方里,此系地理要事,其悬若是其甚,究以何说较确,固当有所适从。其记天山山脉分为二派而不详南北路之分,则于回疆各城与新疆内地之分壤未能区划。谓琼州海峡及岛口别为一湾名曰东京湾,又云过明江口则入东京之境,东京即法属安南之东京,然不叙国名,初阅者岂知属于何地?记扬子江下流一则,于长江与运河通贯之条理亦似不甚分明。其最误者乃以汉字为不显音而显思想,此于中国文字曹昧已甚,且云汉字凡七万字,通常所用者不过四千字,知二千五百字即可以读孔孟之书,略解诸子百家之言,斯语讹谬,有识共知,在日本人著书或有此误已深骇异,况既经编纂,何得沿之? 若以施于教科,岂非重累后学? 谓河南开封府有犹太教,此盖出于仁和叶翰所译日本山上万次郎大地志之书,而山上氏亦非别有所据,不过以吴县洪氏《元史译文证补》之说为本,于此教之源流要非甚悉,又云此教盛于往时,今则不过数百人,此亦臆造之语,实则唐时或有此教,今已就微,国朝俞正燮《癸巳琐稿》书中谓挑筋教即属此教,今则并挑筋教之名而忘之矣。于日本一国则纪载较审,可资稽览,然日本海军五区,其室兰一港实未经屯驻兵船之处,日人称为未开厅港,自当为之注明。南部亚细亚章于印度通至中国之路且未明言,更何贵有地理书籍。欧罗巴总论章谓英国初等、中等教育大劣于德国,高等教育亦未能凌驾德国之上,此语当出自日本为治德国学派者之言,然于所以较劣之故亦未尝得其确据。惟比较各洲异同之迹则于地质学尚有发明,差可重耳。考古之功亦关舆地之学,篇中于此亦疏,如"腾格里"者蒙古人呼天之名,即汉所云匈奴称天为"撑犁"也腾格里即"撑犁"之转音,故腾格里峰即天山之谓,而此书云天山山脉腾格里峰,于文岂非重复? 罗布淖尔即《唐书》"蒲昌"之转音,而云罗布湖者,中国尚呼为盐泽,则不若谓向呼蒲昌海矣。且日本人于地理诸书每好流连风景,依恋古迹,过垓下则争言项羽,游姑苏则先访寒山,虽迂阔已甚,亦其性质使然,此篇于中国各处尤多此病,仍而不删,亦颇令人刺目也。人名、地名多所未检,虽附注原文,终非便读。印本讹漏之字尤多,甚至条顿人仅作"条人",亦岂可解乎?

万国地理志上海广智书局本

《万国地理志》分为七编,各分章节,题云日本中村五六编纂,顿野广太郎修订,番禺周起凤译述。盖与金粟斋所印《世界地理志》同为一书,此本印行者将汇为《万国通志》一书而此为"地理志"之一篇,列于全书第六种,故改题曰"万国"。金粟斋本以卷首"地理学总论"与"亚细亚洲总论"合为一卷,故仅六卷,此则两篇分置,共得七编也。以译笔言,则金粟斋本较称典核,然此本亦尚修洁可观云。

西伯利亚大地志江宁启新书局本

《西伯利亚大地志》共为八编,原分五卷,各分章节,日本下村修介、加藤稚雄原著,题云中国王履康等合译,盖日本陆军参谋本部编纂之作也。其书之体以天然、国体、历史分为三部,每部之前又为总论,附图一幅,据所述原例云,是图本于俄人并参考俄国官著之图,此外亦多采自他书,故书中每于俄人经验之说尤多引据。书以"西伯利亚志"为名,其疆界之线于首卷第三章明划之,泛论所及,精核无伦,于政事、宗教、民俗、人种诸大端详博无遗,山脉、河流测量犹密,当日勘察员弇殆深明地质学而能借算法以济之者,译而布之,谅有关于时用。日本北海一道,地与锡伯相望,从前俄报谲言谓日人如愿借耕,当许其举国移住,利害之故,及辨已深,所以邻国相闻,风教相期,东成巴丘安得不西城白帝?是籍偶露,可见用心高掌之图偶乎远矣。就译者所言,知原书出版较早,然迩年所异者不过铁道、移民中之一二事,若谓彝章形势,要非日有所迁,故不容以旧本为虑。第一卷总论考西伯利亚之源流,备列俄、德人相传之数说,于光泽何氏鲜卑一证之外更录异闻。第二卷乌拉尔山一条,引土人及哈萨克种习用之名,以定是山为遮断行路之义;阿尔泰山一条,以山上各部石层定是山为上古时代所成,皆称坚确。河湖一节,以西伯利亚都所属之河流与欧罗巴洲各流絜其相异之处,良与航路相关。略举枝节,皆见名理。俄比河一条云,或于河岸得巨象骨,后文于各地亦屡著之,此为研究地层之助;其叙动物一节又云象骨多埋藏于西伯利亚河海各岸,比印度所产稍巨,盖太古时繁殖于北半球,半为洪水所埋没,迄今犹有存者。按泰西史家有云世界开辟之初，象为古代生物，因避气候之冷，率其类以尽徙于南，以此求之，乃成实据也。尼赛河一条云，土巴河支流之岸岩上有镌刻成吉思汗时代之回纥语者，此由得自目击，鸿荒遗石多备阙闻，他日策马过之，固当扶黎上读。勒那河一条云，俄来克麻河之支流者，近来俄之地理学士就学术上研究，欲利用此域图远征者不少，是说当言东事者之所悉心。卓伦奇河之处有支那往古之界标，既云往古，似非本朝所立，玉斧划河之事，恨其措语模糊。绥芬河一条云，河之下流左岸有土垒遗迹，为古酋长之城址，支那人谓即古之哺尔单，考"哺尔单"之呼不见图史，或由"奴儿干"转音之讹。北冰洋一节，西伯利亚海岸若无温度潮流必不能生育有机物，按近人持说有欲设法注池引地球之上适合温度之水以灌于南北两极之冰田者，河汉无极之言，未始不根事实。鞑靼海峡一条记前此日人、俄人考查海路之事，中国库页一岛之初沦日本，以迹为断，料在其时。植物一条骈罗萃格，当议筑东方铁路之际，俄廷有以就地取材请者，说不果行，以木轨不切于行军也。动物一条，河湖所畜鱼类毕繁，金人食尚鲟鳇，足征竭泽之利。第三卷蒙古人种一条云，契丹国名本音为契塔特，蒙古至五代时初通支那，故以"契塔特"称之，按今之俄人其称我中国之名，审音正为契塔特，非独蒙古为然，欧洲列国谥我为秦，出于印度呼"支那"之音转，而俄人之称"契塔"又从蒙古重译而来，此乃忽而未省。通古斯人种一条备言其族，通古斯者中国语称为通肯，音转或呼登干，地据河流，以俄界相接，于己亥十一月新置都统驻之。萨满教一条附载俄国某僧官之言，以开通萨满、喇嘛二教之土人为主，并将欲消亡其名实，颇具沉鸷之略，其人谅即波壁那士锡之途〔流〕。行政一节最录俄皇所制黑龙江总督府定章，并载俄属太平洋沿岸航业通例，遮眼文书皆成故典，其俄人雅士林聂《殖民论》之文中多远到之识，知俄国理藩之策犹有失宜，所列土人减少之四大问题，亦见人为之阙。凡此类者，如历昆圃,拾其片玑。第四卷于西伯利亚所属实业诸事觇缕未终,目计中国此时欲求营运之利者必在亚俄境内地方,此篇备陈情形,足柢投标之准。俄廷近来注意我邦商务,中国货物由铁道以运赴海参崴者有免税优待之条,而商约集议之时俄使所举数端乃多益于中国,此虽外交决胜之策,亦货殖取盈之机,良贾五之可鉴于此。渔业一条述支那人在乌拉地俄斯德府捕获海参之法,乌拉地俄斯德者中国习称为海参崴,即由俗名取其地多海参之义,实非西文音转,乃近出日本某人所著地理学之书竟目"海参崴"三字为乌拉地俄斯德急读所成,可云附会不切。猎业一条以太平洋海兽日少为近来滥杀所致,此说亦取证物理,近人笔记有疑禽类之鹤何以古少今多,此正由于多畜之故,所疑乃失之在睫。矿业一条为俄人注意经营之事,所考尤详,录其条例要件,兼资稽核。贸易一条有云,欧罗巴各国停止上年市,而俄之于西伯利亚财政有关,非独不停,且将日盛,按年市之制盖每年定期以为交通,此古时风气所存,东、西同俗,唐人集中每云"趁墟"即是此类,后世人稠市迩,故事不期而移,惟边朔萧条,于今未改,然西史或载埃及旧典纪元以前因尼绿河之水定期涨溢,潮退而地熟,邻国居者届时偕会以相往来,故埃及上古商业独盛,良用此故,此年市之占胜者,未谂百年之际森林茂郁之所,其视古之金塔高临者当复何如? 又此条附载俄国与朝鲜所缔陆路通商之约,他书未登,亦宜珍视,或有藉于对勘之鉴。铁道一条云,俄政府建筑西伯利亚铁道,当初志在速成,除各种工费外,其他铁道及公共土木等费均责成私立会社,无需政府资助,盖出于大藏大臣威西涅之意见,按威西涅之名今译率作"威第",东方铁道事业是其一力主持,然集费之源或云以外交方策得法国之助,又谓募自比、法两国之犹太种人,似未必出于本国社会。此节之末附译田边朔郎新著铁道线路之书,盖译者以原书先出,与近时线路略有岐异,故载此以参考,是其不苟之一端。第五卷讨论旧史，兼综胡书，鲜卑一条用何愿船《朔方备乘》之言，以为丁零即今西伯利亚之地，窃谓丁零之与敕勒本属一方音转，终非异俗，匈奴为古赤狄之种，故受狄历之名，丁零、敕勒皆就此声而变，地居西北，不欲以东部之鲜卑当之。蠕蠕一条据俄罗斯年代记列为三说，种人建国，绎其名号，乃有意义可寻，固胜《魏书》状类于虫之谬，中土史籍于外国列传语率乱真，从此可见。惟此条又云考支那史及古冢发见器物，知蠕蠕部落在西伯利亚南部阿尔泰山之地，为芬人种，常与希腊人种贸易，此则不知所据何文，或由误信曲说。黠戛斯一条，黠戛斯之呼出于往记，颇疑"哈萨"之转音，其先见破于回纥，故至今哈萨克之族每著土于天山外区，亦其显证。蒙古一条引日尔曼史家之言，亦根种族之学，多抄《元史》等书，似伤凌冗，而于元代分封四王之区域亦复依违故纸，未见精求。此由测绘有违，故讨论未悉。西伯利亚一条前无所承，多据西书以为之疏证，然后掌故可知，于"率哈萨克八百名"句下附注考辩尤明，至追记探地之初俄人波儿费利报告达瑚尔地方情形数条，并康熙年间中俄交涉情事，琐条轶节，兼补哈萨克东方侵略史之阙。中间涉笔于俄国之事偶误一二，要不致淆及听闻，叙乾隆年间遗事尤各书之所未晓。篇中引日人间宫伦宗《桦太海峡记》注释致密，述俄舰初探黑龙江之事胜概跃然。就以上之胪陈，皆斯篇之内状，为书繁重，初阅困难，不录其枝言，坐成乱叶，故用表其微节，庶使尊闻，若其编订审慎，勘鉴渊微，以视中国官书何渠不若总裁为苟而任事诸员为简，此固相传之雅谑而秘籍之良方矣。

扬子江上海商务印书馆本

《扬子江》一卷，各分篇章，日本林安繁原著，不题译者姓名，盖由某报转录也。西人称长江为"扬子江"，盖由互市之初沿用吴儿之语，实则扬子江之名著于前代，其流域所被仅在今镇江、扬州之间，乃长江之一部，不得以概全流也。此书原名《扬子江谿谷之研究》,则当注重源流,穷其经络,始为地理专书,顾其所陈乃独偏于商业,自各口租界之外曾未有述,考及水道则寥寥数言,简略已甚,非独标名不符,即云舆地之范围亦太狭矣。昔英使巴夏礼初涉长江,观其蓄德利用、形胜所资,慨然有古人天堑之叹,气象浩博,至今传之,而近年日本人之游历者仆仆相继,求其所著之书若此类者,意计不深,叙述多琐,此伟略独优不得不许条顿之族也。所记土产、商务各节不无可存,其引西人之言称四川一省为赤带之地,此有关于地质学家之言,谓中国于商业一端独重信用,可以觇民俗之所尚,至作者命意所在,则以湘人待之独挚,因思揽湘河航路之权,又欲筑厦门、九江之铁路,以兴台湾,此皆日人之成谋,并非著书之创论。然英人之曾抵湖南者谓,洞庭湖所有淤泥若以机器榨干则宜于耕植,辟土之广可新增二三郡县,而深水轮舟之入湘者由此可终岁通行,又西人尝言以上海为商途枢纽而以苏州为工艺制造之场,则比之新锡兰双埠口岸尤称胜地,似此新说则非是书所及知者矣。篇末言英国在扬子江权利界限所以不划定者,乃其政略之不可及,此则中国人所当深察者焉。

最近扬子江之大势上海广智书局本

《最近扬子江之大势》一卷,分为六章,日本国府犀东原著,武陵赵必振译本。专述行船便利之方,本非囊括世事之作,作者原名《扬子江航路记》,差为近实,今改用此名似反不见信核也。间及各口租界情形,并及辟画铁道等事,亦非其所注重。此等新籍于学术不甚相关,然既译汉文,要当过而存之,供人检阅耳。

卫藏通志桐庐袁氏刻本,上海新中国图书社石印本

《卫藏通志》十六卷,卷首一卷为辑者新编,则列代御制诗文也,其为目十六,辑者新编稍有分并,不具述,原本不著作者姓名,书为临桂龙氏所藏而故太常寺卿桐庐袁昶重刊而行之者,袁氏疑为当日驻藏大臣和琳所辑云。前、后两藏之在我朝于大兵入关

以前久厕朝贡，其时进表已有曼殊皇帝之尊称，迄今分驻朝官，久同内地，而其地华离所系，介于两强之间，惟英与俄旁睨已久，其于利害之际所谓牵一发而动全身者也，说者谓分裂中国之议久播于欧洲，而二十年以来卒相视而莫敢先发者，良由西藏之地属俄、属英事非可决，故用此徘徊，然则乐土高原其有关于禹域，亦犹东周之郑为晋、楚之所必争矣。乌道绵邈，裹粮鲜通，自非梦游，曷云载笔？语其荒远则日竁月窟，惊其神异则臂饮头飞，不有宏编，将成坐隔。顾此书所重不在舆图，罗列诸门，务求博赡，是为方志之作，要非地理之书，必求合于目录之言，政当列为别史之一耳。第四卷纪入藏路程亦颇涉于形胜，附注略言景物，亦复楚楚，誉之者以为郦注之遗。第十五卷于西南部落及蒙古各族抄录甚伙，亦言种类史者之不废，此外多取自官书文牍，足备掌故之遗，本朝治藏之方策于是取证，虽不切今日言边之用，犹制度之所存焉。要之，此书无裨故实而有资谈助，惜于乾隆年间用兵事迹之相涉者未著轶书，又藏中风土纪述殊少，自示禁鸟葬以外不载琐闻，岂所以存著俗？至于今日，乃转藉于外来游客布述之言，反不若《啸亭杂录》、《竹叶亭杂记》诸类短牍，时有遗事数条供人搴摘，其为多憾有间良深。篇中每措意于考史诸端，然如《唐书·吐番传》所云国都号逻娑城，逻娑之名疑即今前藏首府之拉萨，其地为达赖喇嘛坐床之所，娑逻、拉萨为一音之转，即古所传西南有罗施国者或以黔地当罗施，要未必确，亦属斯地，楮登立马尔即腾格尔诺尔，古之天池，按《汉书》本纪谓匈奴称天为撑犁，今蒙古人呼天山之名为腾格里，犹未变其旧音，西藏传之，或以古音相同，或由蒙语侵杂，皆未可晓。近日顺德李侍郎文田于现行地名与旧史相证，凡对音、转音之文每具神解，今传所著《元秘史注》一书寄其一二，今论此书而并记之。

澳洲风土记上海作新社本

《澳洲风土记》一卷，美国白雷特原著，上海作新书社译本。盖美人游历澳太利亚洲所作也,书不过一万五千言,备述形胜,亦及琐俗,虽逊于立温斯敦《黑蛮风土记》之详,亦尚简明有要。按澳洲全境属于英吉利,其中分为无数小国,每国各有一长以执其政,有事则请命于英皇,然自主之权犹未尽失,各设长官,各立议会,略似地方自治之规模,惟各国分据疆土,法律既殊,货税亦异,而政策遂以不同,其志士忧之,乃创为联邦之议,自西历一千八百八十五年设立澳洲连合协议会以考察其政俗,务使划一,各邦合力以期,渐收自立之权,历十余年,其间几经摧折,卒于一千八百九十九年合诸联邦而建一政府,邀请英皇以自后凡澳洲事若不关于英国者则不必闻于英廷云。以各国殖民地论之,其制度之完密盖未有过澳洲者,盖其民种本属白人,故能力所呈无殊母国,无锡薛氏《海外文编》曾著《澳太利亚可生人才说》,谓其地虽近赤道而燠度不过盛,终有异才特生,观于联邦之举而信其言之先识也。又闻澳洲土地未尽开垦,四隅之境已具横由,而中央各区尚待人力,其全洲地势之陋与其草莱之功,盖类我之琼州,此书所纪亦云内地泥土干燥,非如沿海之肥美滋润,易于种植,故至今未辟者尚多,是其明证,而日本人之徙于澳洲者年约三四千人,闻多于沿海各州以采取珍珠为业,则府海之利尤宏,异日中国移民之图,当以是邦为最合矣。阿非利加一洲距欧罗巴为近,既任欧人开之,澳洲距亚细亚为近,其未竟之业固将有待于亚人,近世列国之中盛传天演之说,若以争存之理言之,此亦无竞之术也,因览是书并及兹意,世无克雷飞其人,将孰语之。

万国商业地理志上海广智书局本

《万国商业地理志》一卷,分为二十三章,英国嘉楂德原著,上海广智书局译本。就书名之义而论,自应研讨地理与商业所以关系而究其经纬之用,乃与命意相符,今此书所述不过略记列邦商务,分国为章,其于商情地利之间未见所以发挥其理,顾曰"商业地理志"似不安矣。纪载既多简略,译笔亦未留心,如记英国度量之名每云几志几边,此太不检,不若改云英重若干而注明合华权某数较为合例。其余物产之名率用原音,亦每不可解,第十九章云埃及乃四大贸易通路之中心,第一队商运象牙谟护所必由之道也,"护谟"二字本系树名而文义不明,几难断句,则颇疑为地望,令阅者不能猝晓,此皆直译之过,毛举一二可见其失。于商埠兴衰情势亦无所陈,又南美一洲出产最多,植物尤富,而篇中所举不及数种,全篇皆详于欧洲而略于各境,或作者涉历所至不出欧罗巴一隅,外域情形半由耳食,故不能搜求宏博欤?然即论欧洲各国商务,遗事正多,皆关商学,如澳大利历来贸易多苶,盖由海口太少之故,意大利前此交通未盛,亦以崇山蔽塞而然,苏彝士运道已开而英属好望角之途不出,尼瓜拉新河方凿则美国太平洋之势必增,此皆地理与商业相为连系之故,其事率为尽人所知,未谂何以不质其理。译者前列凡例,谓此书可充商业学校教科书之用,以此类推之,未敢许其言也。至第一章及第五章所言亚麻布一种,原文不详其物为何,闻日本向有拉美草者,其国人用之以制为布,属说者谓与中国之麻同类,据此所述,亚麻、拉美其音相从,日人此名盖用英译,且与中国之呼麻无殊,或者欧人本用中国之称耳。其第二十二章既以菲律宾群岛属于美领,而其第十六章仍谓古巴一岛归西班牙所领,足见是书之译本非出自一部,谅由撷拾而成,君子于是有断烂讥焉。

英法义比志译略无锡薛氏刻本,上海石印本

《英法义比志译略》四卷,题云无锡薛福成鉴定。据其子莹中刊本所为识跋,盖福成奉使外洋之时,集随使诸人分曹纂录,并为图绘,冀成一书,以嗣徐松龛、魏默深之后者,比及归国而逝,莹中乃以原稿编行,又病卷帙繁重,以英、法、义、比四国是其先人奉使之邦,故为辑录如此,此书之原始也。未完之作,首尾不具,丛残等诮,断烂为讥,纵出许冲,何由理董?披览之下,见其凡例不齐,溯往求之,盖非一人之手,其命词在于从质尚文之际,其体裁涉于地志、国史之间，惟英吉利志略一卷端绪颇著，从可得窥耳。当日著书之命的既以《瀛寰志略》、《海国图志》两者为宗，原跋又云有图数十幅，则分部之用自归之地理为宜，其于国体、政治诸事每付阙佚，偶一道及语率模糊，不足以见制作，虽曰未竟之业，而兼年留滞，观听已深，黄皮纪事之史，城长集宴之谈，以类推之，料非并若霄汉，而精神形式徒见茫然，此由分任各员曹于观政之典，乘槎奉职，为阙如斯，当非作者著书之意。言英国之事，阿尔兰、苏格兰两岛自来分并之故，征文不详，皇统系出之原亦未见有别白，记法兰西之史于往代革命之迹不著其由，述意大利之典故于中兴复国之功仅存其略，此皆不备之处，不足以言著者，既使成章，聊堪覆瓿而已。至于英分三岛，据其国中定说本以英伦、苏格兰、维而司当之，阿尔兰一邦初非此列，民风、宗教正尔迥殊，民族系氏每冠"阿"字，是其种类有判，岂得以地成岛，率用鼎足为称？篇中数阿尔兰而弃苏格兰，亦非相传之通论矣。丽册宏编，匪云易构，道、咸之际，海若掩灵，五台、邵阳命笔之年，犹是鬼神易画之比，今者珊瑚列贡，拂林如荠，操管偶违，膏肓相望。河源、玉山，已发阅微之难；准噶、铜界，终成檐曝之讥。赋名六合，昔人所笑，张皇补苴，无责其然，必谓伧父作都，要非过而存之之义耳。

东亚各港口岸志上海广智书局本

《东亚各港口岸志》八卷，题云日本参谋本部编辑，上海广智书局译。按此书既为日本陆军参谋本部所为，未必刊布于国中，不知译者从何处得其原本也，惟据篇中叙及台湾一地，其时尚列我版图，则编辑此书之时当在甲午战事之前，故其稿本至今日而流传亦意中事，然阅时过久，固已成为陈籍矣。其叙各港之事迹，于城市、街道皆能详其方位、里数，则必当日分遣多人亲历其境以考察大势，就此一端，可证尚非赝本。然记载简陋，未见精审过人之处，仅能毛举一二高品，泛论商业数语，凡心营口述者皆以自形其陋,曾无大略深蕴,挟此以觇人国,亦犹罗者之视薮泽,所见为已小矣。惟记口岸水道之浅深,以为商船碇泊之标准,似曾经测量之用。至言及各处风俗,则尽属空言,不切已甚。考论地里之远近或用中里,或用日里,且或用海里,芜杂已甚,而里数之相距尤多踏驳舛误之病,未悉任事诸人何以不学至此也。其记上海之四至云,西界福泉县,按福泉一县旧隶松江,即今之青浦,其名久废,此殆录自《读史方舆记要》一书,若使一检官本《搢绅》,当较新而可据。记宁波徒兵之俗,此俗在各处之散见者尚多,不止一地,嘉庆年间曾奉明谕禁止,无庸以日本从前待秽多人之事为比。谓广州人之无爱国心,咸丰之役多为英法同盟军效力者,此语似无确据。译笔亦劣,乃至一节之中"也"字不绝于目。又如所记俄领乌拉地俄斯德港,实即中国所称海参威,译者不为注释,在初读岂知其地所属? 此亦其失也。

泰西河防江西通学斋本

《泰西河防》一卷,题云艾约瑟著,通学斋校印。开卷有同治十年一语,则艾约瑟当是教士之久居中土者,近人所辑其遗篇以布之于世也。据书所云,盖因中国北方河患频仍,以为治河之拙,故详述泰西各国治河之工程、疏浚之方法,欲以行之于中国,其命意正当嘉许。所引各条于欧美旧迹颇能胪举,惜于中土情形所言尚略,似未能为之对勘以著其异同之故,然西人既垂成效,则推之中土以见诸实事,固当收效无疑,前者李文忠奉命治理黄河,已用西员采西法,虽功犹未竟,其于作者之命意则已遥符矣。所言水性语甚核实,或由实验之功,于筑闸用机等事尤见条理,至论及河工财用乃能举道光年间之经费而列表以比较之,留心之密亦可异也。惟列国治河之术咸以荷兰为最长,其方罫之堤说者谓用之中国黄河最为利便,且平日蓄水,一遇兵事可以决使横流,资于防守之用,此河防之要闻,而是篇不详其防法,良为阙憾。又兴工之事或当绘为小图,以明其状,既未附著,恐阅者于其功用之处或未易猝明也。

新地理上海广智书局本

《新地理》一卷,分为四篇,题云饮冰室主人著。首论地理与文明之关系,而次及亚洲大势、中国大势、欧洲大势诸篇,横由宇宙,囊括古今,文笔风驰,日光电瞩,为自来学者未尝梦见。其人言中国南北之殊势而证以文学之殊科,言欧洲种族之异质而判其殖民之分趣,论断之确尤当人心。作者于亚洲、欧洲两篇自谓以日本志贺重昂之《地理学讲义》为蓝本见本书自志,然第一篇亦颇用日本人浮田和民《史学通论》之说,盖撷其菁华亦所以穷其枝叶也。篇中谓亚细亚与他洲不能交通由于地理限之故,虽能创生文明而无发文明之力,此理信然,然亚洲与欧、美诸洲相通之迹则中间亦有显著之机,殆坐于人事之因循而不尽关地理之隔绝。史书所谓"扶桑"者,闻近日西人著书以为实指美洲之地,而三国之时孙权尝遣甲士万人浮海以求夷洲、亶洲,故裴松之之注《三国志》引《朱户实录》等书,颇记外国之事,而隋炀帝且欲穷其威力求地于高丽以东,则殖民之略方兴,即西渐之缘已露,若使当时航海渐盛,则太平洋所经各口必有一二发见者,至于明代之遣使西洋,则又近时之事矣。又成吉思汗黩武数代,其兵力所被已迄于匈牙利,考《元秘史》有兵至纥里蛮斩首千余之一事,纥里蛮即日耳曼之转音,于今为德国,是元朝经略之迹已抵欧罗巴之中区,初亦何尝限于地理?且亚历山大既服波斯,登高流涕,谓世界之上已无可征之国,推其雄心所至、毅力之坚,使克永其年,必将采菽中原,饮马江水,固未易藉天然之势以蔽之也。其以蜀、粤二地为具独立资格,顾惜台湾一隅本为岛国,若往者乘势自立,具有规模,兴海军、辟荒土而大奖移民之业,以争一隅于澳洲,南结暹罗,共凿湄南颈道之新河,以分竞锡力商途之利,则成功不死,李俊非讹,菲律宾独立之年,当有挟弓弩以援诸其后者,刘氏广阳之记、亭林海上之诗,分子犹骄,孤藩自屹,庶可屏蔽中国而杀禄利、高卢之势正末可知,固不必求之蜀、粤也。感来日之艰屯,验坤舆之广赜,披览既毕,振触深之。

舆地教科书上海经世文社石印本

《舆地教科书》一卷,新化邹代钧著。仅列京师通各省会城道里纪及亚细亚洲疆域总说二篇,据疆域总说篇末云,全洲之形势,山水已著,始可分言各国,则当更有所述,必不仅止于此,此盖最先刊行之本而已。作者为当今言地理巨子,此书虽随笔纂录而条理详明,叙辞贯串,以之施于教科,可谓最为适用。首篇中国地理每引旧说故事以明之,使览者自得其会通,用意至善,惜所摘尚少,恐不足以周知,盖此书之作,颇不欲其过繁致不宜讲授也。其于安徽所属之霍山引《尔雅》南岳之文以证此山为江淮间之大支,则似不尽然,《尔雅·释地》之霍山,据历来经师之说,谓即今湖广之衡山,故楚词《天问》篇云"吴获迄古,南岳是止",盖指吴泰伯采药荆蛮之事而言,此亦古书之明证,似不得辄以安徽之霍山当之而据《尔雅》以明其为大支,属稿之时或偶未检,亦不足为累耳。

日本地理志上海金粟斋本

《日本地理志》一卷,题云日本中村五六编纂,顿野广太郎修补,海宁王国维译。按近译《世界地理志》一书亦作者之所为,其于舆地之学似非专门者,惟此篇以本国之人谈本国之事,自当较核,且日本壤地偏小,近日道路交通,著书者抵掌可述,要非甚难,综览兹作,条理分明,于各道方向标证甚悉,叙及地方物产亦资稽考,其为书之大略也。然作者既为日本人,则其言日本地理似不仅铺陈表面,若徒摘经纬、具纵横则觇国之资抑非所重,译而传之中国,岂谓有裨?论其为憾,略有数事。地理之说与人文、政治皆有相通,其契合之原因虽为地理学家之言关于专科之研究,而篇中于此曾不稍述一二,何以见一国进化之理由与人民之性质乎?前列汪德渊之序颇论日本人民与地理感接之义,盖亦有见于此,其说足补全书之阙矣。至于立国大势,外对列邦,日本以区区数岛屹立太平洋中海,若所君更无可界,故昔者其国人林子平之言谓,平望桥头之水乃直接于英之伦敦、法之巴黎,其为海国之规模若是之著,又自马关一隅而瞻眺,则东当美国、西负中邦而东北之交强俄,咫尺貀狖磨齿,形险宜详,于此略而不言,更何藉以论事?况地理书之所属及于地面行政之事,则兵备一节尤为守寓要闻,其于陆军师团分区一事自应分配各地稍稍加详,似不宜冒叙于篇首,且各道地方率是古时封建之域,沿革所在,为日本地理之要点,读者将此以考废藩改县之治,今但于篇首略著数言而分叙之处每每略于故迹,亦不得为善也。又矿产所在及口岸商业虽经道及,亦颇简率,皆为不备耳。

东亚三国地志 日本东京印本

《东亚三国地志》二卷,日本辻武雄原著汉文本,盖纪中国、朝鲜、日本三国之事也。作者为日本《教育时报》之主笔,戊戌年曾游我邦及朝鲜,归而有是作,虽无深识之论,亦颇质实有条,足令初学略知目前事势,颇合于初级教授之用。游客随笔之作日见其多,再积数年必将充栋要,在择而善用之,固不必视为陈迹也。篇中谓帕米尔 原文作"巴密尔" 之地,其高殆匹敌西藏,晚近舆地家称为世界屋脊,亚洲之山脉无一非根于此处云云,按帕米尔之得名译为宽平可居之义,故近人据此以证帕米尔即为昆仑,此亦今时之新说。其言黄海沿岸自胶州湾以南,从淤黄河口至扬子江口一带,地皆卑湿,海水极浅,港湾亦无有名者,然如江苏海州一地,则据测量家之言颇合海军军港之用,作者之言度亦耳食之谓耳。叙述中国江流水道而于金沙江之原委枝节竟无一字及之,此虽涉笔之多疏,谅亦游踪之未到,所纪各处出产多就京都坊本《搢绅》而抄撮之,则多未可据,盖所录者每就贡品而言,又数百年以来未经修考,如欲凭文征物,漏误必多。又每言各处民风,率是空言褒讥,非必实录,无所取义,流连风景尤属可厌,此类皆日人游记之通病也。朝鲜事实颇备,此则其可取者。前刻伊藤博文、副岛种臣之题辞,日本人著书类此者正多,此为作者原印,故未经削去,此要非美习,求出版自由之利者尤将避之若浼焉。

游历巴西图经德清傅氏自印本

《游历巴西图经》九卷,叙例一卷,德清傅云龙著。此书作于光绪己丑而刊行于辛丑,相距盖十二年矣。巴西为南美大国,其方舆之广赜殆几与中国等,作者至其国时犹是君主政体,迄我庚辛之间,陆军部诸人乃谋废其君而改为民主,又阅綦年,始经列国公认,传之至今,此则书成以后之事也。游历之功,必久居其地则谘询体察情势始详,据篇中自述之言,以困于时疫,又迫限期,蹙蹙风尘,兼旬遍历,故于政事条理虽有摘述,似未详究要领,然叙及民俗、物产各节颇复详明,于疆域错落尤能细考,从事之恳,足见其诚。形势一表,记巴西部落形势颇具测量之用,惜多作词章泛语以喻地形,深恐其言之不切,且乖著述之雅。记水一节,于亚马孙河经流之区域亦未指明;记巴西政事卷中部落政治一节,似系地方行政之体而受官吏之干涉者,顾其言不甚明了,乃转难于考见;国政一节,谓行政之部有七而义部列于第二,义部之名亦不可解,或有论文,此为当日之小失。其考里约哥兰的诸的及里约哥兰的叟路叟之地名,能订正《瀛寰志略》之旧,具征精勘。论及风俗,每能刊削谰言,挥辟往记,于掌故不为无裨。惟国系卷中以其故君伯德禄第二之好游而事后追论之,以为所以失国之故,此事不必尽然,今昔殊情,东西异体,国君游历要岂为讥?闻其革命易姓之由,半为条教畔嗻所致,作者此篇略于行政之迹而顾执此以定其受病之源,亦未确矣。巴西拟招华工一案,近人如郑官应等著书皆谓事虽未成,我民之被诱而往,率受异常虐待,今以是书证之,似不至此,辀问所得,或当较耳食为谛焉。

游历加纳大图经德清傅氏自印本

《游历加纳大图经》八卷加纳大近译作"坎拿大"，德清傅云龙著。此篇考证较悉，心得亦多，于天文一卷，经纬表以中国京部起算，其说云有定之纬度可以无定者算之，无定之经度断不可以有定者例之，其言颇合测算之用。气候表力辩西人所言加纳大为英属极寒地之说，以为法人画地属英之言惧滋民怨，故为此言而耳食者辄沿之，此论虽新，然其以经验证之，又以日路西岛、格路西岛两处之译称以见寒热度之不一，皆有至理，此条最为可取。沿革卷中于加纳大发见以来之事迹采摭良多，粲然具备，颇有益于史学。部落名称归一表所以订改《瀛寰志略》之岐异，叙及风俗亦颇辩其失，此皆省览之资。于互市输出输入之表条系分明，以至商舶运送、铁道工事皆为列表，足觇游历之用心，物产各件之下每用附注，亦见体察之细。毛举数端，知其勤于所事，固后来所未及者矣。惜其记土人族类一节研究未博，且于英人治理藩属之政体不能括其大要而得其精意，仅于兵制与行政之外迹观之耳。

游历秘鲁图经德清傅氏自印本

《游历秘鲁图经》四卷，德清傅云龙著。此书体例亦与前数编不甚出入，而研察尤微，订补旧闻为作者之所留意，顾如《职方外纪》一书出自艾儒略，终是西土学人之言，其言物产、地理固可以目验而证其非，至于风俗、冠裳或由文化渐进而改，若一考其沿革之习，古人或未必尽诬也。天文卷中气候表，谓秘鲁国中无雨，盖因风来自东，又沙石太广之故，然考巴拿马海峡一地亦在南美之间，其地气比于秘鲁要当不甚相远，且积石屯砂蔽山塞野，尤与秘鲁相同，是处乃以多雨闻，故前者法人勒塞朴斯即创开苏彝士河者鸠工开凿此道，即因雨水多挟砂石，每碍工程，因以中辍，以此相例，秘鲁一隅所以经年不雨，或由南美各部之际山泽异气，旱溢多偏，遂致各地雨旸不能分润，未必砂石受日而然，此亦言地学者之一资料。地理卷中海埠举要表云,答拉八嘎之地已非其有,而秘鲁图说则曰是固有者,按据此所言则其事颇与中国相类,中国于咸丰十一年与俄划界,凡所让与俄各城黑龙江一省犹存其名,不过稍移旧址而已,闻官中地图亦沿而未削,即此琐节亦证同情。考工卷中载有田寮工表,谓光绪二年以前其寮凡四千四百有奇,工数十有一万,按华工之在秘鲁者率受役于田寮,其所以相待者类游客所述,创痛良殷,而此篇则未述及,又各寮之主多属欧人,各挟本国之力以肆其睢戾,秘政府亦无如何,此皆有关事实,置而不言,略矣。兵制一卷能数其积弊,外交一卷略论其得失,抑亦觇国之重。政事卷中述其刑略乃殊愧于文明,无怪西人恒言谓秘鲁、墨〔西〕哥之政体尚不逮阿富汗也,以杂事记华工情形要不甚备。文学一卷具见旁征,秘鲁为邦,旧传名物考古之用不可阙焉,然此卷秘鲁土人一条有显然大误之语,或由传写多讹者欤?

外国地理问答上海广智书局本

《外国地理问答》一卷,分为六章,题云卢籍刚编缉,盖中国人所为,惟卷末又题卢籍刚翻译,则似转述旧本。就其书观之,盖由麇撦归并而成者也,于地舆之方位脉络约皆录自他书,要不甚误,其立说亦本自外人,如篇首言地圆之理数则其言即出日本中村五六《世界地理志》之书,若此者虽不足以登于著述,持授蒙稚未必无功,过而存之,当在善取者矣。总论一章,谓地球以太阳为中心,在金星、火星之间云云,此当先叙七星之名与地列于八星之一之故,并宜略述八星绕日、日绕昴宿第六星之理,端绪始明。亚细亚总志一章,谓本洲自苏彝士运河而接阿非利加,似以苏彝士河全为亚洲所属,此亦近误;数亚洲独立之国,只有中国、日本、高丽、波斯等,不知将何以处暹罗?欧罗巴洲志一章云,英吉利自称太阳所照之地靡不有英国之旗,按英人之言似以日所照临,东西殊晷,而其国属地错峙全球,桄被所临,此入彼出,故云太阳常临英旗,以侈其藩国之多遍于两域也,此文所引乃致误会。又所载各国大势并不及其人种为何,皆其疏忽之一端。至于译音芜杂为近人之通病,此书专言地理,则览者受害尤深,如俄属之堪察加前作"加末察家",后又作"加末杀加",缅甸上流之依瓦拉谛江即金沙则作"依拉华敌",巴〔尔〕干半岛则作"伯路更诸邦",罗马尼亚则作"路马二亚",此类之弊几与积叶俱繁,难可悉扫,若不拈其一二,异日必有误沿之者。且如比利时之国名载在条约,中土书籍何必袭日本所译"白尔义"之称?而所纪刚果情形复改比利时为"比路期",其为羼杂亦已甚矣。

新撰亚细亚洲大地志上海正记书局本

《新撰亚细亚洲大地志》七卷,分为各节,日本山上万次郎原著,仁和叶瀚译本。原书盖以地球全志为任,此所译而传之者则书中亚细亚洲之一部分及世界地理总论一篇而已。译者作序谓,现译之地志虽伙,然精核赅博终无出此右者。统观其书,方舆川野眉目既清,地脉天行研求已至,于地理所属之民俗、宗教、政体诸事缛节丰条,餍饫尤多,近日如某书社所编之《世界地理》一书即半据此篇以为胚质,持较其余各籍,或理论稍深而详审宏富微为不逮,以合于序文所言,知非自助其木矣。译笔兼信、雅之长,尤足以传显学,故于地文、地论皆有以达其精微,求之操管直译之徒,殆犹下视薮泽耳。前列诸图尚非细本,亦资核对。第一卷第一节所云地球属于太阳统系八大行星之一,又云东大陆纵长于东西,西大陆纵长于南北,此自寻常学者之定说,然八星环绕太阳,太阳复绕昂宿第六星,是昂宿之大固当几许,而自上古诗人言之则曰"嘒彼小星,维参与昂",东大陆之形势既以东西长而南北短,乃《禹贡》所纪则有东渐西被而朔南所至其域未详,反若南北两方长于东西者,亦见测量探讨之学古谢于今矣。第二节谓东大陆之动物较之西大陆则巨而猛云云,按动物之驯与狩实文化相关,于天演、人事皆著其理,当以此意推之。第二卷第二节以西藏之巴尔节湖为湖中控圆形之大岛如轮状而致有名,从前视作圆形之大岛者盖误,此据近时游历家之说,足正向来误解译义之非。第三卷专言朝鲜,于其国势大概可代史家之言,谓朝鲜似欧罗巴之巴干半岛,于地形、人事皆有切合,可见舆图之关于典实。惟此卷第二节有法人尝云如为暴而生于海面波涛一语,此当涉于地质之义,惜语义太晦,或有论文。第四卷专言中国,每有藉以考见之处,其言中国民俗、行政虽或未究,顾其言曰支那人之热心求利,不顾不洁等事,一旦立于利之外则温雅而贵礼节,斯言乃颇合于恒情,独是中国人移住海外,其对于他种人之利害至是一难究之题,作者云此事全无为问题之价值,似尚无说以处此。谓犹太教即青回教,今者教徒数百人,多在河南开封府,盖本于吴县洪氏《元史译文证补》一书,其实洪氏之说不过得诸德国金楷理之言,或由考古而知,必谓今尚有人,恐非笃论。谓中国政府之对宗教含蓄政治意味,窥测之谈,非云无见。叙各行省之道路仍以蜀之栈道为险,则未知今昔之殊,闻剑阁危区昔垂山半,今者高陵迁变,已至岩巅,则夷砠之分,断非往比,此语沿古说,故以为惊。第五卷详于西伯利亚各部故实,最切于时,译者附译《地学杂志》帕米尔问题一章载之兹峡,此事为英、俄、阿富汗、印度各地之交涉,而光绪十八年划界一案其害尤系于我邦华离之形,学子所当措意。第六卷第二节谓暹罗湄南河河口有沙洲不能通大船,按此河若以新法开之,则南洋商船取道其间较称便利,而新嘉坡之势将衰,若暹为法燔,法人必出此计以分英在东方之权,英之历次保暹正由此故,斯地理之要闻,非徒标载地望。及第三节谓印度宗教信耶苏者至少,殆全信婆罗门教,按印度婆罗门心性之说于今盛行,稚子田夫皆能默会,英人之深识者过其境而讶之,以为此土复兴之兆云,印度分族之制盖以人为阶级,此最昧于佛法平等之文,似不必指为族制之兴盛,译者于此节附注云据上所述,印度人种、言语、风俗等之伙同于支那,因之乏为一国民之观念,此论甚谛,印度所以多分阶级者其弊乃致于斯,故今日颠国之余,或执其种人而叩之,则自称为世界之人而非印度人,亦由此病所极。第七卷第一节谓波斯称君主曰沙,案沙之为名出于古代罗马皇之号,义取主宰一世,故德皇今日依用此称,而土耳其之谥其君,闻译为保护依石蓝教即回教之主之谓,或为主宰一世,或则保护全教,循名责义,当非受制于教宗者,不知何以屈服墨铁迦与戈兰之经典也。此篇既并译其世界总论章而概以亚细亚洲之名统之,似未尽协,以言目录之学,其将有所改焉。

英人经略非洲记上海开明书店本

《英人经略非洲记》一卷,分为十节,附图一幅,日本户水宽人原著,嘉定夏清贻译。此书原名《阿非利加之前途》,译者易以今名,似于中土文辞较称驯雅,观篇中译述颇有六朝字句,知修辞之意深矣。为书不逾七千言,顾其述非洲之情状与英国之政策,证以事实,参之揣验,语皆近理,当见真情,于英人所以联络非洲全境之事,鉴其用心之所在而洞察其规画之方,目光所瞩,使外交家无所容其隐讳。叙事之文简明而赅贯,故能达其议论,欲知近状之要,当以为瑰宝焉。所纪各节每关典故,如谓英兵之取法寿达,非全用本国之军,实多以埃及之兵羼焉,盖以回教之一部与其别一部战,按此即可证欧人之狡谋,以种人而灭其同种,近日列强渐以此意行于中国,可为刿心者矣。至云英人吉盎司敦于尼阿萨兰之北略有一大地,欲归英国之版图,若依此计,则阿非利加之纵贯铁路得以经由此地,极利于英,而沙烈勃雷侯未知其地情形,竟于与德国订约时划入德国属界之内,及英与比利时订约将贷刚果之地以成非洲纵贯电线之功,亦以德约之阻而废,按英国非洲政略虽外成于劳特诸人,内定于金白雷近译或作"张伯伦"一派,非有沙侯久任内阁为之坚持则未易竟功,要不知一售之误,其为失乃至于此,凡当国者可以取鉴也。作者著此论时当在中历戊戌、己亥之际，观其言得最近军报知英军已据法寿达，又云法人方心醉于叠雷福斯之事，据此可定其在是时，今者特兰斯战争方罢而英人侵略之迹益深，非洲全势又异前日，夫英于东方之事敛袖听俄，而于波亚黑子之邦乃攘臂而未已，自由惧苏彝士运河之不可恃而自卫其好望角出海之途，闻此策亦由沙侯主之者，顾必谓英方注意非洲则其谋竟辍于东土抑非也？其以全力通贯非洲者，即所以巩印度之金城而辟远东之新路，观此书末章考阿非利加与印度之关系一条深切地势之谈，可以窥见其故。英国海军良港骈立，而控制之胜必数红海之亚丁湾，其得之在百年以前，不知今日之用乃足以内蔽前非、中锁海峡而遥驭印度、南洋各藩，作者谓亚丁湾与阿拉伯东南模司格德之间必有陆上之联络，其言行将有征，事果至此，则英属各地首尾方衔，昔为散漫，今见通联，形胜之资殆兼俄国。篇末复以英方议及尼瓜拉哇运河为言，此道果开，英水师之至东方取道尤多便捷，其在澳洲之势力亦以日坚，席卷囊括之图将谁与限？其在中国，又非直俄事之忧矣。蚕丛初辟，鹑剪尚殷，金轮之号非虚，黄祸之言愈妄。自非生从廪竹，国谶空桐，虽不帝秦，何由蹈海？湛湛泰晤士江之水，灼灼维多利亚之华，瞑念方来，废书无已。

游历日本图经德清傅氏自印本

《游历日本图经》三十卷，德清傅云龙著。言日本事实者，其考察之功较遐荒为近易，以文字之从同而习俗亦不相远也，然历聘多人，情势在目，著书之用，涉笔一误则驳诘随之，狗马之难图，固不若鬼神之易状矣。作者勇于撰述，以经行之暇，辄为成书三十卷，虽于近政新谋未挈裘领，其审慎之处无可訾议，学已足多。综览全篇，盖详于考古而略于知新，前列黎庶昌之序已言及此，乃至刑法、地租等条述故有闻，征时不及，惟旧典或关野乘，形胜亦涉史家，凡此诸条略资探究，其为益之浅，颇不餍阅者之心也。第一卷中国日本月朔表一条云，日本之沿中历，或谓羲和之子出于旸谷，以国为氏，殆出日官，其说近臆，大倭即今奈良县大和国，其改日本实在唐时，第二卷沿革表亦攻"倭"字之原，知易"倭"为"和"，藉为转音而仍不详其所始，按羲和有子之言，良如作者近臆之诮，然"倭"之本义近来我邦学者或以为百涉"涉"字之转，或疑为唐虞"虞"字之讹，若使从后一说信而可征，则谓出羲和要非无据，抑不独《尧典》之"嵎夷"可指为倭夷而已 此德清俞氏之说。四至八到表备详国势，足见究心，顾取譬地形取之虫鸟花卉等类，其甚者乃有蝙蝠舒翼、孔雀张尾云云，此等辞章下乘之言何当测量方域之用？即云著作体例已乖，不得援彼都蜻蜓点水之言以为自解，作者于《游历巴西图经》一书论及地形亦用此病，毋亦文人积习之未忘乎？其于日本立国之沿革，博稽前籍，足补成书，而异域之史，于其国相传旧典要不当遗，故如天帝以琼第下探沧溟遂成日本岛，语虽近诞，多识者于此终不容删也。第三卷疆域险要一条陈述情形颇合事理，惟海道险要一表或仅据一二人之言，当时未必躬测其势，所举各港与今日海军分区已不能尽符。第五卷府县厅孔道支道表虽不甚切用，然书以"图经"为名，详至若此，亦可知其勤劬。第七、第八两卷专述河渠，用桑钦、郦元《水经注》之例，其言较雅，于水流分合之事纪载亦多，便宜援用旧文以行之新著，当以此为合格，而无关宏旨，不免琐屑之讥，作者自欲尽图经之义耳。第九卷考究世系而不详贵族之高门，仅于食货一卷户口表中道及一二语，此亦近略之一事。第十卷条叙风俗颇多轶闻，为前人著书之所未及，方言一条与后人文学一卷之论日本音于和音所无则必借汉音一事皆未备论，岂非多疏？食货、考工、兵制各卷，于维新以来制度之间颇有纂录，惜其毛举浅迹而不悉其精神，且实施规条不及抄撮，为是篇之深憾。又凡所条列距今已逾十年，日本国步方新，进步已超于前日，其为陈迹无当今人，而职官一门尤非其旧，故此书刊行于近日已为无用，作者有知，当悔立言之早。外交一卷多记中土遗文,并录诗文等作,揆之取义,良属无因,似此丛残何当游历？政事一卷载有宪法全文,虽迩来译布已多,其在著书之时此为觇见源远,独恨编年大事表于明治以来事迹太寂寥耳。刑略条所据宋淳熙九年传抄本和律,并引各条每参中国旧律,此为可珍,或据旧藏之本。文学一卷日本文表条附录异字,亦资识别,杂学校科表条云有所谓哲学者,西学中之性学也,此语则非哲学之名,在英语为斐鲁色,非谓爱智也,故自明季艾儒略之东来,所言西土学科即据此义而称为"智学","哲"之与"智"字意相从,日人定名正当不误,代以性学要失其真,乃者此学盛行,中土之人犹多误为性理,故因此文而略辨之。艺文一卷,中国逸艺文志条所列各书,近闻日本古书自人家珍藏之外,已于前数年间为闽人力钓,挟重金东渡尽购以去,不知何以未见刊行。金石各卷加以标橥,已称雅量,惟是奉派游历之员沾沾此道,惧非在廷之初心也。叙例一卷,自言其例,尚称别裁。总之,此书之成颇避嘉应黄氏《日本国志》之貌,然卷中分条颇不得要,糅杂难辞,黄书精博已得盛名,然按之于今已非合节,自其书行以至今日,中间变易之迹,颇病前此无若,使兹篇之中多存行政之要,则审其次序,察其原因,日本三十年来更迭之详,此为过脉,不已优乎？

游历美利加图经德清傅氏自印本

《游历美利加图经》三十二卷,德清傅云龙著。此篇于作者日记之中为最经意之作,故详至之处亦视他书指作者所著数种日记而言过之,惟检阅之余,则各卷之句内尚有当商补者。第二卷言疆域原始,谓科仑布探地之始,初抵南北美洲间巴哈麻诸岛之一,认指为印度西极海岸,遂称曰"西印度",按西印度之地虽发见于科仑布,而命名则不起其时,盖从前欧人颇闻远东有国名曰印度而未悉所在,及科仑布觅得此处,疑即印度,因以名之,后人旋察其非,故加"西"字以为别,此文所云乃颇近误。第三卷四至八到表辨及谢清高《海录》之言,美国之为名邦,断非孤狭海岛,其在今日尽人皆知,蠹残之书何以费墨?作者好辨故籍未为无功,若此则无取矣。第三卷言合众国形势,近闻法人著书以为中国古时所称"扶桑"当属美国而非日本,此亦言地理者之异说,作者当时则犹未著耳,多用浅泛之语以譬地形,此好文之过,不切于学问,此失盖屡见未已。第四卷合众国邑表云,有邑有村,其村难可枚举,按分村之制为地方自治之要领,今以其繁而不欲悉举,是以良法之当前而不知所措意为惜,如何舍此不求,徒以译音地名难列满纸,无资研究,不知何所贵也。第七、第八两卷专考水道,脉络殊清,行文亦洁,而叙次明晰则尚有所间。第九卷言密士昔比河河工,亲历其境,察其功用,与黄河比絜,所云异中见同,谅由实测,颇惜推论未尽。第十卷附华盛顿传,作者所为论有云美利加地拓自英而畔英自立,一利国权也,此等语意殊背事情,美利加之地草莱之辟,功在流寓之民,不在英之政府,其不甘受虐而起抗政府,亦不得目为畔,且定为利权之国,作者不知人民与政府之分,故语皆牵混,此乃不可不辨。第十三卷纪载物产,于兽属列有鲸兽,于鳞属又列鲸一种,注鲸兽云海岸有兽类鲸,谓之鲸兽,按鲸之为物,言生学者以为热血类动物,故以之列于兽类,鲸兽与鲸或即一物而误析为两名。第十五、十六、十七等卷详志食货,于矿产、纸币、国债、出入货物等事钩稽辨识,颇见精勤;第十八卷言考工源流,于各种工事尤能深究;第十九、二十、二十二等卷言铁道、轮船事,章程亦备,此书中之可取者。第二十三卷酒工系地表言及香饼酒,斤斤于山配、香饼之异音,而不知为法国地名,虽无关宏旨,要亦著述之疵。第二十四卷言兵制,按美国陆军团练操场甚宽,多备器械,任观者随时附习,故美国虽不尽用国民兵之法,而国人皆略知战阵之谋,惜篇中未及析言,无从备考乃为可憾。第二十五卷言兵事,所述美洲土蛮古时战事似无所择,独于从前南北邦之战所以成败利钝能著其往绩。又第二十六卷水师阻道说、炮台经验说,第二十七卷兵船杂识、船炮经验说,第二十八卷言水雷各条,皆是作之菁英,识者或将搴取。第三十卷言国制,亦备观览。第三十一卷志文学而罗列中美所著各书,此则岂能备载骈罗,抑亦摹古太甚之过,言学校而不及条规,尤属不知区别。第三十二卷志金石,此或癖好,入之书中乃觉不称,至篇中屡称美国为地背,似亦不协于文理者焉。

游历图经余纪德清傅氏自印本

《游历图经余纪》十五卷,德清傅云龙著。盖作者于程途涉历之暇随笔记录者也,排日为编。游记之例,其于地理之说要自不必相通,惟以所纂各国图经之名施于连类,故只可归于入舆地一卷耳。篇中纪载,于历国过都之间,凡百规模未能见及远大,不过琐述道路靡骋之劳、酬酢往还之节,以云著述之值,要无当于新评,近于可取者则其视察工厂等处,于汽机之用、锅炉之力,每能叙其一二,不谓竟属无裨耳。天时一表,按旬日记阴晴风雨之度,沿袭往时日记之例,无聊之思,取义已乖,且异域雨旸何关中土,此而足述,无怪积牍等身也。作者以奉派游历,故于著书务欲卷帙之多,以见勤求之至,如此类者,核其为书指作者所著游历各书正复不鲜。即如第十四卷考证高丽好大王碑,此碑于光绪初元传至中土,京朝士彦摩索良多,篇中辨识累数千言,推之金石专门、小学通例,颇有合于家法,顾与觇国何关?游历之志于是荒矣。曩者吾国朝士,偶涉外事皆不悉政体之谓何,遗其菁华而竟掇其枝叶,亦刘子政之所讥幽冥而莫知其原者也,一至异国,所列目荡心,下焉则宫室之美,上者亦器械之精而已,至于立宪宪法、地方自治诸端,虽如星辰之离然,或乃重雾之若隔,作者于旧学尚有根柢,而游踪所至,心得之余,亦详于艺而略于政,意气不广,非独一人兼究政事者,自无锡薛氏之出使日记为始,近来此派渐开,不可不知所防焉。

白山黑水录上海作新社本

《白山黑水录》一卷,分为铁道志、道里志、风土志、沿革志诸章,题云作新社编译。据书中自道之语与所习用之名辞,盖日本游历东三省各境之所为,其曰"白山黑水"者,指长白山与黑龙江也,故书有著者所记一条,明为作者自言,该社只译其文而印行之,必曰"编"者,亦其习惯之例。书于道里各条亲历其故,纪述方舆赅洽不误,为究心东北边事者之助。此外言及风土沿革诸节,皆能考古知今,而视察铁道之情形则尤作者所经意,其时俄人筑路,末数段犹未竣功,篇中稽其功费,皆由实核。论列俄国政策每宜底蕴,非徒臆测浩感之言,为书大端,其略如此。至绪论篇中以咸丰十年黑龙江划界为恭亲王密约,则外人不察之辞,此约虽定于京师,而当时成之者实为将军奕山所主,且其约久经明布,亦何所谓密乎?铁道志中言铁道线路经过之地,其云通过满洲中央之线几经更变,具见考订之精。俄罗斯原作"露西亚",此准中国官通称之新都一条,谓俄人规画创建大都会,以为经营满洲之根据地,当时豫定伯都讷之地,旋弃而就哈尔滨,故俄人或称其地为新尼喀拉斯克按俄国今皇称为尼喀拉斯二世,此盖用其名而以比于圣彼得堡、莫斯科之都城,按俄人肆力东方必将移其都府以建于新国,此所论乃有明征,旧日悬谈可为深虑。铁道过处都邑变迁一条,谓俄人选择线路之法,一以地势为标准而不论固有之都邑,盖利用铁道势力以为新都邑之开基云云,俄人整理铁路之迹,观此略著优识伟力,于是信之。道里志中宁古塔至三姓一条,所云夏有哈汤之险,泥淖数百里等语,按"哈汤"之言当出土语,相传已久,人涉浅草方行忽陷,盖由洼下而然,不得比之泥淖,或谓唐征高丽士卒,陷者数十万人,即堕此害,是亦深系地理者矣。其以今之阿拉楚喀当黄龙府,而以呼兰当五国城,考辨地名兼参旧籍,立义颇辨,较之以三姓为五国城之说地望可稽,要非无据。沿革志中满洲古代之诸国一条,摘录尚备,然近人有以建州为满洲,而以我朝国姓爱新觉罗即新罗故国之后者,其说谓唐人译语取入辞章,故省称新罗。此则作者所未言也。庚子之乱俄略东三省情形一条,载有元注,于各城名辨订甚审,顾云元注,岂有自驳之理?此令人难喻。又书中有引及"福金"二字者按今作"福晋",注为夫人,颇合音转之义,国语所称或本出汉音耳。

爱国行记上海石印本

《爱国行记》一卷,泾阳吴建常著而不署名于简端,惟末附跋语始书其名。作者盖以求学之故,就日本新立师范讲习会肄业,此篇盖纪行之小册也,篇首题壬寅年,犹是未忘汉腊,而好用日本文义,甚至言及晷刻必曰几时,习而忘焉,于所谓爱国之心不知何若耳。披览其言,似于求学之诚尚称笃挚,惜根柢未深,凡所拈题每无深蕴,以常人所能知之而斤斤道不少衰,若以东人恒言学界价值者论之,谓悉所偿固当几何?纪述之笔亦多未协,即如所记游浅草区观博物院一节,有云人模二具,全身骨架、筋肉、血管、肠胃等制作之精,毫厘不爽,夫解剖之学中国所无,既非专门名家之医,何由知其毫厘不爽?此亦涉笔之未安者矣。记浴场一节,此事无关学问,即其辞未尽雅驯,尤不得以问俗之文自解。书中又谓中国患贫与区区三岛等,盖以日本为三岛,犹袭往日俗士之言,日本本国与九州、四国、虾夷并列,实为四岛,作者亲入其国,岂有不知,安得削其国境乎?惟所引范静生之说,论清华学校受学程度云云,其言不为无见。至于作者每日所记悃款拳拳,似非伪饰,要有振励之功,当从节取,正不论其为学如何,且纯谨之意多而嚣张之气少,于近时结习沾染尚稀,此其可谅者焉。

二十世纪第二年之南北冰洋嘉定日新书所本

《二十世纪第二年之南北冰洋》二卷,瑞典屋土诺得肯司乔、那威屋士史缶局辣拨著,宝山仇光裕、阳湖严新辙译本。盖分探南北极所为之日记也,南行者为瑞典人,北行者为那威人。据南冰洋一卷之前作者自记云,是书作于南冰洋船,时某年月日船泊赤道南纬若干度,则是最近之作,又为经验之言,虽所述仅及崖略,于最新探极之事实测犹微,顾以短帙未湮,盛游可踵,甘英之见弱水,玄奘之历风灾,世有挚虞,能无作赋? 惟原书纪载未知即是作者本国之言,抑英、法诸邦通行文字,其为伟业瞩目方殷,书出甫逾二年,所译未必初本,篇中颇用东籍习惯字义,或自日本展转译布者欤? 综览两篇分叙之处,行路之险、兽迹之繁,则北纬之多遭较南端而已甚,以二人所值例之,似动物之产北为异常,而植物之丰于南日苗,相按之下,其状若呈,读者于是可证。北冰洋卷中所言遣派游队等事分布有体,西人于结队游历之事,行止举措皆立国治军之条理,随处见之,不独涉险为然,古时游牧所以成国家者,其理亦若是已,独恨两极之间生物未稀,即论地气又非久冷,何以不遭人类,此乃巨疑。就此篇之所陈,游于南冰洋者见有水鸟,谓其物能作人状,其状惟猴类或能肖之,初莫辨为人为鸟,人近其巢辄振翼相抵,雌守而雄出,人立而斗,一鸟既呼,群鸟竞作,环聚而攻人云云,夫穷发不毛之域,或绵古而不见一人,则物作人状者将何从而取,肖拟以猴类庶犹近之。人之初生,出于吉兰猴种,其说久著于白人,南极水鸟可以见例,坚冰硇硇,人种方来,谁与降祥,遂集于此,观其拮据御侮,则合群与智力三者相兼,若使毗骞多谬,末日犹悬,斯种进化之期终宜有验,求之科学或可备一说乎? 至那威人之向北,畜犬多头,时时以犬粮自困,此不可解,游客所携必将有用,惜未具言其意,不知使犬与探极何关耳。两卷之成,皆作者未竟之业,来日可复,近迹如何,梦入华胥,方同瞑涉,地毛终尽,洞劫将煨,安得向全知全能之主而相与质之。

长城游记嘉定日新书所本

《长城游记》一卷,日本大鸟圭介原著,嘉定黄守恒译本。书作于明治二十五年,实当我光绪十八年之际,作者于时方以其使命驻我北京,冥想涉遐,遂有此役,虽曰周原之历,谅非地学之言,以日新书所译本列于所编《舆学丛书》之内,故用因仍之耳。秦人之筑坚垣，初惑于谶纬迷信之谈，固非赵简子北望常山之比，原其东戍巴丘之意，已谢五丁开道之功，盖所谓自限而非以限人者，子长称始皇得圣人之威，于此有逊色矣。德水为河，千年不复，峨峨积石，终谥漆城。羁旅游踪，怆怀未已，披览是作，吊古深之，外人蓄念，方郁壮怀，凡登山临水之情，即远瞩高瞻之概，而兹编所纪形势匪详，怅行路之多砠，述道旁之故俗，实测之用，于是无闻，良由秉笔之时，聊志驱车之状，初非著述，不待多言，读者视之略摘意向可已。今者世德屡迁，关门多故，东来之辙方盛，则北门之钥可除，颇闻旁观建议者流有谓长城四隅砖料至多，同于埃及之密陀古墓，两国河患近日频闻，故欲以长城之材遏黄河之决，而用密陀之产断尼绿之横者，此虽一时好异之言，亦见地运之衰非关险隘，向所竭一代之力以成之者，其在后世之用乃无异于秭柳枯秸也。作者此行取道于居庸关，按龚自珍文集有记居庸关一篇，谓其间有间道行旅所通而守吏不知，虑一旦有兵则是关可袭云云，此亦留心之用，篇中未及，要可引而补之焉。

世界探险上海人演社本

《世界探险》一卷，为书九种，曰《希马拉雅山》、曰《沙漠横断记》、曰《瑞士之山光》、曰《澳洲纪行》、曰《南洋食人国》、曰《南极冰中二千里》、曰《北极探险谭》、曰《太平洋中之乐园》、曰《科罗拉特之峡路》，其书不出于一人，上海人演社译本，未审其为原本丛刻，抑由译者搜集而成。据第二种《沙漠横断记》之前有附记一则，中有"吾读之，吾喜之，乃抄译以公世"之语，第五种《南洋食人国》之前附记一则有"我国人谈纽基内亚之真相者，以龙江义信氏为嚆矢"之语，第七种《北极探险谭》之前附记有"叙其梗概以公世"之语，篇中复加按语，此外各卷亦每有附记于前，观此可定为日本人汇刊之作而译者展转流布者也。凡此各种为体不一，或则游览名胜，或乃搜剔穷荒，详考其言，皆稗稽镜。第一种为日本人樱井基峰游历希马拉雅山之作，此山为大地第一高峰，积雪皑皑，今为世望，近日我国学者谓即古之昆仑，此说一传，几为定论，作者之行颇重于探查风俗，似非注意地理，故于西藏琐闻欲知其趣，此外则略及行路之难。篇中有云山后包拥世界之秘密国西藏，按"秘密国"之称其意有所讥讽，闻近日日本某报刊有《世界之秘密国》一章，即言西藏情事，此等要不可不察。第二种据附记之言知为欧洲博士史汶黑敌阴之作，惟未详为何国之人，其人深入中部亚细亚人迹未到之区，所记数则虽未及实测之处，而停辛伫苦，亦见是地险阻之情，著者此行先以缺水而困，其初得见树木而未尝有水，后乃于森林中觅见溪流，按植物之生必由伏润，此理浅显易明，记中国说部有谓乌鲁木齐之筑城艰于采井，初谓沙漠所无，后用老军之言，以柳树得生证之，果见泉流，此亦谈助之雅。第三种题为青萍迁人之作，盖作者西游欧洲探奇瑞士之事，而归国后追记之者，缕胜罗幽，颇似昔人游山文字，虽郦元之知已非凿空之用心，独篇末所举谓欧人有冒险果敢之风为足省耳。第四种为日本人志贺重昂之作，当时盖随军舰而行，以旁涉澳大利亚洲者，作者为日本有名之地学家，其言澳洲所产木叶非横柱而与地平线平行，实纵立为直垂线状，日光射于地上，深资牧草蕃茂之助，故此洲形势天然适于牧畜云云，其说可参于新理，计算全洲输出之利，亦见调查之精。第五卷题为白龙江之作，据附记所述则作者实为龙江义信，盖言澳洲北面南太平洋之纽基利亚岛情形，于土人之种类及其遗俗甚详，以意约之，如饰鼻嵌耳之俗颇类古记所言断发涂龙之风，当由草昧未开、制作不备而人情所尚，趋重华丽，只知刻画肌体以为美观，故非垂之衣裳则此风未革，而旧习所染，即在近日东方诸国涅齿穿耳犹是留遗，固不独食人之邦于今未改而已，篇中有按语以为辨别陆居、水居两种人，大助考察之功，所论诚然。第六种据附记所述知为比利时医师科克之作，作者随探险队之船名培的卡者同行而探南极之地，篇中所言大概为坚冰所阻,故未至极道之中央而寻获一二新地,篇末自谓发明最著之事可为探极史之新闻,南极温度之低至于爆不能发,乃与前日英军之在南非者相同,当时英人束手远购火镰石于中国者数千具,寒带、平原同此气效,或凌阴之与冻雨气候同焉。第七种附记标明奈生博士之作,奈生为那威国人,以探极之案著名,首创乘船渡极之议,非独辟见航路,亦深便于赍粮,涉险之功,以此为最,篇中记奈生探极之三效自是要件,其游迹所至,离船乘橇则以犬牵之,可证新出南冰洋书中携犬之用。第八种题为枫堂之作,不知何人,其为日本之民则时于措语中见之,其书记布哇即旧檀香山之风土,以白人恒言谓此岛为太平洋中之乐园,故比絜之而有所以为乐园、决非乐园之二则,记前数年日本报中附录布哇游客之书,列有宜来、不宜来数十则,与此相类,而其论不详。先是,其时布哇未列美国属地,日人颇垂意此邦,故游子好传其景象,所以馈其国内作者,此来已在美人收地之后,篇中所云其地人口日减,大约风土过佳,易酿闭关之结果,不克与外来之国民生存竞争,此自不拔之见,凡言内地开放者不可不慎于此。又云美人以音乐政略夺布哇,其事甚新而于理愈确,终非臆测之言,所谓土人有不可思议之性质,酷好花及音乐,人团花圈以饰于颈,呜呜以歌,袅袅以舞等语,巫俗好礼,适合楚辞,会鼓传芭是其遗迹,阿瓦夫渠之曲、信州薔麦之歌并此为三,可存殊乐矣。第九种为日本山县悌三郎之作,作者亲诸北美,专采科罗拉特之峡路,不过俄顷间之事,而于地质之学颇有发明,谓此峡基于流水之力,其最初时水流于此顶之坳处,而流水下层含一种小砂与石相磨,石面渐受浸蚀,经几千万年之久遂成此观,其言乃与国初康熙年间江都孙兰所著《舆地隅说》扬州近刻本说积石山一则相同,以科学求之正非无故,其余亦多取证之谈。综览诸篇,要皆不废槎通银漠,标建赤城,若使沉渊终期,避地大九州之解,愿向薛叔耘而一进之。

新学书目提要卷四

文　学　类

处今日之世而用文学为名辞，几如对夏虫而语冰寒，其不为时人所诧者亦微矣。夫欧洲硕彦，鸿传为宗，既切世图，弥怀故学，腊丁文义，著重方深。埃及断碑，既有资于辨体；罗马铜表，犹多效于典章。此非西人考古之迹耶？何其洵且雅也。若乃德尊苟克，英赞李提，则滂理旧文，至于中土，劬劬者垂五十年，耄而不释。噫！抑何笃耶？而近日不学之徒，习为蔽冒，诋诪故典，废弃雅言，操管之间方滋腾笑，咨以欧儒之学派、西冶之深微，固犹是叩槃而扪籥也，此亦承学之阸已。今之所录，半为日记、讲义之伦，初非任笔沈诗之作，为目不及三十种，故兹篇提要颇复寥寥，顾必存此名者，视文学之贵，冀以返积重之势也。大雅淹洽之群，庶不责焉。

东游丛录日本东京三省堂发行

《东游丛录》四卷，桐城吴汝纶著，题云章宗祥、吴汝麟、张奎等译。录分为三，曰摘抄日记、曰学校图表、曰函札笔谈。按作者于时方充京师大学总教习之任，爰躬诣日本，周历其公私各学校，求所以授受之规、联属之意，因旁采通人之论以博其趣，故篇中所撮于是为宏。盖撢诵之雅言，游记之创格，固非琐言短札之俦矣。书中间及工艺、财政及其他事者数条，盖以辀问所悉，连类而记之者，其论学宗旨自有微寄而不涉偏倚，类多深会默识之言,凡所缬存多其国教育名家之说,善邻之义每著拳拳,故虽杂俎成篇,条理未尽董治,而研查密切,于我邦兴学之务要自深裨。惟作者视察之意,注重于日本教育之精神,而言者则以融和东西洋之思想答之,托义己高而未宣秘要,终不悉所以融和者厥路何阶,似不足以启良问。至作者时以明治初年开办学校之事咨人,盖取其与中国近情相类,可以仿行。第四篇所记问辞有中国始立学堂,尚无中小根基,不得称为大学,教育国民之说亦难普及,拟取二十余岁之人、中国学问已成者,使之入学等语,此诚学制未布之时不能不变通之要。又云中国取法他邦设立西学,其课过多,若益以汉文则幼童无此脑力,若暂去汉文则国学岂可废弃,兼习不能,偏弃不可,欲求两全,必将两失数语,尤见执事将慎之心,而彼都英彦之答音犹鲜周行之示,或者暇日深论,有为此帙所未褒辑者欤?当作者归自日本之时,海上书偹亲承绪向,明诏终日,皆与此书最录叠矩重符,尝以官制未厘则学生他日出身服官仍虑用非所学,故日本整饬学务,其官制之变革亦为旁助之大端,且云他国之学生学成即可任事,中国学者学成仍赖授官之后始有任事之基,此于势为隔阂而实业不可兴,欲救其弊,宜令各省高等专门学堂之生卒业,即令各举其事以重当实业,无事以服官为亟,又颇述菊池氏之言,谓中国欲求救急应用之才,固先用立大学,又云土屋氏之言,谓教育以文字为利器,中土文字蕃变难省,宜采日本五十音图,其意将用和音而夺汉字,机械殊深,然文字趋简,良便于普通教育,终宜有所制作云,其殷勤为已至矣。青简弥新,宿草先列,沾巾劳手,只重恨然。

癸卯东游日记通州翰墨林书局本

《癸卯东游日记》一卷,通州张謇著。作者以是年应日本大阪博览会之约而往,是书所述,于学校农工之事独致详焉,则游历宗旨之所在也。近者我邦英侣盛言当世之事,顾凡所持论托始已遥,侈远效而不求近用,务高论而不恤小施,故言兴学则计年以属异材而不求遍开民智，涉名都则遐骋以翘首，询政治而未遑试验专门，是犹欲历重溟之阻而未芟廷际之芜，博而无所附丽，七年以求蓄艾，一篑而祝满车，病此者多矣。作者上第华誉，郁为时望，比年以来振起实业，兼及寻常普通之教育，其任事已著成规，此度之游，勤求奢错，著于书者谅多未竟之说，而勘证之益已深，如纺织、畜牧、盐利诸端，至于徒弟、职工诸小学校皆经弹意研察，所谓施于名实，殆非张目坐论者之所斳也。此篇之言有云，中国人留学外洋者多喜就政治、法律二者之成效近官，而其从事也空言而易为力，若农工实业皆有实习，皆须致力理化，而收效之荣不及仕宦，国家又无以鼓舞之，宜其舍此就彼。近与侪辈论中国目前兴学之要，普通重于专门，实业亟于名哲，世人渐有响应者。又其答嘉纳氏之问调查教育宗旨暨答北海某报记者之言，皆洞垣一方之论，盖近人所不肯言亦不屑言，此外一二琐谈，关于事实者亦不废典故。篇末一则评论日本学业之次第，足资稽证。所记琵琶湖水利发电场一则，此工事之新秘，而模糊传述，独鲜标名，惟此较缕晰耳。北海视察农业之游，诚非他人厝齿所及，日本于明治十年之前即任专使，官集徒役以开拓北海道一隅，盖以地联俄属而旷土寂寥，桦太嶷嶷，遂荒龙脉，草莱之辟，示非等石田也，得作者亲历以考之，毛举数端，硗确化良，功用如著。今日山海关之际，迤北荒地动计数者十万顷，行边屯之计为固圉之谋，境界匪暧，人谋终远，默契邻事，又岂独行其区区之法以收效于通海间哉？披览之下，并表微向，若此未审，贤者识之将大其言否耶？

英轺日记上海文明书局本

《英轺日记》十二卷，贝子衔镇国将军载振著。盖光绪二十年将军以暨属宗支奉命专使英国，庆贺英皇爱德华加冕，纪程有作，爰述斯编。征途所历，经印度洋入地中海，度英法海峡以抵伦敦，归途逦涉比、法两邦，出太平洋以东返于美利坚，于日本皆有所稽焉,曰"英轺"者,重廷命也。第一、二、三卷为出都以后、欧洲登陆以前所纪,第四、五、六卷由法国马赛赴英驻伦教所纪,住比利时所作为第七卷,住法京巴黎暨由法国启行过大西洋所作为第八卷,住纽约暨由美启行过太平洋所作为第十、十一卷,其第十二卷则归自日本之事。山川能说,咨事为诹,既识蒲萄,方征邕草,朱轩荡节,比于观乐陈诗者矣。亲贵出游,为中国近年创格,前之作者冠盖年驰,自非行人,曷引盛德? 客嘲珠险,宾戏已深,非有麟凤之姿,何以折天骄之焰。历览篇中所述,献酢餍饫,儛颂毕陈,表德述娥,深情可绘,银汉方烂,海若掩灵,此熙朝之景被也。昔西历一千八百六十年之间,英皇时为胤子,爱历异国,其在埃及也,受苏彝士河股份票四百枚以还,自是而英始握运河之权以琯东道,传为故实,美诵未衰,将军此行同符赫濯,比位则逊而契德恒优,顾以缬其菁华,何关馈献? 玄犹巨钟,谅非所闻。不然者,西伯利之漠,巴拿马之滨,辘轳初彻,有不高腾纸价者哉? 据前列凡例云,是书仿《黄氏日钞》、顾氏《日知录》体,纪事之余,稍参议论,大抵英详于商务及学校诸事,比详于制造工艺,法详于议院各衙门制度,美详于各部章程及其地方自治之法,日本地处同洲,其则不远,故于宪法等事并加研究而尤致意于教育之法,至于山水纪游则略仿柳子厚文体,不尚丽藻,惟运神思,俾读者有情满于山、意溢于海之致,体例详核,文华雅驯,已著于斯,无烦多测。又云,郭嵩焘之《使西纪程》简略未经完备,薛福成之《四国日记》多系细译报章,无关宏谊,是书宗旨务在考求各国政治、学术、律令、典章,旁逮商务、工艺,冀以立青出于蓝、冰寒于水之基础,故于洋报译录甚尠,数语尤见屡辑之盛心。第三卷辨及近日自由、平等之说,引船主执事之权以为确证,反复几累千言,大中至正,足辟畸衺之谬。西人言平等、自由者,皆就哲理,初不证以实事,惟此条引譬明切,如使谷神不昧,可占卢索之焚书矣。第十二卷有云,必先辟平等之说而后可与言宪法，尤为万劫不刊之论，两者固不可并行，英吉利谥为东方宪法之祖国，比闻颇有意于中央集权，或者有怵于平等之害而思集其权于政府之谓乎？其对学生演说之语辞意恳挚，足使后生就范，西江天马，非络以堂头则病其蹴踏，此执事之深衷也。论日本学校一则，亟称日人冈本监辅所著《铁鞭》、《西学探源》二书良为允谛，尤记辛丑之春冈本氏过沪，将以其撰述托诸报章而传播之，或讽之云君说不宜于上海而盛行于北京，毋多聒聒于此，因书中所引，故并著其语，资后日之摭言云。

新尔雅上海国学社本

《新尔雅》十四卷，元和汪荣宝、仁和叶澜著，其为目曰释政、释法、释计、释教育、释群、释名、释几何、释天、释地、释格致、释化、释生理、释动物、释植物，分目似非赅备，而各门所释类能檃括，此为足尚。按近者中国开新民智之用，不得不有赖于重译之书，故和文之盛倍诸昔日，而通行之弊则习用名辞不能取而代之是也。大凡译欧文者，文字演换即意义随文字而可通，从事和文者以汉字易诸名而学理未必随文字以冰释，盖欧文与汉文悬异，译者犹会其意以说之，和文与汉文合源，译者直改为汉字而已，推此之故，其受惟于学说者尤深日本书，于科学、政法诸端定名必取雅切，就西文之本义酌东邦之谊言，所以标号至安，而中国之初读译本者往往艰于摘索。譬若英文之言斐鲁色斐，此书以汉字而无义可言者，以“爱智”译之则闻者独可晓，日本用汉而解释不尽同，况益以学说之奥赜乎？如玄名、抽象之称，二元、一元之谓，本以汉字为用，持较“爱智”二字，省喻愈难矣。作者之为此书，固将有鉴于此，篇中所释皆举近译书中所恒见者以析言之，自有此书而读译本者若顺腠理而逆之，更无扞格之虑，其于学界之幸，犹照以烛龙之炬也。或谓书名《新尔雅》而属辞重复，已乖《尔雅》之例，顾作者之取名《尔雅》，不过托始之意，以为定物之归，名物既异则格调方新，必以故体相绳，犹是胶柱之见。惟每条之中间附案语，良以正文不容泛溢，故自著书而自注之，此则不若改从疏体，广加征文，采论弥宏，庶使览者兼备研求之益，始为合矩。释政篇记各国政府诸条，涉及政体累数百言，于文已蕃而其义未尽，此犹当以诸经正义之体申之者。释教育篇第一条云，"教育"一词在吾国古训，教者效也，育者养也，拉丁语为某即造作之意，英、法、德皆导原于此而其意亦同，数语于教育之旨岂能悉宣？如用疏体缕述于篇名之下，则流别可明，而著述之例则亦协矣。至于各种学派宗旨邃赜，师说尤多异同，断非本文数语即可云揭橥之用意，他日必有张揖之流以广之，其在今日犹存遗憾耳。

理学钩元<small>上海广智书局本</small>

《理学钩元》三卷，分为各章，日本中江笃介原著，南海陈鹏译本。窃谓译者之取此本而传之不知何所取义也，凡译书之用必薪于学者有益，以浚发其心思而增炼其智识，如是者可为良工，今若此书其旨非不醇粹，其论非不元远，然无裨当世者有三，则固可以断言之者。书于论学之间务为诡胜之辩，且颇类名学狭义之谈，未见可以通诸政理者，一也；其言枯淡兼病烦数，若琴瑟之专一，谁能听之，凡人倦读，二也；篇中好论神教，如神理原理说、神物一体说、神人感合说、无神说诸章皆纵言之，而此外各章亦每著其理，既滋疑义，颇觉失伦，虽曰宗教之言，其去经世之学则已远矣，三也。以此三故，宁餍世求？盖当日操笔之伦韬铎之志早微，遂失其别择之谊耳。今就书中所有而举之，解释理学章解"飞罗坐飞"之字义谓，欲为希圣希贤，无所不达，世或译之为"哲学"，固无不可，予则据《易经》穷理之说别译之为"理学"，按西文此语含有爱智之意，则译为"哲学"似较"理学"为优，且《易经》穷理之文亦与斯旨不合，正毋容以为附会。理学诸说章中言法国学官所立之虚灵说共有四科，此当是教科所授，惜不详其宗旨何属，令人不知其所用。又引法兰西学士周福罗亚之言云,理学之为物,至今目的犹未一定,此不怪也,若使理学之目的既已一定不可复易,则于今日诸说之多,殆与理学士之数相等,此数语缭绕不明,后文又不自为之解,此乃巨疑。论理章云培根言考验之法,笛卡儿则言考验与推测二者,夫考验、推测皆求达于真理之法式,乃一种之术耳,若夫论理乃以讲求言论之理为主,为一种之学,法式为术,故以得所未得之理为主,论理为学,故于论叙既得之理为主,斯二者初不得相混,按实验、怀疑两派树敌已深,惟此以片言平之庶几允谛,是书中之要谊。法式一章云,所谓凡事物有同时且无无之理一语,按此语不知所据,文义甚不可晓,而申释又非明显,其以近世地学家之说,因高山之上往往见有海产掩壳,以为山本属海底而斥为臆定之词,致于误谬,按此亦无确据,似不足以毁专门之旧说。世界之害恶章云,必须死后天堂之赏、地狱之罚乃得善恶之报,此则显耶氏之说,盖日本学子中之甚稀者,然后文又有基督宗教理害一章,顿与斯言不合。感觉说章云,倍根之于技科,其论物之疏密采色、海潮之上下、空气之轻重等理,往往发前人所未发者,但其驳科伯尔匿克所创见之天体说颇为不合,按倍根器数之学译述未闻,此条所引,惜未能窥见凡略,科伯尔匿克当即首明地圆说之哥白尼,未知其天体说何以为倍根所驳耳。生物体机之寖化章云,于元始之世分之为三期,一为罗冷西养期,二为康扑里养期,三为西留里养期,以下言第一世、第二世、第三世皆各分为三期,其言率用西音,此当为地学专用之名词,译者正当旁考西文以释其理,然后意义可测,仍而不改,亦见考察之疏也。篇中有康德之法式、斯宾塞之道德诸章,颇往复于二人之学而未尝一采其华,又意象说一章于古者希腊柏拉图之言亦多引证,此其师承之末迹也。东坡之读孟郊诗云"初如食小鱼,所得不偿劳",今览是书,虽托体殊科而艰于求索,则齐致焉。

世界诸国名义考上海广智书局本

《世界诸国名义考》五卷,日本秋鹿见二原著,番禺沈诵清译本。盖分亚细亚、欧罗巴、阿非利加、亚美利加、澳大利亚原文称大洋洲,此从其本名五洲而计为五卷之书也。按国于天地,首曰正名,万邦绮错,各执定义,有沿古昔之称者,有从地势形脉之解者,有取于大名之颂嫮者,有冠以伟人之尊称者,骈衍俶异,各就所宜,若不揆其初则曷云问俗?考厥命义而溯其所昉,斯亦为学之要津矣。且一国之取名,固有一闻其称而可藉知其国之大势,即如此书之前载作者之序有云,譬诸言白耳义即比利时、和兰低地国之称如何而起,则二国之地势自了然如指掌,闻英吉利之所由来,则如读一部之英吉利史,然则谓知国号之称可通世界之形势,岂过论哉?此数语明核已甚,可谓知言,著书之意正当从此而起。篇中所考,研究典博,多为近人之所未知,于非、美洲之间类从举实,以言观国,裨佐匪浅,中有一二宜事补苴者,聊用辩之。第一卷"亚细亚洲"一条云,亚细亚者东方及太阳之义,犹言东大陆日出处也,或曰希腊语称中央为亚细亚,按近日顺德李侍郎文田以"亚细亚"三字为"安息"之转音,其说新而有理,此作者之所未详,亚洲之地以中土为大,亚细亚肇称之雅谊,但有淹洽之言,犹当并存其义,以张而摅之。"支那"一条,备著众说,如谓震旦有思惟之义,支那即"秦"之转音,又为东方之义,此皆取自旧闻者,然考"支那"二字传播之萌,虽曰托始佛书,而属在欧儒已多枝指,故或誉以文明之娇谥,或视同磁器之良工,凡斯两言,有兼国望,其说初非甚晦,流布已深,顾作者独至遗之,未谂终以何故。至曰今之清国,取于一清天下之义而颇肆讥辞,此则臆揣之谈,未足以彰事实。我朝之用"清"字,虽莫由窥测高深,大抵鉴古立名,有取于字谊之昭顺,且属在当时地圆之说未闻,不知更有海外,入关以后方谓天下早定,何贵于一清之文?据此相嘲,乃为无本。其引日本旧呼中国为"摩罗果西",即是山河悬绝之义,独可成逸闻之一节。"印度"一条,能引《西

· 546 ·

域记》之文以证印度之名义，具见淹熹之赡，此其所以当重。
"西伯利亚"一条，释之云西伯利亚者露西亚语称北方之义也，按近人以西伯利亚为"鲜卑"之转音，谅无乖迕，而此条独阙未采，似非言掌故者之所甘心。第二卷于"奥地利匈牙利"一条有云，匈牙利者谓匈及牙利合二种族以为名，匈者即支那所谓匈奴，按"匈牙"宜为"匈奴"之声转，明人修史译其音为"红孩儿"，然据服虔之注《汉书》有"獯鬻，尧时匈奴"之语，则是斯种曼衍五千年，转徙数万里，犹未忘其夙号，于今欧土著黄裔之居焉，此以匈与牙利绝读，似昧转音之迹，良由误执他书以为证耳。"露西亚"即俄罗斯一条，征文盖鲜，于旧说皆未引及，尝考迄汉以来，若丁零、敕勒、坚昆、奄蔡、钦察诸邦，皆或指为俄地，其以《魏书》之乌洛侯"侯"为"俟"字之讹，乌洛侯即俄罗斯者，厥谊尤确，而《元史》、《元秘史》两书之记俄音略繁，若斯类者必有记录，以今追古，庶犹粲然。"土耳其"一条未著突厥之本音，日本人通书土耳其为突厥，此何以独袭汉译，所为未喻。第三卷释非洲国名至悉，然似遗一二小邦，当俟更检。第四卷"亚美利加洲"一条，言西历一千四百九十二年哥伦布始发见巴拿马一岛，按其时哥伦布之创获者实惟古巴，今误以巴拿马当之，砠绝已甚，且巴拿马地属海腰，初非岛屿，就此所述乃成重牲。于"墨西哥"、"秘鲁"、"智利"诸条其名义皆云未详，顾缅此诸邦华绩夙斐，今日吉金乐石犹见流传，古国之名谅非必无可知者，异日或有好循故史之士为讨论其所以，缮此篇之嫩。第五卷"濠斯太利亚"一条即澳大利亚记各土殖民之岁，深便稽阅，颇足见珍。英人之治澳洲但及边境，而中央犹是硗确之区，此洲天位于南而度线偏近东大陆，此东方诸国言移民者之所宜经意也。览斯所著，并为论之，以上所摘，赞辩略具，观者可以弥憾矣。篇中考古太略，此由义在证今，且属日本人之作，要不足以为病。惟是山河历历，星辰离离，尊命已非，强权犹炳，竟阅斯卷，备列邦名，絜图较表,如何可量。呜呼!撒尔尼之王未复则意大利仅成历史之名辞,土耳其之德将衰则远东国先列病夫之谥法。犹太无国,俪其女子者且不得游列国之皇居;波亚新颓,前任总统者乃至作名邦之逐客,知国名之与旗帜固一昃而并隳者矣。海有飓埃,社闻嘻木,书梁未沫,叹鲁深之。

物竞论上海作新社本

《物竞论》一卷,分为十章,日本加藤宏之著,中国杨荫杭译。按东方人而研究西洋学说,性情不同则哲学亦异,不能及西儒之异搜颠索而自具锐解,以合于政谈,故作者号称彼都英彦,然此篇所著推言物竞之所生,命意似浅,深文奥旨之所存则不足以为群伦之惊。如天竞之权利一章,辨诸家之说而谓死刑之当设与否可暂置不论,固非本书之所讲求,则竟不能诘其非,其辨天赋权利之处亦未能中其要害。其论强权第四章征文至博,析谊亦通,然于是非利害之间尚未直揭其要,所引强权之两说,一谓两强相对之势,两者之权利互相冲突,遂互相平均,卒至互相认许各有权力,而两者之权力乃同为法律制度上所实有之权利,此言合于今日列国所称之公法一说。谓懦弱退缩、甘心压制之人种,其强大之族类苟肆行无忌,无以限之,则以强暴之权力视为应有之权利而多行不义,弱者将不能容于宇宙中,此则当日诸儒所以著性法之书,读者可思其故矣。其论强权第五章谓,古代邦国,其帝王或酋长不鲜行神权主义者,即今日欧洲各国亦不能谓神权主义全行消灭,如奥地利、西班牙、巴派里等专奉加特力教者,其称君主皆用神圣等语,至于支那立国全以神权为主,至今不替,斯言或有说,然谓日本则中古之镰仓、室町、江户政府均已变神权政治而为兵权政治,则以武门之制压服诸侯而不敢少抗,夫日本之称君主,非犹是神圣天皇乎,其以帝王之位为天护神佑不可侵犯者,日本之习俗固不免焉,作者谓历史中所绝无比类,其言似娇。其第七章谓印度之民分为四级,一曰僧徒,由神言而生;一曰国王、武士、贵族,由神之腕而生;一曰农、工、商,由神之股而生;一曰奴隶,由神之足而生,此等宗教家之言荒诞而弗雅驯,所谓搢绅先生难言之者也。其第八章谓解放黑奴实非有利于黑人,盖此辈不知不识,绝无谋生之念,故生计日迫反甚于前,于是漂泊者相属于道,密息息毕今人通译为"米西西比"河上黑人之尸累累焉,信乎解放黑奴适所以断灭黑种,斯言之惨,无教育者颇可引为内视之鉴,然以古代埃及有大建筑必使役奴隶,虽死者数十万人,实开今日之工程学,则奴隶为不可少,夫应工役者或为劳働之民,不尽属为奴隶,且即以奴隶言,驱数十万生命以死于营造之际,未免有伤天地之和,伯伦知理言之甚详,而作者谓野蛮之世生民之嗜欲未启,资性极惰,惟迫于饥饿始一服劳役,故雇用工人订约承辨之法实有不可行者,此言之背于天理至于此极,使中古无性法之书,则美洲之苦力工人将无噍类矣。至第九章论男女之际男尊女卑,考之人类学、人种学,凡为女子者不问何种、不论何代,其质每劣于男子,此又与弥勒约翰所论异矣,其言曰:"女子宜有参政权,其应有之权利固与男子无所区别。"伯伦知理虽驳之,然亦谓参政权之许与不许当视其力之能否耳,此说最为适当,若作者谓夫妇之间各尽其职,夫从事于外,妻执业于内,如此则有利而无害,又曰为女子者长于治家,其天性然也,此等臆决之词,不独女子有所不甘,苟翕丕尔克来福有灵当亦攘臂于九泉矣。

海上观云集初编上海广智书局本

《海上观云集初编》,诸暨蒋智由著。其文已散见于选报卷首,兹更裒集成册,名为"初编",缘著者尚有《远略主义》、《农宗国》等书将次出版也。卷中《正例》、《风俗》、《忧患》等篇云,中国之衰衰于民德之不和,故其心为利己,其所恃在宣传佛号崇拜万有,其所长在挟私怀诈、无耻寡信,凡所箴砭各情皆中肯綮,吾尝谓中国之维持在革内政,尤在革国俗,国俗之革尤以革天、革神为先,天革、神革而后民心无所恃,知人不可以不自立,群不可以不结合,宗教、政治始与人心、风俗为近,庶几其可行焉。至于联俄之策,中国群焉信之者,非爱俄,非亲俄,盖以俄为可恃,虽国不可保而托庇宇下,有田一成、有众一旅,犹可优游于斯拉夫人种卵翼之下,此即东晋诸臣听大司马处分之心也,此即南宋诸臣小朝廷求活之计也,此即昔日之芬兰求露人保护之策也。噫!今日之芬兰果何若乎?露之所以待芬兰者果如芬兰之所料乎?卧榻之旁岂容他人酣睡,古之灭人者国者罔不有聚族而歼之心,况鹰瞵鹗视之露西亚乎?食毒脯而美,饮酖酒而甘,作者其忧心矣。

天则百话上海广智书局本

《天则百话》,日本加藤弘之述,中国吴建常译。是编盖加藤博士随意揭载于《太阳志》者,故不成一家言,然其于国家主义未尝不三致意焉。夫知有身有家而不知有国,论者辄以此罪中国人,然吾谓中国人特不有知有身有家,果真知身家之重,则私身家之极不得不牺牲其身家之私利以谋国家之公益,泰西哲学家以家族主义先于社会主义,其理适当,传云:"身修而后家齐,家齐而后国治,国治而后天下平。"身家之私亦天则之一端,无可责也。至云政党之弊,比于一君主及数大臣之压制有加甚焉,一君主、数大臣等无强力之后援,独政党内阁后援之力最大,压制亦超越常度,夫政事以抗论而愈得,人才以竞争而愈出,国力之盛莫非以党派维持之故,记曰:"一张一弛,文武之道。"政党之兴颇合于是,如以政党为非,则当时主张民权、希望民主以结为政党者,与日本建国之势适相背驰,其说果行,日本之结果尚未知何若也。

饮冰室自由书上海广智书局本

《饮冰室自由书》,新会梁任公著。是书无体例、无宗旨、无次序,盖每有所触,随笔漫记,或发论,或讲学,或记事,或抄书,或以文言，或用俚语，惟意之所之耳。西儒弥勒约翰曰："人群之进化莫要于思想自由、言论自由、出版自由。"作者颇自许焉。顾其为文多摘叙他书，如斯迈尔斯之《自助论》、深山虎太郎之《民权》《共治君权》等篇、倭儿可士鸠之《俄人之自由思想》，其他撷华于群报、搜腴于杂志者，指不胜屈，论者谓其借锦东邻而自他有耀，诚不值识者之一哂。顾其所引诸书皆切中中国之病，几如为今日而言者，以人为镜，何掠美之有？至作者之所论，明悉治乱，指陈利病，则尤切中肯綮，若乃北朝文士不幸为穷海累臣，虽自署任公，亦徒怆怀故国耳。庄生曰："我朝受命而夕饮冰，我其内热欤。"作者取"饮冰"二字以名其室，并以名其书，殆与漆园吏有同此忧患乎？

吉田松阴遗墨上海国民丛书社本

《吉田松阴遗墨》分上、中、下三卷，其中有序、有记、有传说，而书与杂著尤伙。明治维新以前，东邦士夫犹未免专心于笺注词章之学，其与清太一书于《卫风·北风》"雨雪"二编字句之间反复辨解而终不能释，然盖欲为韵音、声调之谐，不免蹈蒙叟马肝之诮，唯二子乘舟之诗谓伋、寿非同发而诗乃并言，不能无疑，此说冈白驹已明辨之，太史公赞"恶伤父之志"，允其志也，"然卒死亡"，惜其为也，一扬一抑，所谓共世子之义，此乃松阴独见之处。唯与矢之助一书谓"不在其位，不谋其政"、"恶居下流而讪上者"三语，昔尝以斯言为迂腐，今则不然，人各有职有任，何暇谋人政而讪其上？谋人政而讪其上者，又何暇识己职己任乎哉？夫天下之大，匹夫有责，政为国家之政，则一国之民皆得议其可否，至民无议事之权而只以庶民清议，冀开君相之聪，稍挽回于万一，民之心亦良苦，且曰上、曰下流，阶级愈分，民德愈不和，此自然之理，孔子之言盖为专制之政体言之，孔子之主专制亦为春秋之时势言之，松阴所处之时与春秋不同安政五年，松阴所抱之志亦与孔子不同，当日井伊直弼之死，松阴拟要击间部诠胜，周布曰:"勤王之事,藩政府既有成算,何费书生之妄动?"斯时松阴发指眦裂,誓报此仇,其血性之热似非以国事与己事打成两橛者,而与之助一书何如是云云,与又读《唐鉴》一则(谓太宗以弓矢定四方,引诸卫将卒习射殿廷,于是人咸自励,数年之间悉为精锐,为唐代三百年之基,后嗣诸帝莫克继之,是以卫兵弱而京师虚,节镇崛强实有由来,使玄宗开元之治思或及此,唐之盛其无艾与),按太宗所行者府兵耳,唐之府兵本为饵兵上策,文宗太和间杜牧作《原十六卫》,一则曰不可使为乱,再则曰无能为叛,是其为效不过如此,贞观之时府兵方盛,杜牧言其善,括以四字曰"力解势破",惟欲饵兵,故便其力之解、势之破,若取其任战,则此四字固兵家之大忌。府兵之情状已尽于此,故太宗征高丽、高宗东征、武后讨突厥,史书所载多言应募,府兵未废,已不能尽恃,范氏论以为陋为不足贵,其义至确,松阴痛斥其说,谓唐之所以衰,实由太宗之兵制后嗣不能奉行,无论今世之论兵者多持府兵以较列强之民兵,若可行于今日也者,独不思唐之府兵以销兵为主义,今各国之民兵以练兵为主义乎? 松阴之说,未免贻学者之累。且谓近世清国兴于骑射,近时乃稍为外夷所困,不得谓非违祖训也,夫国朝骑射特十数年间耳,其所以困于外夷实由骑射之不能早废,故国无知兵之人,如谓违祖训而弱,然则二十世纪之世界能以弓矢御枪炮乎? 松阴当有何说以解此。

严侯官文集 上海支那新书局本,浙江特别译书局本

《严侯官文集》一卷,题云侯官严几道著,山阴徐锡麟校。按几道盖严复之字,徐锡麟则不知何人也,既以邑望标题,断非本人所自辑,又以《国闻报》论与文集各分目录,似谓严氏曾为斯报主撰,故并以入之,此尤不出本人之明证。所录之文并之仅得十一篇,亦不足以成集,作者生平涉笔岂得持此概之? 意射利者之所为,固未经严氏认可者。其以每文一篇分为一章,十一篇共分十一章,如《拟上皇帝书》则云第一章,《西学门径功用说》则云

第二章,尤为不通之极,日本人著书一篇之中每分几章几节,此盖施于著述之体,以贯通其意义,联属其脉络,若就题拈论之作,不知何取于斯,度非墨水可饮之流,不至跬步便倾若此,且既以《国闻报》所登论说别于暇日所著之文,然《原强》一篇实见报纸,严氏未尝自暴其名,亦未审何因率被羼入也。按严氏以畸彦硕儒少游英国,深通英吉利语言,于中土文辞颇慕唐宋,属语蹇涩而其气浩沛,为文动称万言,故能输入新理新识,为近日学界所尊尚,其称为良译者,正以文字之灵。若乃传天演之说,辩《原道》之文,饷馈之功斯为称首,逆溯数年以前,志于世者或云灭种之恫,或以保种为任,而学说未播,听者藐然,自赫胥黎之论译行,遂发枙明于斗蒬,始知殖民之名义对于亡种而云,然今者物竞天择之恒言,负墙学僮稍慧者知之矣,效验虽微而影响已被,使非赖严氏之译,虽至今犹昧可也。至于韩愈一人,其持说务崇专制,其所传文辞,若《上宰相书》、《元和圣德诗》,命义龌龊,荀卿氏所讪沟犹督儒者也,徒以千年以来民族所存共此奴性,其言遂抟一于人心,几非僚丸能望,其破《原道》之作浃髓尤深,严氏《辟韩》之文敢于发难,扫除结谬,或以功不在禹下之言例之,终非过论矣。此篇所录,如《西学门径功用说》、《原强》、《天演论序》诸文皆略阐天演之理,而《辟韩》一篇则尤洞古之杰作,其《拟上皇帝书》多切中利害之语,亦可传焉。

时敏学堂修身科讲义上海有正书局本

《时敏学堂修身科讲义》一卷,共为二十章,题云教习桂林韵〔龙〕志泽著。通览始末,颐义寥寥,于新理既无所陈,而中土旧闻征引又非通博,盖无当于伦理学之言,抑亦变格之高头讲章而已。在今日学校中之教员,拳拳于讲义一事,且敢于自布其书,固已较胜恒辈,惜其所赋迂疏,论及一切事理率皆不能举要,故书累数万言,然自学者观之则曾无所赖也。其论身之有善恶一章,分为大纲十二条,而申之云,此十二条来复日上堂大众合声念一遍，夫所谓大纲者，无论著识如何，顾既殊佛教之偈言，并异耶徒之礼诵，若使在堂真行斯礼，即观乡之际，宁不掩齿深之？天赋完全自由之身一章，所云思想自由、言论自由、行为自由三则，其言无所附丽，且界限尤不明晰，盖不足以自圆其说者。万物中最灵、最贵之身一章，多不合科学之论，如云天之所以独尊者惟其造物使人莫测也，此等语岂学者之所有？辅助今世人群之身一章，以人世之执业分为七类，而申之云各类人数亦要多少适宜，如不合，宜于世界全局大有牵动，以一千人核算，每类宜若干人，夫古者井田之说久等坐谈，今世均产之言终成谬计，事势之难画一，即学说之所未安也，作者之意欲率天下之营业者而各使之齐，往轴今图皆无斯制，虽云盛念翻近侈言矣。往返天人自在之身一章，专究体魄灵魂之事，其言在教派、非教派之间不知其旨趣何属，如云精气为物，游魂为变，精气圣贤之魂也，为物圣贤之形状也，游魂凡民之魂也，为变凡民之情状也，又云言养魄不如养魂，不如魂魄俱养，此等语皆近荒诞，至其引及《老子》谷神之文而与灵魂分别言之，按"谷"与"毂"同，故训为善而"灵"之训亦为善皆见《毛诗》传，然则谷神无异灵魂，正惜作者不解附会之术耳。历代种类恶根流传之身一章，以支那为"诸华"之转音，虽征文尚微，而按音良近，此说独有可取，至谓春秋以后无一人才，则又失实矣。此外如聚魂一条亦多课寂之弊，仍无异于养魂之言，窃料作者当日非必有心惑人，徒以志存好异，思立邃密之新谊，而所穷之学、所见之理皆不足以济之，故其病遂至于此耳。从上所述，皆是篇之大概，以斯举例，其书虽存，不足资教育之用也。

观颠冥斋内言浏阳唐氏家刻本，上海石印本

《观颠冥斋内言》分为四卷，署云洴澼子著而不著姓名，首卷君主、民主、君民共主三表为武陵蔡钟濬著，作者于叙中言及，然其断语诚永古不磨之论。三卷《各国种类考》坊间已有单行本，四卷所载均见于《湘报文编》，其见于《湘报文编》而此书不载者，如《书洪文治〈戒缠足书〉后》，殆编者偶然脱略之处，兹皆弗赘。其余如《史学论略》、《政学兴衰》及《各国宗教兵事》并《各国交涉源流》，靡不上征夫古，下鉴夫今，详其年月，考其部落，辨其缪误，正其得失，此书亦未尝无裨于学者云。

群学肄言上海文明书局本

《群学肄言》，英国斯宾塞尔原著，侯官严复译。书凡十六篇，首篇曾印于《国闻汇编》中，第二篇以下则近之所译也。论者谓此书实无所造于社会，而摘其弊有数种，文笔汗漫，数过不能别其涂径，其弊一；科学语太多，不可猝解，其弊二；英俗与吾不同，凡所褒讥无可絜矩，其弊三；英之程度高于我，凡斯宾塞尔之所抑者皆吾人所蕲之而不至者也，有此书则使诋西法者愈有口实，以为西政之弊亦若此而不变之意亦坚，其弊四；因果既明，则中国既造无限之业，因自当受无穷之恶，果其祸必不可逃而福万不可幸，有志之士望而去之，而中材益以自弃，其弊五。之斯五者深浅不同，而其无补于社会则一，虽然，蒙亦有说，凡所谓学问非能于天下之物、人心知识之外而加以学问焉，使之自无而之有也，必仍即天下之所具而人心之所知者以为之用，惟未有学问之先，其状或糅杂而不可分，或如电光石火之不可住，天下之人始则见其为无法，继则断其为无故，遂委心任运以听其自然，而得失之权不操于己，于此有人焉，为之别而出之，整而比之，博学而详说之，虽犹之向者天然之物同具之理也，而其去来迁化之迹则固已厘然于人人心目之间，能未知而为之备矣，此科学之实用也，故其因果最易见者其立为科学也最早，而因果最难见者其立为科学也最迟。算学之理，其据一二三四也，其法加减乘除也，其因至晢，其果至近，故其成为科学也最早，惟其早为科学，故人亦以此难视之，今有一平方根于此，此算术之至浅也，然而虽有诗诞之夫，使未习者必不敢对人曰我能擅此，无他，因果极近而不可欺也。而于治天下则不然,黄口之子、面湔之生,偶道世事则以为从吾之道万事无难,不得志则郁伊叹咤以终其身,论者方以为天下苍生之不幸,得志则以恒沙之性命以供其试验之具,再试不效而付之天命矣,无他,其因极繁,其果极幻,常智之人望而不见其际,遂以为无因无果焉。自然之说,一无因无果也,或云道家所言自然,"自"字指原因言,"然"字指功效言,与佛家"因果"二字无异,此说待考。鬼神之说,一无因无果也,气数之说,一无因无果也,然人之解如此,而彼循因得果、果再为因之公例,不待人之知与不知而孤行于宇宙之间,重心之相吸不待奈端而始效其能,物竞之争存不待达尔文而始见其烈,惟夫天事有所必然而人事以为或然,斯天下有不虞之祸福,而民生蹙、民智闷,生人之道苦矣。斯宾塞有忧之,故有群学之作,此译非群学之本文,乃群学之先道也,词虽泛滥而大端则二,一则明群必有学,二以明群学必可建立,如此而已,而其发明此二者之道又有二端,一言治群学者有当具之德,一言治群学者有当祛之蔽,当具之德则借名数质力、声光化电以言之,当祛之蔽则举宗教、议院、战阵、周恤以言之,其言科学也,非谓必由别科学以通群学,谓治群学者亦当如治科学之不自用云尔。其论治道也,非褒贬欧洲之治道,以为为之者不通其理则有如此之适得其反云尔,故因果为定名而名数质力、声光化电、宗教、议院、战阵、周恤为虚位,苟悟其故,则书中所举之科学、政俗,举如代数式中甲乙丙丁,随在而殊,无可固执而其书之指要亦遂不觉其泛滥矣,何有于前四者之失也。至于第五所疑则涉于人心之趋向,其事本非本学所摄,专门之学犹之一器,既得之后若何作用存乎其人仁与不仁,不得归狱于科学,且吾思之,吾国所受之原因至为复杂,其中应得灭亡之果者固多,而应得不灭亡之果者未始无有,试执群学之学说就吾人之社会别而出之,排而比之,博学而详说之,吾恶知其不辗然以笑,跃然以起也?

谭浏阳四种湖南谭氏家刻本，上海石印本

《谭浏阳四种》，署曰东海褰冥氏三十以前之旧学，其第一种曰《寥天一阁文》，第二种曰《莽苍苍斋诗》，第三种曰《远遗堂集外文》，第四种曰《石菊影庐笔识》。作者资性绝特，于学无所不窥而以日新为宗旨，故无胶执之弊。观文集四种虽为考据笺注、金石刻镂、诗古文辞之学，而泰西天文、算术、格致之新理亦研究于其间，且于中国兵法亦讨论甚精。其载于《石菊影庐》一卷者，曰匪用兵之难，选与养之实难，养不得其道患无以御寇，选不得其人是亦寇而已矣，今欲慎选与养之制，必由科目而后可，凡武科所得之士皆选而入兵，侍卫长千人、进士长百人、举人长十人，武生则为兵，欲为兵必先为武生，兵中贤者递迁而上，尤必用土著，以守其祖宗坟墓则力奋，战于乡间长养之地则势审也。且云养兵之法，谨于形名、察于分数而已，兵者名也，一兵即有一兵之效，名所从，生之形也，形生名而名还以正乎形，一兵即有一兵之效，积而千而万犹一兵也，而效则千万，效著而兵可以寡，兵寡效著，可以应卒、可以应泛，于是有往来、有彼此、有分合、有居行、有奇正、有纵横、有经纬，纬备成章，恢恢之纲弥布宇内，相助相救，如神龙之不可测，此分数之说也，如此而兵亦可渐令归农，于是兵减农多，武修用节矣。此说也，即上古寓兵于农之遗意，亦即欧洲民兵之良法，按泰西军政，凡及岁男丁悉就武备学堂肄业，迨年既冠，已悉载兵册，每名步兵、炮兵例充各二年，马兵及乘马炮兵各三年，然后出伍回籍为常备兵，后备兵至二十七岁止，均备征调，又自二十八至四十五岁为民兵及本乡备兵，一旦兴戎均供任使。作者谓选兵宜由科目，用兵宜择土著，与泰西军政颇相吻合，其曰由科目者，以其时武科未废，姑就当日之情势言之，非谓科目为一成不易之良规也。要之，兵必出于练，泰西之养兵以练兵为主义，中国之养兵以销兵为主义，如作者所云，庶几得民兵之真髓矣，论者每谓其好谈古兵法，不知作者所言皆

练兵之理,制有古今,理无古今也。至于《莽苍苍斋诗》多与作者之言论不符,如引《春秋》震夷伯之庙一节,力辟左氏隐慝之说为谬,谓汉人习闻谶纬五行之说,其诞至不可诘,而《莽苍苍斋诗》有云"六月飞霜冰出鱼,天行且以回其途"咏郑贞女诗,此又不免惑于鬼神之说,文士之好奇,殆香山所谓娥女、宓妃,明知其荒唐而姑听之与?论者又谓此书五卷与所著《仁学》一卷如出两人,不知三十以前之精力皆销磨于考据词章,三十以后始知其施于世无一当,愤而弃之,此书若干种特刘君淞芙哀其不自聊劝令少留耳,非作者之本意也。然视其诗文,其独立之志、慷慨之性亦时流露于吟咏间,如胸中有哀乐,外物讵能分?皆作者自写胸襟之处,正勿作无用之呻吟观也。若夫天衢生棘,陆起龙蛇,慨来日之大难,许西乡之我作,其学术宗旨,此不过其一班耳。

世界大同议上海仁记书局本

《世界大同议》一卷,不分章节,所论者凡主宰、历数、文字、霸术、兵刑、名实、公道七事,日本藤泽南岳著,中国汪荣宝译。作者七篇,语语皆中肯綮,《名实》一篇谓实不称名,名存实亡,二者之弊足以亡国,今宇内列邦免此弊者仅仅两三国,他则皆陷于此弊焉。夫谓两三国者,殆指英与美而言,顾英国持保守主义,仅席祖宗之余威,较之改革之初诚不无今昔之感,美之统领麦荆来舍孟卢主义,力求扩张,颇以新进之势欲称霸于世界,庶几差强人意,麦荆来就职于千八百九十七年,与著者同时。作者此说盖有感于当时日本之情势而慨乎言之,法学士根岸磐井曰:"维新以来,我邦所谓卓卓者类多言论自由、举动自由,摹豪杰之状态,博豪杰之虚名耳。"与作者之说相吻合。《兵刑》一篇,力辟弭兵之论,谓耀德不观兵之说皆似是而非之辞,斯言诚然,夫竞争之世界只有强权而无公德,故独立者昌,无权者亡,千八百九十九年俄皇唱万国弭兵会,其会议时顾谓各国使臣曰:"弭兵之平和,亦欧洲以内之平和耳。"其意盖调停英、德、法诸国,非真以干戈易玉帛也,不务自立而徼幸于弭兵,是犹跛者卧于广漠而希冀豺狼之不我食也,得乎?作者盖深知弭兵之不足恃而发为是言耳。所谓诸端皆足为中国内视之鉴,此书虽篇幅寥寥,固不可漫为菲薄云。

世界进步之大势 上海文明书局本

《世界进步之大势》一卷,不分章节,其中述革命时代之殖产思想、道德之改革,及十九世纪物质之进步与文明之前途,以明佛国革命之影响之反动,日本东京民友社员著,中国曾剑夫译。此书蓝本于亨利孙氏之《十八世纪论》及《十九世纪论》而以意改变之,盖作者以平民主义之见,洞见欧美十九世纪为过渡时代,其胚胎在前世纪,其希望在后世纪,故此书大旨以物质文质为作用而道德进步为趋势,非达于社会平等之天则不止,是诚思想界之斗极也。唯谓十九世纪之科学不落于他时代之后,斯言诚然,然谓十九世纪之学者不知自然界,但就自然千万分之一分为数亿万之观察,苦学二十年,就一小虫著数卷大册,此于十八世纪之学者以阔大之知见,究万有之现象,考人性之全体,诚万有不及,夫至一小虫而著数卷大册,实科学发达之极致,为进步非为退步也。又谓物质进步增科学之器机、材料而科学之能力不加多,生涯之岁月不延长,且数千倍之材料徒足以困迷之,学问分业始有精致深远之研究,语气颇不联贯,且与上节所言大相矛盾,译者于汉读之间或有失于检点之处。至物质进步之功德一节,谓物质或优于前代,而哲学、科学、美术、风俗之优则远不及前代,夫物质之优亦由科学研究而得,科学既大发明,不得不优其物质,使足供美术之用,物质、科学、美术之进步实无二致也,故谓科学为发明于十八世纪可,谓科学退步于十九世纪则不可,西哲有言曰:"世界愈久则愈进文明,改革愈良,文明愈进。"此天演之例也,作者盖以科学之进步为形式之文明,民种之进步为精神之文明,形式之文明也暂,精神之文明也久,重精神而不重形式,遂谓十九世纪逊于十八世纪,亦理想之所必及也。

道德进化论<small>上海广智书局本</small>

《道德进化论》,原名《文明时代之道德》,日本户水宽人著,上海广智书局译印。夫道德与智识并峙,学者之论文明,或宗排克尔之重智识,或宗克特之重道德,智识与道德皆足以致文明而终不能造文明之极,故克特以近世之人无智识之进步,排克尔以世界之趣于文明非生民道德上之进步,乃智识上之进步,言皆涉于偏,此书辨之甚详。唯谓俄皇所创之万国平和会议为文明最著之端,似未深加考察,夫俄之唱平和会也,其意盖注于西伯利亚而深恐嫉之阻之者之伺于其旁,故联法以为借金之地,联德以资指臂之阻,联英以防掣肘之患,然后可以为所欲为,欧风可以东渐矣,观其对各国使臣曰:"今日之平和,亦欧洲以内之平和耳。"平和之界划若鸿沟,东亚诸邦从此无宁岁矣。作者谓平和之会议乃文明之进步,有功于世界者不鲜,斯言也,其为欧西言乎,其为东亚言乎? 夫道德与智识在十八世纪固并行而不悖者,自十九世纪以来各国之政策莫不以扩张殖民地为主义,而各国之势力遂伸于域外,强弱之判、竞争之原,只有所谓智识而无所谓道德也,道德进化云云者,盖对于人类一切及公私之团体而已。

社会改良家列传<small>上海大经书局本</small>

《社会改良家列传》,日本松村介石著,中国郁任译。其中叙威廉伦革兰、约翰波罗、思甫卑侯、他思谟罗、约翰威思来、宇卢白卢哑斯之历史,此数人者皆迷信宗教而持平民主义以思改革社会者也,十四世纪以前,各国平民之为非道压制者几不忍言,自威廉伦革兰之《哀细民歌》、约翰波罗激烈之演说,遂激起十四世纪英国社会之变动,自此以来,或唱社会主义,或唱自由宗教主义,社会上之积习扫除净尽,而人人乃知自由之幸福。虽然,诸家之主义虽不外牺牲一人以利公众,然天主、耶稣等教迷信过深则易滋流弊,著者只录其长而弥缝其短云。

湘报文编_{江宁明达书庄本}

《湘报文编》为《湘报汇编》之一种,《汇编》共分八种,首《文编》,次《集录》,次《文牍》、次《讲义》、次《章程》、次《问答》、次《诗歌》,此其首种,凡叙议、论说、传纪、考辨、策问、条证今义、书后等悉属焉,起戊戌二月,讫壬寅八月,如南学会、时务学堂中之有关时事之著作均备于是编,其中若浏阳谭氏、唐氏虽皆有单行本,而是编实开其先也。是编内容所论,应兴之利、应革之弊靡不切中窾要,而《热力》、《开诚》诸篇尤足发人神思,在今日视之固视为陈言,在昔日固提唱湘中而首先转移风气者也。虽然,谓利若何兴、弊若何革而不谋改变旧政体,是犹治疮者完其皮肤而不清其内毒也,终亦无成而已。是编于利弊甚详而于新政体甚略,盖其时欧文之行于中国者甚鲜,翻译之本不多,故于民政之大纲、宪法之要义皆未有所发明,观樊氏所著《开诚》三篇意颇主于共和,曰"拓睦仁之未竟,用明治之五誓,以忧违责之四万万",而《策群》曰"四海一心,一心者使人人有自主之权,人人以捄亡为是"云云,夫中国民智之不开、民德之不和,知有身不知有群,知有家不知有国,不知有国则不可与言捄亡,不知捄亡则不可与言一心,作者之言与中国民之程度甚远,殆不足以为法。然其所言树艺、丝蚕、茶务之整顿,保卫局、亚义会之建设,皆必不容缓之举,而惜乎知而不能行,行而不能久耳。呜呼!甘焦、修竹均为谈事之文,薏苡、明珠宁鉴征南之谤?竟读斯编,不禁慨然长叹也。

修学篇_{上海广智书局本}

《修学篇》一书内分十章,日本饭田规矩三著,中国蒋方震译。篇中求时、读书、有恒等章皆劝人汲汲求学之语,且专为蒙学之用,如某某为名词、某某为动词之类,世之蒙学师范于儿童初授教科时解此书之意义,以开其普通之知识为百事之基础,则此书亦不无裨益云。

王安石新法论上海广智书局本

《王安石新法论》分为三编，每编区以章节，日本法学士高桥作卫著，中国陈超译。其第一编论安石时代之政治、之财政，第二编论新法之主义、之总说、之纲领、之由来，第三编论新法之所短及其所长，层次井然，有条不紊。夫安石洞于国帑之空乏、边寇之骄横，用人取士之失宜、御盗练兵之无术，故急言变法，次第更张，蕲以进治改良，挽回积弱，是以青苗、均输、市易、预买、募设、方田、保甲、保马诸法遂行，其以章惇、吕惠卿为辅者，非以章、吕为能臣也，特自章、吕外无一赞成新法者，至久而无功，遂归狱于安石，安石之咎咎在行法之不善而不在法之不能行。均输之法，短之者谓官而自行商贾，其弊不可胜言，不知是即平均货物之运输，使大贾巨商无暴利可贪，实一种之专卖法也；青苗之法，短之者谓贫民负债势必逃亡，逃而责之邻保，邻保受其累矣，不知是即利民兴产之政策，实一种之劝业银行法也；保甲之法，短之者谓足以夺农时且浸淫而为大盗，不知是即国民皆兵之制度也。即其他措施，皆隐隐于泰西近百年之政治若合符节，日本吉田宇之助论之甚详，此书未揭此义，读者尚不能释然。至于变科举之法，盖欲朝廷兴建学校，讲求三代所以教育、选举之法，尤得兴贤立学之本务，短之者谓自文章言之则策论为有用、诗赋为无益，自政事言之则诗赋、策论均为无用，然自祖宗以来莫之废者，以为设法取士不过如此也，数语实备弥缝、苟且、粉饰三者之弊而当世奉为至论，后世藉为口实，人人皆存一不过如此之心而遂一无所成，此新法之一大阻力，而此篇阙载者也。或者谓安石之所行，如仅谓其于古法则合《周官》，于今则合泰西论者，或有今古中外民俗异宜之说，兹举其最近者以征之，青苗之法则唐代宗行之，均输之法则汉武帝行之，助役之法则元至治中行之，至泰定之际以此法行之于江南而民皆称便，保甲之法无论与《管子》内政军令之义相合,即以后世论,且沿用其法不衰,特不行保马之政,于立法之精意百不存一耳,然观韩琦以创保甲置河北三十六将,为契丹所以生疑之故,而不求固边制敌之方,苏轼谓国家之存亡在于道德而不必求富强,则当时朝论亦概可推矣。盖自汉世重循吏,务求因循奉法,饰为宽简持重之说,后世才智之士莫不以循守旧章无大更革以为能,安石之变法虽未免流于执拗,然当时攻击者众稍一转移其事立败,安石之为国为民诚有不拔之志,使诸贤同心协赞,持之以久,富强之效计日可赌矣,何至有靖康之祸哉? 此又论安石者所不可不知也。

新学书目提要跋

　　震旦数千年学术思想，炀于汉武，贼于明高，至十九世季新中国学界开幕之初，经一二志士以脑力排舌澜，鼓颈血争，始克于黑暗泥犁放一光线，则二十纪之始正学界武装姤战时代，非学界文德大同时代。莽莽大陆，浩浩平洋，吾日夜鼓血轮、发脑电，使吾同胞魁且杰者，争言论、自由、幸福之不暇，遽于学芽蒙剥之世，正大统，定一尊，学界文明之专制与学界野蛮之专制奚以异？虽然，吾尤有感焉。吾中国海通以后，政界之精神形表日见颓落，学界之精神形表日有进步，进步之速率猛则将来之希望亦不自觉其奢，而学科之方针亦不可不于旭日初升、风潮初激时，游心于未来璀璨庄严之新中国而预定之。吾尝慨念同、光之始，吾中国之吮欧学者艺学而已，至甲午而政学之新硎发，戊戌而哲学之智炬烛，庚子大创而欧花怒发，亚草咸黄，环球之志士脑潮、鸿硕血沛齐贯注于东方新舞台，即陈日之尸椠曲儒、语冰学究，亦知世界有所谓溥通学、专门学者，斯时受吾人崇拜之学界魁杰，苟放弃其天职，不于瓦钟杂向、点线横交时勘定一中心点，使一切宗旨乖谬、断滥译著先入吾党脑影，祸我未来中国，厥咎安辞？此通雅斋主人所以有《新学书目提要》之作也。蒙前年来海上治选报，尝有检察新书之举，责任重大，踌躇中止，得主人为我国学界华盛顿，余之天职赖君而尽，读是书者亦可兴矣。诸暨赵祖悳跋。

　　吾闻之古之圣贤，得位于时，虽道行天下而不轻于著书，盖以事业存于制度，足以自见也。若夫在下君子，道德充积，困阨于时，上窥古昔，下及时势，其为学也滔滔汩汩日夜不止，不得已而发之为文,若决水于江河淮海,顺而行之,虽欲障之而不能,是故传之名山,后之人于在上君子不过称盛其遭际,而在下君子之遗书虽百世可行。呜呼！此文章之可贵,吾所为于时贤之著书立说,或译泰东西之原本,或编名哲学之记述,信其以先觉觉后觉、以先知觉后知也。通雅斋有《新学书目提要》之编,其为目综近时译家之手著而汇为若干门,八面乃能受敌,九能可为大夫,其于列邦之政治、群雄之历史,经纬天人,纵横宇宙,盖参伍错综,足以为康庄之道,世之志新学者,其于是编所辑之目扼其要领而启其筦钥,则窥见堂户,尚何至徘徊宫墙之外哉？然后叹著书者之功业,在下君子与在上君子同为不朽矣。新闻报馆记者跋。

读书有法乎？曰法安在,未读书而先求法,法不得,书终无可读也。读书无法乎？曰是乌得无法,特先者难而后者易耳,惟巧者苦心,乃能以古之法读今之书,自为其难而予人以易。自西力东渐以来,剪人国家,灭人种类,朘人膏血,浸淫惨毒,流入中土,豪杰之士深观时变,汹惧乎覆宗绝祀之及,亟思为拯溺救焚之计,知非取彼之长无以补我之短,非尽发其所学无由以骤得其长,于是渺虑殚精,纷译外籍以饷同类,间或发明旧学、补助新理,顾救世者在而利徒亦托,又其因或原质之措良与学植之高下,各传其真,各肖其形,娸者、妍者、密者、疏者杂然并见,无法导之,将灏乎森森要领莫究,终无有实效自强之一日矣。通雅诸君心忧乎此,乃遽组合同志,搜括近译,条缕爬梳,别为八类,人任其一,取纪氏修书之例,为群籍绳墨之存,朝夕沉酣,务使一书之中神形毕见,如物在鼎,视听不惑,而后成编即出,罔或稽留,盖深虑乎岁月之骎骎而河清之难俟也。癸卯秋中漫游棕屿,得读初椠,见其分水画沙,去从显揭,慨然曰:是编也可以为读书法矣,可谓自为其难而予人以易者矣,使吾教育、学者准此以求,节力省时,得以速研乎终古蒙昧之理、人己优劣之机,发愤新谋以保中夏,俾我轩辕、昌意之子孙不至泯焉以澌灭,则是编固援国之巨手而运世之功臣也,不可不阐扬而推广之,属当再镌,遂书其后以告海内。光绪二十九年癸卯冬十一月中浣黔嵚峨朱勋跋于日本东都。

西学书目答问

略例

　　光绪二十七年诏变科举法，以中外史志、政艺各学试士，诸生鲜识西书门径，时来问业，不佞于中学应读诸书尚百不逮一，遑论鞮译之语、佉卢之文，顾修史余闲亦稍从事于涉猎，兹就所已知者仿南皮张孝达前辈《书目答问》之例，胪列西书诸目于篇，用谂来者。

　　西书门目繁多，大致不外曰政、曰教、曰艺三类，教务书率浅陋不足观，译笔尤多恶劣，屏弃不录，以政学、艺学分上下篇。

　　张书于博中求精，故抉择颇为严审，是篇以现行西书无多，自非悖谬太甚、浅鄙无理者，概予著录，非尽要本，亦非尽善本，披沙拣金，是在学者。

　　中国西书之最古者，若利玛窦、若熊三拔、若艾儒略、若汤若望，明末、国初凡十余家，为书数十种，大半已见《四库》及《天学初函》、《艺海珠尘》、《海山仙馆》各丛书中，西学日新月异，愈近愈佳，故于乾嘉以前译本悉置弗列。

　　书目下俱注卷数及撰人、译人姓名以备考核原本未注者仍之，惟京寓藏本悉付劫灰，黔处偏隅，无从购求，故未能一一校订，讹误实多，或间有遗忘则姑从阙。西人冠以国名，中人则不举爵里，以归简易。

　　是篇纂辑于本年冬初，未及脱稿即按试下游各属，考政倥偬，不遑暇食，偶于监场之顷、校艺之余，或轺轩暂停、或驿馆小住，辄枝枝杂笔记数行，于目下以示诸生门径，匪敢厕作述之林，观者勿以希让无学绳我也。

　　《四库》编纂之例，凡其人现存皆不著录，惟西学各书风行于二十年内，其缮译、撰述者大半近日名公硕士，若概从割爱，将至无书可纪,且此篇为指示诸生而作,与著书体例有间,张书于近刻著"今人"二字,其所取者寡,不妨从略,今悉本书名之例敬著于篇。

书目鳌类最难,西书尤甚,派别门分未易画一,欲各从其类则每有一书而兼数类者,两收之既嫌重复,偏举之又近绖漏,兹谬以私意略为铨次,不无参差,学者观其会通可矣。

西书有图者恒十之八,凡图非另为卷不注于目。

是篇以西书为主,故中人撰述多附见于后,毋以为外夏内夷也。

是篇多已亥已前译本,拳勇阶乱,京沪道阻,辎轩西来更无从问津于嫏嬛福地矣,惟译本以晚出为佳,会当博访新书,续刻以餍多士。

中人雅尚著作,度论述西事之书当复不少,不佞孤陋寡闻,搜求殊隘,仅就见及者录之,挂一漏万自知不免,倘有以枕中鸿秘饷我者乎,谨怀铅提椠以俟之。

收藏家最重丛书,西书独鲜汇刻,如近行之《西学大成》等名目,多坊贾渔利改头换面之作,讹误尤多,弗以羼入。

各书目下所注某某本,指初印及通行者而言,现在大半有石印巾箱本,书肆易得也。

读西书以政学为易,一浏览而得八九,至艺学多系专门,非名师口授及以仪器测验末由实获,故宜先政而后艺。

读西书当以中学为根本,正经毕业乃可从事,否则志识未固,即有所得亦不足观已。

西人每岁创新法、制新器者以亿为率,获新理、著新书者以万为率,是区区者犹太仓稊米耳,诸生于此稍涉藩篱,毋骇为浩如烟海也。

辛丑嘉平月贵州督学使者南丰赵惟熙识于镇远府试院

政学第一

泰西政治整齐严肃,颇得我《周官》遗意,惜译本无多,兹就涉猎所及者略分十二门如左,附载三门

史　志　学

此门先著外国国史,中人论外国政治及纪述藩部者附及

万国史记二十卷,订十册　日本冈本监辅撰　上海本　是书以二十卷包举全球数十国古今事迹,其略而弗详不问可知,且与吾华为同文之国,乃记载亦多失实,并痛诋不遗余力,尤失传信之体,本无足取,姑以译本别无全史收之。

欧洲史略十三卷,订一册　英艾约瑟译　税务司本　是书体例颇似纪事本末。

希腊志略七卷,订一册　英艾约瑟译　税务司本

罗马志略十三卷,订一册　英艾约瑟译　税务司本　以上三书均在《西学启蒙》十六种中,泰西古史之最佳者。希、罗二国为欧洲声名文物旧邦,今之政、艺各学率导源于此,考西事者不可不读,惜译笔出自西人,故行文未能尽善。

泰西新史揽要二十四卷,订八册　英马恳西撰,英李提摩太译,蔡尔康述上海广学会本　是书原名《十九周大事记》,述西国近百年来变法自强之事,颇具条理。

日本国志十六册　黄遵宪撰　自刻本　是书自出机杼,义例宏博,择精语详,与译自舌人者不同,可为外史之冠。

俄史辑译四册　徐景罗译　益智会本

大英国志八卷,订四册　英慕维廉译　益智会本

法国志略八册　王韬撰　自刻本

米利坚志三册　日本冈千仞撰　东洋本

联邦志略一册　美禆治文撰　上海本　是书述美国开辟原始及各联邦之政
教、土俗,虽略而可资考证。

英法俄德四国志略二册　沈敦和撰　南京本

四裔编年表四册　美林乐知、严良勋同译,李凤苞编　制造局本　是书间有
讹谬处,然颇便检察。

天下五洲各大国志要一册　英李提摩太撰　广学会本　是书纪述太略,
然大端粗具。

欧洲八大帝王传一册　英李提摩太译　广学会本

列国变通兴盛记一册　英李提摩太译　广学会本　是书杂论各国变政等
事,体例未善。

德国合盟本末一册　徐建寅译述　自刻本

普法战纪十册　王韬述　自刻本

东方交涉记二册　美林乐知译,瞿昂来述　制造局本　是书记俄土之战,亦
纪事本末类也。

中东战纪本末八册续编四册　美林乐知纂,蔡尔康述　广学会本　是书
芜杂不伦,然于近事时见一斑。

绥服纪略一册　松筠撰　北京本　是书为五言诗一百八韵,自为笺注于每
句之下,文清尝任库伦驻藏大臣、伊犁将军,是以周知西北之事,于俄罗斯、
哈萨克、布鲁特、廓尔喀纪载尤详,语有依据,非凿空者比。

俄罗斯事辑一册　俞正燮撰　自刻本　是书作于嘉庆十年,正燮因俄国有
遣使来华之说,征引故实作此。

俄罗斯事补辑一册　张穆撰　自刻本

元代西北疆域考一册　魏源撰　自刻本　元代西北疆域实包举今俄罗斯
全境,是书考证钩稽颇称详核。

西域见闻录八卷,订四册　七十一撰　北京本　是书亦曰《异域琐谈》,多
记新疆及回部各事,其远涉绝域者则所载多失实云。

朔方备乘八十卷,订三十二册,附图表　何秋涛撰　天津本　是书采辑甚
　　富,考订尤详,曾进呈文庙御览,此其赐名也,后稿本屡经失毁,光绪初年始
　　刻于畿辅志局,《书目答问》所收之《北徼汇编》即此书初稿。

续瀛寰志略五册　薛福成撰　上海本

印度札记一册　黄楙材撰　自刻本

日本杂事诗二册　黄遵宪撰　自刻本　是书为七绝百五十三首,自加注释,
　　上自神武,讫于近日,其间时代沿革、政教风俗,下逮纤物琐事,悉见诗中,
　　以有关史志,故附于此。

政　治　学

　　　政学名目甚繁,除兵、农、工、商等列有专门,各从其类外,其有总述
　　　庶政或无门类可归者悉录于此,中人言西政之书亦附及焉

列国岁计政要十二卷,订六册　英麦丁富得力编,美林乐知译,郑昌棪述
　　制造局本　是书本英国公使领事出驻他国按年录寄其政府之官单编辑而
　　成,凡各国之疆域、户口、官制、学校、教宗均资考证,而于国计、兵事、商务
　　尤详,言西政者极要之本,惟欧美新政月异而岁不同,惜此书止于同治癸
　　酉,后此撰辑遂无踵而译述之者,殊可惜也。

佐治刍言三册　英傅兰雅译,应祖锡述　制造局本　是书为讲求西国内治
　　要本,言虽浅近,理极精深,不可不读。

德国议院章程一册　德芬福根原编,徐建寅译述　自刻本

西国近事汇编三十六册　制造局译本　是书多译英国《泰晤士》报章事实,
　　颇资考镜,自癸酉讫壬午凡九年,以后遂无刊印通行之本矣。

英政概一册　刘启彤撰　自刻本

法政概一册　刘启彤撰　自刻本

英藩政概四卷,订二册　刘启彤撰　自刻本　以上三种均启彤于光绪十二
　　年奉派游历外洋所作。

日本新政考二册　顾厚焜撰　自刻本

美国地理兵要一册　顾厚焜撰　自刻本

巴西地理兵要一册　顾厚焜撰　自刻本

巴西政治考二册　顾厚焜撰　自刻本　以上四种均厚焜于光绪十三年奉派游历外洋所作。

采风记五卷附纪程感事诗一卷、时务论一卷,订四册　宋育仁撰　自刻本育仁于光绪十九年参赞龚京卿使事,随往英、法作此。

学　校　学

　　泰西学校之制颇与我三代古法相合,几于无地不建学,无事不设学,无人不入学,故人才之盛、国势之强悉由于此,礼失求野,我不可不亟图也,惜译本无多,仅具大略而已

西学略述十卷,订一册　英艾约瑟辑撰　税务司本　在《西学启蒙》十六种中,是书多述希腊古学,可借悉其源流,亦读旁行斜上之书者所宜留意也。《启蒙》十六种惟此为约瑟手著,余皆英国麻密纶大书院原书,为蒙学之善本。

西国学校一册　德花之安撰　广州本

文学兴国策二册　日森有礼辑,美林乐知译,任廷旭述　广学会本　日本访求美国学制之牍札,不甚切用。

西学课程汇编一册　沈敦和译　上海本

七国新学备要一册　英李提摩太撰　广学会本

肄业要览一册　英史本守撰,颜永京译　上海本　是书言教学童之事,颇多新理可采。

东瀛学校举概一册　姚锡光撰　自刻本　锡光于光绪二十四年奉两湖张督帅派赴日本考察学校作此,于各学阶级、规制纪载颇详。

译书事略一册　英傅兰雅撰　《格致汇编》本　译书为学校中要事,故附于此。

法　　学

凡公法、律例、赋税、度支、条约、章程悉宜隶此，惟译本只有公法、律例数种，余未及也

公法总论一册　英罗柏村撰，英傅兰雅译，汪振声述　制造局本　公法之学滥觞于明末，时有荷兰人虎哥者以布衣操清议之权，立说著书，借彰公道。其学分性法、公法两端，性法者内度于一心之是非，所谓公理也；公法者外揆于各国之交际，所谓公义也。原书名《平战条规》，意主抑强扶弱，以息争竞，惟所言多以自利其国为宗旨，正如宋轻一流人物，然近数十年来此学大盛，因此而免于战祸者亦不胜指屈，故为交涉至要之书，惜译本无多，仅就流传者著之。

万国公法四册　美惠顿撰，美丁韪良译　同文馆本　韪良为公法专家，故译笔独优，然此本亦不甚详备。

公法会通五册　美丁韪良译　同文馆本

公法便览六册　美丁韪良译　同文馆本

各国交涉公法论初集四卷二集四卷三集八卷，附校勘记一卷，共订十六册　英费利摩罗巴德撰，英傅兰雅译，俞世爵述　制造局本　是书多载近三十年各国交涉之案，较为详备，可资考证。

中国古世公法论略一册　美丁韪良撰　同文馆本　是书以公法附会中国古事，语焉不详，存其目以待有志者之扩充。

陆地战例新选一册　瑞士穆尼耶等同辑，美丁韪良译　是书虽以战例名篇，并非言攻守之事，而谆谆于遵条约、严纪律以纾争战死伤之惨，盖亦公法之一门也，故附于此。

星轺指掌四册　英马尔顿著，美丁韪良译　同文馆本　是书言遣使、待使之道及使臣应尽之职，有志使学者不可不读。原本上、下二篇，此译仅上篇耳。

英律全书一册　何启译　香港本

法国律例四十六册　英〔法〕毕利干译　同文馆本　是书不专载律例，法前王拿波仑立国规制时附见焉。

辨　　学

辨学者,分别名物理数而晰其是非也,倡始于希腊国人阿利多低利,在中国周末时,嗣后衍其绪者益众,欧西格致诸学悉萌芽于此,惟译本甚鲜,仅就所及见者录之。按此学原无与于政治,然西国之富强恒由之,故附于此

辨学启蒙一册　英哲分斯撰,英艾约瑟译　税务司本　在《西学启蒙》十六种中。

天演论二卷,订一册　英赫胥黎撰,严复译　《慎始基斋丛书》本　天演者,泰西格物家言也,以天择、物竞二义推原万类生成之理,而究其极于国家之所由以盛衰,其大旨在于任天为治,是书尽变旧说,主于以人胜天而后国家赖以不敝,其言奥衍宏博,可拟秦汉诸子,译笔又佳,洵称善本。

计　　学

即理财学也,英人言之最精,专门名家者不一其人,故国以富饶,如斯密亚丹、如马罗达、如安得生、如威斯特等其尤著者也,其学于言利剖析毫芒,独得精义,大致主于合力以举事,分功以治事,用收生众食寡之效,欧洲富强之基,识者多归功于计学云

原富三册　英斯密亚丹撰,严复译　南洋公学本　原书分五部,今译出者只甲、乙二部。

富国策三册　英法思德撰,美丁题良译,汪凤藻述　同文馆本　是书论通商之理,谓商务衰多益寡,非通不兴,英人商务之盛实得力于此本。

富国养民策一册　英哲分斯撰,英艾约瑟译　税务司本　在《西学启蒙》十六种中。

续富国策四册　陈炽撰　自刻本　是书分农、矿、工、商四目,意主于兴地利以阜财用,与前书名同而用别。

保富述要二卷,订一册　英布来德撰,英傅兰雅译,徐家宝述　制造局本

生利分利之别论一册　英李提摩太撰　广学会本　是书字数不多,然颇得
要理。

农 政 学

人知欧美以商立国,而不知其仍以重农为富民本计,盖耕桑畜牧无
农则工靡所制造,商亦靡所营运也,西国农功以化学补天时、地利,
以机器补人力,故所得常倍蓰于旧,惜自有译书以来未尝措意于
此,故新法悉不传于中国,年来东南行省开农学会、出农学报,所译
渐有成书,然尚未通行也

农学新法一册　英贝德礼撰,英李提摩太译　广学会本
农事论略一册附图　英傅兰雅撰　《格致汇编》本　二书均言农学新法,惜
太简略。
蚕务图说一册　英康发达撰　《格致汇编》本　康为浙海关税司,以中国蚕
业日坏,遂考察东西各国养蚕善法以资补救,亦自保利源之要图也。
纺织机器图说一册　英傅兰雅撰　《格致汇编》本
西国漂染棉布论一册　英傅兰雅撰　《格致汇编》本
种蔗制糖论略一册　英傅兰雅撰　《格致汇编》本
西国养蜂法一册　英傅兰雅撰　《格致汇编》本　养蜂取蜜,其事虽微而利
实大,书中谓印度不养蜂,其所失之利过于其所得鸦片之利,可见西人致富
之法细大不捐,故能百产丰盈,民足而国亦盛也。

矿 政 学

自卝人失职,学遂不传,明苦珰祸,更讳言兹事矣,西人谓中国矿产
甲于五洲,近风气渐开,多有议及开采者,惟前经译出各本多冶炼
事宜,而于察勘矿苗等专书尚阙如也

银矿指南附图一册　美亚伦撰,英傅兰雅译,应祖锡述　制造局本

井矿工程三卷,订二册　英白尔捺辑,英傅兰雅译,赵元益述　制造局本

开煤要法十二卷,订二册　英士密德辑,英傅兰雅译,王德均述　制造局本
　　是书于辨质、开井、起运、防害各事论之甚详。

宝藏兴焉十六册　英费而奔撰,英傅兰雅译,徐寿、徐建寅同述　制造局本

冶金录二册　美阿发满撰,英傅兰雅译,赵元益述　制造局本

炼钢要言一册　徐家宝译述　制造局本

矿石图说一册　英傅兰雅辑　益智会本

矿石辑要编一册　英傅兰雅辑　《格致汇编》本

工　政　学

　　古人最重工政,考工一事列为专书,后世仅存其名而已,西国商务之盛由于工艺之精,顾其国地狭人稠,出产之物几不足供其制造之用,每数万里航海远来购我物料,归国造作既成,仍载运来华以朘我利,我苟能自精制造,则中国工价既贱,又可大省水脚关税,获利之丰如操左券矣。大概以生料与熟货之价值相比例,恒若一之与三,考海关总册出口者多生料,入口者多熟货,然两价相抵,中国所腼不多,若我能以生料变熟货,将立增倍蓰矣。货弃于地而日仰屋以忧贫,则何弗留心工政以求实效耶?孔子曰"来百工则财用足",圣人治国之经,初非有异术也

工程致富论略十三卷附图,订八册　英玛体生撰,英傅兰雅译,钟天纬述
　　制造局本

考工记要十七卷附图,订八册　此即《工程致富》之次集,前编论办理各种
　　工程之要务,此则专制造需用之材料器具与夫购买机器、订立合同各事,
　　二书俱甚精密,撰译人并同前。

汽机入门一册　美丁韪良译　同文馆本

汽机发轫八卷,订四册　英美以纳、白劳那合撰,英伟烈亚力译,徐寿述　制
　　造局本　是书多论汽机之理。

汽机新制八卷,订二册　英白尔格撰,英傅兰雅译,徐建寅述　制造局本

汽机必以十二卷并附卷,订六册　英蒲而捺撰,英傅兰雅译,徐建寅述　制
　造局本　以上二书多论汽机之法。

兵船汽机六卷并附卷,订八册,有图　英息尼德撰,英傅兰雅译,华备钰述
　制造局本

汽机中西名目表一册　制造局本

新式汽机图说一册　英傅兰雅辑　《格致汇编》本

船坞论略附图一册　英傅兰雅译,钟天纬述　制造局本

海塘辑要十卷,订二册　英韦更斯撰,英傅兰雅译,赵元益述　制造局本

行军铁路工程二卷附图,订一册　英武备工程课则,英傅兰雅译,汪振声述
　制造局本

火车〔与〕铁路略论一册　英傅兰雅译　《格致汇编》本

伦敦铁路公司章程二册　邓廷铿、杨葆寅译　上海本

星辀考辙四册　刘启彤撰　自刻本　坊间翻印改名《铁路图考》。

铁路章程要览三卷,订二册　若痴主人撰　迪志堂本

炼石编三卷附图,订二册　英亨利黎特撰,舒高第、郑昌棪同译　是书言制
　造西们脱土之法,或译作"塞门德"。

西艺知新凡八种,曰《周幂知裁》、曰《匠诲与规》、曰《造管之法》、曰《回特
　活德钢炮说》、曰《色相留真》、曰《造硫强水法》、曰《却水衣全论》、曰《回
　热炉法》,合订六册　英傅兰雅译,徐寿述　制造局本

西艺知新续刻凡七种,曰《制肥皂法》、曰《制油烛法》、曰《坑鬶致美》、曰
　《镀金》、曰《制造玻璃》、曰《铁船针向》、曰《机动图说》,合订八册　美林
　乐知、英傅兰雅、布金楷理分译,郑昌棪、徐寿、徐华封分述　制造局本

艺器记珠一册　徐建寅述　制造局本　是书详记工程制造各事之定率程
　式,附以图表,极为显豁周备,工程家最要之本也。

西国造纸法一册　英傅兰雅辑　《格致汇编》本

灭火器说略一册　英傅兰雅辑　《格致汇编》本

西灯说略一册　英傅兰雅辑　《格致汇编》本

商 政 学

西人以商富,即以商强,其立国恒视商为命,故言商学之书独多,中人视商为末,故译商学之书独寡,现闻制造局及南洋公学堂译有数种,尚未印行,然风气既开,必有踵而译述之者,善乎计然之说也,知斗则修备,时用则知物,是能得商战之要者矣。按,此门宜与计学分看,盖彼言其理,此言其事也

各国通商税则每国一册　税务司本

光绪通商总核表十六卷,订二册　钱恂撰　自刻本　此表止于十三年,后户部踵续成之,谈国计者所亟宜留意也。

华洋贸易总册税务司本　是书岁出一册,详载中国各口商务情形并出入货物价值,不可不观。

兵 政 学

列国陆军制九卷,订三册　美欧波登撰,美林乐知、瞿昂来同译　制造局本

德国军制述要一册　德来春石泰撰,沈敦和、德锡乐巴同译　南京本

自强军洋操课程十卷,订四册　天津本　是书于操练部伍程式、口号、旗灯、器械分记极详,有志洋操者不可不读。

战法学一册　北京本　是书为日本人所著,在中东战事后,故所言多出阅历之谈,非臆造空论者比。

陆操新义四卷,订一册　德康贝原本,李凤苞译撰　自刻本　坊间翻印改名《德国练兵新书》。

临阵管见九卷附图,订四册　布斯拉弗司撰,布金楷理译,赵元益述　制造局本　是书详记布奥、布法两次大战用兵之事,其前卷作于胜奥之后,而篇中屡论布军之未能尽善处,足见西人实事求是,不自满假,宜其更有师丹之捷也。

前敌须知四卷附图,订五册　英克利赖撰,舒高第、郑昌棪同译　制造局本

营城揭要二卷附图,订二册　英储意比撰,英傅兰雅译,徐寿述　制造局本

营垒图说一册　比伯里牙芒撰，布金楷理译，李凤苞述　制造局本

英国水师考二册　英巴那比、美克理同撰，英傅兰雅、钟天纬同译　制造局本

美国水师考二册　英巴那比、美克理同撰，英傅兰雅、钟天纬同译　制造局本

法国水师考一册　美杜默能撰，美罗亨利、瞿昂来同译　制造局本

法国海军职要一册　马建忠纂　上海本

水师章程十六册　美林乐知译，郑昌棪述　制造局本

英国水师律例二册　英德麟、极福德同纂，舒高第、郑昌棪同译　制造局本

水师操练三册　英傅兰雅译，徐建寅述　制造局本

海军调度要言三卷附图，订二册　英拿核甫撰，舒高第、郑昌棪同译　制造局本

轮船布阵十三卷附图，订二册　首卷英贾密伦撰，后十二卷英裴路撰，英傅兰雅译，徐建寅述　制造局本

防海新论十八卷，订六册　布希理哈撰，英傅兰雅译，华蘅芳述　制造局本
　　是书亦曰《南北花旗战纪》，即战事以考验船炮之用、防守之法，颇资取鉴，然近来器械日精，运用之妙又不可拘守故辙矣。

列国海战纪一册　李凤苞辑译　上海本　是书记俄土、秘智、英埃三海战，详晰可观，泰西船炮日精，各国均不敢先发难端，故近来海西无大战事，不谓战祸之惨烈乃见于华海中东一役，猛虎在山，藜藿不采，信已。

海战指要一册　美金楷理译，赵元益述　《格致汇编》本

水师保身法一册　程瓅、赵元益同译　制造局本

铁甲丛谭二册附图　制造局本

外国师船表一册　许景澄撰　自刻本

水雷秘要六册　舒高第、郑昌棪同译　制造局本

艇雷纪要一册附图　李凤苞辑译　自刻本

鱼雷图说二册　天津学堂译本

水雷问答一册　天津学堂译本

火器略说一册　黄达权译　王韬述　上海本

炮法求新八册　舒高第、郑昌棪同译　制造局本

回特活德钢炮说一册有图　《西艺知新》之一

攻守炮法附克虏伯腰箍炮说、炮架说、船炮操法、螺绳炮架说,均有图,合订
　　一册　布军政局原书　美金楷理译,李凤苞述　制造局本

兵船炮法六卷,订三册　美水师书院原书,美金楷理译,朱恩锡述　制造
　　局本

克虏伯炮说四卷,订二册　布军政局原书,美金楷理译,李凤苞述　制造
　　局本

克虏伯炮准心法一卷附图,订二册　布军政局原书,美金楷理译,李凤苞述
　　制造局本

克虏伯炮操法四卷,订二册,有图　布军政局原书,美金楷理译,李凤苞述
　　制造局本

克虏伯炮表八卷,订二册　布军政局原书,美金楷理译,李凤苞述　制造
　　局本

克虏伯炮弹造法二卷附图并饼药〔酒〕造法,订三册　布军政局原书,美金
　　楷理译,李凤苞述　制造局本

克虏伯造饼药酒三册　布军政局原书,美金楷理译,李凤苞述　制造局本

克鹿卜新式陆路炮器具图说一册　天津学堂译本　克鹿卜即克虏伯,盖
　　译音互异,原书如此,名从主人之义也。

克鹿卜电光瞄准器具图说一册　天津学堂译本

克鹿卜量药涨力器具图说一册　天津学堂译本

克鹿卜子药图说一册　天津学堂译本

哈乞开司枪图说一册　天津学堂译本

阿墨士庄子药图说二册　天津学堂译本

制火药法三卷,订一册,有图　英利稼孙、华得斯同辑,英傅兰雅译,丁树棠
　　述　制造局本

爆药记要六卷附图,订一册　美水雷局原书,舒高第译,赵元益述　制造
　　局本

炮乘新法六册　舒高第译,郑昌棪述　制造局本

开地道轰药法二册　英傅兰雅译,汪振声述　制造局本

船　政　学

此门专收行船、测量、驾驭诸书,其言海军者入兵政,言制造者入
工政

行海要术附表,订三册　布金楷理译,李凤苞述　制造局本

航海简法制造局本

御风要术三卷,订二册　英白尔特撰,布金楷理译,华蘅芳述　制造局本

航海章程一册　布金楷理译,王德均述　制造局本

行船免撞章程一册　英傅兰雅译,钟天纬述　制造局本

西船略论一册　英傅兰雅译　《格致汇编》本　船政内尚有《海道图说》十
五卷、《长江图说》一卷,亦系要本,因已见《答问》,故不重录。

附　交　涉

此门专收中外交涉各书,其列国交际多在公法书内

国朝柔远记十八卷附编二卷,有图,订六册　王之春撰　自刻本　是书起顺
治初元讫于同治末,凡交涉之事悉载焉,坊刻改名曰《通商始末记》。

各国通商条约十六册　同文馆本

通商约章纂要六册　劳乃宣辑　天津本

中外交涉类要表四卷订一册　钱恂撰　自刻本

附　游　记

西人最喜游历,或学会、或商会、或教会,时有派人周游各地之事,
所至考核其山川道里、厄塞险要,详察民风、物产,一一笔之于书,
以资证验,亦有为国家特派者,他日欲有事于其地,即借此为蓝本,

西国恒重视之,于政学大有关系,故附于此,中人有驰域外之观者,
其笔记亦类乃焉

探路日记二册　英密斯橹撰　小方壶斋本　是书系探察滇黔、藏卫之形势
道路所作。

柬埔治〔寨〕以北探路记十五卷,订十册　法晁西士加尼撰　同文馆本
是书作于同治中,乃法人侵踞越南海疆之后,遣船主特拉格来探测西路险
易,自西贡以达滇、蜀,晁其随员也,柬埔治即顾氏《利病书》所称"甘孛智"
者,在越之西、暹罗之东。

中亚洲俄属游记二册　英兰士德路撰,莫镇藩译　同文馆本　是书成于光
绪十一年,兰故教士,其游历起自乌拉山,东入伊犁,南及木富,临咸海而
还,其言与古载记不尽合,然均得自实测,当不诬也。

黑蛮风土记二册　英立温斯敦撰　上海本　立居非洲内地二十年,是书杂
记非洲琐事,无甚足观,然于彼中风土可资检察。

西学考略二册　美丁韪良撰　同文馆本　是书为丁自华返国之日记,详于
学校,故以名篇。

历览记略一册　英傅兰雅撰　《格致汇编》本　是书为傅自华返国阅历各
局厂所记,故于机器特详。

奉使俄罗斯行程录一册　张鹏翮撰　北京本　是书一名《漠北日记》,作
于康熙二十七年,时文端奉命从内大臣索额图等使俄,盖途中纪程之作也,
是行虽未达俄境,然于漠北情事纪载特详,足资考据。以下皆中华人之书,
不分时代,但有关考证外事者谨撮所知录入,其已见《四库》目及《答问》者
不载。

出塞纪略一册　钱良择撰　北京本　钱为常熟举人,是书盖从张文端使俄
时所作。

康輶纪行四册　姚莹撰　自刻本　莹奉派往乍雅及察木多抚谕蕃僧所作,
盖察木多又名喀木,其地曰康,使车止此,因以名篇。

乘槎笔记四册　斌椿撰　上海本　斌椿于同治四年由总理衙门派往欧西游
历,是为中国派员出洋之始,此后輶轩接轸,绝代之语汗牛矣,兹就曾浏览
者约录数种,不免挂一漏万也。

航海述奇四册　张德彝撰　上海本　德彝于同治四年随斌参领出洋作此，尚有《使英杂记》、《使法杂记》、《使俄日记》、《随使日记》、《使还日记》各种。

初使泰西记四册　志刚撰　北京本　志刚于同治七年派充出使各国办理交涉事务大臣，是为中国遣使出洋之始。

使西书略四册　孙家谷撰　北京本　家谷偕志刚出洋作此。

使西纪程一册　郭嵩焘撰　自刻　嵩焘于光绪元年出使英国，兼充表明惋惜专使，是为中国遣使驻洋之始，是书仅记去时途程，纪述甚略。

英轺日记四册　刘锡鸿撰　自刻本　锡鸿于光绪元年派充嵩焘副使。

适可斋记行四卷，订二册　马建忠撰　自刻本　建忠于光绪二年随郭侍郎出使英、法，旋奉北洋大臣派往法国学院考求学术。

欧游随笔二册　钱德培撰　自刻本　德培于光绪二年随刘京卿使德作此。

使美纪略二册　陈兰彬撰　自刻本　兰彬于同治十一年管带聪颖子弟出洋习艺，光绪元年派充出使美、日、秘国大臣。

使东述略二册　何如璋撰　自刻本　如璋于光绪二年出使日本作此，次卷为七绝诗五十四首，自为之注，亦纪事之作也。

使德日记一册　李凤苞撰　自刻本　凤苞于光绪二年带同员弁赴各国学习文艺、兵法，四年署驻德使臣，五年改派特充。

环游地球新录二册　李圭撰　上海本　圭于光绪二年奉派往美国赴百年大会作此。

使西日记一册　曾纪泽撰　自刻本　纪泽于光绪四年出使英、法作此。

西辖日记一册　黄楙材撰　自刻本　楙材于光绪四年由川督派往印度测绘形势作此，共四种，已分见。

谈瀛录三卷，订二册，附图　王之春撰　自刻本　是书作于光绪五年，时日本已县琉球，力变西法，沈文肃因派之春赴日以觇情势，此其东渡之日记及琐记也。

西俗杂志一册　袁祖志撰　自刻本　祖志于光绪八年游历欧洲作此，坊刻改名《出洋须知》。

西征纪程四卷，订二册　邹代钧撰　自刻本　代钧于光绪十二年随刘太常出使英、俄作此。

俄游汇编四册　缪祐孙撰　自刻本　祐孙于光绪十二年奉派游历外洋
作此。

俄游日记四册　缪祐孙撰　自刻本

出使英法义比四国日记六卷,订三册　薛福成撰　自刻本　福成于光绪
十六年出使作此。

出使美日秘国日记十二册　崔国因撰　自刻本　国因于光绪十六年出使
作此。

使俄草八卷,订四册,有图　王之春撰　自刻本　之春于光绪二十年充唁贺
使使俄,是为中国简派唁贺专使出洋之始。

东瀛阅操日记二册　丁鸿臣撰　自刻本　鸿臣于光绪二十五年由川督派
往日本阅兵操兼考学制作此。

附　杂　著

是篇采辑专言时务各书有裨于政治、学问者,就所已见胪之,西人
代筹中国之说亦附及焉,至军兴以来名臣奏议多有涉及洋务者,以
非专书,故不著录

校邠庐抗议二册　冯桂芬撰　自刻本　是书为中人言变法之嚆矢,议多持
平可采。

经世文续编百二十卷,订三十二册　葛士濬辑　上海本　东乡饶氏、阳湖盛
氏均有续编之辑,以是书末二十卷专采洋务,故著录之。

中西事务纪要二十四卷,订八册　江上蹇叟撰　自刻本

游历刍言一册　黄楙材撰　自刻本

庸盦外文编四卷,订二册　薛福成撰　上海本

筹洋刍议一册　薛福成撰　上海本

蠡测〔瀛海〕卮言一册　王之春撰　上海本　是书原刻附《柔远记》之后,
上海近有单行本。

盛世危言五册　郑观应撰　自刻本

危言八册　汤寿潜撰　自刻本

庸书八卷分内外篇,订四册　陈炽撰　自刻本

适可斋记言四卷,订二册　马建忠撰　自刻本

新政论议二册　何启撰　广东本

劝学篇一册,分内、外篇　张之洞撰　湖北书局本

自强斋保富兴国论六册　王韬辑　上海本

各国时务类编十八卷,订四册　沈纯辑　上海本　是书采辑各家游记十数
种分类成编,无甚义例,取其便于翻阅。

强学汇编十九卷,订八册　马冠群辑　上海本　是书汇辑近日臣工章奏、士
夫论说。

中西度量权衡表一册　沈敦和撰　上海本

东方时局论略一册　美林乐知撰　制造局本

中西关系论略一册　美林乐知撰　制造局本

时事新论附图三册　英李提摩太撰　广学会本

新政策一册　英李提摩太撰　广学会本

借箸筹防论略一册　德来春石泰撰,沈敦和译　南京本

艺学第二

西人以艺为专门之学，故其业日精而新理亦日出，我所译者多欧美二三十年前旧书，彼土人士盖已弁髦视之矣，然我得借此以窥其门径，究愈于亡也，略分十四门如左

算　　学

算学权舆中土，西人名曰东来法，推演既精，遂至胜蓝，华人译西书鲜佳本，独算学一门笔述者多深通其业之人，又有实理真数可凭，故能得庐山真面，兹篇亦先译本而以中人之著作附焉。按，算学一门《书目答问》分中、西法，著录极多，其已见者不更采入

几何原本十三卷续增二卷，订十五册　希利尼人欧几理撰，前六卷意利玛窦译，明徐光启述；后九卷英伟烈亚力译，李善兰述　南京本　是书为欧西算学之祖，入中国亦最先，故凡习西算者咸读之，自十卷以后理境更深，颇难索解，初学者必先从事于前六卷，即西人学校所习亦然。按，是书已见《答问》，因其为西算要本，故录之。

笔算数学三册　美狄考文辑，邹立文述　益智会本　是书全以俗语设问，词浅意明，初学易于问津。

数学理九卷附一卷，订四册　英棣么甘撰，英傅兰雅译，赵元益述　制造局本　是书说理由浅而深，颇有引人入胜之致，其附卷则习算各法也。

形学备旨十卷，订四册　美狄考文撰辑，邹立文述　益智会本　是书与《几何原本》同而实异，盖几何兼论数，此专论形，且增有新得要题数十则，习几何者宜兼读之。

三角数理十二卷，订六册　英海麻士辑，英傅兰雅译，华蘅芳述　制造局本

运规约指一册　英傅兰雅译，徐建寅述　制造局本

周幂知裁一册　美布伦编辑,英傅兰雅译,徐寿述　制造局本　是书为《西艺知新》八种之一。以上二书为习制造者至要之本。

算式集要四卷,订二册　英哈司韦辑,英傅兰雅译,江衡述　制造局本

代数备旨四卷,订二册　美狄考文辑,邹立文述　上海本　是书与《笔算数学》同出一手,故习问亦繁,且法未完备,不如《代数术》之善也,《代数术》已见《答问》。

代数难题解法十六卷,订六册　英伦德编辑,英傅兰雅译,华蘅芳述　制造局本

代数总法四册　英华里司辑,英傅兰雅译,华蘅芳述　制造局本

微积溯源八卷,订六册　英华里司辑,英傅兰雅译,华蘅芳述　制造局本

璇玑遗述七卷　揭暄撰　江西本　是书亦名《写天新语》,于西法中别有解悟。以下皆中人推演西法之作。

八线测表图说一册　余熙撰　南京本　是书遵《数理精蕴》诸法括为图说,大指主于明浅易入,以便初学,非别有新解也。

万象一原十卷,订一册　夏鸾翔撰　《振绮堂丛书》本　鸾翔尚有《少广缒凿》等四种,已见《答问》,是书本奈端来本之二家微积法演为一百余术,显豁易解。

惢纬琐言一册　厉之锷撰　北京本　是书于三角八线、小轮椭圆之说俱能洞见本原,非影响之词可比。

九数外录一册　顾观光撰　自刻本

数学拾遗一册　丁取忠撰　长沙本

对数详解一册　丁取忠撰　长沙本

谢谷堂算书三种曰《演元要义》、曰《弧田问率》、曰《直积回求》,订二册谢家禾撰　浙江本

求表捷术三种曰《对数简法》、曰《外切密率》、曰《假数测圆》,凡九卷,订四册　戴煦撰　自刻本

西算新法直解二册　冯桂芬撰　上海本　是书因李译《代微积拾级》奥衍难读,遂取其书逐节疏解以便后学,然增解之处多未尽善。

五纬交食捷算五纬四卷、交食四卷,订六册　黄炳垕撰　自刻本

代数精华录十六卷,订四册　方子可撰　广州本　子可充广东博学馆教习,
　此其笔课算稿也。

行素轩算学五种开方别术一卷、数根术解一卷、开方古义二卷、积较术二
　卷、笔谈十二卷,订十册　华蘅芳撰　自刻本

算法须知一册　华蘅芳撰　自刻本　算法极浅,为初学之课本。

味根课稿丛钞四册　陕西书局本　是书汇刻《时务斋日记课稿》,多以成法
　演为公式,便于推布。

图　　学

古人图籍并称,汉、唐以后此学遂废,而泰西乃以为普通之业,童而
习之,几无人不工图,亦几无书不列图,是图学为西艺中最要事,与
算术并重,故次算学之后

西书初学一册　英傅兰雅译　《格致汇编》本

画形图说一册　英傅兰雅撰　益智书会本

器象显真四卷附图,订三册　英白力盖辑,英傅兰雅译,徐建寅述　制造局
　本　是书为机器图画之专本,制器须从习算入手,故二、三卷于算法特详。

测地绘图十一卷并附卷、附表,合订四册　英富路玛撰,英傅兰雅译,徐寿述
　制造局本

绘地法原附图,订一册　美金楷理译,王德均述　制造局本

行军测绘二册,附图　英连提撰,英傅兰雅译,赵元益述　制造局本

附　中国地舆图

中国舆图向鲜精本,胡文忠曾在湖北刊有直省分合各图,亦近疏
漏,近年会典馆请饬各省派员测绘,有数省并未奉行,只将旧图润
饰为敷衍塞责之计,故仍不能尽精,现闻亦付劫灰矣,今欲求善本,
以译自西人者为佳,盖均得诸实测故也

平面地球图二大幅　制造局本

平面地球图一大幅　益智书会本

坤舆方图一大幅　日本本

亚细亚全图十六幅　日本参谋本部测量局本　是图极为精赡,惜除中国郡
　邑而外全用西文,不易读也。

亚东南形势道里图四大幅　傅崇榘绘　四川尊经书局本

亚细〔亚〕东部图一大幅　日本本

皇朝一统舆图四幅,内附《禹贡》九州山川、《汉书》西域各国　张遇乙绘
　陕西味经书局本　舆图家作经纬线者,其经线多从伦敦起度,惟此本以京
　师中线起度,最为得体。

中俄交界图三十五幅　洪钧绘　是图为钧出使俄国时本俄图考订而成,中
　图极精之本也。

皇朝直省舆地全图一大册,前为总图,后分二十八图,行省而外,蒙古、藏
　卫附焉,即胡文忠鄂局原本也　上海石印本

八省沿海图十六幅　天津译本

海道图二册　制造局译本

长江图四册　制造局译本

三省黄河全图五册　吴大澂绘　上海鸿文书局本

地学公会五大洲全图六百七十幅　邹代钧译本　是图集西人极精之本,
　印以日本铜版,细析秋毫,刻尚未全出,将来印成实图学中一巨观也。

格　致　学

格致者,西艺之总名,西学之初阶,即物以穷理,因理以知物也,凡
西书以格致名者录此篇中,余如化、电、声、光咸格致之一种,然各
有颣门,悉归其类

格致总学启蒙三卷,订一册　英艾约瑟译　税务司本

格致质学启蒙一册　英艾约瑟译　税务司本　以上二书均在《西学启蒙》

十六种中，前书泛论人物，此则专言各物之体质，故曰"质学"。

格物启蒙四册　美林乐知译，郑昌棪述　制造局本　是书与上同为一本而译笔稍异。

格致入门七册　美丁韪良译　同文馆本

格致须知初集八册，天文、地理、地志、地学、算法、化学、气学、声学各一卷二集八册，电学、量法、画器、代数、三角、微积、曲线、重学各一卷三集五册，力学、水学、矿学、全体、光学各一卷　英傅兰雅撰　上海本　浅明极便初学，第论述太略，仅资谈助，所谓门径中之门径也。

格致略论一册　英傅兰雅撰　《格致汇编》本

格物探原四册　英韦廉臣辑　广学会本　是书为教会之本，语不离宗，节取而已。

博物新编一册　英合信辑　广州本

格致释器英傅兰雅撰　《格致汇编》本　中有测绘器、化学器、重学器、水学器、气学器、纺织器、显微镜说、远镜说等多种，于《格致汇编》中月出一册，说以详之，图以明之，习专门学者最要之本。

化　　学

化学者，考察万物之质性，分之而得纯一之原质，合之而成蓄变之品汇，与格致之事相参，格致其功，化学其用，一则顺物之性以深入，一则毁物之性以显出，事异而理无殊也

化学启蒙一册　英艾约瑟译　税务司本　在《西学启蒙》十六种中，是书制造局亦有译本。

化学鉴原四册续编六册补编六册　英蒲陆山撰，英傅兰雅译，徐寿述　制造局本

化学阐原十六册　英〔法〕毕利干译　同文馆本

化学初阶四册　美嘉约翰译，何了然述　广州本　以上二书即《化学鉴原》原本，盖西书一经翻译，其文法递判若天壤，故译笔最要，亦最难。

化学分原八卷，订二册　英蒲陆山撰，英傅兰雅译，徐建寅述　制造局本

化学考质六册　德富里西尼乌司撰,英傅兰雅译,徐寿述　制造局本

化学求数十四册附表　德富里西尼乌司撰,英傅兰雅译,徐寿述　制造局本

　　是书即《考质》之续编,《考质》于各物之原质及何物聚何原质而成,缕晰
条分,推阐颇详,此编于各物中求其原质之实数,以考知化合、化分之法,立
论更属精密,习化学者最要之本。

化学易知一册　英傅兰雅辑　益智书会本

金石识别十二卷附表,订六册　美代那撰,美玛高温译,华蘅芳述　制造局
本　是书于金石品类及试验矿质与熔炼分化之法论之颇详。

化学材料名目表一册　英傅兰雅辑　制造局本　中西文并列,易于检察。

化学器一册　在《格致释器》中

汽　　学

　　凡汽机致用各书已入工政门,兹仅著其论述此学者

热学二册　布金楷里译　江衡述　制造局本

水学图说一册　美傅兰雅辑　益智书会本

热学图说一册　美傅兰雅辑　益智书会本

水学器气学器在《格致释器》中

声　　学

　　声之学渐精,声之用亦日广,山川之远声可以传,岁月之久声可以
记,盖巧夺天工矣,现译本尚未及此,当俟诸异日也

声学八卷,订二册　英田大里撰,英傅兰雅译,徐建寅述　制造局本

声学揭要一册　英赫士译,朱葆琛述　益智书会本

光　学

光学一事,其事似微而用实大,可以补造化之缺陷,得奇辟之新理,
天下之至大者莫如七政,以远镜窥测而得其真形,至细者莫如微生
物,以显微镜察视而识其变态,致用之处不胜偻指,诚卓绝之诣矣

光学二册附视学诸器图说　英田大里辑,布金楷里译,赵元益述　制造局本
光学揭要一册　英赫士译,朱葆琛述　益智书会本
光学图说一册　英傅兰雅辑　益智书会本
量光力器图说一册　英傅兰雅译,赵元益述　《格致汇编》本
显微镜远镜说在《格致释器》中
照像略法一册　英傅兰雅撰　《格致汇编》本
照像干片法一册　英傅兰雅撰　《格致汇编》本
照像器一册　英傅兰雅撰　《格致汇编》本

重　学

重学分二类,曰动、曰静,其致用之理甚精,制造家最要之事也

重学二十册　英胡威立撰,英艾约瑟译,李善兰述　南京本　咸立为重学名
　家,其学道源于算术,兼及格致诸理,故其书亦由浅入深,颇称精博,兹译为
　原书之中编,非全豹也。
重学入门一册　美丁韪良撰　同文馆本
重学浅说一册　英伟烈亚力撰　上海本
重学汇编一册　英傅兰雅撰　益智书会本
重学图说一册　英傅兰雅撰　益智书会本
重学器在《格致释器》中

电　学

泰西电学创始于苟白得,在明神庙年间,近始深究其用,推阐日精,新理益出,译本已嫌太旧,然愈于已也

电学十二卷,订六册　英瑞挨德撰,英傅兰雅译,徐建寅述　制造局本

电学入门附图一册　美丁题良撰　同文馆本

电学纲目一册　英田大里辑,英傅兰雅译,周郇述　制造局本

电学问答一册　天津水雷局译本

通物电光四卷附图,订一册　美莫耳登撰,英傅兰雅译,王季烈述　制造局本　电气为近时新学,其用甚大,据彼中人云此学精深靡涯,现在讨论而得者不过百之二三耳,是书新出,能以电光通物,如照一人形则全身之骨节均见纸上,大有益于医学者也。

电学镀金四卷,订二册　布金楷里译,徐华封述　制造局本　是书在《西艺知新》续刻中,有单行本。

电气镀金略法一册　英华特纂,英傅兰雅译,周郇述　制造局本

电气镀镍一册　英傅兰雅译,徐华封述　制造局本

电学图说一册　英傅兰雅辑　益智会本

天　学

中国言天学最早,羲和而后代有专家,然大致均主天动地静之说,西国亦然,至歌白尼乃创为新编,谓地球与行星同是绕日而行,后之为此学者渐得确证,信从益多,遂若定论矣,盖其测量之器日精,推步之法日密,故立说亦非尽诬,学者但求其是,不必有中西之见存乎中也

天文启蒙七卷,订一册　英艾约瑟译　税务司本　在《西学启蒙》十六种中,是书制造局亦译有一本,曰《天学启蒙》,大同小异。

谈天十八卷附表,订四册　英侯失勒约翰撰,英伟烈亚力译,李善兰述,徐建

寅续述　制造局本

测候丛谈四卷,订二册　美金楷里译,华蘅芳述　制造局本

天文图说四卷附图表,订一册　美摩嘉立、薛承恩同译　益智会本　书中附
　图四张,以西法印出,形色俱极精致。

天文揭要二册　英赫士译,朱葆琛述　益智会本

天文歌略一册　叶澜撰　自刻本　天、地二歌均出以韵语,便于蒙学。

测候器一册　英傅兰雅撰　在《格致释器》中

地　　学

西人言地学者约分三类,地上之风云雷雨谓之地文学,地中之矿产
石层谓之地质学,地面之山川国邑、沿革形势谓之地志学,地文学
译本无多,其《测候丛谈》一种仍归天学,地质学可参观矿政诸书,
地志学可参观史志诸书

地理质学启蒙七卷,订一册　英艾约瑟译　税务司本

地学启蒙八卷,订一册　英艾约瑟译　税务司本

地志启蒙四卷,订一册　英艾约瑟译　税务司本　以上三书均在《西学启
　蒙》十六种中,即分言地文、地质、地志者也,前书之名"质学"者,犹质言之
　谓,非体质之谓,与次书之述地质者自别。

地学浅释三十八卷,订八册　英雷侠儿撰,英玛高温译,华蘅芳述　制造局
　本　是书言地质颇为详备。

地学指略一册　英文教治译,李庆轩述　益智会本

地学稽古论一册　英傅兰雅撰　《格致汇编》本

地学举要一册　英慕维廉撰　益智会本

地理全志五卷附图,订二册　英慕维廉撰　益智会本　是书颇明备,惜稍简
　略耳。

八星之一总论一册　英李提摩太辑　广学会本　初名《地球奇妙论》,颇多
　新理。

地学歌略一册　叶瀚、叶澜同撰　自刻本

舆地经纬度里表二册　丁取忠纂　自刻本

全　体　学

身理启蒙一册　英艾约瑟译　税务司本　在《西学启蒙》十六种中

全体通考十六册　英德贞译　同文馆本

全体新论一册　英合信撰　广州本

全体图说一册　英傅兰雅撰　益智会本

人与微生物争战论一册　英傅兰雅撰　《格致汇编》本　论颇奇辟，然观
　此可悟卫生之法。

动　植　物　学

动物学启蒙八卷，订一册　英艾约瑟译　税务司本

植物学启蒙一册　英艾约瑟译　税务司本　以上二书在《西学启蒙》十六
　种中。

百鸟图说一册　英韦门道辑　益智会本

百兽图说一册　英韦门道辑　益智会本

虫学论略一册　英傅兰雅辑　《格致汇编》本

植物图说一册　英傅兰雅辑　益智会本

西国名菜嘉花论一册　英傅兰雅撰　《格致汇编》本

医　学

泰西医学设为专科，以中学生之高才者入焉，学成加以考验，得凭
后始准行术，其于人身之脏腑、骨节皆得之剖视，故考究甚详，其治
病一切参以化学，故推求甚密，内科虽精，尚少有试验者，至外科则
神乎其技，几于跗陀之能矣

内科理法十二册　舒高第、赵元益同译　制造局本

儒门医学四册　英海得兰撰,英傅兰雅译,赵元益述　制造局本　是书首卷
　　论摄卫之事,次卷述病症,三卷述医药而以简便方附焉,于养生大有裨益,
　　不专作医家言也。

西医略论一册　英合信撰　广州本

内外科新说二册　英合信撰　广州本

妇婴新说一册　英合信撰　广州本

内科阐微一册　美嘉约翰撰　广州本　泰西教士多精医学,故广州教会刊
　　行医书最多,兹举其著者以见一斑。

炎症论略一册　美嘉约翰撰　广州本

妇科精蕴五册　美嘉约翰撰　广州本

皮肤新编一册　美嘉约翰撰　广州本

眼科撮要一册　美嘉约翰撰　广州本

割症全书五册　美嘉约翰撰　广州本

裹扎新法一册　美嘉约翰撰　广州本

临阵伤科捷要四册　舒高第、郑昌棪同译　制造局本

脉表诊病论一册　英傅兰雅撰　《格致汇编》本

西药大成十六册,附表一册　英傅兰雅译,赵元益述　制造局本

西药略释四册　美嘉约翰撰　广州本

泰西本草撮要一册　英傅兰雅译　《格致汇编》本

中西药名表一册　上海本

化学卫生论四册　英傅兰雅撰　广学会本

居宅卫生论一册　英傅兰雅撰　《格致汇编》本

孩童卫生论一册　英傅兰雅撰　益智会本

幼童卫生编一册　英傅兰雅撰　益智会本

初学卫生编一册　英傅兰雅撰　益智会本　以上三书大同小异,得一而可。

延年益寿论一册　英傅兰雅撰　《格致汇编》本

治心免病法一册　英傅兰雅撰　益智会本　西人格致日精,生命亦日重,氏

于一饮一食、一起一居,靡不以新法推求何以养生、何以致病之由,俾人人知所摄卫,故欧美于近四十年来户口骤增之率,有非意计所及料者,则致格之实效也,以上七书言简而意明,最有益于卫生之事,故附于医学之后。

索

引

凡例

本索引由两部分组成,一为书名、著译者索引,一为版本索引,均按条目首字的拼音字母为序排列。

书名

凡在本书中出现的著译作品均列入索引,其中有内容提要者在出处标记前加"＊"以为区别。仅述书名、著译者和版本者,不作为有内容提要。如有内容提要与无内容提要的条目合并,则将有内容提要者列在前面。

凡在提要中明确列出的著译作品不同名称,均列条以"参见"方式处理。如此类不同名称的著译作品出于不同的译者,则除"参见"外另列条目。

凡同一版本著译作品在不同提要中出现不同名称,经查核系讹误者在正文中以校订方式处理,不能确定者在索引中以"参见"方式处理。

著译作品的附件或附录,除一般性的图、表不列外,亦列条以"参见"方式处理。

书名后加括号标注著译作品的第一作者("参见"条不标)。第一作者的顺序,以著、译、编(辑)为序,著者不标著作方式,如系译作而提要中未列出原著者的,则以编译者为第一作者。在同一等级中如有两名以上作者,则在第一名作者后加"等"的方式表示。

由于不同提要对著译者的著录不一致(有的略去原作者,有的对著译者的著作方式称呼、定位不一),导致索引中书名条后第一作者及著作方式的不一致,如经查核系同一作品者予以归并,其第一作者以著、译、编（辑）为序择取，同一作品、同一著译者的著作方式如有异同则择取著作程度较低者。书名条目的归并，一般不推及著译者条目的归并或增删，因此，读者如需获得完整的有关材料，应检索相关的著译者条目。

著译者

凡提要中列出的参与著译作品的著者、译者（包括口述和笔录、编译等）、校订者、编辑者均列条，并标明著作方式（著作作品不标）。

著译者均按提要中列出的名称列条，并尽可能在姓名或机构后标明所属国籍简称（中国著译者不标）。著译者如有不同名称，凡可以归并者择一常见者为主条，不宜归并者则各自列条，不论是否归并，已知的不同名称均以"参见"方式处理。

中国著译者常有以笔名或斋名别号出现者，凡能查出者均以真实姓名为主条，而以别名等名称为"参见"条。

著译机构名称，前缀的国别、地名如非不可分割者，一般略去（外国机构在名称后加标国别简称），不同国家、地区相同名称的机构，则在名称后加标国别或地名简称以为区别。提要中出现的同一机构的不同名称或简称，择一为主条，其他以"参见"方式处理。

著译者的国别，如遇"泰西"之类者，尽可能查实以国别标识，一时难以查得者仍按提要所标者著录。

著译者条下的作品排列按拼音字母序，并在该作品后加括号标明著作方式（著作作品不标），凡可以归并者均加以归并（一般以先后次序为序，其中有内容提要列在前面），不同提要中出现的著作方式不一致，一般择取著作程度较低者。著译者条目的归并，同样不推及书名条目的归并或增删，因此，读者如需获得完整的有关材料，应检索相关的书名条目。

版本

凡提要中列出的著译作品出版者，均作为版本列条。只有出版时间或出版地点者,不列为版本条目。由于不同的提要对版本的标记有精粗之分,版本索引的作用仅作为资料线索之一,所以对同一著译作品的版本仅以提要标明为限,不再进一步细考归并或分隶,读者如需获得完整的有关材料,应检索书名、著译者索引。

出版机构名称,前缀的国别、地名如非不可分割者,一般略去(外国机构在名称后加标国别简称),不同国家、地区相同名称的机构,则在名称后加标国别或地名简称以为区别。提要中出现的同一机构的不同名称或简称,择一为主条,其他以“参见”方式处理。

丛书一般作为版本列条,但不同提要对丛书记录有详有略,尤其是书局出版的丛书,有标有不标者,凡发现有这类情况,一般将丛书名称以“参见”方式处理,而将著译作品隶于书局条下。

报刊馆和报刊一般分别作为版本列条,但考虑到不同提要可能对两者有混淆之处,如认为有必要,将报刊馆和报刊均以“参见”方式处理。

报刊附刊的书籍、文章,一般归入该报刊条下。

自刊本和私刊本在不同提要中亦有混淆,一般将标明的自刊本和私刊本分别列条,所有的自刊本在索引中均隶于“自刊本”条下,再按刻印者的姓氏分隶,私刊本则以刻印者的姓氏为首分别列条,同一姓氏下的不同地区刻印者,将地区加括号置于书名之前。如有可以确认为是自刊本的私刊本,则归并于自刻本,如有必要再以“参见”方式处理。

版本条目下的书名均按拼音字母序排列,凡可以归并者按书名和著译者条目的归并办法处理。

出处

条目的出处标记,“/”前为所属提要简称,“/”后为本书页码。

各提要简称如下:

书名、著译者索引

C

R

书名、著译者索引

R

X

版 本 索 引

C

G

版本索引 G

R

T

X

Z

版本索引
Z

图书在版编目（CIP）数据

晚清新学书目提要／熊月之主编. —上海：上海
书店出版社,2022.8
ISBN 978-7-5458-2150-5

Ⅰ.①晚… Ⅱ.①熊… Ⅲ.①古籍—图书目录—中国
—清后期 Ⅳ.①Z838

中国版本图书馆 CIP 数据核字(2022)第 120724 号

责任编辑　吕高升
封面设计　汪　昊

晚清新学书目提要
熊月之　主编

出　　版　上海书店出版社
　　　　　（201101　上海市闵行区号景路 159 弄 C 座）
发　　行　上海人民出版社发行中心
印　　刷　上海新华印刷有限公司
开　　本　889×1194 mm　1/32
印　　张　30.125
字　　数　805,000
版　　次　2022 年 8 月第 1 版
印　　次　2022 年 8 月第 1 次印刷
ISBN 978-7-5458-2150-5/Z·96
定　　价　198.00 元